Jahrbuch Medienpädagogik 1

Jahrbuch Medienpädagogik 1

herausgegeben von
Stefan Aufenanger, Renate Schulz-Zander
und Dieter Spanhel

im Auftrag
der Kommission Medienpädagogik
in der Deutschen Gesellschaft
für Erziehungswissenschaft

Leske + Budrich, Opladen 2001

Die Deutsche Bibliothek – CIP-Einheitsaufnahme
Ein Titeldatensatz für diese Publikation ist bei
Der Deutschen Bibliothek erhältlich.

ISBN 3-8100-2895-9

Gedruckt auf säurefreiem und alterungsbeständigem Papier.

Satz: Leske + Budrich
Druck: Druck Partner Rübelmann, Hemsbach
Printed in Germany

Inhaltsverzeichnis

Stefan Aufenanger, Renate Schulz-Zander und Dieter Spanhel
Einleitung 9

Medienpädagogik

Karl-Herrmann Schäfer
Medienpädagogik als Teildisziplin der Allgemeinen
Erziehungswissenschaft 17

Melissa Phillips
Media Education in the United States:
A Check Under the Gestalt Hood 47

Michael Charlton
Familie und Kinder in der Mediengesellschaft 61

Horst Dichanz
Zur Aufgabe einer medienpädagogischen Neuorientierungen 73

Ingrid Paus-Haase
„Vom Bewahren zum Wahrnehmen und Verstehen".
Medienpädagogische Konzepte in unserem Informationszeitalter 85

Medienkompetenz

Stefan Aufenanger
Multimedia und Medienkompetenz – Forderungen an
das Bildungssystem 109

Dieter Baacke
Die Familie im Informationszeitalter. Medienkompetenz als Herausforderung ... 123

Dieter Spanhel
Anforderungen an die Lehrerausbildung auf der Basis von Erfahrungen in Modellversuchen zur Medienerziehung ... 135

Dieter Höltershinken
Selbstentdeckendes Lernen (und Lehren) – ein Beitrag zur Förderung von Medienkompetenz in frühpädagogischen Institutionen ... 153

Christine Feil
Der Umgang mit den Medienerfahrungen von Kindern als Grundlage der Vermittlung von Medienkompetenz ... 167

Norbert Meder
Multimedia in der Ausbildung von Pädagogen und Pädagoginnen ... 177

Lernen mit Medien

Claudia de Witt
Bildungsprozesse in interaktiven medialen Umgebungen ... 193

Günter Dörr
Multimediale Lernumgebungen in der betrieblichen Weiterbildung ... 203

Cornelia Gräsel
Lernen mit Computernetzen an der Hochschule ... 219

Heinz Moser
Mit Computern in die Grundschule – ein Evaluationsbericht ... 235

Renate Schulz-Zander
Neue Medien als Bestandteil von Schulentwicklung ... 263

Gerhard Tulodziecki
Nutzung von Multimedia – ein Weg zur Verbesserung schulischen Lehrens und Lernens? ... 283

Ludwig J.Issing und Robert Strzebkowski
Multimedia und Hypermedia – aktives Lernen mit Spaß ... 301

Medien und Kommunikation

Ben Bachmair
Bedeutungskonstitution als kulturelle Aktivität der Rezipienten – Wie virtuelle Texte entstehen 319

Renate Luca
Medien und Emotionen. Eine vernachlässigte Dimension in der Medienpädagogik 337

Horst Niesyto
VideoCulture – interkulturelle Kommunikation mit Video 351

Norbert Neuß
Zeichnungen als Erhebungsinstrument der qualitativen Rezeptionsforschung 363

Manuela Pietraß
Distanz im Spiel – Die medienpädagogische Bedeutsamkeit der Präsentationsbedingungen von Computerspielen 385

Uwe Sander
Mediatisierte Kommunikation in Mediengesellschaften 405

Ralf Vollbrecht
Manga & Anime 441

Stefan Aufenanger, Renate Schulz-Zander und Dieter Spanhel

Einleitung

Ein Jahrbuch Medienpädagogik aufzulegen ist in einer Zeit, in der in fast allen öffentlichen Diskursen über Bildung in der Wissensgesellschaft die Rolle der Medien betont wird, sicher ein wichtiger Beitrag für diese Debatten. Darüber hinaus kann ein solches Jahrbuch natürlich auch der Selbstvergewisserung einer wissenschaftlichen Teildisziplin dienen, die in den letzten Jahren auch verstärkt zu Stellungnahmen und zur Anwendung ihrer wissenschaftlichen Erkenntnissen gefordert wurde. Nicht zu letzt die Erziehungswissenschaft, die sich seit ihrem Hamburger Kongress der ‚Deutschen Gesellschaft für Erziehungswissenschaft' unter der Thematik „Medien – Generation" der Medienthematik zugewandt hat, dürfte auf das, was die Medienpädagogik bisher vorgebracht hat, neugierig sein. Jahrbücher haben eine besondere Zwischenstellung im wissenschaftlichen Diskurs: sie sind einerseits nicht so aktuell wie Zeitschriften, andererseits aber flexibler als Bücher. Während wissenschaftliche Zeitschriften die Diskussionen innerhalb der Disziplinen bzw. auch zwischen ihnen fördern sollen, dürfte die Aufgabe von Jahrbücher eher die Präsentation eines Diskussionstandes einer breiteren und interessierten Öffentlichkeit dienen. Die Medienpädagogik als junge Disziplin bzw. Teildisziplin der Erziehungswissenschaft möchte sich diesen Herausforderungen stellen. Da ihr eine rein wissenschaftliche Zeitschrift bislang fehlt bzw. ihr Publikationen häufig weit auch in andere Disziplinen weit streut und es keinen eindeutigen Kern gibt, scheint das Unterfangen eines Jahrbuchs angemessen zu sein. Es soll nicht in Konkurrenz zu den etablierten medienpädagogischen Zeitschriften wie etwa „medien praktisch" oder „medien + erziehung" treten und nicht als Rivale von Zeitschriften aus dem Bereich der informationstechnischen Bildung wie etwa „Computer + Unterricht" oder „LOG IN" verstanden werden. Die genannten Zeitschriften sehen ihre Aufgabe eher in der Transformation wissenschaftlichen Wissens in die pädagogische Praxis, und dies gelingt ihnen auch sehr gut.

Mit der eingangs erwähnten Stärkung und öffentlichen Beanspruchung der Medienpädagogik wächst aber auch der Druck, den verschiedenen Forderungen gerecht zu werden und gleichzeitig ein eigenes, disziplinäres Selbstverständnis zu entwickeln. Genau dieser Aufgabe soll die Herausgabe eines Jahrbuchs dienen!

Mit dieser zentralen Präsentation von Beiträgen zur Medienpädagogik soll auch eine schon lange offen stehende Lücke geschlossen werden, die die Medienpädagogik weit über Jahrzehnte beschäftigt: Wo liegt ihr disziplinärer Kern und was macht ihren Wissenschaftscharakter aus? Medienpädagogik hat nämlich ähnlich wie die Pädagogik das Problem eine handlungsorientierte, d.h. auf das Handeln von pädagogisch Tätigen ausgerichtete Wissenschaft zu sein. Dies bringt immer Spannungen mit sich: Ist die Disziplin zu wissenschaftlich, beschwert sich die Praxis, dass sie keine Orientierung bzw. Hilfe bekommt; ist sie zu praktisch, fallen die anderen Disziplin über sie her und bestreiten ihren Wissenschaftscharakter. Da bei pädagogischen Fragen anscheinend sowieso jeder Kompetenz beansprucht und meint, bei solchen Themen mitreden zu können, weil man entweder selbst erzogen wurde oder selbst Kinder hat, die man erzieht, wird ihr das Feld einer Sachautorität häufig streitig gemacht. Bei der Medienpädagogik kommt noch der Charakter der Medien hinzu, die eine ideologische Sichtweise fast immer implizieren. Ob Medien schädlich oder nützlich sind, ob sie wirken oder nicht, wird oftmals mehr von der eigenen Einstellung als von empirischen Forschungsergebnissen abhängig gemacht. Tritt man dann als Vertreter bzw. Vertreterin der Medienpädagogik auf und trifft auf andere Meinungen, dann wird oft die differenzierte Stellung zu medienthematischen Problemen als uneinsichtig oder weltfremd abgetan. Alltägliche Erfahrungen, auch wenn sie noch so überzogen sind, scheinen oftmals mehr als wichtige Argumente zu überzeugen.

Das eben beschriebene Problem ist unbestreitbar auch ein Problem der Disziplin selbst. Zu lange war die Medienpädagogik im Fahrwasser von entweder einer empiristischen Medienpsychologie, die ihre Forschungsergebnisse ohne pädagogische Reflexion als praktische Ratschläge umsetzte und dabei ihre Autorität betonte; oder sie gab sich mehr pragmatisch, d.h. man wusste zu allen Problemen der Praxis einen Hinweis, ohne diesen aber wissenschaftlich begründen zu können. Je nach Zahl der Ratgeber war auch die Zahl der Ratschläge groß und variierte natürlich auch. Erst mit einer stärkeren empirischen Ausrichtung der Medienpädagogik, der Rezeption von Forschungsergebnissen benachbarter Disziplinen wie etwa der Medienrezeptionsforschung, der Mediensoziologie, der Entwicklungspsychologie oder auch der Kommunikationsforschung, änderte sich auch deren Ansehen; Praxisberatung erfolgt aufgrund wissenschaftlicher Fundierung.

Diese Wende in der Medienpädagogik wurde auch von der Politik insbesondere der Bildungspolitik anerkannt und auch gewürdigt. Neben dem gesellschaftlichen Druck, sich mit Medienthemen in Bildungseinrichtungen zu befassen, hat auch die Entwicklung der Medienpädagogik zu einer wissenschaftlichen Disziplin mit konkreten Überlegungen zur Umsetzung ihrer Themen in die pädagogische Praxis dazu beigetragen, dass in den letzten Jahren bildungspolitisch bedeutsame Empfehlungen abgegeben und Entscheidungen getroffen wurden. Dazu zählen in erster Linie der Orientierungsrahmen „Medienerziehung in der Schule“ der Bund-Länder-Kommission für Bildungsplanung und Bildungsförderung von 1995 und die Erklärung „Medienpädagogik in der Schule“ der Kultusministerkonferenz ebenfalls von 1995. Während das letztgenannte Papier die Notwendigkeit von Medienpädagogik in der Schule betont, aber nur kurz zu Zielstellungen und Inhalten Stellung nimmt, ist der Orientierungsrahmen der BLK weiter gefasst und umfangreicher. Ausführlicher wird die Ausgangssituation beschrieben, die auf das Aufwachsen in einer Mediengesellschaft hinweist.

Als weitere wichtige medienpädagogisch relevante Papiere müssen das Gutachten zur Vorbereitung des Programms „Systematische Einbeziehung von Medien, Informations- und Kommunikationstechnologie in Lehr- und Lernprozessen“ von Mandl, Reinmann-Rothemeier und Gräsel (1998) sowie das Gutachten zur „Kulturellen Bildung im Medienzeitalter“ von Pazzini (1999) im Auftrag der BLK angesehen werden. Während das erste Papier sehr stark auf das schulischen Lernen mit neuen Medien zentriert und dabei den konstruktivistischen Ansatz stark macht, weitet das zweite Papier den Blick auf den außerschulischen Bereich und öffnet damit die in letzter Zeit aufgekommene Engführung von Medienpädagogik auf schulische Prozesse hin zur Integration aller Bildungsinstitutionen in eine Medienerziehung.

Die Aufgaben der Medienpädagogik sind vielfältig: sie soll historisch die Einbettung der Medien in pädagogische Zusammenhänge rekonstruieren und gleichzeitig sich über die Zukunft der Medien in der Wissensgesellschaft Gedanken machen. Sie soll Orientierung für die medienpädagogische Praxis geben und dabei die aktuellen Trends beachten und gleichzeitig ihre Hinweise aber auch ausreichend wissenschaftlich fundieren.

Die Medienpädagogik steht aber auch in einem Dilemma: zum einen wird in der Öffentlichkeit sowie auch in der Bildungspolitik immer stärker ihre Bedeutung betont, wie dies etwa an dem Begriff der Medienkompetenz fest zu machen ist, zum anderen erfährt sie aber institutionell kaum Unterstützung. Zwar sind einige Professuren in der akademischen Ausbildung in den letzten Jahren zu den wenigen bestehenden hinzugekommen, aber diese können den momentanen und noch viel mehr den zukünftigen Bedarf in keiner Weise decken.

Neben der wissenschaftlichen Ausrichtung der Medienpädagogik gab es seit Anfang der achtziger im letzten Jahrhundert Ansätze und Umsetzungen berufsverbandlicher Organisation. Dazu gehört vor allem die Gesellschaft für Medienpädagogik und Kommunikationskultur (GMK), die durch den verstorbenen Medienpädagoge Dieter Baacke in Zusammenarbeit mit anderen bekannten Medienpädagoginnen und Medienpädagogen 1984 gegründet worden ist. Die GMK hat sich bis Ende der 90er Jahre zu einer wichtigen Organisation entwickelt, die durch Tagungen, Herausgabe von Büchern und medienpädagogischen Handreichungen sowie Projekten einen wichtigen Beitrag zur Etablierung medienpädagogischer Fragestellungen und Positionen in der Öffentlichkeit geleistet hat. Da aber die GMK verschiedene Praxisfelder der

Medienpädagogik vereinigte, war und ist die Zusammensetzung ihrer Mitglieder sehr heterogen; sie reicht von Studierenden über Journalisten, im schulischen und außerschulischen Bereich Tätigen bis zu Professoren der Medienpädagogik. Damit war zwar eine wichtige Basis für Diskussionen zwischen Theorie und Praxis und zwischen unterschiedlichen Arbeitsfelder von Medienpädagoginnen und Medienpädagogen geschaffen worden, aber der Zuschnitt auf die zentrale Frage der Aus- und Fortbildung bzw. die Frage des Ausbaus der akademischen Etablierung der Medienpädagogik ging dabei doch unter. Aus diesem Grund wurde 1994 auf dem Kongress der Deutschen Gesellschaft für Erziehungswissenschaft (DGfE) auf Initiative von Stefan Aufenanger und Dieter Baacke die Arbeitsgemeinschaft auf Zeit Medienpädagogik gegründet und dann auch vom Vorstand der DGfE anerkannt. Damit war ein wichtiger Schritt getan, um auch im Bereich der Hochschulen stärker medienpädagogische Themen zur Sprache bringen zu können. Die Form der Arbeitsgemeinschaft auf Zeit war bis 1999 eine Vorstufe zu einer Kommission, so dass die Medienpädagogik sich durch Tagungen sowie Publikationen zu bewähren hatte. Kommissionen präsentieren innerhalb der Deutschen Gesellschaft für Erziehungswissenschaft etablierte Teildisziplinen der Erziehungswissenschaft. Diesen Status sollte die Medienpädagogik erst 1999 erreichen.

Die AG Medienpädagogik sollte darüber hinaus zu wichtigen professionspolitischen Fragestellungen und Themen Stellungnahmen erarbeiten als auch Stellung nehmen. Als erstes Sprecherteam wurden in Bielefeld Stefan Aufenanger und Gerhard Tulodziecki gewählt. Auf der Geschäftssitzung der AG in Halle wurde Stefan Aufenanger als Sprecher, Renate Schulz-Zander und Dieter Spanhel als VertreterInnen für zwei Jahre gewählt. Seit dem DGfE-Kongress in Hamburg im Frühjahr 1998 ist Dieter Spanhel Sprecher und Ben Bachmair und Claudia de Witt bilden mit ihm zusammen das Sprecherteam; dieses wurde im Herbst 2000 auf der DGfE-Tagung in Göttingen wiedergewählt. Seit 1999 ist die Arbeitsgemeinschaft auf Zeit Medienpädagogik im Rahmen einer Strukturreform der DGfE aufgelöst worden und bildet nun zusammen mit der Umweltpädagogik eine eigene Sektion ‚Medienpädagogik und Umweltpädagogik'. Damit hat die Medienpädagogik nun endgültig einen gesicherten Status innerhalb der Erziehungswissenschaft erhalten.

Seit dieser Gründungsversammlung hat sich die AG bzw. Kommission regelmäßig zweimal jährlich zu Tagungen getroffen. Diese Tagungen sollten Diskussionen innerhalb der Arbeitsgruppe ermöglichen, aber auch ein Forum für Berichte über Forschungsarbeiten bieten.

Die Frühjahrstagung 1995 vom 23. und 24. Februar 1995 war die erste in einer Reihe von zehn und fand in Hamburg statt. Sie hatte das Thema „Medienpädagogik und Informationstechnische Bildung – Situation und Perspektiven in Forschung und Lehre". Die Beiträge stellten einen Situationsbericht der Medienpädagogik in Forschung und Lehre an deutschen Hochschulen dar. Die Herbsttagung vom 8. bis 9. Dezember 1995 in Dortmund befasste sich unter dem Thema „Lernen mit Neuen Medien – Gemeinsames Arbeitsfeld von Medienpädagogik und Informationstechnische Bildung?“ mit dem Verhältnis der beiden genannten Disziplinen. Die Beiträge zeigten dabei ihre jeweiligen Perspektiven und Schnittstellen auf.

Auf dem 15. Kongress der DGfE in Halle vom 11. bis 12. März 1996 organisierte die AG Medienpädagogik ihr erstes Symposium mit dem Thema „Multimedia – eine Herausforderung an Erziehung und Bildung?“. Die Referate gaben einen Überblick über den Diskussionsstand zur Thematik unter medienpädagogischer Perspektive. Ein besonderer Gast des Symposiums war Dr. Cornelia Brunner von ‚Center for Children and Technology‘ in New York. Neben diesem Symposium wurde außerdem noch eine Arbeitsgruppe durchgeführt, in der das Thema „Interkulturelles Lernen mit Medien“ diskutiert wurde.

Unter dem Titel „Modellversuche im Bereich schulischer Medienerziehung“ wurden am 6. und 7. Dezember 1996 in Nürnberg Erfahrungen über medienpädagogische Projekte ausgetauscht. Im Anschluss an eine große Tagung der Universität-Gesamthochschule Paderborn und der Bertelsmann Stiftung sowie der Heinz-Nixdorf-Stiftung zum Thema „Neue Medien – Neue Aufgaben für die Lehrerbildung“ war die AG Medienpädagogik Gast in Paderborn. Im gleichen Jahr traf sich die AG zu ihrer Herbsttagung vom 30. bis 31. Oktober 1997 in München. Dort hatten vor allen Nachwuchswissenschaftlerinnen und -wissenschaftler die Gelegenheit, ihre Forschungsarbeit den Kolleginnen und Kollegen zur Diskussion zu stellen.

Der Hamburger Kongress der DGfE im März 1998 bot nicht nur der AG Medienpädagogik wieder die Gelegenheit, ihre Arbeiten einem breiteren Fachpublikum zu präsentieren, sondern stellt auch mit seiner Thematik ‚Medien – Generation‘ einen wichtigen Wendepunkt innerhalb der Erziehungswissenschaft dar. Waren bis dahin medienpädagogische Themen nur randständig in der etablierten Mutterdisziplin vertreten, befasste sich nun ein ganzer Kongress mit Fragen von Erziehung und Bildung in der Mediengesellschaft. Die AG Medienpädagogik organisierte zusammen mit der Kommission ‚Pädagogik der Kindheit‘ ein gut besuchtes Symposium „Verlorene Generation? – Medienkompetenz und Medienkindheit heute“, an der ebenfalls wieder ein prominenter Gast – Melissa Phillips vom Media Workshop in New York – teilnahm. Darüber hinaus wurden von verschiedenen AG-Mitgliedern Arbeitsgruppen organisiert oder in anderen Symposien bzw. Arbeitsgruppen referiert.

Das Herbstreffen 1998 in Kassel gab mit seiner alltagsästhetischen Thematik eine guten Einblick in mediale Modernisierungsprozesse im Alltag von Kindern und Jugendlichen. Einen Einblick in die eigenen Profession bekam man auf der Frühjahrstagung 1999 in Dortmund, die zeitgleich und mit gleicher Thematik versehen mit der Professionspolitischen Konferenz der DGfE stattfand. Hier wurde ein Selbstvergewisserung des eigenen Standorts in der Ausbildung als auch in der Wissenschaft vorgenommen. Die Frage, wie Medien Institutionen verändern, beschäftigte das Herbsttreffen 1999 in Zürich.

Auf dem Göttinger Kongress der DGfE im September 2000 war die Kommission Medienpädagogik ebenfalls mit einem Symposium „Die Bedeutung der Medienpädagogik und Informationstechnischen Bildung beim Übergang von der Informations- zur Wissensgesellschaft“ sowie mehreren Arbeitsgruppen beteiligt. Die Frühjahrstagung 2001 in Mainz beschäftigte sich mit theoretischen sowie praktischen Fragen der Medienethik bzw. des Jugendmedienschutzes.

Die Kommission selbst hat in diesen Jahren ein wichtiges Papier zur Bedeutung der Medienerziehung in der Lehrerbildung erarbeitet und auch verabschiedet, welches in geringer Variation in zwei Papieren für eine Basis- bzw. Zusatzcurriculum „Medien und Informationstechnologien im Lehramtsstudium“ übergegangen ist. Da wird dann aufgezeigt, wie Medienerziehung in die Ausbildung von Lehrerinnen und Lehrern aussehen könnte und welche Themen sie auf einen kompetenten Umgang mit Medien sowie wie mit Medien in der Schule vorbereitet. Inzwischen bieten einige Universitäten in Nordrhein-Westfalen einen entsprechenden Zusatzstudiengang an.

Das vorliegende Jahrbuch ist der erste Band in einer geplanten Reihe, die jedes Jahr eine Publikation hervorbringen soll. Die Thematik des jeweiligen Jahrbuchs soll zwar nicht thematisch festgelegt werden, jedoch jene Themen präsentieren, die in der Medienpädagogik aktuell diskutiert werden. Außerdem soll Einblick in Arbeiten gegeben werden, die bisher noch nicht veröffentlicht wurden. Weiterhin soll das Jahrbuch Anregungen für innerdisziplinäre Debatten geben, die dann vielleicht auch wieder in einem folgenden Jahrbuch weitergeführt werden. Das Jahrbuch wird konzeptionell jeweils von den Sprecherinnen und Sprechern der Kommission Medienpädagogik in der Deutschen Gesellschaft für Erziehungswissenschaft geplant und auch herausgegeben. Da dieses Sprecherteam im Laufe der Zeit immer wieder wechselt, ist auch beim Jahrbuch sicher gestellt, dass eine Vielfalt hier präsentiert wird. Dieses Jahrbuch Medienpädagogik 1 umfasst eine Vielzahl von Beiträgen, die in den letzten Jahren in dieser Kommission bzw. vormals Arbeitsgemeinschaft Medienpädagogik gesammelt wurden. Da es sich hier um das erste Jahrbuch handelt, sind die Beiträge zwar nicht so aktuell wie ein Jahrbuch unterstellen würde, repräsentieren aber die Bearbeitung aktueller Themen. Die Herausgeber dieses Bandes danken allen Autorinnen und Autoren für ihre Geduld sowie Herrn Budrich vom Verlag Leske + und Budrich für seine Bereitschaft und Unterstützung dieses Projekt mitzutragen.

Medienpädagogik

Karl-Hermann Schäfer

Medienpädagogik als Teildisziplin der Allgemeinen Erziehungswissenschaft

Arbeit und Sprache, Interaktion und Kommunikation, sind die charakteristischen Kennzeichen des Menschen in der Geschichte des Abendlandes und der Menschheit.[1] In sozial gestalteten Arbeitsprozessen verwendet der Mensch Werkzeuge, Instrumente, Technologien und Medien, die das Leben des Menschen in der Geschichte bestimmen. Gleichzeitig aber ist es seine Aufgabe, sinnvolle Technologien und Medien zu produzieren und der nachwachsenden Generation einen pädagogisch verantwortbaren Umgang mit Technologien und Medien zu ermöglichen.

Arbeit und Sprache sind aber nicht nur anthropologische Kennzeichen, die helfen, den Menschen vom Tier zu unterscheiden, sondern sie bezeichnen zugleich gesellschaftliche Dimensionen. In Prozessen gesellschaftlicher Arbeit werden Werkzeuge verwendet, die im 20. Jahrhundert in einer rasanten Entwicklung einen technologischen Standard hervorgebracht haben, der viele Menschen in zunehmendem Maße aus dem Bereich der Arbeit und der praktischen Interaktion verdrängt und vertrieben hat. Eine gesellschaftliche Umschichtung von der Arbeit zur Sprache, von der praktischen Interaktion zur sozialen Kommunikation findet statt und breitet sich aus. Die Umschichtung von der Arbeit zur Sprache, von der Interaktion zur Kommunikation, wird begleitet von einer Entwicklung der Technologie von den interaktiven Werkzeugen hin zu den kommunikativen Werkzeugen. Die Entwicklung vom interaktiven Hammer hin zum kommunikativen Computer bestätigt diese Tendenz gesellschaftlicher Veränderung.

Ein Zeitalter geht zu Ende und ein neues beginnt. Die auf Arbeit bezogenen Grundlagen der Industriegesellschaft bleiben erhalten, aber die Industriegesellschaft verwandelt sich in eine Kommunikationsgesellschaft. Die neuen Medien sind kommunikative Werkzeuge und technologische Instrumente, welche die gesellschaftlichen Kommunikationsprozesse verbessern, be-

1 „Die Existenz einer strukturierten Sprache und der Gebrauch von Werkzeugen (tools) für unterschiedliche Verwendungszwecke sind die beiden äußerlichen Kennzeichen, in denen der Unterschied zwischen Tieren und Menschen zum Ausdruck kommt." J. Dewey, MW 13, 355.

schleunigen und eine neue Medienwirklichkeit aufbauen. Im 20. Jahrhundert hat sich die Medienwirklichkeit zu einer eigenen Erziehungs- und Bildungswirklichkeit entwickelt. Weil dies so ist, macht es wenig Sinn, die Medienwirklichkeit an einer Realität zu messen, die unabhängig von den Medien gedacht wird. Die scheinbar selbstverständliche Differenz von Lebenswelt und Medienrealität beginnt sich aufzulösen. Bekannt ist, daß „Wirklichkeit" immer schon sozial vermittelt ist und eine soziale Konstruktion darstellt. Ebenso muß die Medienpädagogik zur Kenntnis nehmen, daß die Wirklichkeit nicht nur sozial, sondern darüber hinaus in zunehmendem Maße eine medial vermittelte Wirklichkeit ist. Dieser Prozeß ist nicht abgeschlossen, und ich gehe zur Zeit noch davon aus, daß es uns prinzipiell möglich ist, eine nicht medial vermittelte Lebenswelt von der Medienrealität zu unterscheiden. Aber neue Wahrnehmungsmuster und neue Wahrnehmungsstrukturen entstehen und entwickeln sich. Ebenso wenig wie in der Geschichte der Ästhetik Dichtung und Malerei heute noch dem platonischen Kriterium der Mimesis oder der Nachahmung der Natur folgen, so wenig sind auch die Medien geneigt, ein ontologisches Kriterium anzuerkennen, das in einer vom Menschen unabhängigen Wirklichkeit jenseits der Medien anzusiedeln wäre.

Wenn die Kriterien zur Beurteilung der Medien nicht jenseits der Medien in einer ontologischen Realität zu finden sind, dann müssen die Kriterien der Beurteilung der Medien „diesseits" der Medien gesucht werden. Die Allgemeine Pädagogik ist eine pädagogische Prinzipienwissenschaft, deren Aufgabe die Erforschung und Entwicklung von Kriterien pädagogischen Denkens und Handelns ist. Wenn die Prinzipien der Allgemeinen Pädagogik zugleich Prinzipien und Beurteilungskriterien der Medienpädagogik sind, dann ist es Aufgabe der Medienpädagogik, mit diesen Prinzipien zu arbeiten, denn Medienprobleme, oder genauer formuliert die pädagogische Auseinandersetzung mit den Medien, stehen *nicht* im Zentrum der Aufmerksamkeit der Allgemeinen Pädagogik.

Veränderungen im gesellschaftlichen Umfeld muß auch die Medienpädagogik zur Kenntnis nehmen. Die Welt außerhalb des Bildungs- und Schulwesens hat sich verändert und die Schule und alle Bildungseinrichtungen müssen auf diese Veränderungen nicht bloß reagieren, sondern Konzepte entwickeln, die den Anforderungen des 21. Jahrhunderts gerecht werden. Elemente müssen in die Schulen eingeführt werden, die die Heranwachsenden aus ihrer Passivität, ihrer Rezeptivität und aus ihrem Motivationsverlust herausnehmen, sie aktiv und aufmerksam machen und ihnen die Freude an ihrer Arbeit zurückgeben. Kommunikationsprozesse, die eine soziale Signifikanz besitzen und die gesellschaftlich bedeutsam sind, müssen im Bildungswesen ihren angemessenen Ort finden. Und wenn dies der gesellschaftliche Konzentrationspunkt ist, in dem die Aktivitäten der Heranwachsenden auf die Medien treffen, und wenn dort kommunikative Erfahrungsprozesse Gestalt gewinnen, dann muß genau dieser Punkt von der Medienpädagogik ins Zentrum gerückt werden.

1. John Deweys Konzeption einer Allgemeinen Erziehungswissenschaft

Erziehungswissenschaft ist jene wissenschaftliche Disziplin, die auf erfahrungswissenschaftlicher und methodischer Grundlage und unter Beachtung der Resultate und Methoden der Nachbarwissenschaften gesellschaftliche Praxisfelder der Erziehungswirklichkeit erforscht. Sie ist Allgemeine Erziehungswissenschaft oder Allgemeine Pädagogik, weil sie mit Hilfe wissenschaftlicher Methoden die Sinnstrukturen der Erziehungswirklichkeit in Gegenwart und Geschichte untersucht und weil ihre Zielperspektive in ihren theoretischen Grundlagen und systematischen Grundbegriffen zum Ausdruck kommt.

Nach dieser Begriffsbestimmung von Allgemeiner Erziehungswissenschaft soll daran erinnert werden, daß im Kontext der Allgemeinen Erziehungswissenschaft verschiedene Richtungen oder Strömungen nebeneinander bestehen, von denen an dieser Stelle eine Variante der Kritischen Erziehungswissenschaft und zwar die pragmatistische Form der Kritischen Erziehungswissenschaft dargestellt werden soll, die an Charles Sanders Peirce (1839-1914), William James (1842-1910) und vor allem an John Dewey (1859-1952) anknüpft. Die Pädagogik des Pragmatismus vertritt eine handlungs- und eine sprachtheoretische Auffassung von Erziehungswissenschaft. In den Mittelpunkt seiner Allgemeinen Pädagogik rückt John Dewey nicht kognitive Wissensbestände, die vom praktischen Horizont der Lebenswelt abgekoppelt sind und ein von der gesellschaftlichen Lebenswelt getrenntes Dasein führen, sondern handlungs- und sprachorientierte Erfahrungsprozesse, die in den praktischen Kontext der Lebenswelt eingebettet sind. Dem Geheimnis der Erfahrung auf der Spur strebt John Dewey nach einer Erneuerung der Erziehungswissenschaft. Er sucht zum einen nach einer Grundlage, die das Gebäude der Erziehung zu tragen, und zum anderen nach einer Zielvorstellung, die den Erziehungsprozessen eine Richtung zu geben vermag. Diese Grundlage besteht aus miteinander verbundenen Bausteinen, die aus praktischer Handlung, dem Erlebnis im Zusammenhang mit der Sinnlichkeit des Sehens und des Hörens und der Sprache als praktischer Kommunikation bestehen. Die Erziehungsprozesse müssen dementsprechend in dieses sinnlich sichtbare praktische Fundament eingebettet werden. Die Zielvorstellung, die den Erziehungsprozessen die Richtung ihrer Entwicklung weist, besteht aus ästhetischen Formen der Erfahrung, deren Inhalte die freiheitlichen Möglichkeiten einer partizipatorischen Demokratie benötigen.

1.1 Die beiden Grundbegriffe der Allgemeinen Erziehungswissenschaft: Handlung und Erfahrung

Nicht das gesamte systematische Gefüge der Allgemeinen Erziehungswissenschaft, sondern die beiden Grundbegriffe – Handlung und Erfahrung – sollen an dieser Stelle vorgestellt werden. John Dewey geht vom Primat tätigen Lebens aus und organisiert seine Modellschule, die Laborschule, nach dieser paradigmatischen Vorstellung. Praktische Handlungsprozesse sind am ehesten geeignet, das Leben mit Sinn und Bedeutung zu erfüllen. Die Polarität von praktischer Arbeit und theoretischem Sinn bestimmt daher den Aufbau seiner Pädagogik und der Erziehungsprozeß muß zunächst die Form eines praktischen Handlungsprozesses annehmen.

Praktische Handlungen gehen von „Impulsen" aus, die das vererbte Energiepotential des Menschen darstellen. Die Basis von Deweys Theorie der praktischen Handlungen bilden relativ vage, am Anfang des menschlichen Lebens noch relativ undeutliche, formlose und fast richtungslose Impulse, die vage Handlungstendenzen darstellen, die nach Äußerung drängen und danach streben, sich als Handlungen zu verwirklichen. Sie können ihre endgültige Gestalt als vollwertige Handlungen aber nur erreichen, wenn eine vom Erzieher gestaltete Umgebung den Handlungen die angemessene Richtung ihrer Entwicklung weist, damit die sich in der Zeit vollziehenden Handlungsprozesse durch die Anleitung einer gestalteten Umgebung ihre angemessene Form finden können.

Die Impulse sind im menschlichen Körper verankert, der mit einem Bewußtsein ausgestattet ist. Impulse haben im menschlichen Organismus ihren Ursprung und streben danach, sich in einer angemessenen Umgebung zu verwirklichen. Die Impulse finden ihren Ausdruck zunächst einmal in den primären Bedürfnissen und sind auf die jeweilige Umgebung der Bedürfnisse ausgerichtet, in der sie über die primären Bedürfnisse vermittelt ihre Befriedigung finden.

In den Schriften John Deweys, die sich auf die Laborschule beziehen, werden drei fundamentale und primäre Bedürfnisse genannt, deren Befriedigung das physische Überleben des Menschen sichern. Die primären Bedürfnisse nach Nahrung, Kleidung und nach einer Wohnung sind fundamental für den Menschen und die praktischen Tätigkeiten der Arbeit mit Holz, Metall und Pappe, das textile Gestalten und das Kochen sind daher auch die artikulierenden Zentren des praktischen schulischen Lebens in Deweys Laborschule, die die Basis der eher theoretischen Schulfächer bilden.[2]

In Deweys Laborschule sind Erziehungsprozesse zunächst praktische Prozesse, in denen die Schüler Akteure sind, sich praktisch betätigen und sich in ihren praktischen Erziehungsprozessen äußern. In der Laborschule interagieren „Kinder"[3], um ihre Umwelt zu entdecken. Sie handeln im Kontext der Laborschule und äußern in ihren Handlungen ihre Bedürfnisse. Auf diese

---

2 Vgl. K.-H. Schäfer, Die Laborschule der Universität von Chicago und die Interaktionspädagogik John Deweys, in: F. Baumgart u.a. (Hg.), Emendatio rerum humanarum, Erziehung für eine demokratische Gesellschaft, Festschrift für Klaus Schaller, Frankfurt am Main, Bern, New York 1985, S. 217-237.

3 Die in der Laborschule tätigen Schüler werden nicht „Schüler", sondern „Kinder" genannt, damit ihre individuelle Ich-Identität im Kontext der Schulgemeinschaft nicht in einem Rollenklichée verloren geht.

Weise wird sichtbar, daß zum einen die Bedürfnisstruktur der Heranwachsenden in den praktischen Handlungen zum Ausdruck kommt. Zum anderen finden diese Handlungen im Kontext von Deweys Laborschule statt. Die „Umgebung", in der die Handlungen sich vollziehen, gibt den Handlungen ihre Richtung und ihre Form. Der Lehrer als Erzieher der Heranwachsenden gestaltet den Arbeitsraum so, daß die Handlungen so geformt werden, daß sie ein Ergebnis erzielen, das den Ansprüchen der Schule genügen kann. Die in der Dewey-Schule sich vollziehenden Handlungen der Kinder können daher von zwei Gesichtspunkten aus betrachtet werden. Sie können von den individuellen Bedingungen der Heranwachsenden und von den objektiven Bedingungen der Schulumgebung aus interpretiert und verstanden werden. Zum einen sind Handlungen stets in einem Individuum verankert, das „Ich" zu sich sagen kann und das daher ein „Selbst" ist. Allen Handlungen muß daher das Kennzeichen der Ichbestimmtheit zugeordnet werden. Und zum anderen finden Handlungen ihr Ziel stets in sozialen Situationen und deshalb ist die Zielgerichtetheit von Handlungen ein wesentliches Merkmal aller Handlungen.

Erfahrung ist neben der Handlung der zweite Grundbegriff von Deweys Allgemeiner Pädagogik, die daher auch zu Recht eine Erfahrungspädagogik genannt wird. Erfahrungen sind Resultate von tätigen Prozessen. In seinen Werken unterscheidet John Dewey die Innenseite von der Außenseite der Handlung. Die Psychologie erforscht nach Dewey die Innenseite der Handlung und fragt nach den Impulsen, jenen zu Beginn noch fast richtungslosen Handlungstendenzen, den Emotionen und Wünschen, den unbewußten und den bewußten Absichten, den Intentionen und den Handlungsplänen, die allesamt zur Innenseite der Handlung und somit zum Zusammenhang der inneren Erfahrung gehören. Auf der anderen Seite untersucht die Soziologie die beobachtbare Außenseite der Handlungen. Die Ziele und Zwecke von Handlungen, die im Ergebnis von Handlungsprozessen ihre Realisierung in den Produkten von Handlungen finden, gehören zur Außenseite der Handlung und der Erfahrung. Äußere Erfahrungen werden im Umgang mit den Handlungen selbst und mit den Produkten von Handlungen gewonnen. Zur äußeren Erfahrung im soziologischen Sinn zählen auch die Erwartungen der Eltern und Lehrer, die mit ihren Erwartungen Einfluß auf die Handlungsbereitschaft und auf die Gestaltung von Handlungen der Zu-Erziehenden nehmen.[4]

1.2 Die beiden pädagogischen Kriterien der Erfahrung: Wechselwirkung und Kontinuität

Die Allgemeine Erziehungswissenschaft oder die Allgemeine Pädagogik John Deweys ist Theorie der Erziehungswirklichkeit, wobei die letztere mehrere Komponenten aufweist, die in einen gesellschaftlichen Kontext einge-

4 Vgl. K.-H. Schäfer, Grundbegriffe der Pädagogik II, Interaktion, Kommunikation, Dialektik, Studienbrief, FernUniversität Hagen 1985, S. 81.

bettet sind. Die Erziehungswirklichkeit ist ein Gefüge von drei Komponenten, das aus dem Zu-Erziehenden, der Welt in der Vielfalt ihrer Bezüge und dem Erzieher besteht. Erziehungsprozesse gehen von dem Zu-Erziehenden aus und schlagen eine Brücke zur Vielfalt dessen, was Welt genannt wird. Die Hauptachse der Allgemeinen Erziehungswissenschaft ist somit die edukative Relation zwischen dem Zu-Erziehenden einerseits und der Welt andererseits, wobei diese Beziehung durch Erziehungsprozesse aufgebaut wird, die der Erzieher vermittelt.

Der Erziehungsbegriff, der hier verwendet wird, hat einen weiten Begriffsumfang und ist die Übersetzung des englischen Begriffs „education", der Erziehungsprozesse im engeren Sinne ebenso wie auch Unterrichts- und Bildungsprozesse umfaßt. Wenn Erziehungsprozesse gelingen, finden in ihnen die subjektiven Bedingungen des Zu-Erziehenden wie die objektiven Bedingungen der Situation oder der Umgebung ihren angemessenen Ausdruck. Und der Erziehungsprozeß selbst fungiert metaphorisch gewendet als eine Brücke, die die beiden einander gegenüber stehenden Momente der subjektiven und der objektiven Bedingungen miteinander „vereint". Den Bedürfnissen gelingt es, die subjektiven Bedingungen des menschlichen Organismus mit den objektiven Bedingungen der Umgebung zu verbinden. Das Bild oder die Metapher vom gelingenden Brückenschlag, der die subjektiven Bedingungen des individuellen Menschen mit den objektiven Bedingungen der sozialen Situation oder der Umgebung zusammenschließt, stellt ein Grundmuster Deweyschen Denkens dar.

Stefan Aufenanger hat darauf aufmerksam gemacht, daß die Prinzipien der Allgemeinen Pädagogik auch zugleich als Prinzipien der Medienpädagogik aufgefaßt werden können, insofern sie das genuin Pädagogische auszudrücken vermögen.[5] Auf der Suche nach den Prinzipien pädagogischen Denkens und Handelns geht John Deweys Interaktionspädagogik von einem Gegenüber oder einer spannungsreichen Polarität zwischen den individuellen Ansprüchen der Zu-Erziehenden und den gesellschaftlichen Anforderungen aus. Auf der einen Seite steht der Zu-Erziehende als ein Individuum mit seinen vergleichsweisen ungeformten, noch unreifen Impulsen und auf der anderen Seite stehen die Anforderungen der Gesellschaft, die über eine vom Lehrer vorbereitete und strukturierte Umgebung auf die Erziehungsprozesse einwirken. Das genuin Pädagogische ist für John Dewey die Mitte zwischen den beiden Seiten der Erziehung, die in dem Individuellen und dem Gesellschaftlichen ihren angemessenen Ausdruck finden. Die richtige Mitte zwischen Unter- und Überforderung zu finden, das ist die zentrale Aufgabe des erziehenden Lehrers und die Allgemeine Pädagogik hilft, die Rahmenvorgaben theoretisch zu klären.

Eine solche Pädagogik, die von der Erfahrung eine Erneuerung der Erziehung und Bildung erwartet, muß Kriterien angeben können, die in der La-

---

5 Stefan Aufenanger in einem unveröffentlichten Thesenpapier einer Sitzung der AG Medienpädagogik der Deutschen Gesellschaft für Erziehungswissenschaft aus dem Jahre 1997.

ge sind, pädagogisch wertvolle von pädagogisch wertlosen Erfahrungen zu unterscheiden. John Dewey nennt zwei Hauptprinzipien oder zwei Kriterien, die als pädagogische Maßstäbe fungieren können, um Erfahrungen beurteilen zu können, die Heranwachsende machen.

Wenn Dewey darauf hinweist, daß jede Handlung von einer Innenseite und einer Außenseite aus interpretiert werden soll, dann wird zugleich einsichtig, daß auch die Erfahrung dieselbe Struktur aufweisen muß. Schließlich ist Erfahrung das Resultat oder das Ergebnis einer Handlung. Und daher findet die Struktur der Handlung in der Struktur der Erfahrung ihren Niederschlag. „Der Begriff der Wechselwirkung („interaction") ... bezeichnet das ... Hauptprinzip der Interpretation einer Erfahrung in ihrer erzieherischen Funktion und Wirkung. Er, der Begriff der Wechselwirkung, schreibt sozusagen beiden Seiten der Erfahrung gleiche Rechte („equal rights") zu – den objektiven und den internen Bedingungen. Jede normale Erfahrung ist ein Wechselspiel („an interplay)" dieser beiden Komponenten der Erfahrung. Zusammengenommen oder in ihrer Interaktion und d.h. in ihrer Wechselwirkung formen sie das, was wir ‚Situation' („situation") nennen."[6]

Das erste Kriterium der Erfahrung ist *die „Wechselwirkung"*, die besagt, daß Erfahrungen nur dann pädagogisch wertvolle Erfahrungen genannt werden dürfen, wenn den objektiven Bedingungen der Situation ebenso wie den internen oder den subjektiven Bedingungen der Situation „gleiche Rechte" („equal rights") eingeräumt werden.[7]

Das zweite Kriterium der Erfahrung, das uns erlaubt, wertvolle pädagogische Erfahrungen von wertlosen Erfahrungen zu unterscheiden, *ist das Prinzip der Kontinuität.* Es besagt, daß wirkliche Erfahrungen ein „continuum", einen lückenlosen Zusammenhang bilden, der entlang einer Zeitlinie angeordnet ist und Teilerfahrungen, die in unterschiedlichen Situationen gewonnen werden, miteinander verbindet. „Von diesem Standpunkt aus bedeutet die Kontinuität der Erfahrung, daß jede Erfahrung ebenso von den vorausgegangenen Erfahrungen beeinflußt ist, wie sie ihrerseits die Qualität der nach ihr folgenden Erfahrungen modifiziert."[8]

In einem Seminarplan für seine Studenten erläutert John Dewey Sinn und Bedeutung von Erfahrung und geht dabei von einer präreflexiven und d.h. vorbewußten Einheit von Umgangsweisen und der Inhaltlichkeit der Gegenstände des Umgangs aus, die unterhalb der Ebenen der Umgangsweisen angesiedelt sind. Diese präreflexive Dimension der Lebenswelt gehört gleichwohl zur Erfahrung und d. h. zu einer präreflexiven Dimension von Erfahrung, die allen konkreten Umgangsweisen von Erfahrung vorgelagert bleibt und die einen einheitlichen und ungeteilten Horizont bildet, den John Dewey

---

6 J. Dewey, Experience and Education, in: LW 13,24 ; J. Dewey, Erfahrung und Erziehung, in: Psychologische Grundfragen der Erziehung, München 1974, S. 264

7 J. Dewey, Experience and Education, LW 13, 19; J. Dewey , Erfahrung und Erziehung, in: Psychologische Grundfragen der Erziehung, München 1974, S. 259

8 J. Dewey, Experience and Education, LW 13, 19; J. Dewey, Erfahrung und Erziehung, in: Psychologische Grundfragen der Erziehung, München 1974, S. 259

die Totalität der Erfahrung nennt. „Das Wort „Erfahrung“ bedeutet nicht, daß die Prozesse und die Modi des Erfahrens von dem abgetrennt werden, was erfahren und gelebt wird. Der philosophische Wert dieses Begriff besteht darin, auf die Einheit oder die Totalität hinzuweisen, zwischen dem, was erfahren wird, und der Art und Weise, wie es erfahren wird. Diese Totalität der Erfahrung wird sozusagen „aufgebrochen“ und auf sie wird Bezug genommen in wissenschaftlichen Unterscheidungen oder durch solche Worte wie „Welt“, „Dinge“ und „Objekte“ auf der einen Seite und „Geist“, „Subjekt“, „Person“ und „Bewußtsein“ auf der anderen Seite.“[9]

Die Einheit und Totalität der Erfahrung ist die Tiefendimension der Erfahrung, die im Kontext der Lebenswelt zunächst unvermittelt und vorausgesetzt bleibt, die sodann in dem Gegenüber von Umgangsarten und den Gegenständen des Umgangs in der Form geteilter Erfahrung vermittelt wird und die dann unverkürzt in der ästhetischen Erfahrung als eine einheitliche und vollendete Erfahrung zum Ausdruck kommt. An dieser Stelle knüpfe ich an John Dewey an und entwickele seine Konzeption produktiv in eine Richtung weiter, die zur Medienpädagogik führt.

1.3 Das Apfel-Beispiel

Wenn wir wissen wollen, was Erfahrung wirklich ist, und aus welchen Komponenten Erfahrung besteht, ist es sinnvoll, John Deweys Erläuterungen auf unsere eigenen Erfahrungen zu beziehen. In einem Seminarplan zeigt John Dewey auf, welche Erfahrungen ein Kind mit einem Apfel macht. Dieses bekannte Apfel-Beispiel greife ich auf und entwickele es produktiv weiter, so daß an diesem Beispiel nicht nur John Deweys Prinzipien der Erfahrung, sondern auch die Grundstrukturen der kommunikativen Medienpädagogik auf eine prinzipielle Weise sichtbar werden.

Erfahrung ist zum einen „geteilte Erfahrung“, wobei die objektive Erfahrung oder die Erfahrung, die wir mit einem „Objekt“ oder einem Gegenstand machen, der subjektiven Erfahrung oder der Erfahrung eines menschlichen „Subjekts“ gegenübersteht. Wenn subjektive und objektive Erfahrung einander gegenüberstehen, dann sind diese beiden Seiten der Erfahrung voneinander getrennt, und eine Grenze zwischen subjektiver und objektiver Erfahrun bestimmt ihre Grundstruktur. Solche Erfahrungen, die diesem Typus oder diesem Muster folgen, nennen wir „geteilte Erfahrungen“.

Zum anderen ist Erfahrung „einheitliche Erfahrung“, wenn es der Erfahrung gelingt, die Trennungslinie oder die Grenze, die die subjektive von der objektiven Erfahrung trennt, aufzuheben, zu tilgen oder aufzuzehren. In der ästhetischen Erfahrung gelingt dies und der Mensch, der ganzheitlich und einheitlich ästhetisch erlebt, erinnert sich vielleicht an jene vorausgesetzte Einheit von Mensch und Welt, die John Dewey die Totalität der Erfahrung nennt.

---

9 J. Dewey, Syllabus, Types of Philosophic Thought, MW 13, 351.

Dewey weist an einer Stelle seines umfassenden Werkes[10] darauf hin, welche widersprüchlichen Erfahrungen Heranwachsende mit einem Apfel machen können. Aus der Perspektive von Erwachsenen ist ein Apfel zunächst einmal ein Gegenstand, der ein süßes, hartes und gelb-rotes Ding darstellt. Als ein Gegenstand steht der Apfel dem Menschen als einem Subjekt oder Träger von Prozessen des Handelns, des Erlebens, des Kommunizierens und des reflektierenden Denkprozesses gegenüber. Prozesse, die auf den Apfel zielen, bilden die subjektive Erfahrung des Menschen und der Gegenstand dieser Prozesse ist das, was wir die objektive Erfahrung nennen. Das Ganze der Erfahrung zerfällt also in zwei Teile, und daher sprechen wir in diesem Fall von „geteilter Erfahrung“.

Von einem anderen Gesichtspunkt aus, den wir den ästhetischen nennen, ist der Apfel „nicht zuerst etwas, das ertastet, gefühlt und gesehen wird („not something tasted, felt, seen“). Er ist nicht ein süßes, hartes und gelbes Ding, sondern er ist „tasting, touching, seeing.“ Ein Apfel ist die Einheit von Erfahrung als Prozeß und als das, was erfahren wird. Im Prozeß der hantierenden, erlebenden, schmeckenden, berührenden und sehenden Erfahrung gibt es keine Trennung zwischen dem Ich („me“) und dem Nicht Ich („not-me“). „Von unseren Wurzeln her (at root) sind wir praktische Lebewesen, die in und mit praktischer Tätigkeit beschäftigt sind. Zu allererst konstituiert diese Praxis unser Selbst und die Welt der Realität. Und da gibt es keine Trennung“.[11]

Beziehen wir diese theoretische Einsichten aud das Apfel-Beispiel, dann können wir den Apfel entweder als einen Gegenstand betrachten und ihn als ein Beispiel für eine „geteilte Erfahrung“ nehmen oder wir können seine Schönheit bewundern und uns an den Einklang von Mensch und Welt im ästhetischen Genießen des Apfels erinnern. In diesem zweiten Fall nehmen wir die ästhetische Apfel-Erfahrung als ein Beispiel „einheitlicher und ungeteilter Erfahrung“.

Schaubild 1: Das Apfelbeispiel

Päd. Prinzipien	**Apfel-Erfahrung** theoretisch		**Apfel-Erfahrung** in ihrer Differenzierung	
Wechselwirkung	These	Antithese	Handeln	das Zuhandene
	Umgangsarten	**Gegenstände**	Erleben	das Erlebte
			Kommunizieren	das Gesagte
Kontinuität	Synthese		**Ästhetisches Genießen**	
	Einheit der Erfahrung			

Wenn wir den Apfel durch die Kraft reflektierenden Denkens als einen „Gegen-Stand“ betrachten, der von uns getrennt sein Dasein hat und uns gegenübersteht, und wenn wir auf diese Weise eine Trennungslinie zwischen uns und dem Apfel aufrichten, dann führt dieser Weg zu den Umgangsarten, dem

10 vgl. J. Dewey, LW 17, 155.
11 J. Dewey, LW 17, 155.

praktischen Handeln, dem Erleben, dem Kommunizieren und dem Reflektieren, das wir als Bestandteil der Kommunikation auffassen. Alle diese Umgangsarten weisen auf Gegenstände hin, sind zugleich von ihnen getrennt und sind insofern Paradigmata für geteilte Erfahrung.

Wenn ein Apfel gepflückt, transportiert und gewaschen wird, dann geht es hier um die Umgangsart des praktischen Handelns, dessen Gegenstand der Apfel als das unmittelbar „Zuhandene" ist. Für die Umgangsart des Erlebens ist sein Gegenstand der „erlebte Apfel", in dessen imaginativ vorgestellte Erlebniswelt der Erlebnishungrige in der Vorfreude des Genießens eintaucht, die Trennungslinie von subjektiver und objektiver Erfahrung überschreitet und gerade damit und dadurch bestätigt. Und für die Umgangsart der Kommunikationsorientierung sind Gegenstände der Kommunikation das „Ausgesprochene", das „Ausgesagte" und überhaupt alle Aussagen, die sich als theoretische Erfahrungen auf einen Apfel beziehen können. Die theoretische Dimension der Erfahrung eines Apfels wird z.B. in folgenden biologischen Aussagen angesprochen "Der Apfelbaum, Pyrus malus, gehört zu einer Untergattung der Gattung Pyrus (Fam. Rosaceae). Die Formengruppe Malus communinis pumila gilt als wichtigste Stammform der europäischen und amerikanischen Kultursorten. Im Kaukasus und in Turkestan hat sie ihr Häufigkeitszentrum. Hier gibt es wilde Apfelwälder."[12] Hier im Kontext der Kommunikationsorientierung der Erfahrung findet auch die Medienkritik ihren systematischen Ort.

Der Akt des tatsächlichen Genießens des Apfels oder der Biß in den Apfel kann nur dann zu Recht ein ästhetischer Ausdruck genannt werden, wenn die Erfahrung der Einheit von subjektiven und objektiven Komponenten der Erfahrung auch tatsächlich gemacht wird. Ein solches ästhetisch-praktisches Einheitserlebnis hat sich von allen reflektierenden Beimischungen befreit, die nur „Subjekt-Objekt-Spaltungen" hervorrufen, und dadurch die ästhetische und lustvoll empfundene Einheit von Mensch und Apfel stören. Selten wird der ästhetisch Empfindende ein solches ästhetisches Ereignis erleben, weil ästhetische Erfahrung einerseits in die Alltagserfahrung verwoben ist und weil eine solche ästhetische Erfahrung andererseits einen Erfahrungstypus darstellt, der der Alltagswirklichkeit in gewisser Weise enthoben ist. John Deweys „Art as Experience"[13] thematisiert diese Zusammenhänge und versteht sich als Theorie der ästhetischen Erfahrung, die zum einen im alltäglichen Kontext der Lebenswelt verankert ist und zum anderen eine spielerische Freiheit gegenüber dem Horizont der Lebenswelt für sich beansprucht und daher nur solchen Erfahrungen das Prädikat des Ästhetischen zuspricht, die in diesem Sinne vollendete Erfahrungen sind.

---

12 Vgl. Brockhaus Enzyklopädie in zwanzig Bänden, Wiesbaden 1966, Stichwort: „Apfel." Vgl zu diesem Absatz das Kapitel 2.2.2.: Die Heranwachsenden und die Formen des Umgangs mit den Medien.

13 John Dewey, Art as Experience, in LW 10; und John Dewey, Kunst als Erfahrung, surkamp taschenbuch wissenschaft, Frankfurt a. M. 1988.

2. Kommunikative Medienpädagogik

Die Theoriebildung der Medienpädagogik folgt einer *vertikal-geschichtlichen und einer horizontal-systematischen Entwicklungslinie.* Die vertikale Linie führt zurück in die Geschichte und in die Vergangenheit. Sie fragt wirkungsgeschichtlich zum einen nach den medienpädagogischen Verarbeitungsformen und zum anderen nach den medienpädagogischen Inhalten und den Präsentationsformen, Speicherformen und Kommunikationsformen, die sich im Laufe der Geschichte der Medientechnologie entwickelt haben. Die Verarbeitungsformen haben in je spezifischer Weise zu pädagogischen Formen des Umgangs mit den Medien einer bestimmten Zeit geführt. Auf diese Weise entstand und entwickelte sich die Geschichte der Medienpädagogik.

Wegen der zuerst langsam und stetig sich vollziehenden Entwicklung der Medientechnologie, ihrer Formen und ihrer Inhalte in den vergangenen dreitausend Jahre Weltgeschichte und der sich im 20. Jahrhundert beschleunigenden Entwicklung der elektronischen Technologie können von der Geschichte der Medienpädagogik in verhältnismäßig kurzen Zeitabständen zuverlässige und relevante Forschungsergebnisse erwartet werden. Hinzu kommt, daß der zeitliche Abstand und die distanzierte Beobachtung den Überblick über die Geschichte verbessert, den Blick schärft und das Urteil über Medienereignisse der Geschichte erleichtert.

Die horizontale Linie der Theoriebildung der Medienpädagogik hingegen fragt nach Konzeptionen der Medienpädagogik, die in der Gegenwart angesiedelt sind und die gleichsam nebeneinander stehen und von unterschiedlichen Ansätzen aus die medienpädagogischen Praxisfelder auslegen. Die horizontale Betrachtungsweise führt auf diese Weise zur Entwicklung einer Systematischen Medienpädagogik, die als Teildisziplin der Allgemeinen Erziehungswissenschaft nach den Prozessen und Strukturen von medienpädagogischen Praxisfeldern fragt und das Resultat dieser Forschungsprozesse in einem dynamisch aufgebauten medienpädagogischen Sinngefüge zusammenfaßt.

2.1 Zur Geschichte der Medienpädagokik

Die Geschichte der Medienpädagogik vollzieht sich vor dem Hintergrund der Entwicklung der Medientechnologie. E. Havelock, H. Innis und M. McLuhan haben die „Toronto School of Communication" begründet und die Entwicklung der Medientechnologie in den vergangenen dreitausend Jahren erforscht.[14]

---

14 Eric A. Havelock, Preface to Plato, Cambridge 1963; Harold A. Innis, The Bias of Communication, Introduction by Marshall McLuhan, Toronto 1951; Claude Levi-Strauss, La Pensée Sauvage, 1962, translated from the French: The Savage Mind, London 1966; Marshall McLuhan, The Gutenberg Galaxy, Toronto 1962; Rosalind Thomas, Literacy and Orality in Ancient Greece, Cambridge 1992.

Soweit das menschliche Gedächtnis und die Aufzeichnungen vergangener Epochen dies zulassen, beginnt die Geschichte der Medien mit der oraler Kultur Griechenlands, die ihren sinnlichen und hörbaren Ausdruck in den Werken Homers gefunden hat. Die „orale" Kultur der Griechen ist zunächst „mündlich" überliefert worden. Oralität bezeichnet die „mündliche" Überlieferungsform einer Kultur.

Ein Medienereignis von beispielgebender Form und inhaltlicher Vollendung steht am Anfang der Entwicklung der Kultur des Abendlandes. Die Epen Homers, die Ilias und die Odyssee, sind das erste Medium in der Geschichte der Medien, in denen die orale Kultur der Griechen der mykenischen Adelsgesellschaft zum Ausdruck kommt. Geschildert werden die sagenhaften Ereignisse des Kampfes um Troja, das auf das 13. vorchristliche Jahrhundert datiert wird. Komponiert wurden die Epen vermutlich nicht von einem einzelnen Dichter Homeros, sondern von Generationen von Rhapsoden, die anläßlich von Festen und Feiern heranwachsenden Griechen die Werke in einer Art von Sprechgesang vortrugen und sich selbst auf der Khitara begleiteten. Nach einem Datierungsvorschlag von R. Janko[15] entstanden die Werke Homers etwa im 8. vorchristlichen Jahrhundert und wurden der Nachwelt über eine orale und das bedeutet eine mündliche Tradition von Generation zu Generation weitergegeben, bis etwa im 6. vorchristlichen Jahrhundert oder früher das griechische Alphabet erfunden wurde und die Werke Homers, wie sie der Einfachheit halber noch heute genannt werden, ihre schriftliche Form fanden.

Die Medienentwicklung führt sodann über die Erfindung des griechischen Alphabets etwa zwischen 800 und 600 a. Chr. n. zu einer literalen Manuskriptkultur, deren Grundlage zunächst Papyrusrollen und Bücher aus Pergament waren, bis im hohen Mittelalter bereits auch handgeschriebene Bücher aus Papier hergestellt werden konnten. Vermittelt über die lateinische Sprache der Römer fand die literale Kultur im Mittelalter ihre Fortsetzung. Neben der literalen oder der schriftlichen Form existierten orale Kulturformen im Mittelalter und bis weit in die Neuzeit hinein weiter, weil der weitaus größte Teil der mittelalterlichen Bevölkerung weder lesen noch schreiben konnte und insofern einer oralen kulturellen Form verhaftet blieb.

1450 p. Chr. n. erfand Gutenberg in Mainz das Drucken mit beweglichen Lettern und eröffnete damit das Zeitalter der Printmedien, das um 1900 durch das Zeitalter der elektronischen Medien ergänzt oder abgelöst wurde. Damit gelang ein Durchbruch in ein neues digitales Zeitalter, dessen Folgen wir heute in seiner ganzen Tragweite vermutlich noch nicht richtig einschätzen können.

15 Richard Janko, Homer, Hesiod and the Hymns: Diachronic Development in Epic Diction, Cambridge: Cambridge University Press 1982, pp. 228 – 231.

2.2 Zur Systematischen Medienpädagogik

2.2.1 Die Frage nach der pädagogischen Medienpraxis

Im Zentrum der Aufmerksamkeit der Medienpädagogik steht nicht die Frage, was Medien als solche sind. Eine solche Frage ist nur von einem nachgeordneten Interesse, weil die Medienpädagogik nicht die Aufgabe hat, eine Medientheorie zu entwickeln. Die Medientheorie gehört zu den Bezugsdisziplinen der Medienpädagogik und ist insofern für die Medienpädagogik nur von einem relativen Interesse. Von einem zentralen Interesse aber ist für die Medienpädagogik die Frage nach der pädagogischen Qualität der Relation zwischen den Mediennutzern der heranwachsenden Generation einerseits und den Medien in ihrer Gesamtheit andererseits.

Das Verhältnis zwischen den heranwachsenden Mediennutzern auf der einen Seite und der Vielfalt der Medien auf der anderen Seite steht im Mittelpunkt der Medienpädagogik. Die zentrale Fragestellung der Medienpädagogik richtet sich auf das pädagogisch zu qualifizierende Verhältnis von Mediennutzern und Medien. Weil es sich hier um eine Verhältnisbestimmung handelt, kann dieses Verhältnis von der Seite der Mediennutzer und von der Seite der Medien aus betrachtet und ausgelegt werden. Blicken wir über die Schultern der Heranwachsenden auf die Medien, dann fragen wir nach den Formen und Inhalten des pädagogischen Umgangs der Heranwachsenden mit den Medien. Vom Blickwinkel der Medien aus lautet die Frage: welche edukative Bedeutung haben die Medien für die Heranwachsenden?

Diese beiden Fragen umfassen und erfassen jedoch noch nicht das volle Panorama der medienpädagogischen Fragestellungen. Sie legen die medienpädagogische Praxis aus dem Blickwinkel des Zu-Erziehenden und aus dem Blickwinkel der Medien aus, und berücksichtigen nicht, daß die medienpädagogische Praxis den weiteren Horizont der gesellschaftlichen Praxis zur Voraussetzung hat und daß die Probleme und Konflikte der gesellschaftlichen Praxis im Kontext der medienpädagogischen Praxis immer wiederauftauchen und sich hier im Kontext der medienpädagogischen Praxis bemerkbar machen.

Ein dritter Problembereich verfolgt daher die Frage nach den gesellschaftlichen Bedingungen des edukativen Verhältnisses von Heranwachsenden und Medien. Diese dritte Fragestellung interpretiert die medienpädagogische Praxis aus dem Blickwinkel des fundierenden Horizonts gesellschaftlicher Praxis.

2.2.2 Die These: Die Heranwachsenden und die Formen des Umgangs mit den Medien

Die Lebenswelt des Heranwachsenden ist für die Medienpädagogik jener gesellschaftliche Ort der pädagogischen Praxis, der als sozialer Sinnzusammenhang für die Handlungsintentionen und die Handlungserwartungen aller in diesem pädagogischen Feld Tätigen konstitutiv ist. Dieser spezifische, situative Sinnzusammenhang kann man sich als einen Komplex von Konstitutionsbedingungen vorstellen, der das Fundament für die Bildungsprozesse bereitstellt, der die Handlungsfähigkeit, die Erlebnisfähigkeit, Erkenntnisfähigheit, die Kommunikationsfähigkeit und die ästhetische Fähigkeit der Heranwachsenden allererst ermöglicht. Die gesellschaftliche Lebenswelt, die das pädagogische Feld konstituiert, ist selbst ein praktischer und ein sozialer Lebenszusammenhang.[16]

Der Körper und das Bewußtsein sind die herausragenden Kennzeichen des Lebewesens Mensch, der als Heranwachsender einen praktischen und sozialen Sinnhorizont braucht, um sein Leben zu bewältigen. Die Lebenswelt ist somit jenes sinnerfüllte Handlungsfeld, in dem die Heranwachsenden lernen, mit den Medien umzugehen. Die Medien sind also Bestandteile der Lebenswelt und die körperlich agierenden Heranwachsenden sind mit Formen des in einen Körper eingebetteten Bewußtseins ausgestattet, das auf die Lebenswelt ausgerichtet ist. Der soziale und praktische Sinnhorizont der jeweils aktuellen Lebenswelt ermöglicht den Umgang der Heranwachsenden mit den Medien und ist zugleich jener praktische Horizont, der als zu bewältigende Situation den Heranwachsenden aufgegeben ist.

Die Medienpädagogik betrachtet also die mediale Umgangswirklichkeit als eine vorausgesetzte komplex strukturierte Praxis, die den Heranwachsenden und die Medien gleichermaßen umfaßt, und die nun Schritt um Schritt auf eine solche Art und Weise ausgelegt wird, daß alle relevanten Arten des Umgangs mit den Medien in einem Schichtenmodell verortet werden können.

Der erste Fragenkomplex, der aus der Perspektive der Heranwachsenden das pädagogische Verhältnis zwischen den Heranwachsenden und den Medien betrachtet, fragt nach den Umgangsarten, die geeignet sind, nach Maßgabe der pädagogischen Prinzipien die Medien auf angemessene Art und Weise zu analysieren und beantwortet diese Frage mit einem Schichtenmodell.

Das Schichtenmodell ist eine bildhafte Darstellungsform, die geeignet ist, die ineinander verwobenen Umgangsverhältnisse der vorausgesetzen pädagogischen Medienpraxis auf eine solche Weise zu ordnen, daß jede Umgangsart als eine für sich bestehende Schicht betrachtet wird, die mit allen anderen Schichten interagieren und kommunizieren kann. Die mediale Praxis wird auf diese Weise nicht verändert. Praxisverhältnisse werden so „gedehnt" und voneinander unterschieden, daß die Modi des Umgangs Schichten bilden, die übereinander angeordnet werden und auf diese Weise „mit einem Blick" erfaßt werden können.

---

16 Vgl. W. Lippitz, „Lebenswelt" oder die Rehabilitierung vorwissenschaftlicher Erfahrung, Ansätze eines phänomenologisch begründeten anthropologischen und sozialwissenschaftlichen Denkens in der Erziehungswissenschaft, Weinheim und Basel 1980.

2.2.2.1 Die erste Schicht: Der handlungsorientierte Umgang

Der Pragmatismus in dem spezifischen Sinne, den John Dewey (1859-1952) und im Bereich einer pragmatischen Semantik Charles Sanders Peirce (1839-1914) herausgearbeitet haben, vertritt eine handlungstheoretische Auffassung von Wissenschaft und fragt, welchen Sinn und welche Bedeutung können praktische und erlebte Tätigkeiten für die menschliche Kommunikation und die Theoriebildung haben und wie verändern theoretische Sinnhorizonte, die aus Praxisfeldern entwickelt werden, den Bedeutungsgehalt praktischer Handlungsfelder.

Wo immer die praktische und theoretische Arbeit mit den Medien auch stattfinden mag, in der Schule, in Freizeitaktivitäten, in Einrichtungen der beruflichen Bildung oder in der Erwachsenenbildung, immer wird man mit der praktischen Medienarbeit beginnen, wenn nicht Gründe entgegenstehen und einen anderen methodischen Zugang nahelegen. Am Anfang aller Medienarbeit steht die Einweisung in den praktischen Umgang mit dem Medium, um welches Medium es sich auch immer handeln mag.

Den praktischen Tätigkeiten mit den Medien wird eine Basisfunktion zugewiesen, um genügend dichte Horizonte primärer Erfahrung bereitzustellen, die für gelingende Erziehungs- und Bildungsprozesse unerläßlich sind. Die Theorieelemente und die Theoriehorizonte brauchen eine gesicherte Basis primärer Erfahrung, wenn alle erzieherischen und intellektuellen Bemühungen nicht auf Sand gebaut werden sollen.[17]

Von primärer Erfahrung im vollgültigem Sinn kann aber erst dann gesprochen werden, wenn die Medienkompetenz im praktischen Bereich der Umgangserfahrung soweit gesteigert werden kann, daß im Bereich der Mediennutzung ein unmittelbares Bewußtsein im Sinne einer unmittelbaren Hantierungssicherheit erreicht werden kann.

Der handlungsorientierte Umgang mit den Medien vollzieht sich in zwei Formen. Zum einen handelt es sich hier um den Umgang mit medientechnischen Geräten, der erlernt werden muß und dessen Ziel darin besteht, medientechnische Fertigkeiten zu vermitteln, die geeignet sind, als praktische Grundlage für den Aufbau von Medienkompetenz zu dienen, die das übergeordnete Ziel der Medienpädagogik darstellt. Zum anderen bezieht sich der handlungsorientierte Umgang mit den Medien auf die produktionsorientierte Form der Medienarbeit, die sich grundlegend von der rezeptionsorientierten Form der Medienpädagogik unterscheidet. Bei der Produktionsorientierung versetzt sich derjenige, der Medien produzieren möchte, an die Stelle eines Medienproduzenten und sucht zu ermitteln, welchen Regeln z.B. ein Drehbuchautor, ein Regisseur und ein Filmproduzent folgt, die einen Film drehen möchten. Wenn er sich einen Überblick über die Probleme verschafft hat, die

---

17 Zum Begriff der primären Erfahrung vgl. K.-H. Schäfer, Die Laborschule der Universität von Chicago und die Interaktionspädagogik John Deweys, in: F. Baumgart u.a. (Hg.), Emendatio rerum humanarum, Erziehung für eine demokratische Gesellschaft, Festschrift für Klaus Schaller, Frankfurt am Main, Bern, New York 1985, 217ff.

bei der Medienproduktion entstehen, wird er beginnen, selbst Medien zu produzieren. Man kann z.B. mit dem Fotographieren beginnen, dann einen ersten Videofilm produzieren und sich vielleicht später der CD-ROM-Produktion zuwenden. – Anders verhält es sich bei der Rezeptionsorientierung. Hier geht man davon aus, daß ein Medium nur als „rezipiertes" Medium, und d.h. als erlebtes, interpretiertes, theoretisch verstandenes und als ein mit ästhetischen Kategorien erlebtes und begriffenes Medium Gegenstand der Medienpädagogik sein kann. Beide Formen der Zuwendung zu den Medien, die produktionsorientierte und die sogenannte rezeptionsorientierte Form der Medienarbeit, sind unverzichtbare Teilgebiete der kommunikativen Medienpädagogik.[18]

Wird nach der Struktur des handlungsorientierten Umgangs mit den Medien gefragt, so wird sichtbar, daß Handlungen aus zwei Komponenten bestehen. Da ist zum einen der sich bewegende Prozeß der Handlung und dann ist da zum anderen die konkrete Form des medialen Geräts als Ziel oder Zweck des Handlungsprozesses oder bei der Produktionsorientierung die thematische Zielvorstellung zum einen, die die Medienproduktion leitet und zum anderen der Handlungsprozeß, der sich auf die Zielvorstellung zubewegt. Beide Komponenten bilden das, was der handlungsorientierte Umgang mit den Medien genannt wird. Beide Komponenten sind Teile einer einheitlichen Handlung, wobei das Verhältnis zwischen dem Handlungsprozeß zum einen und dem Teil, auf den der Handlungsprozeß sich bezieht, als ein unmittelbares Verhältnis begriffen werden muß.

2.2.2.2 Die zweite Schicht: Der erlebnisorientierte Umgang

2.2.2.2.1 Innenorientierung in der Erlebnisgesellschaft

Was unter Erlebnis verstanden wird variiert. Erlebnisse und Emotionen sind nach J. Dewey und G. Schulze sowohl körperhafte Ereignisse als auch bewußtseinsorientierte Phänomene. Überhaupt ist kein Bereich der menschlichen Erfahrungswelt denkbar, der nicht durch Emotionen eine spezifische Färbung erhält. Die Intensität von Erlebnissen verändert sich jedoch. Erlebnisse können positiv und negativ vom erlebenden Subjekt bewertet werden. Auf einer pragmatistischen Grundlage sind nach G. Schulze Erlebnisse psychophysische Prozesse, welche die beiden das Subjekt konstituierenden Systeme von Körper und Bewußtsein miteinander verbinden. Ursprungserlebnisse, denen nur geringfügig Denkprozesse beigemischt sind, können durch reflektierende Prozesse in Reflexionserlebnisse transformiert werden.[19]

---

18 Vgl. K.-H. Schäfer, Entwurf einer kommunikativen Filmtheorie, in: D. Zöllner (Hg.), Wege zur Mitmenschlichkeit und Frieden, Franz Fischer – Symposion 1994, Norderstedt 1994, S. 91-112.

19 G. Schulze, Die Erlebnis-Gesellschaft, Kultursoziologie der Gegenwart, Frankfurt, New York 2 1995, 5. Auflage, vgl. vor allem Kapitel 1.1 auf S. 33ff. und im Glossar die Begriffe „Erlebnis", „Erlebnisgesellschaft" und die übrigen mit der Komponente „Erlebnis-" verbundenen Begriffe.

Die philosophische Tradition, die von idealistischen Strömungen geprägt war, war vornehmlich daran interessiert, den Erlebnisbegriff so eng wie nur irgend möglich zu fassen, weil damit der Bereich des Denkens ausgedehnt werden konnte. In der Gegenwart kann eine entgegengesetzte Tendenz festgestellt werden. Gerhard Schulze z.B. gibt dem Terminus Erlebnis eine sehr weite Bedeutung. In seiner Kultursoziologie der Gegenwart sucht Gerhard Schulze nach „Veränderung(en) des Grundmusters der Beziehung von Subjekt und Situation" und stellt fest, die neue „Erlebnisgesellschaft zielt auf Gemeinsamkeiten, die sich unter dem Einfluß innenorientierter Lebensauffassungen entwickeln."[20] Unter einer Erlebnisorientierung versteht G. Schulze dementsprechend die „situationsübergreifende Tendenz eines Menschen, sein Handeln an dem Ziel auszurichten, vorübergehende psychophysische Prozesse positiver Valenz („schöne Erlebnisse") bei sich herbeizuführen (Synonym: Innenorientierung). Erlebnisorientierung ist (demnach) ein graduelles Phänomen: Innen- und außenorientierte Sinnelemente treten in variablen Mischungsverhältnissen auf. Mit der Vermehrung der Möglichkeiten (durch die Medien z.B., K.-H.S.) ist Erlebnisorientierung zur normalen existentiellen Problemdefinition geworden."[21]

Nach diesen einführenden Bemerkungen soll die innenorientierte Erlebnisorientierung thematisiert werden. In den vergangenen Jahren hat sich unsere Beziehung zu den Gütern, die in der Werbung präsentiert werden, ständig verändert. In der Zeit nach dem 2. Weltkrieg interessierte zunächst der Gebrauchswert der Produkte. Das Interesse der Verbraucher war außenorientiert und richtete sich vor allem auf die Haltbarkeit und die Zweckmäßigkeit der Produkte des alltäglichen Bedarfs. In der Zwischenzeit ist aber ein Wandel weg von der Außenorientierung und hin zur Innenorientierung eingetreten und die Verbraucher interessiert stärker der Erlebniswert der Produkte, und die Bedeutung ihres Gebrauchswertes tritt allmählich in den Hintergrund. „Design und Produktimage werden zur Hauptsache, Nützlichkeit und Funktionalität zum Accessoire. Gerade in der Vermarktung von Brauchbarkeit, Derbheit und technischer Perfektion wird die Nebensächlichkeit von Zwecken, die jenseits der unmittelbaren Erlebnisfunktion von Waren liegen, besonders deutlich."[22]

Die innenorientierte Erlebnisorientierung raubt den Medien ihre äußere Zweckhaftigkeit und transformiert sie in bloße Mittel. Die innenorientierte Erlebnisorientierung verwandelt die Medien in Instrumente für den Erlebnisrausch des erlebenden Ich. Diese Instrumentalisierung der Medien verlagert den Zweck von den Medien weg in den Innenbereich des erlebenden Ich und sorgt dafür, daß die Medien im inneren Erlebnisraum und gerade nicht im äußeren Erlebnisraum des erlebenden Ich emotionale Erregungen von unterschiedlicher Intensität hervorbringen, wie dies bei der Außenorientierung der Fall ist.

---

20 G. Schulze, Die Erlebnis-Gesellschaft, Kultursoziologie der Gegenwart, Frankfurt, New York 1995, 5. Auflage, S. 54.

21 G. Schulze, a.a.O., S. 736.

22 G. Schulze, a.a.O., S. 13.

2.2.2.2.2 *Außenorientierung in der Erlebnisgesellschaft als positive Sinnorientierung*

Wir gehen in ein Kino und der Film beginnt. Wir tauchen aktiv ein in eine andere und eine äußere Wirklichkeit. Auf emotionaler Basis erschließen wir uns eine neue Welt. Unsere Erfahrung wird bereichert und wir erweitern unsere Einsichten. Außenorientiert erobern wir neue Dimensionen und neue Welten. Die uns bekannte Welt expandiert. Sie wird weiter, differenzierter und umfassender. Neue Bilderlebnisse schaffen ein emotionales Fundament für Kommunikation, Theorie, Reflexion und ästhetisches Erleben. Unsere Erfahrung dehnt sich aus. Das Bildungsuniversum, das uns umgibt, erweitert sich und gewinnt an Tiefe. Sinnliche Qualitäten bieten sich uns dar. Wir sehen farbige Bilder und hören Klangbilder, deren sinnliche Qualität uns berührt. Berühren heißt, psycho-physische Reaktionen werden in uns ausgelöst und wir lösen psychophysische Aktionen aus. Unser Denken und unsere Reflexion ist zuweilen beteiligt. Wir sehen Bilder und erkennen die Bedeutung von Zeichen. Dies führt nicht nur zu emotionalen Reaktionen, sondern zu kognitiven Erlebnissen oder einer Mischung von Emotionalität und kognitiven Mustern, die bedeutungs- oder sinnhaltig sind.

Die Inhalte, die wir sehen und hören, sind Erlebnisinhalte mit referentiellem und immanentem emotionalen Sinn, denen kognitive Elemente beigemischt sind. Erlebnisinhalte weisen auf andere Erlebnisinhalte hin und erhalten so eine referentielle Bedeutung. Zugleich aber sind Erlebnisinhalte immanent sinnhaltig, weil sie eine gefühlsmäßige Bedeutung haben, deren Grund in ihnen selbst liegt. Emotionen und Gefühle weisen pausenlos auf sich selber hin und sagen: „Schau mich an! Ich bin bedeutsam für dich! Ich bin reiner emotionaler und immanenter Sinn. Mein Sinn liegt nicht außerhalb von mir. Nein, ich bin immanent und aus mir selbst mit immanentem Sinn angefüllt. Jederzeit kann ich eine referentielle Bedeutung erhalten und mich in eine referentielle Bedeutung verwandeln. Dazu muß ich nur aus mir herausgehen und damit auf anderes hinweisen."

Die philosophische Tradition weist den Ideen Platons, dem Sein Heideggers und die Theologie Gott immanenten Sinn zu, der keiner zusätzlichen Begründung bedarf. Immanter Sinn hat Aseität und ist damit aus sich selbst sinnvoll, wohingegen referentieller Sinn allen Sprachen und damit auch den „Sprachen" der Medien zugesprochen wird. Die Werte[23] und Normen, die ihren Sinn nicht aus anderen Werten und Normen ableiten, sind immanent sinnvoll, wohingegen allen anderen Werten und Normen nur referentieller Sinn zukommt. Alle positive Sinnorientierung muß daher letztlich immanent begründet werden.

---

23 J. Dewey, „Immanente „meanings" können mit der Vorsicht, die angemessen ist, *Werte (values)* genannt werden. Die Vorsicht besteht darin, daß bemerkt wird, daß der Terminus Wert (term value) nicht irgendein neues oder spezifisches Konzept einführt. *Wert ist nur ein Name für eine immanente Bedeutung (Value ... is only a name for an immanent meaning),* die sich von der referentiellen Bedeutung (referential meaning) unterscheidet." in: J. Dewey, MW 13, 380.(Übersetzt von K.-H.S.)

2.2.2.3 Die dritte Schicht: Der kommunikationsorientierte Umgang mit den Medien

Die Analyse, die wir durchgeführt haben, hat zum einen ergeben, daß wir nicht in einer Umwelt leben, sondern daß mehrere Umwelten durch die Formen unseres Umgangs mit ihnen aufgebaut werden, und daß zum anderen wir auch mehrere Umwelten vorfinden, die unseren Umgang bestimmen. Jeder Umgangstypus bringt eine besondere Umwelt hervor, die Ergebnis von Prozessen ist, die von den Akteuren ausgehen und eine je spezifische Umwelt Wirklichkeit werden lassen. Auf eine solche Art und Weise bauen praktische Handlungsprozesse eine Umwelt der Handlung und Erlebnisprozesse eine Erlebnisumwelt auf.

Wir leben nun aber nicht nur in einer Umwelt, die dem praktischen Handeln und dem Erleben unmittelbar gegeben ist, sondern neben der natürlichen Umwelt, die wir vorfinden, existiert auch eine Umwelt der sozialen und der symbolischen Formen, die über Kommunikationsprozesse aufgebaut werden. Dinge existieren, ihnen kommt Existenz zu. Unsere handelnde Erfahrung mit ihnen macht sichtbar, daß ihnen Existenz zugeschrieben werden muß. Neben ihrer Existenz oder ihrem bloßen Dasein im Kontext unserer Erfahrung sind die Dinge, mit denen wir Tag um Tag zu tun haben, bedeutungsvolle Dinge. Sie sind sinnhaft strukturierte Dinge. Und die Handlungen, die die bloßen Dinge in Objekte mit Sinn verwandeln, sind neben anderen Prozessen vor allem Kommunikationsprozesse. Objekte nennen wir die Dinge, denen neben ihrer Existenz eine Bedeutung oder ein Sinnzusammenhang zugeschrieben wird. Über Kommunikationsprozesse vermittelt entsteht auf diese Weise eine symbolische Welt, die aus Bedeutungszusammenhängen besteht, die vor allem Resultat von Kommunikationsprozessen ist.

Was ist ein Symbol? Ein Symbol ist ein Zeichen, das auf zweifache Art und Weise einen sinnhaften oder einen bedeutungsvollen Zusammenhang darstellt. John Dewey unterscheidet referentielle und immanente Zeichen. Referentielle Zeichen weisen über sich hinaus und weisen auf einen Sinnzusammenhang hin, der ihnen gegenüber transzendent ist.[24]

Schaubild 2: Zeichen mit referentiellem Sinn

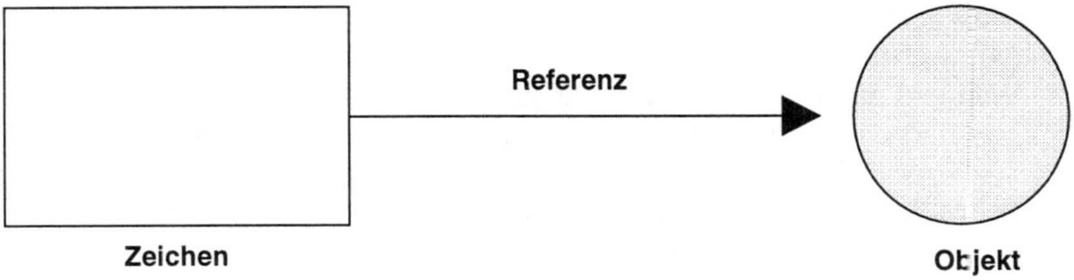

24 J. Dewey, „Referentieller und immanenter Sinn" („Referential and immanent meaning") MW 13, 388.

Zeichen mit einem immanenten Sinn sind aus sich heraus sinnvoll. Sie sind selbstexplikative Zeichen, die auf sich selbst hinweisen und die deshalb häufig eine ästhetische Bedeutung haben. Sinnzusammenhänge, die aus sich heraus sinnvoll sind, werden als wertvolle Sinn- und Bedeutungszusammenhänge betrachtet. Deweys Theorie der Werte hat hier ihren Ursprung. Die Immanenz von Zeichen begründet eine semantische Theorie der Werte.

Schaubild 3: Zeichen mit immanentem Sinn

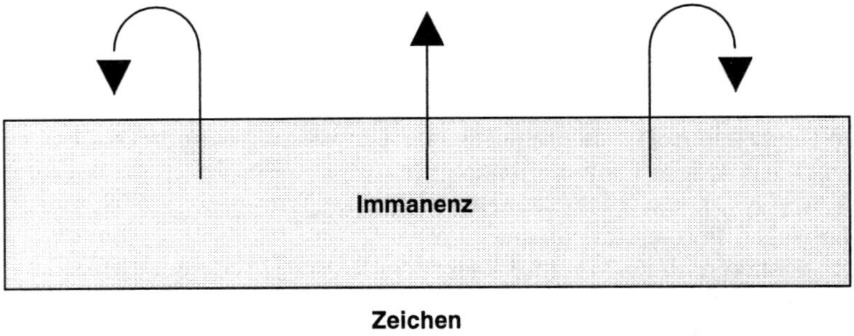

Wir ordnen Sinnzusammenhängen, die wir schätzen, einen Wert zu, der solange Bestand hat, wie die Bedeutungzuweisung erhalten bleibt, die über konsensuelle Kommunikationsprozesse in eine intersubjektive Bedeutung verwandelt werden kann.

Bedeutungen werden von Komunikationsprozessen geschaffen, aufrechterhalten oder abgewandelt. Auf dieser Ebene des kommunikationsorientierten Umgangs geht es aber vor allem um referentielle Zeichen. Die Immanenz von Zeichen wird nochmals auf der Ebene des ästhetikorientierten Umgangs mit den Medien thematisiert.

Kennzeichnend für die Kommunikationsprozesse sind vor allem zwei Punkte. Zum einen begründet die semantische Theorie der Zeichen die Subjekt-Objekt Trennung und zum anderen setzen Kommunikationsprozesse eine intersubjektiv verankerte situative Lebenswelt voraus, die im Kontext sprachlicher Prozesse dazu führt, daß der praktische Sinnhorizont der Lebenswelt über das gemeinsame Medium der Sprache sich in die regulative Idee der demokratischen „Community“ verwandelt.[25]

Während die Sprache noch die Doppeldeutigkeit an sich hat, als Alltagssprache eine Dimension der vorausgesetzten Praxis zu sein und als wissenschaftliche Sprache dem Theoriebereich anzugehören, vollzieht die Reflexion den Schritt in die Welt der Theorie und läßt somit die Praxis hinter sich. Die Reflexion macht nun den Zusammenhang zwischen dem heranwachsenden

25 Diesen Gedanken habe ich ausführlich dargestellt in: K.-H. Schäfer, Grundbegriffe der Pädagogik II: Interaktion, Kommunikation, Dialektik, Studienbrief, FernUniversität Hagen 1985, S. 86ff.

Mediennutzer und den Medien zu ihrem Gegenstand. Wenn die Reflexion ihre Arbeit beginnt, zerbricht der einheitliche Zusammenhang von Mediennutzer und den Medien, der auf der Ebene der praktischen Handlungen die Einheit von Handeln und dem Medium, auf das sich das Handeln bezieht, noch vorhanden war, die auf der zweiten Ebene der Erlebnisorientierung noch unmittelbar gegeben war und auf der Ebene der Kommunikationsorientierung zum ersten Mal zerbrochen wurde, als sichtbar wurde, daß Kommunikationsprozesse Zeichen produzieren, deren Referenz den einheitlichen Zusammenhang von Mensch und Welt auseinandertreten lassen. Die Referenz eines kommunikativen Zeichens macht aus der bloßen Existenz eines Dinges ein Objekt, das eine sinnhafte Struktur besitzt. Der Mediennutzer als Subjekt verwendet Zeichen, deren Referenz auf Objeke hinweist. Die offensichtliche Differenz zwischen den Zeichennutzern und der Welt der sinnhaften Objekte kann nun auf eine zweifache Weise interpretiert werden. Einerseits konstituiert die Differenz zwischen den Zeichennutzern und den Objekten den sogenannte Subjekt-Objekt-Gegensatz. Andererseits aber verbindet die auf die Objekte hinweisende Funktion der Zeichen die Zeichenverwender offensichtlich mit den Medien als den Objekten, auf die die Zeichen hinweisen. Ich vermute, daß die zweifache Bedeutung der Sprache als Alltagssprache und als wissenschaftliche Sprache, die zugleich eine zweifache Verwendungsmöglichkeit von Sprache nahelegt, diesen doppelten Effekt hervorruft. Wird die Welt aus der Perspektive eines Kommunizierenden betrachtet, der sich im Bereich des Alltags aufhält, dann wird der Zusammenhang von Mensch und Welt zu betont. Wird aber die Sprache als wissenschaftliche Sprache verwendet, dann wechselt der Gesichtspunkt und aus der teilnehmenden Beobachtung der Alltagskommunikation wird die distanzierte Beobachtung der wissenschaftlichen Kommunikation und der Subjekt-Objekt Gegensatz entsteht.

Es gibt Medienpädagogen, die die Tätigkeit von Reflexionsprozessen hypostasieren und die die Meinung vertreten, daß nur der ein Medienpädagoge werden kann, dem es gelingt, eigenes und fremdes Verhalten zu reflektieren. Einer solchen Hypostasierung einer einzelnen Schicht zur Ganzheit einer Medienpädagogik, die nur Reflexionsprozesse, nicht aber die Pluralität der hier genannten Umgangsarten mit den Medien, zuläßt, werde ich nicht zustimmen können. Richtig aber ist, daß Reflexionsprozesse in der Lage sind, medienpädagogische Begriffe zu formulieren und diese Begriffe sodann in einen medienpädagogischen Theoriezusammenhang einzuordnen.[26] Die Dimension der Medienkritik hat hier ihren systematischen Ort im Kontext der Kommunikationsorientierung der Erfahrung. Es ist Aufgabe der Reflexion als wesentlicher Bestandteil der Medienkompetenz medienkritische Aussagen zu produzieren, die geeignet sind, Hemmnisse abzubauen, die der weiteren Entwicklung der Medienerfahrung im Wege stehen.

---

26 Vgl. hierzu K.-H. Schäfer, Medienpädagogik als Medienmethodik, in: A Fischer-Buck, K.-H. Schäfer. A. Warzel, D. Zöllner (Hg.), Sinn und Wirklichkeit, Franz Fischer Jahrbücher, Jahrbuch 1996, Norderstedt 1996, S. 56-77.

2.2.3 *Die Antithese: Die Medien und die Funktionen der Präsentation, Speicherung und Kommunikation*

Die zweite Frage, die aus der Medienperspektive das pädagogische Verhältnis zwischen den Heranwachsenden und den Medien interpretiert, soll nun thematisiert werden. Die Antwort auf diese Frage macht deutlich, daß alle Medien grundsätzlich drei Funktionen haben, welche die Aufgaben beschreiben, die Medien für den Mediennutzer haben. Die Medien erfüllen eine Präsentationsfunktion, eine Speicherfunktion und eine Kommunikationsfunktion, wobei die pädagogische Funktion der Medien in allen drei Funktionen enthalten ist. Medien präsentieren etwas, das sinnvoll für die Mediennutzer ist. Sie speichern das, was sie präsentieren und sie geben die medialen Inhalte, die sie präsentieren, weiter an die Mediennutzer, die diese Inhalte weiterverarbeiten. Die zuletzt genannte Funktion, die Kommunikationfunktion, beansprucht eine besonders herausgehobene Stellung im Zusammenhang der Funktionen. Sie legt nämlich den Sinn der beiden anderen Funktionen aus und beansprucht für sich, die beiden zuvor genannten Funktionen zu beinhalten. Wenn gesagt wird, daß Medien Sinn präsentieren, dann kann die Kommunikationsfunktion zurecht darauf hinweisen, daß Medien Kommunikationsmedien sind, deren Aufgabe es ist, Sinn zu produzieren und diesen Sinn den Mediennutzern zu vermitteln. Die Medien kommunizieren Sinn. Das bedeutet, sie geben den Sinn, der ihnen inhärent ist, an die Mediennutzer weiter. Der Zweck der Kommunikationsmedien liegt also in ihrer Fähigkeit, Sinn zu kommunizieren

Außerdem benötigt jedes Kommunikationsmedium, das sinnhafte Zusammenhänge präsentieren will, einen Mechanismus, der es dem Medium gestattet, das, was präsentiert werden soll, in irgend einer Form aufzubewahren, damit es jederzeit präsentiert werden kann. Es ist also unerläßlich, daß jedes Kommunikationsmedium über eine Speicherfunktion verfügt.

Die Medien sind also allesamt Kommunikationsmedien, deren zentrale Aufgabe darin besteht, Sinnzusammenhänge weiterzugeben. Um diese, ihre Hauptaufgabe erfüllen zu können, müssen alle Medien im Kontext ihrer zentralen Kommunikationsfunktion eine Präsentationsfunktion und eine Speicherfunktion enthalten.

Die Geschichte der Medienpädagogik kann helfen, die systematische Medienpädagogik mitaufzubauen. Sie kann auf Problemhorizonte aufmerksam machen, die im Laufe der Mediengeschichte sichtbar geworden sind. Gleich zu Beginn der Geschichte der Medienpädagogik im Kontext der oralen Kultur Griechenlands, die in der Ilias und der Odyssee, den Epen Homers, zum Ausdruck kommen, entstand ein außerordentlich gewichtiges Speicherproblem. In dieser oralen Kulturform, die die Schrift noch nicht kannte, mußten Teile oder auch die ganze Ilias und die Odyssee auswendig gelernt werden, weil die Epen Homers für die mykenische Adelsgesellschaft Griechenlands das Kultur- und das Bildungsgut par exellence darstellte. „Es wurden in dieser Hinsicht an das Gedächtnis die höchsten Anforderungen gestellt. In Xenophons Symposion (3,5) sagt Nikaratos, der Sohn des Nikias, sein Vater habe ihn gezwungen, den ganzen Homer auswendig zu lernen, und noch jetzt wäre er imstande, die Ilias und die Odyssee auswendig herzusagen.“[27] Die Erfindung des griechischen Alphabets und der Schrift löste das gravierende Speicherproblem der vorangegangenen oralen Kulturform. In diesem Zusammenhang wird ein Schriftstück als ein nach außen verlagertes menschliches Gedächtnis betrachtet. Die Lösung des Speicherproblem der oralen Kultur ließ zugleich als neue Kulturform die literale Kultur der Manuskripte aus Papyrus und Pergament entstehen.

Das Problem der Speicherung von Informationen war schon immer ein zentrales Problem der Medien und die Lösung von Speicherproblemen hat die Entwicklung der Medientechnologie beschleunigt und vorangetrieben.

2.2.4 Die Synthese: Der ästhetikorientierte Umgang mit den Medien und das Bildungsverständnis der kommunikativen Medienpädagogik

Erst im Zusammenhang der abschließenden Schicht der Synthese von These und Antithese gelingt der Ästhetik, was der wissenschaftlichen Theorie verschlossen bleibt. Kommunikativer Sinn wird nun erlebbar und zugleich begreifbar. Bildung ist kommunikativer Sinn. Die drei vorangehenden Schichten liefern Elemente, die zusammengenommen und als eine Einheit betrachtet das präsentieren, was ich kommunikative Bildung nenne, die Theorie und Praxis umgreift und zusammenschließt.

Die Synthese vereinigt die These von der subjektiven Erfahrung mit der Antithese der objektiven Erfahrung zur Einheit des höheren Ganzen der ästhetischen Medienerfahrung, die als Resultat eines ästhetikorientierten Umgangs mit den Kommunikationsmedien erlebend begriffen wird. Von einem ästhetikorientierten Umgang mit den Medien kann aber nur dann gesprochen werden, wenn die theoretischen „Aussagen“ der dritten Schicht auf eine solche Art und Weise umformuliert werden, daß ein ästhetischer „Ausdruck“ geformt werden kann. Ästhetische Formen der literarischen Produktion oder musikalische Klanggestalten z.B. begründen die Einheit eines unmittelbaren Verhältnisses zwischen dem Ich mit all seinen Fähigkeiten und Fertigkeiten und dem je spezifisch ästhetisch gestalteten Medium. Ein unmittelbares Verhältnis eines neuen Ganzen entwickelt sich immer dann, wenn Ich und Medium sich als eine Einheit begreifen, die durch keine vermittelte Trennungslinie auseinandergerissen wird. Das Ich geht dann dazu über, das Medium als eine Erweiterung oder als eine Extension seiner selbst zu betrachten, die immanent sinnvoll ist.

---

27 Wilhelm Nestle, Die Begründung der Jugendbildung durch die Griechen, in: H.-Th. Johann (Hrsg.), Erziehung und Bildung in der heidnischen und christlichen Antike, Darmstadt 1976, S. 48: Vgl. hierzu auch: K.-H. Schäfer, Homer und Platon als Gründungsväter der Medienpädagogik, in: A. Fischer-Buck, K.-H. Schäfer und A. Warzel, D. Zöllner (Hg.), Franz Fischer Jahrbuch für Philosophie und Pädagogik/1997, Werte, pädagogische, biographische, politische Perspektiven, Norderstedt 1997, S. 75-95.

Wenn wir nun die Schicht erreichen, auf der Medien als Kunstwerke oder als Kunstprodukte angesiedelt sind, so kann die Kunst nicht in die Reihe der Umgangsarten der Erfahrung eingereiht werden. Der ästhetikorientierte Umgang mit den Medien gehört nicht in die Kategorie der bloßen Umgangsarten, wie der handlungsorientierte Umgang, der erlebnisorientierte Umgang und der kommunikationsorientierte Umgang. Für die drei genannten bloßen Umgangsarten ist wesentlich, daß sie Medien zum Gegenstand haben. Dies gilt aber für den ästhetikorientierten Umgang nicht. Der Typus von Handlungen, den wir auf der ersten Ebene oder in der ersten Schicht der Handlungsorientierung kennengelernt haben, hat die technischen Geräte außer sich. Die Handlungen, die dazu da sind, technische Geräte zu bedienen, sind zwar auf die technischen Geräte bezogen. Man kann Geräte aber nur bedienen, wenn man sie genau beobachtet und die Prozesse der Beobachtung beobachten etwas, das von der Beobachtung unterschieden oder getrennt ist. Schwieriger zu verstehen ist, daß Erlebnisse eine Trennung oder einen Unterschied setzen zwischen dem, was erlebt wird und die Ichanteile des Erlebenden. Bei den Erlebnissen unterscheiden wir mit G. Schulze die außengeleiteten von den innengeleiteten Erlebnisse. Beide Typen von Erlebnissen gehen davon aus, daß in die Einheit des Erlebnisses von Erlebenden und dem, was er erlebt, eine Trennung gesetzt ist. Wir sitzen im Kino und „tauchen ein" in ein Filmerlebnis. Das Verb „eintauchen" zeigt an, daß wir im Erlebnis wohl mit dem Erlebnis eine Erlebniseinheit bilden, daß wir aber im Vollzug des Erlebnisses „eine Grenze überqueren", die uns vom Erlebnis trennt. Für das Erlebnis ist wesentlich, daß wir im außengeleiteten Erlebnis im anderen des Filmerlebnisses, aber nicht bei uns sind. Im Erlebnis sind uns die Ichanteile des Erlebnisses nicht bewußt. Darum schätzen wir unsere Erlebnisse sosehr, weil sie uns unsere Sorgen, die untrennbar mit unserem Ich verbunden sind, vergessen lassen, solange das Erlebnis andauert.[28] Im Erlebnis kommen wir den ästhetischen Erfahrungen schon sehr nahe, weil wir im Erlebnis zu erahnen beginnen, was Einheit bedeuten könnte und weil die Erlebnisse ein unverzichtbarer Teil der ästhetischen Erfahrung sind. Wenn wir aber die Erlebnisse von der ästhetischen Erfahrung unterscheiden, dann bestätigt die Tatsache, daß wir im Erlebnis „eine Grenze überschreiten", die Grenze zwischen uns und unseren Erlebnisprozessen auf der einen Seite und dem Erlebnisraum, in dem wir uns im Erlebnis befinden, auf der anderen Seite.

Kommunikation im Sinne des kommunikationsorientierten Umgangs macht „Aussagen" über die Medien, die Gegenstand der Kommunikation sind. Insofern setzten auch die Kommunikationsprozesse eine Trennungslinie zwischen uns und unseren Kommunikationsprozessen und den Medien, über die kommuniziert wird und die Inhalte bzw. die Sinnzusammenhänge an uns weitergeben.

---

28 Für die innengeleiteten Bedürfnisse gilt ähnliches. Der Mechanismus muß nur umgekehrt werden. Vgl. hierzu G. Schulze, Die Erlebnisgesellschaft, Frankfurt-New York 1995, 5. Auflage.

Die Handlungserfahrung, die Erlebniserfahrung und die Kommunikationserfahrung bezeichnen Typen von Erfahrung, die zu Momenten der Erfahrung herabgesetzt zusammengenommen und als einen einheitlichen Zusammenhang begriffen, das ausmachen, was John Dewey ästhetische Erfahrung nennt. Ein Beispiel soll helfen, diesen Sinnzusammenhang zu verdeutlichen.

„Da ist jenes Essen, jenes Mahl, in einem Pariser Restaurant, von dem wir sagen: „Das war *eine* Erfahrung, *ein* Erlebnis." Es steht vor uns wie ein nicht vergängliches Denkmal und erinnert uns daran, was ein Gastmahl sein kann." [29] *„Eine* Erfahrung (*„an* experience") hat eine Einheit, die ihr den Namen gibt: jenes Essen, jener Sturm, jener Abbruch einer Freundschaft. Die Existenz dieser Einheit wird durch eine einzige Eigenschaft bestimmt, die die gesamte Erfahrung trotz der Vielfalt ihrer Einzelteile durchdringt. Diese Einheit ist weder emotional, noch praktisch, noch intellektuell, denn diese Begriffe benennen Unterschiede, die die Reflexion innerhalb der Einheit machen." [30] Dualismen zerteilen die Einheit der Erfahrung in zwei Teile. Wir aber suchen die Einheit der Erfahrung, die eine wirkliche Einheit, eine Ganzheit ist, die nicht wieder in die eine und die andere Seite zerfällt. Wir sind auf der Suche nach der Einheit, die zu Recht das charakteristische Merkmal einer ästhetischen Erfahrung ist.

John Dewey bekämpft die Dualismen, die Einheiten auseinander reißen und die Zusammengehöriges zerteilen, aber er tritt ein für Dyaden, welche die beiden Pole benennen, die Zusammengehöriges spannungsreich aufeinander beziehen. Dyaden, wie Mensch *und* Umwelt, Mittel *und* Zwecke, Erfahrung als Prozeß *und* Erfahrung als Erfahrenes, der Erfahrende *und* das, was erfahren wird, sind unverzichtbare Elemente von Deweys Denken.

In „Art as Experience" unterscheidet John Dewey „Kunstprodukte" („art products") von Kunstwerken („work of art") auf eine solche Art und Weise, daß man sagen kann, die Grundbegriffe Kunstprodukt und Kunstwerk konstituieren die fundamentale Dyade seiner Ästhetik.[31] Ein Kunstprodukt steht am Ende einer Reihe von Produktionsprozessen. Dies, das Kunstprodukt, darf nicht verwechselt werden mit dem Kunstwerk, das den Erfahrungszusammenhang bezeichnet, in dem das Kunstprodukt mit dem Publikum steht. Ein Kunstprodukt ist z.B. ein Bild von Picasso, das im Keller eines Museums von allen Erfahrungsprozessen abgeschnitten ist. Dieses Kunstprodukt kann jederzeit zu einem Kunstwerk werden, wenn es im Museum so aufgehängt wird, daß ein Publikum es als eine Form ästhetischer Erfahrung betrachten kann und den Sinngehalt, den es zum Ausdruck bringt, so in den eigenen Erfahrungskontext aufnehmen kann, daß eine neue Erfahrung für das Publikum entsteht. Ein Kunst-

---

29 J. Dewey, LW 10, 43; Übersetzt von K.-H. Schäfer: Vgl. hierzu die Übersetzung von Chr. Velten in : J. Dewey, Kunst als Erfahrung, Frankfurt a. M. 1988, S. 48.

30 J. Dewey, LW 10, 44. Übersetzt von K.-H. Schäfer. Vgl. hierzu die Übersetzung von Chr. Velten in: J. Dewey, Kunst als Erfahrung, a.a.O., S. 49.

31 Abraham Kaplan schreibt in seinem Vorwort zu John Deweys „Art as Experience" in LW 10, XVI: „Art product and work of art constitute a basic dyad of Dewey´s philosophy of art."

produkt ist das, was es ist, als ein Resultat von künstlerischen Produktionsprozessen, die nun abgeschlossen sind. Ein Kunstprodukt bleibt auch ein Kunstprodukt, wenn es von seinen Entstehensbedingungen und seinen Auswirkungen isoliert wird. Ein Kunstprodukt findet aber seine Erfüllung im Kunstwerk, das „operation in experience" ist,[32] und das einen Kontext ästhetischer Erfahrung voraussetzt. Kunst ist immer Formgestalt. „Und danach mag man Kunst definieren als das Wirken jener Kräfte, die die Erfahrung eines Ereignisses, eines Objekts, einer Szene oder Situation zu ihrer eigenen, integralen Erfüllung bringen."[33] Jene Kräfte, von denen in diesem Zitat gesprochen wird, sind Energiepotentiale, die den Erfahrungsprozeß vorantreiben, immanent sind und ihn zur Vereinigung von dyadischen Strukturen drängen.

Ästhetische Erfahrung bei Dewey ist fern von allen Dualismen angesiedelt. Sie setzt allerdings Dyaden voraus, die spannungsreich den Erfahrenden mit seinen Erfahrungsprozessen auf das Erfahrene beziehen. „Energie" ist eine Basiskategorie von Deweys Ästhetik „Die ästhetische Theorie" ... „kann allein auf dem Wissen um die zentrale Rolle der ... Energie aufbauen sowie auf jenen Interaktionen von Energien, die Widerstand mit Ansammlung, Bewahrung, Spannung und Intervall zusammenschließen und eine kooperative Bewegung auf Erfüllung in einer geordneten oder rhythmischen Erfahrung ausrichten."[34] Ästhetische Erfahrung sollte man sich nicht passivisch und statisch vorstellen, sondern sie ist am ehesten mit einem energiegeladenen Fluß vergleichbar, der aktiv und dynamisch dahinströmt und der sein Ziel sowie seinen Zweck nicht aus den Augen verliert, in dem die ästhetische Erfahrung ihre Erfüllung, ihre Vollendung oder ihre „Konsumation", wie John Dewey sagt, findet. Alle ästhetische Erfahrung ist konsumatorisch, weil sie das Objekt als Objekt vernichtet, die Trennungslinie zwischen dem Subjektiven und dem Objektiven „konsumiert", also „verzehrt" oder „tilgt", wie Hegel sagt, und auf diese Weise die Einheit der Erfahrung ermöglicht. In der ästhetischen Erfahrung wird in Akten der Konsumation der garstige Graben zwischen den Erfahrungsprozessen des Ich und dem, was erfahren wird, zugeschüttet. Die Grenze wird vernichtet und der energiegeladene Erfahrungsstrom vereinigt sich mit dem, was inhaltlich erfahren wird. Die Erfahrung findet in dieser Vereinigung ihre konsumatorische Erfüllung und ist daher eine ästhetische Erfahrung. Der ästhetische Erfahrungsprozeß durchbricht als energiereicher Erfahrungsstrom den Subjekt-Objekt-Dualismus und vereinigt die subjektive Seite mit der objektiven Seite der Erfahrung so, daß die Einheit der Erfahrung zugleich erlebt und begriffen werden kann.

Abschließend frage ich nach den Komponenten von kommunikativem Sinn, wie er in der Typologie der Umgangsarten zum einen in der Wirkung der Struktur der Medien zum anderen sichtbar und letztlich auch zum Ausdruck kommt, wobei die Wirkung der Medien, also die objektive Seite der

---

32 Vgl. Anm. 16 und J. Dewey, LW 10,9.
33 J. Dewey, Art as Experience, LW 10, 142 und „Kunst als Erfahrung", a.a.O., S. 159
34 J. Dewey, Art as Experience, in: LW 10, 165 und „Kunst als Erfahrung" a.a. O., S. 185.

Erfahrung, in den Umgangsarten, der subjektiven Seite, mit den Medien aufgenommen und verarbeitet wird. Beim handlungsorientierten Umgang mit den Medien ist kommunikativer Sinn sozialer Sinn, der der Handlungsorientierung vorausgesetzt ist und sie leitet.

Für die Erlebnisorientierung sind die gefühlten Erlebnisinhalte außen- und innengeleitete Erlebnisinhalte. Den außengeleiteten Erlebnisinhalten fehlen die strukturierten Ichkomponenten, die im Bewußtsein von Fähigkeiten und Fertigkeiten des erlebenden Ich sichtbar werden. Den innengeleiteten Erlebnisinhalten aber fehlen die strukturierten medialen Komponenten. Dies verhält sich so, weil das Erlebnis die Trennung von subjektiver und objektiver Erfahrung voraussetzt. Die außengeleiteten Erlebnisse bleiben in den äußeren Raum der Erlebniswirklichkeit eingeschlossen und erleben dort immanenten und referentiellen emotionalen Sinn. Kommunikativer Sinn außengeleiteter Erlebnisse ist auf dieser Ebene emotional empfundener Sinn, der eine äußere Strukturierung aufweist und insofern edukativ von Bedeutung ist.

Die innengeleiteten Erlebnisse werden von der Außenwelt bzw. den medialen Welten angeregt und aktiviert, sie sind aber in der Immanenz des erbebenden Ich eingeschlossen und führen dort nur zu emotionalen Erregungen und gelegentlich zu Rauschzuständen, die aber wegen der fehlenden Balance von subjektiver und objektiver Erfahrung, dem ersten pädagogischen Prinzip, kaum edukativen Wert besitzen.

Die Kommunikationsorientierung transformiert bereits emotional vorstrukturierte Erlebnisinhalte in kognitive, theoretische „Aussagen". Auf dieser Ebene wird also immanenter emotionaler Sinn und natürlich auch der referentielle emotionale Sinn in einem langwierigen Prozeß in referentiellen Sinn theoretischer Aussagen umgewandelt. Referentielle Zeichen im Kontext der Kommunikation und referentielle „Aussagen" werten sich gemäß ihrer eigenen Struktur ab, weil sie auf Anderes hinweisen, das ihnen Bedeutung gibt. Referentielle Aussagen der Kommunikation haben ihre Bedeutung „außer" sich und nicht „in" sich, wie dies bei den immanent sinnvollen Ausdrucksformen der Fall ist.

Die Schicht der Ästhetikorientierung schließlich begreift die Referenz, die das charakteristische Kennzeichen der Kommunikationsorientierung darstellt, von der Immanenz und von der einheitlichen Ganzheit kommunikativen Sinns her und ästhetisiert damit die theoretischen Aussagen und die verstandenen Objekte, die durch diesen Vorgang ästhetische Ausdrucksinhalte werden. Die Inhalte der ästhetischen Orientierung nenne ich „Ausdrucksinhalte", weil in ihnen subjektive und objektive Erfahrung „wechselseitig" und „kontinuierlich"[35] zum Ausdruck kommt. In der objektiven Erfahrung kommt subjektive Erfahrung und in der subjektiven Erfahrung kommt objektive Erfahrung auf der Ebene der Ästhetikorientierung zum Ausdruck und schließt

35 Die Adjektive „wechselseitig" und „kontinuierlich" weisen auf die beiden Prinzipien der „Wechselseitigkeit" und der „Kontinuität" hin, die von der Allgemeinen Pädagogik John Deweys entwickelt und die im Kontext der kommunikativen Medienpägogik wirksam werden. Vgl 1.2.

sich auf diese Weise zu einem einheitlichen und ganzheitlichen kommunikativen Sinn zusammen, dessen einheitlicher Wert erlebt und begriffen wird. Wenn bei einem ästhetischen Ereignis Inneres in einem Äußeren und wenn Äußeres in einem Inneren so seinen Ausdruck findet, daß seine ganze Geschichte der Erfahrung, wo immer dies möglich sein mag, erhandelt, erlebt, gesagt und ästhetisch begriffen wird, dann hat der kommunikative Sinn in der bildenden Medienerfahrung sein Ziel erreicht.

Schaubild 4: Das Modell der Allgemeinen Pädagogik

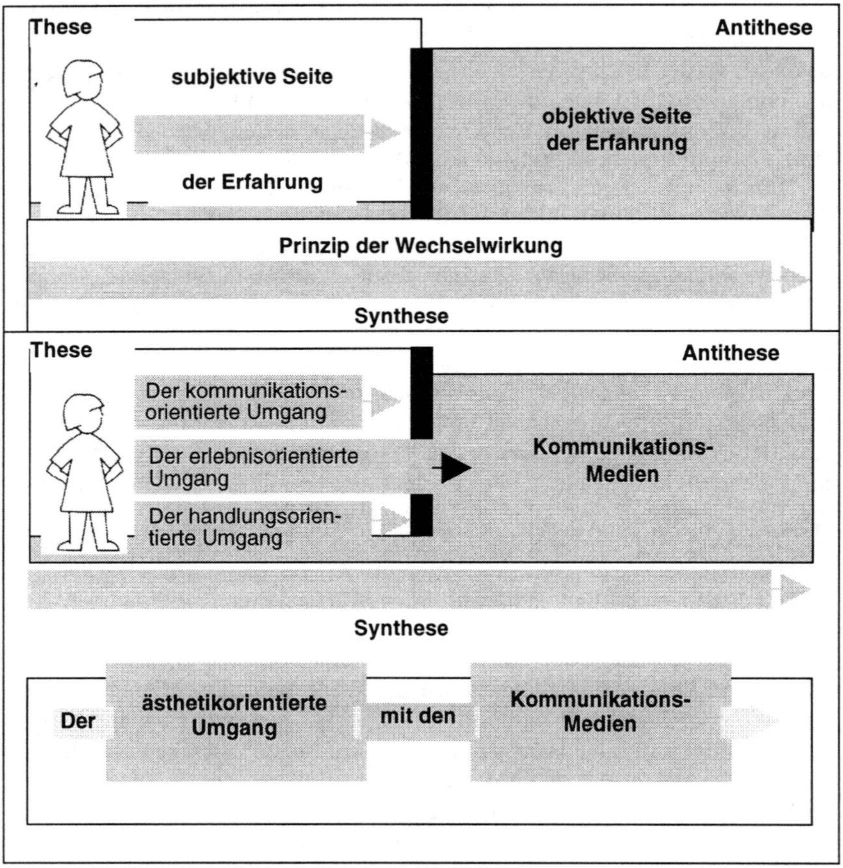

Literatur

Dewey, John: The Early Works (EW), London and Amsterdam 1969ff.
Dewey, John: The Middle Works (MW), London and Amsterdam 1976ff.
Dewey, John: The Later Works (LW), London and Amsterdam 1981ff.

Dewey, John: Experience and Education, LW 13. dt. John Dewey, Erfahrung und Erziehung, in: Psychologische Grundfragen der Erziehung, München 1974.
Dewey, John: Syllabus, Types of Philosophic Thought, MW 13.
Dewey, John: Syllabi, LW 17.
Dewey, John: Art as Experience, LW 10. dt. John Dewey, Kunst als Erfahrung, surkamp taschenbuch wissenschaft, Frankfurt a.M. 1988.
Havelock, Eric A.: Preface to Plato, Cambridge 1963.
Innis, Harold A.: The Bias of Communication, Introduction by Marshall McLuhan, Toronto 1951.
Janko, Richard: Homer, Hesiod and the Hymns: Diachronic Development in Epic Diction, Cambridg: Cambridge University Press 1982, pp. 228-231.
Johann, Thomas: (Hrsg.), Erziehung und Bildung in der heidnischen und christlichen Antike, Darmstadt 1976
Krüger, Heinz-H.: Einführung in Theorien und Methoden der Erziehungswissenschaft, Opladen 1997.
Lippitz, Werner: „Lebenswelt" oder die Rehabilitierung vorwissenschaftlicher Erfahrung, Ansätze eines phänomenologisch begründeten anthropologischen und sozialwissenschaftlichen Denkens in der Erziehungswissenschaft, Weinheim und Basel 1980.
Levi-Strauss, Claude: La Pensée Sauvage, 1962, translated from the French: The Savage Mind, London 1966.
McLuhan, Marshall: The Gutenberg Galaxy, Toronto 1962.
Nestle, Wilhelm: Die Begründung der Jugendbildung durch die Griechen, in: H.-Th. Johann (Hrsg.), Erziehung und Bildung in der heidnischen und christlichen Antike, Darmstadt 1976.
Schäfer, Karl-H.: Die Laborschule der Universität von Chicago und die Interaktionspädagogik John Deweys, in: F. Baumgart u.a. (Hg.), Emendatio rerum humanarum, Erziehung für eine demokratische Gesellschaft, Festschrift für Klaus Schaller, Frankfurt am Main, Bern, New York 1985, S. 217-237.
Schäfer, Karl-H.: Kommunikative Pädagogik und Didaktik, in: J. Petersen, G.-B. Reinert (Hg.), Pädagogische Konzeptionen, Donauwörth 1992, S. 237-268
Schäfer, Karl-H.: Bilder, Bildung und Wirklichkeit, in: Pädagogische Rundschau, 48. Jg./ 1994, Heft 2, März /April 1994, S. 155-184.
Schäfer, Karl-H.: Bildsinn und Bildungssinn bei Johann Amos Comenius, Gilles Deleuze und Franz Fischer, in: Norderstedter Hefte für Philosophie und Pädagogik, 1 / 1995, S. 39-67.
Karl-H. Schäfer, Grundbegriffe der Pädagogik II, Interaktion, Kommunikation, Dialektik, Studienbrief, FernUniversität Hagen 1985.
Karl-H. Schäfer, Entwurf einer kommunikativen Filmtheorie, in: D. Zöllner (Hg.), Wege zur Mitmenschlichkeit und Frieden, Franz Fischer – Symposion 1994, Norderstedt 1994, S. 91-112.
Schäfer, Karl-H.: Medienpädagogik als Medienmethodik, in: A. Fischer-Buck Karl-H. Schäfer. A. Warzel, D. Zöllner (Hg.), Sinn und Wirklichkeit, Franz Fischer Jahrbücher, Jahrbuch 1996, Norderstedt 1996.
Schäfer, Karl-H.: Homer und Platon als Gründungsväter der Medienpädagogik, in: A. Fischer-Buck, K.-H. Schäfer und A. Warzel, D. Zöllner (Hg.), Franz Fischer Jahrbuch für Philosophie und Pädagogik/1997, Werte, pädagogische, biographische, politische Perspektiven, Norderstedt 1997.
Schulze, Gerhard: Die Erlebnis-Gesellschaft, Kultursoziologie der Gegenwart, Frankfurt, New York 1995, 5. Auflage.
Thomas, Rosalind: Literacy and Orality in Ancient Greece, Cambridge 1992.

Melissa Phillips

Media Education in the United States: A Check Under the Gestalt Hood

In the United States, media education is a slippery and vague business – an idea struggling to become a legitimate field of study, practice and public concern. The United States is one of the few industrialized nations left to embrace media education policy on any systemic level[1] (Bazalgette, Bevoret & Savino, eds., 1992) while it is the largest producer of media in the world, thus it is troubling that this discussion refuses to happen in any sort of engaged and rigorous way.

The Gestalt Hood

I don't think lack of concern is the problem – most reasonable people believe that the ability to be critical or thoughtful about our mediated world – to understand and communicate in a variety of media – is basically, a good idea. This commentary seeks to open the field of media education up to some self-reflection, particularly within the very American context in which it lives. However, this essay is not a historical trace of media education theory and practice,[2] nor a critique of contemporary individuals' efforts or programs whose foundational efforts must be applauded. Rather, this essay examines current perceptions and perspectives in media education: Is media education a knowledge domain? Is it a practice? What problem does it solve? Perhaps a thoughtful investigation may inspire a more rigorous approach to media education that is more explicit, focused and purposeful.

In many other countries, much of the thinking for contemporary media education was birthed from cultural studies (Buckingham, 1993; Fiske, 1989) and nursed by the desire to protect national identity against the infiltration of

1 There was a federal funding initiative for the short-lived „critical viewing" movement (see Tyner, 1991). Systemic efforts at the state level are being pursued by New Mexico, Texas and Hawaii.

2 For a good overview, see James Anderson, 1983 and James Brown, 1991.

American media and values. Guided by a nationalized education, media education in many of these countries now is systemic practiced, theorized and in some cases, researched. (Alvarado & Boyd-Barrett, eds., 1992; Buckingham, 1992, 1993) U.S. media educators long looked to their work for inspiration and aid in how to do similar work here in the U.S. While multiple efforts under the banner of media education have been made by, among others, cable companies, grassroots organizations, religious groups, the PTA, drug prevention programs, child advocacy nonprofit organizations, educators and pediatricians, there is little cohesiveness or agreement on what it is they're doing, just so long as they're doing it.

The concern here is not that all burgeoning media educators should be doing the same thing – hold national membership cards and the like. But what the problem *is* exactly – explicitly – and how to go about solving it according to the various media education efforts varies greatly in terms of its goals, approach, rigorousness and quality. Like Dr. Frankenstein, the many US media education efforts are bravely, passionately giving life to a media education monster from found pieces of Canadian and British curricula, bits of South America Freirian philosophy and European cultural studies, and pieces of assessment strategies from Australia. To bring it to life, U.S. media educators madly blow sparks at conferences, meetings with drug czars and the occasional celebrity video promo. And we wait, eyes to the sky, for the big bolt of lightening we believe will come. But what on earth will happen when it strikes? Few can imagine where this monster will live, or what it will do. Will it be nice?

The point of this essay is not to compare the many definitions or strategies of media education and see which one is ‚correct' – this is where the conversation often gets stuck – but discover the assumptions they reveal in their whole. In fact, US media educators do share general definitions and strategies. In North America, the generally accepted definition of media education is „the ability to access, analyze, evaluate and communicate information in a variety of formats including print and non-print." This definition was developed at the Aspen Institute's Communications and Society Program conference in December of 1992. And US media educators strategies, though they vary somewhat, usually include the notion that media construct meaning (as compared to revealing Truth), media are owned, media convey values, media are interpreted by different audiences and media have conventions or „languages."[3] (Tyner, 1993; Bazalgette, 1992) Although these definitions and critical concepts guide the inquiry process about/with media and are rich with learning opportunities, encouraging a more thoughtful and critical interaction with media, they are equally vague and open to wide interpretation regarding their use. For example, media convey values . . . so what? Is this a nefarious conspiracy? A given that should be investigated? An inherently redeeming quality of technology?

3 This particular list was co-developed by the Center for Children and Technology and Media Workshop New York. For further information, see www.mediaworkshop.org.

Finding Commonalties

In examining media education in the US, there are four commonalties that are worth closer examination: how it is framed as a knowledge domain; how it embraces a false separation of technology and media; how it's overtly focused on mass media, particularly television; and the implicit notion that media education is ideologically free.

A New Knowledge Domain

One of the simplest challenges for media education in the US is describing exactly what media education is. More often than not it is framed as an end goal (a domain of knowledge) rather than a means to an end (a particular process of engaging with the world). This view of media education as a discreet knowledge domain is problematic on two levels: the necessary but tricky need for media education in becoming a „legitimate" field of study; and the very real but often misled understanding of what it means to be „media educated."

Media education is attempting an extraordinary and necessary thing – to become a legitimate practice and field of study. For it to succeed, it needs three elements: one, a common language; two, an intellectual synthesis to focus and explicitly connect the common language to various practices – a paradigm; and three, the buy-in and commitment of parents, educators, funders, politicians, policy makers, the Academy, and the media itself. So far, US media education has been relying heavily on the first of these elements, its common language via definitions and strategies, in making a passionate play for the third, everyone's buy-in. Having a common language is the easiest element to achieve, and, on a number of levels, has already begun. Of course, much of the language of media education has been borrowed or cannibalized from other domains, primarily cultural studies; however, other fields such as communications, gender studies, critical pedagogy and film studies have all had an impact on the way people talk/think about current media education. There are agreed-upon definitions and code words that signal the birth of a knowledge domain, words such as media literacy, critical viewing, visual literacy, expanded literacy, that, when uttered at a conference or dinner party, cue others that you have similar concerns or interests.

But history shows us that the legitimization of a knowledge domain is a deeply complicated and *political* process, accompanied with the expected protection of turf, lifting of kilts and often fierce battles in defining terms and boundaries. (Lagemann, 1989). Media education is no exception. Despite calls to a big tent in efforts to focus practice, funding, etc., the investment in different approaches and purposes has been too great to ‚concede' to something that is equally new and vague, and in spite of the common language, sounds much like the same thing. It is similar to a local political race. It is easier to frame who you are by stating what you are against, e.g. crime, bad schools, corruption. In the case of media education, some practitioners have positioned themselves against consumerism/advertising, some against mass media in general, others technology or racism or ... the list goes on. This tells us little about what media education *does*. More challenging is the difficulty in discussing the deeper processes and implications of different media education practices and *how* or *why* it connects to consumerism, technology, racism, et al.

There are also troubling assumptions in our US practice regarding the end result of media education – when one has become „media educated." What does this mean, exactly? In the rhetoric of media education, there is much discussion of students „negotiating" texts, „balancing their media diet," and critically thinking about media in their future. But the gap between media education theory, rhetoric and practice is vast. Much of the media educating that we do bears the assumption that, with a few lessons or exercises, the completion of a workshop, the implementation of a module, one becomes „media educated" and then ... um, something will be *different*. Say, for example, a student understands certain tenets about the media – audiences bring different understandings to the same media texts, therefore, interpret them differently. So what? Why is this important to know? What are the implications of this tenet? How does that particular student understand her own interpretations in a larger context? What are her criteria? Can she be articulate about her interpretations? Are we all lost in a sea of relativity when it comes to interpretation? The student (and possibly, her teacher) often cannot answer these questions. So, is she media educated? According to current general practice, yes. Though it will be discussed in more detail later, this blind leap between theory and practice bears unfortunate resemblance to current education as a whole, with the debate centering around education as learning bits of quantifiable information and measurable skills vs. purposeful strategies to think about and live in the world.

A False Separation

A second commonality of US media education is its peculiarly American approach to television compared to, say, the computer. The computer, according to the general public blitz is TECHNOLOGY, not media. MEDIA is television, not the computer (or any content that it mediates). The computer (technology) is housed in conversations that include the phrases „connect schools to the information super highway," „level the playing field" and „bridging the gap to the 21st century" whatever the heck that means. We don't hear that kind of chat about TV, that is, not any more. We did in the 1950's. But we are like an unfaithful lover, offering our naive and sweet faith that „this ...," in this case, technology, will be better, more, finally fulfilling.

We can see this peculiar approach, for example, in how we have culturally responded to the coming of HDTV (high definition television). Some of the same congressmen, industry leaders and public advocates who shake their fists at explicit sex and violence on television praise the „great technological opportunity for the American people" they see in HDTV. Wait a minute. It's TV, right? When exactly will this technology become a media that becomes content that will ruin us all? Another example indicative of this bifurcation between media and technology in the education world is its new love – the world wide web. Yet this deliverer of content, unedited yet, is rarely discussed as something to be examined in media education curricula.[4] This blindspot is especially important for media educators to address. Our definitions of media and technology need to be more explicit and inclusive – or risk missing the point completely – that we live in a mediated *environment*.

Overt Focus on Mass Media

A third commonality that stems from our framing of media education as a discrete domain and our false separation of technology from media is media education's overt focus on mass media, particularly television. Though the term ‚media' refers to any form that conveys information, pragmatically speaking, „media" means TV to many people. In media education curricula, online media education list-serve's or the rare story that reaches educational journals or the nightly news, there is much hoopla about looking at a variety of media critically, but the examples (practice) most often proffered are of television such as *E.R.* or *NYPD Blue*. This makes a certain sense in light of the fact that television is the most penetrating mass communication ever known. Television is also engaging, visual and really, really easy to hate for its perceived role of bourgeois, taste maker and moral arbiter. For those that believe culture (or young people, or taste, or morality, etc.) is going to hell in a hand basket, television is the devil driver.

The problem with this overt attention given to television is that media education ignores its existence within a larger, mediated culture as well as its particular form. US media education feels too comfortable in separating TV from its communication brethren that are intimate with the content of television: newspapers, text books, subway posters, magazines, billboards, clothing, mail, the Internet, radio programs, video games *ad nauseum* Wise media educators will use television as a pathway into media itself. They will examine how this form, one among many, shapes our sense of understanding about topics such as being gay in the 1990's. Certainly television programmers didn't *invent* the notion that coming out of the closet is a difficult thing to do among friends and family. Not only is homosexuality/homophobia re-

4 An exception is Kathryn Montgomery, Wash. DC., who is primarily concerned with policy and protecting young people from marketing research and exploitation.

flected and represented in other media, it is in our cultural fiber – our clothing, language, customs, traditions, history (which is mediated) – all tell tales of our take on homosexuality/homophobia. Television is one way, albeit a powerful way, to tell and hear that tale. But many don't, or won't, or know how to hear it if they wanted to. Instead, sentiments like „if only there were a law about gays on TV ..." reveal the power that we have bestowed upon television to determine our ability to think.

US media educators are also comfortable with separating the content of television from its form. The popular critique that television shows „too much" graphic violence (compared to text for example) is interesting considering that it is a visual medium and what visual mediums do is show things graphically. Television, like books or speech, is a mode of communication and applying the same criteria of content or style to them all is inappropriate, if not futile. The argument is similar to traveling from New York to Los Angeles and wondering why the red-eye flight (first class) is a different traveling experience of America than a four-day drive in an unairconditioned car. McLuhan notwithstanding, the medium shapes the content, or rather, without the medium, there *is* no content. You can't go to L.A. unless you *go* there. *How* you go there informs the experience or understanding of traveling across America. How can media educators ignore this? Easy, if we continue to approach all media from a literate frame of mind – where information, and the meaning we make from it is assumed to be linear, cognitive, logical, and discrete. Television is few of these things, never all. In fact, given our resistance to understand/teach visual, non-linear thinking, we are ill-equipped to engage with television at all.

Ideologically Free ...

The fourth commonality in US media education is the most difficult to detect. Because media education is often perceived as a discrete understanding of tenets or rules – an end rather than a means to an appropriate end – it is thought to be ideologically free, just as science is considered to be objective and ideologically free. A brief foray into educational history and philosophy immediately informs us that *all* education, particularly schooling, is loaded with ideology – agendas or purposes driven by certain cultural, social and individual needs, desires and interpretations of what is important to know.

Moreover, US media education is often presented as a tool to *reveal* ideology, e.g., consumerism, bias in historical interpretation, racism, etc., and in fact, it is helpful in doing this. But it does not take into account its own biases and purposes. When one looks closer at the walk and talk of US media education, four dominant perspectives emerge,[5] perspectives that shape the content, approach and goals of media education as well as reveal other ideo-

5 Co-developed by Center for Children and Technology and the Media Workshop New York.

logies about the media itself, about school, and about young people. These perspectives include the *protectionist, celebrant, cultural critic* and the *educated consumer.* All four perspectives agree that media are not just windows on the world or mirrors of society, but are carefully constructed products. They disagree, however, about the implications of this. As an interesting exercise, the perspectives can be laid out on a grid illustrating the relationship of one to the other, a sort of 2-D continuum.

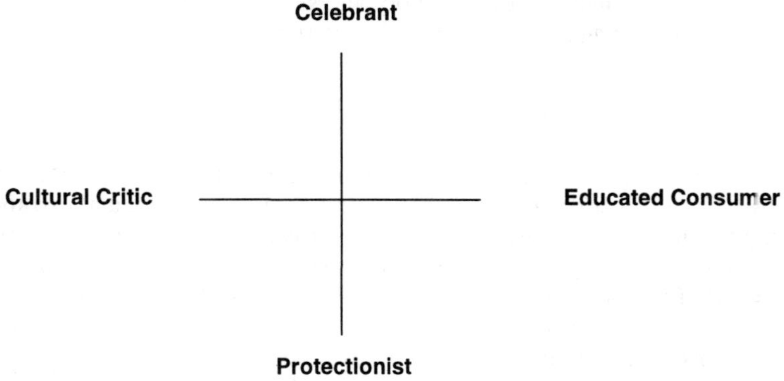

Also embedded throughout these perspectives are views about student production that will be discussed later. For anyone who is a media educator, it is useful to see where, and in what contexts, they would locate themselves.

Four Perspectives in US Media Education

The Celebrant Perspective

From the celebrant perspective, media and technology are products that make our lives richer by connecting us with all kinds of information (access) or novel experiences (pleasure). The problem is that media are not widely diffused enough, appreciated enough and sometimes, people do not know how to use them (e.g. the Internet or a video camera). A solution is to diffuse media as widely as possible, and train people to use them. Media literacy means developing potentially important job skills, and also learning to appreciate the uniqueness of different media forms (e.g., novel, film, interactive book).

The Protectionist Perspective

For the protectionist, the problem with media products is that they are like a powerful drug that has toxic side-effects, especially for children. Certain media forms may be dangerous in and of themselves (TV, for example, may decrease attention span). And their content – advertising, violence, drugs, obscenity – convey harmful messages to kids. From a protectionist perspective, the media education solution is to protect kids from harmful media effects (e.g. turn the tube off, pressure media makers to be more responsible), to inoculate kids by teaching them to recognize bad influences in TV, music, movies and magazines, and ‚just say no.‘ Computers and the Internet tend to be lumped into the „technology“ category and subsequently dismissed except for traditional rallies against the sexual exploitation of young people.

The Educated Consumer

From the vantage point of educated consumer, some media are good, some are lousy. Children are not educated consumers of media products, so they often make bad choices. They watch more than is good for them, for example, or they don't distinguish between advertising and programming, or between ‚good‘ PBS programs and ‚bad‘ talk shows. Additionally, kids must better understand media's ploys and tricks so that kids can become better educated consumers for all products. In this case, media education can help kids become conscious of their own viewing habits, and articulate the kinds of viewing programs they like, and why. The goal is to help them understand the differences between different kinds of media products, and their advantages and disadvantages. Consumers are sovereign, so let them decide.

The Cultural Critic Perspective

The cultural critic perspective suggests that, in order to gather audiences and profits, producers of commercial media (particularly large media conglomerates) use familiar formulas to represent the world – myths and stereotypes of social class, race, gender, power, and youth. While audiences find these formulas comfortable, they tend to reinforce the social status quo: people become passive consumers of stereotypes instead of active citizens capable of imagining a different world. Media education can guide students to analyze media representations in advertising, TV, the movies, etc., and ask what is real in them, what is distorted, and whose interests they serve. Additionally, its important to teach young people to be media artists themselves, expanding the range of voices and visions available in media.

Perspectives in Context

As an example of what this might look like in a classroom, allow me to describe a similar text and how these different perspectives may perceive the process of media education. The text is a poster for Nike shoes, included free in major sports magazines. It features, in rich reds, yellows and sepia tones, a full-body shot of Michael Jordan, mid-air, about to drop the ball into the basket. He is wearing Nike shoes. The Nike „swoosh“ or logo is displayed in the corner of the poster.

A celebrant perspective might argue that ads like this, particularly those featuring Michael Jordan, surround kids with positive messages e.g. sports are healthy, have a certain beauty or grace and promote positive role models. If you like the ad, the shoes, and/or Michael Jordan, than buy the shoes. As part of a media education curriculum, a teacher may have their students write stories about heroes, how they feel about playing basketball or other sports, discuss the aesthetics of the ad or perhaps make their own, celebrating the beauty of the athletic body or cool factor of Nike shoes.

A protectionist perspective may feel that this Nike ad featuring Michael Jordan will encourage the worship of expensive items that connote status and that young people will resort to crime and violence. Ads like this contribute to a warped sense of values about money, success, life in general. To counteract, teachers may want to help students arm themselves against the crass and somewhat amoral agendas or greed and subsequent violence by inoculating young people against the „dangers“ of media. This might include encouraging students to ban designer clothing/items in schools or to not watch television.

An educated consumer perspective would encourage the isolation of information about the product, Nike shoes, from the aesthetics or ulterior messages of the poster. Are these shoes any good? Do I need them? How much do they cost? Since costly ad campaigns inflate the retail cost of the product, can I get the same quality in a generic brand of shoe? Teachers may have their students do consumer research about tennis shoes (reports, evaluations, local prices at stores, cost of ad campaigns, etc.) and, using a basic „wants vs. needs“ angle, discuss whether the acceptance by peers is worth the cost of the shoe.

A cultural critic point of view asks what the ad is really about – shoes or culture. Using the concept that media convey values as a scaffold, they would examine the poster as a text that markets a set of fantasies about life,s choices to young black males: „Be like Mike.“ This perspective looks for the links between economic purposes that these ads serve, e.g., rise of stock amidst rumors of Jordan,s return to basketball after a short hiatus and the cultural desire for an athlete (hero?) of Jordan's stature. The focus is more on the ways that the ad can reinforce basic messages in our culture, e.g., that young black men have few options in life, most being professional sports or that becoming a professional basketball player is simple – just play hard and wear Nike shoes. Teachers may have their students investigate Nike fan clubs: what are the costs? gains? purposes? Who really benefits? Students may look at a range of ads featuring figures from different sports and inquire about the difference in portrayal of white vs. black role models or athletes in general; compare the portrayal of athletes in mass media to the portrayal seen in the documentary film *Hoop Dreams* – how many people really „make it" in basketball; students could look at the „sale" of heroes/role models to different socio-economic classes and gender.

As educators (parents, students, policy makers), we may come from any one of these perspectives at different times depending on our context, sophistication level and desired outcome. The ideologies embedded in them are sometimes clear, sometimes not. The point is not that they are bad or wrong. Rather, the challenge is to be knowledgeable, reflective and explicit about them in media education rhetoric and most importantly, in our practice.

Another Approach

There are other angles or perspectives that some use as lenses to better understand media education. The argument *about* vs. *with* media refers to the learning benefits from analyzing media versus producing media. The implied benefit about student production is that by the process of creation, a student will *know,* more deeply, media education concepts. It guarantees little. In actuality, this argument confuses a pedagogical approach with a perspective (or ideology) embedded in the practice and goals of media education. A teacher who hails from a constructivist, hands-on mode of education may also embrace, say, a celebrant perspective about examining/producing media. Therefore, a student's video documentary about aids education may celebrate the fun and power of using a camera and editing together carefully constructed scenes, but may have demonstrated little about how the media inform our understanding of aids, teen sexuality and global/personal health let alone aids education. Like any pedagogical approach, it depends on the goals and skills of the teacher that determines its success.

The Future of US Media Education

After laying out some of the commonalties and perspectives in US media education, the question is what next? We know that media education is going through the expected growing pains of becoming a legitimate domain of learning, yet the understanding of it as a *process*, a means to an end, is crucial. We need to expand the conversation beyond television to include all media including those that are disguised as technology (early learning software) or are invisible or taken for granted (history textbooks). We also need to understand that media education, as is all education, is girded by ideology and agendas that need to be made explicit. But again, what next?

Coming to Terms with Ambivalence

One of the challenges to US media education is US culture itself, which we seem very resistant to embrace. We live with ambivalancies about such American traits as consumerism, violence, about education in general, and the role of young people in our culture. Certainly, none of these problems will be „solved“ by media education. If media education is to define itself as a rigorous and important field, educators must come to terms with these ambivalencies or, at least, be up front about our ambivalence towards them.

For example, consumerism is a rallying cry in some media education curricula, particularly in lessons targeted towards younger kids. Depending on the perspective or approach to media education, consumerism is a nefarious practice that plunders the innocence of the young (witness the reaction to *Teletubbies*) or a good thing which we need to be better at doing. At the same time, most media education rhetoric often bandies about the term „democratic citizenship.“ Little discussion occurs however about what democracy is in a capitalistic culture, where consumerism is a part of our national identity. According to some economists, shopping identifies a dutiful citizen. How can media educators more wisely approach this?

Violence in mass media has also been of deep concern to many media educators, sometimes leading them to count violent episodes on television, point fingers at the media industry, and encourage self-censorship about programs or books that have been deemed violent (though the definition of „violence“ is slippery). From a U.S. cultural perspective, however, we *love* violence. We throw parades to see the guns and tanks of the military, we watch, by the millions, football, morning cartoons and made-for-TV movies highlighting violence. We've created and now revere entire genres of books and film that celebrate violence (westerns, gangster and action-adventure). At the same time, we ignore factors that contribute to real violence in peoples' lives – economic disparity, racism, and the values that we have for women, children or the elderly. How can media education address a problem like violence with such a narrow, limited understanding of the role violence (and other possible actions) within a cultural context?

There are also deep cultural ambivalencies about education, particularly schooling. While our culture embraces the myth of a good education (education = opportunity) and its necessity for good citizenship, we tend to discount those who actually do the work – teachers. The disrespect shown towards the professionality of the teacher seeps its way into media education practice as well. The common assumption is that, because one is concerned about the role of media in the development of young people, that, by proxy, one knows how to *teach* media education. Unfortunately, and this is the part that gives people the willies – it all comes down to good teaching. It depends on individuals who not only know the common language of media education, know the intellectual groundwork of media education but also know how to teach. Pedagogy, or *how* you educate about/with the media is rarely discussed but is crucial if one acknowledges that media education is *education.* Additionally, teachers teach content (e.g., geology, the Civil War) as well as thinking skills to students. Media education would be wise to figure out ways to support what the teacher already does in the classroom well – by helping to make connections between concepts and strategies to specific content – rather than insisting on an additional layer that is disconnected from the process of schooling. By the same token, being a teacher doesn't necessarily mean there is an explicit understanding of what is important or appropriate to teach about the media. Support is needed here as well.

Additionally, the institution of education doesn't afford media and technology much respect, giving little credit to its ability to shape what and how young people know or what teachers need to know to help students. Teacher education institutions are notoriously behind the times when it comes to assisting our teaching force regarding basic skills in using media/technology let alone the creative and critical thinking it deserves in deference to its ability to impact teaching and learning.

A final cultural ambivalence that needs to be addressed is the fundamental disrespect our culture affords young people. We live in a time that worships being young, but the somewhat desperate and cynical celebration of youth music, food and clothing seems more of a marketing venture rather than true value placed on young people. Our value for children is revealed in two ways: first, given that we are a capitalistic culture and that the dollar speaks loudest, where we spend our money; and second our assumptions about what young people do with/about media.

If is important to examine how much we, as a culture, value young people by looking at their economic position. It is troubling that, while children are the fastest growing consumer market, they are also the fastest growing population living in poverty. The United States lags behind most other industrialized nations in the general care and education of children, which is reflected in per capita spending. Again, media education will not solve this problem, but what role can it play? This is important to keep in mind when media educators, as individuals or as a field, position media education and the problems that it proposes to solve to funders, policy makers, parents, teachers, young people and so forth.

When re-examining the perspectives in U.S. media education, it is the exception, not the rule, that the opinions, pleasures and desires of young people and the meaning they make from media are of value. Terrifying for some educators is the notion that a possible goal of media education may be to turn over decision making in terms of the value of media messages to young people (when appropriate), particularly since their decisions about what is good or bad may be different. And that might be O.K. This notion challenges a deep-seated assumption about the power that young people should or do have, that while autonomy is encouraged regarding the spending of money, autonomy of thought and feeling is discouraged as dangerous for the status quo. At the same time, there are some educators who do support the notion of young people „negotiating their own relationship to texts." This is not necessarily the answer either. If a group of students ‚negotiate a meaning' from a movie that justifies the sexual harassment of young girls, and they don't see a problem with that, because it's their own negotiated meaning, is *that* OK? Though not easy, the melding of education (in its grandest sense) and media education means balancing the responsibilities and goals of educators as well as the relationship of media and technology to young people's lives.

A Need for Explicit Models

Of the three elements that are necessary for media education to succeed: a common language, an intellectual synthesis to focus and explicitly connect the common language to various practices, and the buy-in and commitment of those involved, it seems that the second element is the one that deserves immediate attention. Explicit models – pictures of what clear, effective media education theory-to-practice-to-theory look like – are rare. But precisely because media education *is* struggling to establish an identity, all the more reason to be concerned about whether we're walking the walk and talking the talk. Currently, we're not walking much. I certainly don't mean to suggest that this is easy. But one step to take is being explicit about the process, terms and goals for media education. What do you *mean* by active, engaged learning? By critical consumer? By visually literate? Can you provide evidence – an example of student work, teacher interviews, etc., to illustrate what you mean?

The need for research

Another step to laying a strong media education foundation is research. When considering education at the post-secondary level, what is immediately missing is research about media education and young people. What does a media educated student actually *do* differently from one that has no experience with looking at media critically? What problem does it solve? We don't know how to answer those questions. And unless we know what we're aiming for, it seems foolish to insist we can see the target. Schools and community educators need the partnership of the academy to help make those crucial connections between theory and practice (and among the various departments and domain areas) – to listen to each other about the kinds of questions that need to be asked, to inquire about what kids need to know, what they already know and how they might learn more about media and technology that is relevant to their lives. It seems clear that media effects models and uses and gratifications studies are not sufficient in helping to address the challenges that media education puts forth. Where can the primarily cognitive domains of media studies commingle with the more affective perspectives of media education? While new research that includes and respects the participation and intelligence of young people is beginning, its representation in the United States is embarrassingly slim.

While media education in a variety of forms successfully lives elsewhere, the United States hosts a culture altogether different and one that must be reckoned with if media education is to survive. In terms of media, we are the proverbial fish in the fishbowl, struggling to see the medium we exist in but frankly, not doing a very good job of it while the world looks on in clear, though distorted fashion. We are deeply ambivalent about key issues including the purpose of education, social issues such as violence or racism, and the roles and abilities of young people in making meaning from media. Too often, and to their detriment, media educators assume everyone is on the same page. Though no less necessary or important, media education is much more complicated and messy than just learning critical concepts and identifying the ‚tricks‘ of television advertisers. It demands the rigor, commitment and thoughtfulness that any process of educating young people deserves.

Bibliography

Alvarado, Manuel and Oliver Boyd-Barrett, eds. *Media Education: An Introduction.* London: British Film Institute, 1992.

Anderson, James. Television Literacy and the Critical Viewer in J Bryant and D Anderson (Eds) *Children,s Understanding of Television.* NY Academic Press, 1983

The Aspen Institute's Report of the National Leadership Conference on Media Education (1993).

Bazalgette, Cary & Bevoret, Evelyne & Savino, Josiane (Eds). *New Directions: Media Education Worldwide*. London: British Film Institute, 1992.

Brown, James A. Television *"Critical Viewing Skills" Education: Major Media Literacy Projects in the United States and Selected Countries.* Hillsdale, NJ: Lawrence Erlbaum Associates, 1991.

Buckingham, David, ed. *Reading Audiences: Young People and the Media.* New York: Manchester University Press, 1993.

Buckingham, David, ed. *Watching Media Learning: Making Sense of Media Education.* London: Falmer Press, 1992.

Fiske, John. *Reading The Popular.* Boston: Unwin Hyman, 1989.

Lagemann, Ellen Condliffe. *The Politics of Knowledge: The Carnegie Corporation, Philanthropy, and Public Policy.* Middletown, CT: Wesleyan University Press, 1989.

Tyner, Kathleen. „The Media Education Elephant." *Strategies Quarterly*. Summer, 1991.

Michael Charlton

Familie und Kinder in der Mediengesellschaft

1. Einleitung

Kaum ein Medium hat das Familienleben in den letzten Jahrzehnten so sehr beeinflußt und verändert wie das Fernsehen. Ich möchte mich im folgenden auf die Auseinandersetzung mit diesem Ausschnitt der Mediengesellschaft beschränken, auch wenn das fast schon ein wenig altmodisch wirken muß angesichts der neuen und ganz neuen Medien, die Kindern heutzutage zur Verfügung stehen. Fernsehen ist zwar ein nicht mehr ganz so junges Medium, aber es scheint Familien immer noch vor fast unlösbare Probleme zu stellen. „Wir benötigen Untersuchungen, die uns eine Vorstellung davon vermitteln, wie eine Durchschnittsfamilie mit dem Fernsehen zurecht kommen kann. Die Schwierigkeit dieses Problems sollte nicht unterschätzt werden" sagte der berühmte Fernsehforscher Paul Lazarsfeld im Jahre 1955 vor einem US-Kommittee. Heute, über vier Jahrzehnte später, ist eine befriedigende Antwort auf die Herausforderungen des Fernsehens an die Familien noch immer nicht in Sicht. Ist die Aufgabe überhaupt lösbar? Zeigt sich am Beispiel „Fernsehen" vielleicht sogar exemplarisch das Dilemma der Pädagogik in den Zeiten der Mediengesellschaft? Ich werde die Schwierigkeit eines pädagogischen Umgangs von Familien mit dem Fernsehangebot aus drei verschiedenen Blickwinkeln etwas näher betrachten: aus familiensoziologischer, entwicklungspsychologischer und kommunikationstheoretischer Sicht.

2. Familiensoziologische Perspektive: Öffentlichkeit des Mediums vs. Privatheit des Familienlebens

Damit sich Menschen als eine Familie definieren können, müssen sie sich in gewisser Weise von der übrigen Welt abgrenzen. Familien bilden in ökonomischer, sozialer und emotionaler Sicht ein mehr oder weniger geschlossenes System. Sie haben häufig eine gemeinsame Haushaltskasse, sie suchen bevorzugt Kontakt untereinander, sie tauschen Zärtlichkeiten aus. Aber auch in kognitiver Hinsicht grenzen sich Familien ab, indem sie eigene Deutungsmuster für das Weltgeschehen entwickeln, Geheimnisse miteinander teilen usw.

„Familienleben“ heißt für viele Menschen „Privatleben“, im Gegensatz zum Leben in der Öffentlichkeit.

Die Trennung zwischen Privatsphäre und Öffentlichkeit ist zwar nur eine gesellschaftliche Konstruktion, es ginge auch ohne sie. Aber immerhin scheint sie uns so wichtig zu sein, daß wir sie vom Grundgesetz schützen lassen (oder: noch schützen lassen, siehe die aktuelle Debatte um den großen Lauschangriff). Die Spannung zwischen dem Privaten und dem Öffentlichen spiegelt sich aber nicht nur im Verhältnis von einem öffentlich zugänglichem Medium und dem privaten Mediengebrauch in den eigenen vier Wänden, sondern auch in den Medieninhalten. Das Fernsehen zeigt Privates, aber durch das Vorzeigen des Privaten werden die Geheimnisse öffentlich; David Buckingham spricht von „public secrets“ (Buckingham 1987). Dabei ist es ziemlich gleichgültig, ob diese Veröffentlichungen ein fiktives (in Spielfilmen und Fernsehfilmen) oder ein reales Privatleben ausbreiten (z.B. in Nachrichtensendungen, Boulevardsendungen, Talkshows).

Man könnte nun vermuten, daß die Zurschaustellung von Privatheit im Fernsehen auch die Privatheit der zuschauenden Familien verändert. In den letzten Jahrzehnten hat das Ausmaß an Seelen- und Körperentblößung in den Medien so dramatisch zugenommen, daß die Aufrechterhaltung der Privatheitsgrenze der Familie unter zunehmenden Rechtfertigungsdruck geraten ist. Was früher exklusiv in intimen Beziehungen oder allenfalls gegenüber professionellen Helfern mitteilbar war, läßt sich heutzutage problemlos veröffentlichen. Wenn manche Medienforscher einen Zusammenhang zwischen der Schwächung der Institution Familie und der Entwicklung der Massenkommunikation in den letzten 40 Jahren vermuten, so könnte die zunehmende Veröffentlichung von Privatheit hierbei vielleicht als eine der möglichen Ursachen angesehen werden. Konservative Politiker werden dieser Überlegung gerne zustimmen. Und das zurückgehende Engagement für die Unverletzlichkeit der Privatsphäre der eigenen Wohnung gegenüber Ausspähung im Dienste öffentlicher Interessen, ist auch das eine Medienwirkung? Vielleicht fände diese These unter eher basisdemokratisch orientierten Politikern den einen oder anderen Anhänger. Allerdings ist Vorsicht angebracht. Auf der Grundlage der bislang vorliegenden Daten läßt sich die weitgehende Hypothese vom Verlust der Privatheit nicht beweisen. Ich möchte auch nicht in den Fehler verfallen, Plausibilitäten als Ergebnisse zu verkaufen. Denkbar ist ja auch, daß sich einzelne Familien unter dem Druck der öffentlichen Indiskretion enger zusammenschließen, während andere die Grenzen zum Privaten eher durchlässig machen. Wichtig scheint mir – hier wie bei den nachfolgenden Argumenten – daß die Medienkommunikation Bedingungen schafft, auf die die Familienkommunikation reagieren muß.

3. Entwicklungspsychologische Perspektive: Kinder konstruieren und rekonstruieren die soziale Wirklichkeit

Ein weiteres Problem für Familien in der Mediengesellschaft entspringt aus der mangelnden Lebenserfahrung von Kindern. Die moderne entwicklungspsychologische Forschung geht überwiegend davon aus, daß Kinder die gesellschaftlichen Konstruktionen der Wirklichkeit schrittweise wiederholen müssen. Die Zwischenschritte im Laufe dieses Konstruktionsprozesses können sich deutlich von der Welterfahrung der Erwachsenen unterscheiden. So sind dem Neugeborenen wahrscheinlich noch nicht einmal die Grenzen der eigenen Person intuitiv einsichtig, noch viel weniger die Grenzen des Familiensystems. Das Kleinkind kennt nur personale Beziehungen, die durch Liebe und/oder Autorität bestimmt sind, und noch nicht die positionalen Rollenbeziehungen des Öffentlichen Lebens. Kinder wissen häufig noch nicht, aus welchen Motiven (ökonomische, sexuelle, machtorientierte Interessen usw.) heraus Erwachsene handeln, an welchen Normen und Erwartungen sich deren Verhalten orientiert, welchen institutionellen Zwängen sie unterliegen. Sie verstehen daher die von ihnen in den Medien beobachteten Handlungen und Geschichten häufig falsch oder sie kommen zu falschen Generalisierungen über das Handeln der Menschen. Der psychische Schaden, der sich aus solchen Fehlinterpretationen und Schlußfolgerungen ergibt, ist in der Regel desto größer, je jünger die Kinder sind, weil sich deren subjektives Bild von der sozialen Wirklichkeit noch im Aufbau befindet.

Dieses Problem ist schon lange im Blick von Eltern und Gesetzgebern. Mit der gesellschaftlichen Entdeckung der Kindheit, d.h. mit dem wachsenden Bewußtsein dafür, daß Kinder die Welt anders sehen und verarbeiten als Erwachsene, entwickelte sich am Ende des 19. Jahrhunderts der Gedanke des Jugendschutzes. Das geltende Strafrecht geht ebenso wie das Bürgerliche Recht davon aus, daß der Erfahrungshorizont von Kindern beschränkt (genauer: anders strukturiert) ist und daß bestimmte Erfahrungen deswegen nicht adäquat verarbeitet und bestimmte Handlungen nicht eigenverantwortlich ausgeführt werden können. Entsprechende Grundsätze finden sich auch im Medienrecht. Trotz eines problematischen Spannungsverhältnisses zum Rechtsgut der Pressefreiheit, werden regelmäßige Begutachtungen von Medienproduktionen und ggf. Restriktionen gegen deren öffentliche Verbreitung für unerläßlich gehalten, um Kinder und Jugendliche vor medialen Erfahrungen zu schützen, die sie mutmaßlich noch nicht verarbeiten können (vgl. Kolfhaus 1994, v. Gottberg 1997).

Besondere Probleme ergeben sich auch aus der Tatsache, daß sich die kindliche Medienkompetenz und die allgemeine Handlungskompetenz nicht synchron, im Gleichschritt, entwickeln. Neben Wissen zu dem Handlungsbereich, den eine Mediengeschichte behandelt (Alltagswissen z.B. über die Arbeitsbedingungen und den Auftrag eines ermittelnden Polizeibeamten, der in einem Kriminalfilm vorkommt), benötigt das Kind spezielles medienbezogenes Wissen, über Aufnahme und Montagetechniken (z.B. Kamerafahrt), über Erzähltechniken (z.B. Rückblenden) oder Genres/Gattungen (z.B. Krimi) usw. Fernsehgeschichten werden in einem speziellen Code verbreitet, der sich sowohl von der Alltagskommunikation in face-to-face-Situationen wie auch von der Schriftlichkeit unterscheidet.

Man könnte nun vermuten, daß die mangelnde Medienkompetenz des Kleinkindes sogar einen gewissen Schutz vor nicht-bewältigbaren medialen Erfahrungen bietet, so wie dies bei einem Buch der Fall ist, das ein illiterates Kind noch nicht lesen kann. Leider entwickelt sich aber eine basale Medienkompetenz sehr rasch. Den Umgang mit dem Schriftcode lernt das Kind zwar erst in einer dafür speziell vorgesehenen Institution: der Schule. Den Umgang mit dem Fernsehcode lernen Kinder aber schon, wenn sie noch Windeln tragen und unter weniger professioneller Anleitung. Fernsehkommunikation ist im Gegensatz zur Schriftkommunikation – auf allerdings unvollkommene Weise – schon vom Kleinkind zu verstehen, weil sie an die Alltagsinteraktion erinnert, für die das Kind schon aufgrund seiner biologischen Ausstattung eine basale, aber eng umgrenzte Kompetenz mitbringt. Kinder können schon im ersten Lebensjahr eine Bindung zu ihren Bezugspersonen aufbauen, sie können menschliche Gefühle und Stimmungen aus der Mimik ablesen, sie reagieren spätestens im Laufe ihres zweiten Lebensjahrs darauf, wenn sich ihre Eltern umarmen (mit Eifersucht) oder wenn sie streiten (mit Besorgtheit). Eine vorläufige Interaktionskompetenz, die auch das Verstehen von einfachen sozialen Handlungen und Beziehungen einschließt, entwickelt sich also früher als die Fähigkeit, sich sprachlich verständigen zu können. Die wesentlichen Unterschiede zwischen der Fernsehkommunikation und der Alltagskommunikation muß das Kind aber erst noch lernen. So ist beispielsweise fraglich, ab welchem Alter Kinder zuverlässig zwischen Realität und Fiktionalität unterscheiden können. Das Problem für die Familie liegt also darin, daß ein kulturell entwickelter Code – die Fernsehkommunikation – vom Kind erstens zu einem Zeitpunkt erlernt werden muß, da es noch wenig Einsichtsfähigkeit hat und daß zweitens als Lehrer nur die Eltern zur Verfügung stehen, die auf diese Aufgabe unterschiedlich gut vorbereitet sind.

Eltern kennen die Grenzen der kindlichen Interaktionskompetenz im Alltag und reagieren darauf, indem sie den sozialen Umgang des Kindes beschränken. Weiterhin kontrollieren sie die Möglichkeiten des Kindes zur Bedürfnisbefriedigung, indem sie auswählen, was es bekommen soll und ihr Kind nur über einen jeweils altersangemessenen Geldbetrag frei verfügen lassen. Dieses Bündel von Bedingungen und Maßnahmen: Kontaktkontrolle und Bedürfniskontrolle durch die Eltern, verbunden mit dem sich nur langsam entwickelnden Schriftverständnis und einer professionellen Sozialerziehung in Kindergarten und Schule ab dem 3. Lebensjahr, haben sich in der Welt vor der elektronischen Revolution bewährt.Obwohl inzwischen bereits die zweite Generation von Kindern mit dem Fernseher aufwächst, sind wir immer noch auf der Suche nach ebenso wirksamen Strategien zur Förderung der kommunikativen Kompetenz im Medienzeitalter.

Die Übertragung klassischer Erziehungsstrategien auf die Medienerziehung ist schwierig. Die veränderten Kommunikationsgelegenheiten von Kindern zwingen Eltern, Lehrer und Medienschaffenden zum Handeln. Einerseits gilt es, die Medienkompetenz von Kindern möglichst früh und umfassend zu fördern, andererseits müssen Kinder, die noch nicht verantwortlich mit Medien umgehen können, geschützt werden. Aber ist ein effektiver Kinder- und Jugendschutz das einzige Problem einer Mediengesellschaft? Wenn wir uns dafür interessieren, welche besondere Rolle Medien im Leben von Kindern spielen, müssen wir uns die Ziele und Funktionen der verschiedenartigen Kommunikationsprozesse anschauen, in die das Kind eingebunden ist und innerhalb derer die Massenkommunikation nur einen Sonderfall darstellt.

4. Kommunikationstheoretische Perspektive: Familienkommunikation, pädagogische Kommunikation und Fernsehkommunikation

Wahrscheinlich würden Eltern und Kinder die Spannung zwischen Familie und Medienkonsum gelassener hinnehmen können, wenn die Bereiche in der Alltagspraxis besser auseinandergehalten werden könnten. Aber sowohl der Medienumgang (Massenkommunikation), als auch die Erziehung und das Familienleben gründen sich auf menschliche Kommunikation. Wenn es zwischen diesen Tätigkeiten zu Reibungen oder Widersprüchen kommt, dann möglicherweise deswegen, weil die jeweiligen Kommunikationsbedingungen sehr unterschiedlich sind. Ich will dies in der verbleibenden Zeit kurz begründen.

4.1 Kommunikation in der Familie

Familien sind soziale Gruppierungen, die nach ganz eigenen Regeln leben. Anders als in der Geschäftsbeziehung gilt in der Eltern-Kind-Beziehung, daß die Partner nicht austauschbar sind (Einmaligkeit, Einzigartigkeit der Person), daß die Beziehung nicht aufkündbar ist (lebenslange Bindung) und daß die gegenseitige Wertschätzung nicht an Bedingungen geknüpft werden sollte („unconditional regard"). Natürlich kennen wir alle Familien, die diesen hohen Erwartungen nicht gerecht werden, aber grundsätzlich kann sich diesem Anspruch kein Familienmitglied entziehen: es gibt im Verhältnis von Eltern und Kindern keine Entsprechung zum Scheidungsrecht, nach dem Eltern ihre Kinder oder Kinder ihre Eltern „loswerden" könnten. Eltern sollen ihre Kinder versorgen: materiell, emotional und symbolisch. Die rein materielle Versorgung mit Nahrung, Körperpflege und Kleidung muß ergänzt werden durch eine liebevolle Beziehung und durch Hilfe beim Verständnis der Welt, einschließlich der eigenen Person. Familien leisten dies, indem sie eigene symbolische Welten aufbauen. Die Gemeinsamkeiten und Verschiedenheiten der einzelnen Mitglieder und der ganzen Familie müssen immer wieder im gemeinsamen Tun und im Gespräch ausgehandelt werden. Was unterscheidet meine Familie von der Familie meiner Freunde, wo liegen meine persönlichen Stärken und Schwächen, gibt es einen roten Faden, der sich durch meine Biographie zieht: Auf alle diese Fragen sucht ein Kind Antwort im Gespräch mit seinen Eltern, Geschwistern und Freunden. Identität muß immer wieder neu im Gespräch hergestellt werden. Wo diese Gespräche nicht möglich sind, treten schwere Persönlichkeitsstörungen auf. Beispiele für solche identitätsstiftenden Gespräche in Familien finden sich bei Keppler (1994) oder Klemm (1996).

Obwohl die Selbstvergewisserung im Dialog keine Errungenschaft des Medienzeitalters ist, können die Medien doch in doppelter Weise in diesen Gesprächen vorkommen, inhaltlich weil sie den nötigen Gesprächsstoff liefern und interaktionsstrukturell, weil sie Gelegenheit zum Sprechen und Schweigen bieten bzw. den Übergang vom einen zum anderen erleichtern. In einer konversationsanalytischen Begrifflichkeit werden Medienereignisse daher häufig als Gesprächsressourcen bezeichnet. Amerikanische und israelische Forscher (Alexander 1994, Liebes/ Katz 1990) haben neuerdings auf die Bedeutung des außertextuellen kommunikativen Kontexts hingewiesen. Alexander (1994, S. 53) schlägt vor, zu untersuchen „wie die Kommunikation innerhalb von Familien zum Aufbau eines Familiensystems“ beiträgt und er nimmt an, daß „die Einflüsse des Fernsehens auf die Familieninteraktion weder erfaßt noch vollständig erklärt werden können, wenn man sich nur auf den (Gesprächs-)Kontext während der Mediennnutzung“ konzentriert (S. 56). Die sog. kommunikative Medienaneignung im Gespräch von Familienmitgliedern und Freundesgruppen ist ganz entscheidend für das Verständnis der medialen Botschaft und umgekehrt trägt die Medienbotschaft zum Selbstverständnis der Familie oder Clique bei (Charlton/ Bachmair 1990, Holly/Püschel 1993, Winter 1995).

4.2 Pädagogische bzw. entwicklungsfördernde Kommunikation

Wann ist ein Gespräch pädagogisch? Im Gesprächsverhalten von Eltern und Kindern sind pädagogische und nicht-pädagogische Interaktionen nicht streng geschieden. Man könnte die Ansicht vertreten, daß pädagogischen Handlungen immer ein Plan zur Beeinflussung kindlichen Denkens und Verhaltens zugrunde liegt. Aber auch ein in diesem Sinne nicht-pädagogisches Handeln kann einflußreich sein. Die meisten Handlungen ergeben sich eher aus der Logik der Situation als aus einem rigide verfolgten Erziehungsplan. Das ist wahrscheinlich auch gut so. Um definitorischen Probleme zu vermeiden, möchte ich im gegebenen Zusammenhang lieber von entwicklungsfördernder als von pädagogischer Kommunikation sprechen. Ich bezeichne eine kommunikative Handlung unabhängig von der Erziehungsabsicht dann als entwicklungsfördernd, wenn sie dazu geeignet ist, den Erfahrungsraum des Kindes zu erweitern oder die kindlichen Erfahrungen zu ordnen und zu deuten. Nicht die Absicht unterscheidet positive und weniger positive Erziehungsmaßnahmen, sondern die Abstimmung zwischen dem kommunikativen

Handeln des Erziehers und der Handlungsmöglichkeit des Lernenden.Auf den russischen Kinderpsychologen Wygotsky (1991) geht das Konzept der „Zone der nächstmöglichen Entwicklung" (ZNE) zurück. Entwicklungsfördernde Angebote schieben die Grenzlinie für das, was das Kind in der Welt wahrnehmen und tun kann, immer ein Stückchen weiter. Kommunikation ermöglicht Lernen, indem sie Handlungschancen eröffnet, die in der Zone der nächstmöglichen Entwicklung liegen. Wichtig ist, daß der Erwachsene ein Gespür dafür hat, für welche Leistungen die Voraussetzungen beim Kind demnächst vorhanden sein werden, was also in der ZNE liegt. Der Erwachsene erkennt, ob seine Angebote zum Entwicklungsstand des Kindes passen, indem er darauf achtet, wie das Kind reagiert, was es mit seinen Vorschlägen anfängt. Diese wechselseitige Steuerung und Anpassung gehört zum Wesen jeder Kommunikation (Luhmann 1984, vgl. auch Schneider 1994). Eine Äußerung erlangt ihren Sinn endgültig erst dadurch, daß ein zweiter Sprecher darauf reagiert und damit dem ersten Sprecher die Gelegenheit gibt, das vom Hörer ausgedrückte Verständnis zu akzeptieren oder weitere Erklärungen abzugeben.

4.3 Die Besonderheit der Fernsehkommunikation

Auf dem Hintergrund der Überlegungen zur Kommunikation in der Familie und in der Erziehung können wir uns nun die Besonderheiten der Fernsehkommunikation ansehen. Ich möchte hier besonders auf zwei Phänomene eingehen: auf die besondere Kommunikationsstruktur, die sich aus der fehlenden Rückkopplung und aus der räumlichen und zeitlichen Getrenntheit von Sprecher und Hörer ergibt, sowie auf die besonderen Interessen, die hinter der Medienkommunikation stehen und die sich von den Interessen unterscheiden, die Kinder aus der Alltagskommunikation kennen.

4.3.1 Mangelnde Rückkopplung der Kommunikation

Das eben über die wechselseitige Anpassung und Steuerung von Kommunikation Gesagte gilt für die Massenkommunikation nur sehr begrenzt. Zwar spricht der Moderator einer Kindersendung seine kleinen Zuschauer an („Hallo Kinder"), aber er erwartet offensichtlich (meistens) keine Antwort (die über Telefon, Brief, e-mail usw. prinzipiell möglich wäre). Noch unauffälliger ist die Verknüpfung von Aussage und Reaktion im Fall des Spielfilms. Die Schauspieler sprechen ihre Texte scheinbar füreinander, in Wirklichkeit richten sie sich jedoch an den Zuschauer, als dem eigentlichen Adressaten der Aufführung. Manchmal sprechen die Zuschauer scheinbar auch zu den Darstellern (beim gemeinsamen Fernsehen kommt es häufiger vor, daß die Zuschauer so tun, als wollten sie z.B. einen Darsteller vor einer Gefahr warnen oder zum Handeln anfeuern). Faktisch werden die Schauspieler aber von der Antwort des Zuschauers nicht erreicht und dies ist vom

Sprecher auch nicht beabsichtigt (anders beim Kasperletheater). Das gegenseitige Sich-anzeigen, wie eine Äußerung verstanden worden ist, unterbleibt in der Massenkommunikation.

Die Unabgeschlossenheit der Medienkommunikation ist für das Phänomen der Textoffenheit verantwortlich. Von Textoffenheit sprechen wir, wenn Texte verschiedene Lesarten zulassen. Wenn es sich bei den betreffenden Texten nicht gerade um eine Gebrauchsanweisung handelt (wo wir auf Eindeutigkeit Wert legen), kann diese Offenheit vom Zuschauer oder Leser durchaus genossen werden. Sie macht den ästhetischen Wert des Werkes aus (Eco 1973, Fiske 1987). In der Welt der Erwachsenen hat sich eine spezielle Berufsgruppe etabliert, deren Angehörige dem Zuschauer helfen, Medienereignisse" richtig" zu verstehen: die Medienkritiker. Noch öfter greifen Erwachsene aber auf Freunde oder Gleichgesinnte zurück, wenn sie sich über ein Medienangebot verständigen wollen. Neben dem Austausch in förmlichen „interpretive communities" (wie etwa Chat-Boxes oder Fanclubs zu bestimmten Sendungen, vgl. Lindlof 1988, Schríder 1994) finden sich im Alltagsgespräch zahlreiche Gelegenheiten zum Thematisieren von Medienereignissen.

Für Kinder ist die fehlende Rückkopplung in der Medienkommunikation wesentlich konsequenzenreicher als für Erwachsene. Eine Unterstützung bei der Interpretation des Gesehenen ist nicht nur angenehm, sondern absolut notwendig. Ich habe vorhin erwähnt, daß sich Familien sehr darin unterscheiden, wie viel Vermittlungshilfe (Mediatisierung) sie anbieten können (vgl. Austin 1993, Thompson/Pingree/Hawkins u.a. 1991, Singer/Singer/Desmond u.a. 1988). Hier wären medienpädagogische Handreichungen für Eltern sicher ebenso hilfreich wie Sendungen der Medienanstalten selbst, die Sendungen kommentieren.

Ein weiteres, mit der Unterbrechung des kommunikativen Zirkels zusammenhängendes Problem ist aber struktureller Art und läßt sich kaum verhindern. Hier geht es um die individuelle Passung des Angebots und um die rahmengebende Unterstützung beim eigenen Handeln. Das Medienangebot kann nicht unmittelbar auf das Verständnis des individuellen Kindes reagieren. Die Kommunikation in der Zone der nächstmöglichen Entwicklung kommt nur ausnahmsweise und in wenigen Glücksfällen zustande.In der Massenkommunikation sind Sprecher und Hörer durch Raum und Zeit getrennt. Der Moderator einer Kindersendung lebt in einer anderen Welt als das zuschauende Kind. Während Eltern in ihren Gesprächs- und Handlungsangeboten intuitiv Situationen schaffen, die ihr Kind gerade noch bewältigen kann (man spricht von „scaffolding", d.h. vom Aufbau eines helfenden Handlungsgerüsts durch die Erwachsenen (Bruner 1985), ist ein partnerbezogenes Handeln in der Mediennutzungssituation nicht vorgesehen. Ebenso ist für die aktive Erprobung und Umsetzung des erst ansatzweise Erahnten kein Platz. Die für die Alltagskommunikation und das Alltagshandeln charakteristische Form der tätigen Aneignung findet in der Massenkommunikation keine Entsprechung.

4.3.2 Das Interesse der Medien an der Kommunikation

Wenn Menschen miteinander kommunizieren, dann verfolgen sie dabei ein Interesse. Das ist für Kinder nichts Neues, es gilt auch für sie selbst. Schon das vorsprachliche soziale Handeln des 9-Monate alten Kindes ist interessengeleitet (vgl. Halliday 1975). Der Partner soll dazu gebracht werden, etwas Bestimmtes zu tun. Auch Tauschbeziehungen werden bald verstanden. In der Alltagssituation haben Kinder im Vorschulalter dann kein Problem, die Motive und Interessen ihres Gegenübers zu erkennen, wenn es um konkrete, offensichtliche Vorteile geht: Etwas Schönes haben wollen, etwas Gutes essen wollen, etwas aufregendes Tun dürfen. Abstrakte Valenzen (Geld, Macht, Arbeit) sind in diesem Alter noch schwer verständlich. Aus diesem Grund schränkt der Gesetzgeber auch die Geschäftsfähigkeit von Kindern ein. Aus der familialen Interaktion kennt das Kind neben diesen von unterschiedlichen Interessen geleiteten Tauschbeziehungen aber auch etwas anderes, nämlich die unbedingte Wertschätzung der Eltern, die nicht von der Befriedigung bestimmter Interessen abhängt und die so nur ihm als einer einzigartigen und unverwechselbaren Person gilt.

Die Interessen der Medienindustrie (materieller Gewinn, zufriedenstellende Einschaltquoten, hohe Aufmerksamkeit der Zuschauer) und z.B. das an einen austauschbaren Zuschauer gerichtete Beziehungsangebot des anchor man in der Kindersendung sind für Kinder erst einmal nicht zu durchschauen (Charlton/Neumann-Braun/Aufenanger u.a. 1995). Die Kommunikationsformen in der Familie korrespondieren weder mit den Interaktionsregeln, denen das Mediensystem selbst unterworfen ist, noch mit den durch die Medien (vermittelten Bildern von der Welt. Nach Ansicht von Kubey (1994), der zusammen mit Csikszentmihaly eine berühmte Studie zum Wertewandel in amerikanischen Familien durchgeführt (Kubey/Csikszentmihaly 1990) widerspricht der Kommerzialismus der Medienindustrie den traditionellen Familienwerten. Der Autor kritisiert die im amerikanischen Spielfilmen vorherrschende Mischung aus einerseits konservativen Werten (freier Wettbewerb, materieller Erfolg, schnelle Lösungen für alle familiale Probleme durch Konsum) mit andererseits Sex- und Gewaltdarstellungen, wobei letztere schon deswegen gezeigt werden müssen, um dadurch Aufmerksamkeit zu erzeugen und Zuschauer bei der Stange zu halten.

5. Schluß

Die Kommunikation zwischen Eltern und Kindern ist im Idealfall so gestaltet, daß Kinder entsprechend ihrem jeweiligen Entwicklungsstand einen Erfahrungs- und Handlungsraum vorfinden, der es ihnen erlaubt, ihre Interaktionskompetenz weiterzuentwickeln. Neben einer kindgerechten Strukturierung des Alltags gehören zu diesem Erfahrungsraum „Familie" die an keine materiellen oder anderen Vorausetzungen geknüpfte, unbedingte Wertschätzung des Kindes und die Privatheit i.S. eines Abgesondertseins von der Öffentlichkeit.Die Fernsehkommunikation verläuft nach anderen Gesichtspunkten. Privatheit wird nicht gelebt, sondern veröffentlicht und dadurch grundsätzlich in Frage gestellt. Weder ist für das Gesamtprogramm eine kindgerechte Passung des Erfahrungsangebots möglich, noch kann die Massenkommunikation ein Gerüst für die eigenen Handlungsversuche des Kindes aufbauen.

Werden neue, interaktive Medien, die Widersprüche zwischen Massenkommunikation und Individualkommunikation beseitigen? Zum gegenwärtigen Zeitpunkt ist es noch schwierig, eine abschließende Antwort zu geben. Ob der Abstand zwischen privater und öffentlicher Lebenswelt verringert werden kann, weiß ich nicht, ob er überhaupt verringert werden soll und wie sich Kindheit verändert, wenn dies geschieht, ist eine Frage, der sich die Erziehungswissenschaft in den nächsten Jahren unbedingt stellen muß.

Literatur

Alexander, A.: The effect of media on family interaction. In: Zillmann, D./Bryant, J./Huston, A.C. (Eds.): Media, children and the family. Hillsdale, N.J. 1994, pp. 51-59;

Andreasen, M.S.: Patterns of family life and television consumption from 1945 to the 1990s. In: Zillmann, D./Bryant, J. /Huston, A.C. (Eds.): Media, children and the family. Hillsdale, N.J. 1994, pp. 19-36 – (S.34).

Austin, W.: Exploring the effects of active parental mediation of television content. Journal of Broadcasting and the Electronic Media, 37(2) 1993 pp. 147-158.

Bruner, J.S.: Vygotsky: A historical and conceptual perspective. In: Wertsch, J.V. (Ed.): Culture, communication, and cognition. Cambridge 1985, pp. 21-34.

Buckingham, D.: Public Secrets: East Enders and its Audience. London 1987

Charlton, M./Bachmair, B. (Hrsg.): Medienkommunikation im Alltag. München 1990.

Charlton, M./Neumann-Braun, K./Aufenanger, St./Hoffmann-Riem, W.: Fernsehwerbung und Kinder. Bd. 2: Rezeptionsanalyse und rechtliche Rahmenbedingungen. Opladen 1995.

Eco, U.: Das offene Kunstwerk. Frankfurt 1973.

Fiske, J.: Television Culture. London 1987.

Gottberg, J. v.: Hypothesen mit konkreten Folgen – Medienwirkung und Jugendschutz. In: Gottberg, J.v./Mikos, L./Wiedemann, D. (Hrsg.): Kinder an die Fernbedienung. Berlin 1997, S. 135-147.

Halliday, M.A.K.: Learning how to mean: Explorations in the development of language. London 1975

Holly, W./Püschel, U. (Hrsg.). Medienrezeption als Aneignung. Opladen 1993.

Keppler, A.: Tischgespräche. Frankfurt 1994.

Klemm, M.: „oah Kind du stellst Fragen“ – Kinder bei der Fernsehrezeption. Vortrag beim Pragmatischen Kolloquium Freiburg „Neuere Entwicklungen in der Gesprächsforschung“ – Februar 1996.

Kolfhaus, St.: Anfänge des Jugendschutzes seit 1900. In: S. Hiegemann, S./Swoboda, W.H. (Hrsg.): Handbuch der Medienpädagogik. Opladen, 1994 S. 139-148.

Kubey, R. (1994). Media implications for the quality of family life. In: Zillmann, D./Bryant, J./Huston, A.C. (Eds.): Media, children and the family. Hillsdale, N.J. 1994, pp. 61-69.

Kubey, R./Csikszentmihaly, M.: Television and the quality of life: How viewing shapes everyday experience. Hillsdale, N.J. 1990.

Liebes, T./Katz, E.: The export of meaning. Cross-cultural readings of Dallas. New York 1990.

Lindlof, T.R.: Media audiences as interpretive communities. In: J.A. Anderson (ed). Communication yearbook 11. Newbury Park 1988, pp. 81-107.

Luhmann, N.: Soziale Systeme. Grundriß einer allgemeinen Theorie. Frankfurt/M. 1984

Schneider, W.L.: Die Beobachtung von Kommunikation. Opladen 1994

Schríder, K.Ch.: Audience semiotics, interpretive communities and the ‚ethnographic turn' in media research. Media, Culture & Society, 1994, pp. 337-348

Singer, J.L./Singer, D.G./Desmond, D./Hirsch, B./Nicol, A.: Family mediation and children's cognition, aggression, and comprehension of television: A longitudinal study. Journal of Applied Developmental Psychology, 9, 1988, pp. 329-347.

Thompson, M./Pingree, S./Hawkins, R.P./Draves, C.: Long-term norms and cognitive structures as shapers of television viewer activity. Journal of Broadcasting and the Electronic Media, 35(3) 1991, pp. 319-334

Winter, R.: Der produktive Zuschauer. Medienaneignung als kultureller und ästhetischer Prozeß. München 1995.Wygotsky, L.S.: Denken und Sprechen. Frankfurt 1991

Horst Dichanz

Zur Aufgabe medienpädagogischer Neuorientierungen

1. Zur Skizzierung der augenblicklichen Lage

Die Schnellebigkeit von Entwicklungen kann nur selten in den behäbigen Beratungen von Kongressen aufgefangen werden. Dies gilt in besonderem Maße für die rasanten Entwicklungen auf dem Medienmarkt. Im folgenden versuche ich deshalb, einige bemerkenswerte Detailentwicklungen zu strukturellen Neuaufgaben zusammenzufassen.

1.1 Bildungs- und forschungspolitische Initiativen und Impulse

Die medienpädagogische Situation hat sich in Theorie und Praxis in den letzten drei Jahren deutlich verbessert und ist z.Z. gar nicht schlecht. Beobachter der Szene können einen durchaus positiven Eindruck gewinnen:

- Die BLK hat mit ihrem Orientierungsrahmen vom Oktober 1994 zur Medienerziehung einen bildungspolitisch bedeutsamen Anstoß gegeben.
- Mit der Übersicht über Modellversuche und ihren neuen Empfehlungen zur Medienpädagogik haben die Kultusminister im März 1995 ihre bisherigen Aktivitäten dokumentiert, medienpolitisch Flagge gezeigt und neue Akzente gesetzt – wenngleich wichtige Folgeaktivitäten z.B. in der Lehrerausbildung noch fehlen.
- Zahlreiche Modellversuche in direkter Verbindung mit Schulen zu medienpädagogischen Fragen wurden u.a. in Bayern, in Nordrhein-Westfalen, Hamburg, Rheinland-Pfalz und dem Saarland auf den Weg gebracht
- Mit ihren Initiativen „Schulen ans Netz“ versuchen die Bundesregierung, das Land NRW und zahlreiche private Institutionen, die technische Vernetzung der Schulen zu beschleunigen.
- Das Landesinstitut Soest hat mit einer Reihe von Initiativen für NRW nachgewiesen, daß es mit Hilfe von Multimedia-Techniken und -konzepten möglich ist, eine neue Art von Software zu entwickeln, die manche der altbekannten Schwächen von Lernprogrammen überwindet.
- Das IPN in Kiel hat in Verbindung mit einer Landesinitiative für Schleswig-Holstein Schulen mit Internet-Zugang zusammengeführt.

- Mehrere größere medienpädagogische Projekte, darunter das BIG-Projekt der Bertelsmann-Nixdorf-Stiftungen und der Gesamthochschule Paderborn dokumentieren das Gewicht, das man medienpädagogischen Aufgaben mehr und mehr zugesteht.
- Ob das mit großem Aufwand aus der Taufe gehobene Comenius-Projekt in Berlin die Erwartungen erfüllen kann, die das FWU und andere beteiligte Institutionen hegen, ist z.Z. noch nicht abzuschätzen.
- Auch aus der EU, vor allem der GD 10 (Bangemann-Direktion) kommen Initiativen, die neue Rahmenbedingungen für europäisch-internationale Entwicklungen setzen. (Vgl. Grünbuch „Leben und Arbeiten..“ 1996)
- Die Nutzung des Internet als Kommunikationsweg für Schulen und Hochschulen nimmt ständig zu.
- Das Angebot von Software durch die Verlage wächst, es wird für Schulen und Lehrer immer schwieriger, hier noch eine Übersicht zu behalten.

Es ist nicht zu übersehen, in der Szene hat sich manches bewegt.

1.2 Medientheoretische Konzepte in Forschung und Erziehung

Auch auf dem medientheoretischen Sektor hat sich der konzeptionelle Nebel bis auf eine mittlere Höhe gelichtet. Wenn man sich mit Baacke darauf einigen kann, medientheoretische Ansätze mittlerer Reichweite zu akzeptieren, ohne auf einen umfassenden, alles erklärenden Entwurf zu warten, sind wir ein Stück weiter:

- Eine bewahrpädagogische Medienpädagogik scheint endgültig abgewirtschaftet zu haben, obwohl der dauernde Ruf nach der „kritischen, distanzierten, sinnvollen Nutzung von Medien“ vor allem in amtlichen Papieren immer wieder die alten Hoffnungen nach einer erfolgreichen Interventionspädagogik durchschimmern läßt.
- Neue Arbeiten zur Medienerziehung – etwa von Aufenanger, Charlton/ Neumann oder B. Hurrelmann – werfen mit den Verfassern des Berichts für den Bundespräsidenten dagegen die Frage auf, ob unter den gegenwärtigen Bedingungen schulische Medienerziehung überhaupt noch etwas bewirken kann oder in der Entwicklung nicht völlig zu spät kommt. Ihre Überlegungen erscheinen sehr viel schulnäher.
- Seit etwa 10 Jahren konzentriert sich die Medienpädagogik zunehmend auf handlungsorientierte Konzepte, zu denen zwar kritisch-analytische Teile unverzichtbar gehören, deren Akzent aber auf der aktiv handelnden Auseinandersetzung , besser der Nutzung aller verfügbaren Medien für Zwecke der Selbstartikulation bzw. die Artikulation der eigenen Interessen liegen (Vgl. Dichanz 1997; Tulodziecki 1991; Spanhel 1994). Auseinandersetzungen um das „richtige“ medientheoretische Konzept sind vor diesem Hintergrund auf Nuancen beschränkt und beherrschen nicht mehr die Diskussion.

- Ähnliches gilt für den Bereich der Medienforschung: Die wissenschaftliche Auseinandersetzung um die richtigen Forschungskonzepte und -methoden hat weitgehend ihren ideologischen Charakter verloren (Vgl. Kunczik 1994; DFG 1987). Fragen danach, ob für ein Forschungsvorhaben eher empirisch-experimentelle oder hermeneutisch-analytische Verfahren infrage kommen, werden nicht mehr ideologisch, sondern von den Forschungsfragen ausgehend beantwortet. Neuere Untersuchungen wie die von Aufenanger, Charlton/Neumann-Braun, B. Hurrelmann, Baacke u.a. bestätigen überzeugend, daß Medienforschung nur in Kombination zahlreicher unterschiedlicher Paradigmen und Methoden sinnvoll betrieben werden kann. Hierbei sind hermeneutisch-theoretisch entwickelte Gesamttheoreme ebenso unverzichtbar wie die Überprüfung von Hypothesen mithilfe empirisch-statistischer Daten oder die quantitative Auswertung breit erhobener Datensätze.
- Zwar ist nicht zu leugnen, daß durch das starke Interesse der Rundfunkanstalten und der Werbeindustrie an harten Daten die empirisch-statistische Forschung in der Datendauerarbeit der GfK zumindest optisch ein gewisses Übergewicht erhalten hat, andererseits zeigt aber z.B. die kontroverse Diskussion über den Anteil der Medien an der Gewaltproblematik, daß für qualitative Argumente durchaus Bedarf besteht.
- Auch auf dem Sektor der mediengestützten Lehr-Lern-Forschung werden einfache Fragen und Forschungsdesigns nicht mehr ernst genommen. Weder sind monokausal argumentierende Projektziele haltbar, noch wird die Bereitstellung von Technik für ausreichend gehalten, um bisherige Lehr-Lern-Konzepte signifikant zu verändern.

Zusammenfassend möchte ich feststellen:

Verglichen mit anderen Teildisziplinen der Erziehungswissenschaft haben sich Vorstellungen über den Aufgabenbereich und die konzeptionelle Entwicklung sowie die Forschungsbeiträge der Medienpädagogik deutlich verbessert, der fachliche Status der Medienpädagogik scheint zufriedenstellend zu sein.

1.3 Eindrücke aus der Medienpraxis

Den o.b. positiven Tatsachen stehen andere, eher kritische Fakten aus der Medienpraxis gegenüber. Ich will diese nicht in gleicher Ausführlichkeit darstellen. Verbreitet ist ein Defizitgefühl hinsichtlich der Integration der Medien in den Schulalltag, in die Lehreraus- und -fortbildung und in die Lehre an den Hochschulen. Ich will dies nur mit drei sehr unterschiedlichen Stellungnahmen belegen:

Zunächst die Bildungskommission NW, der man allgemein eine vorsichtig realistische Analyse der Schulwirklichkeit bescheinigt. „Die Reformen konnten aber nicht eine so starke Wirkung entfalten, daß eine grundlegende Veränderung der Arbeit in den Einzelschulen erreicht worden wäre. Dies hängt auch damit zusammen, daß der tiefgreifende Wandel in fast allen gesellschaftlichen Bereichen erst in den letzten Jahren in seiner Bedeutung für das Schulwesen wahrgenommen wurde". In diesem Zusammenhang konstatiert die Bildungskommission einen „strukturellen Rückstand" (Bildungskommission, S.XI) Er drückt sich auch in dem Bildungsgutachten selbst aus, das lediglich auf vier von 340 Seiten Fragen der Medien thematisiert (Vgl. Bildungsgutachten 1995, S. 137-140).

Die Stellungnahme der Bildungskommission wie zahlreiche Erfahrungen und Beobachtungen belegen das erste Defizit, auf das ich hinweisen möchte: Die Integration von Medien verschiedenster Art in die schulische Alltagsarbeit ist weit von dem entfernt, was z.B. die eingangs genannten BLK- und KMK-Verlautbarungen oder die zahlreichen Lehrpläne wünschen. Bei einem generellen Vergleich mit Entwicklungen in den USA muß festgestellt werden, daß unsere Schulen ca. 10 Jahre hinter der dortigen technischen Entwicklung zurück sind. (Vgl. Dichanz 1997)

W. Thomas kommt in einem für die Frierich-Ebert-Stiftung erstellten Gutachten zur Bedeutung von Multimedia in verschiedenen gesellschaftlichen Bereichen zu folgendem Ergebnis: „Ein großes Hindernis könnte die Generationenlücke werden, die sich im Multimediazeitalter zwischen den Jungen, die mit diesen Techniken spielerisch aufwachsen, und den Älteren, die sich nicht damit abfinden wollen, daß ihre Kenntnisse und Erfahrungen in Frage gestellt werden, auftut. Und infolgedessen gilt für viele aus der älteren Generation, daß sie Innovationen nicht mit Freude als neue Herausforderung betrachten, sondern als Gefahr für ihre Stellung im Unternehmen, in der Behörde, im Klassenzimmer, womöglich in der Familie." (Thomas 1995, S. 55)

Diese Einschätzung wird gestützt von empirischen Daten, die W. Sacher im Jahr 1990 bei bayerischen Lehrern erhoben hat.

„Die Wirkung der Medien auf die Schüler jedoch beurteilen die Lehrer recht einhellig überwiegend negativ. Viele sind sich unsicher (34,8%) oder zweifeln sogar (40,6%), ob Schüler zwischen Medienwirklichkeit und Alltagsrealität unterscheiden können, und drei Viertel stimmen zu, daß Schüler infolge ihres Medienkonsums überreizt und unkonzentriert sind". Trotz dieser Einstellung und der Einschätzung, daß für medienerzieherische Aufgaben zu wenig Zeit zur Verfügung stehe, wünscht nur eine Minderheit eine stärkere Verankerung der Medienerziehung im Lehrplan. Sacher bestätigt damit aktuell mehrere ältere Untersuchungen, die zu ähnlichen Ergebnissen gekommen sind. Er ermittelt aber noch ein weiteres Detail, daß für die aktuelle Diskussion bisher wenig Beachtung gefunden hat, das ich aber aus (medien)didaktischer Sicht für sehr wichtig halte:

„Unter diesen Umständen sehen die Lehrer sich noch am ehesten in der Lage, Fähigkeiten zum Verstehen und Verarbeiten von Medienaussagen zu vermitteln und die Bereitschaft zu wecken, verschiedene Medien vergleichend zu benutzen. Da es aber gravierend an entsprechender Fortbildung und Ausstattung und schlichtweg an Zeit fehlt, um sich gründlich mit Medienerziehung zu befassen, kann insgesamt selbst eine traditionelle rezeptive Medienerziehung nur teilweise in der Schule verwirklicht werden". (Sacher a.a.O., 129) Die hier angesprochene „Generationenlücke" verhindert in vielen Fällen, daß Schulen das Interessenpotential für neue Medien nutzen, wie es bei Schülern – Jungen wie Mädchen – zu finden ist. Lehrer haben bisher kaum zur Kenntnis genommen, in welchem Ausmaße sich ihre heutigen Schüler über die Mediennutzung im Alltag definieren. Damit werden Chancen, neue, zeitgemäßere Lernfelder zu entwickeln, die über Medien leichter zugänglich sind (vgl. Schachtner 1997), von den meisten Schulen weder wahrgenommen noch genutzt. Ich komme auf diesen Gesichtspunkt noch zurück.

Schließlich eine Stimme aus dem schulentfernten Medienspiegel, dem medienpädagogische Betrachtung eigentlich fremd sind:

„Hollywoods Elite hat inzwischen erkannt, daß Computerexperten mit Drehbuchautoren und Regisseuren zusammenarbeiten müssen, damit die vielgepriesene neue Welt der 500 Kanäle nicht in einer Endlos-Schleife aus Tele-Shopping und Game-Shows hängen bleiben. Seit kurzem gehört zur Pflichtausstattung der Produzenten und Studioleiter nicht mehr nur der Designeranzug und das Cabrio, sondern auch der tragbare Computer, das ‚Powerbook'. Leider ist bei uns von dieser Aufbruchstimmung in Schulen, Universitäten, Ausbildungsstätten noch zu wenig zu spüren." (Schöneberger 1996)

Schon die Bemühungen darum, mehr Schulen ans Internet anzuschließen, dokumentieren die Mühe, die Schulverwaltungen und Schulen damit haben, Medien zu einem Alltagswerkzeug in Schulen zu machen. Eine der selbstverständlichen Voraussetzungen dafür, Medien in den Unterricht zu bringen, ist erst an wenigen Stellen in Deutschland angedacht und technisch möglich geworden: Die völlig selbstverständliche, unaufgeregte und fraglose Nutzung von Medien für die Zusammenarbeit innerhalb der Schulen und zwischen ihnen. In den USA hat man sehr früh erkannt, daß Lehrerinnen und Lehrer erst dann selbstverständlich mit Medien im Unterricht arbeiten, wenn sie motiviert und trainiert wurden, sie als Teil ihrer schulischen Kommunikation zu erfahren. Deshalb gehören die Nutzung von schulischen Intranetzen in vielen amerikanischen Gemeinden, Schuldistrikts und Schulsystemen zum Alltag der Verwaltung und Kommunikation, die längst die papierene Verwaltung abgelöst hat: E-Mail statt Rundschreiben, desktop statt Schreibtisch heißen hier seit ca. 10 Jahren die Lösungen. (Vgl. Dichanz 1997)

Solange in unseren Schulen an die Mediennutzung für die gewöhnliche Information und Kommunikation im Schulalltag nicht einmal gedacht wird, werden Lehrer sie als besonderen Arbeitsauftrag betrachten, den zu akzeptieren eines motivationalen Kraftaktes bedarf. Deshalb wird es schwer sein, Lehrer für eine bewußtere und engagiertere Medienarbeit im Unterricht zu gewinnen und zu trainieren.

Ohne die mediale Ausgestaltung des Arbeitsplatzes der Lehrer mit den Werkzeugen moderner Kommunikation werden alle Anstrengungen um Medienkompetenz pädagogisch aufgesetzt und weitgehend unwirksam, in jedem Falle jedoch äußerst mühsam bleiben.

„In einer Gesellschaft, in der die Medien zur Schaltstelle von Kommunikation werden, werden Kommunikative und Medienkompetenz mehr und mehr eins. Ohne Medienkompetenz ist gesellschaftliche Kommunikation nicht mehr möglich, keine demokratische Partizipation, keine Mitgestaltung, kein Mitreden." (Theunert 1996, S. 26)

2. Defizitbereiche in der Medienpädagogik

Die gerade beispielhaft umrissenen Sachverhalte kennzeichnen Defizitbereiche, die ich im folgenden etwas ausführlicher und systematischer darstellen möchte und deren Bearbeitung ich für die nahe Zukunft für sehr wichtig halte.

2.1 Problemfelder schulischer Medienpädagogik

In seinen Untersuchungen zur Mediennutzung in Bayern hat Sacher mehrere Problembereiche identifiziert, denen ich in den letzten Jahren bei zahlreichen Lehrerfortbildungen, Schulbesuchen und Unterrichtsprojekten ebenfalls häufig begegnet bin. Eines davon ist ein erstaunlicher Motivationsmangel, ja eine Abneigung, mit der viele LehrerInnen medienpädagogische Aufgaben betrachten.

„Die Bereitschaft, Medien einzusetzen und die damit verbundene Beschaffungs- und Organisationsarbeit auf sich zu nehmen, ist von zentraler Bedeutung für die Medienverwendung der Lehrer: Mit ihr hängt die Häufigkeit des Medieneinsatzes enger zusammen als mit der günstigen Beurteilung der Medienversorgung und mit der tatsächlichen durchschnittlichen Versorgung und Ausstattung der Schulart." (Sacher 1994, S. 128)

Dieses Faktum ist aus der Schulpraxis durch keine Argumente wegzudiskutieren, die offiziellen Verlautbarungen nehmen es aber so gut wie gar nicht zur Kenntnis.

Ohne eine Detailanalyse des Weigerungsverhaltens von Lehrern hier vorlegen zu können oder z.B. zahlreiche strukturbedingte Behinderungen einer medienzentrierten Unterrichtsarbeit systematisch darzustellen, sollen wenigstens nochmals die unbefriedigenden Qualifikationsmöglichkeiten in Aus- und Fortbildung genannt werden. Die von Sacher beschriebenen Verhältnisse aus Bayern dürften eher positiver ausfallen als in manchen anderen Bundesländern, da sich Bayern seit Jahren relativ konsequent um eine Verbesserung der medienpädagogischen Arbeit bemüht, – dennoch: „Noch nicht einmal ein Sechstel findet (in Bayern, H.D.) die Fortbildungsangebote zur Medienerziehung ausreichend, und kaum ein Fünftel hat für Medienerziehung eine angemessene Ausstattung zur Verfügung". (S. 129) Bei eigenen Analysen und Umfragen Ende 1995 habe ich nur zwei Bundesländer, nämlich Bayern und das Saarland, ausfindig machen können, in deren Prüfungsordnungen das Stichwort Medienpädagogik auftaucht.

Für die Veränderung unterrichtlicher Praxis ist dies ein gravierendes Problem. Untersuchungen zu Schulreformen haben immer wieder bestätigt, daß grundlegende pädagogische Einstellungen das pädagogische Tun mehr beeinflussen als alle angebotenen Hilfsmittel und Methoden. Sie zu erreichen ist nur in langjährigen, gezielten und geduldigen Reformvorhaben möglich, in denen für ausgedehnte Reflexionsphasen genügend Raum ist. (Vgl. die Untersuchungen zum Thema „Effective Schools" bzw. zur Schulqualität, z.B. Steffens/Bargel 1993). Erfahrene medienengagierte Pädagogen in Schulen der USA berichten übereinstimmend davon, daß eine konzeptionell durchdachte Medienarbeit von einem größeren Teil eines Kollegiums erst nach fünf- bis achtjährigen Bemühungen mitgetragen wird. Alle z.Zt. bekannten größeren Medienprojekte nehmen diese Erfahrungswerte nicht zur Kenntnis.

Auch in den USA zeigt die Praxis der Ausbildung eine durchgängige Unzufriedenheit der Schulpraxis mit der Ausbildung an den Universitäten, die viel zu langsam und zögerlich reagieren. Manche der so entstandenen Defizite werden aber durch eine arbeitsplatznahe Fortbildung aufgefangen, die von den einzelnen Schulen oder Schuldistrikts durchgeführt wird. Hier zeigen sich Vorteile einer dezentral organisierten Lehrerfortbildung. Zwar werden keine flächendeckenden und potentiell auf alle Lehrer zielenden Programme entwickelt, auch die Qualität der Programme ist unterschiedlich, dennoch scheint es leichter zu sein, Lehrer an der einzelnen Schule oder im eigenen Distrikt für Fortbildungsmaßnahmen zu erreichen. Unsere strukturell begründete Neigung zu zentralen, umfassenden Programmen verlangsamt Innovationsvorhaben beträchtlich. Ehe die einzelne Schule erreicht ist, steht die nächste Innovationswelle an.

2.2 Der Stellenwert der Medienpädagogik in der Aus- und Fortbildung der Lehrer

Wenngleich die wissenschaftliche Stellung der Medienpädagogik in den letzten Jahren deutlich an Gewicht gewonnen hat, läßt ihre Akzeptanz in der Gesamtdisziplin zu wünschen übrig, die Weiterentwicklung ihrer Forschungsfragen und -methoden wird wenig zur Kenntnis genommen, ihre Erkenntnisse – etwa in der Beziehung zwischen Sozialisation und Erziehung – spielen in der Gesamtdisziplin noch eine untergeordnete Rolle. Anders ist es nicht zur erklären, daß der Entwurf der DGfE – Kommissionen „Schulpädagogik/Didaktik/Lehrerbildung" zur Neufassung von LPO „Empfehlungen zur Weiterentwicklung der Lehrerbildung" hinsichtlich ihrer Medienorientierung eine unzureichende und sehr konservative Haltung erkennen lassen. Wer den Medieneinfluß vor allem in Verbindung mit der „Standardisierung der Werthaltungen und des sozialen Verhaltens" in Verbindung bringt und die Sorge um den Verlust „von primären zugunsten von medial vermittelten (sekundären) Erfahrungen" für erwähnenswert hält, aber mit keinem Wort auf neue Sozialisations- und Lernerfahrungen in Verbindung mit Medien eingeht, hat vom strukturellen Stellenwert der neuen Informations- und Kommunikationsmedien nicht viel wahrgenommmen. Von einem Einbau medienpädagogischer

Kompetenzen in ein „berufswissenschaftliches Zentrum", wie von den Kommissionen an anderer Stelle gefordert, kann jedenfalls keine Rede sein.

Die Schwierigkeiten medienpraktischer Arbeit und die Engpässe in der medienpädagogischen Qualifikation hängen noch mit zwei weiteren eng verbundenen Problemen der derzeitigen Ausbildungspraxis zusammen:

Zum einen gewinnen zumindest SekI- und SekII-Lehrer ihre Qualifikation über ihr Unterrichtsfach bzw. mehrere Fächer. In der traditionellen Fachausbildung kommen querliegende Aufgaben nicht vor. Die enttäuschenden Erfahrungen mit dem Unterrichtsprinzip „Politische Bildung" sind vielen von uns noch in schlechter Erinnerung. Die traditionelle Fachausbildung, in denen zu einem überwiegenden Maß konventionell gelehrt wird, nutzt moderne Medien nur in einem sehr begrenzten Umfang. Sie berücksichtigt – vor allem in den studierten Unterrichtsfächern – weder neue Unterrichtsformen noch kommt sie zu einer nennenswerten Nutzung von Medien oder zur Behandlung medienbasierter offener Lernformen. Von einer derartigen Fachausbildung sind z.Z. keine Beiträge zur Unterstützung medienpädagogischer Initiativen zu erwarten.

In vielen akademischen Fächern sind – einer langen aufklärerischen Tradition folgend –, die Arbeitsweisen vorwiegend kognitiv-analytisch. Nur wenige spezielle Fächer akzeptieren oder fördern konstruktiv-kreative Arbeitsweisen. „Unter diesen Umständen sehen die Lehrer sich noch am ehesten in der Lage, Fähigkeiten zum Verstehen und Verarbeiten von Medienaussagen zu vermitteln und die Bereitschaft zu wecken, verschiedene Medien vergleichend zu benutzen." (Sacher a.a.O.) Mit dem Übergewicht analytischer Arbeitsweisen werden aber genau die medienpädagogischen Ansätze vernachlässigt oder ausgeklammert, die nach übereinstimmender Literaturlage ifür Jugendliche im Umgang mit Medien besonders erfolgversprechend wären: Damit wird auch im Bereich medienpädagogischer Arbeit auf einen Lernsektor verzichtet, der aus lernpsychologischen Gründen dringend in die schulische Arbeit aufgenommen werden sollte: eine Verstärkung des sinnlich-kreativen produktiven Lernens (Vgl. Baacke 1991; Schachtner 1997). Daß von kreativ-produktiven Arbeiten, in denen Medienaussagen selbst hergestellt werden, auch eine besondere Motivation für das Lernen insgesamt ausgeht, sei nur der Vollständigkeit halber erwähnt.

Zur einseitigen Betonung der kognitiv-analytischen Ansätze der Medienpädagogik mag auch – zumindest in Deutschland – das enge disziplinäre Verständnis der Medienpädagogik als Fach und Forschungssektor beitragen. Die von Sacher ermittelte deutliche Korrespondenz zwischen Fachtraditionen und der Aufgeschlossenheit für Medien einerseits und der praktizierten Medienerziehung andererseits (Sacher, S. 130) ist Bestandteil der Distanz zur Mediennutzung. Möglicherweise hängt die permanente Überschätzung der analytisch-kritischen Möglichkeiten medienpädagogischer Vorhaben – durch medienpädagogische Arbeiten und amtliche Verlautbarung ständig gestützt – und die ebenso systematische Unterschätzung produktiven Komponenten mit der dominanten Fachstruktur großer Teile des Unterrichts ebenso zusammen wie mit unserer traditionellen didaktischen Unterrichtsstruktur, in der die Grundorientierung sich ebenfalls auf die Fächer bezieht. Offene Projektstrukturen sind hier ebenso selten wie ganzheitliche, kooperative Lehr-Lernformen. Es ist auffällig, daß überall dort, wo Schule insgesamt geöffnet wurde, der Unterricht flexibler organisiert wird und zwischen Lehrern in Teams unterrichtliche Absprachen laufen, auch medienpädagogisches Arbeiten eher zu beobachten und leichter anzuregen sind.

Nach einer Reihe von Unterrichtsversuchen auf verschiedenen Schulstufen und in unterschiedlichen Schulformen bin ich verstärkt davon überzeugt, daß wir mit der – oft unbewußten – Bevorzugung analytischer Vorgehensweisen und der Vernachlässigung einer konstruktiv-produktiven Didaktik wichtige Trümpfe medienpädagogischer Arbeit nicht ausspielen. Wir nehmen noch nicht einmal reformpädagogische Erfahrungen und Erkenntnisse ernst, die an einigen Versuchsschulen erfolgreich praktiziert werden. Die Integration von medienpädagogischen Initiativen ergibt sich hier oft von selbst. Ich bin mit H. Theunert der Auffassung, daß Medienpädagogik noch nicht die Konzepte entwickelt hat, um „die veränderte Erlebnis- und Wahrnehmungsqualitäten erfassen zu können". (Theunert a.a.O., S. 28)

Mit meinem nächsten Hinweis möchte ich auf einen medien- und schulpolitischen Aspekt aufmerksam machen. Das Problem scheinen mir inzwischen nicht mehr modellhafte Nachweise der Möglichkeiten medienpädagogischer Arbeit an Schulen zu sein, sondern deren breite Streuung bis in die einzelne Schule hinein. Die oben von der Bildungskommission beschriebene Grenze bisheriger Reformen scheint für medienpädagogische Aktivitäten in verschärftem Maße zu gelten. In der Bildungsforschung ist man sich inzwischen darüber einig: Schulversuche bestätigen, daß Schulversuche unter den jeweils gegebenen Bedingungen funktionieren, – oder eben nicht mehr. Die Überwindung der Distanz zwischen den Erfolgen medienerzieherischer Arbeit in Modellversuchen zur durchschnittlichen Schule unter Normalbedingungen sehe ich als eine neue Aufgabe, der wir uns auch als Medienpädagogen stellen müssen. Wahrscheinlich ist es erforderlich, neue Wege der Dissemination, des Ansprechens von Schulen, der Motivation von Lehrern, der Öffnung von Schulen zu gehen, die von den bisherigen bürokratisch-hierarchischen Informationswegen abweichen. Das Bild aus den USA hierzu ist bunt und vielfältig. Es wird sich lohnen, hierüber ein medienpädagogisches brainstorming zu veranstalten.

2.3 Technische Veralterung und Finanzierungsprobleme

Schulen, die sich relativ früh den neuen Aufgaben medienpädagogischer Arbeit zugewandt haben, stehen heute vor einem damals nicht erwarteten Problem: Die Kurzlebigkeit der Hard- und Software.

Rückfragen bei verschiedenen Schulträgern erwecken den Eindruck, als füge man sich „gottergeben" der nächsten Investitionswelle, so lange die Haushalte das noch erlauben. Dies tun sie inzwischen nicht mehr, diese Zeit ist vorbei. Aber weder bei den Kommunen noch bei größeren Computerfirmen gibt es bis heute Modelle, Erfahrungen oder Gedankenspiele, in denen versucht wird, diesen strukturellen und in immer kürzeren Abständen auftauchenden Engpässe zu beseitigen. Ich meine, gerade angesichts der wachsenden Autonomie einzelner Schulen dürfte man die Systeme mit diesem Problem nicht allein lassen. Es trifft übrigens nicht nur die Schulen, sondern alle Institutionen des Bildungssektors – von den Volkshochschulen bis zu den Universitäten . Bemerkenswert ist, daß auch in den USA zur Lösung dieses Kostenproblem noch keine systematischen Anstrengungen unternommen werden. Die Lösungen in den einzelnen Schuldistrikten sind hier sehr unterschiedlich. Sie reichen von der Belastung der normalen Etats über die zeitlich begrenzte Erhebung neuer Spezialsteuern bis zur Zusammenarbeit mit Sponsoren. In einigen Bundesstaaten hat man erkannt, daß es sich bei diesen Investitionsfragen um ein strukturelles Problem der Medienbranche handelt, das man nicht den Schulen allein überlassen kann, sondern in Verbindung mit der Medienwirtschaft nach Finanzierungsalternativen suchen muß. (Vgl. Kubicek 1997) Gerade diese Kontakte mit der Medienbranche sind in Deutschland besonders schwach ausgebildet und müßten dringend – von beiden Seiten – aufgebaut werden.

2.4 Das allmähliche Verschwinden der nationalen Denkgrenzen

Die Beratungs- und Beschlußpapiere, die uns aus Brüssel erreichen, die Pläne, die in den Rundfunkanstalten europaweit diskutiert werden (z.B. in Verbindung mit dem Bildungsfernsehen), Verlautbarungen über die weltweite Politik von Medienkonzernen usw. bestätigen, daß die Globalisierung vieler Probleme auf dem Mediensektor schon Wirklichkeit geworden ist (Vgl. Kubiczek 1997; Lossef-Tillmanns 1997). Kommunikations- und Sozialwissenschaften gehen in vielen Untersuchungen längst von einer globalen Struktur der Probleme aus und legen ihre Analysen danach aus. Medienpädagogen diskutieren vielfach noch die Aktivitäten einzelner Kultusminister oder die Ergebnisse lokaler Modellversuche, weil sie wohl nicht anders können. Mich beschäftigt die Vernachlässigung europäischer oder internationaler Perspektiven und Projektmöglichkeiten. Mir sind aus anderen Sachgebieten umfangreiche, multinationale Entwicklungs- und Forschungsprojekte bekannt geworden, deren supranationale Struktur mich – und offensichtlich auch den Finanzgeber EU – überzeugt hat. Medienpädagogische Projekte habe ich darunter nicht entdecken können. Einen ersten Schritt in diese Richtung unterstützten die Landesrundfunkanstalten Nordrhein-Westfalen und Sachsen-Anhalt und die Bertelsmann-Stiftung mit einem Workshop „Medienerziehung im Jahre 2010“, der sich interdisziplinär mit den Aufgaben künftiger Medienerziehung auseinandersetzte (Vgl. Dichanz 1997).

3. Schlußbemerkungen

Die o.a. Analysen und Überlegungen zielen darauf, medienpädagogische Aufgaben, die sich an den Bedürfnissen der Zukunft orientieren (Vgl. Dichanz 1997), neu zu bestimmen. Dabei sollten folgende Grundeinsichten berücksichtigt werden:

- Der Horizont medienpädagogischer Orientierungen muß deutlich erweitert werden: Er darf nicht länger nur schul- oder weiterbildungsbezogen erfolgen, sondern muß unterschiedlichste Medienkontexte des Lebensalltags einbeziehen. Insbesondere müssen medienpädagogische Überlegungen die hohe Attraktivität medialer Umwelten für Jugendliche zur Kenntnis nehmen und akzeptieren.
- Medienpädagogische Überlegungen und Initiativen dürfen nicht mehr an den Grenzen bestimmter Institutionen Halt machen, sondern müssen flexibel auf thematische Zusammenhänge bezogen werden, die oft nur interinstitutionell bearbeitet werden können.
- Die medienpädagogische Diskussion selbst muß viel mehr als bisher interdisziplinär geführt werden und Erkenntnisse verschiedenster Nachbardisziplinen berücksichtigen.
- Die Zielorientierung medienpädagogischer Aufgaben darf nicht länger in Länder- oder Bundesvorschriften gefangen bleiben, sondern muß die lebensweltliche Bedeutung medialer Kommunikation mit ihren grenzüberschreitenden Programmangeboten und der globalen Vernetzung ernst nehmen.
- Medienpädagogische Förderungsprogramme sollten nicht länger versuchen, ganze Systeme – z.B. das öffentliche Schulsystem – zu erfassen, sondern der Schulforschung wie der Medienstruktur Rechnung tragen und Voraussetzungen schaffen zur Förderung system-individueller Initiativen und Lösungen.

Erst dann wird es Medienpädagogen und der Medienpädagogik gelingen, eine Feststellung zu korrigieren, der heute leider immer noch zutrifft:

Es gibt keinen Bereich der Arbeits- , Kultur- und Freizeitwelt mehr, in dem Medien nicht ihren selbstverständlichen Platz haben – mit Ausnahme der Schule.

Literatur

Aufenanger, Stefan: Umfang und Programmumfeld von Kinderwerbung: Spotwerbung für Kinder und mit Kindern im deutschen Fernsehen. In: Charlton, Michael/Neumann-Braun, Klaus/Aufenanger, Stefan/Hoffmann-Riem, Wolfgang u.a.: Fernsehwerbung und Kinder, Bd. I + II, Opladen 1995

Hurrelmann, Bettina/Hammer, Michael/Nieß, Ferdinand: Leseklima in der Familie, Bd. 1, Gütersloh 1993

Baacke, D.: Medienpädafgogische Forschung – Entwicklung und Perspektiven. Eine programmatische Skizze. In: GMK – Rundbrief, Sonderausgabe Nr. 30, November 1991

Bildungskommssion NRW: Zukunft der Bildung – Schule der Zukunft, Denkschrift der Kommission „Zukunft der Bildung – Schule der Zukunft" beim Ministerpräsidenten des Landes Nordrhein-Westfalen, Neuwied 1995

Charlton/Neumann-Braun/Aufenanger/Hoffmann-Riem u.a.: Fernsehwerbung und Kinder, Bd. i + II, Opladen 1995

Deutsche Forschungsgemeinschaft (DFG): Medienwirkungsforschung in der Bundesrepublik Deutschland. Teil 1: Berichte und Empfehlungen, Teil 2: Dokumentation. Katalog der Studien, Weinheim 1987

Dichanz, Horst: Bites for kids: Medienarbeit an amerikanischen Schulen, demnächst in: Medien und Erziehung 1997

Europäische Kommission, Generaldirektion 5: Grünbuch „ Leben und Arbeiten in der Informationsgesellschaft: Im Vordergrund steht der Mensch", Brüssel 1996

Kubiczek, H.: Der Universaldienst in der Telekommunikation und seine bildungspolitische Bedeutung. In: Dichanz (Hg.):Medienerziehung im Jahre 2010, Gütersloh 1997

Kunczik, Michael: Kommunikationsforschung und Medienpädagogik. In: Hiegemann/ Swoboda, Wolfgang H. (Hg.): Handbuch der Medienpädagogik, Opladen 1994

Lossef-Tillmanns, G.: Der Stellenwert des Rundfunks in einer dualen Informationsordnung. In: Dichanz (Hg.):Medienerziehung im Jahre 2010, Gütersloh 1997

Sacher, Werner: Medienverwendung und Medienerziehung in der Schule. Philosophische Fakultät I der Universität Augsburg, 1994

Schachtner, Chr.: Neue Medien im Kontext lebensweltlicher Umbrüche. Ansprüche an die Medienerziehung. In: Dichanz (Hg.):Medienerziehung im Jahre 2010, Gütersloh 1997

Schöneberger, Markus (RTL-Geschäftsleitung): Job-Knüller Multimedia? In: Beilage zum W-Medienspiegel, 20 (1996), Nr. 6 v. 6.2.96, S. 5)

Spanhel, D.: Pädagogik und Medien, Referat in der Interministeriellen Arbeitsgruppe „Gewalt in der Gesellschaft", 7.2.94

Steffens, U./Bargel, T.: Erkundungen zur Qualität von Schule. Neuwied 1993

Theunert, H.: Multi-Medienpädagogik. Perspektiven aus wissenschaftlicher Sicht. In: Medien + Erziehung, Nr. 1, Februar 1996

Thomas, Uwe: Multimedia im ISDN-Zeitalter, Markt ohne Grenzen. Friedrich-Ebert-Stiftung, Bonn 1995

Tulodziecki, Gerhard: Medienerziehung als Aufgabe von Schule und Unterricht. In: GMK – Rundbrief, Sonderausgabe Nr. 30, November 1991, S. 438-446

Ingrid Paus-Haase

„Vom Bewahren zum Wahrnehmen und Verstehen". Medienpädagogische Konzepte in unserem Informationszeitalter

1. Odysseus und die Sirenen: Medienpädagogik in einer ästhetisch organisierten Medienwelt

Zur Beschreibung der gegenwärtigen Situation der Medienpädagogik bietet sich eine Metapher des Philosophen Hans Blumenberg an, mit der er die Tradition des abendländischen Denkens als eine Seefahrt charakterisiert. Folgt man dieser Vorstellung, so liegt eine weitere Metapher nahe: das Bild von Odysseus auf seiner Schiffsreise, als er den Sirenen begegnet.

Odysseus wird auf seinen Wunsch hin an einen Mast gefesselt, seinen Mannen läßt er die Ohren mit Wachs verstopfen, fürchtet er doch, mitsamt seiner Mannschaft dem Gesang der Sirenen zu erliegen.

Als Verständnishilfe dient jedoch nicht die griechische Mythologie selbst, ein weiterer Reflexionsschritt erscheint sinnvoll. Horkheimer und Adorno beziehen sich in der ‚Dialektik der Aufklärung' (1968, S. 58ff.) in einem Exkurs auf ‚Odysseus oder Mythos und Aufklärung'. Darin legen die Autoren den Gedanken nahe, daß der im doppelten Sinn verschlagene Odysseus den verlockenden Gesang der Sirenen nur deshalb übersteht, weil er, auf seinen Wunsch an den Mast gefesselt, das lebendige Subjekt in sich unterdrückt.

Odysseus Sieg gründet auf Gewalt, die er sich, seinem Körper antut; der Schutz seiner Leute ebenfalls. Odysseus, der Listige, mithin der Vernünftige, trickst die Sirenen aufklärerisch-schlau aus. Er bezahlt allerdings die Freiheit, die er sich auf diese Weise erkauft, mit der Unterdrückung seiner selbst. Der Schutz und die Führung seiner Mannschaft, der ihm Schutzbefohlenen, erweist sich als ein Akt groben Unmündighaltens. Reflexionen zur Urgeschichte der Subjektivität, die auch die Bedeutung von Erziehung als modernes, sprich von der Aufklärung geprägtes Konstrukt umreißen können. Eine Geschichte unauflösbarer Widersprüche?

Ein Blick auf das Bild von Odysseus und die Sirenen: Odysseus als (Medien-)Pädagoge heute, die Sirenen als Metapher für die Verlockungen, die Herausforderungen der ästhetisch organisierten, visuell geprägten Medienwelt, soll helfen, dieser Frage nachzuspüren. – Odysseus allerdings, dies nebenbei, fürchtet nicht dem Visuellen zu erliegen. Die Gefahr sieht er vielmehr im Gesang, dem Auditiven, dem sich im Moment des Hörens realisierenden und lauthaft an ein flüchtiges Ereignis Gebundenen, mithin dem, was ihn in seiner Situation am Gesang der Sirenen berührt, fasziniert, was ihn aber auch ‚hörig' machen könnte.

Schließlich operieren auch Pädagogen und Medienpädagogen – im Sinne Blumenbergs – auf beweglichen Fundamenten und gleichsam fließendem Wasser (Welsch 1996). Dies um so mehr als heute, kritisch-ehrlich betrachtet, Wirklichkeit, man sehe lediglich die des Faches Pädagogik selbst, nicht länger als eine feste, in sich geschlossene Disziplin erscheint, in der Dissens unserer Wirklichkeitsbeschreibungen in einer Synthese aufgehoben bzw. bereinigt werden könnte. Wirklichkeit ist nach Rorty nur mehr unter einer Perspektive zu beschreiben: ein Tribut an die Logik der Moderne, die Diversität. So ist zumindest von zweien, kaum mehr voneinander scharf trennbaren Wirklichkeiten, von der medialen und der physisch Unmittelbaren, auch in diesem Beitrag die Rede.

Mit ihr wird auch gleichzeitig eine Zielvorgabe von Pädagogik und Medienpädagogik angesprochen, nämlich relativiert, womit keinesfalls Beliebigkeit gemeint ist: das Gebundensein allen pädagogischen Denkens und Handelns an die Ebene der Ästhetik[1], die *aisthesis*, als Basiskategorie des Weltzugangs überhaupt. Dies gilt auch für die Erkenntnis, ebenso für den Begriff des Elevatorischen, so Welsch (1990), ein dem Ästhetischen inhärenter Strang, der sich auf das Programm der Erziehung bezieht. Damit soll jedoch keinesfalls weiterhin einer Trennung von Hoch- und Popularkultur (Fiske 1987, Willis 1990) das Wort geredet werden.

2. Zum Bild des Kindes in der (Medien-)Pädagogik: Entwicklung versus historisch-kulturelle Ansätze

Ein Blick auf das Bild des Kindes, den Jugendlichen in der Pädagogik, als den ‚Schutzbefohlenen', den Zu-Erziehenden oder auf seiner Reise durch die Kindheit und Jugend lediglich Zu-Begleitenden, markiert den Focus auch (medien-)pädagogischen Handelns.

„Die Erziehung kommt uns von der Natur oder den Menschen oder den Dingen. Die innere Entwicklung unserer Fähigkeiten und unserer Organe ist die Erziehung durch die Natur. Der Gebrauch, den man uns von dieser Entwicklung zu machen lehrt, ist die Erziehung durch die Menschen, und der Gewinn unserer eigenen Erfahrungen mit den Gegenständen, die uns affizieren, ist die Erziehung durch die Dinge. Jeder von uns wird also durch drei Arten von Lehrmeistern gebildet" (Emile, Rousseau 1965 [1762], S. 109).

Rousseaus Kindheitsbegriff, der in den eben skizzierten Sätzen zum Ausdruck kommt, charakterisiert die Entwicklung als zentrales Merkmal des Kindseins. Die Besonderheit der Kindheit liegt danach in der Anerkennung

1 Siehe zur Geschichte der Ästhetik Norbert Schneider (1996)

des Kindes als „Menschen in der Entwicklung“. Dieser Blick auf das Kind, der vor allem um die Jahrhundertwende als Plädoyer für die Eigenwelt des Kindes durch die Reformpädagogik (Oelkers 1992) erneut belebt wurde, findet heute nicht zuletzt durch die von Ariès in seiner „Geschichte der Kindheit“ formulierte Einsicht um die historische und kulturelle Variabilität der Kindheitsphase seine Kritik (Honig u.a. 1996, S. 11).

Nicht länger steht das Moment der Entwicklung im Vordergrund, sondern die Aufmerksamkeit gilt, angestoßen durch den britischen Soziologen Jenks, den Kindern als „Personen eigenen Rechts“ (Jenks 1992). Was Kinder sind und vor allem sein sollen – nach der Maßgabe erziehungswissenschaftlicher Vorstellungen – unterliegt dem Blick Erwachsener, geprägt durch ein bis heute nicht geklärtes Verhältnis sozialisations- und entwicklungstheoretischer Ansätze als zentrale theoretische Konstruktionen der Kindheitsforschung[2] (Honig u.a. 1996, S. 11). Historisch-gesellschaftliche Rahmenbedingungen prägen das Bild von Kindern und Kindheit. Ihnen muß besondere Aufmerksamkeit und Sensibilität gelten, sollen Kinder und Jugendliche um ihrer selbst willen vorkommen und nicht, so auch die Gefahr der neuen sozialwissenschaftlich geprägten Perspektive, auf eine erwachsenenzentrierte Analyse von Rahmenbedingungen festgelegt werden.

Dem Kind als Subjekt gerecht zu werden (s. Schell 1989) – und damit sind auch die Bewertung seines Status in der Gesellschaft und die aus den historisch wie gesellschaftlich unterschiedlichen Generationsverhältnissen resultierenden Zuschreibungen von Statusmerkmalen auf´s engste verbunden – bleibt weiterhin als erziehungswissenschaftliche, medienpädagogisch relevante Herausforderung bestehen[3]. Festzuhalten bleibt: Die jeweiligen Alltagskulturen und ihre spezifischen Sozialformen ermöglichen oder verhindern Erfahrungen von Heranwachsenden – heute wie gestern. Sie bilden die Basis auch für die Auseinandersetzung mit Medien, geprägt von einer aufeinander verweisenden Enkulturation von Selbst-Sozialisation und sozialer Integration.

---

2 Hinzuweisen ist auf die im Rahmen der Arbeit des Zentrums für Kindheits- und Jugendforschung (1993) vorangetriebenen Untersuchungen.

3 Wichtig erscheint in diesem Zusammenhang auch die kritisch- selbstkritische Erkenntnis, daß man als Erwachsener kaum normativen Annahmen entkommen kann. Sich dieses Faktums bewußt zu bleiben und den Blick letztlich auf den Alltag von Heranwachsenden und ihre unterschiedlichen Kulturen zu richten, in denen sich Sein und Werden vollzieht, bietet die Chance, unzureichenden Konstruktionen ein Stück zu entkommen, sich zumindest des Moments des Konstruierten und Konstruierens bewußt zu bleiben, schließlich prägen Kindheitskonstruktionen Erwachsener, darauf weist insbesondere Hengst (1997) hin, Kindheit in maßgeblicher Weise mit

3. Unterschiedliche Ansätze in der Medienpädagogik

Welchen Stellenwert gewinnt in diesem Zusammenhang die Medienpädagogik, welche Aufgaben fallen ihr zu? Tulodziecki unterscheidet dabei zwischen Mediendidaktik[4] und Medienerziehung (1995). Im Bereich der Medienerziehung differenziert er vier zentrale Grundrichtungen. Sie beeinflussen in unterschiedlicher Ausprägung auch heute noch medienpädagogische Konzeptionen.

Zunächst ein Blick auf die bewahrpädagogische Tradition, die sich um die Jahrhundertwende in der Sorge um negative Einflüsse von ‚Schundliteratur' und ‚Filmspektakel' (Tulodziecki 1995, S. 505) herausbildete. Dabei galt es zum einen, vermeintlich Gefährendes von Heranwachsenden fernzuhalten und zum anderen den Sinn für gute Medienerzeugnissse zu wecken. Bei der bewahrpädagogischen Medienerziehung handelt es sich eine Richtung, die nach wie vor und immer wieder virulent ist, wenn es gilt, ein neues Medium oder wie zur Zeit die multimediale Verbindung unterschiedlicher Medien, Computerspiele, Internet oder Cyberspace pädagogisch zu reflektieren. Sie stößt bereits aus praktischen Gründen an ihre Grenzen: Kinder und Jugendliche gehen auch dann mit Medien um, wenn Pädagogen oder speziell Medienpädagogen sie lieber von ihnen fernhielten. Handelt es sich jedoch um jüngere Kinder erscheint die Sorge im Hinblick auf ihre entwicklungsbedingten Wahrnehmungsfähigkeiten berechtigt[5].

Als weitere Konzeption läßt sich die funktional-systemorientierte Medienerziehung beschreiben. Ihr Schwerpunkt: der Rückbezugs auf das Modell der Massenkommunikation und ihrer Komponenten als theoretische Analysekriterien sowie ihr jeweiliges Zusammenwirken im gesellschaftlichen System. Die dritte, die ästhetisch-kulturorientierte Medienerziehung, enthält als wesentliche Aspekte zum Beispiel die Kenntnis der Filmsprache durch die aktive Filmarbeit bzw. die eigene Filmproduktion als auch heute noch gültige Momente medienpädagogischen Handelns. Ihre zentralen Schwächen: Beide Konzeptionen blenden die realen gesellschaftlichen (Herrschafts-)Bedingungen von Medienproduktion, Medienverbreitung und Medienrezeption eher aus. Dies ein Hauptschwerpunkt der kritisch-emanzipatorischen Medienerziehung. Sie entwickelte sich auf dem Hintergrund der gesellschaftlichen und speziell bildungspolitischen Debatte Ende der 60er und vor allem zu Beginn der 70er Jahre. Genannt seien vor allem Dröge (1974) und Holzer (1974).

---

4 Tulodziecki unterscheidet in bezug auf die Mediendidaktik fünf Konzepte der Medienverwendung. Interessant für medienpädagogische Konzeptionen heute erscheinen reformpädagogische Sichtweisen auf den Einsatz von Medien als Lehr- und Lernmittel: In dieser ‚vom Kinde ausgehenden' Pädagogikbewegung wurden Medien eingesetzt – sie wurden vor allem in der Arbeitsschulbewegung als Arbeitsmittel verstanden –, um die Spontaneität und Aktivität von Kindern zu entfalten. Hinzuweisen ist dabei auf die Untersuchung von Heidt (1976), der schon früh die Chancen des praxisorientierten Einsatzes von Medien im Schulunterricht herausgestellt hat.

5 Siehe zur Relevanz entwicklungsbedingter Voraussetzungen bei Kindern als Beispiel die Diskussion von Qualitätskriterien im Kinderfernsehen (Paus-Haase 1997).

Dieses, wie Tulodziecki kritisch anmerkt, vorwiegend ideologiekritische, aber dabei die Interessen und Anliegen der Rezipienten aus dem Blick verlierende Konzept wurde ab Mitte der 70er Jahre abgelöst durch die interaktions- und handlungsorientierte Konzeption. Ihre zentrale Maxime zielt darauf, vor dem Hintergrund der jeweils gegebenen Lebens- und Handlungszusammenhänge von Heranwachsenden Mediennutzung und Medieneinsatz an den Bedürfnissen und Interessen festzumachen und sie in bezug auf die soziale Verantwortung dieser Klientel gegenüber zu reflektieren.

Als wesentliche Stichworte der handlungsorientierten Medienpädagogik, die vor allem durch Baacke geprägt wurde (Baacke 1992 a), lassen sich nach Tulodziecki (1995) die fünf folgenden beschreiben: „Erfahrungs- Bedürfnis-, Handlungs-, Kommunikations- und Entwicklungsorientierung“. An sie gilt es im Hinblick auf die Herausforderungen unserer ‚Informationsgesellschaft‘ anzuknüpfen. Die besondere Bedeutung der Bildrezeption von Heranwachsenden in der Pädagogik läßt in diesem Zusammenhang sowohl die berechtigte Sorge als auch die Notwendigkeit erweiterter Konzeptionen als zentrale medienpädagogische Aufgaben unserer Zeit plastischer und klarer in ihren Konturen hervortreten.

4. Widerständigkeit gegenüber der Bildrezeption oder: Bewahrpädagogische und ideologiekritische Positionen versus „cultural lag“ als medienpädagogische Herausforderung

„Das unmäßige und zwecklose Anschauen von Fernsehen und Video macht fremd und gleichgültig gegen alles, was keine Beziehung zu Fernsehen und Video hat, also auch gegen die ganz alltäglichen Dinge und Vorkommnisse unseres Lebens. Hierzu gesellt sich nicht selten eine träge Unlust zu jeder anderen Beschäftigung. Hat man endgültig durch langes Stillsitzen und durch einseitige Beschäftigung bei ganz unnatürlicher körperlicher Ruhe, ganz und gar seine Nerven geschwächt und über Gebühr gereizt, dann ist es auch bald aus mit dem häuslichen Frieden, mit Glück und Zufriedenheit!“

Doch Vorsicht, diesem Text unterliegt eine kleine Manipulation: Im Original beziehen sich die Warnungen nicht auf das Fernsehen oder das Video, sondern vielmehr auf das Lesen, ein Lamento des Pädagogen und Jugendschriftstellers Campe von 1785[6], das deutlich macht, wie stark auch heute medienpädagogisch als wertvoll eingestufte Medien seinerzeit dem Argwohn kritischer Pädagogen anheimfielen – so wie derzeit die Neuen Medien. Problemfälle seinerzeit, daran erinnert Baacke (1995), waren vor allem Kinder und Frauen, galt es doch falschen, nicht gemäßen Wissenszuwachs zu verhindern.

Mit dem Aufkommen des Kinos geriet das ‚Sehen‘, insbesondere seine Erlebnisqualitäten wie ‚Vergnügen‘, ‚Ablenkung‘, ‚Faszination‘ oder ‚Spaß‘ in die pädagogische Kritik. „Sie sind“, so Baacke, „keine Kategorien pädago-

---

6 Vgl. Paus-Haase u.a. (1990), siehe auch Kunczik (1996)

gischer Argumentation" (1995, S. 30). Das Auge des Kindes, dies die pädagogische Sorge vor verfrühtem Kontakt mit Nicht-Gemäßem, sollte nur sehen, was der Pädagoge ihm zu sehen erlaubte – eine vor allem auf die Unterdrückung und Disziplinierung alles Leiblichen abzielende und in der Metapher des Odysseus von Horkheimer und Adorno kritisierte Pervertierung instrumenteller Vernunft des technisch-instrumentalisierenden Rationalitätsprozesses der Moderne (s. auch Fromme 1997). Die Quellensammlung zur „Naturgeschichte der bürgerlichen Erziehung" von Rutschky (1977) legt davon ein eindrucksvoll-beredtes Zeugnis ab.

Doch auch neuere medienpädagogische Konzeptionen wie die emanzipatorisch ausgerichtete ideologiekritische Medienerziehung, orientiert an der kapitalistischen Kulturkritik der Frankfurter Schule (Horkheimer und Adorno), nahm ihrerseits das Sehen in das Blickfeld und beklagte eine neue gesellschaftliche Blindheit. Galt es doch die Warenabhängigkeit der Vielfalt des optischen Angebots medienorientierter, kultureller Wirklichkeit analytisch zu durchdringen, um zur hohen Bedeutung der Produktionsbedingungen durchdringen zu können. (Baacke 1995, S. 35). Eine verkürzte, weil einseitig die Produktionsbedingungen beleuchtende Sichtweise auf die hohe Komplexität des Visuellen und seine Bedeutung in der Auseinandersetzung mit Medien, dem Medienhandeln, vor allem mit den Bildschirmmedien heute. Sehen blieb auf dem pädagogischen Prüfstand.

Bilder bieten Kindern und Jugendlichen (Frei-)Räume, die, speziell medienpädagogisch betrachtet, Sorge bereiten können. Zumal eine Fülle, will man Baudrillard (1988) folgen, ‚simularisierter Bilderwelten' auf die Heranwachsenden hereinprasselt. Doch nicht allein die Fülle der Bilder, sondern vor allem die Konfrontation mit ihrer besonderen Intensität bedeutet ein Faszinosum (Baacke 1995). Das hohe sinnlich-ästhetische Potential von Bildern, daran erinnert Karl Neumann, nimmt vor allem in Medienprodukten auf die Wahrnehmung intensiven Einfluß. „Längst", so Neumann, „geht die mittelbare mediatisierte Wirklichkeit mehr ‚unter die Haut' als die unmittelbare Wirklichkeit" (Neumann 1989, S. 51).

So tun sich nicht nur die Gesellschaft, sondern insbesondere auch Pädagogen und Medienpädagogen mit der Bildrezeption von Kindern besonders schwer[7]. Dabei leidet gerade die ältere Generation den Kindern und Jugendlichen gegenüber besonders unter einem bereits 1922 von Ogburne beschriebenen *‚cultural lag'*. Dieser Begriff besagt, daß es eine Verspätung gibt zwischen den materiellen, technischen Entwicklungen einer Gesellschaft und deren kultureller Verarbeitung (s. Berghaus 1986, S. 292).

Leisten können sich gerade Medienpädagogen diese Verspätung nicht. Obliegt uns doch der erzieherische Auftrag als ureigenste pädagogische Aufgabenstellung und Verantwortung, Kinder und Jugendliche, im Auf- und

---

7 Vergessen wird dabei oft die hohe Bedeutung des Hörens, die auch Welsch (1996) in seinen Überlegungen zur Ästhetik des Hörens hervorhebt als nötiges, aber auszubalancierendes Gegenwicht zur (Über-)Macht des Visuellen heute.

Ausbau ihrer Identität sowie der Ausgestaltung ihrer Selbständigkeit anzuleiten und zu begleiten. Benner hat diese besondere Aufgabe als „pädagogische Interaktion“ beschrieben, „die darum weiß, daß die pädagogische Praxis konstitutiv für die Menschwerdung des Menschen ist“ (Benner 1996, S. 104). Zu betonen sind in diesem Zusammenhang vor allem die beiden ersten der vier von ihm genannten Prinzipien pädagogischen Handelns: das der pädagogischen Aufforderung zur Selbsttätigkeit und das der Bildsamkeit als Bestimmtsein des Menschen zur Selbstbestimmung (ebda.)[8].

Welche Relevanz und spezifische Ausgestaltung dieser auch für die Medienpädagogik zentralen Aufgabenstellung zukommt (s. Aufenanger 1997 a), setzt einen Blick auf die gesellschaftlichen Bedingungen voraus, die heute den Alltag auch von Kindern und Jugendlichen prägen. Als Stichworte für die Auseinandersetzung mit medienpädagogischen Konzeptionen bieten sich die folgenden an: Informationsgesellschaft und Erlebnisgesellschaft sowie die diesen Prozeß fundamentierenden Diskussionen um Moderne, Postmoderne oder, wie von Beck, Giddens und Lash vertreten, einer reflexiven Modernisierung (Beck u.a. 1996). Ihre zentralen Analysegehalte und Beschreibungen sind geeignet, die gestiegene Bedeutung ästhetisch ausgerichteter medienpädagogischer Konzepte zu umreißen.

5. Eine veränderte gesellschaftliche Situation erfordert Reflexion und Revision von (medien)pädagogischen Konzepten

5.1 Moderne versus Postmoderne

Moderne Gesellschaften, dies ihr spezifisches Merkmal, sind hochgradig differenziert. Sie werden geprägt durch eine Diversität von Erwartungen, Ansprüchen und Lebensentwürfen. Diese konstituieren moderne Gesellschaften nicht nur, sondern sind für sie vielmehr legitim (Welsch 1996). Das Projekt der Moderne, mithin ihr aus der Aufklärung stammendes Erziehungskonzept, teleologisch und ontologisch ausgerichtet, wird mehr und mehr durch Dissenz aller gesellschaftlichen und privaten Lebensformen und -bedingungen charakterisiert. Auch die daraus folgenden Dissenzen der Wahrnehmungen lassen sich nicht mehr in einer Synthese aufheben. Die gesellschaftliche Entwicklung der Moderne fordert als Tribut radikale Vielfalt (oft auch nur Vielheit des Immergleichen) – eine Herausforderung, die angesichts zunehmender Globalisierung, Internationalisierung sowie Multinationalisierung für den einzelnen ebensosehr wie für gesellschaftliche Gruppen zum einen weitere Freisetzung und Autonomie mit sich bringt, die zum anderen jedoch auch zur Überforderung Anlaß bietet.

---

8 In diesem Zusammenhang ist auch die Untersuchung von Musolff (1989) zur Bedeutung des Bildungsbegriffs und seines Wandels für das Selbstverständnis der Erziehungswissenschaft hinzuweisen.

Welsch, der sich als Garant anbietet, da er eine unnötig-strittige Diskussion der Begriffe ‚Moderne' und ‚Postmoderne' vermeidet und sachlich Strukturmerkmale beschreibt, die unsere gesellschaftliche Situation charakterisieren können, nennt folgende drei Faktoren, die das Projekt der Moderne als postmodern kennzeichnen: die Verfassung radikaler Pluralität, hochgradig differente Wissensformen, Lebensentwürfe und Handlungsmuster sowie eine anti-totalitäre Option, die das Recht auf Vielfalt proklamiert. Er versteht den Begriff „postmodern" als ein Adjektiv zum Substantiv der Moderne. „Postmodern" bezeichnet danach eine Transformationsform der Moderne, ihr als weitere konsequente Entwicklungsform bereits inhärent. Nach Welsch, der sich darin an Lyotard orientiert[9], leben wir noch in der Moderne. Aber wir tun es genau in dem Maße, in dem wir Postmodernes realisieren (Welsch 1987, S. 6). Unsere gesellschaftliche Verfaßtheit setzt danach vor allem Sensibilität für Problemlagen voraus, eine neue Art des Umgangs mit Pluralität selbst sowie eine auf konflikthaften Pluralismus zugeschnittene Ethik (ebda). Ein Gedanke, der sich auch bei Beck, Giddens und Lash finden läßt. Sie verabschieden sich begrifflich jedoch nicht vom Projekt der Moderne, sondern sprechen vielmehr von einer ‚reflexiven Modernisierung'. Damit rekonstruieren sie Moderne als Abfolge von Modernitätsformationen, die als jeweilige Negation eines voraufgegangenen Strukturbildes gelten können. Ungewollte und nicht abschätzbare externe und interne Nebenfolgen industriegesellschaftlicher Modernisierung stellen sie dabei in den Focus ihrer Theorie (Beck u.a. 1996, s. auch Krüger 1997).

5.2 Identitätsentwicklung in der Informations- und Erlebnisgesellschaft

Die mit dem Verlust an traditionellen Formen der Vergemeinschaftung einhergehenden und gleichzeitig den Aufbau von selbst gewählten Beziehungsnetzwerken, Lebensformen und Lebenswelten erfordernden Pluralisierungs- und Differenzierungsprozesse führen zu einer Verflüssigung von Lebensverläufen, Generations- und Geschlechterbeziehungen (Krüger 1997, S. 246), gesellschaftliche Strukturveränderungen[10], die nicht ohne Einfluß auf Kinder und Jugendliche bleiben.

Was kann in dieser Situation medienpädagogische Konzeptionen vorantreiben? Vor allem die von Lash (1996) als Konsequenz ‚reflexiver Modernisierung' eingeforderte ‚Rekonstruktion gemeinsamer Bedeutungen' erscheint

---

9 Eine ähnliche Sichtweise findet sich bei Lyotard selbst: „Die Postmoderne ist keine neue Epoche, sondern das Redigieren einiger Charakterzüge, die die Moderne für sich in anspruch genommen hat, vor allem aber ihrer Anmaßung, ihre Legitimation auf das Projekt zu finden, die ganze Menschheit durch die Wissenschaft und die Technik zu emanzipieren. Doch dieses Redigieren ist, wie gesagt, schon seit langem in der Moderne selbst am Werk" (Lyotard 1989, S. 68).

10 Zur Diskussion um „modern" bzw. „postmodern" und ihre Relvanz für die Pädagogik siehe die einschlägigen Analysen und Untersuchungen von Beck (1993) und Fromme (1997).

als Reflexionsrahmen geeignet. Sie gilt es im Hinblick auf die unübersehbaren Herausforderungen, die eine derart veränderte gesellschaftliche Situation, charakterisiert vor allem durch radikal von Medien unterschiedlicher Verfaßtheit infiltrierte Lebensformen, mit sich bringt, für medienpädagogisches Handeln aufzuschlüsseln und fruchtbar zu machen. Zuvörderst heißt dies: Pädagogen und Medienpädagogen sind aufgefordert – mehr als bisher – sich mit der veränderten Situation auseinanderzusetzen; sie zunächst einmal mit der Perspektive darauf anzunehmen, was sie für Kinder und Jugendliche, ihre Identitätsfindung und Sozialauseinandersetzung bedeutet.

Eine Zuwendung zu den Begriffen ‚Informationsgesellschaft‘ und ‚Erlebnisgesellschaft‘ kann in zweifacher Hinsicht Klarheit schaffen. Der Terminus „Informationsgesellschaft“ beschreibt die Verfaßtheit unserer gesellschaftlichen Situation durch die Folgen einer mehr und mehr auf Information, Expertenwissen und Informiertsein angewiesenen Gesellschaft. So können zum einen viele Gefahren und Risiken – man erinnere sich an Tschernobyl – nicht mehr unmittelbar sinnlich erfaßt werden, so daß sich die zukünftige Gesellschaft zunehmend, darauf weist Krüger (1997, S. 251) hin, zu einer Wissensgesellschaft entwickelt. Die mit der Informationsgesellschaft einhergehende Informationsflut, die es – möglichst kompetent – zu bearbeiten gilt, ist allerdings nicht nur eine Folge gesellschaftlicher Entwicklungen. ‚Information‘ wird vielmehr selbst zur Ressource und stellt damit quasi ihren Motor dar, indem sie erst die Strukturen schafft, die für die Zunahme dieses mehr und mehr zur Ware mutierenden Faktors verantwortlich ist.

Bereits Kinder sind heute herausgefordert, sich ihr Bild von der Welt zu machen; sie wollen und müssen ‚sehen‘, um sich in der Welt zurechtzufinden. Was früher das Loch im Zaun war, ist heute der Bildschirm, durch den sie einen Blick auf die Welt werfen können; gab es früher Züge als Errungenschaft der Moderne zu bestaunen[11], bietet sich Kindern heute das Internet an.

Der Begriff „Erlebnisgesellschaft “, von Schulze (1992) auf der Basis von gesellschaftsanalytischen Untersuchungen zu unterschiedlich verfaßten, ästhetisch organisierten Lebensstilen eingeführt, weist auf die hohe Bedeutung des Erlebens hin. Erleben wird zur Kategorie der Welterfahrung infolge Überhand nehmender ästhetisch formierter, wenn nicht überformter Wahrnehmungsweisen und Weltzugänge zum Ende des zweiten Jahrtausends. Bereits für Kinder, in besonderem Maße aber für Jugendliche, läßt sich das Hineinwachsen in die Gesellschaft und die Auseinandersetzung mit ihr, insbesondere der alltägliche Umgang mit den unterschiedlichen Medien[12], nach Baacke (1992b, 1994), Ferchhoff u.a. (1995) und Ferchhoff/Neubauer (1997) mit Stichworten wie ‚Patchwork-Identitäten‘[13], ‚Notwendigkeit einer eigenen

11 Siehe dazu als Beispiel die Abbildung aus: Wilhelm Claudius: „Das Kind und seine Welt“ aus dem Jahre 1890 in Paus-Haase u.a. (1990), S. 31. Kinder benutzen ein kleines Loch im Gartenzaun als Guckloch in die Welt.

12 Kinder nutzen wie Erwachsene selten nur ein Medium, sondern unterschiedliche Medien innerhalb eines Gesamt-Menüs (Hasebrink/Krotz 1996).

13 Siehe dazu auch Reck (1997).

Biographieschreibung' sowie ,Bricolage' erfassen. Dieser von Levi-Strauss entwickelte Begriff meint wörtlich das ,Basteln', die „Neuordnung und Rekontextualisierung von Objekten, um neue Bedeutungen zu kommunizieren, und zwar innerhalb eines Gesamtsystems von Bedeutungen, das bereits vorrangige und sedimentierte, den gebrauchten Objekten anhaftende Bedeutungen enthält" (zit. nach Baacke 1992 b, S. 20). ,Bricolage' etwa von Stil und Mode bedeutet nach Baacke, „daß die Oberfläche gültiges Signum der Persönlichkeit wird" (1992 b, S. 20).[14] Jugendlichkeit wird heute schlichthin zum Statussymbol, zum Ausdruck von Lebensstilen. Kinder wie Erwachsene orientieren sich an ihr.

Das Projekt der Entwicklungsorientierung, aufbauend auf dem konstitutiven Unterschied zwischen Kindern, Jugendlichen und Erwachsenen, kann angesichts der Strukturveränderungen innerhalb von Selbst- und Sozialauseinandersetzungsprozessen Heranwachsender allein keine ausreichenden pädagogischen Fundamente für zeitgemäße Pädagogik bzw. Medienpädagogik mehr leisten. In bezug auf jüngere Kinder erscheint allerdings nach wie vor die besondere Beachtung altersgemäßer Kategorien geboten, orientiert am Entwicklungsgedanken[15], und somit die besondere Verpflichtung zur Anleitung und Begleitung (Paus-Haase u.a. 1990, 1996, 1997, 1998, Paus-Haase/Hoffmann 1996).

So erscheint das Projekt der bürgerlichen Erziehung auch angesichts dieser neuen Herausforderungen, vor allem bei jüngeren Kinder, keinesfalls vom Tisch zu wischen zu sein[16]. Es ist vielmehr angesichts der strukturellen Veränderungen wie der radikalen Zunahme von Pluralität, der gestiegenen Unsicherheit und der Zunahme von Risiken sowie insbesondere auch mit Blick auf die Bedeutung des ,Anderen der Vernunft'[17] neu zu reflektieren. Sie schlägt sich ganz besonders in wachsenden Bedürfnissen nach Erlebnisorientierung – zumeist mit Hilfe von Medienerleben – nieder[18]. Weiter an alten ,Metaerzählun-

---

14 Paul Valery sagt: „Das Tiefste an einem Menschen ist seine Haut" (zit. nach Baacke 1992 b, S. 20).

15 Siehe hierzu die Auseinandersetzung mit der soziogenetischen Perspektive in der Pädagogik (Aufenanger 1992) sowie die Diskussion entwicklungspsychologischer Bedingungen von Kindern unterschiedlichen Alters im Hinblick auf die Theoriekonzepte Piagets, Selmans, Kohlbergs sowie die psychoanalytisch ausgerichtete Theorie Eriksons für kindliches Medienhandeln (Paus-Haase 1998).

16 Zur Auseinandersetzung mit postmodernen Aspekten von Pädagogik im Hinblick auf das Erziehungsprojekt der Monderne s. Benner/Göstemeyer (1987), Benner u.a. (1992), Beck (1993), Fromme (1997).

17 Dieses Phänomen umschreibt Lyotard mit dem Begriff ,Paralogie' (s. Fromme 1997).

18 Die modernen Erziehungsmaximen noch oft inhärente Einäugigkeit einer zu stark auf Wissen und Rationalität als die zentral wichtigen Momente vernünftiger Wahrnehmungs- und Handlungszugänge ist, – darauf hat Baacke bereits 1985 zu recht hingewiesen – mit mehr Bescheidenheit und Ironiefähigkeit um die weitere Sichtweise des Sinnlich-Wahrnehmbaren, Leiborientierten hin zu erweitern und für (medien-)pädagogisches Handeln zu ergänzen. In diesem Zusammenhang ist auch das Konzept der phänomenologischen Pädagogik von Lippitz (1993) zu bedenken, das aus der Forderung nach einer Rehabilitierung vorwissenschaftlicher Erfahrung auf die sinnlich-leiblichen Dimensio-

gen' (Lyotard 1989) bzw. teleologisch-ontologisch verfaßten Ganzheits- und Harmoniebestrebungen festzuhalten[19], die für sich genommen dennoch verkürzte Sichtweisen transportieren, läßt die Medienpädagogik auf eine Sackgasse zusteuern. Droht doch ohne eine Beachtung der Veränderungen von Wahrnehmungs- und Verarbeitungsweisen Heranwachsender, auch und insbesondere von Medienangeboten, eine Verfehlung des für eine erfolgreiche Erziehung notwendigen, auch empathisch gesteuerten Zugangs zur jüngeren Generation.

Hilfe zur Identitätsbildung, darauf weist Keupp (1992, S. 6) hin, und zur adäquaten ästhetischen Auseinandersetzung und Bewältigung der Wirklichkeiten und Medien-Wirklichkeiten – eine auf dem Hintergrund von Individualisierungsprozessen nicht abnehmende, sondern zunehmende (medienpädagogische) Verpflichtung – erfordert vor allem die Ausbildung von umfassenden Kompetenzen junger Menschen[20] (Aufenanger 1992). Dazu muß sich medienpädagogisches Arbeiten an den Bedürfnissen und Interessen der Heranwachsenden ausrichten. Es ließe sich in das Konzept des ,offenen Unterrichts' integrieren[21].

---

nen menschlicher Erfahrung verweist sowie auf die Untersuchungen von Meyer-Drawe (1984), die wie Lippitz im Kontext der philosophischen Diskussion vor allem Merleau-Pontys (1966) in Auseinandersetzung mit Husserl auf die hohe Bedeutung der Leiblichkeit des Menschen auch für Bildungsprozesse aufmerksam macht.

19 Dazu sind auch Konzeptionen von Schirlbauer (1990), Helsper (1990) und Ruhloff (1993) zu reflektieren, die sich explizit gegen integrative Bildungs- und Persönlichkeitskonzepte wenden, sondern die Aufgabe von Bildungsprozessen vielmehr daran festmachen, Heranwachsenden Hilfestellungen beim Finden von Übergängen zwischen historisch ausdifferenzierten Rationalitätsmustern anzubieten.

20 Im Zentrum von Medienkompetenz stehen nach Aufenanger (1997 a) folgende Fähigkeiten: *Wissen* (bezogen auf Medien und ihre Anwendung, in bezug auf ökonomische und juristisch relvante Aspekte sowie auf Mediensystem); *Verstehen* (von medialen Texten wie z.B. Sprache, Schrift, Symbole, Animationen, Graphiken oder Filmen), *Beurteilen* (von Medienangeboten und -systemen unter ästhetischen und moralischen Gesichtspunkten); *Genießen* (von Medienangeboten unter Abwägen der Nutzung anderer Freizeitangebote); *Handeln* (sowohl mit als auch in bezug auf Medien als Informationsvermittler und als Chance zu Ausdrucksgestaltung). Die Vermittlung von Medienkompetenz sollte sich dabei am Bildungsgedanken orientieren, wobei Kinder und Jugendliche im Rahmen ihrer entwicklungsbedingten Voraussetzungen als aktiv am Bildungsprozeß Beteiligte zu verstehen sind. Aimée Dorr differenziert im Zusammenhang der Vermittlung von Medienkompetenz die Arbeit *mit* Medien als intuitives Wissen und die Arbeit *über* Medien als reflexives Wissen (vgl. Aufenanger 1997a). Dabei ist allerdings der Appell von Tillmann zu beachten, der es als eine chancenreiche Perspektive auffaßt, wenn die Erziehungswissenschaft von selbstdefinierten Fragestellungen ausgeht und ein direktes Nutzungsverhältnis von „Politikinszenierungen" (Tillmann 1995, S. 139) vermeidet. Sie sollte aber dennoch darauf setzen, auch in der bildungspolitischen Diskussion gehört zu werden. So lasse sich das Dilemma zwischen Fremdnutzung und dem berühmten Elfenbeinturm entgehen (ebda.) – ein Rat der in bezug auf den Umgang in Nordrhein-Westfalen mit Neuen Medien, sprich dem Projekt ,Schulen an's Netz', zu beherzigen Anlaß gibt.

21 Im Zentrum des ,offenen Unterrichts' stehen folgende Merkmale: „Kindzentrierte Ausrichtung, aktives Schulleben, die Erziehung und Bildung des ganzen Menschen,

6. Wahrnehmen – Verstehen – Handeln: Was heißt das konkret?

Als Momente einer neuen Konzeption erscheinen vor allem drei Punkte zentral:

zum einen die Ermutigung der Heranwachsenden zu möglichst selbstbestimmten biographischen Suchbewegungen (Baacke 1992 b) und zu eigenständiger Weltgestaltung. Zum anderen gilt es, den mit den „Schattenseiten des Individualisierungsprozesses" (Krüger 1997, S. 251) einhergehenden Verlusten von Sicherheit, Selbstgewißheit bei zunehmenden Risiko- und Vereinzelungsgefahren (ebda) und einer mehr und mehr über Medien transportierten Welt(en)erfahrung durch die Stärkung von kritischen Ich-Leistungen und der Fähigkeit des Auswählens zu begegnen. Hinzu kommen muß die Einübung neuer Formen von Solidarität auf der Basis des Anerkennens von Verschiedenheit als zentrales Moment ethischer Verflichtung. Wie lassen sich solche Ziele (medien-)pädagogisch erreichen?

6.1 Aisthesis als Ziel medienpädagogischer Konzepte

Als Basisvoraussetzung dient in diesem Zusammenhang der eingangs bereits erwähnte Begriff der ‚*aisthesis*'. Er umfaßt nach einer Definition von Hentigs sowohl die „Fähigkeit, die Wahrnehmung und Gestaltung der eigenen Umwelt zu genießen, zu kritisieren, zu verändern als auch das Verständnis der gesellschaftlichen Bedingungen und Wirkungen ästhetischer Phänomene und die Ich-Stärkung durch Sensibilisierung der Perzeption" (von Hentig 1975, S. 29).

Wahrnehmung erweist sich heute als vordringlicher und grundlegender Weltzugang, da die Heterogenität von Lebensformen, Handlungsweisen und Wissenstypen, so Welsch (1987,1990,1996), nicht deduziert werden kann, sondern zu allererst wahrgenommen werden muß[22]. *Aisthesis* gilt auch für das

---

Schule als Lebensraum und Lebensgemeinschaft, lebendiges, selbsttätiges und lebensweltbezogenes Lernen" (Jürgens 1996, S. 98). In bezug auf die Schule erfordert die Vermittlung von Medienkompetenz zum einen die entsprechende Ausstattung mit Medien, vor allem jedoch pädagogische Konzepte, die „einen selbstbestimmten und an der Sache orientierten Umgang mit Medien vermitteln" (Aufenanger 1997 a, S. 7). Hinzu kommen muß die Aus- und Fortbildung der Lehrenden selbst im Umgang mit den neuen Medientechnologien und pädagogischen Konzepten zu ihrer Anwendung in der Schule (Aufenanger 1997 a)

22 *Aisthesis* stellt auch nach Baacke (1992 b) eine zentrale Kategorie dar; sie bezeichnet die „Art und Weise, wie wir die Vielfalt der Wahrnehmungen in unserem Alltag, in unsere Lebenswelt integrieren" (S.41). Ästhetisches Denken als wirklichkeitsbezogene Disziplin schließt auch die Anästhetik ein. Sie richtet den Blick auf die Blindheit des Wahrnehmens selbst und verweist auf die grundlegende Spezifität und Beschränktheit allen Wahrnehmens. Sie rückt die Blindheit ins Licht und relativiert Wahrnehmung im Maß des Möglichen (Welsch 1990) – eine Aufgabe, die erneut dazu auffordert, Grenzen zu erkennen und ernst zu nehmen.

Erziehungsprojekt der Moderne. Dies bedeutet keinesfalls laissez faire, sondern, das sei ein weiteres Mal betont, mehr Engagement und Anstrengung, zuvörderst in der Wahrnehmung der veränderten Situation selbst.

So verweist der Begriff ‚Wahrnehmung' auf ein Doppeltes:

Zum einen auf die Notwendigkeit der Medienpädagogen, sich den Veränderungen zu stellen und die mit der weiteren Entwicklung unserer Gesellschaft zu einer Informationsgesellschaft verbundene Janusköpfigkeit anzuerkennen und anzunehmen. Das heißt die Chancen zu mehr Freiheit, zum Sich-Einbringen in eine globalisierte Welt, aber auch die damit verbundenen Schwierigkeiten zu erkennen, die mit einer von Medien mitgesteuerten Welt vor allem für Kinder verbunden sind. Medien formen bzw. (über)formen Weltwahrnehmung und sind damit an der Weltbildkonstruktion mitbeteiligt (Barthelmes 1987). Zum anderen erscheint es unaufschiebbar, medienpädagogische Konzepte auf diese Situation hin zu erweitern. Baacke plädiert für die Einführung des Begriffs der Wahrnehmung als Grundbegriff handlungsorientierter Medienpädagogik. Er erschließe die „Verwobenheit von Kommunikation und Handeln, die erst über Kognitionen, Wahrnehmungsprozesse, sinnbildend wirken" (Baacke 1992 a, S. 40). Darüberhinaus ist vor allem bei jüngeren Kindern eine differenzierte Reflexion in bezug auf ihre Entwicklung, mithin ihre spezifischen Wahrnehmungsweisen, vonnöten[23].

Wahrnehmungs-Reize intensivieren sich heute vor allem durch die Fülle bewegter Bilder. Es sei an Virilios These von der Beschleunigung und Bewegung der Wahrnehmung, der drohenden Aufhebung von Raum und Zeit, mithin einer ‚Ästhetik des Verschwindens' (1993), ebenso erinnert wie an Baudrillards „schwarze Variante der Postmoderne-Diagnose", wie sie Welsch charakterisiert (1990), der Indifferenz und Irrelevanz des Wahrgenommen, der Wucherung des Immergleichen, von Simularität und Reproduktion. Eine Diagnose, die gerne glaubt, wer sich heute in Daily-Talks einschaltet, sei es nun ‚Arabella', ‚Sonja' oder ‚Vera am Mittag'. Doch auch sie verfügt über eine Kehrseite, wie der Umgang zeigt, den junge Menschen mit Medien, mit Filmen vor allem, praktizieren, und der ihnen als Ausweis spezifischer Gruppenzugehörigkeit dient: das geschickte, für Erwachsene oft kryptische Verweisen auf Wiederholungen und Zitate als ihrerseits erneute Verweise und Wiederholungen.

6.2 Umgang mit Medien als Spiel mit Wirklichkeit im Spannungsfeld zwischen ‚Wissen' und ‚Können'

Die Materialität des Signifikanten ist selbst zunehmend an der Konstitution von Sinn und Bedeutung beteiligt (Welsch 1996, S. 306). Diese Erkenntnis Derridas, auch in der Sichtweise McLuhans, zugespitzt als „das Medium ist die Botschaft", bekannt, weist darauf hin, daß nicht länger der Wahrnehmende selbst das Tempo angibt, sondern die Wahrnehmungssequenzen, denen er

23 Siehe Anm. 15.

ausgesetzt ist, mit denen er sich konfrontiert. Anders allerdings bei Online-Medien, dort bestimmt der Rezipient die Schnelligkeit selbst, sie erfordern jedoch besondere Selektionskompetenzen. Auf diesem Hintergrund erscheint Wahrnehmungsbildung als eine zentrale Aufgabe der Medienpädagogik (Baacke 1992 a). Wahrnehmen-Können bedeutet dann, um den von Meder (1987) in der Rezeption von Wittgenstein in die Pädagogik-Diskussion eingeführten Begriff des ‚Sprachspiels' heranzuziehen, mit den neuen Herausforderungen der mediatisierten Wirklichkeiten spielen zu können, neu gewonnene Freiheit im Spiel mit den Medienangeboten nicht zur Reproduktion von Vergangenem zu nutzen, sondern vielmehr Neues auch unter Zurhilfenahme traditioneller Zeichen zu schaffen und ihm eine hybride Gestalt zu verleihen (s. Schneider/Thompsen 1997). Nicht länger dominiert der Inhalt allein, sondern die Form, das Design, rückt stärker in den Mittelpunkt. Eine Herausforderung, die auch medienpädagogisches Handeln betrifft und den Focus auf die Art der Vermittlung richtet.

Diese Frage greift das Spannungsverhältnis von Wissen und Können, mithin pädagogischer Handlungsfähigkeit[24], auf und knüpft an die Diskussion von Theorie und Praxis in der Pädagogik an. Sie läßt sich mit dem Blick auf die von Otto thematisierte ‚Professionalisierungsdebatte' (Otto 1971) bearbeiten. So fordern z.B. Dewe, Ferchhoff und Radtke (Radtke 1992, Dewe u.a. 1992a, b, 1993, s. auch Dewe/Otto 1992) eine Kompetenz des pädagogischen Handelns, die sich nicht allein in Wissen erschöpft. Es muß vielmehr „wissenschaftlich fundiertes Regelwissen mit der dazugehörigen Befähigung zum Umgang mit Theorien *und* der hermeneutischen Kompetenz des Verstehens eines Einzelfalles in der Sprache des Falles selbst" (Dewe u.a. 1992, S. 14) miteinander verbunden werden.

6.3 Verstehen als zentraler medienpädagogischer Zugang

In diesem Zusammenhang erlangt ein weiterer zentraler Begriff aktueller medienpädagogischer Konzeptionen Relevanz, der des Verstehens[25]. Jeder Mensch muß verstehen und ist damit an die Schwierigkeiten menschlicher Kommunikation gebunden. Pädagogen, Medienpädagogen sind jedoch in besonderem Maße mit diesen Schwierigkeiten konfrontiert, gilt es doch für sie, in Kindern ‚lesen' zu können, d .h. ihre ‚Grammatik' zu kennen, ihr ‚Sprach-Spiel' entschlüsseln zu können. Eine Sichtweise, die ‚Input-Hermeneutik' (Welsch 1990, S. 159) vermeiden möchte, das Oktroyieren durch starr fest-

24 Siehe dazu auch die Ausführungen von Wigger (1983) zum Handlungsbegriff in der Pädagogik.

25 Siehe zur Relevanz des Verstehensbegriffs im Rahmen der geisteswissenschaftlichen Pädagogik Danner (1994), Benner (1991), Krüger (1997). Zum ‚Verstehen' als zentrale Kategorie im Rahmen konkreten medienpädagogischen Handelns mit Hilfe des ‚handlungsleitenden Themas von Kindern in ihrer spezifischen Auseinandersetzung mit Medien' siehe auch Bachmair (1994).

gelegte Zwecke und Ziele. Kinder und Jugendliche in ihren Medienhandlungsweisen, mithin ihrem ‚Medien-Sprach-Spiel', zu verstehen, um ein weiteres Mal den Wittgensteinschen Terminus ins medienpädagogische Konzeptions-Spiel zu bringen, ist Voraussetzung dafür, ihnen helfen zu können, das ‚Sprach-Spiel' der Medien, ihre Lesarten, ihre Literalität als kulturellen Ausdruck, auch und heute besonders in ihrer Konsum- und Kommerzgebundenheit (Treumann 1995, Mattusch 1996), zu entschlüsseln. Dann stehen die Chancen gut, daß sie sie kompetent – das meint auch mit Genuß und Vergnügen – nutzen lernen. Dabei ist mit ‚Verstehen' vor allem der Prozeß des Aufeinander-Zugehens, Sich-Austauschens, Einander-Zuhörens und Voneinander-Lernens gemeint, eine Aufgabenstellung, die die Bedeutung des Wissens um die Mediensymbolik und den Umgang von Kindern und Jugendlichen damit ebenso voraussetzt, wie im konkreten Fall die Kompetenz zu handeln. Sie ihrerseits ist gebunden an die Fähigkeit des Begründens, des Argumentierens, verstanden als „konstitutives Element menschlicher Informationsverarbeitung überhaupt" (Paschen/Wigger 1988, S. 1, zit. nach Rathke 1992, s. auch Paschen 1988 sowie Paschen/Wigger 1992). Wissens-, Handlungs- und Entscheidungskompetenz sind daher auch in der Ausbildung von Medienpädagogen stärker als bisher auf die Herausforderungen unseres Informationszeitalters hin zu reflektieren und zu erweitern[26].

6.4 Handeln: Kompetenzen aufbauen helfen statt Erfahrung begrenzen

Umfassende kommunikative Kompetenz (Baacke 1973, 1996, Lauffer/Volkmer 1995) unterhaltsam-bildend (s. Fromme 1997) vermitteln zu können, muß von zu stark kognitivistisch ausgerichteten, lernzielorientierten Konzepten hin auf eine sinnlich-umfassende, auch und vor allem die Bedeutung des ‚Anderen der Vernunft' ernstnehmende, erlebnisorientierte Konzeptbildung hin erweitert werden[27]. Der Begriff des Edutainments – man kennt ihn vor allem aus der Diskussion um multimediale Lernprogramme – verweist darauf, daß Unterhaltung als Ausdruck gestiegenen Erlebnisverlangens in unserer Erlebnisgesellschaft auch für medienpädagogisches Handeln wichtig geworden ist[28]. Emotionalität, Spontaneität, Selbsttätigkeit zuzulassen und zu fördern, also ästhetisches Erleben, ob in der Schule, im Umgang mit Medien selbst sowie in der medienpädagogischen Auseinandersetzung, steht dabei im Vordergrund. Einseitigkeiten gilt es allerdings zu vermeiden. Sie finden sich sowohl in der Entwicklung der Reformpädagogik (Plake 1991, Oelkers

---

26 Siehe hierzu Anm. 20.

27 Vgl. dazu Anm. 18.

28 In diesem Zusammenhang erscheint es speziell für medienpädagogische Konzepte in Schulen lohnenswert, Formen einer flexiblen, das meint situations- und problemorientierten Schulpädagogik, die Schule als einen Ort benennt, an dem es zunächst und vor allem um den Schüler, die Schülerin geht und nicht um technologisch festgelegte Lernziele und Unterrichtsplanungen (Lemke 1987) ebenso zu reflektieren wie die Basisbedingungen eines ‚offenen Unterricht' (Jürgens 1996).

1992), darauf weist Wermke hin (1981), wie auch in der Wissenschaftsorientierung der 60er Jahren als Gegenbewegung zu einer musischen, reformpädagogischen Ausrichtung von Pädagogik, bzw. Schulpädagogik[29].

Auf diesem Hintergrund bedeutet Wahrnehmungskompetenz, jeweils im Rückbezug auf die Entwicklung von Kindern und Jugendlichen und ihre spezifischen Bedingungen, vor allem Kompetenz im Umgang mit der immer weniger monolithisch möglichen Identität ausbilden zu helfen. Das heißt, Kompetenzen zu fördern, die nach Lyotard als *sveltezza* gefaßt, den leichten und möglichst selbstbestimmten Umgang mit den pluralen Lebensformen meint. Es gilt, Formen zu finden und herauszubilden, in denen Pluralität nicht zur Verflüssigung, mithin zur Gefahr wird, sondern als Chance begriffen werden kann, spielerische Übergänge im Umgang mit Grenzen und neuen Identitäten zu ermöglichen. Ein weitgehend selbstbestimmtes Suchen im Spiel mit Konvergenzen und Divergenzen[30].

Dabei benötigen jedoch gerade junge Menschen einen sicheren Grund, von dem aus sie in See stechen, um an die Metapher Blumenbergs zu erinnern. Nur wer es gelernt hat, sich zu fürchten, heißt es im Märchen von den Gebrüdern Grimm, ist in der Lage zu fühlen, also Welt wirklich wahrzunehmen, sich in ihr zu verorten und einzubringen, auch zum Wohle anderer. Wenn von ‚Fürchten' die Rede ist, soll jedoch nicht eine erneute Verkrampfung im Sinne bewahrpädagogischen Handelns durch die Hintertür ins Feld geführt werden. Dies um so weniger als heute medienpädagogisch konsequent auch der Kinder- und Jugendmedienschutz zu reformieren ist, der dies noch allzu oft praktiziert (s. Aufenanger 1997 a, b).

Das Ich gilt es nicht zu arretieren, sondern in der Öffnung zu unterstützen, es zu stärken in der Fähigkeit, mit Heterogenität kritisch umzugehen. Das bedeutet auch, Pluralität zu achten und zu wahren oder wie es Adorno ausdrückt, Gerechtigkeit gegenüber der Heterogenität zu üben, jedoch nicht mit dem Blick auf das Trennende, sondern auf das Verbindende (Lash 1996). Dies erweist sich heute längst nicht allein als medienpädagogische, sondern umfassende gesellschaftliche Verpflichtung, wie die Forschungen Heitmeyers (1997) deutlich belegen[31].

---

29 Wermke (1981) fordert für die Schule Kreativität, Flexibilität in der Wahrnehmung, Kritikfähigkeit, Humor, Selbstsicherheit, spielerisches Experimentieren – Ziele, die per definitionem nicht programmierbar sind, sondern Offenheit ebenso erfordern wie eine auf Alternativen bedachte methodische Kompetenz, gekoppelt an eine entspannte Atmosphäre.

30 In diesem Zusammenhang sei auf Lenzens Dimension der ‚pädagogischen Methexis' (1996, S. 110ff.) hingewiesen, deren Aufgabe es ist, jene Bedingungen zu schaffen, die es Heranwachsenden ermöglichen, Selbstorganisation zu übernehmen. Erziehung wird dabei als Prozeß ästhetischer Gestaltung in der Teilhabe am Ganzen des Lebens verstanden; siehe dazu auch Lyotards Forderungen nach der Ästhetik des Erhabenen (1989), die Selbsterschaffungs- und Individualisierungsprozesse jeweils im Rahmen einer Auseinandersetzung und Anerkennung des Differenten versteht.

31 Damit rückt neben der Bedeutung des Wahrnehmen- und Verstehen-Könnens ein weiterer medienpädagogisch relevanter Begriff in das Zentrum neuer Konzeptionen,

7. Das Spiel der Sirenen entschlüsseln lernen

Nicht länger bewahren wollen im Sinne bewahrpädagogischer Richtungen, sondern wahrnehmen und verstehen, um handeln zu können – und damit vielleicht besser Werte zu wahren, gemeinsame Bedeutungen, modern/postmodern gewendet, zu rekonstruieren, ist Maxime neuer medienpädagogischer Konzeptionen. Alte Konzepte sind dabei keineswegs völlig überlebt oder verbraucht. Vielmehr erscheint es nötig, einzelne Elemente der verschiedenen Konzepte auf die jeweilige Situation hin zu überprüfen und kompetent anzuwenden. Insofern ist nicht nur Aushalten von Spannungen erforderlich, sondern vielmehr noch das Aushalten von Pluralität, von Kontingenz, mit dem Ziel einer verstehenden, d.h. kompetent wahrnehmenden und adäquat begleitenden, situationsorientierten Pädagogik auf dem Hintergrund ethischer Verankerung. Diese Vorgehensweise impliziert Kritikfähigkeit der Pädagogen, das Wissen um Kinder und Jugendliche und das Handeln-Können im Hinblick auf ihre Bedürftigkeit wohlwollender Begleitung.

Die zentrale medienpädagogische Herausforderung heute läßt sich zusammenfassend auf die Aufgabe fokussieren, Kindern und Jugendlichen zu helfen, das ‚Spiel der Sirenen‘, die ästhetisch formierten Medienwelten, nicht nur – aber wo nötig – unter Anleitung, kennen und auch entschlüsseln zu lernen, um sich vom Vulgär-Sinnlichen distanzieren und zu einer höheren Form des Sinnlichen gelangen zu können. Das meint auch, die Metapher der Schiffsreise bietet sich ein weiteres Mal an, sie darin zu unterstützen, daß sie zu kompetenten Navigatoren werden – ob in Multimedia oder Internet. Dies setzt die Kraft des Unterscheidens, des Wählens, ebenso voraus wie die des Genusses, des Vergnügens und der Freude als Folge kompetenten Spielen-Könnens mit den Verlockungen der Sirenen unserer Medienwelt. Dann, so läßt sich hoffen, muß sich der Pädagoge heute nicht länger, wie Odysseus, an den Schiffsrumpf fesseln lassen und ebensowenig seinen Schutzbefohlenen die Ohren mit Wachs verstopfen.

---

der Begriff der Ethik. Auch diese Ebene ist neu zu reflektieren bzw. zu erweitern, um moralisch-normative Setzungen quasi a priori zu vermeiden; siehe zur Ethik-Diskussion in der Pädagogik ausführlicher Ofenbach (1997) sowie Langer (1997). Medienethik ihrerseits sollte im Rahmen einer „allgemeinen Medienethik“ Aufenanger (1997, S. 5) angesiedelt sein und neben der Bedeutung des einzelnen Subjekts auch die Mediennutzung als sozialen Prozeß und gesellschaftlich relevanter Kommunikation reflektieren. Dabei darf die Verantwortung der Medien nicht ausgeblendet werden. Medienpädagogik erfodert im Hinblick auf ‚Gestaltungsräume‘ für die Ausblidung von Medienkompetenz notwendigerweise auch eine politische Perspektive. Mit dem Blick auf die jeweiligen Partizipationschancen junger Menschen gilt es für die Medienpädagogik auch, Mängel aufzudecken, um Chancen für alle einzuklagen und (in dem Punkt sollte das Konzept der Moderne als Zielrichtung unangetastet bleiben), auf Klüfte, *increasing-knowledge-gaps*, hinzuweisen und diese medienpädagogisch, was in diesem Zusammenhang auch medienpolitisch meint, so aktiv wie möglich zu bekämpfen (Baacke 1987, Aufenanger 1997a, b).

Literatur

Aufenanger, Stefan: Entwicklungspädagogik. Die soziogenetische Perspektive. Weinheim: Deutscher Studien Verlag 1992

Aufenanger, Stefan: Medienpädagogik und Medienkompetenz – Eine Bestandsaufnahme, unveröffentl. Manuskript. Mainz 1997 (b)

Aufenanger, Stefan: Weiterentwicklung des Jugendmedienschutzes unter dem Gesichtspunkt der Medienkompetenz. Text für den Bericht der Enquete-Kommission ‚Zukunft der Medien in Wirtschaft und Gesellschaft' des deutschen Bundestages, Februar 1997, (unveröffentl. Manuskript), Mainz 1997 (a)

Baacke, Dieter: Bewegungen beweglich machen. Oder: Plädoyer für mehr Ironie in: Baacke, Dieter u.a. (Hrsg.): Am Ende postmodern? Next Wave in der Pädagogik. Weinheim/München: Juventa Verlag 1985, S. 190-216

Baacke, Dieter: Handlungsorientierte Medienpädagogik, in: Schill, Wolfgang u.a. (Hrsg.): Medienpädagogisches Handeln in der Schule. Opladen: Leske + Budrich 1992 (a), S. 33-58

Baacke, Dieter: Kommunikative Kompetenz. Grundlegung einer Didaktik der Kommunikation und ihrer Medien. Weinheim/München: Juventa 1973

Baacke, Dieter: Medienkompetenz als Netzwerk. Ein Begriff hat Konjunktur, in: medien praktisch 20. Jg., 1996, 2, S. 4-10

Baacke, Dieter: Medienwelten sind Ausdruckswelten – Zu neuen Wahrnehmungsformen bei Kindern und Jugendlichen, in: GMK-Rundbrief Nr.36 März 1994, S. 3-16

Baacke, Dieter: Vom pädagogischen Widerwillen gegen den Seh-Sinn, in: Baacke, Dieter/Röll, Franz-Josef (Hrsg.): Weltbilder, Wahrnehmung, Wirklichkeit. Der ästhetisch organisierte Lernprozeß. Opladen: Leske + Budrich 1995, S. 25-49

Baacke, Dieter: Zum ethischen Orientierungsrahmen der Medienpädagogik, in: Issing, Ludwig, J. (Hrsg.): Medienpädagogik im Informationszeitalter. Weinheim/Basel: Deutscher Studien Verlag 1987, S. 53-71

Baacke, Dieter: Zur Ambivalenz der neuen Unterhaltungsmedien oder vom Umgang mit schnellen Bildern und Oberflächen, in: Otto, Hans-Uwe u.a. (Hrsg.): Zeit-Zeichen sozialer Arbeit. Entwürfe einer neuen Praxis, Neuwied u.a.: Luchterhand Verlag 1992, S. 17-24 (b)

Bachmair, Ben: Handlungsleitende Themen: Schlüssel zur Bedeutung der bewegten Bilder für Kinder, in: Deutsches Jugendinstitut (Hrsg.): Handbuch Medienerziehung im Kindergarten. Teil 1: Pädagogische Grundlagen. Opladen: Leske + Budrich 1994, S. 171-184

Barthelmes, Jürgen: Kindliche Weltbilder und Medien. Eine Literatursynopse zur Mediensozialisation. München: Verlag Deutsches Jugendinstitut 1987

Baudrillard, Jean: Überleben und Unsterblichkeit, in: Paragrana. Internationale Zeitschrift für Historische Anthropologie 3.Jg., 1994, 1, S. 95-111

Beck, Christian: Ästhetisierung des Denkens. Zur Postmoderne-Rezeption der Pädagogik. Amerikanische, deutsche, französische Aspekte, Bad Heilbrunn: Verlag Julius Klinkhardt 1993

Beck, Ulrich u.a.: Reflexive Modernisierung. Eine Kontroverse. Frankfurt/M: edition suhrkamp 1996

Benner, Dietrich u.a. 1992 (Hrsg.): Erziehungswissenschaft zwischen Modernisierung und Modernitätskrise. Beiträge zum 13. Kongreß der Deutschen Gesellschaft für Erziehungswissenschaft vom 16.-18. März 1992 in der Freien Universität Berlin. Weinheim/Basel: Beltz (29. Beiheft der Zeitschrift für Pädagogik)

Benner, Dietrich/Göstemeyer, Karl-Franz: Postmoderne Pädagogik: Analyse oder Affirmation eines gesellschaftlichen Wandels?, in: Zeitschrift für Pädagogik 33.Jg., 1987, 1, S. 61-82

Benner, Dietrich: Allgemeine Pädagogik. Eine systematisch-problemgeschichtliche Einführung in die Grundstruktur pädagogischen Denkens und Handelns, Weinheim/München: Juventa 1996 (3. Aufl.)

Benner, Dietrich: Hauptströmungen der Erziehungswissenschaft. Eine Systematik traditioneller und moderner Theorien Weinheim: Deutscher Studien Verlag 1991 (3 , verbesserte Aufl.)

Berghaus, Margot: Zur Theorie der Bildrezeption. Ein anthropologischer Erklärungsversuch für die Faszination des Fernsehens, in: Publizistik 31.Jg., 3-4/1986, S. 278-295

Danner, Helmut: Methoden geisteswissenschaftlicher Pädagogik. Einführung in Hermeneutik, Phänomenologie und Dialektik, München/Basel: Ernst Reinhardt Verlag 1994 (3. Aufl.)

Dewe, Bernd u..a.: Professionelles soziales Handeln. Soziale Arbeit im Spannungsfeld zwischen Theorie und Praxis. Weinheim/München: Juventa Verlag 1993

Dewe, Bernd u.a.: Das „Professionswissen“ von Pädagogen. Ein wissenstheoretischer Rekonstruktionsversuch, in: Dewe, Bernd u.a. (Hrsg.): Erziehen als Profession. Zur Logik professionellen Handelns in pädagogischen Feldern. Opladen: Leske + Budrich 1992, S. 70-91 (b)

Dewe, Bernd u.a.: Einleitung. Auf dem Wege zu einer aufgabenzentrierten Professionstheorie pädagogischen Handelns, in: Dewe, Bernd u.a. (Hrsg.): Erziehen als Profession. Zur Logik professionellen Handelns in pädagogischen Felder. Opladen: Leske + Budrich 1992, S. 7-20 (a).

Dewe, Bernd/Otto, Hans-Uwe: Vom Nutzen und Nachteil des sozialwissenschaftlichen Blicks auf die Sozialarbeit/Sozialpädagogik, in: Otto, Hans-Uwe u.a. (Hrsg.): Zeit-Zeichen sozialer Arbeit. Entwürfe einer neuen Praxis, Neuwied u.a.: Luchterhand Verlag 1992, S. 85-94

Dröge, Franz: Medien und gesellschaftliches Bewußtsein, in: Baacke, Dieter (Hrsg.): Kritische Medientheorien. Konzepte und Kommentare, München: Juventa 1974, S. 71-106

Ferchhoff, Wilfried u.a.: Jugendkulturen – Faszination und Ambivalenz. Weinheim/München: Juventa Verlag 1995

Ferchhoff, Wilfried/Neubauer, Georg: Patchwork-Jugend: eine Einführung in postmoderne Sichtweisen. Opladen: Leske + Budrich 1997 (vollständig überarb. u. erh. veränderte Fassung von: Jugend und Postmoderne. Weinheim/Basel: Juventa-Verlag 1989)

Fiske, John: Television Culture. London/New York: Routledge 1989 (Original 1987)

Fromme, Johannes: Pädagogik als Sprachspiel. Zur Pluralisierung der Wissensformen im Zeichen der Postmoderne. Neuwied u.a.: Luchterhand Verlag 1997

Hasebrink, Uwe/Krotz, Friedrich: Individuelle Nutzungsmuster von Fernsehzuschauern, in: Hasebrink, Uwe/Krotz, Friedrich (Hrsg.): Die Zuschauer als Fernsehredakteure? Zum Verständnis individueller Nutzungs- und Rezeptionsmuster. Baden-Baden: Nomos 1996, S. 163-177

Heidt, Erhardt, U: Medien und Lernprozesse. Das Problem einer Medienklassifikation im Zusammenhang didaktischer Modelle und lernpsychologischer Forschung, Weinheim/Basel: Beltz Verlag 1976

Heitmeyer, Wilhelm (Hrsg.): Bundesrepublik Deutschland: auf dem Weg von der Konsens- zur Konfliktgesellschaft 2 Bde. Frankfurt/M.: Suhrkamp Verlag 1997

Helsper: Werner: Schulen in der Aporie der Moderne, in: Krüger, Heinz-Hermann (Hrsg.): Abschied von der Aufklärung? Perspektiven der Erziehungswissenschaft. Opladen: Leske + Budrich 1990, S. 175-194

Hengst, Heinz: Erscheinungsformen und Funktionszusammenhänge der aktuellen Kinderkultur, Vortrag bei der Arbeitstagung „Kinderfernsehen im Umbruch“ in Kassel am 27.6.1997

Hentig, Hartmut von: Allgemeine Lernziele der Gesamtschule, in: Deutscher Bildungsrat: Gutachten und Studien der Bildungskommission Bd. 12. Lernziele der Gesamtschule. Stuttgart: Ernst Klett Verlag 1975 (4. unver. Aufl.)

Holzer, Horst: Kinder und Fernsehen. Materialien zu einem öffentlich-rechtlichen Dressurakt. München: Hanser Verlag 1974

Honig, Sebastian, Michael u.a. (Hrsg.): Kinder und Kindheit. soziokulturelle Muster – sozialisationstheoretische Perspektiven, Weinheim/München: Juventa 1996

Horkheimer, Max/Adorno, Theodor. W.: Dialektik der Aufklärung. Philosophische Fragmente. Amsterdam N.V.: Verlag de Munter, Schwarze Reihe Nr. 5, 1968 (Original Querido Verlag N.V. 1947)

Jenks,Chris: Constituting the Child, in: Jenks, Chris (Ed.): The Sociology of Childhood. Essential Readings, Aldershot 1992, pp. 9-24 (Original London 1982)

Jürgens, Eiko: Die ‚neue' Refompädagogik und die Bewegung offener Unterricht. Theorie und Praxis und Forschungslage, St. Augustin: Academia Verlag 1996 (3. Aufl.)

Keupp, Heiner: Das Subjekt und das Soziale sind auch nicht mehr das, was sie einmal waren! Aber..., in: Otto, Hans-Uwe u.a. (Hrsg.): Zeit-Zeichen sozialer Arbeit. Entwürfe einer neuen Praxis, Neuwied u.a.: Luchterhand Verlag 1992, S.1-6

Krüger, Heinz-Hermann: Einführung in Theorien und Methoden der Erziehungswissenschaft Bd.2, Opladen: Leske + Budrich 1997

Kunczik, Michael: Gewaltdarstellungen – ein Thema seit der Antike. Zur Geschichte der Auseinandersetzung um Gewalt in den Medien, in: Media Perspektiven 3/1993, S. 108-113

Langer, Dietmar: Wie praktisch kann Vernunft im pädagogischen Umgang eigentlich werden? Zur Frage nach den Möglichkeiten einer pädagogischen Verantwortungsethik, in: Pädagogische Rundschau 51. Jg./1997, 4, S. 375-393

Lash, Scott: Reflexivität und ihre Doppelungen: Struktur, Ästhetik und Gemeinschaft, in: Beck, Ulrich u.a.: Reflexive Modernisierung. Eine Kontroverse. Frankfurt/M: edition suhrkamp 1996, S. 195-286

Lauffer, Jürgen/Volkmer, Ingrid (Hrsg.): Kommunikative Kompetenz in einer sich verändernden Medienwelt. Opladen: Leske + Budrich 1995

Lemke, Dietrich: Flexibilität als Prinzip der Unterrichtsplanung, in: Reinert, Gerd-Bodo/ Dietrich, Rainer (Hrsg.): Theorie und Wirklichkeit. Studien zum Lehrerhandeln zwischen Unterrichtstheorie und Alltagspraxis, Erziehungskonzeptionen und Praxis Bd.9. Frankfurt/M u.a.: Peter Lang-Verlag 1987, S. 167-177

Lenzen, Dieter: Handlung und Reflexion. Vom pädagogischen Theoriedefizit zur reflexiven Erziehungswissenschaft . Weinheim/Basel: Beltz 1996

Lippitz, Wilfried: Phänomenologische Studien in der Pädagogik. Weinheim/Basel: Beltz 1993

Lyotard, Jean-Francois: Berührungen, in: Lyotard, Jean-Francois: Streifzüge. Gesetz, Form, Ereignis. Wien: Passagen-Verlag 1989, S. 41-60

Mattusch, Uwe: Die Wa(h)re(n)-Kraft des Blaubären. Zur Vermarktung von Medienfiguren, in: Medien Concret 1/1996, 20-25

Meder, Norbert: Der Sprachspieler, Köln: Janus-Verlag 1987

Merleau-Ponty, Maurice: Phänomenologie der Wahrnehmung. Berlin: de Gruyter 1966

Meyer-Drawe: Käte: Leiblichkeit und Sozialität. Phänomenologische Beiträge zu einer pädagogischen Theorie der Inter-Subjektivität. München: Fink 1984

Musolff, Hans-Ulrich: Bildung. Der klassische Begriff und sein Wandel in der Bildungsreform der sechziger Jahre. Studien zur Philosophie und Therorie der Bildung, Bd. 5. Weinheim: Deutscher Studien Verlag 1989

Neumann, Karl: Bildung durch Bilder? Bilderwelt, Kinder- und Jugendkultur und Identität, in: Neue Sammlung 29/1989, S. 49-58

Oelkers, Jürgen: Reformpädagogik. Eine kritische Dogmengeschichte, Weinheim/München: 1992

Ofenbach, Birgit: Ethos und Erziehung. Der systematische Ort der Verantwortung in der Theoriebildung der hermeneutisch-pragmatischen Pädagogik, in: Pädagogische Rundschau 51.Jg., 1997, 4, S. 359-374

Otto, Hans-Uwe: Zum Verhältnis von systematisiertem Wissen und praktischem Handeln in der Sozialarbeit, in: Otto, Hans-Uwe/Utermann, Kurt. (Hrsg.): Sozialarbeit als Beruf. Auf dem Wege zur Professionalisierung? Weinheim/München: Juventa 1971, S. 87-98

Paschen, Harm: Das Hänschen-Argument. Zur Analyse und Evaluation pädagogischen Argumentierens. Köln: Böhlau-Verlag 1988

Paschen; Harm/Wigger, Lothar (Hrsg.): Pädagogisches Argumentieren. Beiträge zur Theorie und Geschichte der Erziehungswissenschaft Bd. 12, Weinheim: Deutscher Studien Verlag 1992

Paus-Haase u.a.: Alte und neue Medien im Alltag von jungen Kindern. ein Buch für Eltern und Erzieherinnen. Freiburg: Lambertus 1990

Paus-Haase, Ingrid (Hrsg): Neue Helden für die Kleinen. Das (un-)heimliche Kinderprogramm des Fernsehens. Münster: Lit-Verlag 1997 (3. Aufl.)

Paus-Haase, Ingrid/Hoffmann, Susanne: Radio: Für Grundschulkinder kein Medium von „gestern“ – Das Beispiel ‚Lilipuz‘, in: Schill, Wolfgang/Baacke, Dieter (Hrsg.): Kinder und Radio. Zur medienpädagogischen Theorie und Praxis der auditiven Medien. Frankfurt/M.: GEP 1996, S. 56-76

Paus-Haase, Ingrid: Die Sendung mit der Maus in Moskau. Eine vergleichende Untersuchung zur Rezeption durch Kinder aus dem Osten und Westen der Bundesrepublik Deutschland, in: Rundfunk und Fernsehen 44. Jg, 3/1996, S. 381-401

Paus-Haase, Ingrid: Wer bestimmt Qualitätskriterien für Kindersendungen?, in: von Gottberg, Joachim u.a. (Hrsg.): Kinder an die Fernbedienung. Konzepte und Kontroversen zum Kinderfilm und Kinderfernsehen. Berlin: Vistas Verlag 1997, S. 245-265

Paus-Haase, Ingrid: Heldenbilder im Fernsehen. Eine Untersuchung zur Symbolik von Serienfavoriten in Kindergarten, Peer-Groups und Kinderfreundschaften. Opladen: Westdeutscher Verlag 1998

Plake, Klaus: Reformpädagogik. Wissenssoziologie eines Paradigmenwechsels, Münster/New York: Waxmann 1991

Radtke, Frank-Olaf: Wissen ohne Können – Die unerwarteten Folgen der Verbesserung des Argumentierens über Unterricht in der Lehrerfortbildung, in: Paschen, Harm/Wigger, Lothar (Hrsg.): Pädagogisches Argumentieren. Weinheim/München: Deutscher Studienverlag 1992, S. 341-356

Reck, Hans Ulrich: Entgrenzung und Vermischung: Hybridkultur als Kunst und Philosophie, in: Schneider, Irmela/Thompsen, Christian, W.: Hybridkultur. Medien, Netze, Künste. Köln: Wienand Verlag 1997, S. 91-117

Rousseau, Jean Jacques: Emile oder Über die Erziehung. Stuttgart: Reclam 1965 (Original 1762)

Ruhloff, Jörg: Widerstreitende statt harmonische Bildung – Grundzüge eines ‚postmodernen“ pädagogischen Konzepts, in: Fischer, Wolfgang/Ruhloff, Jörg: Skepsis und Widerstreit. Neue Beiträge zur skeptisch-transzendentalkritischen Pädagogik. St. Augustin: Academia Verlag 1993 S. 57-64

Rutschky, Katharina: Erziehung als Fortschritt ohne Erfahrung, in: Rutschky, Katharina (Hrsg.): Schwarze Pädagogik. Quellen zur Naturgeschichte der bürgerlichen Erziehung. Frankfurt/M. Berlin: Ullstein Sachbuch 1988 (Original 1977)

Schell, Fred: Aktive Medienarbeit mit Jugendlichen. Theorie und Praxis. Opladen: Leske + Budrich 1989

Schirlbauer, Alfred: Konturen einer postmodernen Pädagogik, Vierteljahresschrift für wissenschaftliche Pädagogik, 66.Jg., 1990, S. 31-45

Schneider, Irmela/Thompsen, Christian, W.: Hybridkultur. Medien, Netze, Künste. Köln: Wienand Verlag 1997.

Schneider, Norbert: Geschichte der Ästhetik von der Aufklärung bis zur Postmoderne. Stuttgart: Reclam 1996

Schulze, Gerhard: Die Erlebnisgesellschaft. Kultursoziologie der Gegenwart, Frankfurt, M./New York: Campus 1996 (Original 1992)

Tillmann, Klaus-Jürgen: Schulentwicklung und Lehrerarbeit. Nicht auf bessere Zeiten warten. Hamburg: Bergmann u. Helbig Verlag 1995

Treumann, Klaus-Peter: Betrachtungen und Befunde zur medialen Kinderkultur aus einem Forschungsprojekt, in: Lauffer, Jürgen/Volkmer, Ingrid (Hrsg.): Kommunikative Kompetenz in einer sich verändernden Medienwelt. Opladen: Leske + Budrich 1995, S. 270-283

Tulodziecki, Gerhard: Medienpädagogik, in: Erlinger, Hans Dieter u.a.: Handbuch des Kinderfernsehens. Konstanz: Ölschläger UVK Medien 1995, S.501-511

Virilio, Paul: Verhaltensdesign: Vom Übermenschen zum überreizten Menschen, in: Langenmaier, Arnica-Verena (Hrsg.): Das Verschwinden der Dinge. Neue Technologien und Design. München 1993, S. 73-95

Welsch, Wolfgang: Ästhetisches Denken. Stuttgart: Reclam 1990

Welsch, Wolfgang: Grenzgänge der Ästhetik. Stuttgart: Reclam 1996

Welsch, Wolfgang: Unsere postmoderne Moderne, Weinheim: VCH Verlagsgesellschaft, Acta Humaniora 1987

Wermke, Jutta: Ästhetische Erziehung in der Grundschule. Vom „Kind als Künstler“ zur „kreativen Persönlichkeit“, in: Wermke, Jutta (Hrsg.): Ästhetische Erziehung im Deutschunterricht. Bochum: Verlag Ferdinand Kamp 1981, S. 7-33

Wigger, Lothar: Handlungstheorie und Pädagogik. Eine systematisch-kritische Analyse des Handlungsbegriffs als pädagogische Grundkategorie, St. Augustin: Verlag Hans Richarz 1983

Willis, Paul: Common Culture. Symbolic Work at Play in the Everyday Cultures oft the Young. Milton: Keynes 1990

Zentrum für Kindheits- und Jugendforschung: Wandlungen der Kindheit.Theoretische Überlegungen zum Strukturwandel der Kindheit heute. Opladen: Leske + Budrich 1993

Medienkompetenz

Stefan Aufenanger

Multimedia und Medienkompetenz – Forderungen an das Bildungssystem

1. Multimedia und pädagogische Chancen

Der Begriff Multimedia kann als eine Metapher verstanden werden, hinter dem sich recht unterschiedliche medientechnologische Entwicklungen und medienpädagogische Verwendungszusammenhänge verbergen. Zum einem ist damit gemeint, daß auf einem technischen Gerät (Hardware) verschiedene Medien gemeinsam präsentiert werden. Mit Multimedia wird oftmals aber auch eine bestimmte Textstruktur verstanden, die nicht linear wie etwa beim Buch aufgebaut ist, sondern sich durch verschiedene Texte auszeichnet, die jeweils aufeinander verweisen bzw. durch sogenannte *links* miteinander verbunden sind. Ähnlich wie man bei einem Lexikon von einem Schlagwort zu einem anderen weitergeleitet werden kann, kann man in einer solchen *Hypertext*-Struktur selbst den Rezeptionsgang bestimmen. Wenn nun diese verschiedenen Texte für verschiedene Medien – Schrifttext, Sprache, Bild, Video oder Animation – stehen, dann spricht man von einem *Hypermedium*, welches die Aspekte von Multimedia und von Hypertext miteinander verbindet. Von einer hypermedialen Lernumgebung verspricht man sich nun bessere Lernprozesse, da einerseits mit unterschiedlichen Medien gearbeitet und somit die verschiedenen Sinne angesprochen werden, andererseits aber erlaubt ein Hypertext mit seiner nichtlineraren Struktur den Lernenden einen selbstbestimmten und nicht von dem Medium vorgegebenen Lernweg. Auf weitere wichtige strukturelle Eigenheiten von Hypermedia verweist Weidenmann, wenn er die Multicodalität als die Verwendung unterschiedlicher Symbol- und Codierungsformen (z.B. Text, Zahlen; Bilder) und die Multimodalität als die Ansprache unterschiedlicher Sinnesorgane (sehen, hören) betont. Vor allem der erstgenannte Aspekt ist zur Beurteilung von Multimedia-Anwendungen besonders entscheidend. So kann man etwa Statistiken ja entweder als Tabelle oder als Graphik darstellen. Und selbst Graphiken sind nicht immer eindeutig lesbar, wenn sie schlecht gestaltet sind. Für die Verständlichkeit von hypermedialen Texten ist demnach die richtige Kombination von Medien, von Symbolen sowie der Ansprache der verschiedenen Sinne bedeutsam.

Die Darstellung von Hypermedia ermöglicht der Computer, dessen Programme einen Text mit Bildern, mit Graphiken, mit Ton und Video gemeinsam darstellen können. Die Bereitstellung solcher Programme erfolgt entweder direkt am Computer durch entsprechende Speichermedien (z.B. Festplatte, CD-ROM) oder über Netzwerke (z.B. Internet, Intranet). Beliebte Inhalte von hypermedialen Texten sind entweder Lernprogramme und Enzyklopädien oder Informationsangebote. Eine besonders rasante Entwicklung hat vor allem das *Internet* in letzter Zeit erlebt, welches eine prominente Stellung in der Vermittlung von Informationen eingeräumt wird und das hypermediale Texte transportieren kann. Das Internet stellt eine weltweite Verbindung von Computern durch Datenleitungen (z.B. per Satellit) dar, welches ursprünglich für reine militärische, dann für wissenschaftliche und heutzutage für private und kommerzielle Zwecke genutzt wird. Über diese Datenleitungen können u.a. Informationen ausgetauscht, elektronische Post (sog. e-Mail) verschickt und Diskussionen geführt werden. Bei der Informationsübermittlung reichen die Angebote von Datenbankzugänge bis hin zu hypermedial aufbereiteten Wissenssystemen. Letztere ist jene Form, die unter dem Begriff des *World Wide Web* bekannt geworden ist. Das World Wide Web ermöglicht die graphische, schriftförmige und audiovisuelle Präsentation von Information und läßt darüber hinaus auch auf andere Dokumente an jedem anderen Ort der Welt verweisen. Das heißt, daß das Internet als die Verbindung von zigtausenden Computern in vielen Ländern unserer Erde wie ein riesiges Lexikon zu verstehen ist, bei der man auf seinen Bildschirm am Arbeitsplatz die Angebote vieler anderer Computer gleichzeitig aufrufen kann. Eine letzte wichtige, möglicherweise aber pädagogisch bedeutsame medientechnologische Entwicklung stellen künstliche Realitäten – *virtual realities* oder auch *Cyberspace* – dar. Mit Hilfe von Computern können Welten gestaltet werden, die man bei Benutzung von Datenhelmen (kleine Bildschirme vor beiden Augen für das dreidimensionale Sehen) begehen kann. Prinzipiell lassen sich durch solche virtual realities etwa alle historische Situationen nachbilden, in denen man Persönlichkeiten zu jener Epoche begegnen kann. Auch können entsprechend ästhetisch gestaltete Räume neue Erfahrungen vermitteln, die vormals nie gemacht worden sind.

Folgende Entwicklungen halte ich für den pädagogischen Bereich für interessant und für sinnvoll:

- Hypermedia-Anwendungen (u.a. Lernsoftware, Simulation, Wissenssysteme, Expertensysteme, Kiosksysteme) auf CD-ROM (stand-alone). Es handelt sich dabei in den meisten Fällen um fertige Anwendungen, die im Unterricht zur Bearbeitung von Themen Verwendung finden können. Ihr Vorteil liegt im (meist) einfachen Einsatz und den geringen Aufwand, sie in pädagogische Absichten einzubetten. Als Nachteil muß ihre Geschlossenheit gesehen werden, die es in den meisten Fällen kaum erlaubt, selbstgestaltend mit den Programmen umzugehen. Außerdem spielen die zum Teil hohen Kosten eine Rolle, die man ungern aufbringen möchte, wenn man gleichzeitig weiß, das nach kurzer Zeit wieder eine neue, überarbeitete Version erscheinen wird.

- Eigenentwicklung von Multimedia (u.a. Autorenprogramme, Hypermedia, Web-Gestaltung). Dieser Bereich erscheint meines Erachtens sehr zukunftsträchtig, da hier die Medien aktiv zur Gestaltung und kreativ genutzt werden können. Se dürften im pädagogischen Kontext für Lehrerinnen und Lehrer wie auch Schüler und Schülerinnen eine große Rolle spielen, wenn im Unterricht nicht mehr nur printmedienorientiert gearbeitet wird. Mit Hilfe dieser Programme können selbst didaktische Materialien hergestellt werden.
- Internet-Systeme (u.a. WorldWideWeb, Newsgruppen, E-Mail-Projekte). Das Internet als Lernort gewinnt nicht nur durch die Initiative „Schulen ans Netz" an Bedeutung, sondern kann und wird in vielen Bereichen auch als universales Lexikon genutzt. Informationsbeschaffung, Datenaustausch, Kommunikation und Diskussionsforen sind hier die wichtigen Begriffe. Internetanschlüsse lösen die auf den eigenen Bereich zentrierte Blickweise von pädagogischen Orten zugunsten anderer Gesellschaften und Kulturen auf.
- Intranet-Systeme (Vernetzung von Schulklassen und Zugang zu selbsterstellten und vorliegenden Hypermedia-Anwendungen). In Verbindung mit eigenentwickelten Multimedia-Anwendungen können in solchen Netzen didaktische Materialien ausgetauscht und an verschiedenen Orten aktuell verwendet werden. Über sie ist auch einen Anbindung an das Internet möglich.

Natürlich gibt es noch einige interessante andere Medientechnologien, die pädagogisch bedeutsam werden könnten wie etwa virtuelle Realität zur Simulation von sozialen Prozessen oder kooperative Lernmöglichkeiten über vernetzte Systeme wie wir es von Computerspielen her kennen.

2. Multimedia im Bildungssystem

Die hier nur knapp skizzierten und in ihren Potentialen nicht voll ausgeführten medientechnologischen Möglichkeiten werden auf vielfältiger Weise für pädagogische Prozesse genutzt. Zum einem sind da die vielen Lernprogramme zu sehen, die entweder fach- bzw. unterrichtsbezogen angeboten werden. Das zum Teil unübersehbare Angebot kann nicht darüber hinweg täuschen, daß eine Vielzahl der Lernprogramme sehr einfach strukturiert und wie animierte Unterrichtsblätter aufgebaut sind. Dagegen zeigen andere Programme, daß die Idee des Hypertextes sinnvoll genutzt werden kann, um den Anwendern die Möglichkeit zu geben, neugierig selbst die Programme erkunden zu können. Zum anderen gibt es schon seit längere Zeit sogenannte e-Mail-Projekte, in denen Schüler und Schülerinnen aus deutschen Schulen über das Internet oder mit Hilfe einer Telefonverbindung mit Kindern und Jugendlichen aus der ganzen Welt elektronische Briefe austauschen. Dabei haben die Schüler zum Beispiel die Möglichkeit, in für ihr Alter entsprechenden Thematiken eine Fremdsprache – meist Englisch – anzuwenden. Weiterhin können bestimmte Themen aus einer interkulturellen Perspektive diskutiert werden, die dazu führen kann, Vorurteile abzubauen und Verständnis für Menschen aus anderen Kulturen zu wecken. Der Vorteil von elektronischen Briefen gegenüber der traditionellen Briefform wird zum einen in der direkten, fast zeitgleichen Kommunikation sowie in dem motivationsfördernden Aspekt des Computerschreibens für solche Kinder, die sonst wenig Neigung zum Schreiben zeigen, gesehen. Eine erweiterte Form der e-Mail-Projekte stellt die kooperative Bearbeitung von Problemen etwa aus den Bereichen der Biologie, Ökologie, Geographie oder Gesellschaftskunde dar, in der Schülerinnen und Schüler aus unterschiedlichen Schulen und Ländern mit Hilfe des Computers und den Datennetzen gemeinsam Daten sammeln, austauschen und auswerten. Darüber hinaus besteht auch die Möglichkeit, an sogenannten Diskussionsforen zu einer Vielzahl von Themen im Internet teilzunehmen; ähnlich wie bei einem Gespräch kann man dabei durch Texteingabe am Computer direkt auf Meinungen von anderen Teilnehmern in der ganzen Welt reagieren.

Wie lassen sich nun die aufgeführten Potentiale in verschiedenen pädagogischen Feldern nutzen? Ich werde mich auf die wichtigsten schulischen und außerschulischen Institutionen beschränken und versuchen aufzuzeigen, wie dort Multimedia in all seinen Facetten genutzt werden kann. Zielstellung dabei ist aufzuzeigen, wie bildungsökonomisch gesehen die neuen Medien zu einer Veränderung des Bildungswesens führen können, in dem ohne einen großen personellen Ausbau den Schülern und Schülerinnen anregende Lernbedingungen angeboten werden können.

Im ersten Moment mag es verwundern, wenn der *Vorschulbereich* schon als ein erster wichtiger Anknüpfungspunkt für den Einsatz von Multimedia aufgezählt wird. Wenn wir davon ausgehen, daß Medienkompetenz eine zentrale Fähigkeit beschreibt, in zukünftigen Informationsgesellschaft angemessen, sozial verantwortlich und qualifiziert handeln zu können, dann sollten Kindern schon recht früh entsprechende Erfahrungsräume zum Erwerb derselben eröffnet werden. Drei Möglichkeiten kann der Computer im Kindergarten abdecken: Kreativprogramme für Vorschulkinder, Multimedia-Lexika mit Kinderthemen und Computerspiele. Mit Kreativprogrammen sind solche Anwendungen gemeint, mit denen Kindern selbst gestalterisch tätig werden können, entweder zum Malen oder durch Manipulation von Formen und Farben. Multimedia-Lexika können auch Kinder unter sechs Jahren schon nützen, wenn sie sich etwa für Dinosaurier interessieren und mehr über deren Lebensweisen und Vorkommen wissen wollen. Und natürlich die beliebten Computerspiele bieten erste Möglichkeiten, mit diesen neuen Medien umgehen zu lernen und dabei auch Spaß zu haben. Wichtig für diesen Bereich sollte es sein, die neuen Medien als eine Erweiterung des traditionellen Medienangebots des Kindergartens zu sehen und nicht sie als eine Ablösung von Buch und Spielzeug zu verstehen. Nur wenn Computer und Videospiel als zum Alltag dazugehörig gesehen werden, werden sie auch normal genutzt. Ziel der Integration neuer Medien in den Vorschulbereich sollte nun nicht sein, Kinder schon recht früh an ein neues Arbeitsgerät zu gewöhnen, sondern ihnen einfach nur Erfahrungsräume anbieten, in denen sie selbst wesentliche Aspekte des Arbeitens mit Computer sich aneignen können. Begleitend sollte dieser Aspekt durch eine Medienerziehung ergänzt werden, die darauf abzielt, bei Kindern einen sozial-verantwortlichen und selbstbestimmten Umgang mit den Neuen Medien aufzubauen. Ein weiteres wichtiges Argument, schon in frühem Alter Kinder mit den neuen Medien bekannt zu machen, sollte abschließend noch genannt werden. Je früher Jungen und Mädchen Zugang zu neuen Medientechnologien haben, desto weniger dürften sich später geschlechtsspezifische Differenzen verfestigen.

In der *Grundschule* können die im Vorschulbereich erworbenen Umgangsformen mit dem Computer weitergeführt und ausgebaut werden. Die jeweiligen Programme sollten anspruchsvoller und komplexer werden. Nun können die Kinder auch schon selbst mit Autorenprogramme eigene Multimedia-Anwendungen erstellen, in denen sie gescannte oder mit einer digitalen Kamera aufgenommene Bilder integrieren, kleine Videofilme abspielen lassen und eigene Zeichnungen verwenden. Ein weiterer Schwerpunkt des Einsatzes von Informationstechnologien wird die Vernetzung darstellen und zwar einmal in Form von einem schulischen Intranet sowie nach außen die Nutzung des Internets (oder unterschiedlicher Internets). Das schulische Intranet verbindet die einzelnen Klassen miteinander und ermöglicht den Austausch von Materialien sowie von elektronischen Briefen. Materialien, die entweder Lehrpersonen oder Schüler und Schülerinnen erstellt haben, können somit auch in anderen Klassen genutzt werden. Außerdem ergibt sich die Möglichkeit, kooperativ gemeinsam Projekte durchzuführen, die im und durch das Netz verarbeitet werden. Lehrerinnen und Lehrer werden verstärkt in der Schule der Zukunft auch Multimedia-Anwendungen aus dem Internet oder per CD-ROM verwenden. Natürlich müssen auch auf selbst erstellte Multimedia-Anwendungen zurückgreifen, die sie entweder zu Hause oder in der Schule am Computer erstellen. In der Grundschule wird Email beginnen, eine besondere Rolle zu spielen. Zwar werden Kinder anfangs, solange sie noch nicht schreiben können, eher Bilder und Multimedia-Projekte an Schüler und Schülerinnen in der ganzen Welt verschikken. Damit wird ein wesentlicher Grundstein für die weiterführende Schule gelegt. Die Ausstattung der Schulen und Klassenzimmer wird immer stärker mit Computerarbeitsplätzen und Netzanschlüssen versehen sein. Der Computer sollte dabei zwar räumlich im Mittelpunkt der Klasse stehen, aber nicht symbolisch. Dies heißt, daß Unterrichten nicht auf die Vermittlung von Lehrinhalten durch den Computer verlagert werden sollte, sondern daß die Möglichkeiten und Stärken von Lernsoftware und Multimedia-Anwendungen zum Lernen genutzt werden müssen.

In den *weiterführenden Schulen* wird der Einsatz neuer Medien weiter ausdifferenziert. Multimedia kann in fast allen Fächern sinnvoll eingesetzt werden und sowohl als Lernhilfe als auch für die Initiierung von selbständigen Lernprozessen verwendet werden. Der fachspezifische und fachdidaktische Gebrauch vom Multimedia-Anwendungen ist zwar ein wichtiger Aspekt schulischen Lehrens, wird vermutlich aber zurückgedrängt werden zugunsten von fächerübergreifenden Lernangeboten, die auf CD-Rom oder im Internet zu finden sind. Schulisches Lernen wird sich insgesamt umorientieren in mehr Formen selbstbestimmten Lernens, bei denen Lehrerinnen und Lehrer die Suche nach Problemlösungen durch Schüler und Schülerinnen unterstützen. Dabei spielt Wissensvermittlung weniger eine Rolle als moderierende bzw. beratende Tätigkeiten. Geht man davon aus, daß offener Unterricht sowie Projektmethoden auch Eingang in den Sekundarstufenunterricht finden werden, dann können Multimedia und anderen Möglichkeiten der neuen Medien eine wichtige Rolle übernehmen. Der Zugang zu mediengespeicherten bzw. netzzugänglichen Wissensbeständen entlastet von den traditionellen instruktiven Methoden der Wissensvermittlung.

In der *Sekundarstufe I und II* können voll die Möglichkeiten von Multimedia ausgeschöpft werden. Neben der traditionellen Lernsoftware treten Simulationen sowie Expertensysteme. Diese Anwendungen ermöglichen den Schüler und Schülerinnen, Problemstellung auf der Grundlage von selbst recherchiertem Wissen zu lösen. Das Internet bietet darüber hinaus Zugang zu einer unbegrenzten Vielzahl von Wissensbeständen in Form von Datenbanken. Ergänzt wird dieser Ansatz um E-Mail-Projekte, in dem Schüler und Schülerinnen mit anderen Menschen aus anderen Ländern in Kontakt treten können und so einerseits eine gewisse Form der interkulturellen Bildung praktizieren, andererseits aber auch nur ganz einfach in der jeweiligen Sprache kommunizieren können. Zwei anderen Medienentwicklung dürften aber die Schule der Zukunft noch stärker bestimmen. Da wäre zum einen die Möglichkeit der virtuellen Realität, in der durch dreidimensional konstruierte Räume neue Erfahrungen ermöglicht werden können. So ließe sich zum Beispiel im Geschichtsunterricht ein virtueller Gang durch ein mittelalterliches Dorf machen und dort mit den Bewohnern in Kontakt treten. Durch diese ‚authentischen' Erfahrungen lassen sich Zusammenhänge in der Geschichte anschaulicher darstellen. Zum anderen dürften auch in diesen beiden Schulstufen die kreativen Möglichkeiten der neuen Medien intensiv genutzt werden. Entsprechend komplexe Autorenprogramme bieten eine Vielzahl von Gestaltungsmöglichkeiten. Schüler und Schülerinnen können nicht so inhaltlich etwas lernen, sondern sie müssen sich auch Gedanken über ansprechende Gestaltung, Layout und didaktische Vermittlung machen.

Nicht zu letzt dürfte mit zunehmenden Alter der Schüler und Schülerinnen ein Teil der Lernprozesse auf Eigeninitiative und selbstbestimmten Formen verlagert werden. Zwar nicht durchgängig, aber doch abschnittsweise könnte so etwas wie ein ‚virtuelles' Klassenzimmer praktiziert werden, in dem die Schüler und Schülerinnen von Zuhause aus gemeinsam Aufgaben lösen oder miteinander über Problemstellungen kommunizieren.

Neben der geforderten Gleichrangigstellung individueller Lernprozesse durch Medien mit den traditionellen Lernprozessen des sozialen und kooperativen Lernens, muß sich auch die Zeitstruktur der Schule ändern. Wir benötigen für diese neuen Formen des Lernens flexiblere Zeitzonen, die eine individuelle Zeitplanung den Schülerinnen und Schülern ermöglichen. Diese Zonen sollten den ganzen Tag über verteilt sein. Damit ergibt sich auch eine neue Rolle für Lehrerinnen und Lehrer. Sie sollen Lernberater werden, methodische Hinweise geben, wie mit den Systemen umzugehen ist, wie Probleme angegangen werden können und wo Wissen her bezogen werden kann. Und sie müssen als wirkliche Kooperationspartner in diesen Lernprozessen auftreten, dies heißt zuerst, die Kinder in ihrer Eigentümlichkeit und mit ihren individuellen Handlungs- und Lernweisen zu respektieren.

Die stärksten Veränderungen durch Multimedia wird es im *Hochschulbereich* geben. Wenn das virtuelle Klassenzimmer immer nur eine zeitlich begrenzte Einrichtung bleiben wird und die sozialen Interaktionen in der Schule im Vordergrund stehen sollen, können Teile der Ausbildung von Studierenden problemlos auf virtuelle Seminare bzw. sogar virtuelle Universitäten übertragen werden. Zum einem wird die zum Teil schon bestehende Praxis ausgebaut werden, Vorlesungen per Videoübertragung auch Studierenden an anderen Universitäten zu übermitteln und durch einen Rückkanal auch eine Interaktion in Form von etwa Nachfragen zu ermöglichen. Ein Großteil des Wissens, welches heute noch in Übungen, Vorlesungen und Seminaren vermittelt wird, kann auf Formen der neuen Medien verlagert werden. In Medienzentrum können sich Studierende Multimedia-Anwendungen abholen und sich so mit bestimmten Themen befassen. Oder sie verbinden den PC im Computerraum oder zu Hause mit den großen Datenbeständen des Internets.

Im *Weiterbildungsbereich* sind jetzt schon gravierende Veränderungen sichtbar, die auf eine Verlagerung der Lernprozesse in durch Medien vermittelte Formen gehen. Dabei spielt Multimedia in seinen unterschiedlichen Hardwareplattformen eine bedeutende Rolle. Gut gestaltete Programme bieten die Möglichkeit, zeitlich und räumlich selbstbestimmt Lernen zu organisieren.

Insgesamt dürften die neuen Medientechnologien auch andere Formen der Bildung und Ausbildung ermöglichen. Dazu gehören etwa Konzepte wie part-time-education sowie just-in-time-learning bzw. learning-on-demand. Im Zuge des lebenslangen Lernens erscheint es sinnvoll, Ausbildungsphasen nicht auf einem engen Zeitraum zu begrenzen, sondern so zu gestalten, daß sie dem biographischen Lebensrhythmus angepaßt werden können Wie mit einem Baukasten kann man sich entsprechend aufeinander aufbauende ‚Bildungseinheiten' zusammenstellen und so über einen längeren Zeitraum hinweg einen Abschluß erlangen. Dies dürfte vor allem für Mütter bzw. Väter ein interessantes Angebot sein, welches entlasteter sich den Kindern in entscheidenden Phasen zuwenden läßt. Die neuen Medien würden gerade mit ihren vielfältigen Möglichkeiten, raum- und zeitunabhängig Wissen zu vermitteln, part-time-education verwirklichen helfen. In eine ähnliche Richtung zielt das Konzept von just-in-time-learning, womit gemeint ist, daß ich dann Wissens- und Ausbildungsangebote abrufen kann, wenn ich sie benötige. Dadurch läßt sich eine Flexibilisierung und Selbstbestimmung von Lernprozessen verwirklichen, bei denen ebenfalls die eingangs genannten Potentiale der neuen Medientechnologien genutzt werden.

3. Multimedia und Lernen

Bei all den genannten Beispielen aus dem Bildungsbereich darf nicht vergessen werden, daß Bildung bedingt durch die neuen Medien nicht mehr nur über traditionelle Einrichtungen transportiert wird. Vielmehr eröffnet sich durch die Vielzahl der Computer in Haushalten sowie die Anbindung über elektronische Netze die Möglichkeit, Bildung bzw. Ausbildung in den häuslichen Bereich zu verlagern. Dies nutzen schon viele Firmen der Software- und Medienindustrie, indem sie entsprechende Lernprogramme auf den Markt bringen. Diese zielen auf Kinder im Vor- und Grundschulalter, auf Jugendliche als auch auf Erwachsene für den Weiterbildungsbereich. Durch die weite Verbreitung der Computer im außerschulischen Bereich besteht natürlich die Gefahr, daß die Schule als Institution, die Chancengleichheit herstellen soll, abgehängt wird. Nicht nur dies dürfte ein wichtiger Grund sein, in den zentralen Bildungseinrichtungen unserer Gesellschaft die Medienentwicklungen nicht zu verpassen und die damit verbundenen Chancen der Verwirklichung von neuen Lernformen nicht zu vertun. Pädagogik bzw. Medienpädagogik hat sich aber auch darum zu kümmern, daß dies keine einseitig technologische Anpassung bedeutet, bei der die beteiligten Menschen keinen Einfluß mehr auf die Technik haben. Im Gegenteil, Multimedia und all die anderen neuen Medien sollen ja gerade Freiräume schaffen und Selbstbestimmung ermöglichen. Aus diesem Grund müssen pädagogische Kriterien entwickelt und pädagogische Konzepte erprobt werden, die dies ermöglichen.

Ein Vorteil wird im Zusammenhang mit den neuen Medien u.a. immer wieder genannt: die Individualisierung von Lernprozessen. Damit ist gemeint, daß ausgereifte interaktive Lernprogramme es ermöglichen, Informationen, Wissen und Lernanwendungen so aufzubereiten, daß die Lernerin bzw. der Lerner optimal davon profitieren kann. Multimediale Lernumgebungen können den Schülerinnen und Schülern je nach ihren persönlichen Lernvoraussetzungen und -strategien entsprechende Lernprogramme zusammenstellen und damit ihre subjektiven Voraussetzungen berücksichtigen. Während im traditionellen schulischen Unterricht eine Lehrperson auf eine Mehrzahl von Schülerinnen und Schülern gerichtet und ein Schulbuch mit einem bestimmten Aufbau für alle einer Jahrgangsstufe gedacht ist, kann mit interaktiven Computerprogrammen, in denen Wissens- und Expertensysteme integriert sind, eine Vielzahl von ‚Lehrpersonen' sich dem Lernenden zuwenden. Dieser Aspekt setzt jedoch voraus, daß die Software und lernpsychologische Forschungsergebnisse entsprechend dafür genutzt werden.

Die genannten Vorteile können jedoch auch negative Aspekte zur Folge haben, wenn sie nicht sinnvoll in pädagogische Kontexte eingebettet werden. So kann die Individualisierung von Lernprozessen durch Medien leicht zu einer Abkehr von notwendigen sozialen Lernprozessen im schulischen Rahmen führen. Wie noch zu zeigen sein wird, darf der Einzug von neuen Medien nicht zu einer Vereinseitigung von Lernprozessen führen. Daß Interaktivität zwar ein wichtiges, aber medientechnologisch schwierig einzulösender Anspruch ist, muß bei der Bewertung von Lernumgebungen deutlich werden, die häufig mit diesem Begriff werben, ohne ihn jedoch auf einer höheren Ebene einzulösen. Und die vermeintliche Unbegrenzheit des Zugangs zu allen Informationen und die unbeschränkte Kommunikation darf nicht darüber hinwegtäuschen, daß etwa Fragen des Kinder- und Jugendmedienschutzes sowie der Manipulation aus pädagogischer Perspektive diskutiert werden müssen. Nicht zuletzt stellt sich die Frage, ob medientechnologische Veränderungen allein schon zu einer Verbesserung von Lernprozessen führen. Die bisher vorliegenden Forschungsergebnisse zeigen nämlich, daß das Feld etwas differenziert gesehen werden muß.

So wissen wir zum einem, daß Illustration, Bilder und Graphiken eine positive Wirkung auf das Behalten von Texten haben. Zum anderen gehen wir auch davon aus, daß je mehr Sinne angesprochen werden, desto mehr kann gelernt werden. Es ist jedoch zu beachten, daß eine einfache Addition unterschiedlicher Sinnesansprachen (Auge, Ohr, Tasten) nicht automatisch zu einer Verbesserung von Lernprozessen führt. Ein solches naives Kumulationsmodell entspricht nicht den Forschungsergebnissen. Vielmehr ist für das Verstehen von multimedialen Anwendungen die Fähigkeit zum Entziffern von unterschiedlichen ‚Texten' notwendig. Ähnlich wie eine hermeneutisch Kompetenz für das Verstehen von literalen Texten notwendig ist, benötigt man zur Entschlüsselung von multimedialen Texten die Fähigkeit zum Verständnis von Graphiken, Animation und Bildern. Darüber hinaus muß auch bei hypertextuellen Querverweisen der Sinn und die Möglichkeiten solcher links verstanden werden. Weiterhin konnte gezeigt werden, daß es nicht einfach ausreicht, etwa Sprache und Bilder zusammenzubringen, sondern daß es für das Verständnis sinnvolle Arrangements gibt, die zu optimalen Lernprozessen führen können. Oftmals zeigt sich, daß eine sparsame, aber gezielte Anwendung unterschiedlicher medialer Präsentationsweisen folgenreicher als ein buntes Durcheinander verschiedener Mediendarbietungen ist.

Eines zeigen empirische Untersuchungen ganz deutlich: entscheidend für den Erfolg der neuen Medien ist vor allem deren Einbettung in einen sinnvollen pädagogischen Zusammenhang. Die Art und Weise, wie etwa multimediale Lernanwendungen in den Unterricht integriert werden, entscheidet mit über den Lernerfolg. Wenn es um die Bearbeitung von relevanten Problemen geht und der Einsatz von Internet und interaktiven Computerprogrammen ihren entsprechenden Stellenwert bei der Suche nach Lösung und Antworten bekommen, dann motivieren die neuen Medientechnologien Schülerinnen und Schüler. Wird dagegen an traditionelle Unterrichtsformen sowie Methodiken und Didaktiken festgehalten, dann dürften die Lernerfolge nur sehr spezifisch zu verzeichnen sein. Interessanterweise läßt sich mit dem Aufkommen der neuen Medien für den Unterricht eine Allianz mit reformpädagogischen Strömungen ausmachen. Offener Unterricht, projektorientierte Methoden und etwa Formen des tutoriellen Lernens werden gerade durch die aufgezeigten Vorteile der Vernetzung von Computern und der interaktiven Computerprogramme um eine wichtige Lernoption erweitert. Sie nutzen zu können ist eine Chance für viele Schüler und Schülerinnen. Aber auch Lehrerinnen und Lehrer sollten Medien als eine Bereicherung des schulischen Lernens ansehen. Ihre Problematisierung oder auch Ausgrenzung aus den Unterricht stellt sie nur noch in den Mittelpunkt. Haben Kinder die Möglichkeit, diese genauso zu nutzen wie ein Buch oder andere Lernmittel, dann relativiert sich schnell deren Bedeutung. Nur müssen Lehrerinnen und Lehrer sich zukünftig auf neue Aufgaben einstellen, die nicht mehr darin zu suchen sind, Wissen zu vermitteln, sondern den Kindern beratend bei der Auseinandersetzung mit Problemen zur Seite zu stehen. Über diesen Weg können sie neue Qualifikationen und Kompetenzen entwickeln, die die Kinder noch nicht beherrschen. Denn durch die weltweite Vernetzung der Computer mit ihren dezentralen Informationsbeständen verliert die Schule ihr Monopol an der Vermittlung von Informationen und Wissen.

4. Medienkompetenz und Medienpädagogik

Welche Fähigkeiten müssen nun Menschen haben, um nicht nur mit den neuen Medien angemessen und sinnvoll umgehen zu können, sondern auch kompetent und autonom in einer durch Medien bestimmten Welt handeln zu können? In letzter Zeit hat der Begriff der Medienkompetenz in der Öffentlichkeit und auch in der fachlichen Diskussionen einen entsprechenden Stellenwert bekommen. Dieser Begriff wird dabei oftmals den pädagogischen Zusammenhängen entrissen und recht einseitig entweder unter einem medientechnologischen Aspekt betrachtet oder als eine Aufgabe der Menschen verstanden, sich in der Mediengesellschaft zurechtfinden zu müssen. Außerdem wird er in den meisten Zusammenhängen auch recht naiv verwendet, was heißt, daß er kaum mit entsprechenden medienpsychologischen, -theoretischen oder lernpsychologischen Theorien in Zusammenhang gebracht wird. Grundsätzlich ergibt sich das Problem, wie Medienkompetenz in einer Gesellschaft bestimmt werden kann, in der die medientechnologischen Entwicklungen schnelle Veränderungen hervorbringen, die sich kaum noch überschauen lassen. Es soll deshalb im folgenden keine genaue Bestimmung des Begriffs vorgenommen, sondern vielmehr entscheidende Dimensionen und Faktoren aufgezeigt werden.

Zuerst möchte ich feststellen, daß Medienkompetenz eine allgemeine Fähigkeit beschreiben soll, die prinzipiell auf alle Medien bezogen ist; sie dürfte damit über grundlegende Fähigkeiten bestimmbar sein, in einer durch Medien geprägten Welt sich zurechtzufinden und zu handeln. Damit ist gemeint, daß Medienkompetenz nicht einseitig nur auf die Neuen Medien bezogen sein darf, sondern auch die alten Medien einbezieht. Auch im Zeitalter der symbolischen Visualisierung, wie wir es in Multimedia-Anwendungen etwa finden, ist die Fähigkeit zum Lesen und zum Schreiben immer noch grundlegend für das Verständnis und die Produktion von neuen Medien. Dazu gehört u.a. auch eine Fähigkeit, Symbole und Codes entschlüsseln zu können. Sie könnte als eine Art ‚hermeneutische' bzw. sinnverstehende Kompetenz verstanden werden.

Darüber hinaus müssen aber auch medienspezifische Faktoren bestimmt werden, die für die Beherrschung konkreter Medien notwendig sind. Die Navigation etwa in einem Hypertext, der durch einen nicht-linearen Aufbau gekennzeichnet ist, verlangt ein Denken in vernetzten Zusammenhängen. Für das Verständnis von Musikvideos sind Kenntnisse über die Lebenswelten von Kindern und Jugendlichen notwendig. Auch die Handhabung von Medien gestaltet sich unterschiedlich und will je auf das konkrete Medium bezogen gelernt sein.

Außerdem muß Medienkompetenz altersspezifisch differenziert werden, was heißt, daß die Medienkompetenz eines Vorschulkindes anderes auszusehen hat als die eines Erwachsenen. Hier dürften Erkenntnisse aus dem Bereich der Entwicklungspsychologie hilfreich sein, die angeben, in welchem Alter man was verstehen kann und wie die Voraussetzungen zur Gestaltung von Medien sich altersmäßig ausdifferenzieren. Dabei sollte auch der bisher arg vernachlässigte Bereich der Erwachsenenbildung Berücksichtigung finden, denn gerade die im gesellschaftlichen und politischen Raum stehenden Verantwortlichen haben in ihrer Biographie gravierende Veränderungen in der Medienlandschaft erfahren müssen, die neue Medienkompetenzen verlangten.

Nicht zu letzt müssen wir davon ausgehen, daß die damit gemeinte Fähigkeit zukunftsoffen verstanden werden muß, d.h. Gegenwart und Zukunft einzuschließen hat. Genau letzeres macht eine nähere Bestimmung aber schwierig, da wir nicht wissen, welche Medienkompetenz zum Handeln in einer noch stärker durch Medien geprägt Welt etwa in der Mitte des nächsten Jahrhunderts auszusehen hat. Hierin liegt aber eine wichtige Herausforderung für die Medienpädagogik, nämlich sich mit den grundlegenden Veränderungen der Informationsgesellschaft auseinanderzusetzen und zu fragen, welche Basisfähigkeiten notwendig sind, um auch zukünftig handlungsfähig zu bleiben. Unter pädagogischen Aspekten stellt sich außerdem die Frage, wie wir heute unsere Kinder erziehen, die selber Kinder haben werden, die bis ins 22. Jahrhundert hinein handlungskompetent bleiben müssen.

Es sei auch darauf hingewiesen, daß der Begriff ‚Medienkompetenz' nur die Perspektive der Menschen einnimmt, die mit Medien handeln. In vielfacher Hinsicht muß aber auch darauf hingewiesen werden, daß die Medien sich den Menschen anpassen sollen, also daß zu ihrer Nutzung so wenig Medienkompetenz wie möglich notwendig sein müßte. Dies trifft vor allem auf die Frage der Verantwortung, die bei den Medienproduzenten anzusiedeln ist.

Im folgenden sollen die zentralen Dimensionen aufgelistet werden, aus denen heraus eine Bestimmung von Medienkompetenz vorgenommen werden kann.

Kognitive Dimension: Sie bezieht sich u.a. auf Wissen, Verstehen und Analysieren im Zusammenhang mit Medien. Diese Dimension soll deutlich machen, daß Medienkompetenz als Grundlage Kenntnisse über Medien und Mediensysteme umfassen, daß man die in Medien verwendeten Symbole und Codierungen verstehen und entschlüsseln sollte und daß man auch analytisch Medien und ihre Inhalte betrachtet.

Moralische Dimension: Medien müssen auch unter ethischen Aspekten betrachtet und beurteilt werden. Dies setzt zwar die kognitive Dimension voraus, ergänzt diese aber um eine auf Menschenrechte oder allgemein geteilte Konventionen beruhende Perspektive. Sie sollte sich nicht nur auf Medieninhalte beziehen, sondern u.a. auch auf die Aspekte der Produktion von Medien (z.B. Umweltverträglichkeit), ihrer sozialen Verträglichkeit sowie auf die vermeintlichen Auswirkungen auf Kommunikation, Interaktion und Persönlichkeit.

Soziale Dimension: Die Umsetzung der kognitiven und moralischen Dimension erfolgt im Raum des sozialen und politischen Handelns. Menschen sollten befähigt werden, ihre Rechte um Medien politisch zu vertreten und soziale Auswirkungen von Medien angemessen thematisieren zu können.

Affektive Dimension: Neben all den genannten Dimension, die meist eine kritische Perspektive eröffnen, sollte aber nicht vergessen werden, daß Medien auch die Funktion des Unterhaltens und Genießen vermitteln sollen. Damit angemessen umgehen zu können, dürfet ein wichtiger Aspekt der Mediennutzung sein.

Ästhetische Dimension: Diese Dimension ergänzt die anderen in jener Hinsicht, daß sie Medien als Vermittler von Ausdrucks- und Informationsmöglichkeiten sieht und dabei den kommunikationsästhetischen Aspekt betont. Medieninhalte wollen gestaltet werden und dazu benötigt man spezifische Fähigkeiten.

Handlungsdimension: Mit Medien gestalten, sich ausdrücken, informieren oder auch nur experimentieren bestimmt die Handlungsdimension. Sie soll die Fähigkeiten bezeichnen, Medien nicht nur zu konsumieren, sondern selbst aktiv zu gestalten als auch sie überhaupt handhaben zu können.

Diese sechs Dimensionen müssen in ihrem Zusammenhang gesehen werden und dürfen nicht vereinzelt dominieren. Was sind nun des Erwerbs von Medienkompetenz?

- Medienkompetenz läßt sich am besten in direkter Erfahrung mit den Medien selbst erwerben und weniger in irgendeiner didaktisierten Form.
- Grundlegend scheinen kognitive (z.B. räumliches Denken), sozial-kognitive (z.B. sich in andere hineinversetzen können), ästhetische (z.B. Gestaltung von Web-Seiten) und motivationale (z.B. bereit für neue Erfahrungen zu sein) Fähigkeiten zu sein.
- Frühe Erfahrungen im Umgang mit neuen Medien ermöglichen eine selbstbestimmte Umgangsform und gibt die notwendigen Voraussetzungen, um auf unbekannte Situationen angemessen reagieren zu können.

Den pädagogischen Institutionen kommt nun die Aufgabe zu, die Bedingungen zur Vermittlung von Medienkompetenz bereit zu stellen und diese selbst zu leisten. In Abgrenzung zur Medienkompetenz, die jeder Mensch in der Informationsgesellschaft erwerben sollte, muß die medienpädagogische Kompetenz gesehen werden, die als zentral für jenen Personenkreis angesehen werden muß, die in pädagogischen Zusammenhängen Medienkompetenz bei Kindern und Jugendlichen hervorrufen wollen.

Die medienpädagogische Kompetenz sollte folgende Dimensionen umfassen:

- Sensibilität für die Medienwelten und Medienerlebnisse von Kindern
- Wissen um die Erlebnisqualität und Rezeptionsweisen von Kindern und Jugendlichen
- Wissen um entwicklungs- und medienpsychologische Aspekte der Mediennutzung
- Kenntnisse von medienpädagogischen Konzepten für Schule und Unterricht
- Pädagogische Umgangsformen für das medienbezogene Handeln von Kindern und Jugendlichen

Erst auf dem Hintergrund dieser Fähigkeiten läßt sich eine angemessene Medienkompetenz bei Kindern und Jugendlichen hervorrufen. Die medienpädagogische Kompetenz muß in der Ausbildung den angehenden Lehrerinnen und Lehrer vermittelt werden. Diese sollten natürlich gleichzeitig auch in den Stand versetzt werden, angemessen, sinnvoll und sozial verantwortlich mit Medien umgehen zu können, also selbst auch medienkompetent zu sein.

Eine zentrale Rolle bei der Vermittlung von Medienkompetenz spielt das Elternhaus. Schon im frühen Alter werden grundlegende Fähigkeiten und Fertigkeiten für den Umgang mit Medien gelegt. Dabei gewinnt vor allem die Vielfalt von Medien eine Bedeutung und auch das Lesen wird als eine wichtige Voraussetzung des Erwerbs von Medienkompetenz gesehen. Wie vielfältige Untersuchungen jedoch zeigen, sind nur die wenigsten Eltern auf diese Rolle vorbereitet bzw. zeichnen sich selbst als medienkompetente Mediennutzer aus. Hier besteht also eine besondere medienpädagogische Herausforderung, Eltern so zu qualifizieren, daß sie ihre medienerzieherischen Aufgaben kompetent wahrnehmen können. Dies kann zum einen darin bestehen, daß sie selbst erst einmal medienkompetent gemacht werden, was heißt, ihnen einen Einblick in Medienentwicklungen zu geben und sie zu befähigen, mit neuen Medien auch umgehen zu können. Zum anderen müssen ihnen medienpädagogische Konzepte vermittelt werden, wie sie angemessen auf den Kindern und Jugendliche Erfahrungsräume für den Umgang und die Nutzung neuer Medien eröffnen und wie sie mit problematischen Situationen, in denen die Medien über andere Aktivititäten dominieren, reagieren. Hier spielt das Vorbildverhalten, die Offenheit für Medienentwicklungen sowie die Vermittlung von Kritikfähigkeit eine große Rolle.

Auch der Schule muß eine bedeutsame Rolle bei der Vermittlung von Medienkompetenz beigemessen werden. Sie muß auf das aufbauen, was in der Familie angelegt wird und darüber hinaus die Medienkompetenz ausdifferenzieren. Dabei müssen vielfältige Wege gegangen werden. So ist nicht nur eine entsprechende Medienausstattung von Schulen notwendig, die es erst überhaupt ermöglicht, Erfahrungen im Umgang mit neuen Informations- und Kommunikationstechnologien zu sammeln, sondern auch die entsprechenden pädagogischen Konzepte zu liefern, die einen selbstbestimmten und an der Sache orientierten Umgang mit Medien vermitteln. Eine entscheidende Hürde stellen die Lehrerinnen und Lehrer selbst dar, die meist kaum aufgeschlossen gegenüber elektronischen Medien sind und damit keine Grundlage für die Vermittlung von Medienkompetenz in der Informationsgesellschaft liefern. Medienerziehung als Vermittlung von Medienkompetenz muß in allen Fächern geschehen als auch fächerübergeifende Aufgabe verstanden werden. Lehrerinnen und Lehrer müssen für diese Aufgabe in der Ausbildung qualifiziert werden und in Fortbildungsveranstaltungen die Möglichkeit bekommen, sich mit den jeweils neuesten medientechnologischen Entwicklungen und pädagogischen Konzepten vertraut zu machen. Hier kommt den Hochschulen, der Referendariatsausbildung, der Lehrerfortbildung als auch den Landesinstituten für Schulentwicklung eine besondere Aufgabe zu.

Nicht zu letzt darf nicht übersehen werden, daß der gesamte außerschulische Bereich eine gute Grundlage für den Erwerb von Medienkompetenz bilden kann, wenn eine entsprechende Infrastruktur zur Verfügung gestellt wird. Wenn beispielsweise in Kinderzentren, Häusern der Jugend oder auch öffentlichen Büchereien die neuen Medientechnologien zur Nutzung bereit stehen, werden Erfahrungsräume geschaffen, in denen selbstbestimmt Teilaspekte von Medienkompetenz erworben können.

Dieter Baacke

Die Familie im Informationszeitalter – Medienkompetenz als Herausforderung

1. Einleitung

Nach Alvin Tofflers futurologischer Theorie, die vor allem in den Vereinigten Staaten sehr beachtet wird, ist die Weltgeschichte in drei Wellen abgelaufen. Die Agrarwelle begann vor 8 bis 10.000 Jahren, ihr folgte die Industrialisierungswelle vor etwa 250 Jahren und jetzt, nach dem Zweiten Weltkrieg, haben wir die dritte und derzeit letzte Welle, die den Fortbestand der Menschheit nicht über Ackerbau und Viehzucht oder danach über Industrieproduktion definiert, sondern als wichtigste Energiequelle das Wissen nutzt. Es gibt die neue Informationsgesellschaft, die den Modus unseres In-der-Welt-Seins heute besitzt. Nicht das Proletariat (so Marx), sondern das Kognitariat ist heute bestimmend. Minutiös eingestellte Technologien bauen unsere Massendemokratie (und die bisherigen Massenmedien Radio und Fernsehen vor allem) ab, wir leben heute statt dessen in einem Prozess der Entmassung, weil die neuen Verteilsysteme die Kommunikationsinhalte auf Gruppen, Individuen und bestimmte Kulturen zuschneiden. Die zunehmende Vielfalt der Kommunikationskanäle löst, so Toffler, den Menschen als Masse auf. Wir müssen nun nicht mehr vor dem Großen Bruder Angst haben (so in Orwells Schreckensvision ‚1984'), sondern vor der Privatwirtschaft, die über die Kommunikations- und Eingabeprozesse des Bürgers dessen Daten kontrollieren und weitergeben kann.

Es ist die Welt des Cyberspace, die, so ein Titel des Buches von A. 0. Hirschman, den ‚American Dream' wahr macht. Informationssysteme, Telekommunikation, Mikroelektronik, Computernetzwerke, Softwaresysteme und deren (netzgebundene) Anwendungen bestimmen die neuen Wachstumssektoren der Weltwirtschaft, so Hirschman in seiner Magna Charta for the Knowledge Age" (1994). Wir treten durch die zunehmende Globalisierung in der Computer- und Telekommunikationswelt in ein neues Territorium ein, in dem es bislang ebenso wenig Regeln gibt wie es im Jahr 1 620 auf dem amerikanischen Kontinent oder auch im Jahr 1787 im nordwestlichen Territorium Regeln gab. Freibeuter auf den Informationsmeeren sind heute die floatenden Hacker. Nicht mehr Besitz und Produktion, sondern die Teilhabe an den Flüssen der Information ist heute entscheidend.

Gnosis und Neuplatonismus werden neu entdeckt. So heißt es zu Beginn der ‚Magna Charta': Das zentrale Ereignis am Ende des 20. Jahrhunderts sei der Sturz der Materie. Der körperlose Geist des postbiologischen Zeitalters schwebt über den digitalen Informationsmeeren. Die zunehmende Loslösung jeder Information von ihrem Ursprungsort und ihr freies Zur Verfügung Stehen im Informationsmeer des Internet als Überwindung irdisch gebundener Leiblichkeit das ist eine neue Welt, in der die Sinne, die uns über Berührung, Tasten, Schmecken oder Riechen Welt erschließen, archaisch anmuten gegenüber den Leitsinnen Auge und Ohr, Sehen und Hören, Sinne, die am besten spionieren, wenn die Distanz zwischen Körpern und Gegenständen möglichst groß ist.

Kinder und Jugendliche wachsen heute in diesen komplexen Informationswelten auf deren Vernetzung gerade begonnen hat. Gerade auf dem Kommunikationssektor ist ein sozialer Wandel zu beobachten, der außerordentlich und ungewöhnlich zu nennen ist. Dies wird deutlich, wenn wir einen Augenblick zu den ‚Massenmedien' zurück – und auf die neuen Distributoren im Bereich der Zeichen (Multimedia) sowie der Netze (Internet) vorausgreifen. Beide haben wir gegenwärtig: die Massenmedien und die Neuen Medien. Unter ‚Massenmedien' wird die Form der Kommunikation verstanden, die unterschiedliche Gesellschaften, soziale Gruppen und auch einzelne als „disperses Publikum" erreicht. Der Begriff Masse", ideologisch erheblich belastet, suggeriert dabei Vorstehungsbilder, nach denen eine relativ unstrukturierte, in ihrem Umfang nicht angebbare, in ihren Reaktionen schwer fassbare ‚Masse' relativ wenigen Programmen gegenübersteht, die sie mehr oder weniger manipulieren können. Nachdem die Programme über die neuen Informations- und Kommunikationstechniken qua terrestrische Frequenzen, Satelliten- und Kabelübertragung (mit deren digitalen Quantifizierungsmöglichkeiten) in ihrer Zahl und in ihrem Umfang immer mehr anwachsen, sich zunehmend in Spartenprogramme, Pay-Per-View-Channels, Pay-On-Demand-Angebote etc. ausdifferenzieren, sind die Programme zunehmend ebenfalls zu einer ‚Programm-Masse' geworden, die kaum noch überschaubar sein wird. Der Begriff ‚Massenmedien', obgleich auch heute noch gern verwendet, ist eigentlich nicht mehr geeignet, die neuen Kommunikationszustände zu beschreiben. Passender ist der Begriff ‚Öffentliche Medien'. Denn neben der Massenhaftigkeit produzierter Aussagen oder der Vielzahl der erreichten ‚Rezipienten' steht bei den Medien vor allem die Öffentlichkeit (im Gegensatz zum privat-intimen Raum der Familie) im Blickpunkt mit den Merkmalen der Aktualität, Perioditát, Universalität und Dispersität (breite Streuung). Das Angebot ist hier schon sehr komplex: Wir unterscheiden auditive Medien (Hörfunk, Schallplatten, Hörkassetten, CDs), visuelle Medien (Stummfilme, Dia-Vorlagen, Fotos), Audio-Visuelle Medien (Film, Fernsehen, Video, CD-ROM) sowie Print-Medien (Buch, Zeitschrift, Zeitung). Schon diese Vielfalt mehr oder weniger öffentlicher ‚Medien' lassen die Erlebniswelt von Kindern und Jugendlichen als eine beschreiben, in der unterschiedliche Zeichenträger in Form von verschieden codieren Programmen Alltag wie Feiertag ausfüllen, so dass wir von ‚Medienwelten' sprechen, in deren umgreifender Ordnung Kinder und Jugendliche heute aufwachsen.

In den letzten Jahren haben sich nun auch in Deutschland neue Formen der Medien-Kommunikation entwickelt, die wir mit dem Begriff ‚Neue Medien' zusammenfassen. Gemeint sind damit vor allem das Internet und Multimedia. Das Stichwort ‚Multimedia' bezeichnet nicht nur die Verknüpfung von Texten, Tönen (gesprochenes Wort, Soundtracks), Bildern und bewegten Bildern einschließlich Graphiken und Simulationen über komplexe Visualisierungsprozesse über den Datenträger CD-ROM, sondern online auch die Weitergabe vielfacher Informationen über das Internet und die in dies Netz eingelagerten Dienste und Anbieter. *Vernetzung, Integration und Interaktivität sind die neuen Stichwörter, die den technischen Wandel deutlich machen. ‚Vernetzung'* bezeichnet die Möglichkeit des Zugangs zu allen weltweit gespeicherten Informationen. *‚Integration'* drückt die Möglichkeit der zeitgleichen Zusammenflechtung verschiedener Medien (Text, Graphik, Ton und Bewegtbild) in einem einzigen Medium *‚Interaktivität'* schließlich bezeichnet die weltweite Möglichkeit, dass jeder zugleich Empfänger und Sender von Informationen ist. Denn die digitale Informationstechnik erlaubt es, im Vergleich zu bisherigen Informationswegen, das Zehnfache an Daten zu übertragen. Am Ende dieser Entwicklung werden die Grenzen zwischen den Medien Radio, Fernsehen, Telekommunikation, Online-Diensten und Print-Medien aufgehoben sein. Während wir bisher gewohnt waren, die ‚Unterhaltungselektronik' (Radio, Fernsehen, CDs, Videos und zugehörige Geräte) als eigenen Bereich abzugrenzen von der Computernutzung (die wiederum in den Spielbereich Telespiele, Gameboy – und den Lern- bzw. wissenschaftlichen Bereich in professioneller Nutzung unterschieden wird), sind die neuen Angebote als Multimedia für alle Lebensbereiche und gesellschaftlichen Institutionen in gleicher Weise wichtig. Das ‚disperse' Publikum ist nun über das Netz gleichzeitig Sender wie Empfänger, und über das Netz gliedern sich vielfältige Wissens-, Interessen-, Meinungs-, Erfahrungs- und Unterhaltungsgruppen aus mit so vielfältigen Zwecken, dass sie schwer rubrizierbar sind. Das klassische Gefälle vom Sender zum Empfänger ist technisch überwindbar und wird überwunden.

Merkwürdig ist, dass in allen Szenarios zu diesem sozialen Wandel, der uns in die neuen Formen einer von Kommunikation scheinbar dominierten Gesellschaft hin, zwar viel von neuen Lernwelten in Schule und Weiterbildung, von neuen Formen beruflicher Tätigkeit und Teleworking, von neuer Organisation der Alltagsverrichtungen (Teleshopping, Telebanking) die Rede ist, auch von den Kindern und Jugendlichen, die in diese Kommunikationswelt hineinwachsen, aber selten oder gar nicht von der Familie, in die unsere Kinder und Jugendlichen hineingeboren werden. Dies ist deshalb erstaunlich, weil – dies ist die Leitthese meines Beitrags – die Familie das erste und wichtigste Verantwortungszentrum im Kommunikationsraum ist, sprich: alle Formen der Kommunikation, vom Spracherwerb in der Face-to-Face Kommunikation, über die bisherigen sog. ‚Massenmedien' bis zu den ‚neuen Medien'

(Computer als Anschlußgerät für das Internet, als CD-ROM-Abspielstätte und als Multimedia-Fokus) werden zunächst in der Familie erfahren und gelernt.

In drei Abschnitten möchte ich diesen Zusammenhang von Familie und Medien-Kommunikation ausarbeiten: Zunächst möchte ich die Mediatisierung er Kommunikation" ein Stück weit mit ihren sozialen Folgen und Veränderungen beschreiben, dann möchte ich etwas sagen zur „Familie im Informationszeitalter", und schließlich will ich mediatisierte Kommunikation und Familie zusammenfahren mit der These, dass heute notwendige ‚Medienkompetenz' zunächst und vor allem auch in der Familie zu lernen ist.

2. Mediatisierung der Kommunikation: Folgen, Probleme, neue Ansichten

Im folgenden möchte ich weniger die künftigen Freuden des Informationszeitalters futurologisch ausschmücken, sondern sechs Problempunkte benennen, die die Veränderung der Kommunikationslandschaft (wie eingangs beschrieben) mit sich fährt.

1. Kommunikation erfolgt zunehmend in globalisierten Kontexten, ist also nicht mehr begrenzt auf kulturell relativ homogene Gesellschaftssegmente, gleichsprachige Gruppen oder Kulturen mit gleichen religiösen, politischen und kulturellen Überbauten. ‚Globalisierung der Kommunikation' bedeutet auf den ersten Blick, dass die Welt – wie es schon Marsher Mc Luhan vorhersagte – zu einem „Global Village" zusammenschrumpft. Denn über die weltweite Vernetzung begegnen wir auch dem Fremden, Andersartigen, Ungewohnten, Amtierenden. Schon die Bedeutung von Sprachgrenzen zeigt, dass technische Vorrichtungen allein nicht in der Lage sind, eine in verstehender Weise kommandierende Weltgesellschaft herzustellen, in Gegenteil: gerade der Globalisierungsprozess einer aus allen Ecken und Enden der Welt verfügbaren Kommunikation macht auch die Grenzen des menschlichen Kommunikationspotentials deutlich und könnte sogar zu fragwürdigen Begegnungen führen, die dann eher in Sich-Abstoßen als ein Sich-Annähern bestehen. Hinzu kommt, dass das Netz in seiner globalen Offenheit alle Formen von Botschaften au t und transportiert, auch Rassismus, Ethnoterror, Pornografie, faschistische Botschaften und Gewalt-Provokationen. Was wir auch aus unserem Nahbereich immer weniger heraushalten können: Das Fremde, Andersartige – wird uns auch durch die Globalisierung ständig vergegenwärtigt. Welche Möglichkeiten gibt es im Bereich der Rechtsvorschriften, welche Chancen haben Familien, Kinder und Jugendliche vor schädlichen Kommunikationsinhalten zu bewahren?

2. ‚Mediatisierung der Kommunikation' bedeutet des weiteren, dass wir nicht nur in mittelbarer Nähe, als überschaubare Gemeinschaften und Nachbarschaften miteinander kommunizieren und handeln, sondern dies zunehmend

,auf Distanz' tun, in der Anonymität der Globalisierung und in einer Reichweite von schwer kontrollierbarem Ausmaß. Was in den Vorstellungen von Cyberspace, einem computersimulierten Vorstellungsraum konkreter Gebilde sich deutlich figuriert, ist längst im Entstehen: eine Kommunikationswelt, in der wir nur als Teilelemente, über Stimmen, Gesänge, Raunen miteinander verkehren. Nach dem Multimediakonzept können wir, wenn wir Töne, stehende und bewegte Bilder hinzunehmen, die Ganzheitlichkeit unserer körperlichen Verfasstheit bildhaft und tonhaft übertragen – wir treten durchaus als ganze Figuren in Erscheinung, ohne uns freilich berühren zu können. Wir müssen aufpassen, dass unser Sinnespotential, das an Leiblichkeit gebunden ist, nicht aushungert.

3. Da Informationen in ihrer Fülle beliebig viel einholbar sind und – angenommen das Netz hielte nicht wie derzeit zu langen Wartezeiten auf – online auch eine Fülle von Gedankenaustausch, Meinungsaustausch, Selbstdarstellungschancen offen steht – wird es einen erheblichen Überhang an ungeregelter, plötzlich liegenbleibender, mit Enthusiasmus begonnener und dann aufgegebener Kommunikation geben. Wir türmen einen riesigen Schuttberg unerledigter Informationen auf. Nicht nur im Bereich des materiellen Mülls und strahlungsintensiver Atomkraft, sondern auch im Bereich unbegrenzten, kaum noch definierbaren Zeichenaustauschs wird es starke Entsorgungsprobleme geben.

4. Die Überzeugung, über das Internet werde sich durch ,Partizipation aller' noch mehr Öffentlichkeit und Gleichheit herstellen lassen, möchte ich in Frage stehen. Schon die Fülle des Informationsmaterials zwingt zu neuen Methoden der Auswahl und damit Einschränkungen. Dazu kommt, dass im Netz alle möglichen Arten von Botschaften untergebracht werden können, auch solche, die nicht der Aufklärung und dem Fortschritt dienen. Das Netz ist insofern weniger eine im westlichen Sinn ,demokratische Öffentlichkeit' als vielmehr ein Ort, an dem über kommunikative Unübersichtlichkeiten auch Mysterien, Geheimnisse und funktionsloses Wissen in reichem Maße vorhanden sind. Der systemische Charakter der Verbindung von Computern und Netzen ist eben nicht auf Ordnung und Übersichtlichkeit angelegt, sondern im Gegenteil darauf, dass eine Fülle von Informationen und Informationswegen ohne angebbare Regeln und Berechenbarkeit bis in den Bereich des Okkulten vorstößt.

5. Die Durchkapitalisierung der schon vorhandenen Medien ist erheblich, und wie es scheint, wird auch das Netz immer weniger ein kostenloses Geschenk für alle sein. Handele es sich um neue und zusätzliche Gebühren, handele es sich um die Finanzierung von Angeboten über Werbung bis zum Merchandising und neue Formen des Sponsoring – weit über eine kommunikative Grundversorgung hinaus (deren Regeln wir bisher nicht angeben können), handelt es sich um ein Sürplus an Symbolwelten, die wir als Käufer und Abnehmer erleben: Kommunikation wird, zumindest in ihrer Organisationsform zur Ware. Es ist im Kommunikationssektor wie in Kaufhäusern oder Super-

märkten: Da wir verbindliche Entscheidungskriterien in der Regel nicht besitzen, welche Waren-Kommunikationsangebote angesichts knapper Ressourcen an Zeit, Geld und Aufnahmekapazität zu bevorzugen seien, werden wir zunehmend mit gewisser Beliebigkeit und Zufälligkeit, nach kulturellen Zeitklimata, zufällig sich ergebenden Anregungen, momentanen Gestimmtheiten Entscheidungen treffen. Solche Entscheidungen sind jederzeit revozierbar, korrigierbar und müssen schon, um uns nicht falsch festzulegen, ein hohes Maß an Unverbindlichkeit besitzen.

6. Mediatisierte Kommunikation ist dadurch, daß sie in ihren wesentlichen Elementen der Weitergabe in technische Systeme integriert ist, als kultureller Träger nicht mehr zu trennen von wirtschaftlichen und technischen Bedingungsgefügen. Dies ist neu: Nach traditionellen Vorstellungen sind wir gewohnt, eine ‚kulturelle Autonomie' zu behaupten – Zeichen eines bürgerlichen Zeitalters, in dem gegenüber Politik und Vergesellschaftung die Existenzräume des Rückzugs und der Kontemplation gewahrt bleiben, die gegen die Zweckrationalität der übrigen Gesellschaftskonstraktion stehen und – etwa über zweckfrei-philosophische Meditationen von Intellektuellen – die utilitaristische Orientierung immer wieder herausfordern und eindämmen. Zwar hat auch im Bildungsbereich mit dem Konzept ‚Qualifizierung' und ‚Qualifikation' längst der Gedanke Einzug gehalten, daß Lernen nicht nur freischwebend im Raum der Ideale erfolgt, sondern rückgebunden werden muß an Verwendbarkeiten im beruflichen Sektor und seine Entwicklungen, um so die materiellen Ressourcen für ein Überleben zu sichern. Je weniger der Sozialstaat zu leisten imstande ist, desto wichtiger werden solche verwendbaren Qualifikationen. Die mediatisierte Kommunikation nun aber radikalisiert diesen Prozeß insofern, als sie sich Oberhaupt nur entwickeln kann, wenn sie technisch weiter gefördert und wirtschaftlich auch finanzierbar ist, beispielsweise auch einen Raum für neue Kornmunikationsberufe darstellt, die das Wegrationalisieren anderer Berufssegmente ausgleichen könnten. Nach der agrarischen Gesellschaft und der Industriegesellschaft sowie der Blütephase einer Dienstleistungsgesellschaft scheint nun eine Informationsgesellschaft ins Haus zu stehen, in der ‚Kommunikation' zum Sektor einer multiplen Selbstbedienung wird, die vom professionellen Austausch, neuen Arbeitskonstellationen (Teleworking) bis zu kulturellen Angeboten (Opernübertragungen ins Netz, Lifesingen einer Jugendgruppe) führen kann.

Globalisierung mit Differenzerfahrungen (1), Entkörperlichung (2), Probleme der Informationsordnung und Entsorgung (3) – Unüberschaubarkeit statt klarer Ordnung einer sich verantwortenden Öffentlichkeit (4), Information als Ware (5). die neue untrennbare Verbindung von Kultur, Technik und Wirtschaft (6): Diese Punkte habe ich nicht im Sinne einer kulturkritischen Klageliste aufgefasst, sondern im Gegenteil mit der Absicht, unsere neue Kommunikationsgesellschaft gelingen zu lassen. Dann müssen wir jedoch auch nüchtern jene Veränderungen und Problemkonstellationen ins Auge fassen, die die positive Utopie einer Informationsgesellschaft schnell in die triste Alltäglichkeit mißlingenden Kommunizierens einholen können. Wenn die Familien – so ja die Leitthese – Ausgangspunkte aller Kommunikationsprozesse sind, also auch der mediatisierten, dann ist zu fragen, welche Rolle sie in einer solchen Informationsgesellschaft spielen und welche neuen Aufgaben auf sie zukommen.

3. Die Familie im Informationszeitalter

Betrachten wir die Familie am Ausgang des 2. Jahrtausends, müssen wir uns mit einer komplizierten Sachlage auseinandersetzen. Einerseits leben immer mehr Menschen- größere Teile ihres Lebens nicht in Familien, und das Wachstum von Single-Haushalten (auch wenn wir von älteren Jugendlichen und alten Menschen absehen, die schon immer nicht in Familienformen lebten) deutet darauf hin, „daß die Vielzahl alternativen Lebensweisen und heutzutage in größerer Selbstbestimmung und Freiwilligkeit als früher gewählter biographischer Optionen ständig wächst“. (Lucke 1995, S. 13). Hinzu kommt, daß in unserer Gesellschaft zu keiner Zeit und in keiner Generation zuvor so wenig Kinder geboren wurden wie jetzt. Andererseits gibt es kein Anzeichen, daß die Familie nicht weiterhin die zentrale Stabilisierungseinheit für die Beziehungsregelungen unter Menschen darstellt und das Aufwachsen von Kindern und Jugendlichen nicht in starkem Maße bestimmt. So gilt auch: Zu keiner Zeit wurde sich soviel und so intensiv um Kinder gekümmert, wurde soviel an Dienstleistungen, Geld und Besitz auf die nachfolgende Generation transferiert, wurden sowenig Kinder vernachlässigt (oder gar: von ihren Eltern ausgesetzt oder getötet), war der Gesundheits- und Ernährungszustand von Kindern so gut, war die Kindersterblichkeit so gering, kamen sowenig Kinder durch Straßenverkehr ums Leben, waren Selbsttötungen im Kindes- und Jugendalter so selten und haben soviele Kinder so lange mit beiden leiblichen Eltern zusammengelebt.“ (Nauck 1995, S. 28).

Insgesamt haben sich auch Kinder mit ihren Eltern noch nie so gut verstanden wie heute, und allen Umfragen zufolge kritisieren Jugendliche zwar vieles an den Erwachsenen, nicht aber an ihren konkreten Eltern, denen sie in entscheidenden Grundhaltungen zustimmen (am wenigsten vielleicht in Fragen des Lebensstatus). Die „normative Verpflichtung der Eltern auf ihre Kinder hat an Akzeptanz ein zu keiner früheren Epoche bekanntes Ausmaß an Verbreitung gewonnen (...). Erklärungsbedürftig ist also primär nicht die Existenz der Pluralisierung von Lebensformen insgesamt, sondern vielmehr, warum der Verbindlichkeitsgrad der Verpflichtung von Eltern auf ihre Kinder nicht ab-, sondern sogar zugenommen hat.“ (ebd., S. 29)

Eine wichtige Erklärung für die weiterhin zentrale Bedeutung der Familie trotz alternativen Lebensform ist m.E. die Entwicklung der Lebensarbeitszeit. Vergleichen wir beispielsweise die Geburtsjahrgänge 1895 und 1970, hat sich der Beginn der Erwerbstätigkeit vom Alter von 15 1/2 Jahren auf 19 Jahre verschoben, die Erwerbslebensdauer in Arbeitsjahren ist gleichzeitig von 48 auf 39 Arbeitsjahre abgesunken, die durchschnittliche Jahresarbeitszeit wurde von 2.303 Stunden auf 1.402 Stunden dezimiert, die gesamte Lebensarbeitszeit ist von 101.544 auf 54.678 Arbeitsstunden abgesunken, während gleichzeitig die durchschnittliche Lebenserwartung von 657.000 Stunden auf 692.040 Stunden angestiegen ist. Der Anteil der Arbeitszeit an der Lebenszeit ist von 16,8% auf 7,9% gesunken. (Teriet 1997, S. 9). Es zeigen sich sowohl kumulierte Arbeitszeitverkürzungseffekte als auch erhebliche Ausweitungen sowohl bei den Ausbildungszeiten als auch bei der Ruhestandsphase mit zusätzlich insgesamt steigender statistischer Lebenserwartung. Während die Dominanz der Erwerbsarbeit für die Konstruktion der Biographie im Bewußtsein vieler ungebrochen ist, nimmt der Anteil an der Gesamtlebenszeit ebenso wie an der innerhalb der Arbeitsphase gelebten Zeit kontinuierlich ab. Wir haben also erhebliche Zeiträume gewonnen, die nicht an die Arbeitszeit im traditionellen Sinne gebunden sind. Kein Zweifel, daß diese Zeitquanten zwar nicht ausschließlich der Familie zugute kommen, aber eben doch auch ihr, und wenn es richtig ist, daß Menschen Zeit nicht leer durchleben, sondern mit Sinn, Affekten und Kommunikationsbedürfnissen anf4Hen, dann hat die Familie hier insofern an Gewicht hinzugekommen. Aber sie ist es nicht allein, wie wir wissen. Kinder und Jugendliche verbringen wachsende Anteile ihrer Zeit in immer früheren Lebensjahren auch außer Haus und damit außerhalb der Familie, in ihren Gleichaltrigengruppen, den sogenannten Peers. Nach unseren Bielefelder Jugendstudien sind es diese Gleichaltrigengruppen, die die Familie an Bedeutung vor allem im Affektbereich (Fragen emotionaler Befindlichkeit, Orientierung in Fragen von Partnerschaft und Liebe, aber auch Orientierungen im Konsum) zwar nicht verdrängt, aber an Gewicht erreicht haben, und: es sind die (alten und neuen) Medien, die, wie wir auch eindeutig wissen, hohe Zeitdeputate an sich binden, zunehmend unabhängig davon, wo Menschen sich befinden. Die ersten Grunderfahrungen des Lebens machen Heranwachsende jedoch weiterhin in der Familie, und da diese auch der Ort ist, an dem sich (in Form von Haushalten) alle modernen Medienensembles als Empfangs- und Sendegeräte befinden, ist auch der Zuwachs an Medienzuwendung keinesfalls ausschließlich, aber auch an den Raum der Familie gebunden. Zwar ist es heute nicht mehr so, daß sich die Familienrunde abends um den Fernseher versammelt, um gemeinsam (wenn auch oft schweigend) eine Sendung anzusehen. Immer mehr Kinder haben eigene Radio- und Fernsehgeräte, Kassetten und CDs aller Art bis zum Computer, so daß die Medien keinesfalls mehr in der zusammengehenden Intimgruppe Familie genutzt werden, im Gegenteil: jedes Familienmitglied kann heute beanspruchen, seine eigenen Interessen, sein eigenes Areal an Medienzuwendungen auszubauen. So unterschiedlich die Binnenstrukturen der Familien sein mögen, wie sehr sich die Familienbindungen und deren Organisation auch verändert haben mag: festzuhalten bleibt, daß die Familie als Ort ebenso wie die Medien als mediatisiertes Kommunikationsmittel integraler Bestandteil jugendlichen Aufwachsens sind. Dies ist für die meisten Eltern übrigens so selbstverständlich, daß sie den Umgang mit den Medien häufig kaum oder gar nicht thematisieren und dafür auch keine besonderen Erziehungskonzepte entwickelt haben. Über das Selbständige, in den Alltag Eingebundene wird in der Regel nicht geredet. So demonstrativ der soziale Wandel im Kommunikationssektor, wie eingangs skizziert, also auch ist, so unbemerkt und kaum beachtet sind die möglichen Folgen für unsere Familien im globalisierten Kommunikationsensemble. Die mediatisierte Kommunikation ist mit ihren technischen Geräten, aber auch mit ihren Zeitanforderungen und vor allem: Inhalten vor allem für Kinder zunächst stark gebunden an den Erlebnisort Familie. Ob wir die Medien dort als ‚Eindringlinge' oder gar ‚Störenfriede' betrachten, oder, in eher positiver Gewichtung, als ‚dritten Elternteil', der neben Vater und Mutter Inhalte und Formen der Kommunikation bestimmt, oder gar als einen neuen Interaktions-Partner, der allen Familienmitgliedern in gleicher Weise die Teilnahme an neuen Kommunikationsakten und einhalten anbietet, hängt nicht nur davon ab, ob wir einem kulturkritischen Fundamentalismus huldigen oder aber Hoffnungen an die Heraufkunft einer neuen Informationsgesellschaft knüpfen. De facto entscheiden die Familien jedoch selbst darüber, welche Kommunikationen fördernde oder bindende Bedeutung Medien im Leben von Kindern und Jugendlichen haben. Dies bestimmen also nicht die Medien mit ihren Herausforderungen allein, sondern ebenso der soziale Hintergrund der Familie, ihre soziale Offenheit nach außen etwa, der Bildungshintergrund der Eltern, eine isolierende oder infrastrukturell einbindende Wohnregion und andere Faktoren, die ich nicht alle aufzählen muß. Eins ist klar: Wenn Familien die ersten und oft einzigen dauerhaften Face-to-Face-Kommunikationsräume sind, dann haben Eltern wie Kinder in gleicher Weise Verantwortung dafür, diese Kommunikationsräume für sich produktiv zu gestalten, sprich: Medienpädagogisches Wirken beginnt in der Familie, endet freilich keineswegs dort.

4. Zur Grundlegung von „Medienkompetenz" in der Familie

Kindern und Jugendlichen stellen sich mit den neuen Medienensembles auch neue Entwicklungsaufgaben, bei deren Lösung ihnen die Familie helfen muß. Eine neue Aufgabe, die sich allen Familienmitgliedern stellt, ist der Erwerb und die Ausarbeitung von Medienkompetenz. Wie auch Sprechen können als Basis menschlicher Beziehungsaufnahme sich nicht allein tut, sondern das Resultat intensiver Zuwendung zwischen Eltern und Kindern ist, bedürfen auch die mediatisierten Kommunikationsprozesse der helfenden Einübung, des Trainings und der immer wieder reflexiven Einschätzung ihres Werts für das soziale, kulturelle und auch (neuerdings) wirtschaftliche Leben. ‚Medienkompetenz' stellt Ansprüche schon an kindliche und jugendliche Mitglieder einer Weltgesellschaft der Kommunikation: Über distanzierende Kommunikationswege technisch sichtbar, in den Zeichen variantenreich, offen für andere, damit diese frei für den eigenen Selbstausdruck verfügen können. Wenn der Mensch durch seine anthropologisch vorgegebene Statur vor allem ein Kommunikationswesen ist, so ist diese seine Wesenhaftigkeit über die neuen Kommunikationstechniken zu einem Höhepunkt gelangt, der freilich Schein bleibt, wenn er ausschließlich der Selbstläufigkeit selbstsozialisatorischer Prozesse anvertraut bleibt. Zwar ist dies richtig: Kinder und Jugendliche, von Geburt an kommunikationsbefähigte Wesen, wachsen in die neuen Techniken der Kommunikation mit besonderer Unbefangenheit hinein – sonst wären sie schon längst verloren und desorientiert bis zu einem Maße, daß sie institutionelle Vorkehrungen gar nicht mehr erreichen. Wenn dies nicht der Fall ist, so dürfen wir ans diesem Tatbestand die Schlußfolgerung ziehen: Kindern und Jugendlichen ist ein großer kommunikativer Partizipationsspielraum zu gewähren. Bevormundung ist nicht , im Platze.

Die neue Entwicklungsaufgabe ‚Medienkompetenz im Informationszeitalter' wird von Kindern und Jugendlichen zum größten Teil außerhalb von Erziehungseinrichtungen aufgrund von spontaner Neugier und prinzipieller Unbefangenheit gegenüber Neuerungen und technischen Prozessen selbstsozialisatorisch angeeignet, durch Versuch und Irrtumsverhalten. Aber auch auf kommunikativem Sektor müssen wir Kinder und Jugendliche wappnen, mit Risiken und plötzlichen Abstürzen ins Unkommunikative fertig zu werden. Sie müssen also lernen, ihre Medienkompetenz über inhaltliches und technisches Wissen abzusichern; die Medienkompetenz durch das Verfügen über sprachliche und andere Zeichensysteme zu erweitern, in selbstbezogener Reflexivität das eigene Eingebundensein in die Informationsgesellschaft ständig ertragbar zu machen, ja als wünschenswerten Anreiz zu erleben. Die Eltern haben in all diesen Bereichen oft keineswegs einen Wissens- und Erfahrungsvorsprung, so daß das neue Familienmodell das eines kommunikativen Miteinanders im Rahmen gleichberechtigter Kommunikationsprozesse sein muß. Dann lassen sich auch die Im zweiten Abschnitt dargestellten Risiken gemeinsam bearbeitbar machen:

1. indem in den Familien die selbstreflexive Komponente der Kommunikation gestärkt wird, also die Bereitschaft, sich selbst in seinem Wirken auf andere zu beobachten und abzugrenzen, können Kinder und Jugendliche Differenzerfahrungen im kommunikativen Globalisierungsprozeß machen, ohne Fremdes aggressiv anzugehen oder selbstzerstörerisch mißverstehen,
2. indem die Familien im gemeinsamen Spielen, im Sport und in vielen Formen des geselligen Miteinanders alle Sinne stimulieren, können sie einer vereinseitigenden Entkörperlichung über die Bevorzugung der Sinne Sehen und Hören entgegenwirken,
3. indem sie probeweise Regeln über Wichtiges und Unwichtiges, zu Lernendes und zu Vernachlässigendes aufstellen, können sie versuchen, den Informationsmüll nicht über ein menschenzuträgliches Maß anwachsen zu lassen,
4. indem sie die rationalen Logiken des Netzes und seiner irrationalen Auswirkungen kennen und kritisieren, können sich Familien in den unüberschaubaren Nebenwirkungen ein Stückweit auszukennen suchen,

5. indem sie den humanen Wert und die Zwecke von Kommunikation in ihren vielfachen Varianten erfahren, können Familien einen Beitrag dazu leisten, die Informationsgesellschaft nicht in Gänze als Warengesellschaft erlebbar zu machen,
6. indem sie das in der mediatisierten Kommunikation nicht auflösbare Miteinander von Kultur, Technik und Wirtschaft kennen, verstehen und akzeptieren, müssen Familien nicht nur ein Ort der Privatheit bleiben, sondern ein Raum des kommunikativen Abenteuers wie entwicklungs- und berufsbezogener Lernhilfen.

Das ist ein anspruchsvolles, aber sicher auch reizvolles Programm. Ich gehe davon aus, daß die Bedeutung von ‚Medienkompetenz' erheblich ist und noch wachsen wird, und daß Familien hier schon deshalb eine wichtige Aufgabe haben, weil die Geräte mediatisierter Kommunikation zunächst oft in den Familien stehen. Zwar hat die Schule ergänzend die Aufgabe, weil eben Schulpflicht besteht, alle Kinder in die neuen Kommunikationsformen einzuführen (ein wichtiger Versuch dafür ist das Projekt ‚Schulen ans Netz – Verständigung weltweit'), und auch die außerschulischen pädagogischen Bereiche, von der Sozialarbeit über die Jugendkulturarbeit bis zur Jugend-, Erwachsenen- und Weiterbildung haben hier verstärkt Beiträge zu leisten, aber um auf die Ausgangsthese zurückzukommen –: In den Familien entscheidet sich das Kommunikationsschicksal eines Menschen. Die medienpädagogischen Grundaufgaben sind in ihnen zu lösen. Dazu bedarf es der Einsicht, aber auch der Förderung durch angemessene Konzepte und Ideen. In diesen Umkreis gehört schließlich auch die Diskussion über Voraussetzungen und Bedingungen für gelingende Kommunikation. Es gibt zunehmend arme Familien, die sich viele Kommunikationsmodalitäten nicht leisten können. Wenn diese für das gesellschaftliche Gesamtschicksal, aber auch für den einzelnen so wichtig sind, müssen den Haushalten beispielsweise kostenfreie ISDN-Anschlüsse dann zur Verfügung gestellt werden, wenn die Eltern diese Anschlüsse nicht bezahlen können oder (zunächst) wollen. Auch die Technikförderung und die Anwendung von Technik darf also vor den Familien nicht halt machen.

Im Grunde geht es um eine alte pädagogische Aufgabe, die aber unter neuen Weltverhältnissen erscheint und daher in ganz neuer Weise nicht zuletzt durch medienpädagogische medientechnische und medienpolitische Entwürfe bearbeitbar zu machen ist. Es gilt, die Neugier von Kindern und Jugendlichen auf Kommunikation und ihre Chancen und Risiken derart freizusetzen, daß Kinder und Jugendliche autonom und zugleich sozial verantwortlich in eine Weltgesellschaft hineinwachsen, in der die Materialität der Gegebenheiten, von den Leibern bis zu den unfaßbaren Gegenständen, durch Informationswelten überwölbt wird, die aber erst durch gemeinsame Anstrengungen und einen internationalen Austausch von Kompetenzen eine qualitätssichernde und lobenswerte Fundierung erhalten.

Literatur

Baacke, D./Sander, U./Vollbrecht, R.: Medienwelten Jugendlicher, Opladen 1991
Gerhardt, U. u.a. (Hg.): Familie der Zukunft, Opladen 1995
Lucke, D.: Familie der Zukunft – Eine Einleitung, in: U. Gerhardt u.a. (Hg.): Familie der Zukunft, Opladen 1995, S. 1 1-19
Nauck, B.: Familie im Kontext von Politik, Kulturkritik und Forschung: Das internationale Jahr der Familie, in: U. Gerhardt u.a. (Hg.): Familie der Zukunft, Opladen 1995, S. 21-36
Teriet, B.: Zum Wandel von Erwerbsbiographie und Lebensplanung, in: Kempenhausener Notizen, 1997, S. 8-13

Dieter Spanhel

Anforderungen an die Lehrerausbildung auf der Basis von Erfahrungen in Modellversuchen zur Medienerziehung[1]

Modellversuche zur schulischen Medienerziehung können ein gutes Fundament für die Diskussion des Zusammenhangs zwischen neuen Medien und Aufgaben in der Lehrerausbildung abgeben, wenn sie offen in Form von Entwicklungsprojekten angelegt sind. Dann liefern sie Einblicke und Erfahrungen darüber, wie die Lehrkräfte an die neuen Aufgaben und Anforderungen herangehen, wo sie Schwierigkeiten haben, welche kreativen Lösungen sie finden, welche Aufgaben sie umgehen oder zurückweisen. Modellversuche können aufdecken, welche besonderen Fähigkeiten gefordert sind und von den Lehrkräften eingesetzt werden und welche Fähigkeiten nur unzureichend oder gar nicht ausgebildet sind. Schließlich ermöglichen sie auch Erfahrungen im Hinblick darauf, welche der fehlenden Kenntnisse oder Fähigkeiten im Rahmen einer begleitenden Fortbildung behoben werden können bzw. welche grundlegenden Einstellungen, Haltungen oder nicht so leicht zu vermittelnde Einsichten oder Fähigkeiten eine erfolgreiche Medienerziehung beeinträchtigen.

Die Beobachtungen und Ergebnisse, auf die ich mich im folgenden stützen möchte, beziehen sich daher im wesentlichen auf unseren eigenen Modellversuch, der von vorneherein als ein Entwicklungsprojekt auf der Grundlage einer „responsiven Evaluation" (Beywl 1986) angelegt war. D.h., daß gemeinsam mit den Lehrkräften einer Hauptschule Möglichkeiten für eine integrative Medienerziehung gefunden und geeignete organisatorische, methodische und didaktische Formen zu ihrer Umsetzung entwickelt und erprobt werden sollten. Soweit verfügbar werden auch Informationen aus anderen noch laufenden Modellversuchen einbezogen. Sie werden ergänzt durch Ergebnisse aus einer repräsentativen Untersuchung in Bayern bei ca. 10.000 LehrerInnen, in der Sacher (1994) die Lehrereinstellungen, das Unterrichtsfach und die Medienausstattung der Schulen als wichtigste Variablen für schulische Medienerziehung nachgewiesen und zusätzlich einen starken Zu-

---

1 Veränderte Fassung eines Vortrags auf der Tagung „Neue Medien – neue Aufgaben für die Lehrerausbildung" in Paderborn am 20./21.2.97

sammenhang zwischen Medieneinsatz und Medienerziehung festgestellt hat. Diese Ergebnisse werden für den Bereich der Hauptschule durch die Erhebung bei sämtlichen Erlanger Hauptschullehrern im Rahmen unseres Modellversuchs weitgehend bestätigt (Bofinger 1996).

In dem Modellversuch zur integrativen Medienerziehung, der seit dem Schuljahr 1994/95 an einer Erlanger Hauptschule durchgeführt wird, sollen alle Medien, alle Unterrichtsfächer und alle Lehrkräfte einbezogen werden. Die Lehrer arbeiten in Klassenstufenteams; mit den Teamleitern trifft sich die Projektleitung wöchentlich und etwa einmal im Monat findet eine dreistündige Pädagogische Konferenz für das ganze Kollegium statt. (Vgl. Spanhel 1996b)

Aus den Beobachtungen und Erfahrungen, lassen sich jedoch direkt keine Konsequenzen für die Lehrerausbildung ableiten. Neue Anforderungen an die Lehrerausbildung sind erst zu gewinnen, wenn die empirischen Erkenntnisse im Lichte eines theoretischen medienpädagogischen Bezugsrahmens systematisch geordnet und bewertet werden.

Ich skizziere daher zunächst einen solchen Bezugsrahmen für schulische Medienerziehung, der grundlegende Anforderungen an das berufliche Lehrerhandeln bei der Verwirklichung dieser Aufgabe sichtbar macht. Die auf der Basis der Modellversuche gewonnenen Erfahrungen werden in diesen Bezugsrahmen systematisch eingeordnet, um daraus neue Anforderungen und Aufgaben zur beruflichen Qualifikation von LehrerInnen ableiten zu können. Die Frage ist, wie sie in die bestehenden Konzepte von Lehrerausbildung integriert und unter den gegebenen Ausbildungsbedingungen in der Universität und während des Referendariat erfüllt werden könnten.

1. Systematischer Zugang von einem theoretischen Bezugsrahmen schulischer Medienerziehung aus

Medien sind Bestandteil vieler Handlungsrahmen in der Alltagswelt der Heranwachsenden, in ihrer Freizeit, beim Spiel, in der Peergroup und in der Familie.

Aufgrund ihrer Bedeutung in allen Bereichen der Alltagswelt verändern Medien auch die Erziehungssituationen und die Beziehungsmuster innerhalb von *pädagogischen* Handlungssystemen, sei es innerhalb oder außerhalb Schule oder anderen Erziehungs- oder Bildungsinstitutionen. In der Schule wirken die neuen Medien, verstärkter Medieneinsatz und das Anliegen der Medienerziehung auf alle Relationen in den komplexen unterrichtlichen und erzieherischen Handlungssituationen ein, in denen Lehrerinnen und Lehrer tätig werden. Dadurch werden die Kommunikationsstrukturen dieser sozialen Systeme in ihren grundlegenden Dimensionen verändert.

Ich möchte dies an der Grundstruktur unterrichtlicher Handlungsrahmen kurz verdeutlichen.

Alle Relationen (Beziehungsmuster) im Handlungssystem Unterricht sind als Rückkoppelungsschleifen zu denken. Die jeweilige Sinnorientierung der unterrichtlichen Kommunikation grenzt das System gegenüber den inneren Umwelten in den handelnden Personen (z.B. dem emotionalen oder kognitiven System) und gegenüber äußeren Umwelten (z.B. anderen sozialen Systemen wie etwa Schulklassen, die Schule oder Familienwelten) ab. Die Beziehungsmuster, die durch die Kommunikation aufgebaut werden, verändern ihre Qualität je nach den eingesetzten Kommunikationsmedien. Daraus folgt:

1. Unterrichtlicher Handlungsrahmen: Medieneinsatz: Medien wirken auf alle Beziehungsdimensionen im System Unterricht ein (vgl. Darstellung auf der folgenden Seite):
   - Beziehungen der Personen (Lehrer, Schüler) zu den Unterrichtsinhalten;
   - Beziehungen der Personen untereinander;
   - Beziehungen der Personen zu den Medien;
   - Beziehungen der einzelnen Personen zu sich selbst.
2. Unterrichtlicher Handlungsrahmen: Medienerziehung: Die eingesetzten Medien können aber auch zum Ziel und Inhalt des Unterrichts gemacht werden und wirken dem durch die Kommunikationsinhalte, -formen, -absichten und aufgrund ihrer Eigenqualität als Medium, als ein in bestimmter Weise handhabbares Mittel. (Vgl. Darstellung auf der übernächsten Seite) Dabei sind zwei grundlegende Unterscheidungen zu treffen:
   - Das sehr stark persongebundene Medium der gesprochenen Sprache ist von den technischen Medien zu unterscheiden, die einen objektiveren Charakter haben und unabhängig von Personen existieren (vgl. K. Boeckmann 1994).
   - Bei den technischen Medien ist nochmals zwischen der „präsentativen Symbolik" der Bilder, Töne, Geräusche und der „diskursiven Symbolik" der Sprache zu unterscheiden (vgl. S. Langer 1965)

Da Schule bisher überwiegend Sprachschule war und immer noch ist und überwiegend sprachliche Medien (Printmedien) verwendete und verwendet, sind diese Unterscheidungen von besonderer Bedeutung für die Qualität, die Auslösung, Steuerung und Reflexion der Lernprozesse der Schüler. Das betrifft die Gestaltung der jeweiligen Lernumgebungen im Unterricht ebenso wie die Qualität der Lernprozesse. Während die präsentatitve Symbolik der Bilder und Töne stärker dem Konkreten verhaftet bleibt und die Phantasie, Vorstellungs- und Gefühlswelt der Schüler anspricht, beruht die Sprache auf begrifflichen Operationen und ermöglicht abstraktes Denken. Sie ist das Medium der Meta-Kommunikation, das erst eine kritische Auseinandersetzung mit anderen Medien möglich macht.

Die einzelnen Medien wiederum bekommen ihre spezifische Bedeutung durch die Lernziele und die damit verbundene Sinnorientierung zugewiesen, die mit einer Unterrichtssequenz verfolgt wird. Diese wird im wesentlichen durch die Vorplanungen der Lehrkraft bestimmt, die sich dabei an übergeordneten Zielen (wie Lehrplänen oder gesetzlichen Bestimmungen) ausrichten muß. Diese Sinnorientierung muß jedoch den Schülern vermittelt und im gemeinsamen kommunikativen Handeln immer wieder gesichert werden. Das heißt aber, daß die durch Medieneinsatz veränderten Beziehungsdimensionen auf die Sinnorientierung der jeweiligen Unterrichtssequenz zurückwirken.

Aufgrund dieser systemischen Betrachtungsweise lassen sich nun die Beziehungsdimensionen aufweisen, die im Hinblick auf das Thema genauer untersucht werden müssen:

1. Sinndimension: Relation der Lehrkräfte zu den Medien (innerhalb und außerhalb der Schule) und zu der postulierten Aufgabe einer Medienerziehung; (Bedeutung, Ziele und Inhalte des Medieneinsatzes und der Medienerziehung).
2. Sozialdimension: Relation der Lehrkräfte zu den Schülern, insbesondere zu den Medienwelten in den Köpfen der Schüler und Beziehungen zwischen Schülern, die von Mediennutzung und Medieninhalten geprägt wurden.
3. Methodendimension: Relation der Lehrkräfte zu dem Zusammenhang Schüler – Medien – Unterrichtsthema/Erziehungsaufgabe, d.h. zur methodischen Dimension von Unterricht und Erziehung unter Einbezug der Medien.
4. Dimension der beruflichen Identität: Relation der Lehrkräfte zu ihrem eigenen beruflichen Handeln und zu ihrem beruflichen Selbstverständnis im Zusammenhang mit Medieneinsatz (schulhausinterne Lehrerfortbildung).
5. Dimension der institutionellen Rahmenbedingungen: Rahmenbedingungen für das berufliche Handeln bei verstärktem Medieneinsatz bzw. Medienerziehung auf der Ebene des Handlungssystems Schule.

An Hand dieser Beziehungsdimensionen können die aus den Modellversuchen gewonnenen Erfahrungen systematisiert und erste Konsequenzen hinsichtlich neuer Anforderungen an das berufliche Handeln der LehrerInnen abgeleitet werden.

2. Ergebnisse und Beobachtungen aus den Modellversuchen – neue Anforderungen an das berufliche Handeln der LehrerInnen

2.1 Sinndimension: Relation Lehrer – Medien – Medienerziehung

Auf dieser Ebene stellen sich folgende Fragen: Wie schätzen LehrerInnen die Bedeutung der neuen Medien in unserer heutigen Lebenswelt ein und wie gehen sie selbst in ihrer Alltagswelt damit um? Welche Anforderungen, die sich aus den Entwicklungen der modernen Informationsgesellschaft und einer mediengeprägten Alltagswelt ergeben, erkennen und berücksichtigen die LehrerInnen bei der Gestaltung von Schule und Schulleben und bei ihrer Unterrichtsplanung? Wie wirkt sich das auf ihre pädagogische Einschätzung der neuen Medien, auf den Medieneinsatz und auf die Sinnorientierung des Medienhandelns im schulischen Bereich aus? Die Beobachtungen zu diesen Fragen können im folgenden nur stichpunktartig aufgelistet werden (vgl. dazu insbesondere W. Sacher 1994; H. Dichanz 1995; D. Spanhel 1996b und 1997).

1. Das Verhältnis der LehrerInnen zu den Medien läßt sich folgendermaßen charakterisieren:
   - Es besteht nur eine geringe Bereitschaft zur Reflexion des eigenen Medienhandelns.
   - Von wenigen Ausnahmen abgesehen herrscht eine eher distanziert-kritische bis ablehnende Haltung gegenüber den neuen Medien vor.
   - Medien und Medienangebote werden sehr einseitig und aus pädagogischer Sicht eher negativ beurteilt.
   - Die Medienwirklichkeit ist nur von geringem Interesse und das Wissen über die Medienwelten der Kinder und Jugendlichen ist nicht sehr detailliert.
2. Die Einstellungen der LehrerInnen zur Medienerziehung stellt sich so dar:
   - Medienerziehung wird von einem Teil der Lehrkräfte als eine vorrangige Aufgabe der Eltern und unter einem bewahrpädagogischen Aspekt als eine Verpflichtung der Medienproduzenten und -anbieter gesehen.
   - Medienerziehung stellt in den Augen der Lehrkräfte kein vordringliches schulisches Erziehungsproblem dar: Unter sieben vorgegebenen fächer- übergreifenden Erziehungs- und Bildungsaufgaben wird von den Erlanger Hauptschullehrern Umwelterziehung an erster und Medienerziehung und ITG an den beiden letzten Stellen genannt.
   - LehrerInnen schreiben der Sprache einen höheren Bildungswert als den audiovisuellen Medien und ihrer „präsentativen“ Symbolik der Bilder, Töne und Geräusche zu, die die Medienwelten der Schüler beherrschen und sich sehr stark an die Gefühle und das Unbewußte wenden. Sie sehen daher die Sprachförderung als wesentliche Aufgabe schulischer Medienerziehung an und rücken das Fach Deutsch und die traditionelle Aufgabe von Medienanalyse und -kritik in den Mittelpunkt ihrer pädagogischen Verantwortung. Die anderen Aufgabenbereiche der Medienerziehung, z.B. Hilfe bei der Aufarbeitung von Medienwirkungen, vielfältige Nutzung der Medien unter Beachtung von Handlungsalternativen, praktische Medienarbeit und Kenntnisse über die Rahmenbedingungen und Prozesse bei der Produktion und Verteilung der Medien sowie Einflußnahme (nach Tulodziecki 1992;1995) werden nicht gesehen.

- Die meisten Lehrkräfte sehen zwar die Chancen der neuen Medien, stehen aber einem verstärkten didaktischen Medieneinsatz zur Verbesserung der Lernprozesse in den einzelnen Unterrichtsfächern eher skeptisch gegenüber.
- Es erweist sich als außerordentlich schwierig, den LehrerInnen über die didaktischen Möglichkeiten der Medien als Lernmittel hinaus die eigentliche pädagogische Problematik der Medien beim Aufbau eines Selbst- und Weltbildes der Schüler und die daraus resultierenden dringlichen Aufgaben einer schulischen Medienerziehung zu vermitteln.
- Offensichtlich löst die Forderung nach Medienerziehung bei vielen LehrerInnen große Ängste und eine starke Abwehrhaltung aus, weil sie befürchten, daß sie die damit verbundenen Anforderungen nicht bewältigen können, daß dadurch ihre bewährten Alltagsroutinen gestört werden und große zusätzliche Belastungen damit auf sie zukommen.

Mögliche Konsequenzen aus diesen Beobachtungen hinsichtlich neuer Anforderungen an den Lehrerberuf betreffen zunächst die Frage nach einer Neubestimmung der Erziehungs- und Bildungsaufgaben von Schule in der modernen Informationsgesellschaft (vgl. Spanhel, Kleber 1996). Dazu stellen sich folgende Fragen:

Wie kann die *Kluft* zwischen den sehr stark gefühls- und spielorientierten *Medienwelten* der Schüler und der durch die strenge Systematik der Fächer und die Logik der Sprache beherrschten *Lernwelt der Schule* überbrückt werden?

Wie können *sowohl* die pädagogisch problematischen Mediennutzungsformen und ihre Auswirkungen auf die Schüler in der Freizeit *als auch* die positiven Möglichkeiten der Medien zur Verbesserung der schulischen Lernprozesse im Unterrichts- und Schulalltag angemessen berücksichtigt werden? (Spanhel 1994) Wie können die Lehrkräfte den Schülern alternative *Sinnorientierungen* für ihr Medienhandeln vermitteln und mit ihnen einüben, z.B. durch ihre aktive Nutzung als Ausdrucks- und Darstellungsmittel?

Wie kann den Schülern eine umfassende *Symbolfähigkeit* vermittelt werden, die sowohl sprachliche Bildung als auch mediale Literalität umfaßt?

2.2 *Sozialdimension: Relation Lehrer – Schüler (Medienwelten der Schüler; Beziehungsverhältnis der Schüler zu den Medien)*

Hier geht es um die Frage:

Wie verändert sich durch einen verstärkten und vielgestaltigen Medieneinsatz im Unterricht die Qualität der Beziehungsmuster zwischen Lehrkräften und Schülern und der Schüler untereinander?

Dazu wurden folgende Beobachtungen gemacht:

- Schüler akzeptieren alle Medien vorbehaltlos und lassen sich dadurch vielfach motivieren und aktivieren. Im Umgang mit den Medien offenbaren sie oft erstaunliche und für die Lehrkräfte überraschende Fertigkeiten und Kompetenzen.
- Schüler nutzen die Medien in vielfacher Weise als Ausdrucks- und Kommunikationsmittel, z.B. selbstgezeichnete Comics oder eigene Fotografien.
- Bilder regen Assoziationen an und fördern dadurch die verbale Ausdrucksbereitschaft und die Sprachfähigkeit der Schüler.
- Verstärkter Medieneinsatz führt dazu, daß der Umgang zwischen Lehrkräften und Schülern offener und vielgestaltiger wird. Lehrer lernen ihre Schüler besser und aus neuen Perspektiven kennen und sie erfahren mehr über ihre Person, ihr Leben, ihr Denken, Fühlen, Wollen und über ihre Interessen.
- Praktische und offene Medienarbeit vermindert Disziplin- und Erziehungsschwierigkeiten.
- Medieneinsatz bietet ideale Möglichkeiten, die Kluft zwischen Schule und der mediengeprägten Alltagswelt der SchülerInnen zu überbrücken. Medieneinsatz und Medienerziehung eröffnen vermehrte Chancen, daß Schüler ihre außerschulisch erworbenen Kenntnisse, Fähigkeiten, Wertorientierungen und Interessen, aber auch ihre unbewältigten Probleme und Konflikte in den Schulalltag einbringen und bearbeiten können.

Auch hierzu einige Konsequenzen in Form von Fragen:

Wie können die Lehrkräfte an die Medienwelten ihrer Schüler und an die *inneren (Medien-)Bilder in ihren Köpfen* herankommen, um sie besser verstehen und ihnen bei der Lösung ihrer Alltagsprobleme helfen zu können (Bachmair 1986)?

Wie können Lehrkräfte die *Medienkompetenzen der Schüler produktiv* und kreativ zur Gestaltung des Unterrichts und des Schullebens einsetzen (Zeitter 1995)?

Wie läßt sich durch kreativen Medieneinsatz ein gutes *erzieherischen Verhältnis* gestalten und eine *positives Klassen- und Schulklima* aufbauen? (Spanhel, Hüber 1995, S. 191ff.)

Welche Chancen bietet der Medieneinsatz zur Überwindung erzieherischer oder sozialer (disziplinärer) Probleme in der Schulklasse, z.B. durch neue Ausdrucks- und Kommunikationsformen, durch zusätzliche Möglichkeiten der Differenzierung oder selbständiger Arbeitsweisen?

2.3 Methodendimension: Relation der Lehrkräfte zur methodischen Dimension von Unterricht und Erziehung unter Einbezug der Medien

Die zentrale Frage lautet hier:

Welche Chancen und Möglichkeiten sehen und nutzen die LehrerInnen, um durch den vielfältigen Einsatz neuer Medien die angestrebten Lern-, Erziehungs- und Bildungsziele möglichst gut verwirklichen zu können?

Dazu folgende Beobachtungen:

- Verstärkter Medieneinsatz und Medienerziehung ermöglichen veränderte Sozial-, Arbeits- und Differenzierungsformen im Unterricht und erzwingen letztlich Veränderungen in der Unterrichtsorganisation. Schüler müssen stärker aktiv in den Unterricht selbst, aber ebenso schon in der Planungs- und Vorbereitungsphase wie auch bei der Nachbereitung einbezogen werden.
- Die Effektivität des Medieneinsatzes und medienpädagogischer Maßnahmen wird sehr oft durch die mangelnde Beherrschung medienspezifischer Arbeitstechniken bei Schülern (und Lehrkräften) beeinträchtigt (Handhabung der Geräte, Analyse- und Produktionstechniken sowie Techniken der Nachbearbeitung medialer Produkte).
- In allen Modellversuchen ist bei den Lehrkräften eine deutliche Präferenz für praktische Medienarbeit in projekthaften Unterrichtsformen erkennbar. Offensichtlich lassen sich diese Arbeitsweisen noch am ehesten mit der Fachorientierung des Unterrichts und mit den Vorstellungen von fortschrittlichem Unterricht vereinbaren. Daneben läßt sich jedoch eine mangelnde Sicherheit im Umgang mit offenen Unterrichtsmethoden beobachten.
- Der Einsatz der Medien zur Verbesserung der Lernprozesse bietet zwar gute Möglichkeiten für medienpädagogische Reflexionen; aber sie werden von den Lehrkräften kaum erkannt und genutzt.
- Spezifisch medienerzieherische Themen, Anliegen und Ziele (vgl. die Aufgabenbereiche schulischer Medienerziehung nach Tulodziecki 1995) werden von den LehrerInnen seltener aufgegriffen. Angebote der Bildstellen oder des Schulfunks und Schulfernsehens werden kaum wahrgenommen.
- Im 6. Schuljahr (Übertritt in die Realschule) und in den Abschlußklassen dominieren die präzise am Lehrplan ausgerichteten Prüfungsvorbereitungen den Unterricht und verdrängen alle anderen Anliegen. Es ist den Lehrkräften kaum beizubringen, daß Medieneinsatz dazu nicht im Widerspruch stehen muß, sondern im Gegenteil die entsprechenden Anliegen effektiv unterstützen könnte.

Die Lehrkräfte verfügen offensichtlich über ein zu geringes Repertoire an flexibel einsetzbaren Unterrichtsmethoden. Daher gelingt es weder, für einen effektiven Medieneinsatz die angemessenen methodischen Bedingungen zu schaffen, noch die in den Medien liegenden methodischen Möglichkeiten für den Unterricht nutzbar zu machen.

Im Anschluß an diese Beobachtungen lassen sich folgende Fragen stellen:

Welche neuen Anforderungen und Aufgaben, Schwierigkeiten und Probleme sind mit einer durch verstärkten Medieneinsatz geprägten methodischen *Gestaltung der Lern-, Erziehungs- und Bildungsprozesse* im Raum der Schule verbunden?

Wie lassen sich durch die neuen Medien die Sozial-, Arbeits- und Differenzierungsformen erweitern und variieren und welche methodischen Herausforderungen sind damit verknüpft?

Wie können im Zusammenhang mit verstärktem Medieneinsatz die Lehrkräfte zu mehr Vielfalt, Flexibilität, Phantasie und Kreativität bei ihrem methodischen Handeln angeregt werden?

2.4 Dimension der beruflichen Identität: Relation der Lehrkräfte zu ihrem beruflichen Handeln und zu ihrem beruflichen Selbstverständnis (schulhausinterne Lehrerfortbildung)

Hier stellt sich die Frage, wie die Medienproblematik auf das berufliche Selbstverständnis der Lehrkräfte einwirkt. Entsprechende Reflexionsprozesse werden insbesondere durch die Fortbildung ausgelöst.

1. Medieneinsatz und berufliches Selbstverständnis (Lehrerrolle)
   - LehrerInnen orienterieren ihr berufliches Selbstverständnis sehr stark an den Fächern, die sie unterrichten. Sie haben keine Vorstellung, wie die Fachlernziele mit medienerzieherischen Zielen verbunden werden könnten.
   - Das berufliche Selbstverständnis der Lehrkräfte wird sehr stark durch Lehrpläne, Schulaufsicht, Schullaufbahnregelungen und Elternkontrolle bestimmt. Deshalb besteht kaum die Bereitschaft, den Unterricht zu öffnen und zu experimentieren, wenn dies nicht ausdrücklich abgesichert ist, z.B. durch die Schulaufsicht oder im Rahmen eines Modellversuchs. Aber selbst dann ist es noch schwierig, die inneren Barrieren zu überwinden.
   - LehrerInnen verfügen nur über ein begrenztes Methodenrepertoire für die Gestaltung ihres Unterrichts und sie sind ziemlich starr und unflexibel bei der Aufnahme und Umsetzung neuer Unterrichtsverfahren und Lernwege unter Einbezug von Medien.
   - In der Folge positiver Erfahrungen einem Sich-Einlassen auf intensivere Mediennutzung und Medienerziehung erkennen und akzeptieren die Lehrkräfte sehr schnell die notwendige Veränderung der Lehrerrolle und einer veränderten Unterrichtsorganisation.

2. Lehrerfortbildung
   - Lehrkräfte müssen durch überzeugende medienpädgogische Beispiele motiviert, durch eigene praktische Medienarbeit in ihrer Medienkompetenz gefördert und zum Experimentieren ermutigt werden, damit sie erste positive Erfahrungen mit medienpädagogischen Maßnahmen machen, die sie zur Integration der Medien in den Unterricht stimulieren.
   - Wichtig erscheint es, daß Lehrkräfte in Teams zusammenarbeiten, um sich in ihren Medienprojekten gegenseitig zu stützen und durch Austausch von Erfahrungen, Anregungen und Materialien zu entlasten.
   - Nur eine kontinuierliche, schulhausinterne, über einen längeren Zeitraum thematisch zentrierte Fortbildung kann auf Dauer die medienpädagogische Kompetenz der Lehrkräfte verbessern und sie zu einem verstärkten Medieneinsatz und zur Integration der Medienerziehung in den Unterricht motivieren.

Weil sich im Rahmen herkömmlicher Fortbildungsmaßnahmen das berufliche Selbstverständnis der Lehrkräfte kaum tiefergehend verändern läßt, ist zu fragen:

Wie können in den ersten beiden Phasen der Ausbildung an der Universität und im Vorbereitungsdienst 1. eine *Berufsauffassung* vermittelt werden, die Medien-einsatz und Medienerziehung als selbstverständlichen Teil der Berufsaufgaben ansieht und 2. die dafür erforderlichen Fähigkeiten, wie z.B. *Medien- und Metho-denkompetenz und Teamfähigkeit* so eingeübt werden, daß sie als fester Bestandteil im *beruflichen Qualifikationsprofil* der Lehrkräfte verankert sind?

Weitere Fragen betreffen die Öffnung der Berufsperspektive von den Lehrplanzielen weg und hin zu den Erziehungs- und Lernproblemen sowie die Förderung der Fortbildungsbereitschaft.

2.5 Dimension der institutionellen Rahmenbedingungen

Die Erfahrungen aus den Modellversuchen zeigen, daß für verstärkten Medieneinsatz und Medienerziehung nicht nur die Medienausstattung der Schule eine wichtige Voraussetzung ist, sondern vor allem organisatorische Aspekte eine große Rolle spielen und dies auf zwei Ebenen:

1. Schulorganisation
   - Jeder Medieneinsatz ist unabdingbar mit einem vermehrten Arbeitsaufwand und zusätzlichen organisatorischen Arbeiten (in Zusammenhang mit der Beschaffung, den Vorbereitungen und den Nacharbeiten) verbunden. Diese Mehrbelastungen könnten durch bessere Zusammenarbeit im Kollegium in einem gewissen Umfang ausgeglichen werden. Häufig erfordert der Medieneinsatz wechselnde me-

thodische Arbeitsweisen, Arbeiten mit kleinen Schülergruppen, Tätigkeiten außerhalb der Schule, fächerüberschreitende Themen, kontinuierliche Arbeit über zwei und mehr Unterrichtsstunden hinweg, spezifische Räumlichkeiten oder zusätzliche Ausstattung und Finanzmittel.
   - Die Lehrkäfte sehen zwar die Notwendigkeit schulischer Neuorganisation im Zusammenhang mit Teamarbeit, Fortbildung, Medienprojekten ein, zeigen aber wenig Bereitschaft und Flexibilität dafür. Außerdem stehen viele administrative und äußere Hindernisse im Wege, z.B. Zwänge bei der Stundenplangestaltung, häufige Krankheitsvertretungen, viele Teilzeitkräfte, Fachlehrkräfte, die an mehreren Schulen unterrichten.
2. Medienorganisation
   - Die Arbeit mit Medien bereitet selbst bei guter Medienausstattung der Schule oft erhebliche organisatorische Schwierigkeiten. Das betrifft die Verteilung, Bereitstellung, Beschaffung, Verfügbarmachung, Wartung von Hard- und Software und die Informationen über didaktisch-methodische Konzepte, neue Produkte und Medienentwicklungen.
   - In der pädagogischen Literatur und in den Vorbereitungshilfen für die einzelnen Unterrichtsfächer gibt es zahlreiche Konzepte und Unterrichtsvorschläge zu medienpädagogischen Themen. Sie sind aber oft nicht zugänglich, schnell verfügbar oder nicht adaptierbar!

Diese organisatorischen Schwierigkeiten lassen sich weder durch bessere Ausstattung der Schulen oder kleinere Klassen, noch durch eine hilfsbereite und flexibel agierende Schulleitung oder durch gegenseitige Unterstützung im Kollegium allein überwinden.

Die organisatorischen Probleme können auch nicht durch feststehende organisatorische Maßnahmen, wie z.B. durch die Einrichtung einer *Medienwerkstatt* und durch speziell ausgebildete Lehrkräfte, die im Sinne von *Fachbetreuern für einzelne Medien*(bereiche) zuständig sind, auf Dauer zufriedenstellend gelöst werden. Vielmehr muß von den Lehrkräften verlangt werden, daß sie den Unterricht als eine flexible Gestaltung von Lernumgebungen als eine organisatorische Aufgabe erkennen, die beim Medieneinsatz über die inhaltliche und methodische Gestaltung einzelner Unterrichtsstunden weit hinausreicht und für die aktuelle Situation immer wieder neue Lösungen in Kooperation mit Kollegium und Schulleitung erforderlich macht.

Bislang erscheinen zwei Fragen ungelöst: Wie können die vielfältig vorhandenen Materialien und Medien zur Medienerziehung den LehrerInnen verfügbar gemacht werden? Wie müssen Unterrichtsmaterialien aufbereitet werden, damit sie von den Lehrkräften auch akzeptiert und im eigenen Unterricht umgesetzt werden? In Bayern wird mit dem neuen Gesamtkonzept für die Medienerziehung in Form von Basis- und Praxisbausteinen derzeit ein neuer Weg versucht. Ob er erfolgreich sein wird, läßt sich im Moment noch nicht absehen. (Vgl. Sammelwerk Medienzeit hgg. vom Bayerischen Staatsministerium für Unterricht, Kultus, Wissenschaft und Kunst, Donauwörth, o.J. Das Sammelwerk beinhaltet Basisbausteine zu medienpädagogischen Grundfragen und schulartspezifische Praxisbausteine mit konkreten Unterrichtshilfen.)

3. Konsequenzen: Neue Anforderungen und Aufgaben für die Lehrerausbildung

3.1 Die Begründung eines integrativen medienpädagogischen Ansatzes

Aus der systemischen Betrachtungsweise ergibt sich ganz eindeutig, daß ein neues pädagogisches Teilgebiet oder Fach „Medienpädagogik" bzw. „Informationstechnische Bildung" während des Studiums als Vorbereitung auf die schulischen Erziehungs- und Bildungsaufgaben in einer mediengeprägten Alltagswelt keineswegs ausreicht. Wenn sich durch Medien alle Beziehungsmuster in den schulischen und unterrichtlichen Handlungssystemen verändern, dann müssen alle bisherigen beruflichen Tätigkeiten in Zusammenhang mit Erziehungs-, Unterrichts-, Lern- und Bildungsprozessen unter Berücksichtigung dieser medialen Dimension der symbolischen Vermittlung neu gesehen werden. Dann wird es darauf ankommen, in den einzelnen Ausbildungsbereichen diese *veränderte Perspektive* sichtbar zu machen und einzuüben. Die Medienpädagogik kann und muß die dafür erforderlichen Erkenntnisse, Theorien und praktischen Konzepte bereitstellen. Daraus ergibt sich, daß genauso wie in den Schulen auch in der Lehrerausbildung an der Universität die medienpädagogischen Grundlagen und Fähigkeiten nur in einer *integrierten Form* sinnvoll und effektiv vermittelt werden können.

Hinzu kommt, daß die neuen Medien in der Schule nicht nur neue Anforderungen und Aufgaben an die LehrerInnen stellen. Die aufgeführten Beobachtungen lassen vielmehr den Schluß zu, daß eine Reihe bereits vorhandener beruflicher Probleme der Lehrkräfte durch den Einsatz der neuen Medien nur verstärkt werden und mit größerer Dringlichkeit nach einer Lösung verlangen. Das betrifft die enormen Erziehungsschwierigkeiten und Disziplinprobleme und die Erstarrung des beruflichen Handelns in Alltagsroutinen. Ihre Bewältigung verlangt in der Ausbildung die seit langem geforderte *Verbesserung der Erziehungskompetenz* der LehrerInnen und verbesserte Fähigkeiten zu einem variablen Einsatz eines breiten Methodenspektrums im Unterricht (vgl. Dichanz 1992). In der Konsequenz ergibt sich daraus als wichtigstes Ziel der Ausbildung, daß die LehrerInnen ein *neues berufliches Selbstverständnis* aufbauen und festigen müssen, das über die bloße Hinzufügung medienpädagogischer Kenntnisse und Medienkompetenzen hinausgeht.

Um dieses Ziel erreichen zu können, müssen sich die *universitären Vermittlungsformen ändern.* Es gilt, neue Medien in den Veranstaltungen sinnvoll und effektiv einzusetzen, so daß die Studierenden variable Arbeits- und Sozialformen im Zusammenhang mit Medieneinsatz sowie medienspezifische Arbeitstechniken (Analyse- und Produktionstechniken) möglichst gründlich einüben können. Wenn dieses Fundament nicht während des Studiums gelegt werden kann, wird das später im Berufsleben unter den enormen Belastungen des Schulalltags kaum mehr oder nur unter größten Anstrengungen noch möglich sein.

3.2 Folgerungen für die 1. Phase der Lehrerausbildung an der Universität

Im folgenden geht es um die Bereiche und inhaltlichen Ausrichtungen eines *integrativen Konzepts* einer medienpädagogischen Ausbildung unter Bezug auf die im zweiten Teil systematisch abgeleiteten Dimensionen.

1. Im Bereich der *Erziehungswissenschaft* geht es um folgende Aufgabenfelder und Inhalte:

- Veränderung des Erziehungs- und Bildungsauftrags der Schule
- Veränderung der Lehrer- und Erzieherrolle:

Erziehungswissenschaft muß klären:

- Welche Erziehungsdefizite und -probleme, die in der modernen Informationsgesellschaft in Familie und Freizeit entstehen, muß die Schule überwinden, damit überhaupt Unterricht (Lernen) möglich ist? (Medienerziehung ist nur ein Teilaspekt). Welche Möglichkeiten dazu bietet Medieneinsatz?
- Wie können die außerschulisch angeeigneten Informations- und Lernformen und -inhalte in die schulische Arbeit integriert werden?
- Wie sind angesichts der Bedeutung von Methoden- und Medienkompetenz der Bildungs- und der Lernbegriff neu zu fassen?

In der Erziehungswissenschaft müssen sich die angehenden Lehrer ausreichende Kenntnisse über Grundfragen und -begriffe, Forschungsergebnisse, Theorien und praktische Konzepte der Medienpädagogik aneignen, damit sie später den Schülern die erforderliche *Medienkompetenz* vermitteln können. In dem Hessischen Modellversuch „Integrative Medienerziehung mit multimedialen interaktiven Systemen“ gehören zu dieser Medienkompetenz die „informationelle Kompetenz“, die Auseinandersetzung mit der Mediatisierung, die „konstruktive Kompetenz“ und die Verständigung mittels Bildern. (König/Peschke 1996)

In den bisherigen Vorschlägen erfolgt die Integration dieser Themenkomplexe und Aufgaben bloß *additiv*, z.B. bei Baacke: Mekola (Bielefeld) oder bei Chr. Doelker: Integrative Medienpädagogik als Kulturtechniken

(1993). Dabei stehen die Medien sowie medienwissenschaftliche und weniger genuin pädagogische Fragen im Mittelpunkt. Als Ausgangspunkt für eine *Fachintegration der Medienpädagogik in die Erziehungswissenschaft* wäre zu fragen: Wie verändern die Medienwelten der Heranwachsenden ihre Lern-, Sozialisations- und Entwicklungsprozesse und die Prozesse der sozial-moralischen Erziehung? Wie verändern sich dadurch die Erzieherrolle und das erzieherische Verhältnis? (Vgl. Merkert 1992) Wie kann durch Schulerziehung die Kluft zur mediengeprägten Alltagswelt der Schüler überbrückt und ihnen die Sinnhaftigkeit der Themen, Lern- und Leistungsanforderungen der Schule nahegebracht werden? (Vgl. Modellprojekt von Stefan Aufenanger in Hamburg: „Medienerziehung praktisch fruchtbar machen“: Dort ging es unter anderem darum, GrundschullehrerInnen für die Medienwelten der Schüler zu sensibilisieren. (Aufenanger 1996)

Da in der 1. Phase der Lehrerausbildung das Fach Erziehungswissenschaft in den meisten Bundesländern nur eine marginale Position einnimmt und nur wenige Lehrveranstaltungen anbieten kann, käme es darauf an, neben einer verpflichtenden Einführung in die Medienpädagogik und ergänzenden Angeboten zu spezifischen medienpädagogischen Fragen bei möglichst vielen erziehungswissenschaftlichen Fragestellungen die medienpädagogischen Perspektiven zu thematisieren. Das gilt unabhängig von speziellen Inhalten auch für den Bereich der Schulpädagogik.

2. Im Bereich der *Schulpädagogik* sind folgende Aufgabenfelder und Inhalte betroffen:

- didaktische Integrationsfunktion
- Veränderung der unterrichtlichen Vermittlungs- und Aneignungsprozesse durch Medieneinsatz
- allgemeine Symbolfähigkeit der Schüler

In der Schulpädagogik müssen die angehenden LehrerInnen lernen, wie Medien als Unterrichtsinhalte sowie als Lern- und Arbeitsmittel in die curricularen Strukturen integriert werden können. Das zentrale Problem bezeichne ich dabei als *didaktische Integrationsfunktion*: Wie muß der Unterricht gestaltet werden, daß es den Schülern gelingt, ihre zufälligen, bruchstückhaften und teilweise widersprüchlichen Informationen und Erlebnisse aus den Medien in die strenge Systematik der Unterrichtsfächer zu integrieren und sie für den Aufbau zusammenhängender Wissensstrukturen nutzbar zu machen?

In bisherigen Aus- und Fortbildungsangeboten der Schulpädagogik steht die *Mediendidaktik* im Vordergrund mit der Frage, wie durch Medieneinsatz im Rahmen fächerübergreifender, projekt- und handlungsorientierter Unterrichts-formen die Lernprozesse verbessert werden können. Dabei wird dann häufig sehr kleinlich zwischen Mediendidaktik und Medienpädagogik/-erziehung unterschieden (z.B. die Vermittlung von medienspezifischen Arbeitsweisen, Medienanalyse und -kritik). Sicherlich ist es wichtig, daß die Lehrkräfte in neue Unterrichts- und Arbeitsformen unter Einbezug aller Möglichkeiten der neuen Medien eingeführt werden. Noch wichtiger ist jedoch die

Fähigkeit, jederzeit mit den Schülern gemeinsam eine *reflexive Distanz zum methodischen Vorgehen* beim Medieneinsatz herzustellen.

Zentrale Aufgabe der Schulpädagogik ist für mich die Vermittlung der Erkenntnis, daß für die *Qualität der Bildungsprozesse* nach der materialen, formalen und Ziel-Dimension nun die *methodisch-mediale Dimension* von entscheidender Bedeutung ist. Das belegt die Diskussion um die *Schlüsselqualifikationen* in den vergangenen Jahren. Deshalb müssen sich in Zukunft die Lehrkräfte im Unterricht auf die Qualität der Vermittlungs- und Aneignungsprozesse konzentrieren, auf den reflektierten und methodisch durchdachten Medieneinsatz bei der Konstruktion neuer Handlungsmuster und operativer Wissensstrukturen durch die Schüler (Spanhel 1995). Das Hauptproblem wird in Zukunft die Befähigung zur Selektion von Inhalten aus der Flut angebotener Informationen in den Medien sein!

In diesem Zusammenhang sind in der Schulpädagogik künftig zwei Bereiche hervorzuheben:

Ein methodisch durchdachter Medieneinsatz bietet den LehrerInnen viele Möglichkeiten zu einer besseren Verwirklichung der in den Lehrplänen verankerten *fächerübergreifenden Erziehungs- und Bildungsaufgaben* (z.B. Umwelt-, Friedens-, interkulturelle Erziehung) in einer integrierten Form.

Durch den verstärkten Medieneinsatz kann über die Sprachkompetenz hinaus die Symbolfähigkeit der Schüler auf den Bereich der präsentativen Symbolik der Bilder, Töne und Geräusche ausgeweitet werden (Langer 1965, Boeckmann 1994). Daher müssen auch die Lehrkräfte in diesem Bereich angemessen ausgebildet werden.

3. Den *Fachdidaktiken* kommt eine besondere Bedeutung zu, weil die Lehrerausbildung und das berufliche Selbstverständnis der Lehrkräfte sehr stark an den Unterrichtsfächern orientiert ist. Deshalb kann eine Integration der Medienpädagogik nicht allein über die Pädagogik, sondern muß systematisch auch über die Fächer und die Fachdidaktiken erfolgen. Eine bloß formale Zuordnung von medienerzieherischen Themen zu einzelnen Unterrichtsfächern reicht dabei nicht aus. Es geht vielmehr um eine Neukonstitution des Fachunterrichts und der Fachdidaktiken durch die Medien. Die Bedeutung der Medien für die einzelnen Fächer muß daher systematisch untersucht werden. J. Wermke (1996 und 1997) kommt bei einer Analyse des Deutschunterrichts, aber auch anderer Fächer, zu dem Schluß, daß heute der Fachunterricht seine genuinen Fragen nicht mehr ohne Berücksichtigung der Medien beantworten kann. Sie fordert daher eine neue Perspektive und kreatives Denken bei der Untersuchung der Relation Fach – Medien an Hand der folgenden Schlüsselfragen (Wermke 1996, S 447):

- Intention/Selbstverständnis des Faches: Welche Konsequenzen hat die Medienentwicklung für das Selbstverständnis des Faches? Wie ist das Fach an der Medienentwicklung beteiligt?
- Intertextualität: Inwiefern sind Gegenstände des Faches in den Medien präsent? Inwiefern führen Medien zur Veränderung des Gegenstandsbereichs?

- Ziel-Mittel-Ambivalenz: Wie kann die Doppelfunktion der Medien als Unterrichtsgegenstand und als Unterrichtsmittel genutzt werden? (Vgl. dazu den eigenen Fragenkatalog zur Unterrichtsvorbereitung: Spanhel, Kleber 1996)
- Aufgabenstellung: Welche Standardaufgaben können auch, gar nicht oder besser auf Beispiele aus den Medien bezogen werden?

Es geht ihr dabei um die Herausarbeitung von Zusammenhängen und um die Entfaltung von Querverbindungen. Das könnte nach ihrer Auffassung zur Kooperation zwischen den Fachdidaktiken und zu echter Interdisziplinarität führen.

Dieser Ansatzpunkt für eine Integration der Medienpädagogik in die Lehrerausbildung wurde bisher kaum gesehen.

4. Schulpraktika und Medienwerkstatt
Durch die Einrichtung von Medienwerkstätten an den Universitäten müßte sichergestellt werden, daß die Lehrerstudenten schon während ihres Studiums unter Anleitung unterschiedliche Formen praktischer Medienarbeit sich aneignen können (vgl. dazu Zeitter 1995; Doelker 1993). In den Schulpraktika wäre darauf zu achten, daß die Studierenden die Anwendung medienspezifischer Arbeits-techniken (Medienanalyse und -produktion) in variablen unterrichtlichen Kontexten einüben und reflektieren können. Dazu bieten sowohl schulpädagogische als auch fachdidaktische Praktika genügend Möglichkeiten. Eine weitere vertiefende Auseinandersetzung mit medienpädagogischen Fragestellungen ist im Rahmen von Zulassungsarbeiten und bei der Mitarbeit in Forschungsprojekten möglich. Die Arbeitsgemeinschaft „Medienpädagogik" in der Deutschen Gesellschaft für Erziehungswissenschaft hat in einem Arbeitspapier „Medien und Informationstechnologien in Erziehung und Bildung" (1996) einen Vorschlag gemacht, mit welchen Themen und Studienanteilen die Medienpädagogik in die Lehramtsstudiengänge integriert werden könnte.

3.3 Folgerungen für die 2. Phase der Lehrerausbildung (Referendariat)

Auch in dieser Phase können die Anforderungen, die sich aus den Entwicklungen im Medienbereich ergeben, nicht durch bloße Hinzufügung eines neuen Bereichs „Medienpädagogik" erfüllt werden. Wie in der ersten Ausbildungsphase ist nur ein integrativer Ansatz sinnvoll. Der mediale Aspekt muß in allen Schritten der Planung, Vorbereitung, Durchführung und Reflexion von Unterricht und Erziehungsmaßnahmen als eine besondere Perspektive zum Tragen kommen.

Im Hinblick auf die Ausbildung einer umfassenden medienpädagogischen Kompetenz der Lehrkräfte geht es dabei insbesondere um

- die berufsfeld- und fachspezifische Auslegung der grundlegenden medienerzieherischen Aufgaben und Inhalte;

- den kreativen Entwurf von Unterrichtseinheiten und Erziehungsmaßnahmen unter Einbezug von Medien und ihre Erprobung;
- die Einübung in Mediennutzung und -organisation, in medienspezifische Arbeitstechniken und Handlungskompetenzen.

Das erzieherische und unterrichtliche Handeln der LehrerInnen erfordert grundlegende personale Fähigkeiten. Sie werden von W. Loch (1990) im einzelnen als Darstellungsfähigkeit, Aktivierungsfähigkeit, Bestärkungsfähigkeit, Kontaktfähigkeit und Selbsterhaltungsfähigkeit beschrieben. Diese Handlungskompetenzen können nur im beruflichen Alltagshandeln in der 2. Phase der Lehrerausbildung eingeübt und gefestigt, differenziert und weiterentwickelt werden. Die Frage ist, inwieweit durch die Erfordernisse im Zusammenhang mit den neuen Medien diese Handlungskompetenzen verändert und erweitert werden müssen:

- Welche zusätzlichen Grundfähigkeiten der Lehrkräfte verlangt der Einsatz der neuen Medien?
- Wie werden durch den Einsatz der neuen Medien die Wirkungen dieser Handlungskompetenzen verändert? Wie könnten sie evtl. durch Medieneinsatz verstärkt werden?

Gerade unter dem Aspekt der Integration käme der 2. Ausbildungsphase im Hinblick auf eine verstärkte pädagogische Nutzung der neuen Medien eine herausragende Bedeutung zu, die bislang kaum bedacht wurde.

Um eine weiterführende Förderung der gewünschten medienpädagogischen Kompetenz der Lehrkräfte auf Dauer zu sichern, müßten entsprechende Maßnahmen in der 3. Phase der Ausbildung vorgesehen werden.

Auf den Stellenwert der Fortbildung kann jedoch im Rahmen dieses Beitrags nicht mehr eingegangen werden. Dazu hat sich jüngst B. Eschenauer (in Medien praktisch 1/97) geäußert, aber es besteht dringend weiterer Diskussionsbedarf.

Literatur

AG Medienpädagogik der DGfE: „Medien und Informationstechnologien in Erziehung und Bildung“ im Rahmen der Lehramtsstudiengänge. Arbeitspapier 1996

Aufenanger, St.: Medienerziehung praktisch fruchtbar machen. Kooperationsprojekt zur praktischen Medienerziehung. Hamburg 1996

Boeckmann, K.: Unser Weltbild aus Zeichen. Zur Theorie der Kommunikationsmedien. Wien 1994

Bofinger, J.: Der Fernsehkonsum von Hauptschülern. Ergebnisse einer Schülerbefragung im Modellversuch „Integrative Medienerziehung“ an der Ernst-Penzoldt-Hauptschule in Erlangen-Spardorf, ISB Arbeitsbericht Nr. 273, Staatsinstitut für Schulpädagogik und Bildungsforschung, München 1996

Dichanz, H.: Zum Medienumfeld von Lehrern. In: Medienkompetenz als Herausforderung an Schule und Bildung, Gütersloh 1992, s. 266-282

Doelker, Chr.: Medienpädagogik in der Lehrerausbildung und -fortbildung. In: Achtung Sendung!, 8/93, S. 53-57

Eschenauer, B.: Mehr als ein Führerschein fürs Internet. Aktuelle Ansätze in der medienpädagogischen Lehrerfortbildung. In: medienpraktisch, 1/1997, S. 50-52

König/Peschke, R.: Integrative Medienerziehung mit multimedialen interaktiven Systemen. Modellversuch des Hessischen Instituts für Bildungsplanung und Schulentwicklung, Paper, Wiesbaden 1996

Koring, B.: Lernen und Wissenschaft im Internet. Bad Heilbrunn 1997

Loch, W.: Für Lehrer erforderliche Fähigkeiten. In: Loch, W., Muth, J.: Lehrer und Schüler – alte und neue Aufgaben, Essen 1990, S. 101ff.

Merkert, R.: Medien und Erziehung, Darmstadt 1992

Sacher, W.: Audiovisuelle Medien und Medienerziehung in der Schule. Strukturelle und typologische Ergebnisse einer Repräsentativuntersuchung. München 1994

Sammelwerk „Medienzeit“, hgg. vom Bayerischen Staatsministerium für Unterricht, Kultus, Wissenschaft und Kunst, Donauwörth, o.J.

Spanhel, D.: Das Lernen optimieren. Neue Chancen durch den Einsatz von Informations- und Kommunikationstechniken. In: Medienimpulse, 3. Jg. (1994), H.9, S. 64-73

Spanhel, D.: Die pädagogische Problematik der Medien. Konsequenzen für die schulische Medienerziehung. In: Miedaner, M.(Hrsg.): Familienmitglied Fernseher? Neuried 1995, S. 134-160

Spanhel, D.: Erziehung in einer mediengeprägten Alltagswelt. Probleme und Handlungsmöglichkeiten. In: M. Liedtke (Hrsg.): Kind und Medien. Bad Heilbrunn 1997

Spanhel, D.: Modellversuch zur integrativen Medienerziehung in der Hauptschule. Hilfen für Lehrer, Schüler und Eltern. Zwischenbericht über die erste Projektphase im Schuljahr 1994/95. Typopskript, Nürnberg 1996b

Spanhel, D.: Integrative Medienerziehung in der Hauptschule. Bericht über den Ablauf des BLK-Modellversuchs im Schuljahr 1995/96. Typoskript, Nürnberg 1997

Spanhel, D., Kleber, H.: Integrative Medienerziehung in der Hauptschule. In: Pädagogische Welt, 50.Jg. (1996), H.8, S. 359-364

Spanhel, D., Hüber, H.-G.: Lehrersein heute – berufliche Belastungen und Wege zu deren Bewältigung. Bad Heilbrunn 1995

Tulodziecki, G.: Handlungsorientierte Medienerziehung in Beispielen. Bad Heilbrunn 1995

Wermke, J.: Integrierte Medienpädagogik. Aufgabe und Problem für Schulunterricht und Lehrerausbildung. In: Deutschunterricht, Berlin 48 (1995)11, S. 506-514

Wermke, J.: Medienpädagogik und Fachdidaktik. Teil 1: Integration als Prozeß. In: Deutschunterricht, Berlin 49 (1996) 9, S. 440-450; Teil 2: Konventionen und Innovationen. In: a.a.O., H.10, S. 486-495

Wermke, J.: Integrative Medienerziehung im Fachunterricht. Schwerpunkt: Deutsch. München 1997

Zeitter, E. (Hrsg.): Medienerziehung für Grundschüler. Das Forschungs- und Entwicklungsprojekt zu medienpädagogischen Aus- und Weiterbildung von Lehrerinnen und Lehrern der Primarstufe. Frankfurt/M. 1995

Dieter Höltershinken

Selbstentdeckendes Lernen (und Lehren) – ein Beitrag zur Förderung von Medienkompetenz in frühpädagogischen Institutionen?

1. Ausgangsüberlegungen

Während es im Bereich der Schule eine kontinuierliche und differenzierte Diskussion und empirische Forschung zu didaktisch-methodischen Fragen gibt, fehlt diese weitgehend im Elementarbereich. Methodenfragen sind hier geradezu verpönt – und wer sie anspricht steht im Verdacht, die Tageseinrichtungen, „verschulen" zu wollen, eine einseitige kognitive Förderung zu befürworten und den eigenständigen „sozialpädagogischen Auftrag" der Tageseinrichtungen zu verraten. Das Stichwort Methode sucht man deshalb auch nahezu vergebens in der wissenschaftlichen Fachliteratur zum Elementarbereich.

Methodische Hinweise, wie ein „spielerischer Umgang" mit den Medien (dem Fernsehen und Computer) zur Förderung der Medienkompetenz, Unterscheidungen wie „reproduktions-", „rezeptions-" und „produktionsorientierte" Medienarbeit verbunden mit Fallbeispielen (Deutsches Jugendinstitut 1995), „situatives Aufgreifen von Medienerfahrungen der Kinder" „medienpädagogische Projekte" als Wochen- und Monatsthema, Projekte „aktiver Medienarbeit", z.B. mit Kassettenaufnahmen (Jugendminister 1996), sind keine hinreichend abgesicherte Grundlage für eine Methode der Medienerziehung.

Die jüngste Auseinandersetzung mit den Situationsansätzen hat u.a. gezeigt, dass es notwendig ist, sich genauer mit der Eigenart kindlichen Erlebens und Lernens und den *Bedingungen des Lernens* zu befassen und daraus Konsequenzen zu ziehen, das heißt für mich, auch die Frage nach angemessenen Methoden nicht beiläufig, sondern grundsätzlicher zu stellen.

„Selten wird wahrgenommen, dass kognitive Förderung noch etwas ganz anderes sein könnte, als Fertigkeiten zu vermitteln, nämlich Förderung basaler Kompetenzen. Die Abwehr einseitiger Intelligenzförderung und der Verdacht, Lernförderung im Kleinkindalter sei ohnehin nutzlos, belasten jedoch bis heute die Überlegungen, wie Kinder sinnvollerweiser kognitiv gefördert werden können" – so L. Krappmann (Krappmann 1995, S. 119). Er sieht dabei sehr wohl, dass es dabei z.B. nicht um eine einseitige kognitive Förderung und darum gehen kann, Stufen der kognitiven Entwicklung in Lernziele zu verwandeln. Er stellt andererseits jedoch fest: „Auf der Grundlage der

Piagetschen Forschung über die kognitive Entwicklung und im Rahmen von Konzepten entdeckenden Lernens sind viele Ideen entwickelt worden, kindliche Kompetenzentwicklung in spielerischer, vergnüglicher Form herauszufordern“ ohne dabei auf einen späteren Schulerfolg zu zielen (ebenda S. 119f.).

Außer diesem Zitat, das indirekt die Frage nach den Möglichkeiten „entdeckenden Lernens“ im Elementarbereich im Hinblick auf die Kompetenzentwicklung stellt, waren es einige Ergebnisse aus einem eigenem Forschungsprojekt, die mich bewogen haben das Thema zu wählen.

2. Empirische Befunde: Medien aus der Sicht von Erzieherinnen

1987 haben die Universitäten Münster und Dortmund gemeinsam ein Forschungsprojekt „Medien im Alltag von Kindern im Kindergartenalter“ durchgeführt (Presse- und Informationsamt 1987). Während der erste Teil der Studien sich auf die „Mediensituation drei- bis sechsjähriger Kinder“ in 610 Familien bezog, untersuchte die Dortmunder Teilstudie „Medien aus der Sicht von Erzieherinnen“. Befragt wurden die Erzieherinnen in denjenigen Kindergärten, die die Kinder aus den Familien besuchten (Höltershinken u.a. 1987). 10 Jahren später (Ende 1997) wurden die Leiterinnen der 234 Kindergartengruppen, die 1987 geantwortet hatten, noch einmal befragt. 161 (68,8% der 1987 befragten Gruppen) haben geantwortet, davon in 28,4% Fällen die gleichen Erzieherinnen wie 1987. (Anmerkung 1)

Einige für meine Ausführungen wichtige Ergebnisse möchte ich in der hier gebotenen Kürze zusammenfassen:

- Die *technische Ausstattung* in den Einrichtungen hat sich offensichtlich erheblich verbessert.

Tabelle l: Elektrische und elektronische Geräte, die den Gruppenleiterinnen in den Einrichtungen zur Verfügung stehen (1987, n = 234; 1997, n = 161)

Geräte	Insgesamt (in % der Einrichtungen) (n=234) 1987	Insgesamt (in % der Einrichtungen) (n=161) 1997
Kassettenrekorder	99,6	95,0
Diaprojektor	71,4	83,1
Radio	71,4	81,6
Fotoapparat	40,2	88,9
Filmprojektor	13,7	32,1
Tageslichtschreiber	5,6	37,8
Fernseher	4,7	21,5
Filmkamera	1,7	17,8
Videokamera	0,4	20,3
Videorekorder	1,3	19,1
Computer	–	19,7

Dies gilt für die Filmprojektoren, Fernseher, Filmkameras, Videokameras und -rekorder und auch den Computer.

– Der praktische *Einsatz von technischen Geräten in der Kindergartenarbeit* ist aufs Ganze gesehen – mit Ausnahme des Kassettenrecorders – weiterhin äußerst gering, doch ergeben sich einige beachtliche Verschiebungen: Gaben 1987 89,4% der Befragten an, sie hätten noch nie eine Videokamera eingesetzt, waren es 1997 nur noch 37,5% ; beim Einsatz des Fernsehers waren es nun 64,7% gegenüber 94% in 1987, beim Videorecorder 56,7% gegenüber 100% in 1987, die noch nie eines dieser Geräte eingesetzt hatten.

Tabelle 2: Einsatz von Geräten in der Kindergartenarbeit (Mittelwerte)

Geräteeinsatz	1987 $\overline{X}$	1997 $\overline{X}$
Kassettenrekorder	1,8	1,8
Diaprojektor	2,8	3,0
Fotoapparat	2,9	2,6
Filmprojektor	3,5	3,5
Radio	3,6	3,3
Tageslichtschreiber	3,8	3,6
Filmkamera	3,9	3,6
Videokamera	3,9	3,3
Fernseher	3,9	3,6
Computer	3,9	4,0
Videorekorder	4,0	3,5

(Mittelwerte der Angaben: 1-gestern, 2-in den letzen 4 Wochen, 3-schon länger her als 4 Wochen, 4-noch nie)

– Die *Selbsteinschätzung der Erzieherinnen* hinsichtlich ihrer Qualifikationen in unterschiedlichen Förderbereichen zeigt, daß der überwiegende Anteil sich wie 1987 in den Bereichen Sozialerziehung, Spielförderung, Bewegungserziehung, Sprachförderung und kognitiver Förderung besonders gut bzw. „sehr gut" qualifiziert fühlt.

Tabelle 3: Selbsteinschätzung der befragten Gruppenleiterinnen hinsichtlich ihrer Qualifikationen in unterschiedlichen Förderbereichen

Pädagogische Förderbereiche	Angaben in %					
	unzureichend		zureichend		gut/sehr gut	
	1987	1997	1987	1997	1987	1997
Sozialerziehung	–	–	5,3	1,9	94,8	98,1
Spielförderung	–	–	5,3	3,9	94,7	96,1
Bewegungserziehung	1,8	–	13,2	11,4	85,1	88,6
Sprachförderung	1,3	2,6	15,0	11,7	83,7	85,7
Kognitive Förderung	1,3	–	15,0	10,8	83,7	89,2
Musisch-ästhetische Erziehung	4,4	1,9	24,3	30,4	71,2	67,8
Verkehrserziehung	3,1	0,6	27,2	20,3	69,8	79,1
Sachkunde/naturwissenschaftliche Frühförderung	4,9	5,2	35,6	31,6	59,6	63,2
Gesundheitserziehung	3,5	1,9	37,9	23,6	58,6	74,5
Religiöse Erziehung	13,3	10,4	37,6	27,9	49,1	61,7
Sexual-/Geschlechtserziehung	11,2	3,9	47,3	48,4	41,5	47,8
Medienerziehung	20,2	11,3	48,0	45,3	31,9	43,3
Mathematische Frühförderung	23,9	29,8	44,6	35,1	31,6	35,1

Erheblich höher als 1987 schätzen 1997 die Erzieherinnen ihre Qualifikationen in den Bereichen Verkehrs- und Gesundheitserziehung und der religiösen Erziehung ein. Auch die Qualifikation im Bereich der Medienerziehung wird etwas höher eingeschätzt, doch fühlen sich immer noch über 56% in diesem Bereich „unzureichend" bzw. lediglich „zureichend" qualifiziert.

- Fragt man nach dem *methodischen Vorgehen bei der Bearbeitung von Medienproblemen im Kindergarten,* so bieten die Erzieherinnen wie 1987 den Kindern am häufigsten „Möglichkeiten zum Austoben" und „Möglichkeiten zum Ausruhen" an, gefolgt von „Gesprächen mit dem einzelnen Kind". Ganz überwiegend bestehen auch jetzt wieder die Vorgehensweisen in einem „Ausagieren lassen" und einer verbalen Aufarbeitung, sowohl im Gespräch mit dem einzelnen Kind, als auch mit der Gruppe.

Tabelle 4: Methodische Vorgehensweise bei der Bearbeitung von Medienproblemen (Mittelwerte, 1987, n = 234; 1997, n = 161)

Methodisches Vorgehen	1987 X̄	1997 X̄
Möglichkeiten zum Austoben	1,6	1,5
Möglichkeiten zum Ausruhen	1,8	1,5
Gespräche mit dem einzelnen Kind	1,8	2,0
Angebot von Buch, Bilderbuch für einzelne Kinder	2,2	2,1
Gezieltes Angebot von kreativen Materialien	2,2	2,1
Gezieltes Angebot von Materialien zum Rollenspiel	2,5	2,3
Gespräche mit der Gruppe z.B. im Stuhlkreis	2,5	2,6
Gezieltes Spielangebot für einzelne Kinder	2,6	2,7
Einsatz von Lern-, Wahrnehmungs-, Förderprogrammen	2,7	2,5
Spiele mit Kassettenrekorder	2,8	2,6
Gezieltes Spielangebot für die Gruppe	2,9	2,8
Mit Kindern ein Bilderbuch erstellen	3,0	3,0
Nachspielen von Sendungen in der Gruppe	3,4	3,3
Mit Kindern fotografieren	3,6	3,3
Gemeinsames Ansehen eines Fernseh- oder Videofilms	3,9	3,8

(Mittelwerte der Angaben: 1-gestern, 2-in den letzen 4 Wochen, 3-schon länger her als 4 Wochen, 4-noch nie)

– Auch in der Untersuchung von 1997 haben die Erzieherinnen sehr unterschiedliche Vorstellungen darüber, was Medienpädagogik ist bzw. was sie leisten sollte.

Tabelle 5: Zustimmung der Gruppenleiterinnen zu medienpädagogischen Fragestellungen

Angaben ‚stimmt eher' und ‚stimmt voll und ganz' (%)	1987 (n=234)	1997 (n=161)
Der Einsatz der Neuen Medien im Kindergarten bereichert die Kindergartenarbeit.	19,6	27,8
Der Kindergarten sollte Kinder im Kindergarten auch auf den technischen Umgang mit Neuen Medien vorbereiten.	23,3	28,7
Die von elektronischen Medien vermittelten Erfahrungen bereichern die Lebenswelt von Kindern im Kindergarten	15,9	19,1
Der Kindergarten darf sich von der Entwicklung bei den Neuen Medien (Video, Computer, Telespiele, Kabelfernsehen usw.) nicht abkoppeln.	50,2	65,4
Der Kindergarten begegnet dem ‚Medienproblem' am besten dadurch, dass er selber einen strikt ‚medienfreien' Raum bildet.	26,4	24,6
Der Kindergarten sollte sich in seinem Zuständigkeitsbereich für eine technikfreie Lebenswelt der Kinder einsetzen.	28,3	25,5
Die bislang im Kindergarten entwickelten Materialien und Methoden reichen aus, um mögliche Probleme von Kindern mit elektronischen Medien zu bewältigen.	39,9	36,5
Es ist eine wichtige Aufgabe des Kindergartens, Erfahrungen aufzuarbeiten, die Kinder in Familie und Nachbarschaft mit elektronischen Medien machen.	66,5	80,9
Die Kindergartenpädagogik sollte sich nicht auch noch mit medienpädagogischen Fragen belasten.	23,7	16,1
Der Umgang von Kindern mit elektronischen Medien wird in der Kindergartenpädagogik künstlich zu einem Problem gemacht.	25,4	19,1

Ein hoher Anteil der Erzieherinnen vertritt weiterhin eine eher reaktive Einstellung, die dann in der Art der Bearbeitung von Medienproblemen seinen Niederschlag findet. So sind zwar inzwischen 65,4% gegenüber 50,2% 1987 der Ansicht, der Kindergarten dürfe sich nicht von der technischen Entwicklung abkoppeln lassen, und 27,8% gegenüber 19,6% 1987 der Meinung, „der Einsatz der neuen Medien im Kindergarten bereichere die Kindergartenarbeit", aber weiterhin ist jede vierte Erzieherin der Ansicht, der Kindergarten begegne den Medienproblemen am besten dadurch, „daß er selber einen strikt medienfreien Raum bildet", und er sich in seinem Zuständigkeitsbereich für eine „technikfreie Lebenswelt der Kinder" einsetzen solle.

- *Die Einstellungen der Erzieherinnen zur Technik* sind auch jetzt nicht einheitlich, sie hat sich jedoch geändert.

Tabelle 6: Zustimmung der Gruppenleiterinnen zu allgemeinen Aussagen zur technischen Entwicklung, differenziert nach 1987 und 1997 (in Prozent)

	1987	1997
Es ist wichtig, den mit den Neuen Medien (Video, Computer, Telespiele, Kabelfernsehen usw.) gegebenen technischen Fortschritt zu unterstützen.	15,4	23,5
Die technische Entwicklung ist so weit fortgeschritten, dass ich mich mit den neuen Medien auseinandersetzen muß.	86,7	91,3
In jedem Kindergartenteam sollte in Zukunft wenigsten eine Erzieherin sein, die sich mit Computern auskennt.	9,9	66,3
Ein Computer kann auch im Kindergarten bei der Arbeit mit Kindern gelegentlich sinnvoll eingesetzt werden.	7,4	35,8
Wo es speziell um die Arbeit mit Kindergartenkindern geht, haben Computer nichts zu suchen.	77,6	60,5
Der Computer sollte für die private Aus- und Fortbildung genutzt werden.	52,0	76,6
Für die Büroarbeit im Kindergarten kann ein Computer sinnvoll eingesetzt werden.	38,4	92,5
Die Neuen Medien zerstören die Qualität zwischenmenschlicher Kommunikation.	82,7	71,1
Die Neuen Medien geben dem Zusammenleben der Familie neue Anregungen und Inhalte.	11,2	14,9

Über 90% (1987: 86,7%) sind der Meinung, dass die Entwicklung dazu zwinge, sich mit technischen Neuerungen auseinanderzusetzen, aber nur 23,5% (1987: 15,4%) wollen diese Entwicklung aktiv unterstützen. Ca. 70% (1987: 82,7%) sind der Meinung, die neuen Medien würden die Qualität der zwischen-menschlichen Kommunikation zerstören. Dementsprechend sind 60,5% (1987: 77,6%) gegen den Einsatz von Computern in der Kindergruppe. 92,5% (1987: 38,4%) befürworten andererseits den Einsatz des PC für die eigene Büroarbeit.

Festzuhalten gilt: Bonfadellis Feststellung von 1991, „Medienerziehung als konzeptionell geplantes, sowie in Wochen- und Monatsplänen integriertes, längerfristiges Vorhaben ist in den Kindergärten ... heute noch äußerst selten“ (Bonfadelli 1990, S. 211f.), gilt nach den eigenen Untersuchungen auch gegenwärtig.

Einer Einstellungsveränderung sind keine Veränderungen im praktisch-methodischen Vorgehen gefolgt. Widersprüche bestehen sowohl zwischen dem Vorhandensein moderner Medien in den Einrichtungen und ihrem praktischen Einsatz als auch der Wahrnehmung von Medienproblemen bei Kindern und dem dann fehlenden konstruktiven Umgang mit Medien in der praktischen Arbeit.

3. Medienerziehung aus der Sicht der Jugendminister und -senatoren der Länder

Die Jugendminister und -senatoren der Länder haben 1984, 1987 und 1996 grundsätzlich zu Fragen der Medienerziehung im Kindergarten bzw. in Tageseinrichtungen Stellung genommen. Ihre Stellungnahmen haben die Diskussionen über medienpädagogische Konzepte beeinflusst. War 1984 von einem „fernseh-untüchtigen Kind“ die Rede (Konferenz der Jugendminister 1984) und wurde 1987 ein gegenüber der Situation in den meisten Familien alternativer Lebensraum ohne den Einsatz moderner Medien gefordert (Konferenz der Jugendminister 1987), so empfehlen sie 1996 in ausdrücklicher Abkehr von den Positionen von 1982 und 1987 eine Fernseh- und Computererziehung in Tageseinrichtungen für Kinder (Konferenz der Jugendminister 1996). Wurden die ersten Positionen vor allem – wenn auch nicht hinreichend entwicklungspsychologisch begründet, so erfolgt die neue Position vorherrschend aus dem Gesamtzusammenhang der faktischen Lebensumstände der Kinder, sozioökologisch-sozialisationstheoretisch, ohne auf die besondere entwicklungspsychologische Dimension der Lernsituation der Kinder dieser Altersgruppe einzugehen (vgl. dazu Höltershinken 1997).

Gefordert wird nun die „Vermittlung von ‚Medienkompetenz‘ (emanzipatorischer Ansatz ...) nicht mehr nur das Abschirmen von Kindern und Jugendlichen vor Gefährdungen ... (bewahrungspädagogischer Ansatz: Jugendmedienschutz und Ohne-Mich-Medienpädagogik)“ (Konferenz Jugendminister 1996, S. 7). Weiter heißt es: „ ... ein kompetenter Umgang mit den Medien (muß) spielerisch erlernt werden. Deshalb gilt vor allem in *Kindergärten, Fernseherziehung* zu etablieren, aber auch der *Umgang mit Kindercomputern* sollte Gegenstand der Bildungsarbeit von Kindern sein“ (ebda., S. 20).

4. Lehr- und lerntheoretische Grundpositionen

Innerhalb und außerhalb der Familie wachsen Kinder frühzeitig in Lernumgebungen auf, in denen sowohl die konventionellen Medien als auch die neuen Medien verschiedenartige Funktionen erfüllen. Sie dienen als Arbeitsmittel, z.B. zur Beschaffung und/oder Verarbeitung von Informationen, als Konsumptionsmittel, (z.B. Computerspiele), als Lern-Lehrmittel, sowie als Kommunikations- und auch Organisationsmittel. Dabei haben die Medien insgesamt nicht nur eine vielfältige Funktionalität, auch die Lernumwelten, in denen Kinder aufwachsen sind in ihren Interaktions- und Sozialisationsbedingungen komplexer geworden.

Kindergärten, Tageseinrichtungen für Kinder sind seit ihrer Gründung Institutionen, die auch durch eine jeweils spezifische Anordnung von unterschiedlichen Medien gekennzeichnet sind. Die Frage des Einsatzes der Medien wurde dabei immer wieder mit der „Bildungsfähigkeit" der Kinder, mit einem „kindgemäßen" oder „entwicklungsgerechten" Einsatz und der Frage der „Selbsttätigkeit" der Kinder verbunden. So sollten – um nur ein Beispiel zu nennen – die Spielgaben Fröbels „Selbstbildungsmittel und Selbstbelehrungsmittel" sein, um den „schaffenden Tätigkeitstrieb" des Kindes herauszufordern, und ihr Einsatz sollte immer dem „genetischen Prinzip" folgen (vgl. Höltershinken 1988). Damit sind Prinzipien genannt, die auch heute noch Gültigkeit haben.

Moderne lehr- und lerntheoretische Positionen weisen unterschiedliche Grundorientierungen auf. Gegenüber einer vornehmlich behavioristischen Grundposition, die durch den Gedanken bestimmt ist, „daß sich das Verhalten eines Individuums durch äußere Hinweisreize und Verstärkungen steuern läßt" und einer kognitionstheoretischen Position, die den Lernenden „als interaktiv agierenden Empfänger von medialen Botschaften betrachtet", betonen konstruktivistische Lerntheorien noch stärker „die Bedeutung, die der individuellen Wahrnehmung und Verarbeitung von Erlebnissen in der Umwelt zukommt", das Individuum strukturiert Situationen, in denen es sich befindet (Fischer 1998, S. 10). „Auch empirisches Wissen gilt zunächst nur als eine subjektive Konstruktion von Wirklichkeit, die allerdings über sprachliche Verständigungsprozesse zu sozialer Wirklichkeitskonstruktion führen kann" (ebenda).

Qualitative Studien des DJI über die Art der Verarbeitung der Medienerfahrungen von Kindern im Kindergarten haben dies gezeigt und zugleich einsichtig gemacht, wie je eigenständig Kinder nicht nur wahrnehmen, sondern ihre Medienerlebnisse und -erfahrungen sehr wohl auch eigenständig im Kontext ihrer Sozialisationsbedingungen interpretieren und verarbeiten (Barthelmes, Feil, Furtner, Kallmünzer 1991).

Für eine Erziehung und Pädagogik mit und zu den Medien bedeutet der konstruktivistische Ansatz, „daß mediale Angebote im wesentlichen als Informations- und Werkzeugangebote für selbstgestaltete Lernprozesse zu betrachten und zu konzipieren sind und keineswegs als Mittel der Steuerung von Lernprozessen .... . Der Selbstorganisation des Lernprozesses – im Sinne eines (möglichst) selbstbestimmten und reflexiven Handelns – wird dabei eine besondere Bedeutung zugemessen" (Fischer 1998, S. 10).

Auf diesem Hintergrund könnte die Methode des „entdeckenden Lernens" geeignet sein, die Medienkompetenz der Kinder zu fördern. Im Hinblick auf den Elementarbereich sind dabei die Eigenarten kindlicher Wahrnehmung und kindlichen Erlebens und damit Lernens zu beachten.

Unter Kompetenz verstehe ich dabei im Anschluß an Oerter „eine Ausstattung an Fähigkeiten und Fertigkeiten, die das Individuum dazu befähigen, komplexe Aufgaben in realen Situationen zu meistern (Oerter 1993, S. 382). Dabei kann es sich um einzelne Funktionen handeln, z.B. mit einem Gerät wie dem Kassettenrecorder umzugehen oder um umfassende Fertigkeiten, die eine Vielfalt von kognitiven Einzelleistungen verlangen, wie der Lesevorgang. Der Aufbau der Kompetenzen – so Hurrelmann – „vollzieht sich über eigenaktive Erkundungs- und Erschließungsprozesse, die zur Bildung von Kategorisierungs- und Problemlösungsmustern führen. Der Erwerb der Handlungskompetenz wird ... als ein selbst-initiierter Vorgang verstanden, der aber immer in einem sozialen Kontext eingebunden ist und durch diesen vermittelt und kanalisiert wird“ (Hurrelmann 1991, S. 10f.).

Nun erfolgt der Aufbau der Kompetenzen keineswegs gleichsam von allein, wie das Zitat von Hurrelmann vermuten läßt, sondern bedarf der Vermittlung.

Eine Erziehung zu einem kompetenten Umgang mit Medien kann nicht als eine isolierte Pädagogik mit einzelnen Medien erfolgen, sie muß immer verbunden werden mit der Förderung allgemeiner Kompetenzen, vor allem sprachlicher und kommunikativer, und setzt eine integrierende Methode voraus, die instrumentelles Lernen mit sozialem Lernen in Bereichen der kindlichen Lebenswelt miteinander verbindet.

5. Entdeckendes Lernen und Lehren als Methode auch zur Förderung der Medienkompetenz?

Eine Literaturrecherche für den Zeitraum 1982 bis November 1997 hat 28 Titel bei Büchern und Aufsätzen unter dem Stichwort „entdeckendes Lernen“ ergeben. Die Titel beziehen sich ganz überwiegend auf den Primarbereich, die Mathematik, die Bereiche der Sachkunde und Umwelterziehung und den Sprachunterricht. Lediglich sechs Titel beziehen sich auf den Kindergarten.

Begrifflich wird „entdeckendes Lernen“ mit folgenden weiteren Begriffen verbunden oder auch mit ihnen gleichgesetzt: selbstgesteuertes, selbsttätiges, handlungsorientiertes, projektorientiertes, forschendes, schülerorientiertes, situations- und erlebnisorientiertes, kreatives, fächerübergreifendes, ganzheitliches, individualisierendes und spielerisches Lernen. Das entdekkende Lernen soll rezeptives Lernen ersetzen oder zumindest ergänzen, im Hinblick auf die Schule soll ein „geschlossener Unterricht“ durch einen „offenen“ Unterricht ersetzt, zu sehr rational-kognitives und fremdbestimmtes Lernen aufgehoben oder durch andere Formen des Lernens ergänzt werden. Der Begriff wird durchgehend mit nicht immer genannten Wertvorstellungen und pädagogischen Konzeptionen – wie in letzter Zeit der Reggio Pädagogik – verbunden. Entdeckendes Lernen wird darüber hinaus nicht nur als ein

Lernprozess gesehen, sondern als Lehr-Lernprozess, er wird mit Lehrmethoden verbunden.

Einem *Lehren und Lernen durch Belehrung*, bei dem der Lehrende das Lernziel und die Inhalte in kleinen Lernschritten vorgibt, wird ein Lehren und Lernen durch *„gelenkte Entdeckung“* gegenübergestellt. Hier werden „herausfordernde, lebensnahe und reich strukturierte Situationen“ angeboten, wird „zum Beobachten, Erkunden, Probieren, Vermuten, Fragen“ angeregt und vom Wissensdrang und der Neugier der Kinder ausgegangen. Einem *reproduktiven*, fachgebundenen, fremdbestimmten Lehren und Lernen wird ein entdeckendes Lernen gegenübergestellt (vgl. die Gegenüberstellung bei Müller u.a. 1997, S. 28f.).

Ein solcher Ansatz steht in der Tradition der Gestaltpsychologie von Wertheimers „Produktivem Denken“ (Wertheimer 1964) und Metzgers „Schöpferischer Freiheit“ (Metzger 1962, vgl. auch Bräuer 1994, S. 94ff.)

Geht man im Anschluss an die Gestaltpsychologie davon aus, dass es sich beim entdeckenden Lernen um ein „freies, vom Ziel gesteuertes Vorgehen“ handelt, dann muss gewährleistet sein, dass die Situation so gestaltet ist, dass das Ziel eine genügende Anziehungskraft besitzt, „es muß zwischen dem Kind und seinem Ziel ein genügend starker Gestaltzusammenhang“ bestehen, ein „genügender Einblick in Ziel und Bewegungsfeld“ und eine „Ungestörtheit durch Kräfte anderen Ursprungs“. Das ein Ziel verfolgende Kind „muß genügend beweglich sein, muß sich möglichst hemmungsfrei in das Kräftespiel des Ziels einspielen können“ (Metzger 1962, S. 86-89).

Ablenkend können dabei wirken der Führungsstil, Eingriffe, die die Tätigkeiten des Kindes oder der Kindergruppe in seinem Ablauf stören, derart, dass das Kind nicht seinen oder der anderen Kinder Anregungen und Impulsen folgen kann. Das größte Hindernis sieht Metzger (im Anschluss an Adler und seine Schüler) in der „Ichhaftigkeit“ sowohl des Kindes als auch der Erzieherin – in einer Ichhaftigkeit, die alles auf sich zieht und damit jedes Bewegungsfeld verzerrt und vom Ziel ablenkt.

Dies alles macht einsichtig, dass entdeckendes Lehren und Lernen sehr wohl der *systematischen Planung* in mehrfacher Hinsicht bedarf:

- Erforderlich ist eine Gestaltung des Raumes im wörtlichen und übertragenen Sinne, damit hinreichende Bewegungsfreiheit vorhanden ist, z.B. um ganz praktisch mit Seifenblasen zu experimentieren, oder um mit einem Projektor Schattenspiele durchführen zu können. Zu fragen ist hier, ob die aus den zwanziger Jahren kommende Raumaufteilung in vielen Einrichtungen noch angemessen ist;
- erforderlich ist eine Auswahl von Materialien, Gegenständen, Medien, um Prozesse entdeckenden Lernens zu initiieren, z.B. durch eine Experimentierecke oder einen Computer, mit dem ich malen, das Gemalte ausdrucken und dies anschließend ausschneiden kann;
- erforderlich ist hinreichende Zeit, ein Freisein vom Zeitdruck und „seelischem Druck“ und Drängen (Metzger 1962, S. 99ff.) und das heißt auch:

- erforderlich sind ein Führungsstil und eine Grundeinstellung bei der Erzieherin, die nicht „ichhaft" sind und damit dem Kind keine hinreichende Freiheit geben sowie die nötige Distanz nicht einhalten, die nicht ihre eigenen Vorstellungen z.B. von dem was ein Mädchen oder ein Junge heute lernen und wissen sollte, in den Vordergrund rücken, oder z.B. aufgrund ihrer Ordnungsvorstellungen eine Experimentierecke nicht zulassen.

6. Zum Verhältnis von Entdecken und Belehren – rezeptivem und entdeckendem Lernen

Nun laufen aber offensichtlich Prozesse des „entdeckenden Lernens" – und darauf hat vor Jahren bereits Salzmann aufmerksam gemacht (Salzmann 1983) – nicht gleichsam von selbst ab. Die Selbsttätigkeit des Kindes bedarf sehr wohl der Anregung. Der „Gegenstand, den es zu entdecken gilt, muß, um im Bilde zu bleiben, magnetisiert werden, falls er nicht von sich aus „anziehend" ist, was keineswegs als selbstverständlich vorausgesetzt werden kann" (Salzmann 1983, S. 9). Etwas anziehend auch interessant zu gestalten ist aber „ein didaktisch-methodischer Vorgang". Noch mehr: es bedarf der Einführung des Kindes in einen Gegenstandsbereich. Um kreativ mit einem Kassettenrecorder, Fotoapparat, Diaprojektor oder Computer umzugehen, bedarf es der Einführung und damit Belehrung.

Selbsttätigkeit im engen Sinne als das „spontane eigenständige Hervorbringen von Leistungen oder das Finden von Strukturen aus sich heraus, wie es z.B. beim entdeckenden Lernen der Fall ist", setzt Belehrung voraus, ist zugleich auch ein rezeptives und reproduzierendes Lernen (Salzmann 1983, S. 9).

Entdeckendes Lernen muß aber auch unter dem Gesichtspunkt der intersubjektiven Vermittlung betrachtet werden.

> „Ein ausschließlich (selbst)entdeckendes Lernen ... wäre nicht in der Lage, eine dauerhafte intersubjektive Verständigung zu garantieren, da die für diese Verständigung notwendigen Symbolsysteme nur auf dem Wege über die Belehrung überhaupt eine Chance haben, innerhalb einer Gruppe oder Kultur die notwendige Verbreitung und Anerkennung zu finden" (Salzmann 1983, S. 10).

Das alles macht einsichtig, „entdeckendes Lernen" ist kein Selbstläufer, es ist mit einem reproduzierenden und rezeptiven Lernen verbunden.

Die angestrebte Medienkompetenz ist dann gleichsam ein Nebenprodukt – entstanden sowohl aus den Handlungsaktivitäten des Kindes im Prozess des entdeckenden Lernens, als auch durch Anleitung reproduzierender Tätigkeiten.

7. Lernen und Selbstbezug

Nun habe ich nicht zufällig im Thema meines Beitrages den Begriff des *selbst*entdeckenden Lernens benutzt, und es stellt sich die Frage nach der Bedeutung des „Selbst“ – auch in methodischer Hinsicht.

Schäfer hat 1982 in einem Aufsatz „Lernen und Selbstbezug“ die Frage gestellt, „ob es ein Lernen gibt, durch welches ein Subjekt sich selbst aktiv gestaltet und wie dieses Lernen vielleicht strukturiert sein könnte“ (Schäfer 1982, S. 66). In seinem Buch „Bildungsprozesse im Kindesalter“ hat er Grundgedanken des Aufsatzes dann weiterentwickelt (Schäfer 1995). Das „Selbst“ ist für ihn – aus psychoanalytischer Sicht – ein dynamisches, sich weiterentwickelndes Ergebnis „einer „kreativen Auseinandersetzung eines Individuums ... mit den Bedingungen, durch die es lebt und in denen es lebt“, ist das Ergebnis eines „subjektiven Gestaltungsprozesses“ (Schäfer 1982, S. 65). Drei Aspekte sind es für Schäfer, die ein „ selbstbezogenes“ und damit auch selbstbestimmtes Lernen ausmachen und dann (aus meiner Sicht) auch erhebliche methodische Folgen haben. Die drei Aspekte sind:

„1. Distanz und Entstehung des subjektiven Wunsches;
2. (soziale) Resonanz;
3. das Vertraute im Unvertrauten;
4. Phantasie“ (Schäfer 1982, S. 65).

Soll es nicht zu einer reinen Anpassung kommen, zu einem rezeptiven Lernen, ist Distanz zum Kind erforderlich. In der Distanz zum Pädagogen, zur Erzieherin verteidigen die Kinder ihren „*Status als Subjekt*“ und „zeigen sich (erst) die Wünsche und Interessen des Kindes ... Nur in einem Raum, der nicht von den Wünschen der anderen kolonisiert ist, können Wünsche, Initiativen der Kinder aus eigenen inneren Antrieben entstehen“ (Schäfer 1982, S. 68; vgl. Metzgers innere und äußere Bewegungsfreiheit, Freisein von Ichhaftigkeit). Dies aber geschieht eben nicht ohne den Beitrag des Pädagogen – die Kinder müssen sich ihrer eigenen Bedeutsamkeit im Verhältnis zum Pädagogen und der Kindergruppe sicher sein und angenommen wissen – sie brauchen die „soziale Resonanz“ (ebd., 71).

Selbstbestimmtes und „selbstbezogenes“ Lernen ist nach Schäfer weiter durch eine „Ambivalenz des Vertrauten und des Unvertrauten“ bestimmt. Ein Übermaß an Unvertrautem würde Unsicherheit und Abwehr zur Folge haben oder eine oberflächliche Übernahme, ein Übermaß an Vertrautem bietet nicht hinreichend Anregung und Neues zur Weiterentwicklung des Selbst. Letzteres ist eine nicht zu unterschätzende Gefahr in altersgemischten Gruppen und für Kinder, die mehrere Jahre im Kindergarten sind.

Schließlich darf sich ein Lernen und Lehren, das zwischen dem Selbst des Kindes und der Realität vermitteln will, „nicht auf die Rationalität beschränken, sondern (muß) die Verbindung zu den Phantasien des Kindes aufnehmen und diesen ... genügend Raum zur Entfaltung anbieten“ (ebd., S. 74).

Auch unter dem Gesichtspunkt des „Selbst“ zeigt sich somit, wie wichtig die Einstellung und der Führungsstil der Erzieherin sind und dass sehr wohl eine Anregungsvielfalt, ein Arrangement erforderlich sind, die Vertrautes mit Neuem verbinden.

Anmerkung

1) Die Befragung 1997 wurde gemeinsam mit Frau Dr. D. Kasüschke durchgeführt. Bei den folgenden Daten handelt es sich um eine erste Auswertung.

Literatur

Barthelmes, J.; Feil, Chr.; Furtner-Kallmünzer: Medienerfahrungen von Kindern im Kindergarten. Weinheim, München 1991

Bonfadelli, Heinz: Medien und Medienerziehung im Kindergarten. In: Deutsches Jugendinstitut (Hrsg.): Medienerziehung bei Vorschulkindern. München 1990, S. 197-218

Bräuer, Klaus: Gestaltpsychologie in Erziehung und Unterricht. Essen 1994

Deutsches Jugendinstitut (Hrg.): Handbuch der Medienerziehung im Kindergarten, Teil I, München 1994; Teil II München 1995

Fischer, Hans Ernst; Schulz-Zander, Renate: Entwicklung einer multimedialen Lernumgebung (unveröffentlichtes Arbeirtspapier, Dortmund 1998)

Höltershinken, Dieter: Kindergarten und „neue“ Medien. In: Neumann, Karl (Hrsg.): Bilanz für die Zukunft. Freiburg 1988, S. 28-31

Höltershinken, Dieter; Kasüschke, Hans Peter; Sobiech, Dagobert: Medien aus der Sicht von Erzieherinnen. In: Presse- und Informationsamt, a.a.O: 1989, S. 267-440

Höltershinken, Dieter: Ein neues Konzept zur Medienpädagogik. In: Engelhard, D.; Höltershinken, D.; Neumann, K.; Sprey-Wessing, Th.; Tietze, W. (Hrsg.): Handbuch der Elementarerziehung. Seelze-Velber, Ergänzungslieferung Nr. 2.58, November 1997

Hurrelmann, Klaus; Ulich, Dieter: Neues Handbuch der Sozialisationsforschung. Weinheim, Basel 1991

Konferenz der Jugendminister und -senatoren der Länder. Jugendhilfe und „neue Medien“. Beschluß vom 1.6.1984

Konferenz der Jugendminister und -senatoren der Länder. Die Bedeutung des Kindergartens in einer durch elektronische Medien mitbestimmten Welt, Beschluß vom 7./8. Mai 1987

Konferenz der Jugendminister und -senatoren der Länder. Konzeptionsbericht der Jugendministerkonferenz. Medienpädagogik als Aufgabe der Kinder- und Jugendhilfe. Beschluß vom 13./14.9.1996

Krappmann, Lothar: Reicht der Situationsansatz? Nachträgliche und vorbereitende Gedanken zu Förderkonzepten im Elementarbereich. In: Neue Sammlung, 35. Jg., H. 4, 1995, S. 109-124

Metzger, Wolfgang: Schöpferische Freiheit. Frankfurt/M. 1962

Müller, G. N.; Steinbring, H.; Wittmann, E. Ch.: 10 Jahre „mathe 2000“. Düsseldorf 1997

Oerter, Rolf: Kinderspiel. In: Marefka, Manfred; Nauck, Bernhard (Hrsg.): Handbuch der Kindheitsforschung. Neuwied 193, S. 377-401

Presse- und Informationsamt der Landesregierung von Nordrhein-Westfalen (Hrsg.): Medien im Alltag von Kindern im Kindergartenalter. Düsseldorf 1989

Salzman, Christian: Erziehung zur Selbständigkeit. In: Grundschule, 15. Jg., H. 1, 1983, S. 8-11
Schäfer, Gerd E.: Lernen und Selbstbezug. In: Kindheit 4, 1982, S. 5-75
Schäfer, Gerd. E.: Bildungsprozesse im Kindesalter. Weinheim, München 1995
Wertheimer, Max: Produktives Denken. Frankfurt 1964 (1. Auflage New Rochelle 1943)
Zimmer, Jürgen; Preissing, Christa; Thiel, Thomas; Heck, Anna; Krappmann, Lothar: Kindergärten auf dem Prüfstand. Dem Situationsansatz auf der Spur. Seelze-Velber 1997

Christine Feil

Der Umgang mit den Medienerfahrungen von Kindern als Grundlage der Vermittlung von Medienkompetenz

1. Vorbemerkung

Wenn heute darüber diskutiert wird, wie der Begriff Medienkompetenz theoretisch zu bestimmen und zu operationalisieren sei, sollte auch daran erinnert werden, daß im Kontext der medienpädagogischen Maßnahmen und Materialentwicklungsprogramme weniger methodologische Fragen der Ermittlung grundlegender Fähigkeiten des Menschen und deren Entwicklung im Mittelpunkt standen, als vielmehr unausgesprochene pädagogische Zielperspektiven, für die der Begriff Medienkompetenz als Metapher stand. Kompetent sei das Kind, wenn es „sinnvoll mit Medien umgehen" könne, so lautete gemeinhin die Definition. Weil es jedoch jedem unbenommen blieb, sein eigenes Verständnis von sinnvollem Medienumgang einzubringen, erwies sich der Begriff für alle pädagogischen Richtungen offen. So war es weniger der inflationäre Gebrauch, der den Begriff „Medienkompetenz" unterhöhlte, als vielmehr seine Unbestimmtheit, die per se unterschiedlichste pädagogische Zielperspektiven subsumierbar machte. In der Diskussion zeichnen sich angesichts des Medienangebots Zweifel an den selbstregulierenden Kräften des Kindes ab, soweit die Genese das (medien)kompetente Kind als solches voraussetzt. Das Bemühen um die pädagogische Zielfindung dagegen, verweist auf die Frage, ob sich die Medienpädagogik in einer „Mediengesellschaft" nicht auf ihre (traditionelle) gesellschaftskritische Dimension besinnen sollte, um neben den Analysen zur subjektiven Aneignung der Medienwelten durch Kinder auch die Medienwelten als Sozialisationsangebote an Kinder zu hinterfragen. Wenn es im Folgenden um den Umgang mit den Medienerfahrungen von Kindern als Grundlage der Vermittlung von Medienkompetenz geht, werden frühkindliche Institutionen bzw. ihr pädagogisches Personal erst einmal „nur" dazu aufgefordert, die kindlichen Medienerlebnisse als Formen der Realitätsaneignung und Realitätsverarbeitung, als Möglichkeiten der Wunscherfüllung wahrzunehmen sowie ihre Potenzen für das kindliche Spiel zu entdecken.

2. Medienerfahrungen von Kindern – Beobachtungen im Kindergarten

Grundlage meiner Ausführungen sind empirische und theoretische Arbeiten zur Medienerziehung von Kindern, die am Deutschen Jugendinstitut in verschiedenen Projekten durchgeführt wurden. Im Zusammenhang mit der Vermittlung von Medienkompetenzen in frühkindlichen Institutionen ist vor allem ein relativ frühes Projekt „Medienerfahrungen von Kindern" zu erwähnen, dessen Ergebnisse bereits 1991 publiziert wurden (Barthelmes u.a. 1991). Es handelte sich um eine Beobachtungsstudie im Kindergarten, in der untersucht wurde, ob und welche Möglichkeiten Kinder haben, ihre Medienerfahrungen in den Kindergartenalltag einzubringen, wie Kinder ihre Medienerlebnisse in Spielen und Gesprächen verarbeiten und wie sie diese für die Gestaltung ihrer sozialen Beziehungen nutzen. Überholt sind weder Fragestellung noch Ergebnisse des Projektes, denn in der jüngst erschienenen Studie „Wenn die Kleinen Fernsehen. Die Bedeutung des Fernsehens in der Lebenswelt von Vorschulkindern", die Kübler und Swoboda (1998) herausgegeben haben, werden in einer Teilstudie von Ingrid Paus-Haase immer noch ähnliche Reaktionen der Erzieherinnen auf die Medienspiele der Kinder im Kindergarten beschrieben, die von Ignoranz über Toleranz bis zum Verbot reichen. Und auf seiten der Kinder wurden die gleichen Umgangsweisen mit ihren Medienerlebnissen vorgefunden: Kinder nutzen ihre Fernsehfavoriten als Projektionsfläche bei der Auseinandersetzung mit ihrer Umwelt, zur Identitätsbildung und für die Gestaltung ihrer sozialen Beziehungen. Es gibt jedoch auch Unterschiede in ihrem Medienspiel, die vor allem aus dem Medienangebot resultieren: Waren es in der zweiten Hälfte der 80er Jahre „He-Man" und „Knight-Rider", die die Aufmerksamkeit der Erzieherinnen auf die Medienerfahrungen der Kinder – vor allem der Jungen – lenkten, so erreichten dieses Ziel gegen Mitte der 90er Jahre die „Turtles" und „Power Rangers". Gegenwärtig ist „Sailormoon" – eine Sendung, die vor allem Mädchen als Projektionsfläche ihrer Wünsche dient – dabei, ins Blickfeld der Erzieherinnen zu geraten. Daneben gab und gibt es selbstverständlich noch „Die Sendung mit der Maus", „Die Sesamstraße", „Löwenzahn" oder „Eene meene mopel", um nur einige der als pädagogisch wertvoll anerkannten und auch bei Vorschulkindern beliebten Sendungen zu nennen. Diese Sendungen scheinen jedoch weniger emotional ansprechendes bzw. irritierendes Material zu liefern und deshalb keine nachhaltige Verarbeitung zu erfordern. Denkbar ist aber auch, daß deren Inhalte nicht plakativ genug sind, um den Erwachsenen im pädagogischen Alltagsgetriebe aufzufallen. In der hier gebotenen Kürze werden im Folgenden einige Beobachtungsergebnisse aus der bereits genannten Untersuchung zu den Spielen und Gesprächen zusammengefaßt:

- In der Regel überformen Kinder ihr originäres Spiel mit Medieninhalten. Sie imitieren nicht einfach Helden oder Handlungen aus den Medien, sondern sie benutzen diese vor allem, um ihre eigene Spielhandlung durch imaginäre Ziele oder bloße Etikettierung zu ergänzen.

- Nachgeahmt werden primär charakteristische Gesten der Helden und Sprüche sowie „Haltungen" von Personen, jedoch keine Handlungssequenzen.
- Medienhelden werden vielfach zur Deklaration der eigenen Rolle herangezogen, ohne daß daraus eine (sichtbare) Spielhandlung folgt. Allerdings, darauf ist hinzuweisen, entzieht sich das imaginäre „Ich-bin-Spiel", eine bei Kindern beliebte Form der Identifikation mit Helden, der Beobachtung.
- Die Übernahme der Rolle von Charakteren dient oftmals der Hierarchisierung im Spiel. Aushandlungsprozesse – wer ist der Gute, wer der Böse, d.h. in der Regel, wer ist der Sieger und wer der Verlierer – sind dann vielfach das beherrschende Thema, wobei das „eigentliche" Spiel nicht nur hin und wieder an der mangelnden Bereitschaft scheitert, den bösen Konterpart zu spielen.
- Medienrollen werden angenommen und im Laufe des Spiels vergessen, da sich das Spiel der Kinder aus der Spielsituation heraus und nicht nach einem Plan (fort)entwickelt.
- Um bei einem medienbezogenen Spiel mitspielen zu können, muß ein Kind die dazugehörige Sendung nicht notwendigerweise selbst gesehen haben. Regieanweisungen durch andere oder rudimentäre Informationen zum Plot genügen, damit medienerfahrene mit medienunerfahrenen Kindern ein gemeinsames Spiel entwickeln können.
- Medienspiele sind nicht immer laute und ballernde Heldenspiele, manchmal wird beispielsweise das Spiel in der Bauecke nur durch die spielbegleitenden Kommentare als medienbezogenes erkennbar (z.B. He-Man-Burg, Turtles-Kanalisation).
- Gespräche über Helden, einzelne Fernsehsendungen oder Filme sind häufig relativ kurz, weil Kinder meist nur über einzelne Szenen, die sie beeindruckt haben, sprechen.
- An objektiv aufregend gemachte Szenen können sich Kinder in der Regel gemeinsam erinnern (z.B. daß Ronja Räubertochter über den Bergspalt springt). Bei Szenen, die Kinder subjektiv aufregend empfinden, wird die Verständigung äußerst schwierig, weil Kinder beim Fernsehen auf Unterschiedliches achten, manchmal nur einzelne Szenen sehen. Generell erschwert die typisch kindliche Nach-Erzählweise der bildhaften Aneinanderreihung die Verständigung über den Handlungsverlauf. Daraus kann jedoch nicht geschlossen werden, daß die Kinder eine Sendung nicht verstanden haben. Hinzu kommt, daß Kinder Sequenzen auf ihre eigene Art verstehen bzw. rekonstruieren.
- Nicht zuletzt ist darauf hinzuweisen, daß Gespräche über Fernsehhelden oder Sendungen aus dem Vorabend- und Hauptprogamm auch dazu dienen können, den eigenen Status in der Kindergruppe aufzuwerten. Mit Sätzen wie „Ich darf schon Power Rangers gucken" oder „Ich hab schon mal einen Krimi gesehen" kann man u.U. andere Kinder beeindrucken und darauf hinweisen, daß man schon als großes Kind gilt.

Generell hängt die Beobachtbarkeit von Spielen und Gesprächen zum Thema Fernsehen nicht vom Ausmaß des Fernsehkonsums ab, sondern von den Rahmenbedingungen, die der Kindergarten setzt und von der Spielkultur, die sich in der Kindergruppe entwickelt hat. Will man den Kindern die Möglichkeit bieten, sich im Kindergarten mit ihren Medienerlebnissen gemeinsam auseinanderzusetzen, so bedeutet dies für die Erzieherin zunächst nur, die ihr qua Profession bekannten Bedingungen für das Spiel der Kinder im Allgemeinen zu verbessern: z.B. Räume zu schaffen, in denen die Entwicklung von Spielen möglich ist; die Grenzen der Spielräume und deren Ausstattung mit Spielmaterial flexibel zu handhaben; Spiele – auch laute – zulassen zu können und nicht unbegründet zu unterbrechen; den Tagesablauf so zu organisieren, daß Kinder nicht immer (untätig) warten müssen.

3. Medienerfahrungen von Kindern – die Rolle der Erzieherin

Ausgehend von der Erfahrung, daß Erzieherinnen einerseits auch Medienerziehung im Kindergarten betreiben, wenn sie scheinbar gar nichts tun und daß sie andererseits den Medienerfahrungen der Kinder in ihrem bewußten und professionellen Handeln recht unterschiedliche Bedeutung beimessen, haben wir mit Unterstützung von Medienwissenschaftlern, Medienpädagogen und engagierten Erzieherinnen das zweibändiges „Handbuch Medienerziehung im Kindergarten“ entwickelt, das eine breitere pädagogische Kindergartenöffentlichkeit über den Stand der Medienforschung (DJI 1994) und über die Möglichkeiten, mit Kindern medienpädagogisch zu arbeiten (DJI 1995), informiert. Die Grundidee war im Prinzip, Erzieherinnen zu zeigen, daß sie die Auseinandersetzung der Kinder mit ihren Medienerlebnissen zulassen können, ohne dies als Disziplinproblem, Kontrollverlust oder kontraproduktiv zu ihren pädagogischen Bemühungen erleben zu müssen. Die Zurücknahme der eigenen Person aus dem pädagogischen Prozeß – die Beobachtungen dessen, was und wie die Kinder mit ihren Protagonisten spielen – gerade dann, wenn man eingreifen will, ist relativ schwierig. Sie verlangt Selbstdisziplin, ist jedoch der einzige Weg, um erstens herauszufinden, welche Bedeutung die Medieninhalte für Kinder haben, und um zweitens das eigene pädagogische Akzeptanzniveau kennenzulernen und unter Umständen begründet, mit den Kindern über die Ablehnung bestimmter Spielpraktiken zu sprechen. Mit Erfolg kann nicht immer gerechnet werden. Ein Beispiel ist das jahrzehntelange Bemühen, Kindern im Kindergarten „Schießverbot“ zu erteilen. Wie kann man Indianer sein ohne Pfeil und Bogen, wie ein Cowboy ohne Pistole, wie ein Power Ranger ohne Laserkanone – die ethische Dimension ihres Spiels sieht für Kinder anders aus als für außenstehende Erwachsene und Verbote sind für sie, gerade weil sie ja „nur“ spielen, nicht ohne weiteres nachvollziehbar. Verbote bleiben deshalb äußerlich, mit der Folge, daß die Kunst des Umdefinierens oder der Notlüge bei Kindern hoch entwickelt ist. Die Behauptung, bei der gerade aus Legosteinen zusammengesetzten Pistole oder Laserkanone handle es sich um einen Bohrer oder eine Bohrmaschine, gehört zum kinderkulturellen Standard. Der Ärger über störende Spiele, unerwünschte Gespräche, Zappelphilippe oder eigenes Genervtsein kann zwar Anlaß zur Beobachtung in der Gruppe sein, ist aber ein schlechter Ratgeber für medienpädagogische Initiativen, insbesondere für die Durchführung von Elternabenden. Man sollte sich zunächst mit den Medienerfahrungen der Kinder beschäftigen, mit der Art und Weise, wie sie im Kindergarten zum Ausdruck kommen, ohne gleich die Veränderung des Medienumgangs der Kinder und das heißt immer auch den ihrer Familien im Visier zu haben.

Die pädagogische Kompetenz der Erzieherin erweist sich im souveränen Handlungsbezug auf die Lebens- und Alltagswelt der Kinder und in der Achtung der Bedürfnisse der Kinder. Dies schließt das Widerpartsein nicht aus, setzt aber die Reflexion der Rolle als Erzieherin im Verhältnis zu den Kindern, das Wissen um die asymmetrische Interaktionssituation voraus. Will die Erzieherin einen Konfrontationskurs in Sachen Medien mit den Kindern vermeiden sollte sie z.B. akzeptieren können,

- daß Kinder Medien nicht nur zu Bildung und Information, sondern auch zur Unterhaltung, zur Vertreibung von Langeweile, zum Abschalten oder zum Zurückziehen nutzen;
- daß Kinder Helden manchmal auch Antihelden brauchen, die für sie ansprechend sind, mit deren Mut oder Kleinmut, mit deren Tatkraft oder Ohnmacht sie sich identifizieren können;
- daß Identifikationsprozesse von Kindern mit den Protagonisten nicht beliebig sind, sondern Kinder mit Hilfe von Imagination deren Macht, Schlauheit oder Witz für sich in Anspruch nehmen, um ihre eigenen individuellen Themen und Probleme symbolisch zu be- und verarbeiten;
- daß Kinder die Verarbeitung ihrer Themen im Spiel arrangieren und inszenieren, wofür sie öfter ihre Helden benutzen, überformen oder auch verfremden;
- daß die moralischen Vorstellungen von Kindern zu Konfliktlösungen nicht mit jenen der Erwachsenen identisch sind;
- daß Verbotenes die Neugier der Kinder weckt und Anziehungskraft ausübt. Kinder sehen deshalb aus eigenem Antrieb, manchmal auch mit der Erlaubnis der Eltern oder Großeltern, Dinge im Fernsehen, die nicht für sie gemacht und auch nicht für sie geeignet sind;
- daß die Medienausstattung und der Medienumgang von Kindern auch von der sozialen Lage und der familialen Lebenssituation der Kinder abhängt, auf die der Kindergarten in der Regel nur bedingt oder gar keinen Einfluß hat;
- daß die unmittelbare und mittelbare Erfahrungswelt der Kinder in einem Ergänzungsverhältnis stehen und sich keineswegs wechselseitig ersetzen oder gar ausschließen;

- daß praktische Medienarbeit mit Kindern Vorbereitungszeit kostet; sie setzt Bereitschaft zur Information, Experimentierfreudigkeit und Neugierde bei der Erzieherin voraus;
- daß Kinder auch im Kindergarten Hilfen und begründete Grenzen benötigen, die Bedürfnisse der anderen und die der Erzieherin respektieren lernen müssen, ist selbstverständlich, aber kein spezieller Ausgangspunkt für medienpädagogische Maßnahmen mit der gesamten Kindergruppe.

4. Medienpädagogisches Arbeiten im Kindergarten

Im Rahmen unserer Arbeiten zum Handbuch Medienerziehung im Kindergarten haben wir aufgrund der erarbeiteten Vorschläge zur medienpraktischen Arbeit mit Kindern drei Formen unterschieden, die es Erzieherin und Kindern ermöglichen, sich gemeinsam mit den Medien auseinanderzusetzen. Es handelt sich dabei um drei verschiedene pädagogische Zugänge handelnder Auseinandersetzung, die in ein und demselben Kindergarten auch nebeneinander ihren Platz haben können, jedoch unterschiedliche Ansprüche an die Erzieherin und die Ausstattung des Kindergarten stellen. Wir haben zwischen reproduktions-, rezeptions-, und produktionsorientierter Medienarbeit unterschieden. Im einzelnen ist damit folgendes gemeint:

- Die *reproduktionsorientierte* Medienarbeit beschreibt ein medienpädagogisches Konzept, das in jeder pädagogischen Institution anzutreffen ist, aber mehr oder weniger bewußt durchgeführt wird. Der Ansatz beruht auf den Medienerfahrungen der Kinder, die diese in ihren Familien sammeln, und fördert den Verarbeitungsprozeß der Medienerlebnisse in Spielen und Gesprächen der Kinder. Dabei genügt es oft, sich der distanzierten oder medienfeindlichen Atmosphäre im Kindergarten bewußt zu werden, Spielregeln und Spielnormen – was ist erlaubt, was verboten – neu zu überdenken und Material zur Verfügung zu stellen, damit sich die Kinder zunächst selbst mit ihren Erfahrungen auseinandersetzen können.
- Als *rezeptionsorientierte* Medienarbeit kann der Umgang von Kindern und Erzieherinnen mit Medien, die im Kindergarten zur Verfügung stehen, bezeichnet werden. Sie umfaßt die Mediennutzung der Kinder im freien Spiel und die gezielten Angebote des pädagogischen Personals. Dabei sollte die ganze Breite des Medienensembles genutzt werden, denn was für Kinder geeignet ist, entscheidet sich weniger an der medialen Form als vielmehr am Inhalt und im Kontext der Nutzungssituation. Insofern ist ein Bilderbuch anschauen nicht von vornherein besser als fernzusehen, eine Hörkassette einzulegen oder am Computer zu spielen. Mit Medien umgehen lernen, sie bedienen können, ist Teil der Medienkompetenz, die Erwachsene ja gerade an sich vermissen. Es kommt gerade darauf an, auf die divergierenden Medienerfahrungen der Kinder einzugehen und ihnen geeignete Inhalte medial unterschiedlich aufbereitet an-

zubieten, um ihnen so gleiche Chancen für den Erwerb von Medienkompetenzen zu gewähren.

- Die *produktionsorientierte* Medienarbeit zielt darauf, Medien nicht nur zu „konsumieren“, sondern selbst mit ihnen zu experimentieren. Das Herstellen von optischen Spielen, Büchern, Fotos, Hörspielen, Trick- und Videofilmen ist bereits mit Kindergartenkindern möglich und ein Lehrstück in Sachen Schulung der Wahrnehmung. Kinder lernen dabei (wieder) bewußt hinzuhören und hinzusehen sowie das, was sie ausdrücken wollen, symbolisch darzustellen. Kinder, die sonst problemlos Knöpfe drücken, und nicht wissen, was sie in Bewegung setzen, stellen plötzlich Fragen danach, wie die Dinge funktionieren. Erklärungen, die manchmal auch wieder vergessen werden, können dabei zur Entmystifizierung der Technik beitragen. Pädagogen werden auch in diesem Zusammenhang merken, wie wenig ausgebildet ihre Medienkompetenz wurde und ist.

Der Beitrag des Kindergartens zur Entwicklung der „Medienkompetenz der Kinder“ liegt primär darin, daß Kinder durch die Verarbeitung ihrer Medienerlebnisse auch Distanz zum Gesehenen erreichen können, daß sie den Umgang mit Medien in der Gleichaltrigengruppe erleben können und daß sie die Medien zur Gestaltung für ihrer eigene „Botschaft“ experimentierend nutzen lernen. Dies klingt idealistisch, insbesondere vor dem Hintergrund, daß die skizzierten Vorschläge für den Kindergarten nicht neu sind und sich dennoch bislang nicht auf breiter Basis im Kindergarten durchgesetzt haben. Möglicherweise liegt dies am Verständnis, das Erzieherinnen von der Medienkompetenz – vom sinnvollen Umgang mit Medien – haben. Die Konzentration auf das Abschaltenkönnen, auf das gute Programm und möglicherweise auch darauf, daß Kinder das Fernsehgerät erst gar nicht einschalten, richtet sich auf die Erziehungskompetenz der Eltern und läßt den Bezug auf den Medienalltag der Kinder außen vor. Hinzuzufügen ist, Medienerziehung im Kindergarten ist Fernseherziehung. Angesichts der mediatisierten Lebenswelt der Kinder stellt sich zunehmend die Frage, ob der Blick auf ein Einzelmedium für eine Medienpädagogik, die die Entwicklung der Medienkompetenz von Kindern im Auge hat, noch angemessen ist.

5. Ist das Konzept „sinnvoller Umgang mit Medien“ noch tragfähig?

Vor dem Hintergrund der Mediatisierung der Lebenswelt von Kindern stellt sich gegenwärtig die Frage, ob sich das medienpädagogische Handeln in Institutionen nicht auch auf Kommerzialisierungsphänomenen und die sich abzeichnenden Folgen für Kinder richten sollten. Denn angesichts der Marktgängigkeit medialer Inhalte drängt sich der Verdacht auf, daß Medienerziehung heute nicht mehr ausschließlich als Beitrag zum sinnvollen Umgang der Kinder mit Medien verstanden werden kann. Überlegt werden muß inzwischen, ob und inwiefern sich Medienpädagogik auch auf die ökonomische Sozialisation von Kindern einlassen muß, auf die sich Medien, Werbung und Marketing mit ihrem Slogan „Kinder als Zielgruppe" stützen. Blickt man auf die medienpädagogische Diskussion der letzten zehn Jahre zurück, dann können drei Punkte hervorgehoben werden, welche auf die besonderen Probleme hinweisen, die sich bei der Vermittlung von Medienkompetenz in einer sich ständig verändernden Medienumwelt stellen:

Erstens: Medienpädagogik wird, soweit sie sich mit den expliziten und lizenzierten Medienangeboten für Kinder auseinandersetzt, von den technischen und ökonomischen Entwicklungen auf dem Medienmarkt nahezu überrollt. Eine Folge davon ist, daß diese Disziplin zunehmend in Gegensatz zu einem ihrer grundlegenden Ziele gerät, nämlich eine am Alltag der Kinder orientierte und integrierte Medienerziehung zu sein. Es scheint so als wäre die Medienpädagogik dabei, in verschiedene Varianten zu zerfallen, die sich an den Spezialangeboten für Kinder orientiert. Als Hinweis darauf sind die zunehmenden Differenzierungen in den Fragestellungen sowie die daran anknüpfenden Forderungen nach speziellen erzieherischen Maßnahmen zu werten: Es werden vorgenommen

- Programmanalysen zu den Themen Gewalt, Sex und Werbung;
- Beschreibung und Analysen zu den Marketingstrategien der Anbieter und zum Medienverbundsystem;
- Recherchen, Analysen und Bewertung von Zeitschriften, Videospielen, Computerspielen bzw. CD-Rom- und Internet-Angeboten für Kinder;
- und demnächst ist die Untersuchung von Spielzeug – wie es Lego gegenwärtig konstruiert – zu erwarten, das darauf basiert, die erste und zweite Erfahrung der Kinder in virtuellen Welten miteinander zu verknüpfen.

Erzieherinnen stehen vor dem Problem, daß Kinder sie mit all diesen Angeboten konfrontieren, die jedoch längst (noch) nicht allen Kindern zugänglich sind. Medienerfahrungen werden in der Kindergruppe, gerade dann, wenn es sich um Novitäten handelt, kaum gemeinsam geteilt, weil sie nach wie vor – wie die Fernseherfahrungen auch – überwiegend in der Familie gesammelt werden. Die Vermittlung von Medienkompetenz kann deshalb aus der Sicht der Erzieherin bedeuten, sich mit einer mehr oder weniger entwickelten Computerkompetenz, Werbekompetenz, Fernsehkompetenz, Spielzeugkompetenz etc. der Kinder auseinandersetzen zu müssen, ohne selbst die Chance zu haben, sich im Einzelfall mit der sachlich-inhaltlichen Seite dieser Medienangebote beschäftigen zu können.

Zweitens: Medienpädagogen gehen angesichts der Entwicklungen auf dem Medienmarkt teilweise durch ein Wechselbad der Gefühle. Zunächst nehmen sie die neuen Medienangebote mit Entsetzen wahr, deren Kritik formulieren sie unmittelbar auf dem Fuße, um sich dann – im Dienste der Kinder – mit den Angeboten zu arrangieren. Dies ist zwar etwas überspitzt formuliert, aber nicht negativ gemeint, denn auch dann, wenn es Pädagogen einmal schaffen, zum Schutz der Kinder politischen Einfluß zu nehmen, bleiben die Angebote, wenn auch in reglementierter Form, bestehen (z.B. Werbung). Spätestens dann, wenn die Medienangebote Teil der Lebenswelt von Kindern (und ihrer Familien) geworden sind, steht die Klärung der Frage an, wie die Kinder mit ihnen umgehen, welchen Nutzen oder auch welchen Schaden sie aus ihnen ziehen können, ob Kinder überfordert sind oder an und mit den Medien ihre Kompetenzen entwickeln. Mit dem Anliegen Kinder zum aktiven Rezipienten, zum kritischen Mediengebrauch oder zum sinnvollen Medienumgang zu erziehen ist zugleich das Spannungsfeld und die Widersprüchlichkeit der Medienarbeit mit Kindern skizziert, sie ist zwischen präventivem Medienverzicht und aktiver Mediennutzung angesiedelt.

Wie dieses Verhältnis in der pädagogischen Praxis gestaltet werden kann, ist ein besonderes Problem: Die Medienkompetenz der Kinder ist nicht naturgegeben, wie man angesichts des verbreiteten Statements, Kinder seien im Umgang mit Medien kompetenter als Erwachsene, vermuten könnte. Die normativen Orientierungen, unsere Vorstellungen vom Kindsein, vom Lernen, von der Bildung der Persönlichkeit fließen in die Beurteilung des Mediengebrauchs der Kinder ebenso ein wie die Vorstellung vom Erwachsenwerden und Erwachsensein. Wenn heute auch die Grenzen zwischen Kindheit und Erwachsensein fließend erscheinen, verweist doch der unterschiedliche Umgang mit den Medien in den Familien einerseits auf ihre unterschiedlichen und ungleichen Lebenslagen in der Gesellschaft und andererseits auf divergierende Erziehungsziele, die im Alltagshandeln von Kindern, Eltern und Erzieherinnen das jeweilige Verständnis von einem eigenverantwortlichen und selbstbestimmten Mediengebrauch pluralistisch definieren. Dies bedeutet, daß das individuelle Medieninteresse eines Kindes, die Medienpräferenzen in einer Kindergruppe, die Anliegen der Eltern und die pädagogischen Vorstellungen der Erzieherinnen nicht unbedingt und konfliktlos in Übereinstimmung zu bringen sind. Das was „Medienkompetenz" ist, was pädagogische Institutionen einerseits nur dulden und andererseits positiv aufgreifen und fördern, wird zumindest aus pädagogischer Perspektive im Aushandlungsprozeß zwischen allen Beteiligten definiert.

Drittens: Durch die Entwicklungen auf dem Medienmarkt werden immer wieder neue Mediengenerationen geschaffen. Die Annahme, daß heutige Erzieherinnen, die selbst mit dem Medium Fernsehen aufgewachsen sind, dazu neigen, aufgeschlossener gegenüber den Medienerlebnissen der Kinder zu sein, ist nur tendenziell richtig. Ihre Toleranz gegenüber ehemals pädagogisch verpönten Kindersendungen bzw. den Hits ihrer Kindheit ist unbestreitbar. Daß jemand Einwände gegen Biene Maja oder Heidi erhoben hat, bringt die heutigen Studierenden in den Fachakademien der Sozialpädagogik zum Lachen, sehen sie Sailermoon, steht die Ablehnung der Serie als „kindgerecht" außer jeder Frage. Mit Erstaunen werden beispielsweise auch die CD-Rom-Angebote für Vorschulkinder zur Kenntnis genommen. Selbst dann, wenn das eine oder andere Spiel beim Ausprobieren Spaß macht, können sie sich nur schwer vorstellen, daß solche Spiele von Kindergartenkindern gespielt werden oder gar gespielt werden sollten. Der Schnitt durch die Mediengenerationen macht sich nicht an der Qualität – der guten oder schlechten Sendung, dem guten oder schlechten Computerspiel – fest, sondern an Technik, Machart, Sehgewohnheiten und Geschmack. Insofern ist die Rede von den Mediengenerationen, in der die Kompetenz der Kinder im Verhältnis zu jener der Erwachsenen hochgehalten wird, nichts mehr und nichts weniger als die euphemistische Beschreibung des Versuchs, sich als Erwachsener dem Druck des gesellschaftlichen Wandels zu entziehen. Ihr Verweis auf die Kinder, die in die veränderte Lebenswelt hineingeboren werden, mit ihr selbstverständlich aufwachsen und sich kompetent bewähren – ist dann allerdings ein Stück Gesellschaftskritik zu Lasten der Kinder. Mit Blick auf das Thema „Verlorene Generation? Kindsein heute und Medienkompetenz „ ist deshalb anzumerken: Verlorene Generationen gibt es nur, wenn Erwachsene in und an ihrer Erziehungsaufgabe scheitern oder sich weigern, ihre Erziehungsaufgabe anzunehmen in einer veränderten Lebenswelt für und von Kindern, die sie schließlich selbst mit hervorbringen.

Literatur

Barthelmes, Jürgen/Feil, Christine/Furtner-Kallmünzer, Maria: Medienerfahrungen von Kindern im Kindergarten. Spiele, Gespräche, Soziale Beziehungen. München 1991

Deutsches Jugendinstitut (Hrsg.): Handbuch Medienerziehung im Kindergarten. Teil 1: Pädagogische Grundlagen. Teil 2: Praktische Handreichungen. Opladen 1994 und 1995

Feil, Christine: Kinder und Fernsehen: Das Problem mit der Medienerziehung. In: Diskurs 1/94, S. 8-16

Kübler, Hans-Dieter/Swoboda, Wolfgang H.: Wenn die Kleinen fernsehen. Die Bedeutung des Fernsehens in der Lebenswelt von Vorschulkindern. Herausgeber: Die Landesmedienanstalten. Schriftenreihe der Landesmedienanstalten, Band 7, Berlin 1998

Lange, Andreas/Lüscher, Kurt: Kinder und ihre Medienökologie. Eine Zwischenbilanz zur Forschung unter besonderer Berücksichtigung des Leitmediums Fernsehen. Arbeitspapier Nr. 27, Sozialwissenschaftliche Fakultät, Universität Konstanz, Oktober 1997

Maier, Rebecca/Mikat, Claudia/Zeitter, Ernst: Medienerziehung in Kindergarten und Grundschule. 490 Anregungen für die praktische Arbeit. Herausgeber: Freiwillige Selbstkontrolle Fernsehen (FSF) e.V., München 1997

Neuß, Norbert/Pöhl, Mirko/Zipf, Jürgen: Erlebnisland Fernsehen. Medienerlebnisse im Kindergarten aufgreifen, gestalten, reflektieren. Herausgeber: Freiwillige Selbstkontrolle Fernsehen (FSF) e.V., München 1997

Six, Ulrike u.a.: Konzepte für medienpädagogische Elternarbeit. Herausgeber: Unabhängige Landesanstalt für Rundfunk, Kiel 1995

Norbert Meder

Multimedia in der Ausbildung von Pädagogen und Pädagoginnen

1. Multimedia als medientheoretisches Paradigma

Wenn man heute darüber nachdenkt, welche Rolle Multimedia in der Pädagogik-Ausbildung zu spielen hat, dann wird man feststellen, daß mit Multimedia ein neues medienpädagogisches Paradigma aufgekommen ist. Das gilt für Pädagogen in allen Berufsfeldern. Multimedia wird zum Paradigma in mehrfacher Hinsicht. Für Forschung und Analyse (1) bildet Multimedia den Fokus dafür, was verschiedene Medien sind und wie man sie definiert. Für computerunterstütztes und für computergänztes Lernen (2), ob in Selbstorganisation oder im traditionellen Unterricht, ist Multimedia Paradigma im Sinne einer Norm bzw. einer Leitfunktion geworden. Multimedia gilt als das mediendidaktische Optimum. Für die Medienerziehung (3) kann Multimedia die Rolle des exemplarischen Lerngegenstandes einnehmen und dies sowohl in praktischer als auch in theoretischer Hinsicht. Schließlich muß Multimedia als die Bündelung, Ballung oder auch Vereinigung (4) aller bekannten Medien angesehen werden, von der aus sich alle Medien neubestimmen, integrieren und abgrenzen.

Pädagogen haben die medial bestimmten Kinder-, Jugend- und Erwachsenenkulturen im Rahmen der Analyse von Bedingungsfeldern ihres pädagogischen Handelns zu berücksichtigen. Sie müssen zunehmend mit einer Vielfalt von Medien arbeiten, um ihren ‚Kunden zu erreichen'. Und schließlich müssen Pädagogen die meisten ihrer Ziele medial neu definieren, Kompetenzen als Medienkompetenzen fassen und ihre Inhalte in der Variation medialer Darstellung neu ermitteln. Das alles, weil Medien die eigentlichen Träger der Kultur sind.

2. Medien und Kultur

Medien sind nämlich die Mittler, die Mittelglieder, die ‚Mittelspersonen', das ‚Zwischen' in der gesellschaftlichen Kommunikation. Zwischen mehreren Partnern fungieren sie als Nachrichtenträger und kanalisieren einen Vorgang, in dem ein Sender in einem Medium Signale[1] erzeugt (gestaltet), die ein Empfänger ‚belauscht' (analysiert), im Medium interpretiert und dann weiter verarbeitet.

Dabei entsteht Kultur als Darstellung von Welt und als Ausdruck meiner Befindlichkeit in der Welt, als Dokumentation eines Gültigen (Speicherung) und als Aufheben eines Anspruchs auf Wahrheit, sowie als Mitteilung über meinen Geltungsanspruch und als Streitgespräch über denselben. Medien sind die Prozeßform und der Prozeßraum für die Dynamik der Kultur. Mit dieser Funktion bestimmen sie gleichsam, was und wie Kultur ist.[2] Wir kennen dies alles, auch wenn wir es nicht bewußt reflektiert haben: in der Form des Theaters, der Oper, des Konzertes, des Buches, nach Anfangsschwierigkeiten auch in der Form des Filmes, gewisser Zeitungen[3] und in vielen anderen Formen mehr.

3. Medienkompetenz

Wenn wir in Bielefeld von Medien-Kompetenz[4] in der Lehrerausbildung sprechen (vgl. das gleichnamige Projekt MeKoLA[5] – als einem kleinen Modellversuch der Lehrforschung – ein Programm von Lehrveranstaltungen zusammenstellt und evaluiert, das die Steigerung der Medien-Kompetenz zukünftiger Lehrerinnen und Lehrer zum Ziel hat), dann beziehen wir uns auf

1 Signale sind chemo-physikalische Größen, deren Verlauf (Ausprägung) eine Nachricht überträgt.

2 vgl. Hönigswald, R.: Die Grundlagen der Pädagogik. Stuttgart 1927, S. 31ff. Hönigswald bestimmt dort Kultur in begrifflicher Korrelation zu Überlieferung. Das Wechselspiel beider Momente generiert die Auseinandersetzung um die gemeinsame Welt nach Maßgabe von Geltung. Die philosophischen Grundlagen dieses Spiels, in dem Geltung (Wahrheit, Richtigkeit, Sittlichkeit, Recht und Legitimation) geschichtlich ausgemacht wird, beruhen auf den Leitdifferenzen von ‚Innerem und Äußerem', von ‚Vergänglichem und Bleibendem', von ‚Zeit und Raum' (Präsenz), von ‚Geistigem und Materiellem', von ‚Seele und Leib', von ‚Begriff und Anschauung', von ‚Schematismus und Schematen', von ‚Kognition und Sinnlichkeit', von ‚Bedeutung und Zeichen', von ‚Zeichen und Zeichenträgern', von ‚abstraktem Medium und chemo-physikalischem Medium' und schließlich von ‚Kompetenz und Performanz'. Alle diese Leitdifferenzen sind aus heutiger Sicht ohne den Medienbegriff nicht mehr zu erläutern.

3 Die Kurzlebigkeit von Zeitungen scheint dem Kulturbegriff zu widersprechen – abgesehen von der inhaltlichen Qualität gewisser wohlbekannter Exemplare. Dennoch, Zeitungen schaffen gerade über ihre Kurzlebigkeit auch ein Bleibendes – nämlich die Kommunikations- und Reflexionskultur als eine interaktive Befindlichkeit des Denkens.

4 Vgl. Baacke, D.: Handlungsorientierte Medienpädagogik. Opladen 1992, S. 33-58. Hugger, K.-U.: Zwischen Schülerzeitung und Multimedia. Das Modellprojekt „Medienkompetenz in der Lehrerausbildung" an der Universität Bielefeld und sein Kontext. In: FWU Magazin 5, 1995, S. 48-51. Ders.: Medienkompetenz für Lehrerstudenten. Zum Bielefelder Modellprojekt Medienkompetenz in der Lehrerausbildung. In: medien praktisch, 4, 1995, S. 16-19.

5 MeKoLA ist die Abkürzung für ‚Medienkompetenz in der Lehrerausbildung'.

den Kompetenzbegriff, wie er aus der Sprachwissenschaft kommt und – leicht verallgemeinert – die Fähigkeit eines idealen Subjektes bedeutet, ein abstraktes Regelsystem potentiell zu beherrschen. Der Komplementärbegriff ist Performanz und bedeutet die Fähigkeit, das Regelsystem auch anzuwenden, d.h. die Fähigkeit, ein abstraktes Regelsystem auch real zu beherrschen, aus der Potentialität in die Realität zu überführen.

Medien-Kompetenz betrifft in diesem Sinne die abstrakten Regeln

1. der Darstellung von gemeinsamer Welt,
2. der Dokumentation als einer gewissen Schematisierung von Raum und Zeit,
3. der Kommunikation, in Sonderheit der sozialen Situation und Strategie, sowie die Regeln
4. der Hermeneutik als des Regelsystems vom Verstehen des mehrfachen Sinnes.

Medien-Kompetenz bestimmt sich damit – genau besehen – als Sprachspiel-Kompetenz, deren Höchstform die Virtuosität von kommunikativen Sprachhandlungen im jeweiligen Medium ist. Viele Medien sind allerdings nicht so beschaffen, daß sie diese Sprachspiel-Kompetenz in der virtuosen Höchstform fordern oder sogar fördern. Das Gegenteil ist vielmehr der Fall. Alle Massenmedien teilen die Gesellschaft in eine kleine Gruppe von Sendern und in die große ‚Masse' der Empfänger. Selbst wenn man nicht bereit ist, Virtuosität nur bei den Sendern zu veranschlagen, d.h. wenn man geneigt ist, auch von virtuosen Rezipienten zu sprechen, wird man nicht umhin können, die eigentlichen Sprachspieler auf Seiten der Sender zu verorten. Dort liegt die Macht über die Bedeutung und Verwendung der je nach Medium bestimmten Zeichen. Diese Ausdifferenzierungskraft der Medien macht es jedenfalls notwendig differenziell von Medienkompetenz zu sprechen.

4. Medienkompetenz als differenzielles Gefüge

Im MeKoLA-Projekt bedeutet Medien-Kompetenz mindestens dreierlei:

1 Wissen über Medien (Medienkunde),
2 Fähigkeit zur Kritik und zur Begründung der Auswahl von medialer Darstellung (Medienbildung),
3 Kommunikative Kompetenz für ein medien-aktives Ausdrucksverhalten (Medienpraxis).

Man muß erstens wissen, wie das Sprachspiel im jeweiligen Medium gespielt wird. Man muß aber auch zweitens wissen, wie das Meta-Sprachspiel über das Sprachspiel – beispielsweise des Filmes gespielt wird, und die Fähigkeit besitzen, dieses Metasprachspiel, dessen Fokus die Kritik, die Bewertung und die Begründung der Wahl aus einer Überfülle des Angebotes ist, mitzuspielen. Und schließlich drittens ist es wünschenswert, die Fertigkeit und die Fähigkeit zu besitzen, das kommunikative Spiel im Medium mehr oder minder virtuos mitzuspielen.

Man sieht leicht, daß über die Differenzierung in diese drei Kompetenzfelder und zugleich über die Grade der Kompetenz eine Vielfalt von Kompetenzprofilen gebildet werden können und damit auch eine Vielfalt (berufs-) rollentypischer und personaler Ausprägungen möglich werden. Für Pädagogen, die ja stets auch Medienerziehung mitbetreiben müssen, muß diese Ausprägung optimal angesetzt werden. Dies scheint fast unmöglich, betrachtet man die Felder, in denen diese drei Kompetenz-Dimensionen entfaltet werden sollten. Das sind die mono-medialen Felder Fernsehen, Radio, Buch, Zeitung und vieles mehr. Sodann das neue Feld ‚Multimedia‘ als ein Hypermedium[6] der Komposition unterschiedlicher (Mono-) Media, als ein Hypermedium der Übergänge von einem Medium ins andere, als ein Hypermedium der Überlagerungen eines Mediums durch andere und als ein Hypermedium, das den singulären Medien eine neue Meta-Semantik verleiht.

Das letztere Motiv erscheint möglicherweise ungewöhnlich, betrifft aber einen simplen Sachverhalt: Filmmusik beispielsweise interpretiert das filmische Bewegtbild und umgekehrt; dieses Wechselspiel der Interpretation bildet selbst ein neues Medium der Komposition, das man heute normalerweise als das Filmische als Ganzes bezeichnet.[7] Dieser Gedanke, bzw. dieses traditionelle Beispiel läßt sich auf eine Gestaltungsdomaine ausweiten, in der als einzelne Felder alle Medien – in abgewandelter Form – vorkommen. Diese Gestaltungsdomaine heißt Multimedia. In ihr stellen nicht nur die jeweils traditionellen Medien ihren jeweiligen Zeichenvorrat zur Verfügung, sondern sie selbst sind als solche Zeichen, globale Zeichen, die ihre Bedeutung durch ihre Verwendung im Kontext bzw. im Interpretationsraum der anderen Medien erhalten.[8]

5. Hypertext als Grammatik von Multimedia

Die Sprache oder das Medium dieses kontextbestimmenden Interpretationsraumes ist der Hypertext.[9] Seine Grammatik beruht auf der Netzstruktur über

---

6 ‚Hyper‘ kommt aus dem Griechischen und bedeutet soviel wie ‚Über‘. Als Hypermedien werden in diesem Sinne Medien bezeichnet die über anderen Medien gestaltet werden. Genau dies ist bei Multimedia der Fall, sofern man deren Begriff nicht auf ein Sammelsurium von Medien einschränkt. In diesem Sinne ist der digitale Code von Computern das integrale ‚abstrakte‘ Medium von Multimedia als Tiefensprache, die Oberflächensprache zeigt sich am Bildschirm und das physikalische Medium ist der Computer als technisches Gerät.

7 So gesehen ist der Film schon multimedial.

8 Deshalb muß – wie oben geschehen – die Dimension des Hermeneutischen als Regelsystem für das Verstehen des mehrfachen Sinnes, der sich ja durch den Perspektivenwechsel ergibt, in das Kompetenzgefüge einbezogen werden.

9 Hypertexte sind Netze, die über eine Dokumentenbasis gelegt werden. Ein Netz besteht aus Kanten und Knoten. Die Knoten werden entweder von den einzelnen Basis-

den mono-medial bestimmten Dokumenten, sein intellektueller Status ist derjenige der Metakognition, seinen Zeichenvorrat bilden die Relationen, die ihrerseits die einzelnen Dokumente zu kognitiven Typen definieren, interpretieren oder schlicht und einfach zu Wissenstypen im Ganzen des multimedialen Interpretationsraumes machen. Darauf komme ich später noch einmal zurück. Hier muß der engere Gedankengang unterbrochen werden, damit ein wesentliches Seiten-Motiv nicht unberücksichtigt bleibt.

6. Internet und interaktive Medien

Multimedia und Datenautobahn werden nicht ohne Grund stets in einem Atemzug genannt. Das hängt zum einen daran, daß das Urbild der Datenautobahn das Internet ist und das Internet einen weltweiten Hypertext mit zunehmend multimedialem Charakter darstellt. Das hängt aber zum anderen auch daran – und dies wird häufig übersehen, daß zu den vielen Medien, die mit Multimedia gemeint sind, auch die interaktiven Medien gehören – also nicht nur die klassischen (Massen-) Medien Film, Video, Sound/Musik und Fotografie, sondern auch Telefon, Brief, Diskussion und so weiter. Kurz: Zu Multimedia gehören auch alle Formen der sogenannten virtuellen Kommunikation dazu, also e-mail, Foren[10] und Shared Applications[11].

Ich halte zwar den Ausdruck ‚virtuelle Kommunikation', bzw. Virtualität überhaupt in diesem Kontext für absurd, muß mich aber an die eingebürgerte

---

texten selbst, von Bedeutungseinheiten in den Basistexten oder von der Verschlagwortung der Basistexte – gleichsam ihren Überschriften – gebildet. In den beiden letzten Fällen spricht man von den Schlagwörtern auch als den Ankern in die Dokumentenbasis: Ein Dokument ist über ein Schlagwort im Hypertext-Netz verankert. Die Verweise von einem zu einem anderen Textdokument bilden die Kanten im Netz. Sie können einsinnig oder bidirektional sein. Die Bestimmung dessen, was ein Knoten ist und was eine Kante bzw. ein Verweis ist, geschieht natürlich wiederum in einem Text. Dieser Text, der Kanten und Knoten beschreibt, ist der Hypertext. Man sieht sofort, daß es für diesen Text völlig gleichgültig ist, ob die Dokumentenbasis selbst nur aus Texten besteht oder ein multimediales Sammelsurium darstellt. Der Hypertext bleibt in jedem Falle ein Text, der über andere Dokumente geschrieben ist. Es gibt nur einen Gesichtspunkt, der es sinnvoll erscheinen läßt, von Multimedia als einem Hypermedium zu sprechen, nämlich dann, wenn man an die Komposition und das Resultat der hypertextlichen Vernetzung denkt: Von einem Bild gehe ich über zu einem Text und von dort zu einem Film, in den erläuternde Sprache eingeblendet ist oder nach Wahl eingeblendet werden kann. Das Resultat ist eine Computer-Bildschirm-Show, die ihre eigenen medialen Gesetze hat und deshalb Hypermedium genannt werden kann. Daß dabei im Kern das Instrument der Komposition ein (Hyper-) Text ist, muß in dieser Hinsicht nicht stören.

10 Foren im Netz sind themenorientierte Diskussionen, in denen die e-mail-Funktion bzgl. mehrerer Diskussionsteilnehmer gebündelt und transparent gemacht wird.

11 Shared Applications sind gemeinsame Anwendungen, d. h. man arbeitet kooperativ auf denselben Dokumenten, an derselben Arbeit, und den Kooperationspartnern ist die Zusammenarbeit insofern transparent als sie alle auf demselben Bildschirminhalt arbeiten.

Norm dieses Ausdrucks anpassen. Absurd ist er deshalb, weil die betreffende Kommunikation überhaupt nicht virtuell – im Sinne von ‚bloß möglich', sondern überaus real stattfindet. Virtuell kann man Gedankenspiele nennen, in den man einen Kommunikationsverlauf plant, durchspielt oder phantasiert, aber nicht die real ablaufende Kommunikation im weltweiten Netz.

Im selben Sinne kann man auch nur unter Einschränkungen von den ‚virtuellen' Welten sprechen. Zurecht tut man dies mit Bezug auf Computerspiele, mit Bezug auf Edutainment-Produkte, kurzum mit Bezug auf einige Arten oder Formen der Simulation. Aber auch hier wäre der Terminus ‚Micro-World' vorzuziehen, denn auch Medien-Welten sind reale Welt oder besser: sie gehören zur realen gemeinsamen Welt. Niemand hat jemals ein Buch eine virtuelle Welt genannt. Noch schwieriger wird es mit der Virtualität bei Simulationen, die methodisch zur Erkenntnisgewinnung über die Funktionsweisen von Systemen verwendet werden. In diesem Kontext sind Simulationen so real wie Methoden eben real sein können, gleichgültig, ob es sich um experimentelle, hermeneutische oder deskriptiv-statistische Methoden handelt.

Anstatt sich bei modischen Ausdrücken aufzuhalten, die mehr verdecken und verschleiern als aufklären und verdeutlichen, sollte man eher den Blick dafür schärfen, daß Multimedia und Datenhighway eine neue Technologie darstellen, in der die Zeitgestaltung unserer Kommunikation und der Dokumentation unseres Wissens sich schon jetzt tiefgreifend (und real) verändert und noch mehr verändern wird.

7. Hypertext und die Semantik der Links

Die entscheidenden Veränderungen, die schon stattfinden und die sich beschleunigen, liegen in der Grammatik des Hypertextes. Deshalb liegt hier eine Schlüsselkompetenz innerhalb der Medienkompetenz vor. Ich will deshalb auch an dieser Stelle konkreter werden.

Hypertexte sind nicht-lineare Texte. Sie zu verstehen bedeutet einen anderen kognitiven Prozeß als den Prozeß des Textverstehens bei Fließtexten. Geht man bei linearen Texten davon aus, daß der Rezipient sie dann verstanden hat, wenn er sich ein internes kognitives Modell hat bilden können, das man sich im weitesten Sinne als eine Art semantisches Netz vorstellt, dann scheint dies bei nicht-linearen Texten genau umgekehrt vonstatten zu gehen. Man hat ein semantisches Netz, das Hypertext-Netz, und muß zu einer linearen Darstellung des Ganzen finden. Es sieht also so aus, daß traditionelles Textverstehen die Linearität des Textes in die Räumlichkeit (Vernetztheit) eines mentalen Modells überführt, während hypertextartiges Textverstehen die Räumlichkeit (Vernetztheit) eines externen kognitiven Modells in die Linearität eines internen mentalen Vollzuges transformiert. Man nennt diesen Vollzug im Zusammenhang mit multimedialen Hypertexten auch Navigation.

Findet der Vollzug im Geradehin statt, so beobachten wir häufig das Phänomen des ‚lost-in-hyperspace', d.h. der Hypertext-Leser weiß nach kurzer Zeit nicht mehr, wieso er sich dort befindet, wo er sich gerade befindet; er weiß nicht mehr, woher er kam bzw. wie er dorthin gekommen ist, wohin er kam, auch wenn dies sein ausgemachtes Ziel gewesen ist. Dieses Phänomen legt zwei Deutungen nahe. Dem Leser des Hypertextes ist es erstens nicht gelungen, das externe kognitive Modell zu verstehen und zu seinem eigenen mentalen Modell in der Funktion einer Metakognition zu machen. Dem Leser ist es zweitens nicht gelungen, beim Navigieren durch das externe kognitive Modell ein eigenes davon unterschiedenes mentales Modell vom nichtlinearen Text aufzubauen. Nimmt man nun beide Aspekte zusammen, dann scheint das Textverstehen von nicht-linearen Texten darauf zu beruhen, daß der Leser in Auseinandersetzung mit einem externen, fremden kognitiven Modell sein eigenes internes mentales Modell finden muß und dabei Navigation durch den Hypertext gleichsam als intervenierende Variable und als methodischen Zugang nutzt.

Das mag intuitiv oder auch implizit, d.h. ohne explizite Auseinandersetzung oder ohne Reflexion auf das Gelesene und seine Struktur gelegentlich und bei dem einen oder anderen Leser gelingen. Aber nach allem, was wir über Textverstehen und Lesefähigkeiten wissen, dürfte dieser skizzierte Verstehensprozeß eher nicht in der intuitiven Form gelingen. D.h. er muß pädagogisch-didaktisch angeleitet werden. Es muß eine Lesekultur ausgebildet werden, in der die kognitive Struktur der Verbindung vieler multimedialer Dokumente bzw. Informationsmodule verstanden wird. Wir wissen aus vielerlei Kontexten[12], daß man dazu explizit die Verbindungen identifizieren und reflektieren muß. Also ist es die primäre Aufgabe, die Links zu typisieren und zu benennen, und dies heißt nichts anderes als die Semantik der Relationen zwischen den Informationsmodulen offenzulegen und damit einen reflektierten Zugang zu ermöglichen.

Relationstypen, die eine Semantik von Links bestimmen können, lassen sich viele aufzählen: Synonymie, Äquivalenz, Quasisynonymie, Homonymie; Ähnlichkeit: in Sonderheit Convenientia, Analogia, Aemulatio, Sympathie; Gegensatz: als da ist konträrer, komplementärer, kontradiktorischer, subkonträrer und subalterner Gegensatz; Generalisierung, (Art-Gattung), Partikularisierung (Teil-Ganzes), Element-Gesamt, Begriff-Begriffsfeld, Element-evolutionäres Ganzes, Objekt-Stoff; Ding-Prozeß, Ding-Eigenschaft, Ding-Ort, Ding-Zeit, Objekt-Form; Ursache-Wirkung, Zweck-Mittel, Prozeß-Ergebnis, Handlung-Ziel, Handlung-Gegenstand, Argument-Funktion, Produktion-Produkt, Besitz, zeitliche Folge, evolutionäre Folge, soziale Hierarchie, Zeichen für, Sender-Empfänger, Bild für, Modell für und viele andere Relationen.

Es soll hier gar nicht erst versucht werden, eine Systematik in diese noch nicht einmal vollständige Liste zu bringen. Vielleicht ist dies auch gar nicht

---

12 Beispielsweise der Transferforschung, wie überhaupt aus dem Bereich der Förderung von handlungsorientierter Umsetzung von Wissen in Können.

vollständig möglich. Hier geht es nur darum, einen Einblick in die Vielfalt der Relationen und in die Vielfalt der Aspekte ihrer Gruppierung zu geben. Da stehen ontologische neben logischen Relationen, deskriptive neben handlungstheoretischen, juristische neben medialen – wie soll da Ordnung geschaffen werden?

Möglicherweise ist Systematik und abgeschlossene Ordnung auch nicht das eigentliche Problem, wenn es darum geht, die Verbindungen (Links) zwischen den multimedialen Dokumenten zu charakterisieren. Für den Rezipienten geht es wesentlich darum, Transparenz zu schaffen – einmal, um explizit verstehen zu können, zum anderen um den eigenen linearen Pfad der Navigation bewußt wählen zu können. Ein Ebenenwechsel ist für uns kognitiv kein Problem, das Alltagsbewußtsein vollzieht dergleichen permanent und lebt in seiner Flexibilität davon. Deshalb ist auch die wissenschaftlich-theoretische Frage, mit wie vielen Relationen für Dokumenten-Links wir auskommen können, vergleichsweise irrelevant, weil nicht die Schlüssigkeit eines Systems in Frage steht, sondern das Verstehen und das Lernen, in Sonderheit das Lernen des Verstehens von nicht-linearen Texten.[13]

8. Bildschirmmedium und Hypertext

Es ist kein Zufall, daß die Problematik von Hypertext mit dem Bildschirmmedium Computer neu aufkam. Im Kern handelt es sich ja um die alte Technik des Verweisens in Lexika. Sie erlebt speziell mit Multimedia und dem Computerbildschirm einen neuen Boom. Das hängt daran, daß der Bildschirm wie ein Schlüsselloch ist. Er offenbart nur eine räumlich sehr begrenzte Informationsmenge. Deshalb ist der Bildschirm auch eher bild- als textorientiert. Bilder enthalten mehr bits pro Fläche als Texte. Hinzu kommt, daß Texte im allgemeinen nicht geblättert werden können, was unserer Gewohnheit entsprechen würde. Stattdessen müssen sie gerollt werden. Ihr Analogon ist nicht das Buch, sondern die Textrolle der alten Ägypter oder die Karteikarte meines Zettelkastens. Läßt man sich also auf das Medium ein, dann muß man Texte auch im genannten Sinne aufbereiten – als Zettel bzw. auch bedingt als Rollen. Letzteres ist deshalb nur bedingt möglich, weil die meisten Nutzer am Bildschirm nicht gerne lesen. Man will Bilder haben oder Textfragmente, die als Gestalt (also bildhaft) erfaßt werden können.

In seiner Begrenztheit ist der Bildschirm in dem, was man sieht, genau und, was man nicht sieht, sieht man wirklich nicht. Man muß es imaginieren

13 Ein besonderes Problem in Bezug auf den universellen Hypertext im Internet bildet der Umstand, daß er sich unkontrolliert herausbildet. Jeder hängt sich nach Gutdünken und gemäß seiner intuitiven Assoziation irgendwo an. Von daher lebt die Vernetztheit im Internet von universaler Assoziation. An den Rändern lokaler Rationalität der Links herrscht – von Ausnahmen abgesehen – Beliebigkeit der Assoziation: Alles hängt irgendwie mit allem zusammen. Das Mittelalter nannte diese Relation Sympathie. Vgl. Foucault, M.: Die Ordnung der Dinge. Frankfurt/M 1971, S. 53ff.

bzw. induzieren; man muß sich ein inneres Bild davon machen. Der Rezipient braucht daher eine Logik der Repräsentation und der Rezipient braucht zu seiner Stütze die Anzeichen des Kontextes, der eigentlich, d.h. sinnlich nicht da ist. Solche Anzeichen sind beispielsweise beim Hypertext die typografisch hervorgehobenen Wörter, die man anklicken kann, um zu einem nächsten Texthappen zu gelangen. Sie stehen stellvertretend für diesen Texthappen im Ursprungstext. Im Sinne Norber Wieners sind Sie die Superzeichen für den Text[14], den sie vertreten, den sie verbergen und den sie öffnen, sofern es interaktiv gefordert wird. In einem Internetforum über das Thema ‚Links in hypertextes' las ich den Ausspruch: Das Superzeichen eines Links ist das Maul, das die Information einerseits frißt, andererseits auskotzt.[15] Dieser drastische Vergleich zeigt einen eminent affektiven Faktor, der im Bildschirmmedium und speziell im Hypertext liegt: das Schlüsselloch ‚Bildschirm' generiert mehr Geheimnisse als Offenkundiges und es offenbart gelegentlich das, was man gar nicht suchte. Damit verwirrt es und regt zugleich an!

Man darf im Ausgang dieser Überlegungen ohne weiteres feststellen, daß die Verweisungen (Links) im Hypertext den Kontext der Bedeutung des offenkundigen Dokumentes darstellen. Das ist deshalb nicht trivial, weil die Dokumente wegen ihres auf den Bildschirm zugeschnittenen Formates sich grundsätzlich kontextfrei präsentieren. Sie stellen Wissenssynthesen dar, die ihren Kontext abgestoßen haben, sie sind dekontextualisiert. Sie haben ihren Kontext im wahrsten Sinne des Wortes verschluckt und zeigen dies in jenen typografisch hervorgehobenen Wörtern an, in denen die Links verankert sind.

9. Hypertext und modulare Wissenssynthesen

Weil das Medium dies nahelegt oder gar erzwingt, müssen sich Autoren von Hypertexten und dementsprechend dann infolge auch die Rezipienten mit den gängigen Formen der Wissenssynthesen vertraut machen. Und dies gilt unabhängig davon, ob es sich dabei um einen Hypertext in didaktischer oder bloß informatorischer Absicht handelt. Die noch zu entwickelnde Kultur des Hypertextes liegt außer in dem Verständnis der Verweisungen (Links) in dem Verstehen der Formen der Wissenssynthesen. Die folgende Liste mag wieder die Vielfalt der Varianten aufzeigen und weniger eine vollständige Systematik vorlegen.

Wissenssynthesen können Ereignisse synthetisieren. Dies ist eine erste Art. Notizen, Protokollsätze, Begriffe, tabellarische Darstellungen, Formulare

---

14 Vgl. Meder, N.: Superzeichensemantik. In: Ders.: Der Sprachspieler. Der postmoderne Mensch oder das Bildungsideal im Zeitalter der neuen Technologien. Köln 1987, S. 165-187.

15 Die Amerikaner sind in ihrer bildhaften Sprache nicht nur deutlich, sondern auch unbeschwert drastisch.

und deskriptive Statistiken erfassen Ereignisse und bringen sie je auf ihre Art ‚auf den Punkt‘ und schaffen Klarheit.[16] Begriffssynthesen sind eine zweite Art. In Definitionen, in Sätzen, die etwas über den Gebrauch von Begriffen aussagen, in Wissenslandkarten (cognitive maps), in Modellen, in Checklisten, die die Anwendung eines Begriffes kontrollieren bzw. anleiten und schließlich in Thesauri, in denen sich Begriffe im Kontext einer Systematik bestimmen, wird auf je verschiedene Weise und unter je verschiedenen Aspekten eine Synthese des Wissens über Begriffe dargestellt.

Begriffe kommen üblicherweise in Hypertext-Dokumenten vor. Sie sind dort eingebettet. Dokumente sind die tragende Substanz von Hypertexten. Ihre verschiedenen Synthesen – das ist die dritte Art – sind weitgehend aus der Welt der Bücher bekannt: Titel, Inhaltsverzeichnisse, Überschriften, Register, Referenzen, Abstracts, Zusammenfassungen.

Die vierte Art von Wissenssynthesen bilden die Status-Synthesen. Sie haben insbesondere bei interaktiven Hypertexten und Multimedia-Anwendungen ihre ausgezeichnete Funktion. Rundschreiben, Briefings, Memos, Ordnungssysteme – gleichgültig, ob sie Aufbau oder Ablauf von Tätigkeitszusammenhängen betreffen –, Berichte über Aktivitäten, Referate, Handlungsanleitungen, Szenarien und Metaanalysen über verschiedene Auswertungen von Handlungszusammenhängen sind handlungs- und kommunikationsorientierte Synthesen, in denen sich Wissen derart verdichtet, daß die Wahrscheinlichkeit hoch ist, es in die Praxis umzusetzen.

Wir[17] können auch an dieser Stelle keine Vollständigkeit der Wissenssynthesen beanspruchen, und auch die Einteilung in vier Arten (Ereignis, Begriff, Dokument und Status) liefert nur eine vorläufige Systematik. Es wäre ein gesondertes Forschungsprojekt, erneut nach Formen von Wissenssynthesen zu recherchieren und die bisherige Systematik zu reflektieren. Interessanter für den hier vorgetragenen Aufriß von Problemen der Multimedia-Kompetenz erscheint die nähere Betrachtung einer anderen Dimension, modular aufgebautes Wissen zu betrachten. Es handelt sich um die Dimension der Wissensarten.

10. Hypertext und Wissensarten

Wissensarten bestimmen sich von ihrer Funktion in impliziten und/oder expliziten Verstehensprozessen und damit entsprechend ihrer Funktion in Lern-

---

16 Damit ist durchaus das Motiv der Klarheit im Sinne Herbarts gemeint, der dies in didaktischer Hinsicht als ein Moment didaktischer Kombinatorik ins Spiel gebracht hat.

17 Hier ist nicht der Pluralis Majestatis gemeint. Es soll vielmehr verdeutlicht werden, daß das hier vorgetragene Wissen zur Organisation von Wissen nicht nur von mir selbst stammt. Vieles von dem, was hier vorgetragen wird stammt von Karl Heinz Flechsig und dessen unveröffentlichten Trainingsunterlagen für die Ausbildung von Wissensorganisatoren.

prozessen. Von daher kann es nicht verwundern, daß die folgenden Ausführungen sehr didaktisch wirken.

Die Betrachtungsdimension der Wissensarten bestimmt eine Gliederungsfunktion, die quer zu den Formen der Wissenssynthesen liegt, ohne ganz unabhängig davon zu sein. Wenn es darum geht, beispielsweise Orientierungswissen zu vermitteln, dann gebe ich eine Antwort auf die Frage, ob etwas vorkommt oder nicht. Dazu eignen sich natürlich bestimmte Syntheseformen des Wissens – etwa die Ereignissynthesen – eher als andere. Aber deshalb sind Syntheseformen wie das Szenario (Statussynthese) nicht ausgeschlossen. Die Frage, was zu einer Synthese bzw. zu einer Ballung zusammengeführt wird, ist eben zu unterscheiden von der Frage nach der Funktion solcher geballten Modularisierung.

Auf einer obersten Klassifikationsebene unterscheidet man Orientierungswissen, Erklärungswissen, Handlungs- und Quellenwissen. Ein Wissen, das orientiert, sagt etwas darüber aus, was es alles gibt und daß es dies und das gibt. Es antwortet auf die Was-Frage und/oder auf die Ob-Frage eines Wißbegierigen und liefert ihm eine erste Orientierung in der Welt. Erklärungs- und Deutungswissen antwortet auf die Frage ‚Warum'. Es ist von theoretischer Natur und betrifft eher den Diskurs über Sachverhalte und die Welt, als dies im Orientierungswissen der Fall ist. Orientierungswissen hilft unmittelbares den Alltag zu bewältigen, sich zurecht zu finden und das Richtige zu tun. Explizit leitet dies das Handlungswissen (know-how) an. Es antwortet auf die Frage ‚wie' und betrifft direkt die Fertigkeiten und das Können. Handlungswissen gliedert sich in Wissen um den Sinn von Zielen und Zwecken, in Wissen über Bedingungen, Hilfsmittel, Verfahrensweisen und Qualitätskriterien, über Nebenwirkungen und Gefahren. Ein Wissen schließlich, das mir Auskunft darüber gibt, wo ich mehr davon bzw. wo ich weiteres Wissen finde, nennen wir Quellenwissen. Es ist recht eigentlich ein relationales Verweisungswissen, wie es in den oben diskutierten Links beim Hypertext liegt.

Diese erste und obere Klassifikation kann beliebig fein weiter untergliedert werden. Konkretere Formen sind etwa: Beispiel, Szenario, Geschichte, Historie, Definition, Hypothese, Beweis, Begründung und Argumentation; Regel, Algorithmus, Formular und Schema; Urheber, Fundort und vieles mehr.

11. Wissensprozesse

Die Reflexion auf Wissenarten hängt aufs Engste von der Frage nach den zu tätigenden Wissensprozessen ab, die der ‚Nutzer' des Wissens vollziehen will oder soll. Man sieht leicht, daß man hier unmittelbar in die Dimension des Lernens und des Erfahrung-machens gerät. Die Gliederung von Wissensprozessen in Aneignen (Aufnehmen, Verinnerlichen), Repräsentieren (Speichern, Veräußerlichen), Kommunizieren (Vermitteln, Kanalisieren, Mediatisieren), Anwenden (Transferieren), Evaluieren (Beurteilen, Bewerten) darf durchaus an Lernprozessen, die ja komplexe Wissensprozesse darstellen, orientiert interpretiert werden.[18] Ihre Komplexität nimmt noch zu, wenn man Wissenskontexte, wie (Sub) Kulturen, Institutionen, Disziplinen, Theorien, Professionen mit den Prozessen in Verbindung bringt. Schließlich wird kein Prozeß ohne Umgebung vollzogen. Ebenso wird kein Prozeß – es sei denn im semiotischen Raum eines Mediums – vollzogen. Die Frage also, ob eine Wissensart sich als Film, Bild, Sound oder Text darstellt und ob ein Wissensprozeß sich entlang der Rezeption oder Produktion von Film, Bild, Sound oder Text vollzieht, macht den Sachverhalt der Wissensorganisation nur zusätzlich komplex.[19]

Auch für die sehr globale Unterteilung der Wissensprozesse gilt, was schon für die Wissensarten gesagt wurde. Sie können beliebig fein weiter differenziert und konkretisiert werden. Beispielsweise sind Wissenssynthesen (als Prozesse), wie Rahmung, Superzeichenbildung[20], Verdichtung, De- und Re-Kontextualisierung Fälle von Repräsentieren, die verschiedene Wissenssynthesen als Arten modularen Wissens liefern. Dabei können solche Wissenssynthesen in allen bekannten Medien vorkommen, ein Superzeichen beispielsweise kann sich sowohl in der Gestalt eines Heldens auf der Bühne des Theaters als auch in der Form einer Abkürzung im Text zeigen.

12. Wissensorganisierter Hypertext – ein Ausblick

Wozu dient eine Theorie der Wissensorganisation, wie sie hier in ihren Grundzügen und Grundbegriffen dargestellt worden ist? Ich fasse noch einmal zusammen, was im Verlauf der vorliegenden Überlegungen zur Medienkompetenz angeklungen ist. Hypertext und Multimedia sind Schlüsselmedien einer informationsverarbeitenden Gesellschaft. Hypertexte sind nicht-lineare Texte, die einer metasprachlichen Organisation folgen. Diese Metasprache ist die Sprache der Links (Verweisungen) zwischen den multimedialen Wissensmodulen (Dokumenten) und die Charakterisierungssprache der Module selbst[21]. Sie ist die Sprache der Wissensorganisation. Denn sie klärt über die Art der Knoten, über die Form der modularen, an der Bildschirmgröße orientierten Wissenssynthesen, über die Wissensprozesse, die in und zwischen den Knoten vollzogen werden müssen, und vieles mehr auf.

Wenn also das Verstehen und das Verfassen von nicht-linearen multimedialen ‚Texten' zumindest eine Schlüsselkompetenz in der Medienkompetenz

18 Vgl. Meder, N.: Multimedia – eine Herausforderung für die Bildung. In: AV information, 1/1995, S. 17-23 (hrsg. von Institut für Medienpädagogik und Kommunikation, Landesfilmdienst Hessen e. V., 60596 Frankfurt/M, Kennedyallee 105 A).

19 Bezüglich der Verwendung verschiedener Medien vgl. Meder, N.: Multimedia oder McLuhan in neuem Licht. In: GMK Rundbrief Nr. 37, 38/Juni 1995, S. 8-18.

20 Vgl. Meder, N.: Superzeichensemantik. a. a. O.

21 In diesem Sinne spricht man von ‚named links' und ‚named nodes'

ausmacht, dann kann diese Schlüsselkompetenz nur als Kompetenz der Wissensorganisation im hier vorgetragenen Sinne verstanden werden. Das Bildungsideal, das dieser theoretisch formulierten Kompetenz komplementär korrespondiert, ist das des Sprachspielers, der die multimediale Hypertextsprache – das neue Hypermedium – in Rezeption und/oder in Produktion virtuos beherrscht.[22]

22 Vgl. Meder, N.: Technik und Bildung, technische Bildung. In: VfwP 4/95, S. 345-357. Ders.: Der Sprachspieler. Ein Bildungskonzept für die Informationsgesellschaft. In: VfwP 2/96 S. 145-162.

Lernen und Medien

Claudia de Witt

Bildungsprozesse in interaktiven medialen Umgebungen

1. Einleitung

Das größte der Computernetze, das Internet, nimmt im Bildungswesen als Informations- und Kommunikationsraum eine immer bedeutendere Rolle ein. Bildungsinitiativen versuchen, für virtuelle Lernumgebungen die klassischen Kommunikationsdienste des Internet nutzbar zu machen. Dazu gehören electronic mail für das Versenden von elektronischen Briefen; news für das Versenden von öffentlichen Artikeln; ftp für die Übertragung und Veröffentlichung von Programmen und anderen Dateien; chats zeichnen sich durch synchrone Interaktivität und aktuelle Präsenz der Gesprächspartner aus.[1]

Bildungsinstitutionen bemühen sich, ihre Veranstaltungen virtuell zu gestalten und dabei Präsentationsräume herzustellen. Für Bildungsprozesse reicht es allerdings nicht aus, multimediale Homepages oder chatrooms als Diskussionsforen zu bestimmten Inhalten einzurichten. Auf diese Weise können virtuelle Welten zwar zunächst schillernd und aufregend sein. Aber virtuelle Umgebungen spielen in Bildungsprozessen erst dann eine besondere Rolle, wenn sie an den Erfahrungen ansetzen und für zukünftige Aktivitäten des Menschen eine Bedeutung bekommen. Eine pädagogische Theorie von Erfahrungsprozessen wird insbesondere vom Pragmatismus ins Zentrum gerückt.

2. Einfluss der Strukturen des Internets auf den Erfahrungsprozess

Im Internet gibt es keine übergeordnete Einheit, keine höhere Ordnung oder Hierarchie, die das Ganze zusammenhält. Jeder Teilnehmer kann sich mit jedem anderen beliebigen Teilnehmer verbinden. Es bestehen unendlich viele

1 Für die Zukunft ist aber auch abzusehen, dass sich mit der Technologie des Internet die Technologie der virtuellen Realität, die sich durch den dreidimensionalen Immersionseffekt auszeichnet, verbinden wird. Forschungen im Bereich der vernetzten kollaborierenden Umgebung werden sich mit der grafischen VR-Forschung hinsichtlich der 3D-Welten und der Bedingungen der Immersion in der Mitte treffen.

Kombinationsmöglichkeiten. Es gibt zwar innerhalb des Internets bestimmte Organisationsstrukturen, z.B. newsgroups, die das Zurechtfinden im Netz erleichtern. Man kann diese Linien aber, entsprechend den Fluchtlinien eines Rhizoms, ebenfalls wieder verlassen und sich neuen Territorialisierungslinien zuwenden (vgl. Levy 1996).

Die Struktur des Internets ist nicht linear und logisch hierarchisch, sondern dezentralisiert und undurchsichtig. Wie die moderne Kultur der Kalkulation von der postmodernen Kultur der Simulation abgelöst wird, so treten an die Stelle der Programmierung Simulation, Navigation und Interaktion. Und an die Stelle von analytischen Elementen treten mehr und mehr narrative Elemente, wie es in Videospielen wie Myst bzw. dessen Nachfolger „Obsidian“ oder in „monkey island“ zu erkennen ist.

Das Resultat der nicht-linearen Interaktionen im Netz sind neue Erfahrungen. Das Netz ist ein Experimentierfeld für multiple Persönlichkeiten, wie Sherry Turkle herausgefunden hat. Während wir in unserem Tagesablauf Rollen in linearer Abfolge spielen, fördert die Struktur der Kommunikationsformen des Internets dagegen ein dezentralisiertes Selbst, das in vielen Welten existiert und viele Rollen zur selben Zeit spielt. Besonders die vernetzte, textbasierte Kommunikationsumgebung der MUDs (MultiUserDungeons, Vielnutzer-Umgebungen) übersetzt die poststruktualistischen Vorstellungen in konkrete Handlungen. Sie sind Datenbanken von Orten, Figuren, Gegenständen. MUDs sind Phantasiespiele, aber eben auch komplexe Kommunikationssysteme. „Wenn Spieler partizipieren, werden sie nicht nur Autoren von Texten, sondern von sich selbst, wobei sie neue Selbst durch soziale Interaktionen konstruieren“ (Turkle 1995, 17). Turkle spricht von einer neuen Art sozialer virtueller Realität. MUDs sind virtuelle Umgebungen mit sozialen Interaktionen in unvorhersehbaren Spielsituationen, „in denen man sich selbst als Figur präsentieren und zugleich anonym bleiben kann“ (Turkle 1996, 314). Die interessante Möglichkeit besteht darin, seine Rolle beliebig nah oder entfernt von seinem realen Ich zu wählen und damit „Charaktere zu entwerfen, die die idealisierten oder verdrängten Anteile der eigenen Persönlichkeit stärker hervorkehrt ... Auf diese Weise ist es möglich, die eigene Fähigkeit zur Kommunikation, zur Kontaktaufnahme auszuprobieren, ohne sich selbst als reale Person tatsächlich zeigen zu müssen“ (Musfeld 1997, 24f.).

So entsteht im Umgang mit dem Computer „ein interaktives Geschehen, das vom (aktiv Handelnden) nicht mehr vollständig kontrollierbar und erst recht nicht vorhersagbar ist ... Die Kontingenz, die für den Künstler darin besteht, die Verhaltensweise des Nutzers, und die für den Nutzer darin besteht, das Verhalten des Systems nicht voraussagen zu können, verleiht dem faktischen Geschehen in der virtuellen Umgebung Ereignischarakter. Anders als beim instrumentellen Tun, bei welchem jeder realisierte Schritt die Gestaltung des nächst folgenden antizipiert, weil das Ziel fixiert ist, bleibt der Ausgang des interaktiven Geschehensablaufes offen“ (Krämer 1997, 226).

Der Computer kann nicht nur als instrumentelles Werkzeug im klassischen Sinn bezeichnet werden. Es wird mit ihm etwas hervorgebracht, „was im menschlichen Tun kein Vorbild findet. Künstliche Welten werden erzeugt und Erfahrungen werden möglich, die es ohne technische Apparaturen nicht gibt. Nicht Leistungssteigerung, sondern Welterzeugung ist der produktive Sinn solcher Technologien" (Krämer 1997, 226). Wenn Computertechnologien nicht nur Instrumente sind, sondern auch Welten erzeugen, dann sind sie Teil der Methode der Erfahrung. Computertechnologien sind weder nur Werkzeug noch nur Botschaft, sondern zeigen mit diesen beiden Funktionen ihr Potenzial als Erfahrungsraum.

3. Virtuelle Umgebung als Erfahrungsraum

Alsdorf/Bannwart (1995, 443) haben darauf hingewiesen, dass virtuelle Wissensräume so gestaltet werden können, „wie Menschen ganz allgemein ihre Umwelt strukturieren und intern repräsentieren, so dass ihnen die Informationen, die sie benötigen, schnell und vollständig zur Verfügung stehen". Vorteilhaft für diese „natürliche" Interaktion von Individuum im virtuellen Raum ist die objektorientierte Hypermedia-Architektur. „Objekte (lösen) in Form von Texten, Knöpfen, Bildelementen, Inhaltskomponenten und Komponenten der Benutzerschnittstelle durch Berührung ein Skript und dadurch eine Handlung (aus) oder (senden) eine Botschaft an andere Objekte" (Schulmeister 1996, 20).

Die Teilnehmenden erschaffen und benutzen gemeinsam mit anderen virtuelle Büros, künstliche Personen u.v.m. nach ihren Interessen. Virtuelle Umgebungen enthalten auf diese Weise die Möglichkeit von Spannungsmomenten und Dramatik, die auch für den Aufbau von Lernumgebungen genutzt werden sollten. Kenntnisse von Film, Theater, Sport und Tanz werden wichtiger als Programmieren (vgl. Best 1994, 1). Projekte wie beispielsweise das von Druin/Perlin u.a. zur Entwicklung einer immersiven musikalischen Umgebung haben dazu beigetragen, dass die Teilnehmer zu einem besseren Verständnis von Teilen der Musik geführt hat durch das Interagieren mit physikalischen Objekten in einem Raum: die Kontrolle des Volumens würde beispielsweise durch Treppen steigen, die verschiedenen Stimmen in der Musik durch Aufdecken von Masken und musische Texturen oder timbre durch die Berührung physischer Texturen begriffen (vgl. Bederson/Druin 1995, 53). Dadurch wird nicht nur an den kognitiven Erfahrungen angeknüpft, sondern auch an den sozialen und emotionalen Erfahrungen.

Wir finden also im Internet etwas Ereignishaftes, das uns in unserem Handlungsprozess zu neuen Erfahrungen des Handelns und Erlebens führen kann. Als Handelnde im Internet versetzen wir den virtuellen Raum in Bewegung, folgen den Interaktionen, in denen neue Möglichkeiten zur Erfahrung und damit auch neue Bedeutungen realisiert werden. Um Bedingungen für die pädagogigsche Bedeutung von Interaktionen zwischen einem Individuum und einer virtuellen Umgebung herauszustellen, bediene ich mich der lebensweltorientierten Theorie des Pragmatismus.

4. Pragmatistische Theorie der Erfahrung

Der Pragmatismus insbesondere von John Dewey (1859-1952) nimmt Abstand von der Metaphysik-Tradition, indem er an die Stelle der Natur der Substanz die Natur der Ereignisse setzt. Diese sind durch „eine Kontinuität der Veränderung (charakterisiert), die sich von den Anfängen bis zu den Abschlüssen vollzieht" (Dewey 1995, 10).

Wenn man wie Dewey von den Ereignissen in der Lebenswelt ausgeht (vgl. Dewey 1922/23, 1), hebt man weder nur den prekären, kontingenten noch einzig den stabilen, notwendigen Charakter des Lebens hervor. Dewey stellt das Prekäre und das Stabile, das Kontingente und das Notwendige entgegen der philosophischen Tradition auf dieselbe Stufe. Sie sind als gleichwertig in der Existenz zu betrachten. Abwertung und Hierarchie der Dinge werden dadurch vermieden. Aristoteles sah die eine Seite der Existenz, nämlich Kontingenz und Veränderung als Seite der Defizienz an Sein an. In der Weiterentwicklung der Dichotomie ordnete Kant das Mannigfaltige, Chaotische in den Bereich der Sinne, alles Gleichförmige und Regelmäßige in den Bereich der Vernunft. Dabei gehören Kontingenz, Veränderung und Stabilität, Kontinuität in der menschlichen Existenz zusammen. Die Sicht von der Notwendigkeit und der Kontingenz als reale Strukturelemente führt zur gleichwertigen Bedeutung von Sinn und Sinnlichkeit. Der Pragmatismus versucht die Lebensdeutungen grundsätzlich über das Verhältnis der Dinge zueinander zu erklären. Damit lässt sich die relationale Beziehung zwischen den Dingen als Deweys Grundprinzip bezeichnen: Wechsel gibt der Dauer Bedeutung, Wiederkehr macht Neuheit möglich.

4.1 Interaktion von Individuum und Umgebung

Die relationale Beziehung lässt sich auch auf das Verhältnis von Individuum und Umgebung übertragen. Die menschliche Situation besteht darin, dass ein Individuum in einer bestimmten Beziehung zu seiner Umgebung steht. Sowohl der Mensch als auch seine Umgebung sind in die Ereignisse dieser Situation eingeschlossen und nur in ihrem wechselseitigen Verhältnis zu verstehen. Das, was dabei erfahren wird, existiert dabei relativ zu dem Individuum, wie auch das Individuum durch dieselbe Beziehung definiert und erkannt wird (vgl. Hood 1982, 193).

Unter Umgebung versteht der Pragmatist nicht eine geschlossene Räumlichkeit, sondern eine Umgebung, die abhängig ist von den Interessen, die ein Mensch durch seine Aktivität entwickelt und dadurch für diesen eine besondere Bedeutung hat. Z.B. ist der arktische Nordpol für einen Entdecker Teil seiner Umgebung, auch wenn er wieder körperlich weit von ihm entfernt ist, weil diese Umgebung Bestandteil seiner Tätigkeiten und Reflexionen ist. Umgebung ist nur das, was in der Interaktion mit dem Menschen involviert ist und zu einer Erfahrung beiträgt. Die Umgebung muss nicht eine unmittelbare räumliche Nähe darstellen. Bedeutender ist, dass die Umgebung die Kontinuität der Handlungen fördert. Dies geschieht besonders dann, wenn die Umgebung aus Bedingungen besteht, die die charakteristischen Handlungen eines Individuums entweder steigern oder stören, stimulieren oder hindern (vgl. Dewey 1916, 15).

Dass die räumliche Nähe keine Rolle für eine lebendige Lernerfahrung spielt, wird in dem Jason-Projekt deutlich. Über Telepräsenz werden Studenten in die Lage versetzt, die Beobachtungen eines Expeditionsroboters aus der Entfernung zu verfolgen, sich in alle Simulationspunkte eines virtuellen Kontrollraums zu versetzen, den Wissenschaftlern von ihren eigenen Beobachtungen zu berichten und von diesen Berichte zu erhalten oder auch selbst den Roboter zu manövrieren. „With the JASON Project, we are creating a world classroom where students join together in exploration and learning" (Ballard 1992, 70). Bei alledem sind die Studenten oftmals viele tausend Kilometer vom eigentlichen Geschehen entfernt. Pädagogische Unternehmungen wie das Jason-Projekt sind Anfänge medialer Umgebungen, die praxisnahe und lebendige Förderung des wissenschaftlichen Interesses repräsentieren und die den Lernenden auch erreicht.

4.2 Die Dimensionen der Erfahrung: Handeln und Erleben

Durch die Interaktion von Mensch und Umgebung entsteht Erfahrung. Nur über Erfahrung kann die Bedeutung erfaßt werden, die eine Umgebung für einen Menschen hat. Erfahrung ist mehr als eine passive Anpassung an unsere Umgebung oder bloße Aufzeichnung von Informationen. Dewey spricht vom Handeln und Erleben, „doing and undergoing". So bezeichnet Erfahrung „das, was Menschen tun und erleiden, was sie ersehnen, lieben, glauben und ertragen, und ebenso, wie Menschen handeln und wie sie behandelt werden, die Arten und Weisen, wie sie tun und leiden, wünschen und genießen, sehen, glauben, phantasieren – kurzum Prozesse des Erfahrens" (Dewey 1995, 25). Erfahrung ist keine Sache mechanischer Veränderung, sondern ist die Methode, an die Ereignisse heranzukommen und sie zu begreifen. Die aktive Seite der Erfahrung zeigt sich in dem zukunftsgewandten Blick von Handlungen und damit der Antizipation. Erfahrung erhält dadurch ihre vitale, lebendige, dynamische experimentelle Form und trägt zur Veränderung bei. Diese bliebe aber bedeutungslos, sofern sie nicht bewusst verbunden wird mit dem Wiederauftreten von Konsequenzen aus dem experimentellen Handeln. Diese Aufgabe übernimmt die erlebende Seite der Erfahrung, die damit nicht passiv ist, weil sie die Konsequenzen des Handelns aufnimmt. „We do something to the thing and then it does something to us in return" (Dewey 1916, 139).

Handeln und Erleben entwickeln sich nur in Relation zueinander. Damit entfernt man sich von der aristotelischen Bedeutung des Lernens als Wachstum des Wissens. Man bleibt nicht bei der Entdeckung stehen, bei Argumentation, Beweis und Überredung (vgl. Dewey 1989, 78). Der Mensch soll weder wie eine Spinne noch wie eine Ameise handeln: Die Spinne „argumentiert“ mit ihrem Netz, das sie aus sich herausspinnt. „Aber es ist eine Falle“. „Die Ameise (rennt) eifrig hin und her und (sammelt) Haufen von Rohmaterial und (schichtet sie auf)“ (Dewey 1989, 79). Diese passive Anhäufung von Erfahrungen sei gleichzusetzen mit der traditionellen empirischen Methode. Vorbild für die „wahre“ pragmatistische Methode könnte die Biene sein, „die wie die Ameise Material aus der äußerenWelt sammelt, aber anders als jenes äußere Geschöpf den gesammelten Stoff attackiert und modifiziert, um ihm seinen verborgenen Schatz abzugewinnen“ (ebd.). Mit dem zukunftsgerichteten Entwicklungsgedanken der Methode lässt sich die Ungewissheit der Lebenssituationen organisieren und strukturieren. „Während der Inhalt der Erkenntnis das frühere Geschehen ist, was als abgeschlossen, ausgemacht und sicher gelten kann, liegt ihr Beziehungspunkt in der Zukunft, im Kommenden. Denn sie liefert uns die Mittel, das zu verstehen, dem einen Sinn beizulegen, was eben jetzt geschieht oder was zu tun sein wird“ (Dewey 1993, 437). Dewey betont diese Zukunftsbeziehung der Erkenntnis, weil der Mensch einen stetigen Zusammenhang zwischen Vergangenheit und Zukunft voraussetze, und damit ist Erkenntnis nichts abgeschlossenes, nichts „ohne Beziehung auf ihre Verwendbarkeit auf das Zukünftige“ (Dewey 1993, 438).

Wie kann man das Verhältnis von Handeln und Erleben, das die Einheit der Erfahrung, „eine Erfahrung“, konstituiert, noch besser verstehen? Ich nehme hier Hoods Vorschlag (1992) auf, das Handeln als instrumentell und das Erleben als konsumatorisch zu bezeichnen, um die beiden Seiten der Erfahrung zu vertiefen. Sie sind der notwendige Schlüssel, um eine virtuelle Umgebung als bildende zu begreifen. Reflexiv lassen sie sich getrennt voneinander beschreiben, praktisch bilden sie Interkonnektionen.

4.2.1 Instrumentelle Erfahrung als kontrollierende Handlung

Um die instrumentelle Erfahrung zu begreifen, muss man auf eine der gefährlichsten Missinterpretationen von Dewey hinweisen, die darin besteht, ihn als Instrumentalisten im klassischen Sinn zu bezeichnen. Das Missverständnis liegt darin, dass man mit Instrumentalismus die Technologie verbindet, die einfach ein Mittel zu einem Zweck ist. Werkzeuge, die in diesem Sinn verwendet werden, sind nur Mittel für Routinehandlungen und werden unbewusst eingesetzt. Im Gegensatz dazu steht die pragmatistische Auffassung, „daß die Fähigkeit des Menschen, Werkzeuge herzustellen so wichtig und fundamental sei, daß sie dazu dienen könnte, ihn zu definieren“ (Dewey 1989, 116).

Wenn man in Deweys Sinn von Instrumentalismus spricht, gehört dazu die Behauptung, dass Ziele und Mittel nicht getrennt und nur für praktische Gründe unterschieden werden könnten. Dies geschieht mit der Absicht, die Handlungen zu kontrollieren. Wissen bzw. Erkenntnis bereichert die unmittelbare Erfahrung durch die Kontrolle über die Handlung, die diese ausübt.

Nach Alexander gibt Dewey seine beste Definition von Instrumentalismus in „Art as Experience“ (1934): „I have from time to time set forth a conception of knowledge as being ‚instrumental‘. Strange meanings have been imputed (zuschreiben) by critics to this conception. Its actual content is simple: Knowlege is instrumental to the enrichment of immediate experience through the control over action that it exercises“ (Dewey 1934, 294). Der Nutzen des Wissens liegt „in der Vorausnahme zukünftiger Folgen auf der Grundlage sorgfältiger Beobachtung der gegenwärtigen Sachlage“ (Dewey 1993, 433), während nur durch den Gebrauch der Mittel, Werkzeuge, Medien, die Bedeutung der Erfahrung präsent werden kann und durch welchen das Individuum in die Erlebnisse der Situation eingreift, sie kontrolliert und ihren Entwicklungsgang bestimmt.

4.2.2 Konsumatorische Erfahrung als Einheit der Erfahrung

Als erlebende bzw. ästhetische Qualität ist die konsumatorische Erfahrung für die Einheit der Erfahrung bedeutsam. Die konsumatorische Erfahrung ist der Teil der Erfahrung, der nicht sofort angegeben werden kann, sondern nur die Mittel oder Bedingungen dafür. Ein Moment der Freundschaft kann zwar tief erfüllt sein, ist aber nicht kommunizierbar in beschreibenden Worten. Die Bedeutung der konsumatorischen Erfahrung, Dewey nennt sie immanent, ist zu verstehen als eine durchdringende Qualität einer Erfahrung, „which directly embodies an intrinsic sense of self-fulfillment. A qualification“ (Alexander 1991, 116).[2] Bildungsprozesse werden nur wirksam, wenn der instrumentelle Moment der Erfahrung mit dem konsumatorischen verbunden wird.

5. Medienpädagogische Konsequenzen

Der Cyberspace, wie das Internet auch gerne bezeichnet wird, ist ein virtueller Raum, der sich ständig ändert, etwas Unverbindliches hat und Unwägbarkeiten miteinbezieht. Flüchtigkeit und Instabilität, Spielerisches und Amüsantes kennzeichnen die Schwierigkeiten, in der virtuellen Realität für den Bereich des Lernens Boden zu gewinnen. So kann es passieren, dass wir auf wichtige Informationen, die wir im Internet gefunden haben, nicht mehr zugreifen können, weil die Homepage nicht mehr existiert. Durch die kontingenten Elemente, die die Struktur des Internet bieten, werden dem Benutzer aber eben auch experimentelle Umgehensweisen ermöglicht. Das Internet ist ein hervorragendes Beispiel dafür, dass es nicht nur als Werkzeug ein Mittel zu einem Zweck ist, sondern durch kontingente Elemente neue Erfahrungen und damit Veränderung bedeutet. Wenn also virtuelle Lernumgebungen realisiert werden, sollten sie Möglichkeiten der Veränderung und des Wachstums enthalten.

---

2 Vgl. hierzu immanente und referentielle Bedeutung im Beitrag von K.-H. Schäfer

Diese Möglichkeiten sind abhängig von der Darstellungsschicht und der Bedeutungsschicht, die die Form jeden virtuellen medialen Erfahrungsraums ausmachen. Als Darstellungsschicht betrifft dies die grafische Benutzerschnittstelle, wo Szenen, Territorien, Welten, reale Objekte vorhanden sind. In der Metapher des Rhizoms lässt sich die Darstellungsschicht als der Teil der Pflanze bezeichnen, der die Blätter und Blüten präsentiert. Sie enthält die Objekte in grafischen und symbolischen Formen von Abstraktionen, aber auch in Formen von Bewegung, Zeit und Story. Sie ist die objektive Seite der Erfahrung.

Die Bedeutungsschicht ist in der Metapher des Wurzelstocks an dessen Verdickungen zu finden und damit die eigentliche Frucht (vgl. Schulmeister 1996). In der Bedeutungsschicht einer virtuellen Umgebung sind die Pläne und Interpretationen des Nutzers enthalten und damit die subjektive Seite der Erfahrung.

Diese beiden Seiten der Erfahrung sind nur analytisch zu trennen. Der Umgang mit Objekten in der Darstellungsschicht einer virtuellen Umgebung bedeutet noch keineswegs, dass eine bildende Erfahrung gemacht wird. Erst wenn Bedeutungsschicht und Darstellungsschicht durch den Lernenden in Interaktion treten und zusammenwirken, entsteht bildende Erfahrung. Wendet sich der Lernende dem Darstellungsraum zu, verwandelt sich die virtuelle Umgebung für ihn in den Bedeutungsraum. Der Lernende gibt der Umgebung durch diese interessengeleitete Handlung Bedeutung. Dies kann er aber auch nur, weil die objektive Seite der Erfahrung Möglichkeiten zur Veränderung bereits enthält. Wie der Lernende auf die Umgebung kontrollierend im instrumentellen Sinn einwirkt, so werden ebenso seine Handlungen von der virtuellen Umgebung strukturiert. „Cyber City" ist ein Beispiel für einen Erfahrungsraum mit Darstellung und Bedeutung. Sie „ist als realistisches Abbild in Datenform interaktiv begehbar und themenorientiert mit Informationen angereichert. Diese Informationen lassen sich im Sinne einer räumlichen Mnemostrategie abrufen, um sodann die gesuchte Information als Text, Bild oder Film an dem Ort anzutreffen, an dem man sie – aufbauend auf den Erfahrungen einer städtischen Sozialisation – auch logischerweise suchen würde. Neben der Visualiserung von Bauzuständen liefert sie somit eine räumliche Arbeitsumgebung zur Informationssuche, Interaktion und Telekommunikation" (Alsdorf/Bannwart 1995, 446).

Wesentlich für die Bildung von Erfahrung ist für den Pragmatisten das Verständnis der Relationen, besonders der Relationen zwischen unseren Handlungen und ihren erfahrenen Ergebnissen. So erhalten die Objekte einer virtuellen Umgebung nicht nur Bedeutung dadurch, dass sie etwas darstellen, sondern eben auch durch die charakteristische Art und Weise, wie sie gebraucht werden.

Interaktivität ist ein wesentlicher Schlüssel zum Lernen, denn direkte Interaktion mit der Welt ist die Grundlage dafür, dass Erfahrung aktiv konstruiert und rekonstruiert wird. Auch virtuelle Umgebungen erweitern die menschliche Erfahrung. Das heißt eben auch, dass virtuelle Lernumgebungen in der Interaktion mit Lernenden zur instrumentellen als auch der konsumatorischen Erfahrung gleichermaßen beitragen können. Dabei ist der Wert einer virtuellen Lernumgebung relativ zu anderen verfügbaren Medien und hängt ab von der Verfügbarkeit des Mediums, vom Verstehen des Mediums durch den Nutzer und der Imagination der Nutzer. Würde man die Medien an und für sich betrachten, „isoliere man die Medien von ihrem umgebenden Kontext und von den Nutzern. Medien würden absolut gesetzt und mit ihrer Botschaft die Nutzer bestimmen. Einen solchen Mediendeterminismus lehnt Dewey ab. Auszugehen ist vielmehr von einem inquiry-process, einem intensiven Verarbeitungs- und Kommunikationsprozess des aktiven Nutzers" (Schäfer 1997).

Der virtuelle Erfahrungsraum ist kein Raum der Repräsentation, der schon eine bestimmte Ordnung enthält. Um bildende Erfahrungen in virtuellen medialen Umgebungen machen zu können, müssen diese in einer offenen Welt der Ereignisse involviert sein. Die Objektorientierung soll also nicht nur zum bloßen Anklicken verleiten. Sie soll instrumentelle und konsumatorische Erfahrung möglich machen, damit der Ereignisraum Internet, befreit von geometrischen Eingrenzungen, interessengeleitet erobert werden kann. Wenn man Lernumgebungen entwickeln möchte, sollte man die offene Welt des Internets nutzen, um damit Möglichkeiten zu vielfältiger Erfahrung zu schaffen.

Literatur

Alexander, Th.: The Technology of Desire: John Dewey, Social Criticism, and the Aesthetics of Human Existence. In: Durbin, P. T.: Europe, America and Technology. 109-126. Dordrecht 1991

Ballard, R. D.: The Jason-Project: Hi-Tech Exploration Promotes Students' Interest in Science. In: T. H. E. Journal 20 (3) 1992, 70-74, 1992

Bederson/Druin: Computer-Augmented Environments: New Places to Learn, Work, and Play. In: Nielson, J. (ed.): Advances in Human-Comuter-Interaction, 37-65. Norwood, 1995

Best, K.: The Idiots' Guide to Virtual World Design. Seattle 1994

Dewey, J.: Erfahrung und Natur. Frankfurt 1995

Dewey, J.: Syllabus: Types of Philosophic Thought. In: The Middle Works, Vol. 13: 1921-1922, 349-396. 1922/23

Dewey, J.: Essays in Experimental Logic. Dover Chicago 1916

Dewey, J.: Erneuerung der Philosophie. Hamburg 1989

Dewey, J.: Demokratie und Erziehung. Frankfurt 1993; Democracy and Education. In: The Middle Works, Vol. 9: 1916, ed. by J. A. Boydston. London Amsterdam 1976ff.

Dewey, J.: Art as Experience. 1934. In: the Later Works, Vol. 10: 1925-1953, ed. by J. A. Boydston. London Amsterdam 1981ff.

Hood, W.: Dewey and Technology: A Phenomenological Approach. 1982. In: Research in Philosophy and Technology, Vol. 5, 189-207

Hood, W. (1992): Dewey and the Technological Context of Directed Practice. In: Burch, R. W./Saatkamp, H. J. (ed.): Frontiers in American Philosophy. Vol. 1, College Station: 125-136. Texas 1992

Krämer, S. (1997): Spielerische Interaktion. In: Rötzer, F. (Hrsg.): Schöne neue Welten?, 225-226. Boer 1997

Levy, P.: Cyberkultur. In: Bollmann, S./Heibach, C. (Hrsg.): Kursbuch Internet. 56-82. Mannheim 1996

Musfeld, T.: MUDs oder das Leben im Netz. 1997. In: Medienpraktisch 2/97, 23-26

Schäfer, K.-H.: Homer und Platon als Gründungsväter der Medienpädagogik, In: Fischer-Buck, A./Schäfer, K.-H. u.a. (Hrsg.): Franz Fischer Jahrbuch für Philosophie und Pädagogik. Norderstedt 1997

Schulmeister: Grundlagen hypermedialer Lernsysteme. Bonn 1996

Turkle, S.: Life on the screen. New York 1995

Turkle, S.: Identität in virtueller Realität. In: Bollmann, S./Heibach, C. (Hrsg.): Kursbuch Internet, 315-331. Mannheim 1996

de Witt, C.: Im Cyberspace eine ästhetische Erfahrung machen. In: GMK: Images Idole Irrealitäten, 42-47. Bielefeld 1993

Günter Dörr

Multimediale Lernumgebungen in der betrieblichen Weiterbildung[1]

– Einsatzmöglichkeiten verschiedener Komponenten multimedialer Lernumgebungen in der betrieblichen Weiterbildung der Deutschen Telekom

1. Einleitung

Neue Informationstechnologien sind dabei, Bildungs- sowie Weiterbildungsmaßnahmen in grundlegender Weise zu verändern. Sowohl die Lernumgebungen als auch die Lehr- und Lernstrategien sind derzeit einem sehr raschen Wandel unterlegen (vgl. z.B. Günther/Mandl 1997). Pult, Tafel und Kreide, die einst dominante Lehrmittel waren, sind längst abgelöst bzw. ergänzt durch technische Ausrüstungen, die die Lehrenden in ihren Instruktionsbemühungen unterstützen sollen: Videorekorder gehören mittlerweile zur Standardausrüstung sowohl in den Schulen als auch in der Weiterbildung, Personalcomputer sind dabei, zur Standardausrüstung zu werden, multimediale Lernumgebungen sowie Methoden der Telekommunikation als derzeit neueste Entwicklungen bieten, glaubt man den verschiedenen Anbietern, wiederum ganz neue Lehr- und Lernmöglichkeiten.

Mit Hilfe dieser neuen technologischen Möglichkeiten versucht derzeit auch die Deutsche Telekom ihre Weiterbildungskonzeption zu modifizieren. Bisher erfolgt die Weiterbildung für Mitarbeiter der Telekom zentralisiert in sechs sog. Bildungszentren. Die Teilnehmer reisen aus der gesamten Bundesrepublik an und nehmen hier an mehrtägigen Weiterbildungsseminaren teil. Der Vorteil dieser Vorgehensweise besteht darin, dass Seminarräume sowie Lehr- und Lernmedien in gleichbleibend hoher Qualität zur Verfügung stehen und dass sich die Trainer nicht ständig auf neue Umgebungen mit jeweils unterschiedlicher Infrastruktur einstellen müssen. Allerdings stehen diesen Vorteilen auch einige gravierende Nachteile gegenüber. An erster Stelle sind hier die immens hohen Reise- und Übernachtungskosten zu nennen, die einen erheblichen Anteil an den Weiterbildungskosten ausmachen. Berücksichtigt man, dass die Telekom beispielsweise für das Betriebssystem Windows '95 etwa 30 000 MitarbeiterInnen weiterbilden muss, wird deutlich, welche Ein-

1 Dieser Artikel basiert auf einem Kooperationsprojekt zwischen der Pädagogischen Hochschule Weingarten und der Deutschen Telekom AG, das von 1996-1997 durchgeführt wurde. Neben dem Autor arbeiteten in dem Projekt von Seiten der Pädagogischen Hochschule Weingarten noch mit: P. Birkel, A. Brenner, N. Feinäugle, U. Haid, D. Heger, H. Mackeprang, G. Rapp, J. Redling, A. Stier.

sparungsmöglichkeiten bestehen, wenn es gelingt, die Reise- und Übernachtungskosten einzusparen, indem die Weiterbildungsmaßnahmen arbeitsplatznäher gestaltet werden. Dies versucht die Telekom derzeit mit Hilfe neuer Medien, die insbesondere auf die Möglichkeiten der Telekommunikation zurückgreifen, zu erreichen. Allerdings bieten arbeitsplatznahe Weiterbildungsmaßnahmen darüber hinaus weitere Vorteile. Dadurch können MitarbeiterInnen wesentlich schneller als bisher an Fortbildungsveranstaltungen teilnehmen. Geht man davon aus, dass zukünftig der Weiterbildungsbedarf in Unternehmen wie der Telekom eher steigen wird, werden arbeitsplatznahe Weiterbildungsmaßnahmen unter den gegebenen ökonomischen Bedingungen unverzichtbar (vgl. Henning/Isenhardt 1997).

In der Vergangenheit versuchte die Deutsche Telekom, das Ziel arbeitsplatznahe Weiterbildungsmaßnahmen v.a. durch CBT-Angebote (CBT = computer based training) zu erreichen. Dies scheiterte jedoch an mangelnder Akzeptanz auf Seiten der Mitarbeiter. Gegenwärtig bieten sich jedoch neue technologische Möglichkeiten an, die durch die Schlagworte Multimedia und Telekommunikation umschrieben werden können.

Unser Anliegen war, sowohl die Effektivität als auch die Akzeptanz solcher multimedialer Weiterbildungsseminare zu untersuchen. Um ein möglichst breites Spektrum an Weiterbildungsseminaren abzudecken und um evtl. Einflüsse der Seminarinhalte kontrollieren zu können, sollten unterschiedliche Arten von Weiterbildungsseminaren erfasst werden. In Absprache mit der Deutschen Telekom wurden folgende Kurse ausgewählt:

- aus dem Bereich der Softwareschulung eine Veranstaltung zum Betriebssystem Windows '95.
- aus dem Bereich der Technikerschulung eine Veranstaltung zu den Telefonanlagen EUMEX 306/308 und EUMEX 312.
- aus dem Bereich der Sekretärinnenschulung eine Veranstaltung zum Thema „Erfolgreiches Arbeiten im Sekretariat (EAS)“.

Zu diesen drei inhaltlichen Bereichen wurden alternative Seminarkonzepte erstellt, die wesentlich auf verschiedenen Komponenten multimedialer Lernumgebungen basieren. Diese veränderten Weiterbildungsveranstaltungen wurden anschließend mit mehreren Seminargruppen durchgeführt sowie auf ihre Effizienz und Akzeptanz überprüft.

2. Theoretischer Hintergrund

Die einzelnen Medienkomponenten multimedialer Lernumgebungen wurden in der Vergangenheit und werden derzeit noch sehr eingehend untersucht (vgl. zusammenfassend zur Forschung zu audiovisuellen Medien Wetzel, Radtke/Stern 1994; Dörr 1997, zur Forschung bzgl. dem Lernen mit dem Computer z.B. Hoelscher 1994, zur Forschung zu multimedialen Lernumgebungen Issing/Klimsa 1995; Dörr/Seel 1997). Allerdings werden die verschiedenen Medienkomponenten meist isoliert untersucht, und es finden sich nur wenige Überlegungen, wie die verschiedenen Komponenten in vollständige Lernsysteme integriert werden können (vgl. Fischer 1996). Dass solche Überlegungen unerlässlich sind, zeigen beispielsweise Untersuchungen, die nachweisen, dass die Verarbeitungskapazität der Informationsmenge, die mittels eines Mediums angeboten wird, stark begrenzt ist (Strittmatter/Dörr 1990), als auch Untersuchungen, die zeigen, dass eine Kombination unterschiedlicher Medien zur Vermittlung von Lehrinhalten nicht unbedingt zu besseren Lernergebnissen führt (Mevarech, Shir/Movshovitz-Hadar 1992).

Die Verwendung von Methoden der Telekommunikation bietet im Vergleich zur traditionellen Weiterbildung in Form von Kursen an zentralen Standorten die Möglichkeit, Informationen sehr schnell zu geografisch weit entfernten Standorten zu vermitteln. Mit entsprechender technologischer Unterstützung ist es mittlerweile möglich, sowohl Bewegtbilder als auch Ton simultan an unterschiedliche Orte zu übertragen, samt der Möglichkeit, sich unmittelbar von verschiedenen Standorten aus rückzukoppeln. Die Art der Information kann dabei sehr unterschiedlich sein: Vorträge, mit der Möglichkeit rückzufragen, eine Diskussion zwischen Partnern an verschiedenen Standorten, die gemeinsame Bearbeitung einer Bildschirmseite, das gemeinsame Planen einer Maßnahme, die Demonstration und interaktive Bearbeitung von Software usw.

Wie wertvoll die schnelle Informations- und Datenübertragung zu unterschiedlichen Standorten ist, haben Unternehmen und Organisationen mit weitreichender Präsens in der Fläche, wie z.B. die Deutsche Telekom, schnell erkannt. Diese Techniken werden mittlerweile in der industriellen Produktion, im Dienstleistungssektor (vgl. Whetzel/Felker/Williams 1996) und auch im Bereich der Bildung (Massoumian 1989) eingesetzt. Die Effektivität dieser Art der Daten- und Informationsvermittlung scheint selbstevident, glaubt man den vielversprechenden Ankündigungen der Anbieter. Die Bestätigung dieser Behauptungen, dass mit diesen Technologien jedoch auch effektiveres Lernen initiiert werden kann, steht bisher noch aus.

Die didaktischen Begründungen für das Einsetzen der Telekommunikation in Aus- und Weiterbildung sind denn auch bei weitem nicht so klar wie die vollmundigen Versprechungen der Anbieter. Bisher herrschen anekdotische Berichte und deskriptive Fallstudien vor, empirische Forschung in diesem Bereich ist selten. Das Office of Technology Assessment (1989) berichtet für die USA beispielsweise widersprüchliche Ergebnisse. Während es zwar schwache beobachtbare Effekte im Bereich der Sekundarstufe II, im Geschäftsbereich sowie im militärischen Bereich gebe, seien im Bereich des Schulunterrichts keine Effekte zu beobachten. Demgegenüber behauptet Hunter (1995, zit. nach Whetzel et al. 1995), dass „Telelearning" mindestens so effektiv sei wie herkömmlicher Klassenunterricht. Chung (1991) versuchte, die vorliegenden Untersuchungen zu sichten und fand, dass globale Medienvergleiche typischerweise nur geringe bzw. keine signifikanten Unterschiede erbrachten. Dieses Ergebnis ist jedoch nicht neu. In sämtlichen Phasen der Medienwirkungsforschung zeigte sich für globale Medienvergleiche das gleiche Bild (vgl. Clark 1983; 1994; Kozma 1991; 1994).

Clark (1994) nimmt an, dass Medien zwar die Kosten und die Geschwindigkeit von Lernen erheblich beeinflussen können, dass jedoch nur angemessene Instruktionsmethoden die Qualität von Lernprozessen steigern können. D.h., dass jede Lehrmethode mit einer ganzen Reihe von Medien bei vergleichbaren Lernresultaten realisiert werden kann. Aus diesem Grund muss es ein Ziel der Forschung im Bereich der Weiterbildung sein herauszufinden, welche Art von Lernumgebungen unter der Berücksichtigung von individuellen Lernvoraussetzungen am effizientesten sind.

Um den Wert von Fernlernkursen einschätzen zu können, ist es sicher nicht hinreichend, nur die Lernergebnisse zu berücksichtigen, so bedeutsam diese auch sein mögen. Die bisherigen Ergebnisse zeigen, dass nicht alle Inhalte in gleichem Maße mit Fernlernkursen vermittelt werden können. Kurse, die bestimmte, z.B. motorische Fertigkeiten oder Kommunikationsfertigkeiten vermitteln, benötigen zumindest in Teilen auch soziale Phasen, in denen diese Fertigkeiten von den Teilnehmern auch geübt werden können. Auch ist aus vielen Untersuchungen zur Programmierten Unterweisung oder zum „computer-based training“ (CBT) bekannt, daß diese Lerntechnologie in vielen Bereichen vergleichbare Ergebnisse erzielte, wie traditioneller Unterricht, die Akzeptanz dieser Medien bei den Lernenden jedoch bereits nach kurzer Zeit sehr gering war.

Deshalb ist neben den Lernergebnissen sicher auch die Akzeptanz dieser Kurse bei den Lernenden (und den Lehrenden) ein bedeutsames Kriterium für die Evaluation derartiger Fortbildungsmaßnahmen.

Die Effizienzforschung im Bereich des Fernlernens bzw. des Telelernens fußt in der frühen Forschung zum Lernen mit dem Fernsehen. Auch hier wurden insbesondere in den 50er und 60er Jahren konventioneller Klassenunterricht mit Unterrichtsstunden verglichen, die meist live mittels Fernsehen übertragen wurden. Die meisten Untersuchungen konnten keinen Vorteil der einen im Vergleich zur anderen Lehrmethode feststellen (vgl. Chu/Schramm 1967; 1975; Cohen, Ebeling/Kulik 1981). Der Grund, warum diese Ergebnisse für die heutige Entscheidung für oder gegen Telekommunikation in der Weiterbildung nicht hilfreich sind, liegt in der entscheidenden Tatsache, dass den damaligen Technologien das entscheidende Merkmal der Interaktivität fehlte.

Wie sehen die Vergleiche zwischen Lernen mit Hilfe interaktiver Telekommunikationssysteme und sog. face-to-face-Instruktion aus? Moore & Thompson (1990, zit. nach Whetzel et al. 1996) kommen in einem Überblick über derartige Studien zu dem Ergebnis, dass Telelernen durchaus effektiv sein kann und zwar sowohl in Bezug auf die Lerneffektivität als auch auf die Akzeptanz der Lernenden (vgl. auch Bates 1996). Christopher (1982) z.B. beschreibt einen interaktiven Fernlernkurs bei der US-Air Force. Die Evaluationsergebnisse zeigen, dass die Lernenden im Fernlernkurs in ihren Lernergebnissen mindestens so gut waren wie die Lernenden, die traditionell geschult wurden, und dass die Einstellungen der Lernenden sehr positiv waren, was insbesondere für kürzere Kurse zutraf. Kruh (1993) berichtet über eine Studie, in der sechs Universitätsveranstaltungen als interaktive Telelernkurse mit traditionellen Veranstaltungen verglichen wurden. Der Lernerfolg und die Zufriedenheit der Studenten in beiden Kursen unterschieden sich nicht. Chute/Bruning/Hulick (1984, zit. nach Whetzel et al. 1996) verglichen ebenfalls interaktive Fernlernkurse mit herkömmlichen Kursen, die gleiche Inhalte behandelten und deren Lernzeiten vergleichbar waren. Die Nachtestergebnisse der Fernlerngruppen waren den Ergebnissen der herkömmlich unterrichteten Gruppen signifikant überlegen. Souder (1993) fand in einer ähnlichen Studie differentiellere Ergebnisse. Die Fernlerngruppe war in dieser Studie in praktischen Übungen besser, während die traditionell unterrichtete Gruppe im Bearbeiten von Fragen besser war, die ein bestimmtes Basiswissen erforderten.

Insgesamt gesehen legt die Forschung nahe, dass die Qualität und der Grad an Interaktivität, den eine Technologie bietet, die Lerneffekte wesentlich beeinflusst. Zwei-Wege-Systeme, die ein hohes Maß an Interaktion und Nutzerkontrolle aufweisen, scheinen am ehesten didaktischen Anforderungen zu genügen (vgl. Ellis/Mathis 1985). Hackman/Walker (1990) fanden, dass interaktive Systeme, die es den Lernenden erlauben zu kommunizieren, Lernen und Akzeptanz positiv beeinflussen. Yarkin-Levin (1993) konnte zeigen, dass bei großen Lernenden-Zahlen, wo die Kommunikation untereinander nicht mehr ohne Probleme möglich ist, sogar die sog. „antizipierte Interaktion" (d.h. die Möglichkeit, dass ein Trainer willkürlich einen Lernenden ansprechen kann) zu besserem Lernverhalten führte. D.h. die Lernenden, denen gesagt wurde, dass Interaktion später stattfinden würde, hatten positivere Einstellungen und erinnerten mehr Einzelheiten als Lernende, die keine Interaktion erwarteten. Ein Grund dafür war, dass die Lernenden bei ihren Kollegen nicht als unwissend dastehen wollten (vgl. auch Fulford/Zhang 1993). Auch waren die Lernenden, die die Interaktion positiv wahrnahmen, zufriedener mit dem Programm, als diejenigen, die die Interaktion negativ wahrnahmen.

Bei den bisher vorliegenden Ergebnissen ist der Erfolg des Fernlernens auf der Basis interaktiver Telekommunikation schwer abzuschätzen. Die Ziele und Inhalte der Fortbildung, die Zahl der beteiligten Personen, die Menge und Qualität der zur Verfügung stehenden Technologien sind einige der Variablen, die hier einen wesentlichen Einfluss haben dürften.

3. Multimediale Lernumgebung

Die geplanten Weiterbildungsseminare sollten nicht als integrierte computergestützte Lernumgebungen konzipiert werden. Statt dessen sollten gemäß den inhaltlichen Anforderungen neben einem sog. Ferntrainer verschiedene multimediale Komponenten Anwendung finden, die in möglichst optimaler Weise miteinander kombiniert werden sollten.

Zur Erstellung der multimedialen Weiterbildungsseminare standen neben der auch sonst üblichen Seminartechnik v.a. folgende Medienkomponenten zur Verfügung:

- *Business-TV*: Im Rahmen des Business-TV werden Livesendungen produziert, die den Zuschauern die Möglichkeit bieten, über ProShare (s.u.) Telefon oder Fax Fragen an Experten im Studio zu stellen bzw. Kommentare zu einzelnen Sendungsinhalten abzugeben, die dann in der Sendung selbst wieder aufgegriffen werden können. Teile der Sendungen stehen anschließend als Video zur Verfügung.
- *CBT*: Im Rahmen der Softwarebibliothek „Fun Line" stehen derzeit etwa 140 CBT-Lektionen zur Verfügung. Bei Bedarf können spezielle CBT-Lektionen neu erstellt werden.
- *ProShare*: Diese Software liefert zusammen mit einem PC verschiedene Dienste
  - Videoconferencing für zwei oder mehrere Teilnehmer,
  - Joint Viewing, d.h. verschiedene Nutzer können an ihren jeweiligen Bildschirmen die gleichen Seiten sehen,
  - Joint Editing, gemeinsames Erstellen von Texten, Grafiken usw. ist möglich,
  - Application Sharing, d.h. die gemeinsame Bearbeitung verschiedener Software ist von verschiedenen Standorten aus möglich.
- *Telefonkonferenz*: Mittels Telefonkonferenz können mehrere Teilnehmer an einen Weiterbildungsseminar unabhängig von ihrem jeweiligen Standort miteinander kommunizieren.

Diese Technologien sollten dazu verwandt werden, die Inhalte der verschiedenen Weiterbildungsseminare so zu präsentieren, dass die Seminare möglichst effizient sind und ihre Akzeptanz bei den Lernenden möglichst hoch ist.

4. Ziele der modifizierten Seminare

Nach der Beobachtung mehrerer Weiterbildungsseminare der Telekom sowie mehreren Gesprächen mit verschiedenen Trainern über diese Weiterbildungsseminare sollten die neuen Seminare insbesondere den folgenden Kriterien genügen (vgl. auch Park/Hannafin 1993):

- Eine durchgängige Beobachtung während der verschiedenen Seminare, die auch von sämtlichen Trainern bestätigt wurde, war die extreme *Heterogenität der Seminarteilnehmer*. Sowohl das Vorwissen als auch die Vorerfahrungen der Teilnehmer in den verschiedenen Kursen unterschieden sich ganz erheblich. Während einige Teilnehmer das Wissen und Können, das in einem Seminar vermittelt werden soll, bereits zu Anfang des Seminars oder nach wenigen Stunden beherrschen, sind für andere

Teilnehmer sogar die drei Tage, die für die von uns ausgewählten Seminare zur Verfügung standen, nicht annähernd ausreichend. Diese Tatsache, die von vielen Weiterbildungsinstitutionen bestätigt wird, führt zu der Forderung, gemäß dem Vorwissen der Teilnehmer *differenzierte Lehrinhalte* anzubieten. Es ist also zu prüfen, inwiefern Differenzierungsmöglichkeiten in die Weiterbildungsseminare integriert werden können, die in der Lage sind, dem Vorwissen der Lernenden angemessene Lehrinhalte anzubieten. Dies sollte möglich sein, wird doch als ein wesentlicher Vorteil multimedialer Lernumgebungen von vielen Autoren gerade diese Möglichkeit, differenzierte Lehrangebote zu machen, als ein wesentlicher Vorteil dieser Technologie beschrieben (vgl. Anderson 1996; Romiszowski 1996).

- Sämtliche Seminare, die wir ausgesucht haben, werden sehr kompakt während drei Tagen durchgeführt, was in Anbetracht der erheblichen Reise- und Übernachtungskosten auch nachvollziehbar erscheint. Sie folgen also einer *Kurzzeitpädagogik* (vgl. Gieseke 1996). Wiederholungsseminare gibt es nicht, Aufbauseminare sind selten. In der Regel werden die Seminare auch nicht vor- oder nachbereitet, um den Lerngewinn der Seminare zu erhöhen oder zu sichern. Für viele der Teilnehmer ist es seit Jahren wieder das erste Mal, dass sie sich in relativ kurzer Zeit relativ viel Wissen aneignen sollen. Dies führt dazu, dass ein Großteil des vermittelten Wissens auch relativ schnell nicht mehr verfügbar sein dürfte. Aus lernpsychologischer Sicht wäre es deshalb sicher sinnvoll, die Seminare einmal zeitlich zu strecken und zum anderen auch *Vor- und Nachbereitungsphasen* einzuplanen, um sie effektiver zu gestalten. Auch bei diesen Bemühungen sollten die Möglichkeiten der Neuen Medien nutzbringend eingesetzt werden können (vgl. Klimsa 1993).
- Angesichts der gegenwärtigen explosionsartigen Zunahme der Wissensbestände kann es kein ausschließliches Ziel der Aus- und Weiterbildung mehr sein, nur enzyklopädisches Wissen zu vermitteln, da dieses Wissen in sehr kurzer Zeit bereits wieder veraltet sein wird. Statt dessen sollten Lernende entsprechende *Lern- und Denkstrategien* beherrschen, die es ihnen erlauben, entsprechende Informationen auszuwählen, sie gemäß ihren Zielen zu nutzen und zu modifizieren (vgl. Friedrich/Mandl 1992). Das Beherrschen derartiger Lern- und Denkstrategien erleichtert auch wesentlich den Transfer auf neue Inhaltsbereiche. Deshalb sollte überprüft werden, inwiefern das Training von Denk- und Lernstrategien in Weiterbildungsseminare integriert werden kann, um diese Maßnahmen insgesamt effektiver zu gestalten.
- Der Transfer auf neue Inhaltsbereiche steigt in dem Maße, in dem Wissen in *situationsorientierten Kontexten* verankert ist. Statt Wissen isoliert und ohne Bezüge zu individuellen Erfahrungen zu vermitteln, sollte darauf geachtet werden, dass Lehr-Lern-Situationen in bedeutungshaltige authentische Kontexte eingebettet werden, die den Lernenden die Möglichkeit bieten, neues Wissen mit bereits vorhandenen Kenntnissen in

Beziehung zu setzen. Wie die Untersuchungen der Cognition and Technology Group at Vanderbilt (1996) zeigen, bieten gerade multimediale Lernumgebungen eine Möglichkeit, Lernen in situationsorientierte Kontexte zu verankern.

5. Vorgehen

Die Entwicklung der modifizierten Seminare soll am Beispiel des Weiterbildungsseminars zu den Telefonanlagen EUMEX verdeutlicht werden. Die Ergebnisse zu den übrigen Weiterbildungsseminaren sind an anderer Stelle publiziert (vgl. Dörr et al. 1997; Dörr/Birkel 1998).

Das herkömmliche Seminar zu den EUMEX-Telefonanlagen fand wie die übrigen Weiterbildungsseminare auch während drei Tagen zentral in einem Bildungszentrum der Deutschen Telekom statt. Die Neukonzeption sollte den oben genannten Kriterien genügen, d.h. sie sollte arbeitsplatznah in den einzelnen Niederlassungen durchgeführt werden.

Um bei Neueinführung eines Produktes möglichst schnell möglichst viele Mitarbeiter informieren zu können, bietet sich das Medium Fernsehen geradezu an. Den Einstieg in das Eumex-Fortbildungsseminar sollte aus diesem Grunde auch eine Business-TV-Sendung sein. In dieser Sendung, eigens für diesen Zweck produziert und live gezeigt, wurde das neue Produkt vorgeführt, die Leistungsmerkmale wurden dargestellt, derzeitige Probleme mit den Anlagen mit verschiedenen Experten diskutiert. Die Sendung wurde durch einen Moderator strukturiert, der Experten zu den Eumex-Anlagen befragte bzw. Expertenstatements ankündigte. Nach einer ersten Informationsrunde, die etwa 45 Minuten umfasste, hatten die Zuschauer die Möglichkeit über Fax, Telefon oder ProShare Fragen an die Experten im Studio zu stellen oder auch Kommentare zu der Sendung abzugeben. Nach einer zehnminütigen Pause wurde ein Teil der Fragen innerhalb der Sendung beantwortet, die übrigen Fragen wurden schriftlich beantwortet.

Neben dieser Einführungssendung bestand das Weiterbildungsseminar aus einer zweitägigen Fortbildungsseminar, das vor Ort in den jeweiligen Niederlassungen durchgeführt und von einem Trainer vom Bildungszentrum Stuttgart aus betreut wurde. Nachdem der Trainer und die Seminarteilnehmer sich über ProShare bekannt gemacht hatten, forderte der Trainer die Teilnehmer auf, Lerntandems zu bilden. Jeweils zwei Lernende sollten sich zu einem Lerntandem zusammenschließen, die dann die folgenden Aufgaben gemeinsam bearbeiteten. Der Inhalt des Seminars bestand im wesentlichen im Bearbeiten verschiedenen Übungsaufgaben, die vom Trainer gestellt und kommentiert wurden. Diese Aufgaben bezogen sich auf das Installieren und Konfigurieren der Eumex-Telefonanlagen. Wenn Fragen oder Probleme beim Bearbeiten der Übungsaufgaben auftauchten, konnten sich die Seminarteilnehmer über ProShare, Fax oder Telefon an den Ferntrainer wenden und die Fragen klären. Hier zeigte sich insbesondere ein Vorteil von ProShare, nämlich das Application Sharing. Die Konfiguration der Anlagen erfolgt über eine bestimmte Software. Tauchten dabei Probleme auf, so konnten Trainer und Seminarteilnehmer die gleiche Software an ihren jeweiligen Bildschirmen gemeinsam bearbeiten und versuchen, aufgetretene Probleme zu lösen. Nach dem Bearbeiten einer Übungsaufgabe fasste der Trainer die Ergebnisse noch einmal zusammen. Vor Ort in den Niederlassungen wurden die Seminarteilnehmer durch einen Tutor betreut. Dieser Tutor hatte die Aufgabe, die Räumlichkeit sowie das Funktionieren der Geräte sicherzustellen. Er konnte bei auftauchenden inhaltlichen Schwierigkeiten zwar nicht helfen, verwies die Seminarteilnehmer jedoch in solchen Fällen an den Trainer.

Die Heterogenität der Teilnehmer lässt sich in diesem Seminar zwar nicht aufheben, durch die Bildung von Lerntandems kann das Problem jedoch wesentlich entschärft werden. Dadurch, dass die Lerntandems während des gesamten Verlaufs des Seminars zusammenarbeiten, stellt sich dieses Problem in wesentlich geringerem Ausmaß, zumal bei der Zusammenstellung der Lernpartnerschaften auf ähnliche Interessen, Vorkenntnisse usw. Wert gelegt wird.

Das Problem der Kurzzeitpädagogik tritt in geringerem Maße auf, weil das bisherige Weiterbildungsseminar, das an drei Tagen durchgeführt wurde, in der jetzigen Form auf einen wesentlich längeren Zeitraum ausgedehnt wurde. Durch die Teleteaching-Sendung wird in einem ersten Schritt Grundlagenwissen vermittelt. Das eigentliche Weiterbildungsseminar, das dann nach einiger Zeit folgt, greift dieses Grundwissen auf und versucht es zu vertiefen.

Lern- und Denkstrategien werden zwar nicht explizit vermittelt, durch die zeitliche Ausdehnung und den möglichst häufigen Kontakt zum Lernpartner sollen jedoch auch die eigenen Lern- und Denkstrategien hinterfragt und evtl. verändert werden. Gerade die Kontakte zu KollegInnen, die in ähnlichen Bereichen arbeiten, können bei zukünftigen Problemen am Arbeitsplatz dazu beitragen, diese effektiver als bisher zu lösen.

Die Einbettung der Lehr-Lern-Situationen in authentische Kontexte soll zum einen durch die Teleteaching-Sendung erreicht werden und zum anderen dadurch, dass die Teilnehmer während des Seminars mit realen Telefonanlagen arbeiten.

6. Durchführung der Seminare

Die veränderten Seminare werden ab Mai 1997 in zwölf Niederlassungen der Deutschen Telekom durchgeführt. Die Akzeptanz und die Effizienz der Seminare wurde mit verschiedenen Instrumenten erfasst. Dabei wurden sowohl quantitative als auch qualitative Verfahren eingesetzt.

Der Lernerfolg der Teilnehmer wurde durch einen Wissenstest erfasst, der ausgehend von den Lehrzielen des Weiterbildungsseminars erstellt und von den Teilnehmern am Ende des Seminars bearbeitet wurde.

Die Akzeptanz der Teilnehmer wurde sowohl quantitativ als auch qualitativ erfasst. Die quantitativen Befunde wurden mit drei Erhebungsverfahren gewonnen. Diese Erhebungsverfahren bestanden aus subjektiven Einschätzskalen zu

- „Ausprägungen der Lernmotivation",
- „Motivationalen Bedingungen" und
- der „Zufriedenheit mit dem Kurs".

Die beiden ersten Skalen wurden von Prenzel/Drechsel (1996) übernommen (vgl. auch Prenzel et al. 1996), die dritte Skala wurde selbst konstruiert.

Der Fragebogen zur „Ausprägung der Lernmotivation" erfasste die Konstrukte

- Amotivation,
- Extrinsische Motivation,
- Introjizierte Motivation,
- Identifizierte Motivation,
- Intrinsische Motivation,
- Interesse,
- Negative Empfindungen beim Lernen,
- Empfindung von Wichtigkeit,
- Positive Empfindungen beim Lernen.

Der Fragebogen zu den motivationsrelevanten Bedingungen erfasste die folgenden theoretischen Konstrukte:

- Wahrgenommene inhaltliche Relevanz,
- Wahrgenommene soziale Einbindung,
- Wahrgenommene Kompetenzunterstützung,
- Wahrgenommene Autonomieunterstützung,
- Wahrgenommene Klarheit der Instruktion,
- Wahrgenommene Überforderung durch die Instruktion,
- Wahrgenommene didaktische Qualität,
- Wahrgenommener Transfer.

Die Skala „Zufriedenheit mit dem Kurs" war nicht weiter ausdifferenziert.

Neben der quantitativen Erfassung der Akzeptanz wurde in einzelnen Kursen auch versucht, die Akzeptanz der Teilnehmer qualitativ zu erfassen. Dazu wurden die Teilnehmer während des Kurses beobachtet und am Ende des Kurses einzeln interviewt.

Die Teilnehmer nahmen an den Befragungen und an den Interviews sehr bereitwillig teil.

7. Ergebnisse

7.1 Wissen

Die Wissensüberprüfung erfolgte am Ende des Kurses und umfasste 52 Items. Um die herkömmlichen mit den modifizierten Kursen in ihrer Effizienz zu vergleichen, wurden drei traditionelle und vier modifizierte Kurse herangezogen. Die Ergebnisse sind in Tabelle 1 enthalten.

Tabelle 1: Ergebnisse im Wissenstest

	traditioneller Kurs			modifizierter Kurs		
	N	M	SD	N	M	SD
	12	32,92	5,00	12	31,58	5,57
	12	35,75	3,39	11	32,73	3,74
	12	35,50	4,89	5	33,00	5,39
				11	34,36	5,29
Gesamt	36	34,72	4,54	39	32,87	5,19

Vergleicht man die Ergebnisse der traditionellen mit den Ergebnissen der modifizierten Kurse, so schneiden die Teilnehmer der traditionellen Kurse etwas besser ab. Dieser Unterschied ist statistisch jedoch nicht signifikant. Weder der Gesamtvergleich noch die Vergleiche einzelner Kurse untereinander ergeben Unterschiede von statistischer Bedeutsamkeit. D.h. bezüglich der Wissensvermittlung während des Kurses unterscheiden sich die beiden Durchführungsarten nicht bedeutsam voneinander.

Interessant ist jedoch der Vergleich der Ergebnisse der modifizierten Kurse. Hier wurden die Ergebnisse von Kurs zu Kurs besser. Dieses Ergebnis entspricht auch den Erfahrungen des Ferntrainers, der nach eigener Aussage zunehmend besser sowohl mit der Technik als auch mit der Situation zurechtkam, mit den Kursteilnehmern vor Ort kommunizieren zu müssen. Es bleibt abzuwarten, ob sich dieser Trend bei den später durchgeführten Kursen, die in dieser Auswertung nicht mehr erfasst sind, fortsetzt.

7.2 Akzeptanz

Um die herkömmlichen mit den modifizierten Kursen bezüglich ihrer Akzeptanz zu vergleichen, wurden auch drei traditionelle und vier modifizierte Kurse herangezogen. Die Ergebnisse sind in Tabelle 2 enthalten.

In Bezug auf die Ausprägung der Lernmotivation sowie die Zufriedenheit mit dem Kurs unterscheiden sich die beiden Kursvarianten nicht. Allerdings sind die Empfindungen beim Lernen signifikant negativer als im traditionellen Kurs. Dagegen sind die positiven Empfindungen beim Lernen in beiden Kursvarianten vergleichbar. Auch im Bereich der wahrgenommenen Lernbedingungen ist der traditionelle Kurs dem modifizierten Kurs in drei Skalen überlegen. Die Teilnehmer der traditionellen Kurse finden sich stärker in ihrer eigenen Kompetenz unterstützt. Dies betrifft insbesondere die Rückmeldungen durch den Trainer während des Kurses. Sie erleben auch die Instruktionen des Trainers als klarer und fühlen sich in geringerem Maße überfordert als die Teilnehmer der modifizierten Kurse. Eine mögliche Erklärung für diese Ergebnisse deuten die qualitativen Daten an (s.u.). Demzufolge waren die Teilnehmer der modifizierten Kurse insbesondere mit dem Medieneinsatz während des Kurses weniger zufrieden. Dies zeigt auch die diesbezügliche Frage in der Skala „Zufriedenheit mit dem Kurs". Die Teilnehmer der traditionellen Kurse beurteilten den Medieneinsatz signifikant positiver als die Teilnehmer der modifizierten Kurse (p < .01).

Tabelle 2: Ausprägungen der Lernmotivation und motivationsrelevante Bedingungen in modifizierten und traditionellen Kursen (n = 75)

	traditioneller Kurs (n = 36)		modifizierter Kurs (n = 31)	
	M	(SD)	M	(SD)
Ausprägungen der Lernmotivation				
amotiviert	1,13	0,24	1,24	*0,31*
extrinsisch	1,17	0,35	1,17	*0,32*
introjiziert	3,21	0,52	3,39	*0,58*
identifiziert	3,76	0,40	3,68	*0,41*
intrinsisch	3,61	0,47	3,48	*0,49*
interessiert	3,22	0,69	3,28	*0,63*
Empfindungen beim Lernen				
emotional-negativ	**1,29	0,30	1,76	*0,63*
Wichtigkeit	2,91	0,56	2,91	*0,52*
emotional-positiv	3,00	0,72	3,00	*0,72*
Wahrgenommene Bedingungen				
Inhaltliche Relevanz	2,41	0,53	2,40	*0,71*
Soziale Einbindung	3,37	0,53	3,26	*0,54*
Kompetenzunterstützung	**2,48	0,39	2,16	*0,62*
Autonomieunterstützung	2,88	0,50	2,84	*0,58*
Instruktion – Klarheit	**2,93	0,47	2,58	*0,58*
Instruktion – Überforderung	**1,81	0,88	2,40	*0,92*
Instruktion – didaktisches Vorgehen	2,62	0,32	2,62	*0,28*
wahrgenommener Transfer	2,89	0,72	2,65	*0,72*
Zufriedenheit mit dem Kurs	3,01	0,46	2,85	*0,50*

Mittelwerte und Standardabweichungen der subjektiven Auftretenshäufigkeiten (1 = fast nie; 4 = sehr häufig). Unterschied traditionell – modifiziert * p < .05; ** p < .01)

7.3 Qualitative Daten

Neben der quantitativen Erfassung des Wissens und der Akzeptanz wurde der Verlauf einiger modifizierter Kurse beobachtet. Die Teilnehmer dieser Kurse wurden am Ende des Seminars über ihre Eindrücke und über ihre Erfahrungen mit den eingesetzten Medien befragt.

In den ersten modifizierten Kursen traten noch erhebliche technische Probleme auf. Die ProShare-Verbindung war nicht immer stabil, die Audioverbindung war mangelhaft, so dass insbesondere der Ferntrainer die Ausführungen der Teilnehmer nicht immer angemessen verstehen konnte. Auch fiel auf, dass die Teilnehmer aus eigenen Stücken nur sehr selten Kontakt zum Ferntrainer aufnahmen. Daraufhin befragt, gaben sie einmal eine Hemmung gegenüber dem Medium ProShare an und sagten häufig, wegen relativ geringfügiger Fragen hätten sie meist nicht den Aufwand treiben wollen, eine ProShare-Verbindung zum Ferntrainer aufzubauen. Auch fanden sie es schwierig, dazu ihren Arbeitsplatzrechner zu verlassen und an einem anderen Rechner Kontakt zum Ferntrainer aufnehmen zu müssen. Sie fänden es wesentlich vorteilhafter, wenn sie über ihren Arbeitsplatzrechner mit dem Ferntrainer Kontakt aufnehmen könnten, um die anfallenden Probleme sofort ansprechen und lösen zu können. Insgesamt gesehen äußerten viele Teilnehmer anfangs Schwierigkeiten mit der indirekten Kommunikation mittels ProShare, die sich im Verlauf des Seminars jedoch weitgehend legten. Mehrere Kursteilnehmer empfanden die Lernsituation ohne direkte Kommunikationsmöglichkeit mit dem Trainer auch positiv. Das Bewusstsein, vor Ort „allein" zu sein, hatte für sie einen Aufforderungscharakter, der sie motivierte, sich mit den gestellten Problemen selbstverantwortlich und selbstgesteuert auseinanderzusetzen. Hier zeigte sich auch der Nutzen der Lerntandems, die von den Teilnehmern durchgehend begrüßt wurden. Dadurch, dass die Übungsaufgaben von zwei Lernenden gemeinsam bearbeitet wurden, konnten sie sich bei auftretenden Problemen gegenseitig helfen und unterstützen. Dies wurde auch von den meisten Kursteilnehmer so erlebt.

Ein Problem, das mehrere Kursteilnehmer ansprachen war die Tatsache, dass sie die zur Einführung gedachte Business-TV-Sendung in ihrer Niederlassung nicht gesehen hatten. Sie würden die Möglichkeit begrüßen, diese Sendung sich als Videoaufnahme während oder unmittelbar vor dem Seminar anschauen zu können.

Auch der Ferntrainer, der die modifizierten Kurse betreute, fand es anfangs sehr schwierig, nur indirekten Kontakt zu den Kursteilnehmern zu haben. Dadurch fallen viele Möglichkeiten des Informationsaustausches weg, die bei herkömmlichen Semiaren selbstverständlich sind.

7.4 Diskussion

In dem beschriebenen Projekt sollte versucht werden, betriebliche Weiterbildung mit Hilfe multimedialer Lernumgebungen zu ermöglichen. Angesichts der Ergebnisse, insbesondere jener im Wissenstest, kann dieser Versuch als erfolgreich betrachtet werden. Allerdings zeigen die Daten zur Akzeptanz sowie die Beobachtungen während der Seminare sowie die Interviews mit den Teilnehmern, dass wesentliche Verbesserungen sowohl im technischen Bereich als auch im didaktischen Design notwendig sind, um diese Seminarform mittelfristig als eine mögliche Form der betrieblichen Weiterbildung zu etablieren.

Im technischen Bereich sollten wesentliche Verbesserungen erfolgen. Das System ProShare zeigte sich anfangs recht störungsanfällig. Dies betraf insbesondere die Audioverbindung. Die Mängel führten z.B. dazu, dass Ferntrainer und Seminarteilnehmer sich wegen erheblicher Rückkopplungen kaum verstehen konnten. Diese Probleme konnten jedoch inzwischen durch eine wesentliche Verbesserung der Audioverbindung behoben werden und bei später durchgeführten Seminaren berichteten weder Trainer noch Teilnehmer von Problemen bei der Audioverbindung. Ein weiteres Problem, das durchgehend auftrat und von allen Teilnehmern bemängelt wurde, lag darin, dass die Seminarteilnehmer zur Kontaktaufnahme mit dem Ferntrainer von ihrem Arbeitsplatz an den Rechner mit der ProShare-Ausstattung gehen mussten. Dies hatte zur Folge, dass der Ferntrainer sehr wenig in Anspruch genommen wurde. Es erschwerte auch die Kommunikation dadurch, dass die Seminarteilnehmer ihr Problem dem Ferntrainer mündlich formulieren mussten und nicht mittels Application Sharing die Situation am eigenen Arbeitsplatzrechner erläutern konnten. Hier erscheint eine Lösung notwendig, die es dem Ferntrainer erlaubt, sich auf die jeweiligen Arbeitsplatzrechner zuzuschalten, um dadurch bei anfallenden Probleme sofort und unmittelbar Hilfestellungen zu geben. Software, die diese Leistungsmerkmale aufweist („PC anywhere" und „Talk Remote") wird derzeit erprobt.

Um die hier beschriebene Form der Weiterbildung realisieren zu können ist sicherzustellen, dass die Ferntrainer über die notwendigen Kompetenzen verfügen. Die Situation, Lerngruppen nur indirekt mittels Telekommunikation betreuen zu können, erfordert Kenntnisse und Fertigkeiten, über die Trainer in der Regel nicht verfügen (vgl. auch Gräsel/Bruhn/Mandl/Fischer 1997). Um den Trainern diese Kenntnisse und Fertigkeiten zu vermitteln, erscheint ein entsprechendes Fortbildungsprogramm unerlässlich.

Schließlich zeigen die Ergebnisse der Evaluation, dass auch im didaktischen Design der Weiterbildungsseminare noch wesentliche Optimierungsmöglichkeiten liegen. Hier ist zunächst die Business-TV-Sendung zu nennen, die wesentlich rezipientenorientierter gestaltet werden sollte. D.h. insbesondere weniger Monologe von Experten vor der Kamera und statt dessen eine abwechslungsreichere Dramaturgie, die die Zuschauer stärker als bisher für das folgende Weiterbildungsseminar motiviert. Auch die Seminarkonzeption selbst muss überdacht werden. Da die Seminarteilnehmer kaum den Ferntrainer in Anspruch genommen haben, in den Interviews jedoch häufig der Wunsch nach einer persönlichen Betreuung durch den Ferntrainer geäußert wurde, sollte überprüft werden, inwiefern der Ferntrainer die Seminarteilnehmer stärker als bisher in das Seminar einbinden kann und dadurch auch in stärkerem Maße Kommunikationsmöglichkeiten anbietet.

Derzeit werden die Seminare dahingehend überarbeitet, dass die genannten Verbesserungsvorschläge eingearbeitet werden.

Literatur

Anderson, L.W.: Individualized instruction. In: T. Plomp & D.P. Ely (Eds.): *International encyclopedia of educational technology* (2nd ed.)(353-358). Pergamon. Oxford, UK 1996

Bates, A.W.: Educational technology and distance education. In: T. Plomp & D.P. Ely (Eds.), *International encyclopedia of educational technology* (2nd ed.)(527-534). Pergamon. Oxford, UK 1996

Christopher, G.R.: The Air Force Institute of Technology – the Air Force reaches out through media: An update. In: L. Parker & C. Olgren (Eds.), *Teleconferencing and Electronic Comminications* (343-344). University of Wisconsin-Extension, Center for Interactive Programs. Madison, WI 1982

Chung, J.: Televised teaching effectiveness: Two case studies. *Educational Tecnnology, 31*, 41-47. 1991

Chu, G.C./Schramm, W.: *Learning from television: What the research says.* Washington, DC: National Association of Educational Broadcasters; Institute for Communication Research. (ERIC Document Reproduction Service No. ED 914 900), Stanford, CA 1967

Chu, G.C./Schramm, W.: *Learning from television: What the research says.* (ERIC Document Reproduction Service No. ED 109 985). 1975

Clark, R.E.: Reconsidering research on learning from media. *Review of Educational Research*, 53, 445-459. 1983

Clark, R.E.: Media will never influence learning. *Educational Technology Research and Development, 42*(2), 21-29. 1994

Cognition and Technology Group at Vanderbilt: Multimedia environments for enhancing learning in mathematics. In: S. Vosniadou, E. De Corte, R. Glaser & H. Mandl (Eds.), *International perspectives on the design of technology-supported learning environments* (285-305). Erlbaum. Mahwah, NJ 1996

Cohen, P.A./Ebeling, B.J. & Kulik, J.A.: A meta-analysis of outcome studies of visual-based instruction. *Educational Communication and Technology Journal*, 29, 26-36. 1981

Dörr, G.: *Fernsehen – attraktiv und wirksam?* Oldenbourg. München 1997

Dörr, G./Birkel, P.: Multimediales Lernen in der Weiterbildung. Einsatzmöglichkeiten verschiedener Komponenten multimedialer Lernumgebungen in der beruflichen Weiterbildung der Deutschen Telekom. In G. Dörr & K.L. Jüngst (Hrsg.). *Lehren und Lernen mit Medien.* Juventa. Weinheim 1998

Dörr, G./Birkel, P./Brenner, A./Feinäugle, N./Haid, U./Heger, D./Mackeprang, H./Rapp, G./Redling, J. /Stier, A.: *Methoden der Telekommunikation in der Weiterbildung* (Abschlußbericht). Weingarten 1998

Dörr, G./Seel, N.M.: Instructional delivery systems and multimedia environments. In S. Dijkstra/N.M. Seel (Eds.), *Instructional Design. International perspectives, Vol. 2.: Solving of Instructional Design problems* (pp. 145-181). Erlbaum. Hillsdale, NJ. 1997

Ellis, L./Mathis, D.: College student learning from televised versus conventional classroom lectures: A controlled experiment. *Higher Education, 14*, 165-173. 1985

Fischer, M.J.: Integrated learning systems: An application linking technology with human factors and pedagogical principles. *Educational Technology Research & Development*, 44(3), 65-72. 1996

Friedrich, H.F./Mandl, H.: Lern- und Denkstrategien – ein Problemaufriß. In H. Mandl & H.F. Friedrich (Hrsg), *Lern- und Denkstrategien. Analyse und Intervention* (S. 3-54). Hogrefe. Göttingen 1992

Fulford, C.P./Zhang, S.: Perceptions of interaction: The critical predictor in distance education. *The American Journal of Distance Education*, 7, 8-21. 1993

Gieseke, W.: Verschiebungen auf dem Weiterbildungsmarkt. Wie die berufliche Weiterbildung immer allegmeiner wird. *Zeitschrift für Pädagogik*, 35. Beiheft, 67-87.

Gräsel, C./Bruhn, J./Mandl, H./Fischer, F.: Lernen mit Computernetzen aus konstruktivistischer Perspektive. *Unterrichtswissenschaft*, 25(1), 4-18. 1997

Günther, W./Mandl, H. (Hrsg.): *Telelearning. Aufgabe und Chance für Bildung und Gesellschaft.* Deutsche Telekom AG. Bonn 1997

Hackman, M.Z./Walker, K.B.: Instructional communication in the televised classroom: The effects of system design and teacher immediacy on student learning and satisfaction. *Communication Education*, 39, 196-206. 1990

Henning, K./Isenhardt, I. (Hrsg.): *Bildungstrends der zukünftigen Dienstleitungsgesellschaft*. (Aachener Reihe Mensch und technik, Band 23). Verlag der Augustinus Buchhandlung. Aachen 1997

Hoelscher, G.R.: *Kind und Computer. Spielen und Lernen am PC*. Berlin: Springer 1994

Issing, L.J./Klimsa, P. (Hrsg.): *Information und Lernen mit Multimedia*. Beltz. Weinheim 1995

Klimsa, P.: *Neue Medien und Weiterbildung. Anwendung und Nutzung in Lernprozessen der Weiterbildung*. Deutscher Studien Verlag. Weinheim 1993

Kozma, R.B.: Learning with media. *Review of Educational Research, 61*, 179-211. 1991

Kozma, R.B.: Will media influence learning? Refraiming the debate. *Educational Technology Research and Development, 42*(2), 7-19. 1994

Kruh, J.: Student evaluation of instructional teleconferencing. In L. Parker & C. Olgren (Eds.), *Teleconferencing and Electronic Comminications II* (pp. 293-301). University of Wisconsin-Extension, Center for Interactive Programs. Madison, WI 1983

Mandl, H./Friedrich, H.F. (Hrsg): *Lern- und Denkstrategien. Analyse und Intervention*. Hogrefe. Göttingen 1992

Massoumian, B.: Succesful teaching via two-way interactive video. *Tech Trends, 34*, 16-19. 1989

Mevarech, Z./Shir, N./Movshovitz-Hadar, N.: Is more always better? The separate and combined effects of computer and video programme on mathematical learning. *British Journal of Educational Psychology*, 62, 106-116. 1992

Office of Technology Assessment, U.S. Congress: *Linking for learning: A new course for education*. U.S. Government Printing Office. Washington, DC 1989

Park, I./Hannfin, M.J.: Empirically-based guidelines for the design of interactive multimedia. *Educational Technology Research & Development*, 41(3), 63-85. 1993

Prenzel, M./Drechsel, B.: Ein Jahr kaufmännische Erstausbildung: Veränderungen in Lernmotivation und Interesse. *Unterrichtswissenschaft, 24*, 217-234. 1996

Prenzel, M./Kristen, A./Dengler, P./Ettle, R./Beer, T.: Selbstbestimmt motiviertes und interessiertes Lernen in der kaufmännischen Erstausbildung. In: K. Beck & H. Heid (Hrsg.), *Lehr- Lernprozesse in der kaufmännischen Erstausbildung* (S. 108-127). Steiner. Stuttgart 1996

Romiszowski, A.J.: Individual techniques for teaching and learning. In T. Plomp & D.P. Ely (Eds.), *International encyclopedia of educational technology* (2nd ed.)(pp. 390-394). Pergamon. Oxford, UK 1996

Souder, W.E.: The effectiveness of traditional vs. satellite delivery in three management of technology master's degree programs. *The American Journal of Distance Education*, 7(1), 37-53. 1993

Strittmatter, P./Dörr G.: Informelles Lernen mit Fernsehen. In P. Strittmatter & G. Dörr (Hrsg.), *Neuere Aspekte der Medienforschung* (pp. 97-112). Medienzentrum der Universität des Saarlandes. Saarbrücken 1990

Wetzel, C.D./Radtke, P.H. & Stern, H.W.: *Instructional effectiveness of video media*. Erlbaum. Hillsdale, NJ 1994

Whetzel, D.L./Felker, D.B./Williams, K.M.: A real world comparison of the effectiveness of satellite training and classroom training. *Educational Technology Research & Development*, 44(3), 5-18. 1996

Yarkin-Levin, K.: Anticipated interaction, attribution and social interaction. *Social Psychology Quaterly*, 46, 302-311. 1983

Cornelia Gräsel

Lernen mit Computernetzen an der Hochschule

1. Einführung

In der hochschuldidaktischen Diskussion um neue Medien nimmt die Frage breiten Raum ein, wie durch den Einsatz von Computernetzen die *Effizienz* von herkömmlichen Lehrveranstaltungen gesteigert werden kann bzw. organisatorische Probleme gelöst werden können. Beispielsweise wird überlegt, wie Vorlesungen in „Massenfächern" wie Betriebswirtschaft oder Informatik durch virtuelle Veranstaltungen ergänzt oder ersetzt werden können, oder wie die Überlastung von Bibliotheken durch die Bereitstellung von Studienmaterialien im Netz gemindert werden kann. In diesen Überlegungen bzw. Projekten werden die neuen Medien in herkömmliche Unterrichtskonzeptionen eingebaut – hochschuldidaktische Innovationen spielen eine eher untergeordnete Rolle (vgl. Keil-Slawik, Beuschel, Gaiser, Klemme, Pieper & Selke 1997).

Nicht zuletzt wegen der immer heftigeren Kritik an der Hochschullehre wäre es sinnvoll, gerade umgekehrt vorzugehen und sich die Frage zu stellen, welchen Beitrag Computernetze dazu leisten können, die *Qualität* der universitären Lehre zu verbessern. Unter dieser Fragestellung werden Medien zum Bestandteil einer *neuen Lernkultur* (Reinmann-Rothmeier & Mandl 1997a). Damit werden auch Überlegungen zu Zielen, Inhalten, Methoden und organisatorischen Rahmenbedingungen sowie zu Prüfungen notwendig, wenn man sich mit dem Einsatz von Medien an Hochschulen befasst. Wegen der Komplexität dieser Fragestellung werden im folgenden Beitrag nur einige Aspekte einer neuen universitären Lernkultur mit Computernetzen beleuchtet. Diese Fragestellung erfordert außerdem, dass eine theoretische Position hinsichtlich des Lernens und Lehrens eingenommen wird, im Folgenden wird das eine *konstruktivistische* sein. Zunächst wird anhand der Lern- bzw. Bildungsziele kurz dargestellt, warum sich konstruktivistische Ansätze als theoretische Grundlage für hochschuldidaktische Überlegungen eignen und anschließend ein Überblick über die Grundaussagen dieser Ansätze gegeben. Dann werden drei Projekte vorgestellt, die auf dieser Basis Computernetze in der universitären Lehre nutzen und evaluieren. Abschließend wird die Frage aufgeworfen, wie eine neue Lernkultur mit neuen Medien in den Universitäten implementiert werden kann.

2. Handlungskompetenz und Schlüsselqualifikationen als Lernziele

An die Hochschulen wird immer deutlicher die Forderung herangetragen, dass nicht nur reproduzierbares Faktenwissen gelehrt wird, sondern dass die Studierenden auch *Handlungskompetenz* und *Schlüsselqualifikationen* erwerben. Diese Forderung wird dabei keineswegs nur von den zukünftigen Arbeitgebern der HochschulabsolventInnen, sondern auch von den Studierenden selbst formuliert (Gräsel & Reinhartz 1998; Mandl, Gruber & Renkl 1993). Ein Hauptgrund dafür ist die immer kürzere „Halbwertszeit" von Wissen, d.h. dessen rapide Veralterung, insbesondere in den Natur- und Ingenieurswissenschaften. Außerdem ist es für Studierende in immer mehr Fächern fraglich, ob sie nach ihrem Studium den Beruf ergreifen, für den sie eigentlich qualifiziert wurden. Während Fachwissen nur eng begrenzt angewendet werden kann, zeichnen sich Schlüsselqualifikationen wie kommunikative und soziale Kompetenzen, die Fähigkeit zum selbstständigen Arbeiten bzw. Lernen oder ein gewandter Umgang mit gesprochener und geschriebener Sprache gerade dadurch aus, dass sie in verschiedenen Berufsfeldern von Bedeutung sind.

Wenn das Ziel besteht, Handlungskompetenz und Schlüsselqualifikationen zu erwerben, ist eine Orientierung an konstruktivistischen Instruktionsansätzen besonders geeignet. Ausgangspunkt für die Entwicklung dieser Ansätze war das Problem des ‚trägen Wissens', das zwar in Prüfungen wiedergegeben, in praktischen Situationen aber nicht angewendet werden kann (vgl. Renkl 1996). Ein anschauliches Beispiel für dieses Phänomen sind jene AbschlusskandidatInnen der Betriebswirtschaft, die bei der Steuerung eines Unternehmensplanspiels weniger Gewinn erzielten als Studierende der Pädagogik (Mandl, Gruber & Renkl 1992). Stärker als andere Ansätze der Lehr-Lern-Forschung ist es für konstruktivistische Instruktionsansätze eine zentrale Frage, wie Lernumgebungen so gestaltet werden können, dass die Lernenden *Handlungskompetenz* erwerben. Daneben ist auch die Vermittlung von *Schlüsselqualifikationen*, wenn auch unter anderen Bezeichnungen, ein Gegenstand konstruktivistischer Instruktionsansätze. Im Cognitive-Apprenticeship-Ansatz (Collins, Brown & Newman 1989) sind z.B. allgemeine und domänenspezifische Problemlösestrategien sowie Lernstrategien ausdrückliches Ziel des Lehrens und Lernens. Brown und MitarbeiterInnen (Brown, Ash, Rutherford, Nakagawa, Gordon & Campione 1993) sprechen vom „intelligenten Novizen" als Zielvorstellung – einem informierten Konsumenten, Interpreten und Kritiker von wissenschaftlichem Wissen, der sich selbstständig in verschiedene Inhaltsgebiete einarbeiten kann und in der Lage ist, mit anderen zusammenzuarbeiten bzw. zu lernen.

3. Ein konstruktivistisches Verständnis vom Lernen und Lehren

Um anwendbares Wissen, Handlungskompetenz und Schlüsselqualifikationen zu fördern, kritisierten Konstruktivisten traditionelle Unterrichtsmodelle und entwickelten alternative Konzepte vom Lernen und Lehren. Dabei ist es sehr vereinfachend, von *der* konstruktivistischen Position zu sprechen. In den letzten Jahren haben sich allein innerhalb der Pädagogik unterschiedliche „Spielarten" des Konstruktivismus herausgebildet. Noch viel heterogener wird der Begriff, wenn man andere Disziplinen betrachtet (vgl. Gerstenmaier & Mandl 1995). Für pädagogische bzw. didaktische Vorstellungen ist außerdem festzuhalten, dass zwischen konstruktivistischen Positionen und historischen Ansätzen – insbesondere der Reformpädagogik – eine große Übereinstimmung erkennbar ist (vgl. Gruber 1998). Im Folgenden wird insbesondere die amerikanische Strömung des Konstruktivismus in der Lehr-Lern-Forschung dargestellt, die Ende der 80er Jahre im Kontext der kognitiven Instruktionspsychologie entstand und in Deutschland stark rezipiert wurde (z.B. Cognition and Technology Group at Vanderbilt 1992; Collins et al. 1989; Jacobson & Spiro 1992; Resnick 1987; vgl. Reinmann-Rothmeier & Mandl 2001). Für die Fragestellung, wie neue Medien in konstruktivistischen Lernumgebungen eingesetzt werden können, bieten diese Ansätze eine gute Basis: Die konkreten Anwendungen sowie die empirischen Untersuchungen dieser Forschungsrichtung beziehen in der Regel neue Medien ein.

Dreh- und Angelpunkt der konstruktivistischen Ansätze ist ein *Verständnis vom Lernenden als aktivem Konstrukteur von Wissen.* Dies steht im Gegensatz zu traditionellen Lehr-Lern-Philosophien (Reinmann-Rothmeier & Mandl 2001), in denen der Lernende eher als passiver und rezeptiver Konsument von Wissen gesehen wird – und Lernen dementsprechend als „Wissenstransport". Die aktive Konstruktion von Wissen bedeutet, dass das Vorwissen der Lernenden situationsspezifisch auf eine aktuelle Aufgabenstellung bezogen wird. Dem vorgegebenen Material (z.B. Texten, Bildern) wird dabei Bedeutung zugewiesen. Dieser Prozess der Bedeutungszuweisung ist in hohem Maße abhängig von den Vorerfahrungen, dem Vorwissen und den epistemischen Überzeugungen der Lernenden. Für die Gestaltung von Lernumgebungen bedeutet dies, dass die aktive Wissenskonstruktion der Lernenden zu unterstützen ist und sie angeregt werden, ihr Vorwissen bzw. ihre Vorerfahrungen auf den Lerngegenstand zu beziehen. Diese Sichtweise auf den Lernenden berücksichtigt auch eine motivational-emotionale Dimension: Die Konstruktion von Wissen erfordert eine Beteiligung der Lernenden, d.h. im Idealfall ein hohes Ausmaß an intrinsischer Motivation bzw. an Interesse.

Der *Lernprozess* wird in konstruktivistischen Ansätzen als hochgradig abhängig von den *Kontextfaktoren einer bestimmten Lernsituation* verstanden. In traditionellen Lernvorstellungen besteht dagegen ein objektivistisches Verständnis vom Lernprozess, wonach Wissen situationsunabhängig in Repräsentationen gespeichert wird, die in beliebigen Situationen abgerufen werden können (vgl. Duffy & Jonassen 1992). Aus einer konstruktivistischen

Perspektive wird Lernen dagegen immer als das Erleben bzw. Erfahren von Episoden gesehen, die vom Subjekt als bedeutsam eingeschätzt werden (Gruber 1998). Diese Erfahrung bedingt, in welchen Situationen Wissen später wieder angewendet werden kann. Der Transfer von abstrakt Gelerntem auf reale Problemsituationen erscheint unter dieser Sichtweise problematisch. Besteht die Zielsetzung, Handlungskompetenz zu fördern, sollte es vielmehr bereits in der Lernsituation möglich sein, entsprechende Erfahrungen zu machen – daher stellen alle konstruktivistischen Ansätze das Lernen anhand konkreter Probleme, d.h. problemorientiertes Lernen, in den Vordergrund (Gräsel 1997). Die Problemstellungen sollten dabei in ihrer Komplexität nicht reduziert sein und von den Lernenden als subjektiv bedeutsam erlebt werden.

Die Kontextabhängigkeit impliziert, dass Wissen und Kompetenzen sich nicht in einzelne Bestandteile zerlegen lassen, die getrennt voneinander vermittelt werden. Dementsprechend wird anhand des Bearbeitens der Probleme nicht nur Wissen, sondern es werden auch Schlüsselqualifikationen wie Problemlösefähigkeit oder Fähigkeit zum selbständigen Arbeiten erworben. Befunde zu problemorientierten Lernumgebungen in der Hochschule zeigen allerdings, dass eine völlig selbstgesteuerte und eigenverantwortliche Bearbeitung von Problemen zu einer Überforderung der Lernenden führen kann. Bei einem gelegentlichen Einsatz problemorientieren Lernens in der Hochschullehre ist es daher sinnvoll, Studierende bei der adäquaten Bearbeitung zu unterstützen und dabei die spezifischen Lernvoraussetzungen sowie Merkmale der Domäne zu berücksichtigen (Fischer, Gräsel, Kittel & Mandl 1997; Stark, Graf, Renkl, Gruber & Mandl 1995).

Schließlich ist Lernen in einer konstruktivistischen Sichtweise kein individueller Vorgang, sondern bezieht immer *soziale Prozesse* mit ein. Wissen wird hier als Produkt einer sozialen Aushandlung betrachtet: Sowohl die jeweilige Kultur, in der Lernen stattfindet, als auch die Lerngemeinschaft, die sich aus Mitlernenden und Lehrenden zusammensetzt, nimmt Einfluss darauf, was und wie gelernt wird. Zwischen den Mitgliedern der Lerngemeinschaft kommt es zu einer vorwiegend sprachlichen Aushandlung von Bedeutung, durch die gemeinsam Wissen konstruiert wird. Die konstruktivistischen Unterrichtsmodelle zeichnen sich daher durch eine starke Berücksichtigung kooperativer Lernformen aus.

Besonderer Wert auf den sozialen Aspekt des Lernens legen die Arbeiten von Jean Lave (z.B. Lave & Wenger 1991, vgl. Mandl, Gruber & Renkl 1995), die sich mit dem Lernen im Rahmen alltäglichen Handelns befasst. Sie betont, dass Kompetenzerwerb immer in einer „community of practice“ stattfindet, einer Gemeinschaft mit Personen unterschiedlichen Expertisegrads. Durch die gemeinsame Bewältigung von Alltagsaufgaben entwickeln alle Mitglieder einer Gemeinschaft neue Sichtweisen auf den Lerngegenstand.

4. Die Nutzung von Computernetzen unter einer konstruktivistischen Sichtweise – drei Projekte aus der Hochschule

Ein auffallendes und zentrales Merkmal der meisten konstruktivistischen Instruktionsmodelle amerikanischer Prägung ist die Berücksichtigung neuer Technologien, speziell der Einsatz von multimedialen Lernumgebungen (vgl. Mandl et al. 1995). Die Verwendung multimedialer Lernprogramme kommt den oben skizzierten Grundsätzen besonders entgegen: So können in multimedialen Lernsystemen beispielsweise realitätsnahe Probleme gut dargestellt werden (z.B. Cognition and Technology Group at Vanderbilt 1992). Die Ergänzung multimedial präsentierter Probleme durch nicht-lineare Informationssysteme (Hypermedia) ermöglicht ein selbstgesteuertes und dem eigenen Vorwissen angemessenes Lernen. Seit Beginn der 90er Jahre entstanden auch Arbeiten, die sich mit der Implementierung von Computernetzen in konstruktivistische Lernumgebungen befassen (Brown et al. 1993; Scardamalia & Bereiter 1994; vgl. Gräsel, Bruhn, Mandl & Fischer 1997). Im Folgenden werden drei Projekte des Instituts für Empirische Pädagogik und Pädagogische Psychologie der Universität München vorgestellt, die sich mit dem Einsatz von Computernetzen in der Hochschulausbildung auf der Basis konstruktivistischer Instruktionsmodelle befassen. Dabei soll zum einen aufgezeigt werden, wie sich konstruktivistische Prinzipien in netzbasierten Lernumgebungen für die Hochschullehre umsetzen lassen. Andererseits soll dargestellt werden, welche spezifischen Probleme in derartigen Lernsituationen auftreten.

4.1 Virtuelles Seminar

Das erste Projekt ist ein virtuelles Seminar, das von der Universität München seit einigen Jahren für Studierende der Pädagogik verschiedener Hochschulen angeboten wird (Nistor & Mandl 1997). An den vergangenen Seminaren haben beispielsweise Studierende aus München, Regensburg, Freiburg und Twente (Niederlande) teilgenommen. Das Thema des Seminars ist „Möglichkeiten und Grenzen des Lernens mit Computernetzwerken“ – das Medium wird somit auch zum Inhalt des Seminars, die Lernenden sollen sich sowohl theoretisch als auch durch eigene Erfahrung damit auseinandersetzen, wie Computernetze für das Lernen und Lehren verwendet werden können. Ziel des Seminars ist, dass die Lernenden zentrale Kriterien für die Gestaltung von Lernumgebungen erfahren und dazu qualifiziert werden, selbst netzbasierte Lernumgebungen zu gestalten.

Bis auf ein „reales“ Treffen der SeminarteilnehmerInnen zu Beginn des Semesters läuft die gesamte Kommunikation über das Internet – die Lernenden und der Lehrende versenden Nachrichten, die von allen gelesen werden können. Zwei Formen des *kooperativen Lernens* können unterschieden werden: Zum einen gibt es eine Plenumsdiskussion, in der jede Teilnehmerin und jeder Teilnehmer Beiträge platzieren kann und soll. Zum anderen gibt es Arbeit in den Kleingruppen, in denen jeweils vier Personen zusammen Teilfragestellungen bearbeiten.

Die Struktur des Seminars ist den konstruktivistischen Ansätzen entsprechend: Es wurde eine problemorientierte Vorgehensweise gewählt. In den ersten Sitzungen wird den Lernenden eine konkrete netzbasierte Lernumgebung vorgestellt (es handelt sich um ein virtuelles Seminar aus einer anderen Universität) und die Frage aufgeworfen, wie diese Lernumgebung didaktisch zu bewerten sei. Das Ergebnis dieses Abschnittes ist, dass ein theoretisches Fundament erforderlich ist, um Lernumgebungen zu beurteilen. Folgerichtig befassen sich die Studierenden im nächsten Abschnitt des Seminars in den Kleingruppen mit theoretischen Texten zur Gestaltung konstruktivistischer Lernumgebungen. Anhand der Texte werden schließlich Beurteilungskriterien erstellt, anhand derer die eingangs vorgestellte, exemplarische Lernumgebung evaluiert wird. Das theoretische Wissen wird also auf die praktische Problemstellung angewendet. Der letzte Seminarabschnitt sieht die Bearbeitung eines Transferproblems vor: Die Kleingruppen erhalten nun die Gelegenheit, im Internet selbst eine weitere Lernumgebung zu finden und ebenso zu bewerten. Die Ergebnisse des Seminars werden schließlich von jeder Kleingruppe in einer Seminararbeit festgehalten.

Die theoretischen Inhalte werden auf diese Weise während des gesamten Seminars *problemorientiert* vermittelt und gleichzeitig sollen die „Möglichkeiten und Grenzen" des netzbasierten Lernens selbst erfahren und auf theoretischer Ebene reflektiert werden. Die Aufgabenstellung im virtuellen Seminar verlangt von den Lernenden darüber hinaus eine *selbstgesteuerte* und *aktive* Auseinandersetzung mit dem Inhaltsgebiet. Die Spezifizierung der Lernaktivitäten (z.B. Welche Literatur wird verwendet? Welche Projekte werden im letzten Seminarabschnitt analysiert?) sowie die Planung und Organisation wird den Kleingruppen überlassen. Insbesondere haben die TeilnehmerInnen die Aufgabe, aus dem unübersichtlichen Informationsangebot des Internets selbstständig für sie relevante Informationen zu finden.

Eine Evaluationsstudie des virtuellen Seminars (Nistor & Mandl 1997) zeigte zunächst, dass die Bedienung der Technik durch die Teilnehmenden keine Schwierigkeit darstellte. Die technische Kompetenz der Lernenden entsprach dabei vor dem Seminar dem durchschnittlichen studentischen Niveau: Die meisten Studierenden hatten Erfahrungen mit Textverarbeitung, nicht aber mit dem Internet. Auch die Ergebnisse zu Akzeptanz und Motivation dieser ungewöhnlichen Seminarform fielen sehr positiv aus. Allerdings zeigten sich hinsichtlich der Kommunikation und der Kooperation im Computernetz einige Schwierigkeiten: (1) Die Kommunikation war insgesamt eher lehrerzentriert, obwohl der Moderator des Seminars auf die Bedeutung der gruppeninternen Kommunikation hinwies. (2) Die Steuerung der Interaktion nahm in der Kommunikation viel Raum ein – auf Kosten der Auseinandersetzung mit den Inhalten. Die Lernenden thematisierten beispielsweise häufig die Frage, wer wann welche Teilaufgaben zu erledigen hat und kommunizierten vergleichsweise wenig über inhaltliche Aspekte ihrer gemeinsamen Arbeit. Eine gemeinsame Aushandlung von Bedeutung durch gegenseitige Kritik der erstellten Texte, wie sie in konstruktivistischen Instruktionsmodellen angestrebt wird, kam daher wenig vor.

Diese Ergebnisse stehen mit anderen empirischen Untersuchungen in Übereinstimmung: Bei schriftlicher, asynchroner Kommunikation über Computernetze kann das Problem entstehen, dass die inhaltliche Kohärenz der einzelnen Beiträge eingeschränkt ist (vgl. Gräsel, Bruhn, Mandl & Fischer 1997; Schwan 1997). Beispielsweise beziehen sich Kommentare nicht auf unmittelbar vorangegangene Diskussionsbeiträge, die TeilnehmerInnen haben somit die Aufgabe, einzelne Beiträge den verschiedenen Gesprächsfäden zuzuordnen. Dies ist besonders mühsam, wenn bereits eine Vielzahl von Nachrichten ausgetauscht wurde.

Aufgrund dieser Evaluationsergebnisse wurde das virtuelle Seminar umgestaltet: Zum einen wurden die Aufträge an die Teilgruppen klarer strukturiert und durch die Art der Aufgabenstellung ein gegenseitiger Austausch nahegelegt. Zum anderen wurde es den Lernenden durch klarere Vorgaben für die Titel (subjects) ihrer Beiträge erleichtert, sich deutlicher auf andere Mitteilungen zu beziehen. Auch dieses nachfolgende Seminar wurde evaluiert: Die ersten Ergebnisse zeigen, dass die inhaltliche Bearbeitung der Aufgaben nun tatsächlich breiteren Raum einnahm. Außerdem konnte der Austausch zwischen den Seminarteilnehmern stärker angeregt werden. Insbesondere zwischen Studierenden zweier Universitäten, an denen tendenziell eine unterschiedliche Auffassung hinsichtlich der Gestaltung von Lernumgebungen gelehrt wird, kam es zu intensiven inhaltlichen Diskussionen.

4.2 Kooperatives Lernen über audiovisuelle Computernetze

Das zweite Projekt befasst sich mit der Frage, welche Auswirkungen es auf den Diskurs von Lernenden hat, wenn sie nicht direkt miteinander reden, sondern über ein Computernetz miteinander verbunden sind (Gräsel, Fischer, Bruhn & Mandl 1997). Hier wird eine Grundfrage im Hinblick auf netzbasierte Lernumgebungen thematisiert, die bisher noch wenig untersucht wurde.

Aus einer konstruktivistischen Position nimmt der Diskurs der Lernenden eine zentrale Rolle für das Lernen ein. Befunde weisen darauf hin, dass die gemeinsame Konstruktion von Wissen im Diskurs, die im Folgenden als *Kokonstruktion von Wissen* bezeichnet wird, einen der wichtigen Vorteile dieser Lernform darstellt: Die ausgehandelten gemeinsamen Interpretationen der Lernenden sind reichhaltiger, weil mehr Wissen berücksichtigt wird und verschiedene Perspektiven eingenommen werden. Die Artikulation des eigenen Wissens und das gemeinsame Argumentieren ist mit tiefen Verarbeitungsprozessen verbunden, die in engem Zusammenhang mit Verstehen und Lernen stehen. Die Integration verschiedener Sichtweisen kann außerdem dazu führen, dass die Lernenden sich gegenseitig korrigieren und somit Fehlkonzepte erkennen und evtl. gemeinsam verändern („convergent conceptual change“, Roschelle 1996). Schließlich führt die Kokonstruktion von Wissen dazu, dass die Lernenden reflektierter vorgehen, weil sie ihre Herangehensweisen mit denen der Lernpartner vergleichen und sich so ihrer eigenen eher bewusst werden.

Allerdings ist aus bisherigen Forschungsarbeiten bekannt, dass ein netzbasierter Diskurs mit sich bringt, dass der Koordinationsaufwand der Lernenden erheblich steigt und darunter die inhaltliche Auseinandersetzung leidet. Dies wurde beispielsweise ja auch im oben dargestellten Projekt des virtuellen Seminars deutlich. In den bisherigen Studien wurde vorwiegend textbasierte Kommunikation (z.B. Emails, Chatgruppen) mit Face-to-face-Kooperation verglichen (vgl. Hron, Hesse, Reinhard & Picard, 997). Der hohe verbale Koordinationsaufwand bei dieser Art der Vernetzung wird damit begründet, dass den Lernenden hier non- und paraverbale Hinweisreize fehlen (z.B. Gesten, Mimik, Intonation). Diese Hinweisreize sorgen in Face-to-face-Kooperationen für eine – meist unbewusste – Koordination der Kooperationspartner. Fehlen sie, müssen sich die Partner aufwendig und sprachlich miteinander abstimmen.

In unserer Pilotstudie mit einem *audiovisuellen Computernetz* wurde eine technische Anordnung gewählt, die die Übermittlung non- und paraverbaler Hinweisreize erlaubt. Untersucht wurde, ob diese Form der Vernetzung der Face-to-face-Kommunikation vergleichbar ist, oder ob dennoch ein größerer Koordinationsaufwand festzustellen ist. Dazu wurde kooperatives, problemorientiertes Lernen in diesen zwei Bedingungen verglichen: (1) Face-to-face-Kooperation (direkte Kooperationsbedingung) und (2) Kooperation über ein audiovisuelles Computernetz (netzvermittelte Kooperationsbedingung).

Als Lernumgebung wurde ein *problemorientiertes Lernprogramm* verwendet, das für Studierende der Pädagogik entwickelt wurde. Dieses Programm enthält realitätsnahe und komplexe Fälle zum Thema „Lernschwierigkeiten von Studierenden“. Bei der Bearbeitung des Programms übernehmen die Lernenden die Rolle eines Tutors, der Studierende in den Anfangssemestern bei der Bewältigung von Studienanforderungen berät (z.B. bei Seminararbeiten und Prüfungen). Primäres Ziel des Programms ist es, die Anwendung theoretischen Wissens auf praxisnahe Fälle zu unterstützen. Für die Studie wurde ein realitätsnaher Übungsfall zum Themenbereich „Lernen in Gruppen“ verwendet: Geschildert wird eine Gruppe von drei Personen, die in einem Seminar gemeinsam ein Referat zu erstellen hat und die sowohl in organisatorischer Hinsicht (fehlende Fähigkeiten zur Lernorganisation) als auch in Hinblick auf ihre Kooperationsfähigkeiten („naive“ Vorstellung von Kooperation) überfordert sind.

Versuchspersonen dieser Pilotstudie waren acht Studierende der Pädagogik im Hauptstudium (6.-8. Semester). Bei der Zusammensetzung der Lernenden zu vier Dyaden wurde darauf geachtet, dass sich die Versuchspersonen nicht über das studienübliche Maß hinaus kannten und über vergleichbares Vorwissen verfügten. Dadurch sollte gewährleistet werden, dass innerhalb der Dyaden gleiche Voraussetzungen für den Koordinationsbedarf und die Prozesse der Kokonstruktion von Wissen bestanden. Die Versuchspersonen wurden zu Beginn vom Versuchsleiter in die technische Bedienung der Lernumgebung eingeführt. Anschließend hatten sie selbst Gelegenheit, die Bedienung der Lernumgebung auszuprobieren, indem sie einen einführenden Fall bearbeiteten (Zeit: ca. 25 Minuten). Dieser Fall wies dieselbe Struktur wie der eigentliche Lernfall auf, war jedoch deutlich weniger komplex und hatte einen anderen Inhalt. Schließlich bearbeiteten die Probanden den oben beschriebenen Lernfall. Dazu standen ihnen 90 Minuten zur Verfügung. Jeweils zwei Dyaden befanden sich in der Bedingung der direkten Kooperation, d.h. in einem Face-to-face-Setting. Die anderen zwei Dyaden bearbeiteten denselben Fall in der Bedingung der netzvermittelten Kooperation. Die Lernenden waren jeweils über ein audiovisuelles Computernetz verbunden, über das sie den Lernpartner sehen und hören konnten. Durch Screen-Sharing wurde ermöglicht, dass beide Lernenden identische Bildschirminhalte vor sich hatten, auf die sie simultan zugreifen konnten.

Der Diskurs jeder Dyade wurde am Beginn und am Ende der Fallbearbeitung mit einem Kategoriensystem hinsichtlich des angesprochenen Inhalts ausgewertet (für die Darstellung des verwendeten Instruments siehe Gräsel, Fischer, Bruhn & Mandl 1997). Der *Koordinationsaufwand* wurde darüber erfasst, wie häufig sich der Inhalt von Äußerungen auf die Abstimmung zwischen den Lernenden bezog. Dabei wurde zwischen technischer Koordination und der Koordination des gemeinsamen Vorgehens unterschieden. *Technische Koordination* liegt dann vor, wenn die Äußerung technische Komponenten der Lernumgebung und deren Handhabung thematisiert (z.B. „o.k., mach das mal größer"). Äußerungen, die sich mit der Planung der nächsten Schritte befassen, fallen dagegen unter die *Koordination des gemeinsamen Vorgehens* (z.B. „Laß uns doch damit anfangen"). Die *Kokonstruktion von Wissen* wurde dadurch erfasst, wie häufig in den Äußerungen inhaltliche Aspekte der Aufgabe angesprochen wurde. Auch hier wurden zwei Unterkategorien unterschieden: Zum einen können Äußerungen sich so auf die Aufgabenbearbeitung beziehen, dass sie nur *geteiltes Wissen* ansprechen, d.h. Informationen, die in der Lernumgebung bereits vorgegeben sind (z.B. Fallinformationen). Zum anderen kann mit einer Äußerung (potenziell) *ungeteiltes Wissen* angesprochen werden, d.h. Wissen, das nicht in der Lernumgebung vorhanden ist, sondern vom Lernenden in die Situation eingebracht wird. Dieses Wissen kann deshalb als „potenziell ungeteiltes Wissen" bezeichnet werden, weil der Lernpartner es wahrscheinlich nicht teilt (Stewart & Stasser 1995). Das Ausmaß der Äußerung ungeteilten Wissens bei der Fallbearbeitung stellt einen Indikator dafür dar, inwieweit Prozesse der Kokonstruktion zwischen den Lernenden stattgefunden haben.

Die Anwendung dieses Kategoriensystems auf die Diskurse der Lernenden zeigte Unterschiede zwischen den beiden Kooperationsbedingungen. Die Diskurse der Lernenden mit dem audiovisuellen Computernetz wiesen insgesamt deutlich mehr Äußerungen auf, die sich mit der Koordination befassen. Dieser Unterschied ist in erster Linie auf eine gesteigerte technische Koordination zurückzuführen. Die Lernenden in der Netzbedingung befassten sich beispielsweise sehr häufig mit Fragen, wer etwa die nächste Eingabe mit der Tastatur macht („Machst-Du-jetzt-oder-soll-ich"-Effekt). Der hohe technische Koordinationsaufwand in dieser Gruppe nahm auch über den Lernverlauf nicht ab. Ein deutlicher Unterschied zwischen den Kooperationsbedingungen ließ sich auch in der Aufgabenbearbeitung finden. Ungeteiltes Wissen wurde in der netzvermittelten Kooperationsbedingung sehr viel weniger angesprochen als in der Face-to-face-Bedingung. Die Lernenden beschränkten sich bei der Fallbearbeitung nahezu darauf, sich die Informationen mitzuteilen, von denen sie annehmen konnten, dass sie der Lernpartner ohnehin schon weiß („Ich-sag-Dir-was-was-Du-schon-weißt"-Effekt). Während die Äußerung ungeteilten Wissens in der direkten Kooperationsbedingung über den Lernverlauf hinweg anstieg, tauschten die Dyaden in der indirekten Kooperationsbedingung am Ende der Fallbearbeitung ebenso wenig ungeteiltes Wissen aus wie am Anfang.

Diese Ergebnisse können aufgrund der geringen Versuchspersonenzahl sicher nicht verallgemeinert werden. Sie liefern aber wichtige Anhaltspunkte für Hypothesen, die in weiteren Untersuchungen überprüft werden (vgl. Gräsel, Fischer, Bruhn & Mandl 1997). Grundsätzlich stellt sich die Frage, ob und unter welchen Bedingungen Kooperation über Computernetze einer Face-to-face-Kooperation vergleichbar sein kann. Die Aufgabe der Lehr-Lern-Forschung sollte es sein, diese Bedingungen zu spezifizieren und empirisch begründete Empfehlungen für die Gestaltung von Lernumgebungen mit audiovisuellen Computernetzen zu formulieren.

Im Zusammenhang mit der Lehre an den Universitäten gilt es beispielsweise, das Szenario vom „virtuellen Campus" kritisch zu hinterfragen, an dem ganze Studiengänge via Netzwerk absolviert werden könnten. Häufig wird in diesen Szenarien lediglich auf den Vorteil der Flexibilisierung des Lernens hingewiesen: Die Studierenden wären so besser in der Lage, eine Universität frei zu wählen und könnten räumlich und zeitlich flexibler studieren. Betrachtet man den Erwerb von Wissen und Handlungskompetenz aber als allmähliches und erfahrungsvermitteltes Hineinwachsen in eine Expertengemeinde, in der ein intensiver kommunikativer Austausch in einer Lerngemeinschaft besteht, ist die Reduktion eines Studiums auf einen „virtuellen" Informationsaustausch durchaus in Frage zu stellen. Unter dieser Sichtweise auf das Lernen ist es zwar sinnvoll, die Perspektive der eigenen Lerngemeinschaft durch andere zu ergänzen und beispielsweise Informationen von externen Experten einzuholen (Brown et al. 1993). Computernetze können außerdem hilfreich dafür sein, Texte und andere Dokumente innerhalb der Lerngemeinschaft auszutauschen, beispielsweise zur gegenseitigen Kritik bzw. zur Weiterbearbeitung (Scardamalia & Bereiter 1994). Doch die direkte Kommunikation ist durch diese Arten der Vernetzung eben nur zu ergänzen – keinesfalls jedoch zu ersetzen.

4.3 Nutzung von Netzen zur Information – Wissensmanagement im Studium

Das dritte Projekt, „Wissensmanagement im Studium“, befindet sich momentan noch in der Planungsphase. Unter *Wissensmanagement* werden jene Kompetenzen zusammengefasst, die benötigt werden, um in unübersichtlichen und heterogenen Informationsquellen relevante Informationen zu finden und mit ihnen adäquat umzugehen (Reinmann-Rothmeier & Mandl 1997b). Wissensmanagement ist ein Begriff mit Konjunktur – argumentiert wird, dass derartige Kompetenzen in einer Gesellschaft von großer Bedeutung sind, in der Information und Wissen eine wichtige Ressource darstellen.

Wie Kompetenz zum Wissensmanagement erworben wird und wie dieser Erwerb durch die Gestaltung entsprechender Lernumgebungen gefördert werden kann, darüber existieren bisher nur vage Vorstellungen. Insbesondere für den Umgang mit Informationen könnte die Lernstrategieforschung (vgl. Friedrich & Mandl 1992) theoretische Konzepte anbieten, weil sie sich mit der Selektion, Organisation und Integration von Information beim Lernen befasst. Allerdings thematisiert diese Forschung meist klar strukturierte Information wie beispielsweise den Umgang mit Lehrtexten. Es ist dagegen noch wenig darüber bekannt, wie gelernt werden kann, mit verschiedenen Informationen aus heterogenen Quellen umzugehen.

Das Projekt „Wissensmanagement im Studium“ verfolgt zwei Ziele: (1) Den Studierenden sollen *notwendige Informationen* für eine effektive Studienorganisation im Netz zur Verfügung gestellt werden. Bisher sind derartige Informationen (Merkblätter zum Studium oder Hinweise für die Bibliotheksbenutzung) in der Regel nicht zentral, sondern an verschiedenen Orten zugänglich. Wenn sich Studierende über alle Aspekte der Studienorganisation informieren wollen, sind sie in der Regel zu einem Marathon durch verschiedene Institute gezwungen, um sich aus diversen schwarzen Brettern, Aushängen und Handzetteln die notwendigen Hinweise herauszusuchen.

(2) Die Studierenden sollen für die *Nutzung von neuen Informations- und Kommunikationstechnologien qualifiziert* werden. Wenn interaktive Medien so selbstverständlich genutzt werden sollen wie Fernsehen und Hörfunk, dann setzt dies auch eine entsprechende „Nutzungskultur“ und die entsprechenden Kompetenzen voraus. Wichtig sind dafür nicht nur technische Kompetenzen, sondern auch Kompetenzen der Selektion und Organisation von Information sowie die Fähigkeit, sich in die wechselseitige Kommunikation einzubringen (Reinmann-Rothmeier & Mandl 1997b). In sozial- und kulturwissenschaftlichen Studiengängen ist das Phänomen zu beobachten, dass lediglich ein kleiner Teil der Studierenden ohne Unterstützung den Umgang mit neuen Informations- und Kommunikationstechnologien erwirbt. Möglicherweise hängt das auch damit zusammen, dass diese Fachrichtungen überwiegend von Frauen studiert werden und Frauen sehr viel weniger an der Nutzung neuer Medien partizipieren (z.B. Fröhlich & Goertz 1996). Ziel des Projekts ist es, möglichst vielen Studierenden Kompetenzen des Wissensma-

nagements zu vermitteln – d.h. auch möglichst vielen Studierenden zu ermöglichen, dass sie am Ende des Studiums über diese „Ressource" verfügen.

Um diese Ziele zu realisieren, werden im Rahmen des Projekts verschiedene technologiebasierte Werkzeuge entwickelt. Zum einen wird ein *Leitsystem* erstellt, das für verschiedene Studiengänge studienrelevante Informationen anbietet. Beispielsweise wird das Leitsystem Hinweise zur Studienorganisation enthalten (z.B. Veranstaltungen, Sprechstunden, Termine), Informationen über Wissensressourcen, die zur Verfügung stehen (Bibliotheken, WWW-Nutzung) und natürlich Informationen von Studierenden für Studierende. Berücksichtigt werden sowohl universitätsweite als auch fachspezifische Informationen. Zum zweiten wird eine *multimediale Lernsoftware* entwickelt, die den Studierenden zunächst technisch in die Benutzung des Leitsystems einführt, also die technische Kompetenz der Lernenden fördert. Darüber hinaus sollen anhand eines Lernprogramms den Studierenden erste Kompetenzen des Wissensmanagements vermittelt werden.

Zentral für das Projekt ist, dass diese technologiebasierten Werkzeuge in die Lehrangebote integriert werden und deren Nutzung keine „Anhängsel-Funktion" an das Curriculum enthält. Dies stimmt mit konstruktivistischen Instruktionsansätzen überein, die den Erwerb von Strategien und Schlüsselqualifikationen gemeinsam mit den jeweiligen Inhalten vorsehen. Für das Studium der Pädagogik an der Ludwig-Maximilians-Universität wurde dafür bereits eine Konzeption ausgearbeitet: Im ersten Semester sollen Kleingruppen im Rahmen der Einführungsveranstaltung Arbeitsaufträge zum Wissensmanagement bearbeiten. Sie werden dabei von studentischen TutorInnen betreut, die ihnen sowohl bei technischen als auch bei inhaltlichen Schwierigkeiten Hilfestellungen geben können. Auch andere Kurse werden so umgestaltet, dass die Nutzung neuer Informations- und Kommunikationstechnologien hilfreich oder sogar notwendig wird. Beispielsweise werden für verschiedene Kurse Studienmaterialien im Leitsystem angeboten, für die Vorlesung in empirischen Methoden gibt es ein „virtuelles Tutorium" und für verschiedene Seminare finden Begleitkurse statt, in denen Kompetenzen zur Nutzung von Informations- und Kommunikationstechnologien im Mittelpunkt stehen (z.B. in den Seminaren „Lehren und Lernen" und „Neue Medien in der Aus- und Weiterbildung", vgl. Institut für Pädagogische Psychologie und Empirische Pädagogik 1997).

5. Ausblick: Implementierung von neuen Medien an Universitäten

Die Darstellung der drei Projekte sollte zeigen, welche Möglichkeiten (und welche Grenzen) bestehen, neue Medien in die Universitäten zu integrieren, um dadurch einen Beitrag zu einer neuen Lernkultur an Universitäten zu leisten. Eine derartige *Implementierung neuer Medien* setzt zunächst voraus, dass die erforderliche Hard- und Software zur Verfügung gestellt wird. An vielen Hochschulen sind dafür trotz einiger Anstrengungen in den letzten Jahren die Rahmenbedingungen alles andere als optimal. Häufig fehlt das erforderliche Geld, um allein den Lehrenden Zugang zu neuen Informations- und Kommunikationstechnologien zu gewähren – von den Studierenden ganz zu schweigen (Keil-Slawik et al. 1997; Lang 1995).

Die Bereitstellung der neuen Technologien ist allerdings nur der erste Schritt – ein zweiter besteht darin, dass sie kompetent bedient und genutzt werden müssen, dass Lehrende und Lernende also über die notwendigen *technischen Basisfertigkeiten* sowie *Kompetenzen zum Wissensmanagement* verfügen. In vielen Studiengängen, insbesondere in den Sozial- und Kulturwissenschaften, wird der Erwerb dieser Fertigkeiten einfach nicht thematisiert. Es bleibt den Studierenden (im übelsten Fall auch den Lehrenden) selbst überlassen, ob und wie sie sich entsprechende Kenntnisse aneignen. Die knappe Personalausstattung lässt es sicher nicht zu, dass die DozentInnen selbst Kurse mit diesen Inhalten für Studierende anbieten. Dennoch ist es meistens möglich, technische Kompetenzen zumindest über Tutorien oder externe Kurse in Rechenzentren in die Lehre zu integrieren. Dies trifft insbesondere für den Studiengang Pädagogik zu: Studierende in fortgeschrittenen Semestern sind oft sehr motiviert, Praxiserfahrung in der Lehre zu erwerben und entsprechende Kurse anzubieten. In Seminaren zur Erwachsenenbildung können beispielsweise didaktische Konzepte für derartige Kurse entwickelt und mit StudienanfängerInnen erprobt und evaluiert werden.

Die Darstellung konstruktivistischer Instruktionsansätze sollte verdeutlichen, dass eine neue *Lernkultur mit Berücksichtigung neuer Medien* noch viel weitgehendere Veränderungen voraussetzt: Neue Studieninhalte wie Schlüsselqualifikationen sind ebenso zu berücksichtigen wie neue Lehr-Lern-Methoden, beispielsweise kooperatives und problemorientiertes Lernen.

Die bisherige Forschung greift aber nur unzureichend die Frage auf, wie innovative Ideen und Konzepte in den Hochschulen tatsächlich umgesetzt werden können (Keil-Slawik et al. 1997). Einigkeit besteht lediglich darin, dass die „hochschuldidaktischen Zentren“, die in den siebziger Jahren an manchen Universitäten eingerichtet wurden, bei weitem nicht den erwarteten Innovationsschub auslösten. Auch in der derzeitigen Diskussion über die Hochschulreform sind noch keine konkreten Konzepte erkennbar, welche Änderungen in der Organisation „Universität“ vorgenommen werden sollen, um die Lehre zu verändern. Es ist aber zumindest das Defizit einer Forschung zur Implementierung von Innovationen an Universitäten sichtbar geworden.

Literatur

Brown, A. L., Ash, D., Rutherford, M., Nakagawa, K., Gordon, A. & Campione, J. C.: Distributed expertise in the classroom. In G. Salomon (Ed.), *Distributed cognitions. Psychological and educational considerations* (pp. 188-228). University Press. Cambridge1993

Cognition and Technology Group at Vanderbilt: The Jasper series: A generative approach to mathematical thinking. In K. Sheingold, L. G. Roberts & S. M. Malcolm (Eds.), *This year in science series 1991: Technology for teaching and learning* (pp. 108-140). American Association for the Advancement of Science. Washington 1992

Collins, A., Brown, J. S. & Newman, S. E.: Cognitive apprenticeship: Teaching the crafts of reading, writing, and mathematics. In: L. B. Resnick (Ed.), *Knowing, learning, and instruction. Essays in the honour of Robert Glaser* (pp. 453-494). Erlbaum. Hillsdale 1989

Duffy, T. M. & Jonassen, D.H.: Constructivism: New implications for instructional technology. In: T. M. Duffy & D.H. Jonassen (Eds.), *Constructivism and the technology of instruction: A conversation* (1-16). Erlbaum. Hillsdale 1992

Fischer, F., Gräsel, C., Kittel, A. & Mandl, H.: Strategien zur Bearbeitung von Diagnoseproblemen in komplexen Lernumgebungen. *Zeitschrift für Entwicklungspsychologie und Pädagogische Psychologie, 29*, 62-82. 1997

Friedrich, H. F. & Mandl, H.: Lern- und Denkstrategien – ein Problemaufriß. In: H. Mandl & H. F. Friedrich (Hrsg.), *Lern- und Denkstrategien. Analyse und Intervention* (S. 3-54). Hogrefe. Göttingen 1992

Fröhlich, R. & Goertz, L.: Disputieren, Flamen, Chatten. In: C. Hackl, E. Prommer & B. Scherer (Hrsg.), *Models und Machos? Frauen- und Männerbilder in den Medien* (S. 301-328). UVK Medien. München: 1996

Gerstenmaier, J. & Mandl, H.: Wissenserwerb unter konstruktivistischer Perspektive. *Zeitschrift für Pädagogik, 41*, 867-888. 1995

Gräsel, C.: *Problemorientiertes Lernen. Strategieanwendung und Gestaltungsmöglichkeiten.* Hogrefe. Göttingen 1997

Gräsel, C., Bruhn, J., Mandl, H. & Fischer, F.: Lernen mit Computernetzen aus konstruktivistischer Sicht. *Unterrichtswissenschaft, 25*, 4-18. 1997

Gräsel, C., Fischer, F., Bruhn, J. & Mandl, H.: *Ich sag' Dir was, was Du schon weißt. Eine Pilotstudie zum Diskurs beim kooperativen Lernen in Computernetzen.* Forschungsbericht Nr. 82. Ludwig-Maximilians-Universität, Lehrstuhl für Empirische Pädagogik und Pädagogische Psychologie. München 1997

Gräsel, C. & Reinhartz, P.: *Ungeliebte Kinder auf dem Arbeitsmarkt? Ergebnisse einer Verbleibsstudie von AbsolventInnen des Magisterstudiengangs Pädagogik.* Der pädagogische Blick, 6, S. 225-240. 1998

Gruber, H.: *Erfahrung als Grundlage kompetenten Handelns.* Unveröffentlichte Habilitationsschrift, Ludwig-Maximilians-Universität. München 1998

Hron, A., Hesse, F.W., Reinhard, P. & Picard, E.: Strukturierte Kooperation beim computerunterstützten kollaborativen Lernen. *Unterrichtswissenschaft, 25*, 56-69. 1997

Institut für Pädagogische Psychologie und Empirische Pädagogik: *Merkblatt und Studienplan zum Pädagogikstudium.* Ludwig-Maximilians-Universität: Institut für Pädagogische Psychologie und Empirische Pädagogik. München 1997

Jacobson, M. J. & Spiro, R. J. : Hypertext learning environments and cognitive flexibility: Characteristics promoting the transfer of complex knowledge. In: L. Birnbaum (Ed.), *The International Conference on the Learning Sciences. Proceedings of the 1991 Conference* (pp. 240-248). Association for the Advancement of Computing in Education. Charlottesville 1992

Keil-Slawik, R., Beuschel, W., Gaiser, B., Klemme, M., Pieper, C. & Selke, H.: Multimedia in der universitären Lehre. Eine Bestandsaufnahme an deutschen Hochschulen. In: I. Hamm & D. Müller-Böling (Hrsg.), *Hochschulentwicklung durch neue Medien* (S. 73-122). Bertelsmann. Gütersloh 1997

Lang, M.: *Computer in Schule und Lehrerbildung.* Institut für die Pädagogik der Naturwissenschaften. Kiel 1995

Lave, J. & Wenger, E.: *Situated learning. Legitimate peripheral participation.* Cambridge University Press. Cambridge 1991

Mandl, H., Gruber, H. & Renkl, A.: Prozesse der Wissensanwendung beim komplexen Problemlösen in einer kooperativen Situation. In: F. Achtenhagen & E. G. John (Hrsg.), *Mehrdimensionale Lehr-Lern-Arrangements – Innovationen in der kaufmännischen Aus- und Weiterbildung* (S. 478-490). Gabler. Wiesbaden 1992

Mandl, H., Gruber, H. & Renkl, A.: Neue Lernkonzepte für die Hochschule. *Das Hochschulwesen. Forum für Hochschulforschung, -praxis und -politik, 41*, 126-130. 1993

Mandl, H., Gruber, H. & Renkl, A.: Situiertes Lernen in multimedialen Lernumgebungen. In: L. J. Issing & P. Klimsa (Hrsg.), *Information und Lernen mit Multimedia* (S. 167-178). Psychologie Verlags Union. Weinheim 1995

Nistor, N. & Mandl, H.: Lernen in Computernetzwerken: Erfahrungen mit einem virtuellen Seminar. *Unterrichtswissenschaft, 25*, 19-33. 1997

Reinmann-Rothmeier, G. & Mandl, H.: Problemorientiertes Lernen mit Multimedia. In: K. A. Geißler, G. v. Landsberg & M. Reinartz (Hrsg.), *Handbuch Personalentwicklung und Training. Ein Leitfaden für die Praxis* (9.1.1.1, S. 1-20). Verlagsgruppe Deutscher Wirtschaftsdienst. Köln 1997a

Reinmann-Rothmeier, G. & Mandl, H.: *Wissensmanagement: Phänomene – Analyse – Forschung – Bildung* (Forschungsbericht Nr. 83). Ludwig-Maximilians-Universität, Lehrstuhl für Empirische Pädagogik und Pädagogische Psychologie. München 1997b

Reinmann-Rothmeier, G. & Mandl, H.: Unterrichten und Lernumgebungen gestalten. In: B. Weidenmann, A. Krapp, M. Hofer, G. L. Huber & H. Mandl (Hrsg.), *Pädagogische Psychologie* (S. 603-648). Beltz. Weinheim 2001

Renkl, A.: Träges Wissen: Wenn Erlerntes nicht genutzt wird. *Psychologische Rundschau, 47*, 78-92. 1996

Resnick, L. B.: Learning in school and out. *Educational Researcher, 16* (9), 13-20. 1987

Roschelle, J.: Learning by collaborating: Convergent conceptual change. In: T. Koschmann (Ed.), *CSCL: Theory and practice of an emerging paradigm* (209-248). Erlbaum. Mahwah 1996

Scardamalia, M. & Bereiter, C.: Computer support for knowledge-building communities. *Journal of the Learning Sciences, 3*, 265-283. 1994

Schwan, S.: *Media characteristics and knowledge acquisition in computer conferencing* (Forschungsbericht des Deutschen Instituts für Fernstudien, Abteilung angewandte Kognitionswissenschaft). Deutsches Institut für Fernstudien. Tübingen 1997

Stark, R., Graf, M., Renkl, A., Gruber, H. & Mandl, H.: Förderung von Handlungskompetenz durch geleitetes Problemlösen und multiple Lernkontexte. *Zeitschrift für Entwicklungspsychologie und Pädagogische Psychologie, 27*, 289-312. 1995

Stewart, D. D. & Stasser, G.: Expert role assignment and information sampling during collective recall and decision making. *Journal of Personality and Social Psychology, 69*, 619-628. 1995

Heinz Moser

Mit Computern in die Grundschule – ein Evaluationsbericht

Computer sind als Lerngegenstand der Schule heute akzeptiert – wenigstens in den höheren Klassen. Nicht zuletzt das Internet und die Vermutung, dass die „digitale Revolution“ das Leben der heranwachsenden Generationen stark präge, hatten eine starke bildungspolitische Wirkung. So setzte Bill Clinton in seiner Regierungserklärung vom 5. Februar 1997 als Marke, dass im Jahr 2000 jedes Klassenzimmer und jede Bibliothek in den USA an das Internet angeschlossen sein solle. Initiativen wie „Schulen ans Netz“ in Deutschland belegen, dass diese Botschaft mittlerweile auch in Europa angekommen ist.

Dennoch sind die Vorbehalte gegenüber dem Einzug des Computers in die Schulen noch nicht überall verschwunden. So gestaltet sich der Einbezug des Internet in die Schulen in der Schweiz immer noch zäh, und auf der Primarschulebene (meist: erste bis sechste Klasse der Grundschule) ist die Ablehnung und Skepsis gegenüber Computern noch recht gross Vor allem bei den unteren Klassen der Volksschule (1.-3. Klasse) herrscht oft noch die Überzeugung vor, dass man einen „verfrühten“ Umgang mit Computern vermeiden müsse. Zu hören sind etwa die folgenden Argumente:

- Erst sollen die Kinder einmal anständig von Hand schreiben lernen, bevor sie dies mit dem Computer tun. Förderung solcher Grundfähigkeiten und ein musisches und kreatives Lernen seien viel vordringlicher als die Beschäftigung mit Computern.
- Kinder beschäftigten sich auch ohne Computer in den Schulen schon zu viel mit Gameboys, Nintendo und den damit verbundenen Action-Programmen. Die Computersucht solle nicht noch in der Schule gefördert werden.
- Der Computer unterstütze den Lerndrill und ein mechanisches Üben – alles Dinge, die gerade in den ersten Klassen der Volksschule zu vermeiden seien.

In diesem Bericht plädieren wir indessen dafür, dass Computer schon im Grundschulalter ihre Berechtigung haben. Dabei beziehen wir uns in einem *ersten Teil* stärker auf die theoretische Diskussion, um dann in einem *zweiten* ausführlich über die Evaluation eines Schulversuches zu berichten, in welchem eine Grundschullehrerin mit ihren Schülerinnen und Schülern über drei Jahre mit Computern gearbeitet hatte.

1. Die Diskussion um Computer und Schule

Zuallererst ist herauszuheben, dass die pädagogische Diskussion um den Computereinsatz in den Schulen in den letzten zwanzig Jahren verschiedene Wendungen erfahren hat. Kurz nach dem Aufkommen der ersten Personalcomputer begann in den Achtzigerjahren eine bildungspolitische Diskussion um die Notwendigkeit des Programmierens als elementare Kulturtechnik (vgl. referierend: Moser 1986). Auf der damaligen Entwicklungsstufe der Computertechnologie schien es, wie wenn in Zukunft jeder seinen eigenen Computer programmieren müsse. So hiess es etwa in einem ZEIT-Artikel des Jahres 1985 apodiktisch: „Computer programmieren ist nichts anderes als vormals Lesen, Schreiben und Rechnen“ (Siegfried Schubenz in der Ausgabe vom 8. März 1985, S. 185). Didaktisch schien man für diese Aufgabe ebenfalls gerüstet; hatte doch Seymour Papert (1984) mit „Logo“ eine Programmiersprache entwickelt, die sich mit den spielerischen Elementen einer Schildkröten- bzw. Igel-Grafik schon im Grundschulbereich einsetzen liess.

Dennoch überholte die technologische Entwicklung dieses Konzept einer vierten Grundfähigkeit neben Rechnen, Schreiben und Lesen in wenigen Jahren. Die Computer-Nutzung wurde immer stärker von der Notwendigkeit des Programmierens getrennt, so dass die Prognose von d'Ignazios aus dem Jahre 1984 sehr schnell in Erfüllung gehen sollte: „In fünf Jahren werden Computer völlig anders sein. In zehn Jahren werden sie eine Black Box darstellen, die man einfach benutzt. Man kann sie zwar immer noch programmieren, aber niemand ausser den Experten wird noch programmieren“(d'Ignazio 1984, S. 29).

Damit musste aber auch die pädagogische Aufgabe neu definiert werden – hin zum Konzept einer „informationstechnischen Grundbildung“. Die deutsche Bund-Länder-Kommission formulierte dafür folgende Aufgabenbeschreibung:

„– Aufarbeitung und Einordnung der Erfahrungen, die Schüler in ihrer Umwelt mit Informationstechniken machen;
– Vermittlung von Grundstrukturen, die den Informatikonstechniken zugrunde liegen;
– Einübung von einfachen Anwendungen der Informationstechniken;
– Vermittlung von Erkenntnissen über die Einsatzmöglichkeiten und die Kontrolle der Informationstechniken;
– Darstellung der Chancen und Risiken der Informationstechniken;
– Einführung in Probleme des Persönlichkeits- und Datenschutzes;

- Aufbau eines rationalen Verhältnisses zu den Informationstechniken" (Bund-Länder-Kommission 1984, S. 3).

Die hier festgehaltenen Intentionen sind breit formuliert; sie reichen von der Vermittlung von Techniken und deren Grundstrukturen bis zu deren kritischen Reflexion und zum Persönlichkeits- und Datenschutz. In der Praxis ergab sich aber oft ein viel eingeschränkteres Verständnis, wie dies Klaus Haefner deutlich macht: „Allerdings hat sich in der schulischen und hochschulischen Praxis an Schulen und Hochschulen eine sehr verkürzte Darstellung dieses Problems ergeben. Es werden im wesentlichen ‚Informatik'-Grundkenntnisse sowie der Umgang mit dem Computer vermittelt. Eine systematische Auseinandersetzung mit der informationellen Umwelt und der daraus entstehenden Probleme findet – leider – nicht statt" (Haefner 1987, S. 47).

Dieser informatikbezogenen Orientierung entspricht, dass die informationstechnische Grundbildung schulorganisatorisch an der Sekundarstufe I festgemacht blieb. Die Grundschule jedenfalls sollte – „zumindest vorerst", wie es im Rahmenkonzept sybillinisch heisst – von einer systematischen Einführung in die informationstechnische Bildung ausgenommen werden. Begründet wird dies mit dem Verweis auf den Vorrang der traditionellen Kulturtechniken: „Dafür spricht, dass Schülern der Grundschule in erster Linie die traditionellen Kulturtechniken vermittelt werden müssen, deren Beherrschung für das tägliche Leben weiterhin erforderlich bleibt; auch für den Umgang mit dem Rechner sind diese Kulturtechniken eine grundlegende Voraussetzung" (Bund-Länder-Kommission 1984, S. 4). Ganz ähnlich verlief die Diskussion in der Schweiz; auch hier mit dem Schwerpunkt auf der Sekundarstufe I bzw. auf der Berufsschule (vgl. Moser 1986, S. 37ff.).

Seither wurde es bis in die Neunzigerjahre eher ruhig um die Thematik von „Schule und Computer". Erst mit neuen Fragen wie dem Aufkommen der elektronischen Kommunikation über Dienste wie das Internet und der verstärkten multimedialen Möglichkeiten des Computers ist wieder eine neue Diskussion aufgeflammt. Offensichtlich reicht das minimale Konzept einer Einführung in den Computer auf der Sekundarschulebene für eine Gesellschaft, die sich zunehmend als Informationsgesellschaft versteht, nicht mehr aus. So lauten die aktuellen Fragestellungen: Muss die kommende Informationsgesellschaft nicht schon in der Schule vorbereitet werden? Sollten Kinder und Jugendliche nicht schon in der Schule die Möglichkeit haben, sich mit jenen neuen multimedialen Mitteln der Kommunikatikon auseinanderzusetzen, welche in der zukünftigen Erwachsenenwelt zum Alltag unabdingbar dazugehören werden? Kann es sich die Schule leisten, auf Lern- und Kommunikationsmittel zu verzichten, die im wirtschaftlichen, aber zunehmend auch im Heimbereich selbstverständlich geworden sind? Einige Überlegungen in diese Richtung habe ich in meinem Aufsatz „Multimedia im Informationszeitalter" (Moser 1997) formuliert. Hier möchte ich daraus einen Aspekt herausgreifen und weiterentwickeln: Gegenüber dem Konzept einer informationsteoretischen Grundbildung scheint mir der Aspekt des Computers als

„Lernmedium" und Arbeitsmittel noch verstärkt an Relevanz gewonnen zu haben.

Ausgangspunkt dieser Überlegungen ist die Tatsache, dass immer mehr Bereiche der Gesellschaft „durchcomputerisiert" sind: In immer mehr Büros, Haushalten, Fabriken stehen Computer als Werkzeug bereit: am Bankschalter, auf dem Schreibtisch, an der Fahrkartenausgabe am Bahnhof etc. Sie sind Universalwerkzeuge, die man für eine Vielzahl von Tätigkeiten benutzen kann. Dies ist durch zwei Entwicklungen begünstigt worden:

1. Die Bedienung des Computers ist immer einfacher geworden, seit die Kommandosprache DOS durch grafikorientierte Benutzeroberflächen abgelöst wurde. Das bedeutet, dass man mit visuellen Elementen wie Icons und Rolleisten arbeitet, mit einem doppelten Mausklick ein Programm startet, mit „Drag and Drop" eine Grafik auf dem Bildschirm verschiebt etc.
2. Mit Multimedia hat sich das Spektrum der Anwendungsmöglichkeiten erweitert: Die Bildschirme sind farbig geworden, Ton und Musik können in Programme integriert werden. Lern- und Informationsprogramme haben damit eine neue Aktualität erhalten – zumal mit den CD-ROMs auch die früheren Beschränkungen des Speicherplatzes weitgehend gefallen sind.

Damit ergibt sich für die Schulen eine neue Frage: Jenseits einer informationstheoretischen Grundbildung hat man sich zu fragen, ob Computer im Unterricht nicht ein nützliches Lernmedium[1] darstellen, ganz ähnlich wie Tafel, Kreide, Schulbücher, Hellraumschreiber etc.:

- Pragmatisch kann man darauf verweisen, dass Kinder heute schon sehr häufig zuhause und bei Freundinnen und Freunden mit Computern in Berührung kommen und sie als geheimnisvolle Maschinen betrachten, deren Entdeckung interessant und faszinierend ist. Die Arbeit mit dem Computer erscheint ihnen eine motivierende Herausforderung, die für das Lernen neue Möglichkeiten erschliesst.
- Computer werden von Erwachsenen in Gebieten eingesetzt, die auch in der Schule eine wichtige Rolle spielen: Man kann mit ihnen rechnen, schreiben, zeichnen, Wissen abrufen etc. Es ist nur schwer einzusehen, weshalb man diese Möglichkeiten nicht schon in der Schule nutzen soll.
- Da die Informationsgesellschaft immer stärker auch alltägliches Handeln prägt, ist es für jeden Menschen wichtig, sich frühzeitig mit den Medien des Informationszeitalters vertraut zu machen. Die Beherrschung dieser Werkzeuge wird so zum Teil einer elementaren Bildung, wie sie für jeden Menschen des kommenden 21. Jahrhunderts notwendig ist.

---

1 Lernmedien verstehen wir hier im Sinne von Wolfgang Schulz: „Als Medien werden hier alle Unterrichtsmittel bezeichnet, deren sich Lehrende und Lernende bedienen, um sich über Intentionen, Themen und Verfahren zu verständigen" (Schulz 1965, S. 34)

Zudem belegen empirische Nutzungsstudien wie diejenige des schweizerischen SRG-Forschungsdienstes, dass Kinder, deren Eltern bereits einen Computer besitzen, ungleich häufiger ein solches Gerät benützen: „Geht es um den Computerbesitz, so wird ersichtlich, dass die Hälfte der Schweizer Kinder keinen Zugang zu einem solchen Gerät hat. Wenn die Eltern einen PC besitzen, können hingegen fast vier von zehn Sprösslingen das Gerät benützen" (Begert/Steinmann 1997, S. 40). Dies ist umso problematischer als anhand derselben Studie auch gezeigt werden kann, dass bei Haushalten mit formal besser gebildeten Eltern häufiger ein Computer vorhanden ist – mithin also bei Zugang zu Computern für Kinder keine Chancengleichheit gegeben ist. Das Konzept des „Computers als Lernmedium" könnte hier ausgleichend wirken.

Nun gibt es indessen Kritiker, wie Hartmut von Hentig (1993), die solche Argumente als naiv ansehen, weil sie gewissermassen der Verführung des Computers selbst verfallen. Anstatt die Frage zu stellen, ob und warum es überhaupt Computer-Arbeit in der Schule geben solle, wende man sich zu schnell der Frage zu, welchen Stellenwert man dieser in der Schule gebe. Von Hentig befürchtet, dass die Computer das Lesen und Lernen der Kinder in eine falsche Richtung lenke, was den elementaren Grundsätzen moderner Pädagogik widerspreche. Dazu gehöre, dass die Schule jene Grunderfahrungen beisteuere, die man gemacht haben müsse, um in der Gesellschaft und der Kultur zu bestehen: körperliche, sinnliche, intellektuelle, ästhetische, politische, sittliche. Sie müsse für Einseitigkeiten, die sie selbst verursache Ausgleich schaffen – fürs Stillsitzen und die verordnete Kollektivität, für das Drinnensein und die vorherrschende Verbalität, für die fertigen, unveränderlichen Ordnungen und die Passivität. Es müsse darum gehen, Kindern Eigenverantwortung zu geben. Diesem allem aber sei der Computer mit Bezug auf das Kind diametral entgegengesetzt: „Der Computer dagegen hält es an seinem Stuhl fest, grenzt seine Lebensregungen auf das Feld zwischen Bildschirm und Taste ein, legt alle anderen Sinne lahm, schaltet andere Kontakte aus, bannt den Geist des Kindes auf das Frage-und-Antwort-Schema des Programms oder der Programmierung. Sein Einsatz macht – im Prinzip – alles zunichte, was sich die moderne Pädagogik seit Beginn unseres Jahrhunderts ausgedacht hat – zum Wohle des Kindes wie der Gesellschaft" (von Hentig 1993, S. 70).

Die Polemik, welche von Hentig hier vorträgt, beruht von allem Anfang auf einem falschen Zungenschlag: denn „die moderne Pädagogik", in deren Namen der Computer hier plattgewalzt wird, gibt es in dieser Einheitlichkeit nicht. Alles was von Hentig befürchtet, träfe allenfalls dann zu, wenn der Computer zum zentralen Lernmedium würde und die Kinder den ganzen Tag gleichsam an solche Geräte „angeschlossen" wären. So muss die Arbeit mit Computern keineswegs bedeuten, dass man sich damit auf das Lernen im Rahmen von Frage-Antwort-Schemata beschränkt. Wo zum Beispiel Lernprogramme in Abenteuerspiele verpackt werden, handelt es sich nicht mehr um eine Programmierung nach den Mustern behavioristischer Verhaltensmuster. Darüber hinaus geben CD-Roms eine Fülle von Recherchiermöglichkeiten, animieren Zeichenprogramme zu kreativem Gestalten etc.

Aber auch das Zerrbild von der sozialen Isolierung ist einseitig und falsch. Computer können durchaus als kommunikationsfördernde Lernmittel eingesetzt werden, etwa wenn

- Schüler gemeinsam am Bildschirm Aufgaben lösen, spielen, eine Schülerzeitung produzieren etc.;
- Computer im Projektunterricht als Informationsquelle für eine Gruppe von Schülern dienen;
- Schulen sich im Internet austauschen und schulübergreifend miteinander kommunizieren.

Im Gegensatz zu Hartmut von Hentig bin ich der Auffassung, dass Computer und virtuelle Realitäten heute immer stärker selbst zu jenen kulturellen Grunderfahrungen gehörten, auf die von Hentig hinweist. Um in dieser Kultur zu bestehen, wird es immer wichtiger sein, sich mit Computern zu beschäftigen, die Erfahrungen der Computerwelt auch in der Schule aufzunehmen und die Schülerinnen und Schüler darin – wenn nötig auch kritisch – zu begleiten und zu unterstützen.

1.1 Der Computer als Lernmedium

Betrachtet man den Computer im oben skizzierten Sinn als vielseitig einsetzbares Lernmedium, dann geht es nicht darum, den Computer zum absoluten Mittelpunkt einer „neuen" Laborschule mit solchen Geräten an jedem Arbeitsplatz zu machen – so wie es von Hentig offenbar befürchtet. Vom Rahmen her scheint mir für die Integration des Computers in möglichst viele unterrichtlichen Arbeits- und Lernprozesse sogar unabdingbar, dass die Geräte in den einzelnen Klassenzimmern stehen und nicht davon entfernt in einem abgesonderten Computerraum. Das bedeutet in Konsequenz aber auch, dass die Klassenzimmer nicht zu „Computerlabors" umgestaltet werden, wo jeder Schüler nur noch vor dem Bildschirm sitzt. Vielmehr wäre anzustreben, dass jede Schulklasse etwa drei bis vier Geräte und einen Internet-Anschluss zur Verfügung hätte.

Inhaltlich bedeutet dies für die alltägliche Unterrichtsarbeit, dass der Computer in der Grundschule in drei Bereichen eine Rolle spielen könnte (vgl. auch Papert 1993, S. 161):

- Der Computer als Werkzeug („tool"). In diesem Sinne kann er in der Schule zur Textverarbeitung, zur Arbeit mit Lexika und Bildersammlungen auf CD-ROM, zum Schüleraustausch über Internet etc. eingesetzt werden.
- Der Computer als Lehrer („tutor"). Seit einiger Zeit kommen immer mehr vom Ansatz her anspruchsvolle Lernprogramme in Mathematik, Deutsch oder zum Fremdsprachenlernen auf den Markt, die für schuli-

sche Zwecke attraktiv sind. Das gilt sowohl für Programme wie die ADI-Reihe, die eher für den Home-Markt entwickelt wurde, wie für jene, die stärker auf schulische Zwecke hin zugeschnitten wurden (z.B. die „Alfons"-Programme).

- Das Lernen über den Computer. Meinte hier Papert (1993, S. 162) noch das Programmieren mit LOGO, das Einsicht in das Wesen des Computers gebe, so wäre hier weiter zu argumentieren: Der Umgang mit solchen Geräten fordert Kinder generell heraus, über Computer nachzudenken, etwa zu Fragen wie: Sind Computer intelligent, nehmen sie uns die Arbeitsplätze weg etc.

Generell wäre in diesem Rahmen das grundlegende methodische Prinzip: Der Computer soll überall dort genutzt werden, wo dies von der didaktischen Intention her sinnvoll ist. Und man wird ihn dort weglassen, wo dies nicht der Fall ist. In einem solchen Rahmen sollte die hitzige Auseinandersetzung um die Frage des Computers in der Grundschule pragmatischer geführt werden können: Meines Erachtens spricht nichts dagegen, dass das Arbeiten mit dem Computer von der ersten Klasse an zum elementaren Instrumentarium des schulischen Lernens gehört. Dafür spricht nicht zuletzt, dass dann von Anfang an systematisch Lern- und Arbeitsgewohnheiten entwickelt werden können, die den Computer ganz selbstverständlich einschliessen, und dass damit Schwellenängste, die später abgebaut werden müssen, gar nicht aufkommen. Das heisst aber auch, dass es nicht um eine Position des „Alles-oder-Nichts" geht. Ist es wirklich notwendig, den Computer zu verdammen, weil man durch die Form der Texteingabe die Handschrift in Gefahr sieht? Muss man den Computer ablehnen, wenn man die musische Erziehung für die Grundschule als besonders wichtig erachtet? Unseres Erachtens ging es darum, Bildungskonzepte zu entwickeln, in denen beides seinen Platz findet. Dass die Kinder damit übrigens viel weniger Probleme haben wie die Erwachsenen und z.B. das Zeichnen oder Malen mit dem Computer kritisch und differenziert bewerten, wird im Evaluationsteil dieses Berichtes deutlich werden.

2. Die Evaluation einer Grundschulklasse in Schaffhausen[2]

Die im folgenden präsentierte Evaluation ist naturgemäss eingeschränkt, gibt es doch im schweizerischen Kontext noch kaum erste bis dritte Grundschulklassen, in denen der Computer als Lernmedium in grösserem Stil einbezogen wird. So bezieht sich die nachfolgende Evaluation auf eine Klasse mit 16 Schülern und Schülerinnen in Schaffhausen, die im Unterricht seit der ersten

---

2 In diesem Zusammenhang möchte ich der Lehrerin Ursula Hänggi vom Schulhaus Steingut in Schaffhausen danken, ohne deren Hilfe die vorliegende Untersuchung nicht zustandegekommen wäre.

Klasse – nunmehr also seit drei Jahren – mit Computern arbeitet.[3] Zusätzlich wurde eine zweite Schulklasse desselben Schulhauses, die über keine Computer im Klassenzimmer verfügt, als Vergleichsgruppe in die Untersuchung einbezogen. Insgesamt wurden damit n = 33 Drittklässler in die Evaluation einbezogen.

Aufgrund dieser Anlage ist die Evaluation also keineswegs repräsentativ, sondern es handelt sich um eine erste explorative Fallstudie. Doch weil es nur wenige analoge Versuche gibt, dürften die Ergebnisse dieser kleinen Pilotstudie dennoch auf grösseres Interesse stossen.

Die im folgenden dargestellten Resultate entstammen aus triangulativ gesammelten Daten aus dem letzten Halbjahr des dritten Schuljahres einer Schaffhauser Primarschule (im Frühjahr 1997). Als Methoden wurden eingesetzt:

- ein Schülerfragebogen, der von dieser und einer Schulklasse ohne Computer ausgefüllt wurde. Hier waren es insbesondere Grunddaten zur Computernutzung und Unterschiede zwischen den beiden Klassen, die interessierten.
- je zwei leitfadengestützte Focus-Gruppen-Interviews in den beiden Klassen. In diesen Gesprächsrunden sollte zum Ausdruck kommen, wie die Schüler und Schülerinnen den Computereinsatz in der Grundschule bewerten.
- Gespräche mit der Lehrerin und Unterrichtsbeobachtungen, die Auskunft über das Konzept und die Intentionen geben sollten, mit denen in der Klasse gearbeitet wurde.

Ausgeklammert war in diesem Projekt die Frage, ob der Einsatz des Computers dort zu verbesserten Leistungen führt, wo computergestützt gearbeitet wurde. In dieser Richtung gehen etwa amerikanische Untersuchungen, wie sie von Greenfield (1984, S. 122ff.) zitiert werden. Uns erschien es aber angesichts der Fülle wirksamer Faktoren kaum möglich, den Effekt des Computers vergleichend zwischen den beiden in die Untersuchung einbezogenen Klassen zu isolieren. Aus diesem Grund verzichteten wir auf diese Fragestellung. Immerhin kann aufgrund der Beobachtungen im Unterricht festgehalten werden, dass der Schulleistungsstand der Kinder sicher durch den Computer nicht verschlechtert wurde. Manche Kinder wurden dadurch sogar angeregt, Dinge zu tun, die sie ohne Computer nie so intensiv betrieben hätten. So liest ein Kind aus dem ehemaligen Jugoslawien zuhause auf dem Computer Texte auf serbisch und übt sich so in der heimatlichen Sprache.

---

3 In der nachfolgend dargestellten Fallstudie fehlt zudem ein für die gegenwärtige Computerdiskussion wichtiges Element – der Internet-Zugang, welcher der Lehrerin von der zuständigen Schulbehörde verweigert wurde.

2.1 Das Setting des Unterrichts

Im Klassenzimmer von Frau H. sind vier Computer installiert. Diese werden von den Schülern weitgehend selbstständig betreut, sobald die Programme einmal durch die Lehrerin installiert sind. Frau H. benutzt diese Geräte pragmatisch als Arbeitsmittel, was allerdings nicht bedeutet, dass die Auswirkungen auf den Unterricht zu vernachlässigen wären. Denn solche „Mittel" können auf die Strukturen des Arbeitsprozesses eine entscheidende Bedeutung haben, wie man auch aus der Arbeitswelt weiss. Hier werden durch Computer ja Arbeitsabläufe und Qualifikationsprofile von Berufen immer wieder total verändert. Nun sind die Konsequenzen in der Schule gewiss weniger dramatisch. Aber auch hier hat man im Sinne des sog. Implikationszusammenhanges von didaktischen und methodischen Entscheidungen immer gewusst, dass Lernmedien Rückwirkungen auf Intentionen und Ziele des Unterrichts haben. Mindestens dürften nicht alle Unterrichtsarrangements gleich geeignet für die Arbeit mit dem Lernmedium Computer sein.

Für die Lehrerin Frau H. bedeutet dies, dass sie die vier Geräte, die ihr zur Verfügung stehen, in ihr Unterrichtskonzept einbauen muss. Wenig sinnvoll sind in diesem Zusammenhang Unterrichtssequenzen, bei denen alle Schüler gleichzeitig am Computer arbeiten, weil dafür gar nicht genügend Geräte zur Verfügung stehen. Allerdings strebt dies Frau H. gar nicht an. Denn separate „Computerstunden" könnten leicht Fremdkörper in einer Unterrichtsstruktur darstellen, die gerade in den ersten drei Jahren der Grundschule noch recht ganzheitlich und ohne starren Lektionentakt gestaltet werden kann. Wichtig ist es deshalb für die Lehrerin, dass sie die Computer als Werkzeuge nahtlos in ein Unterrichtskonzept einpassen kann, das Lernformen wie Wochenplan, Werkstattunterricht und freies Arbeiten integriert.

Das heisst konkret, dass die einzelnen Unterrichtswochen flexibel nach diesen strukturierenden Elementen aufgeteilt werden. Die Schüler erhalten Stunden zur Verfügung, in denen sie nach Wochenplan individuell bestimmte Aufgaben erledigen, sie arbeiten in Gruppen an einzelnen Themen und Projekten, und sie haben die Möglichkeit, sich im freien Arbeiten selbst Aufgaben zu stellen. Daneben gibt es traditionell geführte Stunden, wo Frau H. etwas erklärt oder gezielt mit den Kindern übt; aber insgesamt ist ihre Rolle dennoch mehr diejenige einer Lernbegleiterin.

Die damit mögliche Abwechslung zwischen individuellen Elementen, Gruppen- und Klassenprozessen ist für den Einbezug des Computers bzw. von Lernprogrammen sehr günstig. So lösen die Kinder einzeln Rechenaufgaben für den Wochenplan vermittels Lernprogrammen, machen sich im Werkstattunterricht anhand einer CD-ROM über Dinosaurier kundig oder schreiben im freien Arbeiten Texte mit dem Programm „Creative Writer". Gerade weil die Kinder oft an unterschiedlichen Aufgaben arbeiten, die nur zum Teil den Computer erforderlich machen, kann die Arbeit an diesen Geräten sehr gut auf die Schüler und Schülerinnen der Klassen hin kanalisiert werden. Die Geräte sind wechselweise immer besetzt; aber im Rahmen der flexiblen Unterrichtsgestaltung von Frau H. kommt man mit der zur Verfügung stehenden Anzahl ohne grössere Engpässe zurecht.

Nun ist es sicher denkbar, dass sich auch Wege finden lassen, um die Computer in konventionelleren Unterrichtsstrukturen sinnvoll einzusetzen – als Zusatzaufgabe für schnellere Schüler, in arbeitsteilig geführten Projektsequenzen, zur gezielten Förderung einzelner schwächerer Schüler. Dennoch erfordert dies von Lehrern und Lehrerinnen wenigstens ein teilweises Umdenken, weg vom Frontalunterricht in Richtung stärker individualisierender und gruppenbezogener Unterrichtsführung. So können die vielfältigen Lernmöglichkeiten des Computers gerade dann am besten ausgenutzt werden, wenn verstärkt Methoden aus dem Arsenal der Reformpädagogik eingesetzt werden (die sog. „erweiterten Lernformen", wie sie in der schweizerischen didaktischen Diskussion auch genannt werden).

Neben den Unterrichtsstrukturen stellt sich aber auch die Frage nach der geeigneten Software für Grundschulkinder. Hier ist generell der Trend festzustellen, dass in den letzten Jahren geradezu eine Flut von Edutainment-Programmen auf den Markt geworfen wurde. Dennoch ist für Frau H. die Auswahl nicht leicht zu treffen. Einerseits sind viele Programme schlicht unbrauchbar, weil sie Kinder schon nach wenigen Minuten langweilen, sie – trotz entsprechender Altersangabe – überfordern oder nur schlecht in den Rahmen des vorgegebenen Lehrplans passen. So sind etwa (Lern-) Abenteuerspiele, die von ihrer Konzeption her darauf ausgerichtet sind, dass sich Schülerinnen und Schüler darauf über längere Zeit einlassen, schwierig in den Unterricht einzubeziehen. Dennoch findet Frau H. im gegenwärtigen Angebot genügend nützliche Software, um ihren unterrichtlichen Bedarf abzudecken. Was ihr dagegen fehlt, ist ein Internet-Anschluss. Dies würde die Möglichkeiten noch zusätzlich erweitern – indem man mit anderen Schülern Briefe austauschen oder gemeinsame Projekte durchführen könnte. Oder es wäre z.B. möglich gewesen, beim Dinosaurier-Thema im Werkstatt-Unterricht auf dem Netz nach Bildern und Informationen zu suchen.

2.2 Fakten zur Computernutzung

Im ersten Teil des schriftlich auszufüllenden Fragebogens wurden einige statistische Daten erfasst:

So umfassen die beiden befragten Klassen[4]:

- Klasse 1 (mit Computer): 14 Schülerinnen und Schüler;
- Klasse 2 (ohne Computer): 19 Schülerinnen und Schüler.

Von den befragten Kindern sind 13 männlichen, 20 weiblichen Geschlechts.

---

4 Die beiden Klassen werden im Text auch als „computererfahren" (Klasse 1) oder „computerunerfahren" charakterisiert. Dies bezieht sich allein auf die in der Schule mögliche Arbeit mit Computern, schliesst aber nicht aus, dass auch Kinder aus der „computerunerfahrenen" Klasse in der Freizeit Zugang zu solchen Geräten haben.

Was die generelle Computernutzung betrifft, so besitzen die Familien zum Zeitpunkt der Untersuchung (anfangs Juni 1997) zu 54,5 Prozent mindestens einen Computer, während 45,5 Prozent über kein solches Gerät verfügen. In der weitaus grösser angelegten Studie des SRG Forschungsdienstes von 1995 sind es dagegen 44 Prozent der Familien, die über einen Computer verfügen, gegenüber 14 Prozent im Jahr 1988 (Begert/Steinmann 1977, S. 30). Aus diesen Daten lässt sich schliessen, dass unsere Untersuchung durchaus dem dargestellten Trend einer laufenden Zunahme des häuslichen Computerbesitzes entspricht, bzw. diesen fortschreibt. Auch in den Gruppendiskussionen wird deutlich, dass es mindestens nicht mehr ungewöhnlich ist, zuhause einen Computer vorzufinden. Und manchmal geht es zu wie bei dem Jungen, der erzählt: „Wir haben eigentlich sonst beide einen. Mein Vater hat jetzt meinen verkauft, seinen gibt er mir und er erhält einen neuen... und dann erhält meine Schwester auch noch einen."

2.3 Der Faktor „Geschlecht"

Allerdings stellt sich die Frage, ob das Interesse an Computern nicht auch geschlechterspezifisch geprägt ist: Aus diesem Grund wurde der Faktor des Geschlechts bewusst in die Forschungsanlage einbezogen. Denn gemäss bisherigen Untersuchungen gehören Computer in die technische Sphäre des Lebens, die eher von Männern dominiert wird. Auf der anderen Seite sind es jenseits solcher traditionellen Sozialisationsmuster aber immer häufiger auch Frauen, die z.B. im Rahmen des kaufmännischen Berufsfeldes an Computern arbeiten. Wir erwarteten, diese Widersprüchlichkeit in den Antworten der Schüler und Schülerinnen wiederzufinden.

Wir fragten deshalb, wer in der Familie mit einem Computer umgehen könne. Dies ergab folgende Antworten:

- Vater: 69,7 Prozent
- Geschwister: 50 Prozent
- Mutter: 33,3 Prozent.

Computer sind danach – was wenig überrascht – primär die Domäne der Väter, und erst ganz am Schluss folgt die Mutter. Betrachtet man die Variable des Geschlechts allerdings durch die ganze Untersuchung hindurch, so wird deutlich, dass bei den Kindern unabhängig vom Geschlecht ein Interesse an Computern gegeben ist. Auf die Frage, ob Computer stärker eine Sache von Jungen als von Mädchen seien, meinten 88 Prozent, dass dies nicht zutreffe. Allerdings ist dabei bemerkenswert, dass diese Fragen 5 Prozent der Mädchen, aber immerhin 23 Prozent der Jungen zustimmend beantworteten. Mit anderen Worten: Etwa ein Fünftel der Jungen ist durchaus noch der Meinung, dass Computer wichtiger für ihr eigenes Geschlecht sind.

67 Prozent aller Befragten sind zudem der Meinung, dass jeder in Zukunft den Computer beherrschen müsse, wobei auch in dieser Einschätzung

zwischen den Geschlechtern kein siginifikanter Unterschied zu beobachten ist. Ganz anders jedoch bei der Frage, ob man später einmal im Beruf am Computer arbeiten wolle. Hier antworten die Jungen siginifikant positiver. Gegenüber 40 Prozent bei den Mädchen sind es bei ihnen 92,3 Prozent, die später mit Computern arbeiten wollen.[5] Auch in den Gruppeninterviews wurden gerade von Mädchen immer wieder Berufe genannt, wo man keinen Computer brauche: Tierpflegerin, Reitlehrerin, Kindergärtnerin etc. Hier könnte denn auch ein Grund dafür liegen, dass Jungen die Wichtigkeit des Computers für ihr eigenes Geschlecht betonen – schliesslich sind sie es auch, die damit einmal im Beruf umgehen müssen.

Generell scheint es nach diesen Resultaten so zu sein, dass die geschlechtstypischen Vorurteile bei den befragten Klassen zwar nicht dominant sind, aber auch nicht gänzlich abgebaut erscheinen. Bezieht man indessen das Ergebnis ein, dass zuhause beim Computer noch die Väter das Sagen haben, dann ist es umso wichtiger, dass die Schule hier ausgleichend wirkt. Dies scheint denn auch in der Klasse von Frau H. gelungen, indem sowohl die Jungen wie die Mädchen ganz selbstverständlich mit dem Computer umgehen – allerdings mit einer Ausnahme: So sind die Computerchefs auch hier männlichen Geschlechts, wie die in einer Gruppendiskussion gestellte Frage belegt, ob denn die technischen Belange für die Befragten nicht zu kompliziert seien:

Interviewer: Ist das nicht alles viel zu kompliziert für euch?
Junge 1: Also, wenn man den Computer gut kennt, ist es gar nicht kompliziert.
Interviewer: Ja, aber das Anschliessen, furchtbar ...
Mädchen: Ja, das Anschliessen, ja ...
Junge 2: Yves und Matthias, das ist ein anderer Schüler, die stellen jeweils die Computer ein und dann wieder ab ...
Mädchen: Das sind die Computerchefs.

2.4 Das Lernen mit Computern

Was die Möglichkeit betrifft, mit Computern zu lernen bzw. damit in der Schule zu arbeiten, so bewerten dies 91 bzw. 94 Prozent der Kinder als positiv. Weder spielt hier das Geschlecht noch die Zugehörigkeit zu einer der beiden Schulklassen eine Rolle. Auch wer keinen Computer in der Schule zur Verfügung hat, würde die Möglichkeit also überwiegend begrüssen. Aus den Gruppengesprächen geht dann allerdings hervor, dass die Vorstellungen darüber auseinandergehen, was man in der Schule mit Computern tun sollte. Bei Klasse 1 (mit Computererfahrung in der Schule) standen Tätigkeiten wie Schreiben, Rechnen und Malen im Vordergrund[6], während die Kinder der

---

5 signifikant nach Yates Chi-Quadrat = 6,97, p<0,01.

6 Auf eine ähnliche Frage im Fragebogen wählten in Klasse 1 dreizehn der 14 Kinder die Antwort „Lernen“ als bevorzugte Computertätigkeit aus. Ein Vergleich mit der anderen Klasse ist leider nicht möglich, weil die Kinder aufgrund einer etwas doppeldeutigen Instruktion mehrere Antworten ankreuzten.

Klasse 2 (ohne Computer in der Schule) sich in der Mehrzahl in den Gruppendiskussionen spontan für das Spielen aussprachen. Auch sie hatten zwar schon Computererfahrungen („aber nicht viel ...“), wobei aber meist das Spielen im Mittelpunkt gestanden hatte:

Interviewer: Findet ihr denn so einen Computer etwas Gutes?
Mädchen 1: Ich weiss doch nicht.
Mädchen 2: Ich weiss nicht, ich habe noch nie eines gehabt.
Mädchen 3: ... zum Spiele machen schon ...
Junge 1: Ich habe da bloss Spiele machen können.
Mädchen 3: Ich finde es auch gut zum Lernen.
Interviewer: Zum Lernen? Ja, wer hat schon einmal gelernt damit?
Junge 2: Nein.
Mädchen 3: Ein bisschen
Interviewer: Und was habt ihr denn da so getan?
Mädchen 3: Geschrieben ...
Interviewer: Geschrieben? einfach so ...
Junge 3: Ich habe gerechnet ...

Aus den Gruppendiskussionen geht denn auch hervor, dass die Kinder aus Klasse 1 vielfältigere Computererfahrungen machen konnten. Dies betrifft einmal natürlich die Tatsache, dass den Kindern in der Schule eine Vielzahl von Programmen zur Verfügung steht, die Frau H. im Unterricht einsetzt. Zudem haben die Kinder die Möglichkeit, vor dem Nachmittagsunterricht schon um ein Uhr ins Klassenzimmer zu gehen, um hier – in der Freizeit – am Computer zu arbeiten:

Mädchen 1: Bei Frau H. darf man ja jeweils früher kommen, also am Nachmittag von ein Uhr an und dann tut sie Spiele hinein. Aber nachher, wenn dann wieder normal Schule ist, dann haben wir am Computer „Rechenmeister“ und so ...
Mädchen 2: .. Alfons und so verschiedene Sachen, zur Sprache und zum Rechnungsbuch.

Oft ist es zudem so, dass die Programme aus der Schule auch zuhause angeschafft wurden, so dass sich die Kinder aus dieser Klasse dort eher mit Lernspielen beschäftigen, als mit blossen Action-Spielen.

Die frühe Beschäftigung mit Computern bedeutet jedenfalls keineswegs, dass die Kinder dadurch auf den Geschmack von brutalen Computerspielen kämen. Es ist eher das Gegenteil der Fall: die Beschäftigung mit Lernspielen und Anwendungsprogrammen in der Schule ermöglicht ihnen die Einnahme eines differenzierteren Standpunktes. Dies belegt der folgende Ausschnitt aus einer der beiden Gruppendiskussionen der Klasse 1:

Interviewer: Aber zieht man zuhause nicht die brutalen Spiele aus der Schublade, die man in der Schule nicht machen darf?
Mädchen: Nein, nein,
Junge 1: Rigentlich nicht ...
Junge 2: Wir haben also zuhause keine brutalen Spiele, da gibt es nur etwas, nämlich in dem Rechnungsprogramm, das heisst Adi. Da gibt es so ein Männchen, das der Adi befreien muss, und das Männchen kann schiessen und Bomben legen.
Junge 3: Ich habe auch ein brutales Spiel, Mario 2, und mein Vater hat gesagt, das ist kein gutes Spiel, es ist etwas blöd. Weil es da viele Schiessereien gibt.

Auch wenn nicht alle Spiele ohne Action auskommen, so zeigt dieselbe Gruppendiskussion, wie Lernspiele die Kinder zu begeistern vermögen. Vor allem werden sie dadurch motiviert, dass sie am Computer zusätzlich spielen dürfen, wenn sie die Aufgaben des Wochenplanes erledigt haben:

Junge 1: Sie sagt uns, das und das müsst ihr in diesen paar Wochen machen, und wenn wir damit fertig sind, dann können wir jeden Tag spielen.[7]
Junge 2: Ja, erst alle obligatorischen Sachen ...
Junge 1: Ja, und dann kann man spielen.
Mädchen: Ja, genau.
Interviewer: Was habt ihr denn für Spiele?
Mädchen 1: Ja, Matheblaster
Junge 1: Matheblaster, das ist so ein Spiel mit Rechnungen.
Junge 2: Ein Spiel mit Rechnungen, das ist ein sehr gutes Spiel.
Junge 1: Das sind so Rechnungen, und dann muss man jemanden befreien.
Interviewer: Und das ist lustig?
Alle: Ja, ja.
Junge 1: ... ohne schiessen, nur mit rechnen, und so.
Interviewer: Sind das schon alle Spiele, dann habt ihr gar nicht viele verschiedene...
Junge 1: Doch, doch, wir haben noch ganz viele andere.
J unge 2: Sehr viele, eines mit der Burg, so ein Burgspiel.
Mädchen 1: Oder dieses mit der Hexe ...
Mädchen 2: Im Baum, im Baum geht man so Sachen anschauen. ...
Mädchen 3: ... so wie im Geisterspiel, da gibt es so Geister, und man muss eine Zahl von eins bis fünf drücken und dann „Enter", da kommt so ein Säcklein herab ...
Junge 2: Es gibt auch noch so ein gutes Spiel, das geht nicht mit Gespenstern, Lallipur heisst dies. Es geht mit Lampen ... Man kann eine Lampe drücken, und dann zeigt es ein Wort, und dann muss man es hinschreiben.

2.5 Die Einstellung zu den Inhalten

Dass Kinder von den Möglichkeiten des Computers fasziniert sind, kommt in den Gruppendiskussionen immer wieder zum Ausdruck. Doch die Faszination bedeutet nicht, dass sie dieser erliegen. Wie der nachfolgende Ausschnitt belegt, führen Aussagen über die „grossartigen" Möglichkeiten des Computers immer wieder sehr schnell auf den Boden der Realität zurück, und sie machen nüchterneren Einschätzungen Platz. So beginnt das folgende Zitat

7 Diese Aussage wird von der Lehrerin kommentiert: „Das macht den Anschein, als ob dann die guten und schnellen Schüler tagelang spielen könnten und die anderen niemals. In Wirklichkeit gilt: Während den obligatorischen Schulzeiten muss an den „Schulinhalten" gearbeitet werden. Wer länger bleibt, früher bzw. zusätzlich kommt und nicht im Verzug mit seinen Arbeiten ist, kann sich für die Spiele entscheiden. Dieser Prozess ist immer recht schwierig und bedarf längerer Zeit des Diskutierens, damit die „Ungerechtigkeiten" nicht so gross sind. Auch schwächere Schüler sollen – wenn sie zusätzlich kommen – die Möglichkeit haben, sich für die Spiele zu entscheiden. Nachlässige Schüler hingegen müssen überzeugt werden, dass sie nicht während der normalen Stunden trödeln, dann in der zusätzlichen Zeit spielen und am Schluss nicht fertig werden.

mit der Aufzählung von verschiedenen Lernerfahrungen, über welche die Kinder begeistert berichten. Gleich im Anschluss daran stellen die Beteiligten dann aber beim Rechnen die Frage, ob es nicht doch „von Hand" besser gehe:

Mädchen 1: Also, es hatte ein extra Dinosaurier Lexikon ...
Mädchen 2: Also, sie hat so von verschiedenen Tieren ein Lexikon, auch von, wie soll ich es sagen, auch von Schlangen und alles. Wir haben auch verschiedene Dinge gehabt, über Wasser und so, zu dem hat sie auch ein Lexikon ... und alles.
Interviewer: Wie hat Euch auch das Rechnen mit dem Computer gefallen?
Mädchen 1: Ich finde das irgendwie lässig, weil nachher wird nicht die Hand müde, weil, sonst muss man die ganze Zeit schreiben. Beim Computer ist es anders. Nachher kannst du nur so das Resultat tippen, noch zwei mal. Und dann ist das Resultat schon drauf. Und nachher musst ... hat Frau H. nicht viel Stress, weil sonst, weil das ist auch viel lässiger als sonst vor ihrem Tisch hintereinanderstehen, und nachher immer hinten anstehen. Nachher hat sie uns Computer gegeben, und dort können wir rechnen, und der Computer tut es selber korrigieren.
Junge 1: Ich rechne eigentlich lieber von Hand
Interviewer: Du rechnest lieber von Hand ...?
Junge 1: Ja.
Junge 2: Ich nicht.
Interviewer: Du nicht, besser mit dem Computer ...?
Junge 2: Ja.
Mädchen 1: Da geht es schneller. Und wenn Frau H keine Computer hätte, dann müssten wir alle in einer Reihe stehen, bis sie alles korrigiert.
Interviewer: Aber, wenn man das Schreiben nimmt, ist es nicht lässiger von Hand so etwas Schönes zu schreiben ...?
Mädchen 2: Doch ...
Junge 1: Ich mache beides gern.
Mädchen 3: Viel lieber von Hand
Interviewer: Viel lieber von Hand, wenn du schön schreibst?
Junge 1: Beides so ein bisschen.

Etwas später kommt die Gruppe nochmals auf das Schreiben zurück:

Junge 1: Also, Schreiben, das mache ich grundsätzlich lieber von Hand.
Mädchen 1: Man muss schon zugeben, mit dem Computer schreiben ist am Anfang schon blöd: Dann muss man tapp – tapp – tapp. Aber, wenn man es einmal kennt, dann kann man schon so, dann ist es auch noch lässig, aber von Hand sieht es schöner aus.
Mädchen 2: Von Hand sieht es lebendiger aus.
Junge 1: Wenn man anfängt mit dem Computer zu schreiben, dann findet man auch die Tasten noch nicht, dann ist man viel schneller von Hand.
Mädchen 1: Also irgendwie ist es schwer zu entscheiden, wenn man es besser kann, ob von Hand oder mit Computer.

Die zweite der beiden Gruppen von Klasse 1 (computererfahren) kommt zu einer ganz ähnlich differenzierten Ansicht, als es um das Zeichnen geht:

Interviewer: Aber ist es nicht schöner von Hand zu zeichnen?
Mehrere: Ja, doch, eigentlich schon.
Junge 1: Ich zeichne gerne, wenn ich allein ...
Junge 2: Also zeichnen tu ich lieber von Hand ...

Junge 1: (bestätigt) ich auch.
Junge 2: Also beim Computer, so mit der Maus, das geht ja nicht so gut wie mit der Hand.
Mädchen 1: Ich zeichne schon auch mit der Hand, auch ...
Interviewer: Also du meinst. es wird schrecklich verzittert ...?
Junge 1: Eben, verzittert ...
Mädchen 1: Ja, aber wenn man gewohnt ist, mit dem Computer zu zeichnen, dann nicht ...
Mädchen 2: Dann nicht, dann nicht, dann ist die Hand gewöhnt und man es schon ein wenig besser.
Junge 1: Also, ich finde es besser mit der Hand zu zeichnen, jetzt, wie mit dem Computer.

Ja mit dem Computer kann man es schon, aber ...

Mädchen 3: Und es sieht auch manches nicht so schön aus ...
Junge 1: Es sieht auch viel lebendiger aus, wenn man mit der Hand malt.

Die Kinder äussern sich, ob es um Rechnen, Schreiben oder Zeichnen geht, nicht einfach für die Arbeit mit dem Computer, sondern sie nennen auch Vorbehalte: Zeichnungen von Hand sähen ebenso wie handschriftliches Schreiben lebendiger aus. Und dann wird auch deutlich, dass die Beherrschung des Computers gerade für diese Kinder eine Barriere darstellt. Die Hand wird schnell müde, es ist schwierig, ein schönes Resultat zu erzielen, man ist viel weniger schnell als von Hand.

Allerdings scheint es, dass die Kinder die „Tätigkeit von Hand" nicht unbedingt als Konkurrenz zu jener mit Hilfe des Computers ansehen. Vielmehr empfinden sie es als Erweiterung ihres Repertoires, wenn sie lernen, mit diesem umzugehen. Sie können dann je nach Aufgabe – und vielleicht auch Vorliebe – wählen, ob sie diese mit oder ohne Computer angehen wollen.

2.6 Computer und Lehrerin

Für die Kinder gibt es keine Konkurrenz zwischen dem Computer und der Lehrerin, jedenfalls glauben sie nicht, dass diese einmal durch Computer ersetzt werden könnte:

Interviewer: Also, ihr habt ja eine Lehrerin. Lernt man denn besser mit der Lehrerin oder dem Computer?
Mehrere: Schon mit der Lehrerin ...
Interviewer: Was ist denn so viel besser bei der Lehrerin?
Junge 1: Die Lehrerin kann sprechen.
Junge 2: Das kann der Computer auch.
Mädchen: Er hört es aber nicht und sagt einfach, das ist falsch.
Junge 1: Ja, und wenn man dem Computer eine Frage stellt, dann gibt er keine Antwort.

Kurze Zeit später fügt ein Mädchen noch an:

„Ich würde sagen, wenn man keine Disketten hineintut, dann kann er nichts. Aber bei den Lehrerinnen, da muss man keine Disketten hineintun, die kann es einfach. Also, ohne Disketten kann der nichts, ausser er hat das Windows oder so ..."

Ganz ähnlich antwortet die zweite der befragten Gruppen aus Klasse 1:

Interviewer: Braucht es später einmal überhaupt noch eine Lehrerin?
Allgemeine Zustimmung.
Mädchen 1: Der Computer kann ja jetzt auch nicht gerade alles, wie eine Lehrerin.
Interviewer: Gibt es Dinge, die er nicht kann?
Einige: Ja, ja sicher ...
Junge 1: Also, er kann ja einem einen Fehler, den man macht am Computer, kann der Computer nicht genau erklären. Er sagt dann einfach, es kommt dann jeweils so ein Kästchen am Bildschirm, da steht ...
Mädchen 2: ... wenn man zum Beispiel so nicht drauskommt, das kann der Computer nicht erklären, und die Lehrerin, die kann das eben. Also, besser ist eine Lehrerin als ein Computer.

Im Zentrum steht hier bei den Kindern die Überlegung, dass die Lehrerin Fragen spontan beantworten kann und dies nicht einfach nach einem vorher eingegebenen Programm tut („da muss man keine Diskette hineintun ..."). Dabei sehen die Schülerinnen und Schüler auch ganz klar den Unterschied, dass Computerprogramme meist eine Aufgabe nur als falsch taxieren, während eine Lehrerin die notwendigen Erklärungen abgeben kann, damit man etwas begreift.

2.7 Computer in der Grundschule

Die Kinder der computererfahrenen Klasse sollten auch beurteilen, ob es für den Computer in den ersten drei Klassen der Grundschule nicht zu früh sei. Dies stellten sie aufgrund ihrer Erfahrungen in Abrede:

Mädchen: Also, ich finde es irgendwie nicht. Weil, ich meine, jetzt in unserer Zeit, oder, das sind fast alle Berufe mit Computern ...
Interviewer: Mmh ...
Junge 1: Also, wenn man früher anfängt, also als Kind lernt man einfach noch besser.
Interviewer: Aber man könnte doch auch sagen, in der vierten oder fünften Klasse, das reicht noch lange.
Mädchen 2: Ja, aber wenn man jünger ist, dann lernt man noch besser ...
Junge 2: ... dann behält man es besser im Kopf.
Mädchen 2: Weil Grosse haben davon keine Ahnung, weil, als sie noch kleine Kinder waren, gab es noch keine Computer.

Ähnlich hörten sich die Aussagen in der anderen Gruppe an:

Junge 1: Also, in der ersten Klasse, da hat man Hemmungen gehabt, am Computer, also ich verstehe es jetzt nicht mehr, dass man Hemmungen hat, an den Computer zu gehen.
Mädchen 1: Aber Frau H. hat es ja auch erklärt, wie es geht, und dann hat man es schon gekonnt.
Interviewer: Aber würde es nicht reichen, wenn man in der vierten Klasse damit beginnt?
Mädchen 1: Ja, doch, schon, aber eigentlich, wenn man anfängt mit der Schule, so ist es besser, wenn man sich schon seit der ersten Klasse daran gewöhnt.
Mädchen 2: Ja, nachher, da wäre es schwieriger ...
Mädchen 3: Ja, schon.

Mädchen 2: ... erst ab der vierten Klasse. Und ab der ersten, da kann man sich gerade daran gewöhnen.

Die Schüler und Schülerinnen gestehen also durchaus Anfangsschwierigkeiten zu („Hemmungen"), nennen dann aber eine ganze Reihe von Argumenten, die für das Arbeiten mit dem Computer sprechen: Man könne sich schon früh daran gewöhnen, lerne noch leichter, in fast allen Berufen brauche man heute Computer. Ganz ähnlich sprachen sich auch die beiden Gruppen der Klasse 2 dahingehend aus, dass sie es begrüssen würden, wenn man schon ab der ersten Klasse mit Computern im Unterricht arbeiten könne.

2.8 Das Wissen über die Computer

Es ist anzunehmen, dass Kinder, die sich im Unterricht mit Computern beschäftigen, sich im Sinne der Vermittlung von „informationstechnischen Grundstrukturen", wie sie im Grundbildungskonzept der Bund-Länder-Kommission (1984, S. 3) genannt sind, auch ein grösseres Computerwissen erwerben. Die Lehrerin H. vermittelte solche Kenntnisse zwar nie direkt; aber allein im Umgang mit den Geräten – so die Annahme – erwarben sich die Kinder ein entsprechendes Wissen. Um dieses abzufragen baten wir die Kinder beider Klassen, aufzuzählen, was alles zu einem Computer gehöre. Die folgende Tabelle gibt alle Resultate wieder:

Klasse 1 (computererfahren)	Klasse 2 (computerunerfahren)
– Software, Textprogramm, Monitor, Maus, Drucker, CD-Gerät, Lernprogramm, Kamera, Tastatur, Lautsprecher, Mikrophon, Spielprogramm – Lautsprecher, Maus, Programm, Drucker, CD-Gerät, Tastatur, Lernprogramm, Fernseher – Drucker, Maus, Tastatur, CD-Rom, der Rechner, Bildschirm, Lernspiele, Disketteneinlass, Mausmatte – Tastatur, Maus, Microfon, CD-ROM, Schreibprogramm, Drucker, CD Gerät, Mausmatte, Lautsprecher – Joystick, Maus, Tastatur, Drucker, Farbmonitor, Rechner, CD-ROM, Laufwerk A, Microsoft Excel, Microsoft Word, Kamera, Mikrophon, Boxen, Kopfhörer – Computer, Tatstatur, Maus, Drucker, CD-ROM, Lautsprecher – Drucker, Lautsprecher, Maus, Tastatur, Kopfhörer, CD-Gerät, Kamera, Mausmatte, Computer, Diskette, Bildschirm, Programm	– Tastatur, Joystick, Bildschirm, ein Window, Disketten, Bogen – Bildschirm, Tatstatur, Maus, Kabel, und ein geschickter Mensch – Zahlen und Buchstaben – eine Diskette, Kabel, Bildschirm und eine Maus und einen Drucker – Die CD, die Maus und die Spiele und eine Tastatur und einen Stecker und einen Teppich und einen Drucker – Zu unserem Computer sollte gehören: Viel mehr Spiele, und er sollte reden können – Zahlen Buchstaben, Operationszeichen – lernen, spielen, malen und das gemalte Bild muss gedruckt raus kommen – einen Bildschirm, Tastaturknöpfe, ein Kabel und eine Maus – Spiele, Quiz, Rechnungen – Ein Computer muss eine Maus haben, ein Kopierapparat, eine Schreibmaschine und Bildschirm – ein Kabel, eine Maus

- Tastatur, Textprogramm, CD, Lautsprecher, Maus, CD-Gerät, Kamera, Tocko, Mausmatte, Computer
- Monitor, Maus, Tastatur, CD-Gerät, Kamera, Drucker, Mausmatte, Diskettenplayer, Lautsprecher, Computer
- Computer, Bildschirm, Tastatur, Maus, CD-ROM, Software, Drucker, Kamera, Spiele, Lernprogramm, Internet, Lautsprecher, Mikrophon
- Tastatur, 2 Lautsprecher, Maus, CD-ROM, Drucker, Kamera, Computer, Programm
- Drucker, Schreibtext, CD-Gerät, Kamera, CD-Spieler, Lautsprecher, Tasten
- Computer Monitor, Tastatur, Maus, Textprogramm, Disketten- Laufwerk, CD-Laufwerk, Internet-Anschluss, ein erstes Spiel, Erklärung
- Es braucht eine Tastatur, zwei Lautsprecher, Drucker, Diskettenanlage, CD-ROM, Programm, Mikrophon, Maus

- Maus
- Bildschirm, Tastatur, Spieler
- ein Bildschirm, Tastatur, der Computer muss klein sein
- Sie sollte sprechen können. Man sollte spielen können. Es sollte auch etwas für Rechnen haben. Und auch für Schreiben
- einen Bildschirm, Drücktasten, Strom, CD, Telefonbuch
- Die Stecker, die Spiele, die Maus, der kleine Teppich, Drucker
- Dass man mit dem Computer sprechen kann, und dass er mir viele Sachen zeigt, die ich noch nicht weiss. Und rechnen, schreiben, zeichnen

Der Unterschied zwischen den beiden Klassen erscheint unübersehbar. Die Kinder, die im Unterricht mit Computern umgehen (Klasse 1) nennen eine grosse Vielfalt von Dingen, die zu solchen Geräten gehören, wobei in den Antworten deutlich zum Ausdruck kommt, dass sie sich technisch auskennen. Demgegenüber mangelt es in Klasse 2 an dieser Präzision, und oft verfügen die Kinder in ihrem Repertoire nicht über die richtigen technischen Bezeichnungen. So wird aus der Mausmatte der „kleine Teppich", aus der Tastatur die „Schreibmaschine, aus dem Drucker der „Kopierapparat". Aber auch generell werden viel weniger Begriffe genannt. Anstatt Geräte und Teile zu benennen, die zu einem PC-System gehören, zählen diese Kinder zudem oft Anwendungsaspekte auf:

- „Sie sollte sprechen können. Man sollte spielen können. Es sollte auch etwas für Rechnen haben. Und auch für Schreiben."
- Lernen, spielen, malen, und das gemalte Bild muss gedruckt heraus kommen."

Unterschiedlich wird auch auf die Frage geantwortet, wieviel Geld man für einen neuen Computer ausgeben müsse. Bei den Kinder aus Klasse 1 ergibt sich ein Durchschnittspreis von Fr. 7565.– bei den Kindern aus Klasse 2 dagegen von Fr. 2133.–[8] Wer technisch besser Bescheid weiss über das „Wunderwerk Computer", scheint offensichtlich auch die Kosten für ein solches Gerät eher zu überschätzen – wobei allerdings der Durchschnittspreis gar nicht so unrealistisch ist, wenn man einen schnellen Prozessor, einige Zu-

8 Das Ergebnis ist signifikant (Kruskat-Wallis H., Chi-Quadrat 4.114, df=1, <0.05)

satzgeräte und professionelle Software hinzurechnet. Immerhin scheinen die Ansprüche mit der eigenen Praxis zu steigen: Die Computer von Klasse 1 müssen vom Feinsten sein.

2.9 Kinder und Erwachsene

Dass die Beschäftigung mit den Computern den Kinder auch Selbstbewusstsein zu vermitteln vermag, geht aus den Antworten auf die Frage hervor, weshalb viele Erwachsene Angst vor dem Computer hätten. Während sich die häufigsten Antworten (sechs) in Klasse 2 (computerunerfahren) darauf zurückziehen, dass man „keine Ahnung habe", finden die Kinder aus Klasse 1 (computererfahren) fast einstimmig, dass die Erwachsenen Probleme bei der Bedienung hätten (12 von insgesamt 16 Nennungen):

- „Weil sie ihn nicht bedienen können."
- „Weil sie meinen, sie drücken einen anderen Knopf, und er ist schon kaputt."
- „Wenn sie zum Beispiel eine falsche Taste drücken, werden sie nervös."
- „Weil sie sich nicht auskennen."
- „Weil sie meinen, dass sie etwas kaputt machen."

Dies kann man auch so lesen, dass die Kinder damit ausdrücken, Erwachsene hätten im Gegensatz zu ihnen Probleme beim Umgang mit Computern. Sie signalisieren damit einen gewissen Stolz, dass sie selbst sich mit diesen Geräten auskennen und keine Schwierigkeiten haben, sich in der Informationsgesellschaft zurechtzufinden.

2.10 Die Reflexion über den Computer

Sowohl im Fragebogen wie in der Gruppendiskussion bezogen wir Fragen ein, welche sich auf das „Lernen über den Computer" bezogen, also auf Fragen, die sich auf das Nachdenken über sich selbst und eine Welt bezogen, in der Computer eine immer grössere Rolle spielen. Hier versuchten wir Aussagen über den gesellschaftlichen Stellenwert der Computer zu gewinnen. Man könnte damit auf das Postulat der informationstechnischen Grundbildung Bezug nehmen, wonach es darin auch um die Frage der Chancen und Risiken der Informationstechniken gehe. Hypothetisch könnte man dabei annehmen, dass Klasse 1 bewusster mit solchen Fragen umgeht, weil sie sich ja im Unterricht konkret mit dem Computer beschäftigt und die Lehrerin auch solche „Metafragen" im Umfeld des Computereinsatzes aufgreift. Die Resultate ergeben das folgende Bild:

- Bei der bereits angeschnittenen Frage nach der Zukunft waren in Klasse 2 (computerunerfahren) 42,1 Prozent der Kinder gegenüber 21,4 Prozent in Klasse 1 (computererfahren) der Überzeugung, dass in Zukunft jeder

den Computer beherrschen müsse. Obwohl das Ergebnis auch zufällig entstanden sein könnte, deuten wir es dahingehend, dass die konkreten Erfahrungen des Computers und seiner Möglichkeiten in Klasse 1 einer realistischen Sicht Raum geben. So kommt man eher zur Einsicht, dass es nicht überall und für jeden notwendig ist, mit Computern umzugehen.
- Computer sind für 21,9 Prozent der befragten Kinder etwas Gefährliches. Deutlich ist der Unterschied zwischen den beiden Klassen: In Klasse 1 sind es 0 Prozent, in Klasse 2 dagegen 38,9 Prozent.[9] Dies macht deutlich, dass die Beschäftigung mit dem Computer dazu beitragen kann, diffuse Ängste abzubauen.
- Die These, wonach es heute wegen der Computer so viele Arbeitslose gebe, beantworten 54,4 Prozent mit „ja" Die differenzierten Resultate zeigen, dass 71,4 Prozent der Schüler und Schülerinnen der Klasse 1 einen Zusammenhang zwischen Arbeitslosigkeit und Computertechnologie herstellen, in Klasse 2 dagegen nur 42,1 Prozent.

Insgesamt deuten damit die Ergebnisse darauf hin, dass die oben formulierte Hypothese zutrifft, wenn auch nicht immer so deutlich, wie im vornherein angenommen.

2.11 Maschine und Mensch

Wie weit lernen Kinder im Umgang mit den Computern auch, über diesen Umgang mit der Maschine zu reflektieren? Sind Computer für sie intelligente Superwesen, die den Menschen in allen Belangen überlegen sind, oder werden sie auch in ihrer Begrenztheit gesehen? In einigen offenen Fragen sowie in den Gruppendiskussionen sollte ergründet werden, was Computer für die Kinder bedeuten, ob diese sie als intelligente Wesen oder gar als lebendig betrachten. Zur Frage nach der Intelligenz von Computern gab es drei typische Antwortmuster:

1. Es wird betont, dass Computer nur Maschinen sind, die das tun, was man ihnen befiehlt:

- „Nein! Computer sind nur Maschinen, die das tun, was man eintippt. Sonst könnte man sagen: ‚Geh an'."
- Nein. Der Computer macht nur, was man ihm sagt.

2. Computer sind programmiert, wobei dies in beide Richtungen interpretiert werden kann: Sie sind intelligent, weil ihnen Intelligenz einprogrammiert wurde, oder sie sind es nicht, weil sie ohne Programm unintelligent sind:

- „Sie sind intelligent, weil man darauf schreiben oder andere Programme lernen kann."
- „Computer sind ohne Programme unintelligent."

---

9 signifikant nach Yates Chi-Quadrat=4,88 $p<0,05$

- „Computer sind nur intelligent, wenn man sie füttert."
- „Nein, Computer sind nicht intelligent, sie sind programmiert."
- „Wenn man sie kauft, sind sie schon programmiert."

3. Die Intelligenz wird eher auf das Anwenden bezogen:

- „Ja, weil da kann man spielen, rechnen, schreiben, lernen und zeichnen."
- „Sie können alle Rechnungen schnell ausrechnen, und er weiss alles."
- „Ich finde Computer intelligent, weil wenn man etwas erledigt hat, dann korrigiert er meistens alles."
- „Sie sind intelligent. Sie helfen uns beim Schreiben und bei allen ‚möglichen Dingen."

Schön sind auch folgende Antworten, die nicht weiter kommentiert werden sollen:

- „Ein Computer ist gleich intelligent wie der Besitzer, denn er lernt vom Besitzer."
- „Ja, die Computer sind intelligent, wenn man sie gut behandelt."

Diese Ergebnisse der beiden Klassen zeigen, dass achtjährige Kinder schon eine breite Palette von Möglichkeiten kennen, um eine so schwierige Frage auf ihrem Entwicklungsniveau zu beantworten. Dabei fällt aber auf, dass die computererfahrenen Kinder von Klasse 1 im allgemeinen differenzierter antworten. So gibt es bei Klasse 2 auch folgende Antworten:

- „Ich weiss nicht, aber ich glaube, sie sind intelligent."
- „Ich weiss nicht."
- „Ich weiss überhaupt nichts über Computer."
- „Nein, Computer sind nicht intelligent, sondern lustig."
- „Wenn du ein Spiel in eine Spalte steckst, dann wird er ein bisschen lebendig."

Noch etwas schwieriger ist die in der letzten Antwort angedeutete Frage, ob Computer lebendig seien. Diese wurde explizit erst in den Gruppendiskussionen gestellt. Hier erklärten die Kinder aus den beiden Gruppen der computererfahrenen Klasse ganz klar, dass der Computer eine Maschine und folgedessen nicht lebendig sei. Viel unsicherer waren sich die Kinder in der anderen Klasse. Hier konzentrierte sich die Diskussion bald einmal auf die Frage, ob Computer sprechen können, wobei sich die Beteiligten uneinig waren:

Interviewer: Zuerst habt ihr gesagt, der Computer kann nicht reden, und nun kann er es doch.
Junge 1: „Bravo" kann er sagen und sonst nichts.
Mädchen 1: Und: „Wiederholung", „Wiederholung" ...
Interviewer: Wisst ihr denn, warum der Computer reden kann?
Junge 2: Weil es einen Papagei drin hat (Gelächter).
Interviewer: Aha, ja, das ist auch eine Möglichkeit.
Gelächter
Mädchen 2: Er wird mit Strom gefüttert.

Mädchen 1: Oder im Strom hat es ein Papageienmaul.
Junge 2: Nein, im Computer hat es einen Papagei, der rechnet.

In dieser Sequenz zeigt sich ganz deutlich die Schwierigkeit der Kinder, das Sprechen des Computers[10] zu erklären. Sie sind zwar überzeugt, dass der Computer nicht lebendig sei – umso schwieriger wird es für sie, etwas zu erklären, was ein Kennzeichen für lebendige Lebewesen ist. In der lustvollen Diskussion „lösen" sie das Problem, indem sie den lebendigen Papagei einführen – wobei sie natürlich wissen, dass dies so nicht stimmen kann (deshalb das Gelächter). Als computerunerfahrene Kinder finden sie indessen keine bessere Lösung: Es muss „etwas" drin sein, was jene Leistung vollbringt, die dem Computer zugeschrieben wird.

Im weiteren Verlauf entspann sich dann, ausgelöst durch eine Frage des Interviewers, ein Anschluss-Dialog:

Interviewer: Was können denn Computer nicht, was Menschen können?
Junge 1: „Atmen."
Mädchen 1: „Ja, ja, das stimmt.
Junge 1: Sie haben keine Haare.
Zwei weitere Kinder: Keine Augen.
Mädchen 2: ... keine Ohrenringe ...
Junge 2: Sie können sich nicht bewegen.
Mädchen 2: Doch...
Mädchen 1: Sie essen keine Lebensmittel
Junge 2: Sie fressen einfach Strom weg und dieser ist teuer.

Auch hier wird nochmals deutlich, dass die Kinder nicht glauben, dass Computer lebendig sind, denn es fehlen die äusserlichen Merkmale von Lebewesen wie Haare, Augen oder Ohrringe – und sie brauchen Strom, anstatt dass sie sich von Lebensmitteln ernähren. Die Frage ist nur, ob damit das Problem des Lebendigen genügend erfasst ist – etwa wenn man die Roboter als Beispiel nimmt:

Interviewer: Aber Roboter sind doch lebendig. Hast Du nicht gesagt, Computer seien nicht lebendig?
Mädchen: Nein, aber Roboter.
Junge: Doch das ist auch ein Computer.
Mehrere: Ja, ja ...
Mädchen: Diese können aber gehen, Computer können nicht ...
Junge: Aber ein Roboter ist doch ein Computer ...
I: Dann sind Computer also doch lebendig ...
Mädchen: Nein.
Junge: Es geht ...

---

10 Das Sprechen scheint Klasse 2 (computerunerfahren) generell stark zu beschäftigen. Darum herum kreist auch die Mehrzahl der Antworten auf die offen gestellte Frage, was ein Super-Computer können müsste („Er muss reden können"). In Klasse 1 (computererfahren) dagegen sind es vor allem äussere Gefahren, die ein Super-Computer zu bekämpfen hat – er soll vor Tornados warnen, Umweltverschmutzung verhindern, Frieden suchen, Bomben entschärfen. Eine weiterführende Interpretation dieses Unterschiedes konnte indessen nicht gefunden werden.

Mädchen: Also, Roboter haben keine Haare
weiteres Mädchen: Und Zähne schon gar nicht.

Generell gilt für die Kinder aus der computererunerfahrenen Klasse: Sie halten sich an äusserliche Unterscheidungsmerkmale aus dem anatomischen Bereich („Haare", „Zähne") oder greifen zu einer Metapher („Papagei") um das Sprechen des Computers zu erklären. Damit füllen sie jene Lücken, die ihnen mangels Erfahrung mit Computern genauere Erklärungsversuche verwehren. Sherry Turkle (1984, S. 57), die Kindern ähnliche Fragen stellte, interpretiert solche Aussagen, die sich an anatomische Eigenschaften des Menschen halten, als erste, noch wenig differenzierte Stufe des Nachdenkens über psychologische Eigenschaften der Maschine.

Wie antworteten nun aber die Kinder aus der computererfahrenen Gruppe auf diese Fragen? Auch hier soll dazu aus den Gruppeninterviews zitiert werden:

Junge 1: Aber ich kann mir noch vorstellen, dass die Leute, welche den Computer erfunden haben, dass diese wollten, dass der Computer wie etwas Lebendiges ist.
Mädchen 1: Ja, du kannst ja nicht einen Menschen erfinden oder so, er ist bloss eine Maschine.
Junge 1: Ja, es ist bloss eine Maschine ... Und der Computer ist ja eigentlich nicht gescheiter als der Besitzer. Er lernt ja auch vom Besitzer, wie ich vorher schon gesagt habe.

Etwas später ergibt sich folgender Diskussionsausschnitt:

Interviewer: Der Computer gibt einem immer Antwort, ob es richtig ist oder nicht. Kann er denn reden?
Junge 1: Nein.
Mädchen 1: Es kommt auf das Programm an, und ob man Boxen hat. Also, reden für sich selber kann er nicht.
Mädchen 2: Also ..., also, er kann nur Dinge korrigieren ... also, er kann natürlich nicht nur Dinge korrigieren, sondern er kann viel mehr.
Interviewer: Ist er denn auch lebendig
Durcheinander: Nein; nein, er ist nur eine Maschine ...
Interviewer: .. nur eine Maschine ...?
Mädchen 1: Irgendwie ist er nur so wie ein Gehirn ...
Mädchen 2: Nein, der Rechner ist... der Computer ist dumm. Die Spiele sind ..., also die Programme ...
Junge 1: Also, wenn der Computer nichts auf sich hat, dann kann er nichts.
Interviewer: Aber er kann sprechen, es gibt Roboter ...
Mädchen 3: Das sind ja gerade die Programme ...
Junge 1: Also, das Sprechen, das programmiert man in ein Programm hinein, der Computer allein kann nicht sprechen.
Interviewer: Er kann also nicht sprechen ...
Verschiedene: Nein ...
Interviewer: Laufen auch nicht oder so? Es gibt ja Roboter und so, da könnte man sagen, der Computer ist wie ein lebendiger Mensch.
Mädchen 1: Nein, ein Roboter ist kein lebendiger Mensch.
Junge 1: Eigentlich auch nicht, er ist wie eine Maschine.

Junge 2: Ein Computer, also ein Roboter, bleibt eine Maschine.
Mädchen 2: Also, man kann ihn nicht zu einem Menschen umwandeln...
Mädchen 3: Eben ...
Mädchen 1: Man müsste das Hirn dazukaufen (lacht).

Für diese Kinder sind es nicht mehr anatomische Merkmale, die als Unterscheidungskriterium herangezogen werden, sondern er ist nicht lebendig und kann nicht sprechen, weil er eine Maschine ist. Und dies wiederum bedeutet insbesondere, dass er ein Programm benötigt, um die gewünschte Leistung zu erbringen. Dieselbe Argumentation taucht im Verlauf desselben Gesprächs nochmals auf, nämlich als es um die Frage geht, ob in Zukunft die Lehrer nicht durch den Computer abgelöst werden könnten. Ein Mädchen meint dazu spontan: „Ich würde sagen, wenn man keine Disketten hineintut, dann kann er nichts. Aber bei den Lehrerinnen, da muss man keine Disketten hineintun, die kann es einfach. Also, ohne Disketten kann der nichts, ausser er hat das Windows oder so ..."

Auch hier könnte man die Beobachtungen Turkles wiederum als Beleg hinzunehmen; denn der Verweis auf die Programmierung bedeutet, dass die Intelligenz des Computers von aussen kommt, und er deshalb nicht lebendig ist: „Bei allen diesen Gesprächen über die Ursprünge der Maschine versuchen die Kinder, das Konzept eines ‚Anstosses von aussen' für die psychologische Aktivität zu entwickeln, so wie sie sich darum bemühen, zwischen innerem und äusserem Anstoss für die physische Bewegung zu unterscheiden" (Turkle 1984, S. 61). Damit fällt die Lösung der computererfahrenen Gruppe differenzierter aus. Ihre Argumente beschränken sich nicht auf die Nennung anatomischer Merkmale wie Haare oder Zähne, um den Unterschied zum Computer zu bezeichnen. Offensichtlich erleichtert die Kenntnis und die Erfahrung mit der Maschine auch das Nachdenken über sie.

Darüber hinaus scheint es mir aber, dass die Gruppendiskussionen generell belegen, wie stark Kinder im Grundschulalter an solchen „existentiellen" Fragen interessiert sind. Es gab nämlich dabei weder ein längeres Schweigen, noch Hinweise, dass solche Fragen für sie höchst ungewöhnlich sind. Vielmehr entspann sich auf der Stelle eine angeregte Diskussion, an der sich immer mehrere Kinder spontan beteiligten. In diesem Sinne bestätigten diese Diskussionen die Schlussfolgerungen, welche Turkle aus ihrer Arbeit gezogen hatte, nochmals eindrücklich: „Am wichtigsten ist die Tatsache, dass sich Kinder durch ihre Auseinandersetzung mit dieser Frage auf der Ebene der psychologischen Eigenschaften der Maschine in psychologischem Denken und Argumentieren üben. So wie die gewohnten Gegenstände dem Kind als Material zur Konstruktion des Psychischen dient, stimuliert der Computer die Stimulation der psychologischen Welt"(Turkle 1984, S. 56).

3. Zusammenfassung

Als Resumée der Evaluation sollen im folgenden die wichtigsten Resultate nochmals zusammengefasst werden:

1. Es wird erst einmal deutlich, wie stark sich schon Grundschüler der ersten bis dritten Klasse für Computer interessieren. Über 90 Prozent der Befragten finden es gut, mit Computern zu lernen oder damit in der Schule zu arbeiten. Dazu kommt, dass diese Geräte auch zuhause auf dem Vormarsch sind; 54,5 Prozent Familien besitzen mindestens einen Computer. So haben sehr viele Kinder die Möglichkeit, bereits dort erste Computererfahrungen zu machen.
2. In diesem Zusammenhang fällt es allerdings auf, dass diejenigen Kinder, welche auch in der Schule mit Computern arbeiten, weniger stark auf das blosse Spielen fixiert sind. Sie haben dort gelernt, welche Vielfalt von Anwendungsmöglichkeiten es bei Computerprogrammen gibt, und wünschen sich zuhause dann oft die gleichen Programme – um zu schreiben, zu malen, zu zeichnen etc.
3. Alle Befragten sind der Meinung, dass es keineswegs zu früh für sie ist, um sich mit Computern zu beschäftigen. Schliesslich lerne man noch besser, wenn man jünger sei. Man könnte nun sagen, dass dies eher Argumente von Erwachsenen seien, die hier einfach nachgesprochen würden. Dennoch spricht eines für die Aussagen der Kinder: Die souveräne Art und Weise, wie sie mit dem Computer umgehen, belegt, dass sie unverkrampft und spontan darauf zugehen und die „Hemmungen" des Anfangs, die sie ansprechen, schnell hinter sich gelassen haben. So trifft es möglicherweise durchaus zu, dass sich jüngere Kinder leichter mit dem Computer tun als Erwachsene.
4. Computer interessieren Kinder beider Geschlechter, auch wenn noch ein Teil der Jungen glaubt, der Computer sei für sie wichtiger. Demgegenüber steht das Bild in der Familie, wo die Computer primär die Domäne der Väter sind. U.E. könnte es hier ein Verdienst der Schule sein, ausgleichend zu wirken – wie es das Beispiel der Klasse von Frau H. demonstriert.
5. Wenn Kinder mit dem Computer arbeiten, so heisst dies nicht, dass sie dazu verführt werden, den Computer zu überschätzen, oder dass sie dadurch fast süchtig würden. Im Gegenteil lernen sie im Rahmen ihrer Erfahrungen mit dem Computer, die Arbeit mit solchen Geräten realistisch einzuschätzen. Mehrere Schülerinnen und Schüler betonen trotz Computer, dass sie lieber von Hand rechnen, zeichnen oder malen – etwa weil die Schrift oder die Zeichnungen ohne technische Hilfe „lebendiger" seien.
6. Die Schüler und Schülerinnen glauben auch nicht, dass der Computer eines Tages die Lehrkräfte ersetzen könnte. Computer können nach ihrer Meinung zwar feststellen, ob ein Ergebnis richtig oder falsch ist; sie können aber einen Fehler nicht erklären. Mag sein, dass in dieser Rich-

tung zukünftige Lernprogramme noch zulegen werden; dennoch dürfte dadurch die Position der Lehrer und Lehrerinnen kaum gefährdet sein.

7. Die Schüler lernen nicht nur mit der Hilfe des Computers, sie erwerben sich dabei auch technische Grundinformationen. Diese sind im Grundschulalter sicher noch beschränkt; allerdings belegen die Resultate der Fragebogen-Untersuchung, dass hier die computererfahrenen Kinder von Klasse 1 über ein weit differenzierteres Wissen verfügen.
8. Die Einstellung der computererfahrenen Kinder zu den Folgen der Informationstechnik ist entspannt, aber auch nüchtern: So glauben sie nicht, dass jedermann in Zukunft die Arbeit mit dem Computer beherrschen muss, sind aber auch der Meinung, dass Computer nicht gefährlich sind. Auf der anderen Seite erkennen sie durchaus einen Zusammenhang zwischen dieser Technik und der wachsenden Arbeitslosigkeit.
9. Kindern stellen sich auch philosophische Fragen, wenn sie sich mit Computern beschäftigen: Sind diese lebendig bzw. sind sie intelligent? Besonders eindrücklich erschien der Enthusiasmus, mit denen die Teilnehmer und Teilnehmerinnen an den Gruppendiskussionen darüber diskutierten. Vor allem die computererfahrenen Kinder machen einen klaren Unterschied zwischen Menschen und Maschinen. Für sie sind Computer nur intelligent, wenn sie programmiert sind. Es braucht quasi einen äusseren Anstoss, der die Maschine in Gang setzt.

Insgesamt belegt die vorliegende Studie, dass der Computer als Lernmedium schon in der Grundschule eine fruchtbare Bereicherung für den Unterricht darstellen kann. Allerdings setzt dies voraus, dass die Arbeit mit Computern nicht zum Selbstzweck wird. Vielmehr sollen mit diesem Lernmedium die unabhängig davon entwickelten didaktischen Intentionen und Bildungsziele des Grundschulunterrichts eine Bereicherung erfahren. So können attraktive Lernspiele oder Recherchieraufgaben die Kinder zusätzlich bei ihrer Arbeit motivieren. Oder der Computer kann eine nützliche Informationsquelle für Unterrichtsprojekte darstellen etc.

Wichtig erscheint es aber dabei, dass der Computer, wie im Fall von Frau H., in einer möglichst vielfältigen Weise genutzt wird. Jedenfalls fanden wir alle drei der im ersten Teil mit Bezug auf Seymour Papert genannten Verwendungsweisen des Computers wieder. Er wird im Unterricht eingesetzt

- als Werkzeug („tool"), etwa zum Schreiben mit „Creative Writer", zum Malen oder zum Recherchieren von Lexika;
- als Lehrer („tutor") etwa im Rahmen von Rechen- oder Deutschprogrammen,
- zum Lernen über den Computer, indem der Computer innerhalb und ausserhalb der Schule immer wieder Anlass zu Gesprächsimpulsen im Umfeld der Technologie wird.

Aufgrund aller beschriebenen Erfahrungen erscheint es keine Frage, dass Computer als Lernmedien bereits ab Beginn der Grundschule einen Platz in der Schule finden können. Es wäre jedenfalls zu wünschen, wenn möglichst bald ausgedehntere Versuche in diese Richtung stattfinden könnten. Sofern diese in einem ähnlichen konzeptuellen Rahmen erfolgen, darf man wohl die Prognose wagen, dass diese ebenfalls so positiv wie im vorliegenden Fall ausgehen werden.

Literatur

Begert, Regula/Steinmann, Matthias: Kinder und Medien in der Schweiz, Bern 1997

Bund-Länder-Kommission für Bildungsplanung und Forschungsförderung, Rahmenkonzept für die Informationstechnische Bildung in Schule und Ausbildung, Bonn, 11.12.1994

d'Ignacio, F.: Computing Together. A Parents and Teachers Guide to Using Computers with Young Children, Greensboro 1984

Haefner, Klaus: Medienpädagogik im Computerzeitalter. In: Issing Ludwig J., Medienpädagogik im Informationszeitalter, Weinheim 1987, S. 19ff.

von Hentig, Hartmut: Die Schule neu denken, München 1993

Moser, Heinz: Der Computer vor der Schultür, Zürich 1986

Papert, Seymour: Mindstorms – Kinder, Computer und neues Lernen, Basel 1984

Papert, Seymour: The Children's Machine. Rethinking School in the Age of the Computer, New York 1993

Schulz, Wolfgang: Unterricht – Analyse und Planung. In: Heimann Paul u.a., Unterricht. Analyse und Planung, Hannover 1965, S. 13ff.

Turkle, Sherry: Die Wunschmaschine. Vom Entstehen der Computerkultur, Reinbek 1984

Renate Schulz-Zander

Neue Medien als Bestandteil von Schulentwicklung

1. Einleitung

Die Vernetzung von Schulen und die Nutzung von Multimedia im Unterricht sind in den 90er Jahren eine weltweite Erscheinung, die mit hohen Erwartungen an das Bildungssystem Schule verknüpft sind. In Deutschland hat die im Jahre 1995 gestartete Initiative „Schulen ans Netz" des Bundesministeriums für Bildung, Wissenschaft, Forschung und Technologie (BMBF) und der Deutschen Telekom maßgeblich dazu beigetragen, dass in vielen Schulen aber auch in der Öffentlichkeit ein Bewusstsein über die Bedeutung des Lernens mit neuen Medien entstanden ist. Zahlreiche Unterrichtsbeispiele sind inzwischen an den Schulen entwickelt. Landesinstitute haben Landesserver aufgebaut, die schul- und unterrichtsbezogene Informationen und Materialien bereitstellen. Lehrerfortbildungsmaßnahmen werden begleitend durchgeführt. Die Projektgruppe „Innovationen im Bildungswesen" der Bund-Länder-Kommission für Bildungsplanung und Forschungsförderung (BLK) hat als einen der neuen Förderschwerpunkte die systematische Einbeziehung von Medien und Informations- und Kommunikationstechnologien in Lehr- und Lernprozesse (SEMIK) ausgewiesen, in dem insgesamt 24 Modellversuche der Bundesländer gefördert werden (Mandl, Reinmann-Rothmeier, Gräsel 1998).

Im Frühjahr 2000 hat das BMBF ein Förderprogramm „Neue Medien in der Bildung" mit einem Etat von ca. 400 Mio. DM aufgelegt, in dem umfangreich Multimediaentwicklungen für Schulen und Hochschulen gefördert werden; die Gesellschaft für Mathematik und Datenverarbeitung (GMD) ist Projektträger dieses Bereichs für das BMBF.

Aus bisherigen informationstechnischen Innovationen wissen wir, dass solchen bildungspolitischen Initiativen nicht so ohne weiteres eine erfolgreiche Umsetzung in der Praxis garantiert ist. Es bedarf offensichtlich implementationsfördernder Rahmenbedingungen, um technische Innovationen wirksam einzuführen.

In diesem Beitrag wird es – ausgehend von den neuen Anforderungen, die an Schulen in einer Wissensgesellschaft gestellt werden, damit sie veränderten gesellschaftlichen Bedingungen gerecht werden – darum gehen, welche Bedeutung die neuen Medien für die Qualitätsverbesserung von schulischem Lernen haben und unter welchen Bedingungen die informationstechnische Innovation wirkungsvoll in Schulen integriert werden kann.

Um überzogene Erwartungen und Perspektiven besser ausloten zu können, werde ich Entwicklungen informationstechnischer Innovationen in Schulen seit den 70er Jahren in die Bewertung einbeziehen, um Parallelen und Unterschiede herauszuarbeiten.

2. Neue Anforderungen an das Bildungssystem Schule

Mit dem Übergang der Industriegesellschaft in die Wissensgesellschaft ist Information bzw. Wissen zum entscheidenden Produktionsfaktor geworden. Mit der Weiterentwicklung der Informations- und Kommunikationstechnologien werden die Rollen von Mensch und Technologie neu definiert. Es hat sich ein Paradigmenwechsel vom Computer als Werkzeug zum Medium vollzogen. Mit der Entwicklung des Computers zum Univeralmedium bietet diese Technologie sowohl eine computergesteuerte, integrierte Verarbeitung, Speicherung und Darstellung unterschiedlicher Symbole wie Texte, Grafiken, Tabellen, Standbilder, Bewegtbilder und Tonfolgen, sog. Multimedia als auch eine Plattform für Kommunikation und Zusammenarbeit über Netze. Vernetzte Zusammenarbeit ist die Basis der modernen arbeitsteiligen Produktionsweise geworden.

Dies hat weitreichende Konsequenzen: Während mit den PCs Arbeiten und Lernen an Einzelarbeitsplätzen erfolgte, ist mit den global vernetzten Systemen der Fokus auf die Bereitstellung und Nutzung verteilten Wissens und auf Kommunikation und Kooperation gelegt, auf „distributed cognition“ und „collaboration“. In der Wissensgesellschaft gilt die Abgrenzung von Lernen und Arbeiten als nicht mehr bedarfsgerecht. Gefordert ist ein Prozess lebenslangen Lernens und dementsprechend werden Fähigkeiten zu einem eigenaktiven, selbstorganisierten und kooperativen Lernen benötigt, und zwar unter Nutzung moderner Informations- und Kommunikationstechnologien. Es sollen Fähigkeiten zur globalen Kommunikation und Zusammenarbeit herausgebildet werden. Medienkompetenz gilt als Schlüsselqualifikation.

2.1 Medienkompetenz

Das Bildungssystem Schule muss diesen neuen Anforderungen nachkommen und die Förderung von Medienkompetenz in Bezug auf die spätere Berufstätigkeit, die Bewältigung des Alltags und die Teilhabe als Bürger bzw. Bürgerin am öffentlichen Leben in sein Programm aufnehmen. Im Kern werden Fähigkeiten und Fertigkeiten im Umgang mit den neuen Medien, mit Multimedia und dem Internet erwartet. Bereits in den 80er Jahren stellte sich angesichts der gesellschaftlichen Bedeutung der Mikroelektronik die Anforderung an das Bildungssystem, Schulen auf die Informationsgesellschaft vorzubereiten und grundlegende Fähigkeiten im Umgang mit Computern zu vermitteln, um „computer literacy" als eine neue Kulturtechnik auszubilden. Die verpflichtende Einführung der informationstechnischen Grundbildung – eingebunden in das Lernangebot vorhandener Fächer – diente der Befähigung zur kompetenten, verantwortungsbewußten Nutzung des Computers. War damals der Computer-Führerschein im Gespräch, so ist es heute der Internet-Führerschein, den Lehrerinnen und Lehrer erwerben sollen. Dies macht deutlich, dass es im Kern in der gegenwärtigen Situation auch um eine informationstechnische Bildung in aktualisierter Form geht. Allerdings wird mit der geforderten Medienkompetenz deutlich gemacht, dass eine informationstechnische Kompetenz in einen umfassenderen Medienansatz zu integrieren ist.

Der Begriff Medienkompetenz wird in einer breit geführten Diskussion unter Beteiligung unterschiedlicher Fachdisziplinen neu definiert (vgl. u.a. Enquete-Kommission 1997; Kubicek et al. 1998; Schell/Stolzenburg/Theunert 1999). Medienkompetenz zielt auf eine neue Kulturtechnik und eine veränderte Kommunikationskultur. Laut Orientierungsrahmen der Bund-Länder-Kommission zur Medienerziehung von 1995 soll „für den alltäglichen Umgang mit den elektronischen Medien „Medienkompetenz" und „Medienkultur" entfaltet werden, die der Lesekultur an Differenziertheit und Tragfähigkeit entsprechen" (BLK 1995).

Medienkompetenz beschränkt sich nicht auf instrumentelle, technische Fähigkeiten; sie umfaßt Fähigkeiten zur Nutzung, Auswahl, Gestaltung, Analyse und Bewertung von Medien. Es bedarf einer neuen Lese- und Schreibfähigkeit mit erweiterten wahrnehmenden, analytischen, interpretativen, bewertenden und gestalterischen Fähigkeiten (Schulz-Zander 1997b). Beim Umgang mit Multimedia und Netzen muss eine Lese- und Schreibfähigkeit erworben werden, die nicht allein auf Sprachkompetenz beruht: Die Wahrnehmung, Analyse und Interpretation von Bildern und dynamischen Vorgängen ist erforderlich. Bei Bildmedien, aber auch bei Texten im Internet, stellt sich grundlegend die Frage nach der Authentizität der übermittelten Informationen. Aufgrund tradierter Lesegewohnheiten werden Bilder eher als authentisch gewertet. Angesichts der Manipulationsmöglichkeiten digitaler Medien tritt der Aspekt der Konstruktion von Wirklichkeit deutlich hervor. Es wird eine Kompetenz der Entschlüsselung und Bewertung von Informationen und Medienbotschaften, die immer in Situationen und soziokulturellen Zusammenhängen entstanden sind, benötigt. Bei den Daten im Internet ist der soziokulturelle Kontext, der Situationsbezug oftmals nicht erkennbar. Die Rekontextualisierung von Informationen muss erst hergestellt werden. Spezifische interpretative Fähigkeiten sind erforderlich.

Medienkompetenz schließt ebenso soziale, kommunikative und kreative Fähigkeiten ein. Es geht auch um die Wahrnehmung und Reflexion soziokultureller Veränderungen in unserer Gesellschaft und der Einflüsse von Medien auf die Persönlichkeitsentwicklung sowie ihrer Nutzung zur Persönlichkeitsentfaltung. Die Artikulation über Medien ist eine wichtige Voraussetzung

zung zur aktiven Beteiligung an gesellschaftlichen Prozessen. Schülerinnen und Schüler sollen als zukünftige Bürgerinnen und Bürger Kompetenzen erwerben, damit sie in der Wissensgesellschaft sozial verantwortlich, kreativ und selbstbestimmt mitgestalten können.

2.2 Veränderung der Lernkultur

Neben der Förderung von Medienkompetenz sind mit der Nutzung von Multimedia und der weltweiten Vernetzung allerdings noch weitergehende Erwartungen an das Bildungssystem gestellt. Die Technologien sollen wirksam zur Verbesserung des Lernens und der Schülerleistungen genutzt werden und zur Erneuerung des starren, traditionellen Schulsystems beitragen. Neue Medien sollen gleichermaßen als Katalysatoren in Bildungseinrichtungen wirken. Erwartet werden neue Beziehungen zwischen institutionalisierten und selbstorganisierten Lernformen. In der Wissensgesellschaft werden neben Medienkompetenz Fähigkeiten zu einem eigenaktiven, selbstorganisierten und kooperativen Lernen benötigt, und zwar unter Nutzung moderner Informations- und Kommunikationstechnologien. Ein wichtiges Ziel ist Lernen zu lernen. Neue Leitlinien für Lernen sind demzufolge Selbststeuerung, Selbstkontrolle und Selbstverantwortung. Die Einführung der neuen Medien zielt im Kern auf eine grundlegende Qualitätsverbesserung von Unterricht und Schule und die Entwicklung einer neuen Lernkultur. Lernen durch individuelles und kooperatives Gestalten und Konstruieren sowie „Wissen erzeugende Lerngemeinschaften“ sind Aspekte dieser neuen Lernkultur.

3. Qualitätsverbesserung schulischen Lernens

3.1 Bedeutung neuer Medien für Lernen

Wenn wir nach der Bedeutung der neuen Medien für Unterricht fragen, dann können wir zunächst festhalten: Die Nutzung des Internets kann mit unterschiedlichen Funktionen im Unterricht erfolgen, und zwar als Medium

- zum Bereitstellen von Informationen,
- zum Recherchieren in Datenbeständen,
- zur Kommunikation und
- zur individuellen und gemeinsamen Konstruktion von Wissen.

Über Netze können Lehrende und Lernende nahezu unbegrenzt auf Daten zugreifen und selbst Informationen der Öffentlichkeit zugänglich machen. Mit dem Internet ist ein Raum geschaffen, in dem über den örtlichen Bereich der Schule hinaus eine Kommunikation und ein Zusammenarbeiten nicht nur regional, sondern auch weltweit praktiziert werden kann. Die Kommunikation und Zusammenarbeit ist orts- und zeitunabhängig. Multimedialität und

Hypertextstrukturen sind Merkmale interaktiver Lernumgebungen, die prinzipiell ein hohes Maß an Anschaulichkeit, Flexibilität und Eigenaktivität bei ihrer Nutzung in Lernprozessen gewähren können.

Bedeutend für computergestützte Lehr-/Lernprozesse mit Internetnutzung aus pädagogischer Sicht sind folgende Aspekte:

- Lernende können sich forschend mit authentischen Problemen kooperativ, in (globalen) Lerngemeinschaften auseinandersetzen.
- Sie können ihren Wissenserwerb stärker selbst organisieren und aktiv gestalten und dies in einem Prozeß kooperativer Konstruktion in Gruppen bzw. Lerngemeinschaften, so dass ein Teilhaben an Ideen und Reflektieren unterschiedlicher Sichtweisen gefördert wird („collaborative knowledge construction“).
- Durch die Nutzung elektronischer Kommunikationswege können Lernsituationen entstehen, sich mit Inhalten intensiv im sozialen Kontext auseinanderzusetzen (vgl. Schulz-Zander 1997a, 1999).

Im konstruktivistischen Verständnis wird Lernen als Generierung individueller Wissenstrukturen durch aktive Auseinandersetzung im sozialen Austausch mit anderen definiert; durch Kommunikation und Zusammenarbeit werden mit anderen Lernenden unterschiedliche Sichtweisen auf den Gegenstandsbereich erzeugt und ausgehandelt. Die modernen Informations- und Kommunikationstechnologien bieten aufgrund ihrer hypermedialen Strukturen und ihrer Vernetzung die Möglichkeit, Lernen im konstruktivistischen Ansatz zu unterstützen. „Learning by doing“ wird erweitert durch „Learning through design“. In den durch Informations- und Kommunikationstechnologien unterstützten Lernprozessen konstruieren die Beteiligten ihr Wissen, indem sie ihre Ideen aufschreiben, Reaktionen und Ideen von den Partnerinnen und Partnern erhalten, mit unterschiedlichen Sichtweisen konfrontiert sind und ihre Ideen in diesem Prozess weiter ausdifferenzieren. Gruppenprojekte ermöglichen Schülerinnen und Schülern über Entfernungen hinweg themenbezogen zusammenzuarbeiten. Durch die Kooperation verschiedener Partner und Disziplinen ist die Auseinandersetzung mit komplexeren, authentischen Problemen eher möglich. Expertinnen und Experten können befragt werden. Lernende sind herausgefordert, die Probleme unter verschiedenen Aspekten zu beleuchten, unterschiedliche Standpunkte zu reflektieren und ihr Wissen auf diesem Hintergrund zu konstruieren. Die Lehrperson ist nicht mehr Hauptlieferant von Informationen und Wissen. In internationalen Projekten (z.B. G.R.E.E.N, Kids Network, GLOBE oder BEENET (Baltic Environmental Education Network)) werden insbesondere ökologische Probleme in Lerngemeinschaften bearbeitet. So wird etwa die Qualität von Gewässern in verschiedenen Regionen durch Messungen von Schülergruppen bestimmt, oder es werden Klimaveränderungen untersucht. Unter der Voraussetzung, dass Absprachen über die verwendeten Modelle, Methoden und Software getroffen werden, können die Gruppen jeweils auf die Daten anderer Regionen zugreifen und vergleichende Auswertungen vornehmen. Lernen mit Netzen kann dementsprechend fächerübergreifende Sichtweisen fördern. Die Rollen zwischen Lehrenden und Lernenden verändern sich. Dies ist eine neue Situation für die Lehrperson und kann zur Verunsicherung beitragen.

Die konstruktivistische Lernphilosophie hat das Konzept der Lernumgebungen allgemein und schließlich der computergestützten Lernumgebungen beeinflusst (Harasim et al. 1996). Medien fungieren als kognitive Werkzeuge. Sie zielen auf die Stärkung des kognitiven Leistungsvermögens des Menschen bei Denkvorgängen und beim Problemlösen. Mit sog. Computer Supported Intentional Learning Environment (CSILE) (Scardamalia/Bereiter 1992) oder Computer Supported Cooperative Learning (CSCL) soll kooperatives Lernen und Arbeiten in Gruppen computerunterstützt erfolgen, um „Wissen zu teilen", um gemeinsam auf Daten und Informationen zuzugreifen, gemeinsam Ideen zu produzieren und Ergebnisse zu konstruieren und zu gestalten. Die Systeme bieten die Möglichkeit der Kommentierung unterschiedlicher Sichtweisen. Damit können die Gruppenmitglieder aktiv am Konstruktionsprozess teilhaben und zu Entwicklungen und Forschungen beisteuern. Diese Form des Lernens nutzt ein Zusammenspiel von individuellem und kooperativem Arbeiten in Form aktiven Gestaltens. Diese „kollaborativen" Lernumgebungen werden teilweise als Katalysatoren für die Veränderung des Lernens eingestuft, indem „Wissen erzeugende Gemeinschaften" entstehen.

3.2 Wie eine neue Lernkultur aufbauen?

Die Zielsetzung, die Informations- und Kommunikationstechnologien zur grundlegenden Erneuerung der Lernkultur zu nutzen, ist – so zeigen alle bisherigen Erfahrungen – so ohne weiteres nicht zu erreichen. Es liegen zwar viele gute Projekte vor, dennoch wird auch in Staaten wie Kanada und den USA, die bereits über längere Erfahrungen in diesem Bereich verfügen, oder in Finnland, wo Schulen im hohem Maße über Informations- und Kommunikationstechnologien verfügen, immer noch beklagt, dass Technologien oftmals additiv und nicht im Sinne einer grundlegenden Erneuerung der Lernkultur genutzt werden.

Ein erfolgreicher Weg zur Förderung sog. Best Practice-Beispiele wird darin gesehen, dass Wettbewerbe veranstaltet oder Netzwerke aufgebaut werden. Die Bertelsmann Stiftung hat ein Netzwerk innovativer Schulen und gemeinsam mit der Heinz Nixdorf Stiftung ein Netzwerk innovativer Hochschulen für den Bereich „Lehrerausbildung und Neue Medien" aufgebaut, um diese Innovationen nachhaltig zu stärken. Auch die internationale Vergleichsstudie SITES – Modul 2 (Second Information Technology in Education Study) der International Association for the Evaluation of Educational Achievement (IEA), die unter Beteiligung von 28 Nationen von 1999 bis 2002 durchgeführt wird, dient der Erhebung, Analyse und Publikation innovativer Unterrichtspraxis unter Nutzung der Informations- und Kommunikationstechnologien. Die deutsche Studie wird vom Institut für Schulentwicklungsforschung (IFS) in Kooperation mit der deutschen Studie der internationalen Vergleichsstudie der OECD „Case Studies of Organizational Change" (durchgeführt vom FWU) in dem Vorhaben „Innovative Praktiken mit neuen Medien in Schulunterricht und –organisation (IPSO)" seit Juni 2000 durchgeführt, das vom Projektträger GMD „Neue Medien in der Bildung" des BMBF gefördert wird.

Wie aber kann eine neue Lernkultur aufgebaut werden oder wie sieht der „leap for the future" aus, wie es die internationale Expertenkommission COMMITT formuliert, eine Kommission, die der niederländische Bildungsminister eingerichtet hat, um den Weg in die Informationsgesellschaft durch eine grundlegende Erneuerung der Lehrerausbildung zu beschreiten (COMMITT 1996). Ein Prinzip ist, dass eine Balance zwischen dem alten und dem neuen System gewährt sein muss: „care for old and courage for new" ist das Leitmotiv von COMMITT. Der Aktionsplan zur Beschleunigung der Veränderung von Lernen unterscheidet, dem Leitprinzip folgend neue Praktiken und neue Formen professioneller Unterstützung und Ausbildung durch die Einrichtung von Zentren für Lerntechnologien und Monitoring, Reflexion und Forschung (COMMITT 1996, 33).

Die Kommission empfiehlt für die Entwicklung von Unterrichtsprojekten eine Zusammenarbeit von Lehrerbildungseinrichtungen und Schulen, ggf. auch mit Forschungseinrichtungen und Privatunternehmen. Die Projekte sollen grundsätzlich neue Wege des Lehrens und Lernens aufzeigen. Auf Empfehlung der Kommission sind zwei Institute für „experimentierende" Lehrerbildung in Rotterdam und Amsterdam zeitlich befristet eingerichtet worden, um neue Wege des Lehrens und Lernens ohne Rücksichtnahme auf bestehende personelle und institutionelle Beschränkungen zu beschreiten. Dies ist die bildungspolitische Umsetzung des „Courage-Programms" der Kommission, um den Veränderungsprozess zu beschleunigen. Erfolgreiche Lösungen werden sodann in die regulären Lehrerbildungseinrichtungen übernommen.

Von gleicher Wichtigkeit wie die Entwicklungsarbeiten sind dabei Monitoring, Reflexion und Forschungen, und zwar

- Monitoring des Fortschritts und der Ergebnisse auf der Ebene der einzelnen Projekte, aber auch auf nationaler Ebene,
- prozessbegleitende Begutachtung durch Personengruppen aus dem Management, der Forschung, der Schule, den Ministerien u.a. sowie
- Grundlagenforschung im Bereich der Lehr- und Lernprozesse unter Nutzung von Informations- und Kommunikationstechnologien.

3.3 Verbesserung des Lernens mit neuen Medien?

Der Nachweis der grundlegenden Qualitätsverbesserung von Unterricht durch die Nutzung neuer Medien steht noch aus. Zu fragen bleibt, welche Erwartungen angemessen sind. Im Hinblick auf eine Einschätzung drängt sich zunächst eine vergleichende Betrachtung der Reformabsichten durch den programmierten Unterricht Ende der 60er, Anfang der 70er Jahre auf, mit denen damals ähnliche Erwartungen verbunden waren. Angesichts der umfangreichen expansiven Reformmaßnahmen im Bildungsbereich als Antwort auf die damalige Bildungskrise wurden ähnlich wie heute Hoffnungen in eine Steigerung der Schülerleistungen durch die Nutzung von Computern im Unterricht und gleichzeitig auch Erwartungen einer Kostensenkung von Bildungsausgaben durch Rationalisierungsmaßnahmen im Lehr-/Lernbereich gesetzt. Ca. 60 Millionen DM wurden in die Entwicklung von Übungsprogrammen, tutoriellen Programmen und Simulationsprogrammen und die Bereitstellung von Hardware investiert. Der erhoffte Erfolg blieb allerdings aus: Es erfolgte keine Einsparung von Personalkosten durch den programmierten Unterricht, stattdessen waren nicht unbeträchtliche Investitionen in Hard- und Software erfolgt. In den USA konnte ein begrenzter Erfolg des computergestützten Unterrichts zwar belegt werden: Meta-Analysen von Hartley (1978), Burns & Bozeman (1981) Bangert-Drowns, Kulik & Kulik (1985) und Kulik, Kulik & Bangert-Drowns (1990) kommen zu dem Ergebnis, dass mit Drill- and Practice-Programmen ein kurzzeitiger Effekt erzielt werden kann, vor allem bei sozial schwächer gestellten, leistungsschwächeren oder lernbehinderten Schülerinnen und Schülern (nach Report 1997, 84ff.). Der Einsatz von Meta-Analysetechniken für Wirkungsmessungen im pädagogischen Kontext wird allerdings auch hinterfragt und die langfristige Überlegenheit des programmierten Unterricht dem traditionellen Unterricht gegenüber angezweifelt.

Aufgrund von Erfahrungen und empirischen Befunden ist eine skeptische Haltung dem Einsatz neuer Medien gegenüber heutzutage durchaus angebracht, wenn damit Erwartungen an die Leistungssteigerung und an Rationalisierungseffekte mit dem Computereinsatz verknüpft sind. Bezüglich der Qualitätsverbesserung von Lernen ist allerdings zu bedenken, dass die Leistungsfähigkeit der damaligen Hard- und Software gegenüber den heutigen Systemen stark eingeschränkt war und die empirischen Befunde für die gegenwärtige Entwicklung insofern nur begrenzt Gültigkeit haben. Erforderlich ist die Evaluation des Einsatzes neuer Medien im Unterricht in Bezug auf ihre Wirkungen in Lehr-/Lernprozessen.

Eine Kostenverringerung der Bildungsausgaben durch den Einsatz neuer Technologien wird allerdings wohl kaum eintreten, dies machen mehrere Kostenabschätzungen offenkundig. Es sind enorme Investitionen aufzubringen, wenn tatsächlich jeder Klassenraum Zugang zum Internet erhält.

4 Einführung neuer Medien als Bestandteil von Schulentwicklung

Die grundlegende Frage bleibt, wie eine wirkungsvolle Einführung von Informations- und Kommunikationstechnologien zur Qualitätsverbesserung in Schulen mit Breitenwirkung erfolgen kann.

Eine Schule, die zur Wahrnehmung ihrer Aufgaben die Informations- und Kommunikationstechnologien für Unterrichts-, Selektions-, Beratungs-, Kommunikations- und Verwaltungszwecke aufnimmt, ist als ein sozio-technisches System zu betrachten, indem sich aller Voraussicht nach soziale Beziehungen, Interaktionsformen, Strukturen und Organisationsformen ändern werden. Die Einführung neuer Medien ist mithin als ein sozialer Gestaltungsprozess zu begreifen. Die Erneuerung der Organisation ist häufig ein notwendiger, aber auch sinnvoller Aspekt einer erfolgreichen Implementation technischer Systeme, wobei sich dies als ein wechselseitiger Anpassungsprozess der technischen Systeme und der bestehenden Strukturen, Prozesse und Aufgaben darstellt. Läuft die Einführung schlecht, kann der Implementationsprozess auch scheitern.

Als Voraussetzung für eine erfolgreiche Einführung der Innovation von Informationstechnologien nennen Pfeiffer und Rolff die Beteiligung der Lehrpersonen an Entscheidungsprozessen, ihre Fortbildung, ein aktives Projektteam, die gemeinsame Entwicklung von Unterrichtsmaterialien, aber auch unterstützende organisatorische Rahmenbedingungen (Pfeiffer/Rolff 1986, 207). Die im Auftrag des Vereins „Schulen ans Netz e. V." vom IFS durchgeführte Evaluation zum bundesweiten Projekt „Schulen ans Netz", gefördert vom BMBF, geht von der Prämisse aus, dass die Implementation der neuen Medien in die schulische Arbeit vor dem Hintergrund von Schulentwicklung gesehen werden muss. Die gesellschaftlichen und beruflichen Anforderungen, auf welche die Schulen mit der Förderung von Medienkompetenz und dem Einsatz von Informations- und Kommunikationstechnologien (IKT) vorbereiten sollen, sind geradezu darauf angelegt, den engen Kontext von fixierter Lernzeit, festem Lernort und fachlich gebundenem Lerngegenstand zu transzendieren. Schulentwicklungsforscher wie Michael Fullan haben zu Recht darauf hingewiesen, dass die Implementation der neuen Medien ein komplexer und die Gesamtorganisation Schule umfassender Prozess ist (Fullan 1996). Dieser ist als ein sozialer Gestaltungsprozess mit den Dimensionen der Unterrichtsentwicklung, der Personalentwicklung, der Organisationsentwicklung, der Kooperationsentwicklung und der Technologieentwicklung zu begreifen (Schulz-Zander 1999, vgl. Abbildung 1).

Die Dimensionen stehen in einem systemischen Zusammenhang. Die erfolgreiche Implementation der neuen Medien ist darauf angewiesen, dass die Entwicklungen parallel verlaufen und ineinander greifen. Das lässt sich beispielhaft daran illustrieren, dass eine Entwicklung des Unterrichts unter Einsatz der IKT zur weiteren Öffnung des Unterrichts, zur Förderung selbständigen, eigenverantwortlichen und kooperativen Lernens bedingt, dass die Lehrpersonen über Medienkompetenz, aber auch über medienpädagogische Kompetenz verfügen, um diese auch fördern zu können (Personalentwicklung) und dass sie eine Zusammenarbeit im Kollegium, mit anderen Schulen und außerschulischen Partnern praktizieren können (Kooperationsentwicklung). Dies bedarf einer gewissen Gestaltungsfreiheit mit schulischen und unterrichtlichen (Frei-)Räumen (Organisationsentwicklung) und einer adäquaten Technik (technologische Entwicklung).

Abbildung 1: Dimensionen des Schulentwicklungsprozesses

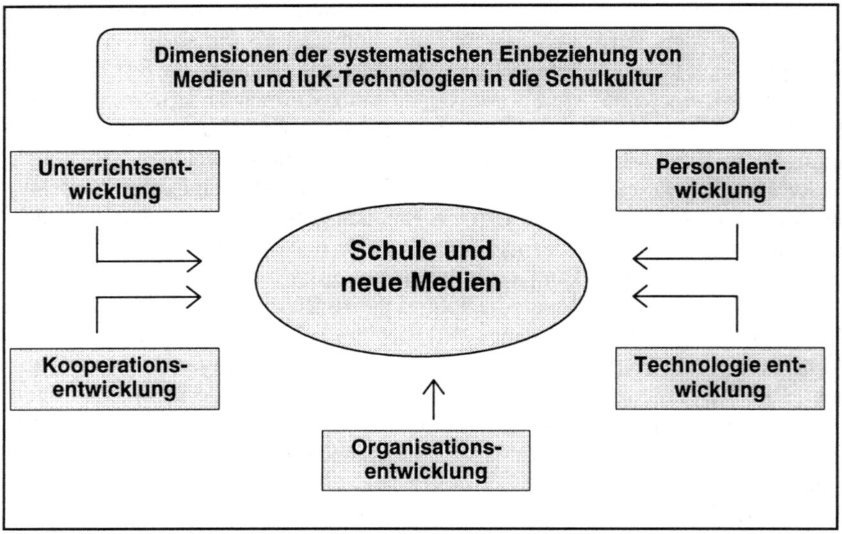

Quelle: Schulz-Zander 1999, 50

4.1 Praxis der Einführung technischer Innovationen in deutschen Schulen

Die Einführung der Informationstechnologien ist oftmals auf die Initiative Einzelner zurückzuführen, in der Regel auf den Informatiklehrer, teilweise aber auch auf die Schulleitung, die dann wiederum den Informatiklehrer anstößt. Diese Lehrperson bleibt zumeist Einzelkämpfer, betreut den Computerraum, investiert enorm viel Zeit, erntet zwar in der Regel die Anerkennung der Schulleitung, aber nicht unbedingt die der Kolleginnen und Kollegen.

Das Prinzip des „Einzelkämpfertums“ hat Tradition. Mitte der 70er Jahre erfolgte die additive Einführung des Fachs Informatik und die damit einhergehende Einrichtung von Computerlaboren in der gymnasialen Oberstufe meist aufgrund der Initiative einer einzelnen Lehrperson, wofür diese dann auch in aller Regel verantwortlich blieb. In den 80er Jahren, als entschieden wurde, die informationstechnische Grundbildung in die Sekundarstufe I in alle Schulformen einzuführen, war die integrative Behandlung des Computers als Gegenstand und Werkzeug in verschiedenen Fächern intendiert. In mehreren Bundesländern war es ein angestrebtes Ziel, ein Team von zwei bis drei Lehrpersonen unterschiedlicher Fächer in die Maßnahmen zur Einführung der ITG (Curriculum- und Softwareentwicklung) einzubeziehen und fortzubilden. Erst in dieser Dekade bildeten sich in nennenswertem Umfang Teams mit Computerkenntnissen an Schulen, so dass überhaupt erst die Voraussetzung für eine Nutzung von Computern in mehreren Fächern geschaffen war. Dies zeigen auch die Ergebnisse der deutschen Studie „Computers in

Education“ der IEA: In der ersten Erhebung im Jahre 1989 sind computernutzende Lehrpersonen vor allem in den Fächern Informatik und Mathematik anzutreffen, im Jahre 1992 nutzen demgegenüber auch in anderen Fächern mehr Lehrpersonen Computer im Unterricht. Insbesondere in Deutsch und Musik/Kunst ist der Anteil der Lehrpersonen gestiegen (Lang/Schulz-Zander 1994).

Eine im Begleitforschungsprojekt „Schulen ans Netz“ im Jahr 1998 durchgeführte repräsentative Befragung der Computerkoordinatoren und -koordinatorinnen der an der Initiative „Schulen ans Netz“ (SAN) beteiligten Schulen ergibt, dass in 58% der von SAN geförderten Schulen ein Projektteam aus 2-4 Lehrpersonen für die Arbeit mit dem Internet besteht und ebenso in 58% der Schulen die Schulleitung die Arbeit mit dem Internet voll und ganz unterstützt (Weinreich/Schulz-Zander 1998). In 40% der befragten Schulen setzt lediglich eine einzelne Lehrperson den Computer im Unterricht ein.

Die erzielte Breitenwirkung, nämlich in *allen* Schulen die Grundbildung verpflichtend einzuführen, ist nicht eingetroffen. Es wird geschätzt, dass heute etwa ein Drittel der Schulen die informationstechnische Grundbildung praktiziert. Obwohl die Ministerien die Einführung der informationstechnischen Grundbildung mit zahlreichen Modellversuchen unterstützt haben, in denen Curricula, Software und Interfaces entwickelt und eine umfangreiche Lehrerfortbildung durchgeführt wurden, ist der durchschlagende Erfolg letztlich ausgeblieben.

Es bleibt zu fragen, welche Faktoren für die fehlende Breitenwirkung verantwortlich zu machen sind. Ein Grund kann sein, dass der Innovationszeitraum seit der verpflichtenden Einführung der Grundbildung, die erst im Schuljahr 1992/93 abgeschlossen war, noch zu kurz ist. Ein weiterer Grund kann darin liegen, dass in relativ kurzen Abständen technologische Neuerungen an die Schule herangetragen werden, ohne dass diese für die Lehrpersonen nachvollziehbar als Weiterentwicklungen vorausgegangener Entwicklungen eingeführt werden, was die Innovationsbereitschaft von Lehrerinnen und Lehrern durchaus beeinträchtigen kann. Angesichts der in Nordrhein-Westfalen erst im Schuljahr 1992/93 verpflichtend eingeführten informations- und kommunikationstechnologischen Grundbildung (IKG) muss es zu denken geben, wenn bei Lehrerinnen und Lehrern die Botschaft angekommt, dass die IKG abgeschafft sei, und es fortan um Medienbildung gehe. Erscheint die IKG als historischer Irrläufer und wird die aktuelle Initiative zur Integration der Medienbildung in die Curricula nicht im Kontext der Weiterentwicklung der Informations- und Kommunikationstechnologien und einhergehender gesellschaftlicher Veränderungsprozesse reflektiert und als Weiterentwicklung informations- und kommunikationstechnologischer Bildung verstanden, so kann dies zu einer Verunsicherung vieler Lehrerinnen und Lehrer führen und die Chance, die Innovationsbereitschaft zu erhalten oder sogar zu erhöhen, wird möglicherweise verspielt. Absehbar ist ohnehin, dass es in einigen Jahren wiederum einen qualitativen Sprung in der technologische Entwicklung geben wird, was erneut Reformen nach sich ziehen kann.

Obwohl innovative Entwicklungen auf die Initiativen Einzelner angewiesen sind und diese sehr viel für die Schule bewirken können, bleibt es problematisch, wenn eine Abhängigkeit vom Know-how einer einzelnen Person besteht, meistens dem Informatiklehrer, dessen Interessen oftmals eher technikzentriert ausgerichtet sind. Die heutige Netzwerk-Administration setzt zudem professionelles Wissen voraus, das vielfach bei den Lehrpersonen an Schulen nicht vorhanden ist. Zuwenig Lehrerinnen und Lehrer sind beteiligt, so dass Informations- und Kommunikationstechnologien in den Fächern noch wenig genutzt werden und dementsprechend auch nur wenige Schülerinnen und Schüler in den Genuss einer Computernutzung im Unterricht kommen.

4.2 Informationstechnische Innovationen im Kontext von Schulentwicklung

In letzter Zeit wird als maßgeblicher Hemmfaktor der Verankerung informations- und kommunikationstechnischer Innovationen in Schulen die fehlende Verbindung mit Schulentwicklung verantwortlich gemacht. Erst seit wenigen Jahren ist die Notwendigkeit der Verbindung von Technologie- mit Schulentwicklungskonzepten ins Bewußtsein gedrungen, um eine qualitativ hochwertige, effektive Nutzung der neuen Medien in Schule und Unterricht zu erzielen (vgl. u.a. Lindau-Bank/Magenheim 1998; Schnoor 1998; Schulz-Zander 1999).

Die Integration der informationstechnischen Grundbildung ging zwar mit einer Curriculum-Reform einher, am konsequentesten in Niedersachsen, wo der gesamte Fächerkanon in Bezug auf die Bedeutung von Informations- und Kommunikationstechnologien untersucht und in jedem Fach curriculare Veränderungen vorgenommen wurden. Niedersachsen hatte das Prinzip der Integration von informationstechnischer Bildung in die Fächer verfolgt und keine informationstechnische Grundbildung eingeführt.

Beim Aufbau der informationstechnischen Grundbildung im Rahmen schulischer Modellversuche sind erstmals in Hessen explizit Ansätze entwikkelt worden, die Einführung der Grundbildung im Kontext von Schulentwicklung zu vollziehen (Hendricks/Schulz-Zander 2000). Hessen schuf zur Realisierung eines fächerübergreifenden Konzepts mit dem sog. Fachvertretermodell bzw. Teamermodell eine neue Organisationsform, in der sowohl die Fortbildnerinnen und Fortbildner als auch die fortzubildenden Lehrerinnen und Lehrer für den Bereich der informations- und kommunikationstechnischen Grundbildung als Teams mit unterschiedlichen Kompetenzen agieren sollten, um damit eine Basis für das Gelingen eines fächerverbindenen Unterrichts zu schaffen. Die unterrichtliche Umsetzung der entwickelten Materialien erfolgte oftmals im Teamteaching, um Kompetenzprobleme bei fächerübergreifenden Inhalten und bei der technischen Handhabung der Systeme aufzufangen und gleichzeitig die für das Arbeiten am Computer notwendige Einrichtung kleiner Lerngruppen durch Teilung der Klassen gewährleisten zu können. Zur Einführung der informationstechnischen Grundbildung gab es sodann die Empfehlung, der Einzelschule Gestaltungsfreiräume für eine Profilbildung und für die Entwicklung organisatorischer Lösungen z.B. bei Raum- und Zeitfragen und Lerngruppengrößen zu gewähren.

4.3 Einführung von Technologien als sozialer Gestaltungsprozess

Es bleibt zu fragen, wie die Einführung der Informations- und Kommunikationstechnologien in die Schulen optimal zu gestalten ist und wie es zu bewerkstelligen ist, dass Lehrerkollegien in breitem Umfang diese Technologien sinnvoll nutzen.

Aus der Einführung von Technologien in Unternehmen wissen wir, dass diese sowohl funktionell als auch infrastrukturell stimmig zur Organisation zu gestalten ist, da die Akzeptanz der Technik in dem Fall eher vorausgesetzt werden kann. Für Anwendungsbereiche gilt generell die Maxime, dass wenn sich eine Technologie reibungslos in den Life-style der Nutzerinnen und Nutzer einpasst, dann wird sie vermutlich erfolgreich sein, sonst nicht. Technikgestaltung und Organisationsentwicklung werden optimal in einem fortlaufenden Gestaltungsdiskurs erreicht.

Erforderlich sind ein leichter Zugang zu den technischen Ressourcen und zu einer Kommunikationsplattform zwischen den Beteiligten, so dass zumindest die Schulleitung, die Lehrpersonen und die Schülerinnen und Schüler problemlos kommunizieren und kooperieren und auf Internet und Bildungsressourcen zugreifen können. Die Lehrenden und Lernenden, die Technologien bequem nutzen können und hochgradig motiviert sind, werden diese Technologien eher im Unterricht nutzen.

Es bedarf der Entwicklung von Visionen, eines Schulprogramms, der Finanzierung und Bereitstellung leistungsstarker, einwandfrei funktionierender Netzwerke mit guter Bildungssoftware und ihrer curricularen Einbettung, der Förderung der Kompetenzen des Lehrpersonals, einer Kultur der gleichberechtigten Teilhabe der Geschlechter und aller sozialer Gruppen und der Evaluation.

Darüber hinaus sind Forschungen notwendig. Für das bundesweite Projekt „Schulen ans Netz" hat das BMBF über den Verein Schulen ans Netz e. V. in Bonn eine Begleitforschung bis Februar 2000 mit folgenden Aufgaben eingerichtet: Erstens soll eine Bestandsaufnahme zeigen, welche Arten von Projekten in den einzelnen Bundesländern durchgeführt werden, welche Ausstattung in den Schulen vorhanden ist und wie diese genutzt wird, welche Personengruppen beteiligt sind und welche pädagogischen Ziele und Inhalte verfolgt werden. Zweitens sollen implementationsfördernde und implementationshemmende Bedingungen der pädagogischen Nutzung von Netzen identifiziert werden. Drittens sollen geeignete Modelle und Maßnahmen bestimmt werden. Die Begleitforschung wird von einem Konsortium durchgeführt, dem Issing (Freie Universität Berlin), Scholl und Wandke (Humboldt-Universität zu Berlin) und Schulz-Zander (Universität Dortmund) angehören.

4.4 IT-Management bei der Einführung der Netzwerke in Schulen

Von einer gezielten und systematischen Planung des Einsatzes von Informationstechnik, also einem Informationstechnik-Management (IT-Management) auf breiter Basis kann noch keine Rede sein (Kubicek 1998). Die meisten deutschen Schulen befinden sich in Bezug auf ihr Vorgehen noch in der sog. Mikro-Ära, die durch die Phasen der Initialialisierung und der Ausbreitung gekennzeichnet ist, und noch nicht in der Netzwerk-Ära. Es sind allenfalls erste Steuerungsversuche anzutreffen, aber noch keine technologie-spezifischen Steuerungen. Die Stufe der Integration von Informationstechnologien wäre erst erreicht, wenn alle den Einsatz dieser Technologien betreffenden organisatorischen, personellen und finanziellen Aspekte in die allgemeine Personal- und Finanzplanung bzw. in Schulentwicklungsplänen berücksichtigt sind (Kubicek 1998). Da nach Nolan (1993) in jeder Ära neue Problemstellungen auftauchen, die neue technische Kompetenzen und neue institutionelle Strukturen erfordern und Wissen aus den vorangegangenen Ären nur sehr begrenzt übertragbar ist, bedeutet dies für den Schulbereich: Die in den 70er und 80er Jahren gewonnen Erfahrungen bei der Einführung der Computer in Schulen helfen in der Ära der gegenwärtigen Einführung der Netze nur begrenzt und können ggf. sogar in Sackgassen führen. So stößt der Ansatz, die Betreuung der Netzwerke in Schulen weiterhin von einer Lehrperson neben ihrer eigentlichen pädagogischen Aufgabe ohne Stundenbefreiung zu erwarten, an zeitliche und professionelle Grenzen. Will man Reibungsverluste verhindern, so hat dies zur Folge, dass eine technische Infrastruktur mit personeller Versorgung und ein permanenter Service bereitzustellen sind. Der höchste Indikator für eine als hilfreich empfundene Unterstützung bei der Implementation der Technologien war im übrigen laut Befunden des Southern Technology Council in den USA das Vorhandensein eines technischen Koordinators bzw. einer technischen Koordinatorin in der Schule (Making Technology Happen 1997). Hier ist m.E. ein Umdenken in Deutschland notwendig: Die Betreuung der Netze sollte professionell erfolgen, Lehrerinnen und Lehrer sollten dagegen die ihrer Profession zugeschriebenen Aufgaben wahrnehmen.

Vorbilder für die Übernahme von Planungs- und Steuerungsverfahren bei der Anwendung von Computern und Netzen in Schulen, also eines professionellen IT-Managements, lassen sich seit Anfang der 90er Jahre in den USA finden. Eine Reihe von Technologieplänen sind in Kubicek (1998) dokumentiert.

Es sind systematisch Daten von verschiedenen Projekten an Schulen erhoben worden, z.B. zu vorhandenen Technikausstattungen an Schulen, deren Nutzung, Testergebnissen, Fortbildungen, Beteiligung von Lehrkräften und Schulleitungen und Problemen. Des weiteren sind Kostenabschätzungen für unterschiedliche Ausstattungsmodelle eingeholt worden. Auf dieser Basis startete die US-Regierung die Initiative „Technology Literacy Challenge" mit einem Fünf-Jahres-Programm (bis 2001) mit einem Gesamtvolumen von zwei Milliarden US-$. Aus Sicht der US-Regierung sind auf der Basis von Erhebungen ein leichter Zugang zum Internet für Lehrende und Lernende, die

Qualifizierung der Lehrpersonen und der Einsatz leistungsfähiger Software und Bildungsserver eine Voraussetzung für die Bildung des 21. Jahrhunderts. Ziele des Fünf-Jahres-Programms, das sich zunächst auf K12-Schulen bezieht, sind: 1. Alle Schülerinnen und Schüler werden Zugang zu modernen Computern haben. 2. Jeder Klassenraum wird Zugang zum Internet haben und mit den anderen Klassenräumen vernetzt sein. 3. Bildungssoftware wird integraler Bestandteil der Curricula sein. 4. Lehrerinnen und Lehrer werden kompetent sein, die Technologien zu nutzen und damit zu unterrichten (http://www.whitehouse.gov/ed-tech.html).

Bei der Einführung der Informations- und Kommunikationstechnologien wird empfohlen, eine detaillierte Bestandsaufnahme, ein Programm mit Visionen und Zielen, eine systematische Planung und eine Steuerung des Prozesses, sowie eine Evaluation vorzunehmen.

4.5 Grundlegende Probleme technischer Innovationen im Schulbereich

Die Auswertung der BLK-Modellversuche zu Informations- und Kommunikationstechnologien im Bildungsbereich im Zeitraum von 1985 bis 1995, die von Hendricks und Schulz-Zander im Auftrag des BMBF erfolgte, ergibt, dass die Nutzung von Informations- und Kommunikationstechnologien in Schulen zu einigen grundlegenden Problemen führt, die die technische Ausstattung und ihre Finanzierung, die Qualifizierung der Lehrerinnen und Lehrer, die starren schulorganisatorischen Regeln und die ungleiche Beteiligung der Geschlechter betreffen (Hendricks/Schulz-Zander 1998).

- Die technische Infrastruktur ist aufgrund der ständigen Weiterentwicklungen im Hard- und Softwarebereich permanent veraltet und muss regelmäßig erneuert werden. Dies wirft grundlegende Finanzierungsprobleme auf. Des weiteren sind Schulen mit unterschiedlichen Systemen ausgestattet, so dass oftmals Probleme hinsichtlich der Nutzung von Software und Interfaces bestehen.
- Mit der technologischen Weiterentwicklung stellt sich die Notwendigkeit einer ständigen Fortbildung der Lehrerinnen und Lehrer, und zwar hinsichtlich ihrer technischen und pädagogischen Kompetenzen. Dies setzt eine hohe Innovationsbereitschaft und Innovationsfähigkeit voraus, die nicht immer vorhanden ist, insbesondere wenn damit ein erheblicher Zeitaufwand für den Einzelnen verbunden ist und keine Anreize geboten sind, diese Mehrarbeit zu leisten.
- Vorhandene Strukturen in Schulen bieten oftmals nicht die dringend benötigten Freiräume für eine sinnvolle Nutzung von Computern im Unterricht, z.B. für Teamteaching, kleine Lerngruppen, Projektunterricht, die flexible Nutzung von Computern im Fachunterricht und außerhalb des Unterrichts durch Schülerinnen und Schüler aufgrund leichter Zugangsmöglichkeiten zu Computern und dem Internet.

- Zahlreiche empirische Untersuchungen einschließlich der Begleitstudie zu „Schulen ans Netz“ (Hunneshagen; Schulz-Zander; Weinreich 2000) belegen, daß auch im schulischen Bereich die Geschlechter nicht in gleicher Weise im informationstechnologischen Bereich beteiligt sind – das gilt sowohl für Schülerinnen als auch für Lehrerinnen. Die männliche Attribuierung des Computerbereichs und die Tatsache, dass eher den Jungen und Lehrern technische Kompetenzen zugeschrieben werden, beeinflussen das Selbstkonzept, was sich auf das Wahlverhalten in Bezug auf Informatikkurse und entsprechender Arbeitsgemeinschaften auswirken kann. Dies kann wiederum Ausbildungs- und Berufschancen von Schülerinnen mindern.

4.6 Finanzierung

Ein Hauptproblem ist die Finanzierung informationstechnischer Innovationen. Die von der US-Regierung in Auftrag gegebene Studie von McKinsey zur Erhebung der Ausstattungskosten weist verschiedene Möglichkeiten der Kostenverringerung und der Gewinnung zusätzlicher Mittel aus. Notwendig sind dezentrale Planungsprozesse an jeder Schule und in der Gemeinde, um regionale Besonderheiten zu berücksichtigen sowie die gleichzeitige Einbettung in größere Zusammenhänge und zentrale finanzielle Förderungen. Erforderlich ist des weiteren die Einbeziehung von Führungspersonen aus dem öffentlichen und privaten Sektor auf allen Ebenen, aus Schulen, Distrikten, Gemeinden, Staat und Bund, um eine private-public-partnership zu erzielen (Kubicek 1998). Viele Schulen in den USA sehen eine multifunktionale und flexible Nutzung ihrer Computerräume vor, z.B. Öffnungszeiten über das ganze Jahr hinweg auch außerhalb der Unterrichtszeit, Öffnung für Eltern und externe Personengruppen, wobei sie darüber zusätzliche Ressourcen erwirtschaften.

4.7 Kompetenzerweiterung durch Fortbildung und Austausch

Eine Qualifizierung der Lehrerinnen und Lehrer ist Voraussetzung für das Gelingen der erwarteten Qualitätsverbesserung von Unterricht. Sie benötigen eine umfassende Medienkompetenz und medienpädagogische Kompetenz sowie eine veränderte Einstellung zu ihrer Rolle als Lehrperson, sofern die eingangs erörterten neuen Leitlinien für Lernen auch in der Praxis umgesetzt werden sollen.

Die meisten Lehrpersonen (88%) aber auch Eltern (78%) fühlen sich den Kindern und Jugendlichen bei der Mediennutzung unterlegen. Dagegen sehen nur 29% der Kinder und Jugendlichen sich als überlegen. Dies ergab eine Befragung im BLK-Modellversuch „Differenzierte Medienerziehung“, der unter Beteiligung von Schulen in NRW und Sachsen lief (Lindau-Bank 1998).

Für die Durchführung von Projekten in Kooperation mit externen Lerngruppen wird eine erweiterte Kommunikations- und Kooperationskompetenz benötigt, die auch Fähigkeiten des Projektmanagements einschließt.

Die Bedeutung eines Peer-to-peer-Austauschs auf Schulebene für den Integrationsprozeß hat eine Befragung des Southern Technology Council zum Implementationsprozess von Informationstechnologien an jeweils 12 Schulen in 18 Staaten der USA gezeigt: Die meisten Schulen vertrauten auf die Hilfe von Peers sowohl über ein Peer-network als auch von einer einzelnen Lehrperson mit einer der gewünschten Expertise (Making Technology Happen 1997). Die Bereitschaft, von Peers in anderen vergleichbaren Schulen zu lernen, war höher als von externen Expertinnen und Experten. Positiv hat sich herausgestellt, möglichst unterschiedliche Zugänge und Strategien auszuprobieren. Die Vielfalt führt eher zu einem positiven Ergebnis.

5 Ausblick

Die Entwicklungen der Informationstechnologien zeigen im Rückblick, dass wir es nicht mit einem einmaligen Innovationsschub, sondern mit permanenten Veränderungen und Strukturumbrüchen zu tun haben, die beständig Innovationen im Bildungsbereich und insofern lernende Organisationen erfordern. Ein zentraler Unterschied der informationstechnologischen Innovation heute gegenüber dem zweiten Datenverarbeitungsprogramm in den 70er Jahren und der Einführung der informationstechnischen Grundbildung in den 80er Jahren ist, dass sich heute die Sichtweise herauskristallisiert, dass technologische Innovationen nur wirkungsvoll sein können, wenn sie mit tiefgreifenden curricularen *und* institutionellen Reformen einhergehen. Zu wenig ist es bisher gelungen, die informationstechnologischen Innovationen in ihrem historischen Verlauf einzuordnen, um damit auch Innovationsbereitschaft und -fähigkeit in Schulen zu erzielen.

Da die Nutzung neuer Medien in der Schule nicht nur auf individuelles Lernen, sondern auch auf globale Kommunikation, Kooperation und Zusammenarbeit mit unterschiedlichen Partnern zielt, greift die Blickrichtung auf die Einzelschule letztlich zu kurz. Die Einzelschule ist auf die Zusammenarbeit mit anderen Schulen, Einrichtungen in der Gemeinde, Universitäten, Bibliotheken, privatwirtschaftlichen Unternehmen angewiesen; neue Wege kann sie nur im Verbund mit anderen Schulen und Partnern beschreiten. Der Aufbau von Netzwerken zur Unterstützung der Einzelschulen ist ein zentraler Aspekt von Schulentwicklung. Darüber hinaus bleibt ein Bedarf an Grundlagenforschung bestehen, um die informationstechnischen Innovationen wirkungsvoll für Schulerneuerung nutzen zu können.

Literatur

BLK – Materialien zur Bildungsplanung und Forschungsförderung, Heft 44. Medienerziehung in der Schule, Orientierungsrahmen. Bonn 1995.

BLK 1998

COMMITT: Teaching and Learning for the Future. Report of the Committee On Multi-Media In Teacher Training. Plomp, Tjeerd/Ten Brummelhuis, Alfons/Rapmund, Rob (eds.). Den Haag 1996.

Enquete-Kommission des Deutschen Bundestages „Zukunft der Medien in Wirtschaft und Gesellschaft. Deutschlands Weg in die Informationsgesellschaft (Hrsg.): Medienpädagogik und -kompetenz. Bonn: ZV Zeitungs-Verlag 1997.

Fullan, Michael G.: Implementation of Innovations. In: Plomp, Tjeerd; Ely, Donald P. (ed.): International Encyclopaedia of Educational Technology. Cambridge 1996. S. 273-281.

Harasim, Linda/Hiltz, Starr Roxanne/Teles, Lucio/Turoff, Murrray: Learning Networks. Cambridge/Mass, London: MIT Press 1996, second printing.

Hendricks, Wilfried/Schulz-Zander, Renate: Zusammenstellung und Analyse der Materialien der Modellversuche des Bereichs „Neue Informations- und Kommunikationstechniken im Bildungsbereich – Teilbereich Schule und Weiterbildung“ im Auftrag des BMBF. 1998.

Hendricks, Wilfried/Schulz-Zander, Renate: Informations- und Kommunikationstechnologien in der allgemeinbildenden Schule – eine Analyse von Modellversuchen. In: Hendricks, Wilfried (Hrsg.): Multimedia und Telekommunikation im Unterricht der Sekundarstufe I/II. Berlin: Cornelsen Verlag Scriptor 2000 , S. 28-49.

Hunneshagen, Heike/Schulz-Zander, Renate/Weinreich, Frank: Schulen am Netz – Veränderungen von Lehr- und lernprozessen durch den Einsatz der neuen Medien. In: Rolff, Hans-Günter/Bos, Wilfried/Klemm, Klaus/Pfeiffer, Hermann/Schulz-Zander, Renate (Hrsg.): Jahrbuch der Schulentwicklung, Band 11. Juventa: Weinheim/München 2000, S. 155-180.

Jonassen, David H./Reeves, T. C.: Learning With Technology: Using Computers as Cognitive Tools. In: Jonassen, David H.: Handbook of Research for Educational Communications and Technology. New York: Simon & Schuster Macmillan, 1996, S. 693-719.

Kubicek, Herbert/Braczyk, Hans-Joachim/Klumpp, Dieter/Müller, Günter/Neu, Werner/Raubold, Eckart/Roßnagel, Alexander (Hrsg.): Lernort Multimedia. Jahrbuch Telekommunikation und Gesellschaft. Heidelberg 1998.

Kubicek, Herbert: Medienmanagement in Schulen. Erfahrungen aus den USA und erste Folgerungen für Hessen. Schriftenreihe der Landesinitiative Hessen – media Bd. 8. Hrsg. von der Hessischen Staatskanzlei, Wiesbaden 1998; www.hessen-media.de

Lang, Manfred/Schulz-Zander, Renate: Informationstechnische Bildung in allgemeinbildenden Schulen – Stand und Perspektiven. In: Rolff/Bauer/Klemm/Pfeiffer/Schulz-Zander (Hrsg.): Jahrbuch der Schulentwicklung, Band 8. Juventa: Weinheim/München 1994, S. 309-353.

Lindau-Bank, Detlev/Magenheim, Johannes: Schule entwickeln. In: Computer + Unterricht 32/1998, S. 5-10.

Making Technology Happen. Best Practices and Politics from Exemplary K-12 Schools for teachers, principals, parents, policymakers, and industry. Southern Technology Council 1997. (http://www.southern.org/edtech.htm)

Mandl/Reinmann-Rothmeier/Gräsel: Htpp://www.BLK-Online.de/veroeff.htm 1998.

Nolan, Richard L./Croson, David C./Seger, Katherine N.: The Stages Theory: A Framework for IT Adoption and Organizational Learning. Harvard Business School. Teaching Note 193141. 1993.

Pfeiffer, Hermann/Rolff, Hans-Günter: Technologische Grundbildung – oder: Wie Schulen auf die „Informationsgesellschaft“ vorbereiten. In: Rolff, Hans-Günter/Klemm, Klaus/ Tillmann, Hans-Jürgen (Hrsg.): Jahrbuch der Schulentwicklung, Bd. 4, Juventa: Weinheim/München 1986, S. 183-209.

Report 1997: Report to the President on the use of Technology to strengthen K-12 Education in the United States. Hrsg. vom President's Committee of Advisors on Science and Technology. Panel on Education al Technology, März 1997.

Scardamalia, M./Bereiter, C.: An Architecture for Collaborative Knowledge Building. In: De Corte, E./Linn, M. C. et al (eds.): Computer-Based Learning Environments and

Problem Solving (NATO ASI Series. Series F: Computer and Systems Sciences; 84) Berlin/Heidelberg: Springer 1992, S. 41-66.

Schell, Fred/Stolzenburg, Elke/Theunert, Helga (Hrsg.): Medienkompetenz: Grundlagen und pädagogisches Handeln. München: KoPäd-Verl. 1999.

Schnoor, Detlev: Schulentwicklung durch neue Medien. In: Kubicek, Herbert et al (Hrsg.): Lernort Multimedia. Heidelberg 1998. S. 99-108.

Schulz-Zander, Renate (1997a): Lernen in der Informationsgesellschaft. In: Pädagogik 1997, H. 3, S. 8-12.

Schulz-Zander, R. (1997b): Medienkompetenz – Anforderungen an schulisches Lernen. In: Enquete-Kommission des Deutschen Bundestages „Zukunft der Medien in Wirtschaft und Gesellschaft. Deutschlands Weg in die Informationsgesellschaft (Hg.): Medienpädagogik und -kompetenz. Bonn: ZV Zeitungs-Verlag 1997, S. 99-110.

Schulz-Zander, Renate (1997c): Kind und Computer: Neue Lernmöglichkeiten in der Schule. In: Liedtke, Max (Hrsg.): Kind und Medien. Zur kulturgeschichtlichen und ontogenetischen Entwicklung einer Beziehung. Bad Heilbrunn/Obb.: Klinkhardt 1997, S. 265-280.

Schulz-Zander, Renate: Neue Medien und Schulentwicklung. In: Rösner, E. (Hrsg.): Schulentwicklung und Schulqualität. Beiträge zur Bildungsforschung und Schulentwicklung, Bd. 8, Dortmund: IFS-Verlag 1999, S. 35-56.

Weinreich, Frank/Schulz-Zander, Renate: Schulen am Netz – Ergebnisse der bundesweiten Evaluation. Ergebisse einer Befragung der Computerkoordinatoren und -koordinatorinnen an Schulen. In: Zeitschrift für Erziehungswissenschaft, Heft 4/2000, S. 577-593.

Gerhard Tulodziecki

Nutzung von Multimedia – ein Weg zur Verbesserung schulischen Lehrens und Lernens?

In der öffentlichen Diskussion um Multimedia und Datenautobahnen wird häufig suggeriert, dass mit den neuen Informations- und Kommunikationstechnologien Schule und Lernen erheblich verbessert, wenn nicht gar revolutioniert werden könnten (vgl. z.B. „Revolution des Lernens", Der Spiegel 9/94, S. 96-113). Dabei fußt die Diskussion zum Teil auf naiven und irreführenden Annahmen über schulisches Lehren und Lernen (vgl. zum Versuch der Aufdeckung solcher irreführender Annahmen zum Beispiel die Stellungnahme des interdisziplinären Arbeitskreises „Schule und Computer" an der Universität-Gesamthochschule Paderborn 1995).

In meinen Beitrag werde ich vor dem Hintergrund dieser Diskussion die Frage aufnehmen, ob die Nutzung von Multimedia einen Weg zur Verbesserung schulischen Lehrens und Lernens darstellt. Ich greife damit allerdings nur eine Teilfrage aus dem größeren Zusammenhang des Verhältnisses von Schule und Medien sowie der mit ihnen verbundenen Informations- und Kommunikationstechnologien heraus (vgl. zu einer umfassenderen Behandlung der Fragen: Tulodziecki 1994).

Zur Bearbeitung der Teilfrage, ob von der Nutzung von Multimedia eine Verbesserung des Lehrens und Lernens erwartet werden kann, beginne ich mit begrifflichen Klärungen und fahre dann mit Überlegungen zu Gestaltungsmöglichkeiten von multimedialen Angeboten fort. Daran schließe ich einige Hinweise zu Ergebnissen der empirischen mediendidaktischen Forschung an. Als Nächstes werde ich mich kurz der lehr-lerntheoretischen Diskussion zum computerbasierten Lernen widmen, ehe ich in einem letzten Punkt versuchen will, die Eingangsfrage zusammenfassend aus didaktischer Perspektive zu beantworten.

1. Begriffliche Klärungen

Der Begriff „Multimedia“ wird in der Literatur unterschiedlich verwendet. Während früher die Verbindung mehrerer technischer Einzelmedien, z.B. Video und Diaprojektion, als Multimediasystem bezeichnet wurde, setzt der Begriff heute in der Regel voraus, dass eine Integration verschiedener Darstellungsmöglichkeiten im Rechner erfolgt. Beispielsweise definiert Hasebrook (1994): „Unter Multimedia wird die Integration von Text und Bild mit zumindest einem dynamischen Informationsmedium, also Ton, Animation oder Video, am Computer verstanden“ (S. 6). Und nach Hofstetter (1993) gilt:

> „Multimedia are the use of a computer to create, process, link and access text, sound, picture, full motion and any object stored on the computer or on the network.“ (S. 12).

Definitionen dieser Art sind aus mediendidaktischer Perspektive insofern misslich, als sie einen Medienbegriff suggerieren, der nicht dem üblichen Medienbegriff in der Mediendidaktik entspricht: In der Mediendidaktik werden Text, Bild und Ton nicht selbst als Medien bezeichnet, sie stellen vielmehr eine Kombination aus Darstellungsformen und Sinnesmodalitäten dar. So ist ein schriftlicher Text beispielsweise eine Kombination aus der Sprache als Darstellungsform und der optischen Präsentation als Sinnesmodalität.

Ein Medium im Sinne der Mediendidaktik ist demgegenüber ein Hilfsmittel, bei dem Informationen unter Rückgriff auf technische Verfahren übertragen, gespeichert oder verarbeitet und in einem kommunikativen Zusammenhang in abbildhafter oder symbolischer Darstellung präsentiert werden. Bei diesem Begriffsverständnis sind u.a. Bücher, Arbeitsprojektionen, Fernseh- und Hörfunksendungen und computerbasierte Lehrprogramme, die in einem didaktischen Zusammenhang verwendet werden, Beispiele für Medien. Aus der Sicht der Mediendidaktik ist es deshalb geboten, entweder auf den irreführenden und begrifflich widersprüchlichen Terminus „Multimedia“ zu verzichten oder das Wort „Multimedia“ nicht als Begriff, sondern nur als Namen für computerbasierte Systeme zu verstehen, bei denen mehrere Darstellungsformen und mehrere Sinnesmodalitäten zur Anwendung kommen. Angesichts der weiten Verbreitung des Wortes „Multimedia“ entscheide ich mich im Folgenden – trotz begrifflicher Bedenken – für die zweite Möglichkeit und benutze das Wort „Multimedia“ im Sinne eines Namens für die oben näher gekennzeichneten computerbasierten Systeme.

2. Gestaltungsmöglichkeiten bei „Multimedia“

Um Gestaltungsmöglichkeiten bei „Multimedia“ – auch im Vergleich zu anderen Medien – bewusst zu machen, bietet es sich an, von Kriterien auszugehen, die generell zur Charakterisierung von Medien herangezogen werden können. Die ersten beiden der folgenden Kriterien wurden bereits angesprochen. Sie können wie die weiteren Kriterien der mediendidaktischen Diskussion entnommen werden (vgl. dazu auch Weidenmann 1995; Tulodziecki 1995):

(1) *Darstellungsform:* Diese kann bei Medien abbildhaft oder symbolisch sein. Bei der abbildhaften Darstellung lässt sich zwischen realgetreuen und schematischen bzw. typisierenden Darstellungen unterscheiden. Realgetreue Darstellungen sind dadurch gekennzeichnet, dass mindestens ein Aspekt der Realität abgebildet wird, z.B. das Erscheinungsbild einer Person bei der Fotografie oder Originalgeräusche aus einer Schreinerwerkstatt bei einem Tondokument. Schematische bzw. typisierende Darstellungen abstrahieren dagegen vom realen Gegenstand oder Vorgang durch akzentuierende Darstellungen, z.B. in Form von grafischen Präsentationen. Bei den symbolischen Darstellungen lassen sich verbale von nicht-verbalen Symbolen unterscheiden. Beispielsweise ist das Wort „Stein" ein verbales Symbol für den gemeinten Gegenstand, während ein Pfeil, der eine Bewegungsrichtung andeuten soll, ein nicht-verbales Symbol darstellt.

Die mit „Multimedia" benannten computerbasierten Systeme zeichnen sich dadurch aus, dass alle der genannten Darstellungsformen vorkommen und auch miteinander verbunden werden können. Beispielsweise kann die realgetreue Abbildung eines rollenden Steins mit einer darübergelegten vektoriellen Darstellung als symbolischer Codierung kombiniert werden.

(2) *Sinnesmodalität:* Je nachdem, welcher Sinneskanal angesprochen wird, kann man auditive, visuelle oder audiovisuelle Medien unterscheiden. Beispielsweise sind Hörfunksendungen auditive, Fotografien visuelle und Fernsehsendungen audiovisuelle Medien.

„Multimedia" sind dadurch gekennzeichnet, dass sie das Ansprechen der verschiedenen Sinne nacheinander oder gleichzeitig ermöglichen.

(3) *Darbietungsweise:* Diese kann flüchtig oder ruhend sein. Beispielsweise entspricht die Präsentation eines Hörspiels oder eines Films einer flüchtigen Darbietung und die Projektion von Diapositiven einer ruhenden.

Bei „Multimedia" können alle Darbietungsweisen und ihre Kombination in kürzeren oder längeren Sequenzen vorkommen.

(4) *Steuerungsform:* Die Steuerung des inhaltlichen und zeitlichen Ablaufs kann durch das mediale Angebot in linearer Form vorgegeben sein. Dies ist z.B. bei einer Schulfernsehsendung der Fall. Dabei können Aufgaben zur Aktivierung der Lernenden eingestreut sein. Die Steuerung kann jedoch auch in Abhängigkeit von Reaktionen der Lernenden verzweigt erfolgen, wie dies beispielsweise bei computerunterstützten Lehrprogrammen geschieht. Darüber hinaus kann die Steuerung den Lernenden überlassen bleiben, wobei das Medium auf Eingaben der Lernenden reagiert.

„Multimedia" können jede einzelne Steuerungsform und ihre Kombination zulassen.

(5) *Gestaltungstechniken:* Jedes Medium verfügt über verschiedene Gestaltungstechniken. Beim Film kann man z.B. die Einstellungsgröße, die Einstellungsperspektive, die Kamerabewegung, die Montage und die Tongestaltung als Gestaltungstechniken nennen, beim Hörfunk sind es die Aussteuerung bei der Aufnahme von Sprache, Musik und Geräuschen, die Tonmischung, Multi-Play, Trickeffekte oder Blenden und Schnitt.

„Multimedia" zeichnen sich dadurch aus, dass für die Produktion unterschiedlicher Bestandteile von „multimedialen Angeboten", z.B. einer Filmsequenz oder einer Hörszene, die verschiedenen Gestaltungstechniken genutzt werden können.

(6) *Informationsbehandlung:* Hierbei geht es um die Frage, ob mit einem Medium Informationen nur übertragen oder gespeichert und wiedergegeben oder auch weiterverarbeitet werden können. Der Film ermöglicht z.B. die Speicherung und Wiedergabe von Informationen, während mit Hilfe des Computers auch eine Verarbeitung von Daten möglich ist.

In diesem Sinne können bei „Multimedia" alle Formen der Informationsbehandlung wirksam werden.

(7) *Gestaltungsformen:* Neben den Gestaltungstechniken können bei Medien unterschiedliche Gestaltungsformen zur Geltung kommen, z.B. tabellarische Darstellungen, Diagramme, dokumentarische Aufnahmen, Moderation, Reportage, Kommentar, Interviews, Spielszenen, Trickgrafik und Trickfilm. „Multimedia" sind dadurch ausgezeichnet, dass bei ihrer Produktion alle Gestaltungsformen genutzt werden können.

Die obige Charakterisierung zeigt, dass „Multimedia" sowohl in der Breite der Gestaltungselemente als auch in den Kombinationsformen ein weites Spektrum von Möglichkeiten bieten. Von daher ist mit diesen Medien prinzipiell die Chance gegeben, viele Inhalte und Vorgehensweisen unter Berücksichtigung von Lernvoraussetzungen der Lernenden in variantenreicher und lernwirksamer Weise umzusetzen. Ob bisherige empirische Untersuchungen Anzeichen dafür liefern, dass sich die „multimedialen" Möglichkeiten auch in entsprechenden Lernerfolgen niederschlagen, soll im folgenden geprüft werden.

3. Empirische Untersuchungen mit Bezügen zu „Multimedia"

„Multimedia" mit einer weitgehenden Anwendung der oben skizzierten Möglichkeiten sind relativ neue Medien. Zu ihrer Lernwirksamkeit existieren zwar schon einige Studien; diese ergeben jedoch noch kein hinreichend abgesichertes Bild (vgl. Glowalla/Häfele 1995, S. 423; Sacher 1995, S. 3ff.). Insbesondere fehlen umfangreichere Meta-Analysen, wie sie beispielsweise für das Lernen mit Buchprogrammen, für das Lernen mit dem Fernsehen, für das Lernen mit Texten und für das computerunterstützte Lernen existieren. Deshalb sollen hier nur die Ergebnisse zweier Meta-Analysen skizziert werden, die einen besonderen Bezug zu Fragen der Lernwirksamkeit von „Multimedia“ haben.

Die erste Meta-Analyse bezieht sich auf die – auch für „Multimedia“ grundlegende Frage – ob eine Kombination aus Text und Bild zu besseren Lernerfolgen führt als die bloße Präsentation von Texten. Dazu haben Levin, Anglin und Carney (1987) 142 Untersuchungen ausgewertet. Sie wählten allerdings nur Studien von Text-Bild-Kombinationen aus, bei denen die Bilder als potentiell lernfördernd im Sinne der Abbildung, der Organisation, der Interpretation oder der Transformation von Textaussagen eingestuft wurden. Ausgeschlossen waren Studien mit text-irrelevanten Bildern. Für die Verwendung von abbildenden, organisierenden, interpretierenden und transformierenden Illustrationen ergab sich eine durchschnittliche Effektstärke von 0.71 (die Effektstärke errechnet sich als Quotient aus der Differenz der Mittelwerte der Experimental- und Kontrollgruppe dividiert durch die Standardabweichung).
Allerdings weist Weidenmann (1988) unter Relativierung dieser und anderer Ergebnisse darauf hin, dass jede sechste Studie keine signifikanten Wirkungen zeigt und dass man außerdem davon ausgehen muss, dass vorwiegend Studien mit positiven Ergebnissen publiziert werden und andere Studien unter Umständen unveröffentlicht bleiben (vgl. S. 129).

Eine zweite Meta-Analyse, auf die hier aufmerksam gemacht werden soll, ist der Effektivität computerbasierten Lernens gewidmet. Diese Analyse ist für „Multimedia“ insofern von Bedeutung, weil man „Multimedia“ als Weiterentwicklung entsprechender Lehrsysteme ansehen kann bzw. die Computerbasierung ein wichtiges Merkmal von „Multimedia“ ist (vgl. Abschnitt 2).

Kulik/Kulik (1991) werteten insgesamt 248 Vergleichsstudien aus, davon waren 195 bereits in früheren Meta-Studien zusammengefasst worden, 53 kamen als aktuelle Studien (nach 1985/86) hinzu. Von den 248 Studien weisen 202 (81%) einen höheren Lernerfolg für das computerbasierte Lernen und 46 (19%) ein besseres Ergebnis für das konventionelle Lernen aus. Allerdings waren die Ergebnisse nur in 100 Studien statistisch signifikant: in 94% der Fälle zugunsten des computerbasierten Lernens und in 6% der Fälle zugunsten des konventionellen Unterrichtens. Die durchschnittliche Effektstärke betrug 0.30 bei einer Spannbreite von -1.20 bis 2.17. In 32 Studien, die allerdings alle in Colleges oder in der Weiterbildung durchgeführt wurden, lag der Quotient aus der aufgewendeten Zeit für das computerbasierte Lernen und der Zeit für das konventionelle Lernen im Durchschnitt bei 0.70 mit Schwankungen zwischen 0.16 bis 1.15.

Fasst man die empirischen Ergebnisse zusammen, so lassen sich – bezogen auf die Eingangsfrage – zwei Schlussfolgerungen ziehen:

1. Die empirischen Untersuchungsergebnisse zu Fragestellungen, die auch für „Multimedia“ relevant sind, sprechen insgesamt dafür, dass mit „Multimedia“ eine Verbesserung des Lernens im Sinne besserer Lerngewinne und verkürzter Lernzeiten eintreten kann.

2. Eine solche Verbesserung stellt sich jedoch nicht „automatisch“ ein, sondern nur unter bestimmten Bedingungen, die weiter untersucht werden müssten.

Diese Schlussfolgerungen sind keineswegs überraschend. Sie entsprechen durchaus den Schlussfolgerungen, die aus mediendidaktischer Sicht auch zu früheren Medienuntersuchungen formuliert worden sind (vgl. z.B. Dohmen 1973, S. 3f.; Issing 1977, S. 124; Tulodziecki 1977, S. 161ff.). Aus mediendidaktischer Sicht kann man annehmen, dass auch „Multimedia“ ihre Potenz nur dann entfalten, wenn sie unter sorgfältiger Berücksichtigung von Lernvoraussetzungen und Lerninhalten sowie im Rahmen geeigneter unterrichtsmethodischer Überlegungen entwickelt und verwendet werden. So vertritt Weidenmann (1995) nach Durchsicht der oben erwähnten und einer Reihe weiterer Untersuchungen explizit die These vom Vorrang der instruktionalen Methode vor den Präsentationsweisen. Ich möchte diese These für den Bereich schulischen Lehrens und Lernens noch etwas weiter fassen und von dem Vorrang der Unterrichtskonzepte vor den Präsentationsweisen sprechen. Vor dem Hintergrund dieser erweiterten These ist es zunächst sonnvoll, einen Blick auf die lehr-lerntheoretsichen Grundlagen zu werfen, die im Zusammenhang mit „Multimedia“ als einer Form computerbasierten Lehrens zu beachten sind.

4. Lehr-lerntheoretsiche Grundlagen der Entwicklung von Unterrichtssoftware

Lehr-lerntheoretische Überlegungen für Software-Entwicklungen weisen in der Regel Bezüge zu einer oder mehreren der folgenden lehr-lerntheoretischen Positionen auf:

a) zu einer behavioristischen Grundorientierung und/oder
b) zu einer kognitionstheoretischen Grundorientierung und/oder
c) zu einer konstruktivistischen Grundorientierung.

Die *behavioristische Grundposition* ist von dem Gedanken bestimmt, dass sich das Verhalten eines Individuums durch äußere Hinweisreize und Verstärkungen steuern lässt. Demgemäß sollen vorgegebene Lehrziele dadurch erreicht werden, dass dem Lernenden in computergesteuerter Form bestimmte Informationen und Aufgaben als Hinweisreize präsentiert werden, die ein gewünschtes Lernverhalten nahelegen, welches dann – wenn es vom Lerner gezeigt wird – zu bekräftigen ist. Beispielsweise kann das gewünschte Lernverhalten darin bestehen, bei Rechtschreibübungen richtige Buchstaben einzusetzen, bei Rechenaufgaben die geforderten Operationen korrekt anzuwenden oder bei der Schulung von Fertigkeiten eine vorgeführte Tätigkeit angemessen auszuführen. Die Bekräftigung kann – bei sachgemäßer Ausführung – z.B. in der einfachen Rückmeldung durch „richtig“ oder einen lobenden Kommentar, in der Vergabe von Punkten oder in der Präsentation eines

Spiels bestehen. Dieses Prinzip wird sowohl bei einfachen als auch bei komplexen Lehrzielen angewendet. Bei komplexen Lehrzielen wird der Lernweg allerdings im Sinne der Verhaltensformung in viele kleine – in der Regel linear aufeinander folgende – Lernschritte zerlegt.

Die behavioristische Lerntheorie wird vor allem bei Übungsprogrammen in eine entsprechende Lehrstrategie umgesetzt, zum Teil spielt sie auch für Unterrichtssoftware eine Rolle, bei der es um die Vermittlung neuer Lerninhalte geht (vgl. z.B. Mandl/Hron 1989, S. 660ff.; Weidenmann 1993, S. 4ff.; Baumgartner/Payr 1994, S. 154ff.).

Die *kognitionstheoretische Grundposition* unterscheidet sich von der behavioristischen Grundposition zunächst dadurch, dass der Lernende als ein Individuum begriffen wird, das äußere Reize aktiv und selbstständig verarbeitet und nicht einfach durch äußere Reize steuerbar ist. In diesem Sinne wird der Lernende bei der kognitionstheoretischen Grundposition als interaktiv agierender Empfänger von medialen Botschaften betrachtet, z.B. von Texten, Tonszenen oder Filmausschnitten. Es wird angenommen, dass er diese auf der Basis seines Erfahrungs- und Entwicklungsstandes in selektiver Weise wahrnimmt, interpretiert und verarbeitet. Der jeweilige Entwicklungs- und Erfahrungsstand des Individuums drückt sich in der Gesamtheit der dem Individuum zur Verfügung stehenden Wahrnehmungs-, Verstehens- und Verarbeitungsmuster oder -schemata aus, die seine kognitive Struktur ausmachen (vgl. z.B. Euler 1994, S. 296). Damit rücken bei einer kognitionstheoretisch orientierten Grundlegung der Software-Entwicklung Überlegungen in den Mittelpunkt, die beim behavioristischen Ansatz keine Beachtung fanden: Überlegungen zu der Frage, welche intern ablaufenden Prozesse in der Interaktion von Lernmaterial (als externer Bedingung des Lernens) und kognitiver Struktur (als interner Bedingungen des Lernens) entstehen können bzw. entstehen sollen. Im Rahmen dieser Grundposition gibt es verschiedene Varianten mit unterschiedlichen Akzentsetzungen.

Eine *erste Unterscheidung* lässt sich danach treffen, ob interne Prozesse vor allem unter der Zielperspektive betrachtet werden, eine bestimmte Wissensstruktur aufzubauen, oder schwerpunktmäßig unter der Perspektive, eine generelle Problemlösefähigkeit zu entwickeln. Für die Software-Entwicklung geht es im ersten Falle mehr um die Frage, wie interne Prozesse zum Aufbau geordneten Wissens unterstützt werden können, beispielsweise durch eine geeignete Strukturierung und Sequenzierung der Lerninhalte. Diese Frage ist z.B. bei der Entwicklung von Unterrichtssoftware wichtig, die bei den Lernenden zu einem strukturellen Wissen in einem bestimmten Inhaltsbereich führen soll. Im zweiten Falle steht für die Software-Entwicklung die Frage im Mittelpunkt, welche Problemstellungen und welche prozessbezogenen Lernhilfen sowie welche Rückmeldungen die Entwicklung von Problemlösefähigkeiten fördern können. Diese Frage ist z.B. bei der Entwicklung von Simulationsprogrammen von besonderer Wichtigkeit.

Eine *zweite Unterscheidung* kognitionstheoretischer Ansätze ergibt sich zu der Frage, wie das zu Lernende im Zentralnervensystem gespeichert bzw. repräsentiert wird. Hier sind vor allem theoretische Ansätze zu Bedeutungsstrukturen, zur Doppelcodierung und zu mentalen Modellen zu nennen (vgl. zur Übersicht u.a. Strittmatter/Seel 1984; Weidenmann 1993).

Die unterschiedlichen Ansätze sind u.a. bedeutsam für die Darstellung inhaltlicher Komponenten der Unterrichtssoftware. Beispielsweise legt die Theorie der Bedeutungsstrukturen nahe, begriffliche Elemente nicht isoliert, sondern in ihrer Beziehung zu anderen begrifflichen Elementen bzw. zu ihrem begrifflichen Umfeld zu präsentieren und entsprechende Beziehungen bewusst zu machen; auf der Basis der Doppelcodierungstheorie ist zu empfehlen, Inhalte sowohl bildhaft als auch begrifflich in abgestimmter Form zu präsentieren; die Theorie mentaler Modelle beinhaltet die Forderung, den zu erlernenden Inhalt, z.B. die Regeln beim Volleyballspiel und ihre Umsetzung, hinsichtlich aller relevanten strukturellen und funktionalen Komponenten zu analysieren und diese Komponenten in der entsprechenden Software zu berücksichtigen bzw. zu präsentieren (vgl. Schnotz 1995, S. 90f.).

Eine *dritte Unterscheidung* bei den kognitionstheoretischen Ansätzen kann sich darauf beziehen, ob der Akzent mehr auf einer themenspezifischen Ausprägung kognitiver Strukturen liegt oder auf generellen Entwicklungsaspekten. Bei den Entwicklungsaspekten lassen sich theoretische Konzepte, die vor allem auf die intellektuelle Entwicklung zielen, von solchen unterscheiden, die die sozial-moralische Entwicklung betonen. Bei beiden Entwicklungsperspektiven geht es darum, die Software in einer Weise zu gestalten, dass sie Anreize zur Auseinandersetzung mit einer bedeutsamen Aufgabe bietet und die Anforderungen durch die Aufgabe individuell so erfahren werden, dass sie etwas oberhalb des jeweils erreichten Entwicklungsstandes liegen (vgl. Tulodziecki 1994). Interessante Anwendungen liegen dabei u.a. in der Gestaltung und Verwendung von Software gemäß dem Konzept der sozial-moralischen Entwicklung nach Kohlberg sowie gemäß dem Konzept der intellektuellen Entwicklung nach Piaget und dem darauf basierenden Ansatz der kognitiven Komplexität (vgl. z.B. Breuer/Tennyson 1995). Software-Entwicklungen, die die intellektuelle Entwicklung fördern sollen, können beispielsweise als Simulationsprogramme gestaltet werden (vgl. z.B. Breuer/Kummer 1990). Zur Förderung der sozial-moralischen Entwicklung bieten sich unter Umständen computerpräsentierte Fallstudien oder Entscheidungsfälle an (vgl. z.B. Kozma 1991, S. 201; Herzig/Mütze/Greiff 1995). Allerdings gibt es für die Förderung der sozial-moralischen Entwicklung bisher nur sehr wenige Beispiele.

Bei aller Bedeutung, die von kognitionstheoretischen Ansätzen der individuellen Verarbeitung beim Lernen mit Computern zugemessen wird, halten sie doch konsequent an der Wechselwirkungsannahme zwischen externen medialen Präsentationen und internen Verarbeitungsprozessen fest. Damit ist die Position verbunden, dass das Lernen durch Instruktion und Lernhilfen angeregt, unterstützt und in gewissem Umfang gesteuert werden kann. Die Möglichkeit der Anregung, Unterstützung und Steuerung von Lernprozessen durch Lehrmedien wird allerdings aus einer anderen Perspektive, die als Konstruktivismus zu bezeichnen ist, wesentlich skeptischer eingeschätzt. *Konstruktivistische Lerntheorien* betonen noch stärker als kognitionstheoretische die Bedeutung, die der individuellen Wahrnehmung und Verarbeitung von Erlebnissen in der Umwelt zukommt. Im konstruktivistischen Verständnis strukturiert das Individuum Situationen, in denen es sich befindet, im Sinne einer „bedeutungstragenden Gestalt“ und gestaltet zugleich die Situation in Wahrnehmung und Handeln mit. Erkenntnisse sind danach individuelle Konstruktionen von Wirklichkeit auf der Basis subjektiver Erfahrungsstrukturen. Auch empirisches Wissen gilt zunächst nur als eine subjektive Konstruktion von Wirklichkeit, die allerdings über sprachliche Verständigungsprozesse zu sozialer Wirklichkeitskonstruktion führen kann (vgl. Maturana/ Varela 1987).

Für das Lernen mit Medien bedeutet dies, dass mediale Angebote im wesentlichen als Informations- und Werkzeugangebote für selbstgestaltete Lernprozesse zu betrachten und zu konzipieren sind und keineswegs als Mittel der Steuerung von Lernprozessen (vgl. Euler 1994, S. 298). Der Selbstorganisation des Lernprozesses – im Sinne eines selbstbestimmten reflexiven Handelns – wird dabei eine besondere Bedeutung zugemessen. Eine solche Position wird zum Teil bei der Entwicklung von Hypermedia-Arbeitsumgebungen zugrunde gelegt (vgl. z.B. LSW 1994, S. 16f.). Sie kann sich auch bei der Bereitstellung von Datenbeständen, Datenbanken und Programmiersystemen für den Unterricht widerspiegeln.

Allerdings ist die konstruktivistische Auffassung – insbesondere in ihren radikalen Ausprägungen mit der Ablehnung instruktionaler Komponenten im Lernprozess – umstritten. Mittlerweile zeichnet sich auch eine „pragmatische Zwischenposition“ ab, die von Merrill (1991) als Instruktionales Design der zweiten Generation bezeichnet wird. Diese Position ist dadurch gekennzeichnet, dass einerseits die Bedeutung von Lernen in Problem- bzw. Handlungszusammenhängen – im Sinne der konstruktivistischen Auffassung – betont wird, dass andererseits allerdings von der Sinnhaftigkeit eines Aufbaus kognitiver Strukturen bzw. mentaler Modelle durch geeignete Instruktionen – im Sinne kognitionstheoretischer Ansätze – ausgegangen wird (vgl. Merrill 1991, S. 51f.; Weidenmann 1993, S. 12).

Auch die von Mandl/Gruber/Renkl (1995) favorisierten *Ansätze situierten Lernens* lassen sich als eine Verbindung kognitionstheoretischer und konstruktivistischer Ansätze auffassen (vgl. S. 167ff.). Bei den Ansätzen situierten Lernens wird im Zusammenhang konstruktivistischer und kognitionstheoretischer Annahmen der Lebens- und Lernsituation eine besondere Bedeutung beigemessen. Für die Gestaltung von Lernumgebungen fassen Mandl/ Gruber/Renkl die Gemeinsamkeiten entsprechender Ansätze in den folgenden grundlegenden Forderungen zusammen (ebd., S. 171):

- komplexe Ausgangsprobleme: Ein für die Lernenden interessantes und intrinsisch motivierendes Problem soll den Ausgangspunkt für das Lernen bilden.
- Authenzität und Situiertheit: Durch authentische und realistische Probleme soll ein Rahmen und Anwendungskontext für das zu erwerbende Wissen bereitgestellt werden.

- multiple Perspektiven: Das zu Lernende soll in mehrere Kontexte eingebettet werden, so dass es später flexibel auf neue Situationen übertragen werden kann.
- Artikulation und Reflexion: Problemlöseprozesse sollen verbal beschrieben und hinsichtlich ihrer Bedeutung für unterschiedliche Zusammenhänge reflektiert werden.
- Lernen im sozialen Austausch: Dem sozialen Kontext soll im Sinne kooperativen Lernens ein besonderer Stellenwert zugemessen werden.

Damit nähern sich die Forderungen für die Gestaltung von Software, wie sie sich in der lernpsychologisch orientierten Literatur herauskristallisieren, den allgemeinen Forderungen an Unterricht an, wie sie in der Didaktik vertreten werden. Schon in der Auseinandersetzung mit der herkömmlichen Unterrichtstechnologie sind Forderungen für die Gestaltung und Verwendung von Medien entwickelt worden, die in Richtung der jetzigen Forderungen situierten Lernens weisen (vgl. Tulodziecki 1974, S. 668f.; Hagemann/Tulodziecki 1979, S. 38f.). Des weiteren ergeben sich bei dem Versuch, allgemeindidaktische Einsichten auf die Gestaltung und Verwendung multimedialer Lernsoftware zu übertragen, ähnliche Forderungen, wie sie in den Ansätzen zum situierten Lernen zu finden sind. Solche didaktischen Überlegungen sollen im Folgenden kurz dargestellt werden (vgl. auch Tulodziecki 1994).

5. Anforderungen an Unterricht und „Multimedia" aus didaktischer Sicht

Die folgenden Überlegungen gehen von der Annahme aus, dass in der Schule der Zukunft vielfältige Arbeits- und Kommunikationsformen notwendig und sinnvoll sein werden, z.B. offene Formen des Erfahrungsaustauschs und des Gesprächs, freies Arbeiten in Einzel-, Partner- oder Kleingruppenarbeit, Auseinandersetzung mit relevanten Lernaufgaben in Klassen oder Kursen im Sinne eines lern- und entwicklungsfördernden Unterrichts sowie vielfältige Aktivitäten des Schullebens (vgl. auch Bildungskommission NRW 1995, S. 77ff.). In einem solchen Kontext sind Unterrichtssoftware bzw. „Multimedia" vor allem zur Anregung und Unterstützung von freier Arbeit und Unterricht relevant. Im Folgenden soll insbesondere die Frage einer sinnvollen Verwendung von „Multimedia" im Rahmen unterrichtlicher Prozesse thematisiert werden. Demgegenüber stelle ich die Frage der individuellen Nutzung von „Multimedia" im Rahmen der freien Arbeit in diesem Beitrag bewusst zurück.

Wertet man die didaktische und pädagogisch-psychologische Literatur unter der Frage aus, welche Grundsätze für Unterricht generell – und damit auch für Unterricht mit Software-Verwendung – gelten sollen, so lassen sich folgende Forderungen formulieren:

(1) Unterricht soll jeweils von einer – für die Lernenden bedeutsamen – *Aufgabe* ausgehen.

Solche Aufgaben können Probleme, Entscheidungsfälle, Gestaltungs- und Beurteilungsaufgaben sein.

- Ein Problem kann z.B. in der Aufgabe bestehen, für einen Haushalt, der relativ hohe Strom- und Gaskosten aufweist, Vorschläge zu entwickeln, wie diese ohne Verlust an Komfort und Behaglichkeit gesenkt werden könnten.
- Ein Entscheidungsfall ist z.B. gegeben, wenn Jugendliche sich in die Rolle der Geschäftsleitung eines Betriebes versetzen sollen, in dem verschiedene Maßnahmen zu beschließen sind, um die Wettbewerbsfähigkeit und die Arbeitsplätze zu sichern.
- Eine Gestaltungsaufgabe liegt z.B. vor, wenn sich eine Schülergruppe entschließt, eine Schülerzeitung zu produzieren.
- Eine Beurteilungsaufgabe besteht z.B. darin, einen Spielfilm zu analysieren und nach inhaltlichen und formalen Kriterien zu bewerten, z.B. den von Schlöndorff nach der literarischen Vorlage von Böll gestalteten Film „Die verlorene Ehre der Katharina Blum“.

(2) Unterricht soll darauf gerichtet sein, *vorhandene Kenntnisse oder Fertigkeiten* zu einem Themengebiet zu *aktivieren* und – von dort ausgehend – eine Korrektur, Erweiterung, Ausdifferenzierung oder Integration von Kenntnissen und Vorstellungen zu erreichen.

(3) Unterricht soll eine *aktive* und *kooperative Auseinandersetzung* der Lernenden mit einer Aufgabe ermöglichen, indem – auf der Basis geeigneter Informationen – selbständig Lösungswege entwickelt und erprobt werden.

(4) Unterricht soll den *Vergleich* unterschiedlicher Lösungen ermöglichen sowie eine *Systematisierung* und *Anwendung* angemessener Kenntnisse und Vorgehensweisen sowie deren Weiterführung und *Reflexion.*

Auf der Basis dieser Forderungen bietet sich folgende *idealtypische Strukturierung* des Unterrichts an (vgl. Tulodziecki 1996, S. 128ff.):

- Aufgabenstellung, Sammeln und Problematisieren spontaner Lösungsvermutungen,
- Zielfestlegung und Besprechen der Bedeutsamkeit,
- Verständigung über das Vorgehen,
- Erarbeitung von Grundlagen für die Aufgabenlösung,
- Durchführung der Aufgabenlösung,
- Vergleich von Lösungen und Zusammenfassung des Gelernten,
- Einführen von Anwendungsaufgaben und deren Bearbeitung,
- Weiterführung und Reflexion des Gelernten und der Lernwege.

Es stellt sich die Frage, an welchen Stellen in solchen Lehr-Lernprozessen „Multimedia“ eine anregende bzw. unterstützende Funktion wahrnehmen können. Dabei verstehe ich die folgenden Überlegungen insgesamt als einen gedanklichen Vorgriff auf Unterrichtssoftware, wie sie in multimedialer Form zur Verfügung gestellt werden könnte – wobei durchaus zu betonen ist, dass es bereits einzelne Produktionen gibt, die sich im Sinne der folgenden strukturellen Überlegungen verwenden lassen.

Bei den nachstehenden Überlegungen gehe ich desweiteren davon aus, dass für den Unterricht hinreichend „Multimedia"-Arbeitsplätze zur Verfügung stehen, die in ein Netz eingebunden sind. Unter dieser Bedingung lassen sich die einzelnen Phasen in einem unterrichtlichen Ablauf z.B. folgendermaßen gestalten:

(1) In der Phase der Aufgabenstellung können durch Rückgriff auf *Filme, Bilder, Tonteile, Texte oder Simulationsprogramme* interessante Probleme, Entscheidungsfälle, Gestaltungs- oder Beurteilungsaufgaben eingeführt werden:

- Beispielsweise könnte das Problem, dass eine Familie überlegt, wie sie Energiekosten sparen kann, mit Hilfe eines kurzen Hörspiels dargestellt werden.
- Der Entscheidungsfall, vor dem Jugendliche stehen, die sich in die Geschäftsleitung eines Betriebes versetzen sollen, ließe sich über einen kurzen Film den Lernenden nahebringen.
- Die Vorstellung interessanter Texte und Bilder aus verschiedenen Schülerzeitungen könnte eine Schülergruppe motivieren, selbst eine Schülerzeitung zu planen.
- Ausgewählte Ausschnitte aus dem Schlöndorff-Film ließen sich nutzen, um die Frage zu provozieren, wie es Regisseur und Kameramann gelingt, dass die Zuschauer bestimmte Personen sympatisch finden und gegenüber anderen Personen Aversionen, vielleicht sogar Hassgefühle entwikkeln, und wie dies zu beurteilen ist.

Von solchen Präsentationen ausgehend, sollten dann im personal geführten *Gespräch* in der jeweiligen Lerngruppe spontane Lösungsvermutungen gesammelt und im Hinblick auf die mit ihnen verbundenen Fragen problematisiert werden.

(2) In der Phase der *Zielfestlegung* und *Bedeutsamkeit* sollten die Ziele im *Gespräch* mit den Lernenden vereinbart und hinsichtlich ihrer Bedeutsamkeit bedacht werden.

(3) Die Phase der *Verständigung über das Vorgehen* sollte zunächst dem personal geführten *Gespräch* in der Lerngruppe vorbehalten bleiben. Unter Umständen können das Gespräch und die Planung des Vorgehens durch geeignete Software unterstützt werden (vgl. z.B. Cyranek 1992). Der Vorgehensplan lässt sich dann – die Planungsphase abschließend – speichern, so dass sich alle Beteiligten über die Arbeitsschritte und ihre Aufgaben jederzeit wieder informieren können. Dies ist besonders bei projektorientiertem Lernen – wie etwa der Erstellung einer Schülerzeitung – wichtig.

(4) In der Phase der *Erarbeitung von Grundlagen für die Aufgabenlösung* können über den „Multimedia"-Arbeitsplatz Informationen abgerufen bzw. erarbeitet werden. Als *Informationsquellen* oder *Lernhilfen* lassen sich Filme, Bilder, Tonteile, Texte oder Computerprogramme verwenden:

- Für die Bearbeitung des Energiesparproblems könnten aus solchen Quellen z.B. Informationen über Energieverbrauchsstellen im Haushalt sowie über verlustreiche oder weniger verlustreiche Energieumwandlungsprozese entnommen werden.
- Für den Entscheidungsfall einer Geschäftsleitung ließe sich mit Hilfe entsprechender Quellen der potenzielle Einfluss verschiedener betrieblicher Maßnahmen auf Wettbewerbsfähigkeit und Arbeitsplätze erarbeiten.
- Für die Herstellung einer Schülerzeitung könnten inhaltliche und formale Kriterien für die Gestaltung einzelner Beiträge und für das Layout erarbeitet werden.
- Für die Analyse und Bewertung des Schlöndorff-Films ließen sich mit Hilfe entsprechender Informationsquellen filmsprachliche Möglichkeiten von Kamera, Inszenierung und Montage zusammenstellen.
- Die erarbeiteten Informationen können dann – als Grundlagen für die Aufgabenlösung – gespeichert und für alle Nutzer verfügbar gehalten werden.

(5) In der Phase der *Aufgabenlösung* geht es um das selbstständige Umdenken der erarbeiteten Informationen auf die eingangs gestellte Aufgabe. Dies kann in Einzel-, in Partner- oder in Kleingruppenarbeit geschehen. Dabei können u.U. *Computerprogramme* oder *Präsentationshilfen* verwendet werden:

- Beispielsweise könnte ein Rechenprogramm die Berechnung von Energieeinsparungen im Haushalt unterstützen.
- Bei dem Entscheidungsfall zur Betriebsführung ließe sich ein Simulationsprogramm nutzen, durch das der wechselseitige Einfluss verschiedener Maßnahmen auf die Betriebssituation simuliert wird.
- Bei der Herstellung einer Schülerzeitung könnten mit Hilfe eines Textverarbeitungssystems die einzelnen Beiträge entworfen, einzeln oder gemeinsam redigiert und in ein geeignetes Layout eingefügt werden.
- Bei der Filmbeurteilung ließen sich durch die Lernenden am „Multimedia"-Arbeitsplatz detaillierte Analysen, z.B. der filmsprachlichen Mittel, durchführen.

Gleichzeitig könnten einzelne Einstellungen als Lauf- oder Stehbild gegenseitig zugespielt und Einschätzungen dazu ausgetauscht werden.

Wichtig ist in dieser Phase, dass die Computerprogramme nur *Werkzeugfunktion* übernehmen und Präsentationen nur als *Gegenstand* der Analyse dienen, so dass die eigentlichen Aufgabenlösungen selbstständig erarbeitet werden.

(6) In der Phase des *Vergleichs und der Zusammenfassung* sollten die dokumentierten Aufgabenlösungen den anderen Mitgliedern der Lerngruppe zunächst präsentiert und dann personal kommentiert werden. Für den Vergleich und die Zusammenfassung ist das personal in der Lerngruppe geführte Gespräch sinnvoll und wünschenswert.

Zusammenfassende Aussagen lassen sich abschließend in computergestützter Form festhalten bzw. für alle dokumentieren.

(7) In der Phase der *Anwendung* können – ähnlich wie in der Phase der Aufgabenstellung – interessante Anwendungsaufgaben mit Hilfe von *Filmen, Bildern, Tonteilen, Texten oder Simulationsprogrammen*, die sich über „Multimedia“ abrufen lassen, eingeführt werden. Die Bearbeitung der Aufgaben muss dann allerdings selbstständig durch die Lernenden geleistet werden, wobei Computerprogramme und Präsentationshilfen wieder als Werkzeuge oder als Gegenstand der Analyse dienen können. Rückmeldungen zu den Aufgabenlösungen können im personal geführten *Gespräch* erfolgen.

(8) In der Phase der *Weiterführung und Bewertung* sind zunächst im personal geführten *Gespräch* Fragen zusammenzustellen, welche die Lernenden im Zusammenhang des Themas noch interessieren. Gegebenenfalls können zu den Fragen *Informationen* über „Multimedia“-Arbeitsplätze abgerufen werden. Ansonsten ist die personal geführte Diskussion für weiterführende Fragen wünschenswert.

Die abschließende Reflexion und Bewertung des Gelernten und des Lernweges sollten dem personal geführten *Gespräch* überlassen bleiben.

Mit diesen Hinweisen sollten verschiedene Möglichkeiten der Unterstützung von Unterricht durch „Multimedia“ aufgezeigt werden. Dabei sind zum Aufweis der Möglichkeiten besonders viele Funktionen benannt worden, die prinzipiell von „Multimedia“ übernommen werden könnten. Das muss allerdings nicht heißen, dass alle diese Funktionen im einzelnen Lernprozess auch von „Multimedia“ übernommen werden sollten. Im konkreten Fall sollte die Medienverwendung von den jeweiligen Zielen, Inhalten und Lernvoraussetzungen abhängig gemacht werden. Dabei wird es zum Teil große Unterschiede zwischen der Medienverwendung in der Grundschule, der Sekundarstufe I und der Sekundarstufe II geben.

Vor dem Hintergrund der Eingangsfrage, ob „Multimedia“ zur Verbesserung schulischen Lehrens und Lernens beitragen können, lassen sich jetzt die folgenden zusammenfassenden *Annahmen* formulieren:

(1) „Multimedia“ tragen dann zur Verbesserung schulischen Lehrens und Lernens bei, wenn sie im Sinne problem-, entscheidungs-, gestaltungs- und beurteilungsorientierterUnterrichtsprozesse gestaltet und verwendet werden.
(2) Eine lern- und entwicklungsfördernde Gestaltung ist dadurch gekennzeichnet, dass „Multimedia“ – unter Berücksichtigung der Lernvoraussetzungen von Kindern und Jugendlichen – folgende Elemente enthalten:

- bedeutsame Aufgaben in Form von Problemstellungen, Entscheidungsfällen, Gestaltungs- und Beurteilungsaufgaben mit der Möglichkeit, diese in geeigneten Varianten zu präsentieren,
- aufgabenrelevante Informationsquellen, unter Umständen verbunden mit einzelnen Lernhilfen,
- Werkzeuge bzw. Instrumente zur Unterstützung bei Aufgabenlösungsprozessen,
- Material, das – insbesondere bei Beurteilungsaufgaben – als Analysegegenstand geeignet ist,
- Werkzeuge bzw. Instrumente, die die Planung, den Austausch und die Speicherung von Ergebnissen ermöglichen,
- Aufgaben und Materialien, welche die Anwendung und Weiterführung von Lerninhalten anregen und unterstützen.

(3) Darüber hinaus setzt eine lern- und entwicklungsfördernde Gestaltung von „Multimedia" voraus, dass bestimmte Design-Prinzipien, wie sie sich in verschiedenen Evaluationen herauskristallisiert haben, beachtet werden, z.B. Transparenz im Sinne von Einfachheit und Verständlichkeit, Konsistenz als gleichbleibendes Aussehen und gleichbleibende räumliche Anordnung wiederkehrender Elemente, direkte Manipulationsmöglichkeiten auf dem Bildschirm, Fehlerfreundlichkeit durch einfache Fehlermeldungen und Hilfen, Reversibilität als Möglichkeit, einzelne Schritte rückgängig zu machen, sowie Orientierungshilfen (vgl. Weidenmann 1993, S. 28).

(4) Entsprechende „multimediale" Angebote erfordern, um wirksam werden zu können, eine Verwendung im Sinne der oben formulierten Grundsätze für Unterricht.

Mit diesen Überlegungen wird zugleich deutlich, dass die Entwicklung von „Multimedia"-Software ein sehr aufwendiger Prozess ist, der einer sorgfältigen lehr-lerntheoretischen Reflexion bedarf.

Werden die oben genannten Bedingungen bei der Entwicklung und Verwendung von „Multimedia"-Software beachtet, können die besonderen Vorzüge „multimedialer" Angebote in pädagogisch sinnvoller Weise zur Geltung kommen. Solche Vorzüge sind (vgl. auch Kozma 1991):

- rascher Zugriff auf eine umfangreiche Materialauswahl in verschiedenen medialen Formen, z.B. Texte, Tondokumente, Grafiken, Bilder, Filme und Programme,
- Verbindung verschiedener Zeichensysteme, z.B. Bild und Grafik,
- situationsgerechter Abruf der Materialien, z.B. zur zusätzlichen Erläuterung,
- schnelle Rückmeldung auf Lernaktivitäten der Schülerinnen und Schüler, z.B. in Form von Entscheidungskonsequenzen bei Simulationen,
- Bearbeitung und kreative Umgestaltung vorhandener Materialien, z.B. Veränderung von Bildmaterial,

- Entlastung von Routinearbeiten, die für den Lern- oder Denkprozess irrelevant sind, z.B. von mechanischen Rechenvorgängen,
- Vereinfachung von Dokumentation und Austausch.

Des weiteren lassen sich folgende Möglichkeiten für Lehr-Lernprozesse nutzbar machen:

- Durch die Bereitstellung von „multimedialen" Angeboten können die *selbstständige Informationssuche und Informationsauswahl sowie die Bewertung der Informationen* gefördert werden.
- Mit Hilfe von „multimedialen" Angeboten lassen sich Lernumgebungen entwickeln, die ein *entdeckendes* und *projektorientiertes* Lernen fördern. Damit kann eine stärkere Schülerorientierung des Unterrichts erreicht werden (vgl. auch Lück, v. 1994).
- „Multimedia" können eine *sinnvolle Rhythmisierung* von Lernprozessen durch den Wechsel von Klassenunterricht, Kleingruppen-, Partner- und Einzelarbeit bzw. von sozialen und individuellen Lernphasen unterstützen.
- „Multimedia" erleichtern den *Austausch* mit anderen Lerngruppen, z.B. Partnerklassen, mit anderen Personengruppen, z.B. Eltern oder Fachleuten, und mit anderen Institutionen, z.B. Bibliotheken. Dies kann zu einer lernwirksamen und entwicklungsfördernden Erweiterung der Perspektiven und zu einer *Öffnung der Schule* führen.

Bei allen möglichen Vorzügen der Verwendung von „Multimedia" ist allerdings wichtig, dass „Multimedia" direkte Erfahrungen und personale Kommunikation nicht verdrängen. Insofern bedürfen die Konzeption von „Multimedia" und ihre Verwendung einer besonderen pädagogischen Verantwortung im Hinblick auf den Entwicklungsstand der Lernenden. Dabei sollte die Medienverwendung in medienerzieherische Überlegungen eingebettet sein (vgl. auch Dorr 1993; Tulodziecki 1994).

Wird diese Verantwortung angemessen wahrgenommen, kann die Nutzung von „Multimedia" – so lässt sich zusammenfassend formulieren – zu einer Verbesserung schulischen Lehrens und Lernens beitragen.

Literatur

Arbeitskreis „Schule und Computer" (1995): Statt Technisierung der Bildung – Bilden für eine zunehmend technisierte Lebenswelt. Zur Rolle neuer Informations- und Kommunikationstechnologien im Bildungswesen. Paderborn: Universität-Gesamthochschule, FB 2/FB 17

Baumgartner, P./Payr, S. (1994): Lernen mit Software. Innsbruck: Österreichischer Studienverlag

Bildungskommission NRW (1995): Zukunft der Bildung – Schule der Zukunft. Denkschrift. Neuwied: Luchterhand

Breuer, K./Kummer, R. (1990): Cognitive effects from process learning with computer-based simulations. Computers in Human Behavior 6 (1990), S. 69-81

Breuer, K./Tennyson, R.D. (1995): Psychological foundations for instructional design theory: Cognitive complexity theory. Journal of Structural Learning 12 (1995) 3, S. 165-173

Cyranek, G. (1992): Computergestützte kooperative Arbeit – technische Unterstützungssysteme und Konsequenzen für die Ausbildung. Arbeitspapier. Wiesbaden: Hessisches Institut für Bildungsplanung und Schulentwicklung

Dohmen, G. (1973): Medienwahl und Medienforschung im didaktischen Problemzusammenhang. Unterrichtswissenschaft 2 (1973) 2/3, S. 2-26

Dorr, A. (1993): Multimedia literacy challenges In: The Pedagogical Challenge of Multimedia – Abundance for What Purpose? Gütersloh. Bertelsmann Stiftung, S. 59-64

Euler, D. (1994): (Multi)Mediales Lernen – Theoretische Fundierungen und Forschungsstand. Unterrichtswissenschaft 22 (1994) 4, S. 291-311

Glowalla, U./Häfele, G. (1995): Einsatz elektronischer Medien: Befunde, Probleme und Perspektiven. In: Issing, L.J./Klimsa, P. (Hrsg.): Information und Lernen mit Multimedia. Weinheim: Psychologie Verlags Union, S. 415-434

Hagemann, W./Tulodziecki, G. (1979): Unterrichtsplanung und Medienentwicklung. Studientexte. Köln: Verlagsgesellschaft Schulfernsehen

Hasebrook, J.P. (1994): Lernwirksamkeit von Multimedia- und Hypermedia-Systemen. Gutachten. Bonn: Büro für Technikfolgenabschätzung des Deutschen Bundestages (TAB)

Herzig, B./Mütze, Ch./Greiff, S. (1995): Drehbuch für eine Hypermedia-Arbeitsumgebung zum sozialen Lernen. Entwurf. Paderborn: Universität-Gesamthochschule, FB 2 (unveröffentlicht)

Hofstetter, F.T. (1993), zitiert nach: Kopp, K.: The pedagogical challenge of multimedia – Abundance for what purpose? In: The Pedagogical Challenge of Multimedia – Abundance for what Purpose? Gütersloh: Bertelsmann Stiftung, S. 10-27

Issing, L.J. (1977): Vergleichsuntersuchungen und Untersuchungen über die Wirkung spezieller Variablen. In: Eßer, A. (Hrsg.): Handbuch Schulfernsehen. Weinheim Beltz, S. 123-140

Kozma, R.B. (1991): Learning with media. Review of Educational Research 61 (1991), S. 179-211

Kulik, C.-L./Kulik, J. (1991): Effectiveness of computer-based instruction: An update analysis. Computers in Human Behavior 7 (1991), S. 75-94

Levin, J.R./Anglin, G.J./Carmey. R.N. (1987): On empirically validating function of pictures in prose. In: Willows, D.M./Houghton, H.A. (Eds.): The Psychology of Illustration. Volume 1. Basic research. New York: Springer, S. 51-85

LSW [Landesinstitut für Schule und Weiterbildung] (Hrsg.) (1994): Interaktive Medien im Unterricht. Gestaltung von Hypermedia – Arbeitsumgebungen: Lernen in Sach- und Sinnzusammenhängen. Soest: LSW

Lück, van, W. (1994): Qualitätssteigerung von Schule und interaktive Medien. Pädagogische Führung. 5 (1994)1, S. 24-28

Mandl, H./Gruber, H./Renkl, A. (1995): Situiertes Lernen in multimedialen Lernumgebungen. In: Issing, L.J./Klimsa, P. (Hrsg.): Information und Lernen mit Multimedia. Weinheim: Psychologie Verlags Union, S. 167-178

Mandl, H./Hron, A. (1989): Psychologische Aspekte des Lernens mit dem Computer. Zeitschrift für Pädagogik 35 (1989) 5, S. 657-678

Maturana, H.; Varela, F. (1987): Der Baum der Erkenntnis. Bern/München/Wien: Scherz

Merrill, M.D. (1991): Constructivism and instructional design. Educational Technology 31 (1991) May, S. 45-53

Revolution des Lernens (1994): In: Der Spiegel 9/1994, S. 96-113

Sacher, W. (1995): Interaktive Multimedia-Systeme und ihr Einsatz in Lehr-Lernprozessen. Augsburg: Universität, Philosophische Fakultät I

Schnotz, W. (1995): Wissenserwerb mit Diagrammen und Texten. In: Issing, L.J./Klimsa, P. (Hrsg.): Information und Lernen mit Multimedia. Weinheim: Psychologie Verlags Union, S. 85-105

Strittmatter, P./Seel, N.M. (1984): Externe und interne Medien: Konzepte der Medienforschung. Unterrichtswissenschaft 12 (1984) 1, S. 2-17

Tulodziecki, G. (1974): Probleme der Unterrichtsplanung und Lehrobjektivierung. Die Deutsche Schule 66 (1974) 10, S. 654-669

Tulodziecki, G. (1977): Zusammenfassung und Ausblick. In: Tulodziecki, G. (Hrsg.): Schulfernsehen in der Bundesrepublik Deutschland. Eine Zusammenstellung von Ergebnissen aus Begleituntersuchungen zu Projekten öffentlichen Schulfernsehens. Köln: Verlagsgesellschaft Schulfernsehen, S. 161-182

Tulodziecki, G. (1994): Beiträge von Medienverwendung und Medienerziehung zu schulischen Innovationen. Beitrag zur dritten Konferenz der Bertelsmann Stiftung zum deutsch-amerikanischen Dialog über Medienkompetenz als Herausforderung an Schule und Bildung. 24-27 April 1994, Athens, Georgia. Gütersloh: Bertelsmann Stiftung

Tulodziecki, G. (1995): Mediendidaktik. Erscheint 1996 in: Straßner, E. (Hrsg.): Handbuch HSK-Medienwissenschaft. Berlin: Walter de Gruyter & Co

Tulodziecki, G. (1996): Unterricht mit Jugendlichen. 3. Aufl., Bad Heilbrunn/Hamburg: Gemeinschaftsverlag Klinkhardt/Handwerk und Technik

Weidenmann, B. (1988): Psychische Prozesse beim Verstehen von Bildern. Bern: Huber

Weidenmann, B. (1993): Instruktionsmedien. München: Universität der Bundeswehr, Institut für Erziehungswissenschaft und Pädagogische Psychologie

Weidenmann, B. (1995): Multicodierung und Multimodalität im Lernprozeß. In: Issing, L.J./Klimsa, P. (Hrsg.): Information und Lernen mit Multimedia. Weinheim: Psychologie Verlags Union, S. 65 -84

Ludwig J. Issing/Robert Strzebkowski

Multimedia und Hypermedia – aktives Lernen mit Spaß

Einleitung

Multimedia ist mittlerweile auch in der Pädagogik und Psychologie zu einem wichtigen Gegenstandsbereich aufgerückt, nachdem man diese neue informationstechnologische Entwicklung zunächst den Ingenieurwissenschaften, der Informatik, der Wirtschaftswissenschaft, der Kommunikationswissenschaft u.a. überlassen hatte. Dabei widmet sich die Pädagogik, motiviert durch publizierte Besorgnisse von Politikern, Lehrern, Eltern und Erziehern, den neuen Medientechnologien eher unter medienerzieherischen Aspekten, während in der Psychologie eher die kognitiven Wirkungen und instruktionalen Verwendungsmöglichkeiten von Multimedia das Forschungsinteresse bestimmen. Aber auch die möglichen Einflüsse von Multimedia einschließlich Online-Datennetze auf Emotion, Einstellung und Kommunikationserleben findet mittlerweile höchste Aufmerksamkeit in der Psychologie.

Auf der Grundlage pädagogischer und psychologischer Theorien und Erkenntnisse wird von Multimedia angesichts ihrer Multimodalität, Multicodierung und Interaktivität eine Optimierung von Lehr- und Lernprozessen erwartet. Insbesondere die Psychologische Forschung zur Wechselwirkung von Medienattributen mit Persönlichkeitsvariablen (Aptitude-Treatment-Interaction) sowie zur Bedeutung medialer Codierung für die Ausführung kognitiver Operationen (Supplantation) bieten eine gute Grundlage für die Gestaltung von multimedialen Lernangeboten. Die neuere kognitive und konstruktivistische Psychologie sieht in der Realisierung hypermedialer Lernumgebungen eine große Chance für kreatives Lernen, obwohl die Art der Navigation im Hyperspace gerade für Neulinge in einem Wissensgebiet noch empirisch zu untersuchen ist. Multimedia unter Einbezug von Online-Diensten ist im Begriff die Bildungs- und Weiterbildungspraxis auf allen Ebenen zu verändern in Richtung auf interaktives, anschauliches und kooperatives Lernen. Um auf Dauer erfolgreich zu sein, sollte aus pädagogisch-psychologischer Sicht multimediales Lernen direkte personale Lernphasen integrieren.

1. Psychologisch-pädagogische Grundlagen von Multimedia

Unter Multimedia wird die computergestützte Integration vormals getrennter Medien auf einer einzigen Nutzerschnittstelle, dem Computerterminal, verstanden. Die multimedialen Präsentationen erreichen den Nutzer vorwiegend über seinen visuellen und auditiven Sinneskanal; künftig werden verstärkt auch andere Wahrnehmungsmodi wie Tast-, Gleichgewichts-, Temperatur- und Geruchssinn einbezogen werden. Multimedia ermöglicht daher *„Multimodalität“* (Weidenmann 1997). Die technische Integration vieler bisher getrennter Einzelmedien wie Buch, Tafel, Wandkarte, Modelldarstellung, Hörfunk, Foto, Film, Tonband, Fernsehen, Video, Overhead-Projektion, Telefon, Bildtelefon, Videokonferenz, Bildplatte, Compact-Disc, Online-Kommunikation (z.B. Internet, T-Online) und Virtual Reality hat einen weiteren psychologischen Effekt darin, dass sie die Möglichkeit bietet zur integrierten Präsentation und Wahrnehmung mehrerer Symbolsysteme. Die verwendeten Symbolsysteme oder Codierungsformen sind im wesentlichen: Text, gesprochene Sprache, natürliche und künstliche Geräusche, Musik, Standbild, Grafik, Animation, Film. Multimedia ermöglicht daher auch *„Multicodierung“*. Die Codierungsformen eignen sich jeweils in spezifischer Weise für die Vermittlung von Informationen; aus einer geeigneten Kombination von Codierungsformen kann daher ein Summierungseffekt erwartet werden.

Interaktivität ist aus psychologisch-didaktischer Perspektive ein weiteres wesentliches Merkmal von Multimedia. Die Interaktionen können einerseits offline mit der Lernsoftware erfolgen und andererseits online mit anderen Netznutzern. Durch die Interaktionen wird der Nutzer individuell und aktiv in Wahrnehmungs-, Kognitions-, Erlebnis- und Lernprozesse involviert; dies bewirkt verstärkte Motivation, intensiveres emotionales Involvement und eine tiefere Elaboration im Vergleich zur rezeptiven Informationsaufnahme. Die Online-Interaktionen mit anderen Nutzern fördern durch Kommunikation und Diskurs die Berücksichtigung von Argumenten und alternativen Perspektiven. Die Wirkungen unterschiedlicher Interaktionsformen werden von der Kognitions- und Lernpsychologie sowie von der Sozialpsychologie untersucht. Die Interaktion mit dem Multimedia-System und die Kommunikation mit anderen Nutzern im Multimedia-Netz erfolgt entweder taktil über das Steuern des Cursors auf dem Bildschirm, verbal-taktil durch Schreiben eines Textes mittels Computertastatur bzw. Lichtgriffel, verbal-akustisch über Mikrofon, durch das Antippen auf dem Touch-Screen, durch das Bewegen des Datenhandschuhs oder durch die Kontrolle der Blickrichtung mittels einer Augenkamera. Weitere Formen der interaktiven Steuerung z.B. für Behinderte sind in der Entwicklung.

Auch wenn das Adjektiv „interaktiv“ in letzter Zeit nicht mehr ausdrücklich mitgenannt wird, ist bei Multimedia Interaktivität fast immer impliziert. Zur Betonung der Interaktivität wurde daher anstelle des Begriffs „Multimedia“ sogar die Vewendung des Begriffs „Intermedia“ vorgeschlagen. Multimedia ist heute zu einem Oberbegriff für alle neuen Informations-

und Telekommunikationsmedien geworden, da sie alle potentiell über vernetzte interaktive Multimedia-Terminals zugänglich sind.

2. Von der Mediendidaktik zu Multimedia-Didaktik

Die Mediendidaktik bzw. Instruktionstechnologie definiert Medien als Träger bzw. Vermittler von Informationen in Lehr- und Lernprozessen. Ihre Zielsetzung besteht darin, Medien in einer Weise auszuwählen bzw. zu kombinieren, zu gestalten und einzusetzen, dass Lehr- und Lernangebot in bezug auf die intendierten Lernprozesse optimiert werden.

2.1 ATI-Ansatz und Supplantationskonzept

Um für den individuellen Lernenden eine optimale Medienwahl und Mediengestaltung zu treffen, müssen die Lehrinhalte, Lehrmethoden und Lernverfahren als Komponenten der *externen* Lernbedingungen auf die *internen* Bedingungen des Lernenden (z.B. Entwicklungsstand, Vorkenntnisse, Interessen, Lernprozesse) abgestimmt werden.

Diese Konzeption wird durch den *Aptitude-Treatment-Interaction (ATI)-Ansatz* gestützt. Der ATI-Ansatz geht von der Annahme aus, dass das Lernen im allgemeinen und Lerneffekte im besonderen das Ergebnis von *Wechselwirkungen* zwischen unterrichtlichen Maßnahmen einschließlich der Verwendung von Medien (treatments) und den individuellen Merkmalen (aptitudes/traits) des einzelnen Lernenden sind (Cronbach 1975). Im ATI-Ansatz wurde der Versuch unternommen, nicht wie in den Vergleichsuntersuchungen komplette Mediengattungen, wie z.B. „das Schulfernsehen" oder „den Computer" in ihrer Interaktion mit dem Lernenden zu untersuchen, sondern auf differenzierte Weise, die Wechselwirkung spezieller Medien- und Methodenvariablen mit individuellen Merkmalsausprägungen der Lernenden systematisch in Beziehung zu setzen.

Auf der Lernerseite erwiesen sich Eigenschaftskomplexe im Bereich der Wahrnehmung besonders relevant, wie z.B. Bevorzugung einer Sinnesmodalität (visuell, auditiv, motorisch) oder Vorlieben für Symbolarten (verbal versus bildlich) und Realismusgrad (konkret versus abstrakt). Im Bereich der Kognition wurden Unterscheidungen getroffen nach dem persönlichen kognitiven Stil (z.B. ganzheitlich gegenüber detailspezifisch, scanning versus focussing, Feldabhängigkeit versus Feldunabhängigkeit etc.). Im Bereich der Emotion wurde z.B. nach Introversion/Extraversion, nach Leistungsmotivationsarten oder Angstniveau unterschieden.

Der Wirkungszusammenhang zwischen Medienattributen und individuellen Eigenschaften der Lernenden ist von Salomon (Salomon 1979) im *Supplantations-Konzept* formuliert worden: Die Lernwirkung von Medien ist umso größer, je besser sie dem Lernenden helfen, diejenigen kognitiven Operationen auszuführen, die von der Lernaufgabe gefordert sind. Salomon bezeichnet diesen Prozess als Supplantation bzw. als externe Simulation interner Prozesse. Supplantation ist die Funktion, die durch eine explizite Präsentation dessen erreicht wird, was üblicherweise der Lernende selbst intern zur Erreichung eines Lernziels tun muss. Salomon unterscheidet drei Stufen der Supplantation – Modellierung, Abkürzung, Aktivierung – mit dem Ziel, die Supplantationsstufe an den Fähigkeitsstatus des individuellen Lernenden zu adaptieren, um den Lernenden zur weitestgehend selbständigen Ausführung der geforderten kognitiven Operation zu veranlassen. Bei der Analyse der Eigenschaften von Medien konnte Salomon nachweisen, dass das beim jeweiligen Medium verwendete *Symbol-System* das relevanteste Medienmerkmal für Lernprozesse ist. Die Symbolsysteme der Medien (z.B. Kamerafahrt, Schnitt, Montage bei Film und Fernsehen) eignen sich aufgrund ihrer Codierungselemente und Syntax-Regeln in unterschiedlicher Weise für die Präsentation unterschiedlicher Informationen; außerdem muss bei den Lernenden die Kompetenz für die Decodierung der verwendeten Codes (z.B. durch Erfahrung) sichergestellt werden.

2.2 Didaktisch-psychologische Wurzeln des Lernens mit Computer

Einen nachhaltigen Einfluss auf die Entwicklung der Mediendidaktik hatte die Lernpsychologie, insbesondere die Theorie des Lernens am Erfolg, („law of effect") von Thorndike und die Theorie des operanten Konditionierens von B.F. Skinner (Skinner 1954/1960). Die von Skinner erforschte Methode der systematischen Verhaltensformung (shaping) komplexer Verhaltensweisen durch unmittelbare Verstärkung (reinforcement) bzw. Rückmeldung (feedback) hat in Verbindung mit bereits in den zwanziger Jahren erfolgten Arbeiten von Pressey zur Entwicklung des Programmierten Lernens geführt. Als Medium diente zunächst eine mechanische „Lehrmaschine" bestehend aus einem Filmstrip- oder Microfiche-Gerät mit einem Rückprojektions-Bildschirm und Antwort-Tasten. Für reine Textprogramme wurden „Umblättergeräte" oder programmierte Lernhefte benutzt. Interessant ist, dass die dem Programmierten Lernen zugrunde liegenden Lern- und Aufbauprinzipien noch heute als grundlegend gelten für Computer-Based-Training (CBT); sie dienen bis heute als konzeptionelle Stütze beim systematischen Design von Multimedia-Software (Issing 1997).

Das Grundmuster des „frame-design", d.h. des didaktischen Aufbaus einer Bildschirmseite, wie es im Programmierten Lernen entwickelt worden ist, wird heute noch als Orientierungsrahmen für die Strukturierung von CBT-Programmen und für den Aufbau von Multimedia-Bildschirmseiten benutzt:

a) Darbietung einer Lehr-Information einschließlich Visualisierung bzw. Beispielpräsentation;
b) Aufforderung (z.B. Motivierung, Frage, Aufgabe) an den Lernenden zu einer Aktivität;

c) Rückmeldung seitens des Lehrsystems an den Lernenden bezüglich der vom Lernenden geäußerten Aktivität z.B. als Bestätigung, Korrektur, Kommentar, Hinweis auf zusätzliche Hilfsmöglichkeiten;
d) Empfehlung, Motivierung, Aufforderung zur weiteren Programmhandhabung.

Das Programmierte Lernen konnte sich in den sechziger und siebziger Jahren in der Praxis nicht durchsetzen. Selbst als in den achtziger Jahren durch die Verfügbarkeit des Personal Computers Computerunterstützter Unterricht (CUU) in Bildungseinrichtungen möglich gewesen wäre, wurde er fast ausschließlich im Bereich der beruflichen Ausbildung und betrieblichen Fortbildung unter der Bezeichnung Computer-Based-Training (CBT) realisiert. In der Schule wurde der CUU aus vielerlei Gründen nicht akzeptiert. Die Ursachen lagen vor allem in der schwierigen Handhabung der Computer-Systeme ohne grafische Benutzeroberflächen und in der mangelhaften didaktischen Flexibilität damaliger Lernsoftware. Ein weiterer wesentlicher Grund war die schwierige Vereinbarkeit des CUU mit dem traditionellen Klassenunterricht, in dem das Aufbrechen homogener Lerngruppen durch individuelle Lernformen von den Lehrkräften eher als Störung denn als Erleichterung empfunden wurde.

Eine Renaissance erlebt das Computer Unterstützte Lernen (CUL) seit Anfang der neunziger Jahre infolge der starken Verbreitung und gestiegenen Leistungsfähigkeit von PCs dank erhöhter Speicherkapazität, Schnelligkeit, Window-Technik, Hypertext- und Multimediafähigkeit, und aufgrund der leichten Verfügbarkeit von Software per Diskette, CD-ROM und Online-Diensten. Die didaktischen Vorteile des CUL beruhen auf seiner Interaktivität und Adaptivität an die Eigenschaften und Bedürfnisse des individuell Lernenden. Das CUL hat sich vor allem in der betrieblichen Weiterbildung bewährt für den systematischen Erwerb klar definierbarer Kenntnisse und Fertigkeiten.

2.3 Die verschiedenen Formen multimedialer Lernsoftware

Das Computer Unterstütze Lernen umfasst heute ein breites Spektrum von Programmarten: *Trainings- und Übungsprogramme* (Drill & Practice) werden z.B. als Vokabeltrainer oder Rechentrainer eingesetzt. *Tutorielle Lernprogramme*, dienen in der Regel der systematischen schrittweisen Wissensaneignung mit fortlaufenden Interaktionen zwischen dem Lernenden und dem Programm als imaginärem Tutor. *Simulationsprogramme* ermöglichen durch die hypothesengeleitete Veränderung von Parametern entdeckendes und forschendes Lernen in vielen Wissensdomänen; manchmal sind Simulationsprogramme auch in computergesteuerte Gerätekonfigurationen integriert (z.B. Raumschiff-Cockpit, Teleskop-Steuerung), so dass Gesetzmäßigkeiten, Regeln, adäquates Steuerungsverhalten z.T. sogar mit physischem Feedback erfahren werden können. Auf ähnliche Weise gestatten *Problemlösungspro-*

gramme die interaktive Bearbeitung von Aufgaben und Problemräumen. Hier wird oft z.B. mit Fallbeispielen gearbeitet. Elemente von Simulations- bzw. Problemlösungsprogrammen sind in *Lernspielen* integriert; sie fordern vom Lernenden Geschicklichkeit, oft Schnelligkeit, Konzentration, vor allem Strategie-Entwicklung und motivieren durch fiktionale Inhalte, attraktive Präsentationsformen und dramaturgische Elemente. Durch das Aufwerfen eines interessanten und spannung-geladenen Problems als Ausgangssituation oder Aufgabeumgebung, wird der Motivationspegel erhöht und der Identifikationsfaktor mit der Situation oder den Aktueren verstärkt. Hier soll der Lernende auf spielerische und unterhaltsame Weise eine Verbesserung seiner Fertigkeiten und seines Wissens erlangen (Abb.1).

Abbildung 1: Beispiel für ein multimediales Lernspiel für Kinder der 1. und 2. Klasse: ein Lese- und Schreibabenteuer „Fürst Marigor und die Tobis" von Cornelsen Software

Wissensbasierte Computersysteme als Expertensysteme oder als Intelligente Tutorielle Systeme (ITS) integrieren die Möglichkeiten der Künstlichen Intelligenz (KI) z.B. zu natürlich-sprachlichen Dialogen. Der wesentliche Unterschied zwischen einem ITS und einem herkömmlichen „frame-basierten" tutoriellen Lernprogramm besteht darin, dass ein ITS kein vorgefertigtes Lernprogramm präsentiert, sondern mit Hilfe entsprechender intelligenter Komponenten(„Experten-Modul", „Lerner-Modul", „Tutor-Modul", „Partner-Modul") und fortlaufender Dialogdiagnose während des Lernvorgangs situativ in Adaption an das jeweilige Lernverhalten und an den jeweiligen Erkenntnisstand des Lernenden die angemessenen Programmschritte generiert.Die Entwicklung von ITS befindet sich allerdings immer noch im Forschungsstadium, weil sich die Modellierung des Wissenserwerbs als weitaus komplexer erwiesen hat als ursprünglich angenommen. Daher wendet sich das Interesse der Multimedia-Forschung und -Entwicklung dem Konzept von *Hypertext und Hypermedia* zu. Als „Hypertext" wird eine Textorganisation bezeichnet, die so gestaltet ist, dass der Lernende weitgehend selbst die Reihenfolge der Präsentation der Textknoten interaktiv bestimmen kann. „Die Grundidee von Hypertext besteht darin, dass informationelle Einheiten, in denen Objekte und Vorgänge des einschlägigen Weltausschnitts auf textuelle, graphische oder audiovisuelle Weise dargestellt werden, flexibel über Verknüpfungen manipuliert werden können" (Kuhlen 1991, S. 13). „*Hypermedia*" als die Synthese von Hypertext und Multimedia ist dadurch gekennzeichnet, dass die Knoten aus multimedialen Datentypen wie Sprache, Töne, Bilder, Animationen und Video bestehen. Das Internet mit dem WWW kann als großes Hypermedia-System aufgefasst werden. Als Beispiel für ein naturwissenschaftliches Hypermedia-Programm kann hier das bei uns im Arbeitsbereich Medienforschung an der Freien Universität Berlin entwickelte Hypermedia-Programm „Die Weltformel" genannt werden (Strzebkowski 1995).

Das „Lernen durch Modellieren" eigener Informationsstrukturen in hypermedialen Lernumgebungen bildet einen weiteren interessanten didaktischen Ansatz innerhalb der Nutzung von Lernprogrammen im Unterricht. Unter der Bezeichnung der ‚*Kognitiven Medien*' (cognitive tools) bieten solche Programme die Möglichkeit entweder Informationen aus einem Hypermedia- oder Datenbank-Programm zu sammeln und individuell neu zu verknüpfen oder eigene Gedanken in eine Hypermedia-Struktur zu externalisieren (Kommers 1992). Ein kognitives Werkzeug wird als Projektionsfläche für eigene Gedanken genutzt, auf der der Lernende mit verschiedenen neuen Perspektiven, Beziehungen und Relationen innerhalb einer Problemstellung arbeiten kann. Damit kann die Leistungsfähigkeit des Arbeitsgedächtnises erweitert werden. Der Aufbau individueller Wissensstrukturen und mentaler Modelle wird durch dieses Konzept erheblich gefördert. Als sogenanntes Ideenstrukturierungs-Werkzeug kann hier z.B. das Flussdiagramm-Programm ‚Inspiration™' genannt werden (http://www.inspiration.com). Die Software erlaubt einerseits in einer generativen Phase Ideen und Probleme in Form von Mindmaps oder semantisch-grafischen Netzwerken zu erfassen und andererseits in einer expressiven Phase gelernte Inhalte in visuellen Diagrammen wiederzugeben (Abb. 2). Diese Form der Wissensdiagnose haben wir in einer Benutzerverhalten-Studie eines Hypermedia-Programms angewendet, wo die Lernenden ihr neu gelerntes Wissen in Form von Konzeptknoten und deren Relationen erstellen mussten (Schaumburg 1995). Diese Methode basiert auf dem Konzept der Heidelberger Struktur-Lege-Technik (Kluwe 1988). Einen anderen Ansatz der cognitive tools bilden Hypertext-Umgebungen wie z.B. die Software ‚Storyspace™‘ (http://www.eastgate.com/Storyspace.html). In dieser Texteditier-Umgebung können beliebige Textstellen (Absätze), Wörter, Grafiken und sogar digitale Videofilme miteinander verknüpft oder vernetzt werden (Abb.3). Das Programm wird z.B. in den USA oft in Literatur-Kursen eingesetzt, wenn die Studenten lernen sollen, Erzählungen mit mehreren Protagonisten zu schreiben. Als sinnvolle Erweiterung bietet das Programm die Ausgabe der vernetzten Texte im HTML-Format für die Internet-Nutzung.

Abbildung 2: Beispiel eines Mind-Netzes zu einem bestimmten Thema als Wissensdiagnose in ‚Inspiration™‘.

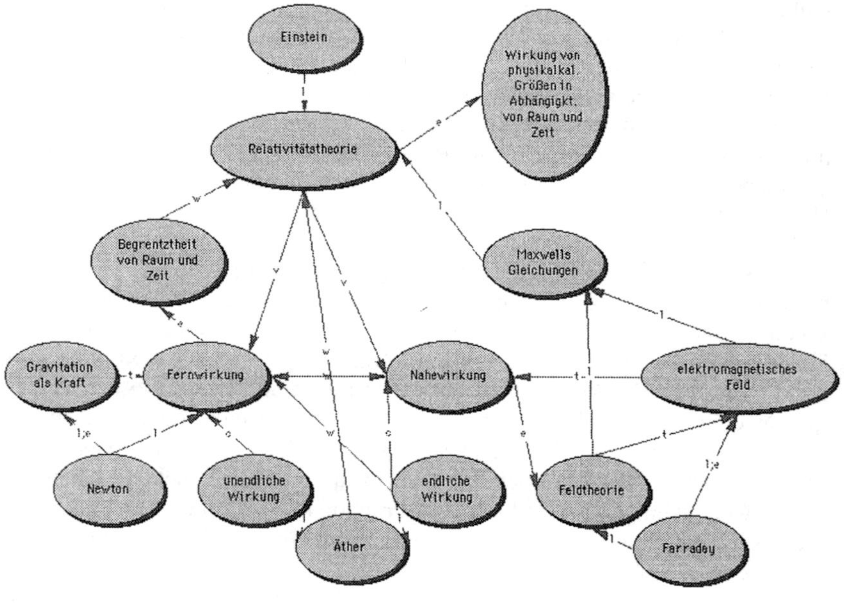

2.4 Konstruktivistische Konzepte und multimediales Lernen

Bei der praktischen Entwicklung von computerunterstütztem Unterricht und multimedialen Lernangeboten stieß man immer wieder auf die Problematik, dass die individuellen Unterschiede der Lernenden hinsichtlich ihrer Interessen und Lerneigenschaften bei der Programm-Entwicklung und -Steuerung nur in relativ geringem Maße berücksichtigt werden können. Auch die Aptitude-Treatment-Interaction-Forschung konnte die Aufgabe der optimalen „Passung“ von Lernzielen, Inhalten, Methoden und Medien einerseits und individuellen Lernervariablen andererseits wegen der Komplexität der Variablen nicht abschließend lösen. Daher wurde in der Methodik des *„selbstgesteuerten Lernens"* eine willkommene Möglichkeit gesehen, dem Lernenden selbst weitgehende Kontrolle bei der Bearbeitung von Lernprogrammen zu geben, um dadurch eine höhere Effizienz und Akzeptanz zu erreichen. Dennoch waren auch beim selbstgesteuerten Lernen in der Regel die Lernziele und -inhalte vorgegeben, die vom Lernenden auf individuellem Lernweg zu bearbeiten waren. Ein ganz anderes Lernparadigma wird in konstruktivistischen Konzepten vertreten: Der *Konstruktivismus* als Wissenschafts- und Erkenntnistheorie geht von der Annahme aus, dass das erkennende Subjekt die Wirklichkeit nicht passiv abbilden, sondern im Erkenntnisprozess auf der Grundlage seiner individuellen Erfahrungen aktiv für sich konstruieren muss. Gegenstände der Umwelt müssen vom Betrachter „wahrgenommen", „erfasst", „erlebt" und in die bereits vorhandene Wissensstruktur integriert werden (Glasersfeld 1992). Aus konstruktivistischer Sicht kann Wissen durch Instruktion oder Medien nicht „vermittelt" werden; es muss vielmehr vom Lernenden aktiv mit seinen mentalen Modellen und Wirklichkeitskonstrukten verknüpft werden. Lehrende und Lehr-/Lernmedien können jedoch wertvolle Anregungen, Hilfestellungen und situative Anlässe dafür bieten, dass sich beim Lernenden sinnvolles Lernen ereignet.

Abbildung 3: Beispiel eines Hypertextes, dessen visuellen Repräsentation und der Arbeitsumgebung aus ‚Storyspace™'.

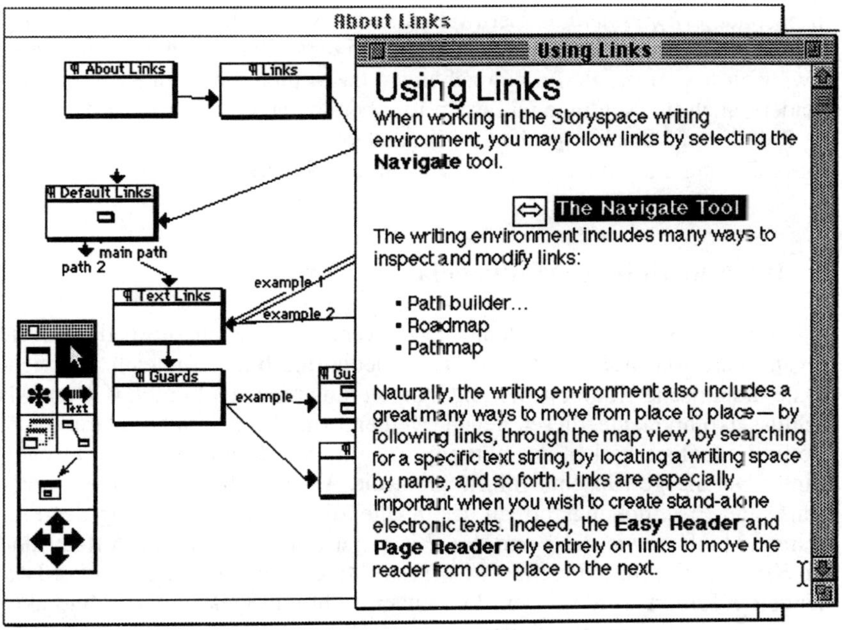

Die Konstruktivismus-Debatte wurde auch in der Medienpsychologie und Mediendidaktik aufgegriffen. Dabei bereitet es keine Schwierigkeiten, vom Konstruktivismus die Bedeutung vom handelnden, offenen Lernen in komplexen Situationen und Problemräumen zu akzeptieren, da handelndes Lernen in der Pädagogik auch schon vor der Konstruktivismus-Debatte als Zielperspektive erkannt war. Allerdings geht die herkömmliche Pädagogik davon aus, dass der Lernende für das selbstinitiierte und selbstgesteuerte Lernen adäquate mentale Modelle, elaborierte kognitive Strukturen und flexible Fertigkeiten als Voraussetzung benötigt, bei deren Erwerb nicht gänzlich auf instruktionale Vorgaben verzichtet werden kann.

Die zentralen konstruktivistischen Forderungen zielen auf die Bereitstellung komplexer Ausgangsprobleme, um Lernmotivierung zu fördern, auf authentische und situierte Lernkontexte, auf die Ermöglichung multipler Perspektiven, auf die Artikulation und Reflexion des Wissens und auf das Lernen im sozialen Austausch (Mandl 1997). Die meisten der auf konstruktivistischen Konzepten beruhenden Modelle sehen explizit in der Verwendung neuer Technologien, wie z.B. in multimedialen Lernumgebungen, optimale Chancen für die Umsetzung situierten Lernens für große Lernergruppen. Lernhilfen folgen dabei eher dem Prinzip des „guiding“ als dem des „directing“, um dem Lernenden weitestgehende Lernfreiheit zu ermöglichen.

Multimediale Lernangebote werden daher als „kognitive Medien bzw. Werkzeuge“ für den Lernenden verstanden. Offene Lernumgebungen und insbesondere *hypermediale* Lernwelten sollen sich in besonderer Weise zur Realisierung aktiven, sinnvollen Lernens eignen (Duffy 1994). Zur Frage, inwieweit hypermediale Lernumgebungen tatsächlich nicht nur für Experten, sondern auch für Neulinge in diesem Lernbereich geeignet sind, läuft z.Z. eine Reihe von Forschungsarbeiten; besonderes Interesse wird dabei der Art der Anleitung und Führung der Lernenden im „Hyperspace“ gewidmet.

3. Interaktivität bei Multimedia

Interaktivität ist eine der bedeutendsten wenn nicht sogar die bedeutendste Eigenschaft von Multimedia und Hypermedia und bildet zugleich die wichtigste didaktische Komponente im Computerunterstützten Lernen (CUL). Als Schlüsselkomponente dieser neuen Medienformen unterstützt Interaktivität die Individualisierbarkeit des Lernenprozesses. Mit der Freiheit der Entscheidung über die gewünschte Information, die Auswahl bevorzugter Präsentations- und Erschließungsformen der Inhalte, die zeitliche Steuerung des Programmablaufs sowie die Form der Wissensanwendung soll der Aufbau und die Konstruktion individueller Wissensstrukturen und Kompetenzen bei Lernenden gefördert werden. Dem Lernenden steht ein Spektrum von Interaktionsmöglichkeiten zur Verfügung:

1. Eingriff in den Ablauf des Informationsangebots bzw. Programms
2. Auswahlder Inhalte und die Bestimmung des eigenen Lernwegs
3. Auswahl und Steuerung der Präsentationsformen der Inhalte
4. „Dialog" mit dem Computer mittels Datenein- und -ausgabe
5. Manipulation, Modellierung und Generierung multimedialer Daten und Objekte
6. Asynchrone und synchrone Kommunikation und Kooperation über das Netz mit anderen Menschen.

Die meisten auf dem Markt befindlichen Lernprogramme bieten Interaktionsformen an, die sich nur in der 1. bis 3. Dimension bewegen. Dabei wird oft unter dem Etikett der „Interaktivität" nur die „Selektivität" angeboten. Die Lernenden können dabei aktiv höchstens (z.B. mit Hilfe der Maus) Inhalte und Objekte bestimmen und auswählen, bleiben jedoch in der Phase der Informationserschließung weiterhin wie bei den linearen Medien in der Rolle eines passiven Rezipienten (Strzebkowski 1997 S. 276). Von einer echten Interaktivität kann erst dann gesprochen werden, wenn:

a) die Lernenden kreativ sein dürfen und damit die Inhalte modifizieren bzw. selbst erstellen können;
b) das Programm nicht starr und statisch, sondern dynamisch und adaptiv auf die Aktionen der Lernenden reagiert;
c) die Lernenden selbst die Lernkontrolle über ihre Lernprozesse übernehmen können;
d) den Lernenden vom Mediensystem bei Bedarf adaptive Hilfe bzw. Führung angeboten wird.

Kognitionspsychologisch betrachtet soll durch das Provozieren von Interaktionen auf der Seite des Lernenden die aktive Verknüpfung neuer Informationen mit bereits vorhandenem Wissen gefördert werden.

4. Lernen via Online-Dienste am Beispiel der Hochschulen

Aus den bisherigen Initiativen zur Entwicklung von Online-Angeboten für die Schule, Hochschule und Weiterbildung lässt sich prognostizieren, dass auch in Deutschland, trotz seiner relativ großen Hochschuldichte, in den kommenden Jahren virtuelle Studienangebote weitere Verbreitung finden werden. Sicher wird die Entwicklung in den einzelnen Bildungsbereichen und Studienfächern unterschiedlich verlaufen. Bereits heute zeichnet sich ab, dass in der Informatik, in den Naturwissenschaften und in der Wirtschaftswissenschaft Online-Studienangebote rascher und intensiver genutzt werden als z.B. in den Geisteswissenschaften. Bekanntlich spielen aber das Interesse der jeweiligen Lehrkräfte und die technischen Ressourcen im Einzelfall eine große Rolle für Innovationen im Lehr- und Studienangebot. Die deutschen Hochschulen werden sich auf nationaler und internationaler Ebene in Konkurrenz untereinander und mit universitätsexternen Anbietern veranlasst sehen, Serviceleistungen und Studieninhalte über Netze – und zunehmend auch gegen Gebühr – anzubieten. Dabei wird, von Ausnahmen (z.B. FernUniversität Hagen) abgesehen, das Direktstudium mit hoher Wahrscheinlichkeit nicht vollständig durch das Fernstudium ersetzt werden, vielmehr werden Online-Angebote eine Ergänzungsfunktion zum Direktstudium übernehmen und sich in den meisten Fällen nur auf einzelne Vorlesungen, Seminare oder auch nur auf Teile derselben beschränken. In weit stärkerem Umfang dürften organisatorische Angelegenheiten wie z.B. Belegen von Lehrveranstaltungen, Anmeldungen, Einsenden von Hausarbeiten, Bestellen von Literatur, Rücksprache mit Dozenten künftig mehr und mehr über das Netz laufen und die Studierenden, die Dozenten, wie die Verwaltungen an den Hochschulen zeitlich entlasten. Ebenso lässt sich durch Telekommunikation und Telekooperation in Form von Arbeitsgruppen und Tutorien mit relativ geringem finanziellen und organisatorischen Aufwand die Bearbeitung konventionell vermittelter Studieninhalte intensivieren.

Dagegen ist zu erwarten, dass die Entwicklung und Bereitstellung von didaktisch und multimedial aufbereiteten Lerninhalten einen erheblichen Engpass für Lernangebote im Netz darstellen wird. Zunächst schon aus dem Grunde, dass abgesehen von wenigen Ausnahmen, die Dozenten für diese hochschul- und mediendidaktische Aufgabe nicht vorbereitet sind und weil in den Hochschulen noch keine Entwicklungseinrichtungen für multimediale und Online-Studienangebote bestehen, wie dies z.B. an der New York City University in Form eines Innovation Center der Fall ist. Die bisherigen Medienzentren an den Hochschulen sind gegenwärtig erst im Begriff, sich in Kooperation mit den Rechenzentren in Richtung auf multimediale Entwicklungs- und Beratungseinrichtungen umzugestalten.

Viele telekooperativenLernangebote gibt es in dem Bereich der Physik. Hierzu laufen einige interessante und anspruchsvolle Projekte im Internet, die den Schwerpunkt vor allem bei modularen Simulationen, Experimenten und interaktiven Animationen haben. Es wird versucht, durch einen explorativen Umgang mit dem multimedialen Angebot das Verständnis physikalischer Phänomene zu erleichtern und die Konstruktion individueller mentaler Modelle über den gegebene Sachverhalt zu fördern. Hierzu einige Beispiele:

University of Oregon Virtual Laboratory

(http://jersey.uoregon.edu/vlab/Voltage/index.html)

Das Virtuelle Labor des Fachbereichs Physik der Universität Oregon bietet 14 interaktive Simulationen zu Bereichen Mechanik, Thermodynamik, Astrophysik und Elektrizität an. Die Programme nutzen die Technologie der Programmierumgebung JAVA und sind daher voll interaktiv. Die Benutzer können einige Variablen verändern und erhalten sofortiges Feedback auf ihre Eingaben.

Abbildung 4: Ein Beispiel einer interaktiven Java-Lernsequenz aus dem virtuellen Labor des Fachbereichs Physik der Universität Oregon

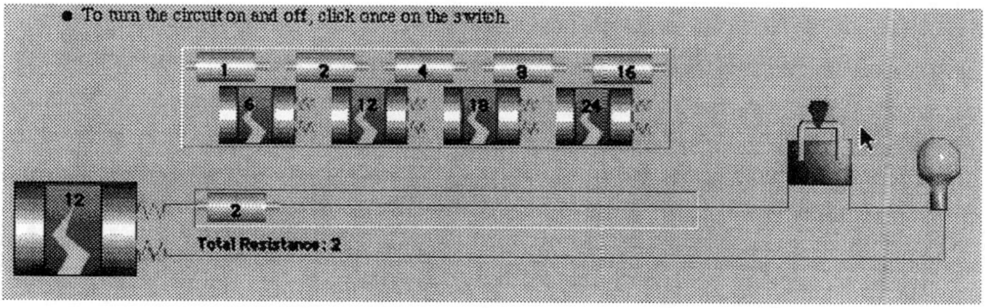

Technische Universität Berlin

Am Institut für Fachdidaktik Physik und Lehrerebildung der TU Berlin werden physikalische Experimente für den Unterricht als hoch-interaktive Bildschirmexperimente umgearbeitet und können ebenfalls als Probe aus dem Internet abgerufen werden. (http://www.physik.tu-berlin.de/institute/IFPL/IBE/IBE.html).

Abbildung 5: Beispiel eines interaktiven Bildschirmexperiments aus der Physik realisiert auf der Basis der QuickTimeVR-Technologie

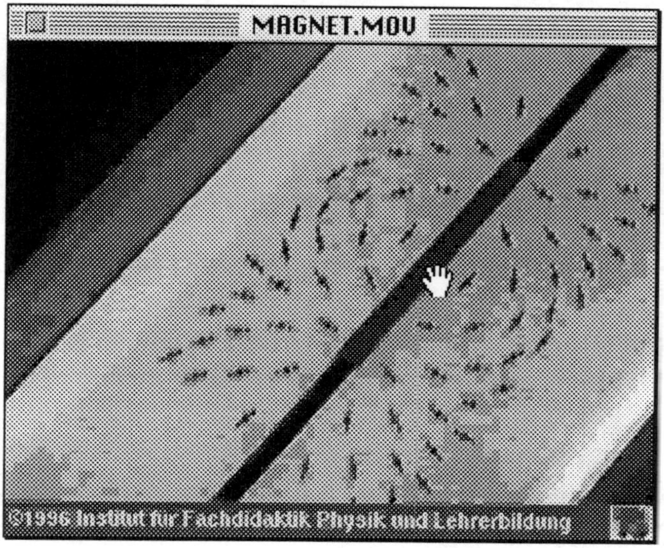

Das Internet bietet ebenfalls für Kinder interessante Angebote und sogar leichte Software-Werkzeuge im Sinne von cognitive tools zur Erzeugung eigener interaktiven Anwendungen, Spielen und auch WWW-Seiten. Ein Beispiel dafür ist die Software ‚Cocoa™' von Apple Computer™ (http://cocoa.apple.com). Hier ein Beispiel aus dem Internet durch Kinder programmiert.

Abbildung 6: Beispiel einer interaktiven Anwendung im Internet von Kindern für Kinder mit dem System Cocoa™ gestaltet

5. Veränderung von Bildung und Weiterbildung durch Multimedia

Die psychologischen und pädagogischen Potenzen von Multimedia zur Unterstützung und Förderung von interaktivem, individuell adaptivem, kreativem und problembezogenem Lernen liegen auf der Hand. Die Technologie von Multimedia/Hypermedia bietet mediale Voraussetzungen für erfolgreiches Lehren und Lernen, wie es sich Pädagogen und Psychologen bislang nur erträumen konnten. In der Bildungswirklichkeit sind auf dem Weg zur Realisierung der Potenzen von Multimedia allerdings noch erhebliche Umdenkprozesse hinsichtlich curricularer Ziele und Inhalte, Umstrukturierungen hinsichtlich der Organisation von Unterricht in Schule und Hochschule sowie eine Modernisierung der Lehrer- bzw. Dozentenausbildung erforderlich. Hinzu kommt, dass die bedarfsorientierte Entwicklung von Lernsoftware erst noch im Entstehen begriffen ist. Obwohl die Multimedia-Industrie das massive Eindringen von Multimedia in den Schul-, Hochschul- und Weiterbildungsbereich schon in naher Zukunft erwartet, sind im öffentlichen Bildungsbereich erst noch erhebliche finanzielle und strukturelle Hindernisse zu überwinden.

Edutainment-Programme für schulische Inhalte – vielfach als Übertragungen englischsprachiger Produkte – sind bereits mit einem beträchtlichen Angebot auf dem deutschen Markt vertreten. Dieser Nachmittagsmarkt wird nicht ohne Rückwirkung auf den Unterricht bleiben. Auf der Hochschulebene hat die weltweite Zugänglichkeit des Internet eine Evolution der wissenschaftlichen Informationsverbreitung und des Wissenserwerbs angestoßen, die dabei ist, die Hochschullandschaft rascher zu verändern, als Hochschulstrukturgesetze es je vermochten. Vieles läuft noch improvisiert und verändert sich rasch mit fortschreitender Verbesserung der Übertragungstechnologie.

Mit Hilfe von Multimedia lassen sich Lernformen realisieren, die den heutigen Anforderungen in Gesellschaft und Wirtschaft nach Flexibilität, Problemlösefähigkeit, InformationsverarbeitungsKompetenz, Teamfähigkeit usw. entgegenkommen. Allerdings ist für deren Realisierung die Multimedia-Technologie alleine nicht ausreichend. Wie die Forschungsergebnisse aus der Zeit des Computerunterstützten Lernens mit audiovisuellen Medien schon gezeigt haben, bedarf die Entwicklung und Anwendung von Multimedia geeigneter didaktischer und lernpsychologischer Grundlagen und der Einbettung multimedialen Lernens in direkte personale Interaktions- und Lernzusammenhänge.

6 Literatur

Cronbach, L.J. (1975). Wie kann Unterricht an individuelle Unterschiede angepaßt werden? In R. Schwarzer & K. Steinhagen (Hrsg.), *Adaptiver Unterricht.* München: Kösel, S. 42-58.

Dohmen, G. (1976). Aufgaben einer Mediendidaktik. In L. J. Issing & H. Knigge-Illner (Hrsg.), *Unterrichtstechnologie und Mediendidaktik.* Weinheim: Beltz Verlag, S. 56-81.

Duffy, T.M./Jonassen, D.H. (Eds.), (1994). *Constructivism and the Technology of Instruction.* Hillsdale, N.J.: Lawrence Erlbaum Ass.

Euler, D. (1992). *Didaktik des computerunterstützten Lernens: Praktische und theoretische Grundlagen.* Nürnberg: Bildung und Wissen Verlag.

Fischer P.M/Mandl, H (1990). Introduction: Toward a psychphysics of hypermedia. In D.H. Jonassen & H. Mandl (Eds.), *Designing hypermedia for learning.* Heidelberg, Springer Verlag.

v. Glasersfeld, E. (1992). Konstruktion der Wirklichkeit und des Begriffs der Objektivität. In H. Förster, E. v. Glasersfeld, P.M. Heigl, S.J. Schmidt & P. Watzlawick, (Hrsg.), *Einführung in den Konstruktivismus.* München: Pieper, S. 9-39.

Issing, L.J. (1997). Instruktionsdesign für Multimedia. In L.J. Issing & P. Klimsa (Hrsg.), *Information und Lernen mit Multimedia.* Weinheim: Beltz-PVU, 2. Auflage, S. 195-220.

Kluwe, R.H. (1988). Methoden der Psychologie zur Gewinnung von Daten über menschliches Wissen. In Mandl, H. & Spada, (Hrsg.), Wissenspsychologie (S. 359-385). München-Weinheim: Psychologie Verlags Union.

Kommers, A.M./Jonassen, D.H./Mayes, J.T. (Eds.) (1992). *Cognitive tools for learning.* Berlin: Springer.

Kuhlen, R. (1991). *Hypertext – ein nichtlineares Medium zwischen Buch und Wissensbank.*Berlin/Heidelberg: Springer Verlag.

Mandl, H./Gruber, H./Renkl, A. (1997). Situiertes Lernen in multimedialen Lernumgebungen. In L.J. Issing & P. Klimsa (Hrsg.), *Information und Lernen mit Multimedia.* Weinheim: Beltz-PVU, 2. Auflage, S. 167-178.

Salomon, G. (1979). *Interaction of Media, Cognition, and Learning.* San-Francisco: Jossey-Brass.

Schaumburg, H. (1995). *Guided Tours versus Guidance: Eine empirische Untersuchung zum Einfluß von Linearität versus Nonlinearität in Hypertext-Hilfsfunktionen.* Berlin: Freie Universität. (unveröffentl. Diplomarbeit)

Skinner, B.F. (1954/1960). The Science of Learning and the Art of Teaching. In A.A. Lumsdaine & R. Glaser (Eds.), *Teaching Machines and Programmed Learning.* Washington, D.C.: N.G.A.

Strzebkowski, R. (1997). Realisierung von Interaktivität und multimedialen Präsentationstechniken. In L.J. Issing & P. Klimsa (Hrsg.), *Information und Lernen mit Multimedia.* (S. 269-303). Weinheim: Beltz-PVU.

Strzebkowski, R. (1995). Herstellung und Anwendung hypermedialer Programme im Hochschulbereich am Beispiel des Lernprogramms „Die Weltformel". In U. Beck & W. Sommer (Hrsg.), *LearnTec '94 – Europäischer Kongreß für Bildungstechnologie und betriebliche Bildung.* Karlsruhe: Springer Verlag, S. 457-483.

Weidenmann, B. (1997). Multicodierung und Multimodalität im Lernprozeß. In L.J. Issing & P. Klimsa (Hrsg.), *Information und Lernen mit Multimedia.* Weinheim: Beltz-PVU, 2. Auflage, S. 65-84.

Whalley, P. (1993). An alternative rhetoric for hypertext. In C.A. McKnight, A. Dillon, & J. Richardson (Eds.), Hypertext – a psychological perspective. Chichester: Ellison Horwood Ltd.

Medien und Kommunikation

Ben Bachmair

Bedeutungskonstitution als kulturelle Aktivität der Rezipienten – Wie virtuelle Texte entstehen

Der ganzheitliche Blick auf das Kinderfernsehen, der die Kinder und ihren Umgang mit Fernsehen mitbedenkt, ist heute selbstverständlich. So wird beispielsweise Qualität von den Kindern her, von der Funktion der Fernsehangebote in ihrem Alltagsleben bestimmt. Was nun theoretisch ansteht, ist der Blick auf den gemeinsamen kulturellen Rahmen, der Fernsehen ebenso wie Kindheit verändert.

Um es salopp zu formulieren, es entsteht so etwas wie postmodernes Fernsehen und postmoderne Rezeption. So haben wir haben es einerseits mit einer Desintegration des Medien- bzw. des Fernsehangebots zu tun. Das zeigt sich an einer Zersplitterung in Spezialkanäle und Spezialangebote bis hin zu Mini-Genres wie Senderlogos, Programminformationen, Hinweise auf Werbeunterbrechung. Andererseits entwickeln die Rezipienten Integrationsmechanismen, die qualitativ etwas anderes sind als nur aktive Rezeption eines komplexen Angebots.

Wie läuft diese Integration ab? Auf der Basis aktiver Rezeption und aktiver Lebens- und Alltagsgestaltung „basteln" sich Kinder, wie die Jugendlichen und die jungen Erwachsenen ihre subjektiv bedeutsamen Arrangements von Medien, Kaufobjekten und Ereignissen.[1]

Wie diese Arrangements von Medien und Kaufobjekten aussehen und wie symbolisch Zeichenhaftes und handfeste Materialität[2] eine Einheit als Text eingehen, lässt sich an Kinderzimmern[3] richtiggehend ablesen. Im vertrauten Familienraum des Kinderzimmers integrieren Kinder in Prozessen der

1 Mit dem Bild des „Bastelns" läßt sich die mit Individualisierung einhergehende Lebensgestaltung der Menschen heute benennen. Vgl. Hitzler, Ronald: Sinnbasteln.; Zur subjektiven Aneigung von Lebensstilen. In: Mörth, Ingo, Fröhlich, Gerhard (Hrsg.): Das symbolische Kapital der Lebensstile. Zur Kultursoziologie der Moderne nach Pierre Bourdieu.; Frankfurt a.M. (Campus) 1994, S. 75-92

2 Vgl. Gumbrecht, Hans Ulrich, Pfeiffer, K. Ludwig (Hrsg.): Materialität von Kommunikation. Frankfurt a.M. (Suhrkamp) 1988

3 Vgl. Gerlach, Franz: Medien im Kinderzimmer. Medienspuren in Zimmern von Mädchen und Jungen. In: Medien praktisch Heft 4, 1993, S. 30-34

Bedeutungskonstitution die vielfältig bis disparaten Konsumangebote und verwenden sie als subjektive Lebensweltbausteine. Dabei mutiert der vertraute soziale und physikalische Raum zum Text, der Kindern hilft, die Konsumangebote zu integrieren.

Auf Seiten der Medien setzt dies Integrationsangebote voraus, die auch schon – mehr oder weniger – naturwüchsig entstanden sind. Das reicht von benannten Programmflächen, über Merchandizing und der Spezialisierung auf Genres wie Cartoons bis hin zur stilistischen Integration z.B. bei Nickelodeon oder BravoTV.

1. Von der Rezeption im BBC-Model zu subjektiven Textarrangements

Als es in den fünfziger Jahren üblich wurde fernzusehen, entwickelte sich schnell eine eigene Rezeptionsform, die auf den ersten Blick wenig mit den damals kulturell vertrauten Medien Buch oder Kino und ihren Rezeptionsformen zu tun hatte. Der Kulturphilosoph Günter Anders[4] befand zu dieser Zeit, mit dem Fernsehen entstünde ein „negativer Familientisch“ (S. 104). Zwar entwickle der Fernsehapparat eine dem Familientisch entsprechende „Gravitationskraft“, die jedoch nicht als „Mittelpunkt“, sondern als Fluchtpunkt zu denken sei:

> „Während der Tisch die Familie zentripetal gemacht und die um ihn Sitzenden dazu angehalten hatte, die Weberschiffchen der Interessen, der Blicke, der Gespräche hin und her spielen zu lassen und am Tuch der Familie weiterzuweben, richtet der Bildschirm die Familie zentrifugal aus ... Nicht mehr zusammen sind sie (die Familienmitglieder), sondern nur noch beieinander, nein nebeneinander, bloße Zuschauer.“

Erstaunlicherweise hat Günter Anders die Fernsehrezeption in ihrer ersten Entwicklungsphase doch recht komplex gesehen, weit mehr als nur ein passives Aufnehmen transportierter Informationen. Hätte er sich zudem die Mühe gemacht, in die Geschichte der Medienrezeption zurückzublicken, hätte er antiquarische Rezeptionsformen des Buches heranziehen können, um die neue Menschen-Medien-Beziehung des Fernsehens der fünfziger Jahre zu bewerten. So gab es beispielsweise gegen Ende des 18. Jahrhunderts eine harmonisch lebendige Vorlesesituationen.[5] Vorlesen im selbstgewählten Zirkel ent-

4 Anders, Günther: Die Welt als Phantom und Matrize. In: Anders, Günther: Die Antiquiertheit des Menschen. Band 1: Über die Seele im Zeitalter der zweiten Industriellen Revolution. München (Beck) 1987, 7. Auflage, S. 97-211 (1. Auflage 1956)

5 Kupferstiche aus dieser Zeit belegen solche Situationen (z.B. von D. N. Chodowiecki, abgedruckt bei Schön 1987, S. 192f.). Um einen Tisch herum gruppieren sich Männer, Frauen und Kinder. Der Betrachter ist in diese Gruppensituation integriert; er könnte an der ihm zugewandten Tischseite Platz nehmen. Auf dem Kupferstich liest ein älterer und gesetzter Mann aus dem vor ihm auf dem Tisch liegenden Buch vor. Er macht einen gespannten, lebendigen Eindruck. Die zuhörenden Männer und Frauen sind

sprach damals einer langen Sehnsucht nach bürgerlich privaten und harmonischen Situationen, die von außen niemand kontrollieren oder steuern konnte.

Dies Moment taucht auch in der frühen Fernsehrezeption der Familie auf. Das Medium und sein redaktionell ausgewogenes Programm mit Information, Unterhaltung und Bildung, das für alle etwas bietet, stand im Mittelpunkt einer Freizeitaktivität. Der Hörfunk begann dann recht schnell, auf sich wandelnde Rezeptionsformen zu setzen. Bei den Autofahrerwellen zu Beginn der siebziger Jahre rückt das Medium an den Rand einer Lebenssituation, im Auto z.B. zur Arbeit oder in die Freizeit zu fahren. Die angeboteten Genres änderten sich; leicht erfassbare und Information, die die Autofahrer nicht ablenkten, begannen zusammen mit Unterhaltung zu dominieren. Rezeption basierte damit fraglos auf schweifender und selektiver Aufmerksamkeit. „Zapping“ oder „Switchen“ gab es damals zwar noch nicht als Begriffe, jedoch schon als Rezeptionsform, auf die sich das Autoradio z.B. mit dem Sendersuchlauf technisch auch recht schnell einstellte.

Mittlerweile gibt es auch beim Fernsehen vergleichbare Rezeptionsformen, Situationen und Erlebnisweisen. Im Rund der Familien in der Freizeit eine spezifische Sendung im Rahmen zweier Vollprogramme zu sehen, mutet heute rührend altmodisch an. Wir würden es ganz und gar nicht als desintegrierend kritisieren. Günther Anders' Kritik am „negativen Familientisch“ ist kaum mehr nachzuvollziehen. Heute richtet sich dagegen die aktuelle Kritik auf die postmoderne Unverbindlichkeit der Rezeption in scheinbar beliebigen Situationen, bei der Kinder und Jugendliche die Vorreiter sind. So spricht die neueste BAT-Studie von einer „Konfetti-Generation“, die alles irgendwie aufnimmt und irgendwie in den eigenen Bezugshorizont einbaut. Fernzusehen ist als ein Freizeit- und Alltagselement offensichtlich qualitativ etwas anderes geworden, als es einst in den Fünfzigern war.

Fazit: Damals wie heute und vergleichbar dem Medium Buch verändert sich die Rezeption. Wenn man das differenzierte Gewebe der Mensch-Medienbeziehung ohne kulturelle Vorurteile betrachtet, lassen sich Muster entdecken. Die Frage nach Nutzungsmustern liegt bei der Fülle der Programmangebote auf der Hand: die Rezipienten kommen gar nicht umhin zu gewichten, auszuwählen, zu springen, zu suchen oder dabei zu bleiben. All diese Aktivitäten sind Teile bzw. Strategien eines individuellen Nutzungsmusters.

Wenn es also bei Nutzungsmustern wie dem Zappen beispielsweise um Auswählen, Verbinden und Suchen geht, dann ist fernzusehen auch als Handlungsform zu beschreiben, die eine innere Logik besitzt, eine Logik, die komplexer ist als die, nur auf mediale Reize analog zu reagieren. Wie schon beim Buch verändert sich die Mensch-Medienbeziehung im Rahmen des

---

konzentriert, haben jedoch ihre eigene und Individualität ausstrahlende Körperhaltung. Die Kinder müssen sich nicht der Rezeptionssituation unterwerfen, sie sind integriert, haben Körperkontakt mit Mutter und Großmutter, schauen sich spielerisch an. Vgl. Schön, Erich: Der Verlust der Sinnlichkeit oder Die Verwandlung des Lesers: Mentalitätswandel um 1800. Stuttgart (Klett-Cotta) 1987

kulturellen Kontextes, beispielsweise im 18. Jahrhundert weg vom autoritativen Vorlesen hin zum biedermeierlich privaten Lesezirkel oder zum stummen Alleinlesen beim ruhigen Sitzen, das die allgemeine Schulpflicht verfestigt hat.

1.1 Multimedia, Individualisierung und die Medien als Texte

Es gibt aktuell zwei kulturelle Komponenten, die nicht nur die Rezeptionsmuster verändern, die darüber hinaus die Mensch-Medienbeziehung in ihrer Dynamik spezifisch neu gewichten bzw. neue Gewichtungen abverlangen. Das sind Multimedia und Individualisierung.

Multimedia heißt: Telefon, Computer und Bildschirm wachsen zusammen. Nimmt man ein weniger organisches Bild zur Beschreibung des aktuellen Prozesses, so durchdringen und überlagern sich Telefon, Computer und Bildschirm zu einem integrierten System, bei dem über die Technologie spezifische Aktivitäten zusammenkommen; vom Telefon die Interaktion, vom Bildschirm die lange Tradition der Unterhaltung und vom Computer die Arbeit.

Individualisierung heißt im wesentlichen etwas anderes als die Fragmentierung einer Gesellschaft. Im Kern geht es um die individuell zu verantwortende Lebensgestaltung, bei der die Menschen in eigener Regie[6] (Hengst) und mit eigenem Risiko[7] ihre Lebenswelt aufbauen.

Multimedia im Zusammenspiel mit Individualisierung führt zu einem anderen als dem uns vertrauten Medienbezug. Dabei ist schon der Terminus „Medien“ nicht mehr adäquat. Multimedia, auch die aktuellen Vorformen, bei denen Fernsehsendungen mit Merchandizingprodukten und Sekundärmedien wie Magazinen oder Postern eine Einheit bilden, legen ein Verallgemeinerung in Sachen Medien nahe. Es ist heute sinnvoll, nicht mehr von der „Rezeption von Medien“ zu sprechen, sondern statt dessen von „textbezogenen Aktivitäten“. In der Fortsetzung der Diskussion um die aktiven Rezipienten der Medienkommunikation *stellen die Rezipienten ihre eigenen subjektiven Medienarrangements her, und zwar in individueller Bedeutungskonstitution.*

Dabei spielen Medien zwar keine neue Rollen, werden aber zu einem Funktionsteil in Arrangements aus Medien, Dienstleistungen und Waren. Diese Arrangements sind vorfabriziert. Merchandising ist dazu ein prägnantes Phänomen. Wenn man die innere Logik der Angebote beschreiben möchte, bietet sich an, von intertextuellen Gebilden zu reden. Die Verbindung wird künftig zunehmend über vernetzte Medien laufen: Im Internet virtuell einzukaufen, ist dazu eine brauchbare Denkmöglichkeit.

---

6 Hengst, Heinz: Richtung Gegenwelt? Kinderkultur als gleichaltrigenorientierte Konsumkultur. In: Deutsches Jugendinstitut (Hrsg.): Handbuch der Medienerziehung im Kindergarten. Teil 1: Pädagogische Grundlagen. Opladen (Leske + Budrich) 1994

7 Beck, Ulrich: Risikogesellschaft.; Auf dem Weg in eine andere Moderne.; Frankfurt a. M. (Suhrkamp) 1986

Wie sieht die subjektive Seite der Medienarrangements aus? Dabei spielt das Phänomen der Individualisierung eine wichtige Rolle: Die Menschen basteln individuell sich ihre eigenen Arrangements zusammen. Dies geschieht zum einen über spezielle Nutzungsstrategien; das sind Nutzungsmuster wie Zappen. Wenn man jedoch Kinder sieht, wie sie mit den Klamotten zur Rapmusik mit Rollerblades fahren oder statt dessen auf „Caught in the Act" abfahren, ihr Geld für Plüschtiere ausgeben, die sie bei einem Konzert dann auf die Bühne werfen und das eigene Zimmer mit Dutzenden von Postern zukleben, dann zeichnet sich mehr ab als nur eine spezifische Strategie des Umgangs mit Medien, Dienstleistungen und Situationen

2. Konkret und virtuell zugleich – symbolisch materiale Arrangements und ihre Dimensionen

2.1 Marias Zimmer: Ein unauffälliges Beispiel für symbolisch materiale Arrangements

Maria, 13 Jahre alt, wohnt in einer Siedlung einer kleineren Stadt im Häuschen ihrer Eltern. Sie hat ihr eigenes ca. 8 Quadratmeter großes Zimmer, in dem sie eine Fülle von „Dingen" aufgehängt und abgelegt hat.

An den Wänden hängen folgende Sachen:

- Ca. 45 Poster von Caught in the Act (Gruppenbilder und Einzelbilder), Wandbehang von Caught in the Act, Zeitungsausschnitte von Caught in the Act,
- Bild mit Pferd
- Foto von ihrer Kindergartengruppe
- Wanduhr, Kalender

Auf ihrem Bett, eine Couch mit Überbau liegen: Plüschtiere (Mickey Maus, Feivel), Decke von Caught in the Act, 2 Puppen, 1 Kissen.

Auf dem Überbau der Couch befinden sich: Wecker von Caught in the Act, mit Muscheln besetzte Schmuckkiste (ein Geschenk von der Oma), kleine Sammeltasse, Puppe mit finnischer Tracht, Überraschungseierfiguren.

Schrankwand mit Fernseher, Stereoanlage:

- *Bücher*: Mädchenromane, Walt Disney, Märchenbücher, Ronja Räubertochter, Kinderbibel, Aladin, Bücher von Caught in the Act, mehrere Bücher: Mein Körper – Was ist das?
- *Cds und Tonkassetten*: Gute Zeiten, schlechte Zeiten, Bravo Hits, Caught in the Act, Kassette Ronny's Pop Show
- an den Türen der Schrankwand: Poster von Caught in the Act
- auf der Schrankwand: Barbiepuppe.

Auf dem Fernseher befinden sich:

- 3 Porzellanfiguren: Hund, 2 Bären
- Überraschungseierfiguren: Zwerge, Top Ten Teddys, Die Dapsy Dino Familie, Bingo
- Birds, Happy Bunnys, Elefanten, Nilpferde, Pinguine, Krokodile, 1 Schildkröte.

Schreibtisch mit einem noch nicht fertigen Puzzle mit dem Motiv des Dresdner Hafens und einem Globus

Vitrine mit Parfüm und Hygieneartikeln

Tisch mit künstlichem Blumengesteck (Weihnachtsgeschenk)

Medien, von denen Maria im Interview spricht

In ihrem Zimmer unterhalten sich zwei Studentinnen mit Maria über ihre Medien- und Freizeitvorlieben. Die beiden Studentinnen kennen Maria.[8]

Dabei erwähnt Maria:

- Gute Zeiten – schlechte Zeiten (Serie, RTL, Mo-Fr: 19.40-20.15)
- Beverly Hills 90210 (Serie , RTL, Sa: 16.55-17.55 ; oder RTL2, Mo-Fr: 17.55-18.55)
- TV-Roman (RTL, Mi: 20.15-22.00)
- Boxen (Sport, RTL, unregelmäßig Sa: 20.00-23.00)
- Fußball (Sport, RTL, oder SAT1 : ran, Sa: 18.00-20.15)
- Glücksritter (Spielshow, RTL, gelegentlich Sa: 20.15-22.00)
- Superstrolche (Spielfilm)
- Mila (Serie, RTL 2, Mo-Fr: 14.05-14.30)
- Die tollen Fußballstars (Serie, RTL 2, Mo-Fr : 14.30-14.55)
- Vor dem Interview hat Maria schon erzählt, dass sie Walt Disney- Filme sieht, und zwar nicht die Zeichentrickfilme.
- Marias kleine Schwester sagt den Interviewerinnen, dass Maria „Notruf" (So: 19.10-20.15) sieht.

Caught in the Act – das sichtbare Zentrum

Maria ist seit fünf Jahren Fan von Caught in the Act und hat Folgendes von dieser Gruppe in ihrem Zimmer:

- Ca. 45 Poster aus „Bravo", „Hit" oder „Popcorn"
- Wecker
- Bettwäsche
- Armbanduhr
- 2 CDs
- Pullover
- 2 Videos
- T-Shirt

---

8 Marias Vater hat die Videoaufzeichnung des Gesprächs übernommen. Vermutlich erwähnt sie auch deswegen Box- und Fußballsendungen.

- 1 Wanduhr
- Tuch
- Schal
- Geldbörse

2.2 Das Kinderzimmer als Zeichen – die semiotische Funktion des Kinderzimmers

Marias Zimmer als symbolisch gegenständliches Arrangement ist in einem langwierigen Prozess der Bedeutungskonstitution entstanden. Dieser Prozess der Bedeutungskonstitution läuft sicherlich in den folgenden drei Bereichen:

a) Die aufgelisteten Elemente der Zimmerausstattung und Marias Hinweise auf Medien in ihrem Interview sind sozusagen Marias Vokabular, so etwas wie ihr Lexikon. Dabei dominieren die Plakate von „Caught in the Act".
b) Die räumlichen Bedingungen und die Verteilung im Zimmer plus der Stil des Arrangements sind der Syntax vergleichbar.

Eine Funktion dieses Arrangements erklärt sie explizit: die anderen Familienmitglieder draußen zu halten. Zur Erläuterung ein kurzer Interviewausschnitt:

Interv.:	Ja gut. Aha. Ja Maria, und jetzt Dein Caught in the Act, ne? Da hast Du ja ziemlich viele Poster. Ich würd's, hast Du das, hast Du selber alle dran gemacht, oder?
Maria:	Ja.
Interv.:	Mhm.
Interv.:	Ham die auch ne bestimmte Reihenfolge oder ist das jetzt wahllos?
Maria:	Nö, einfach so.
Interv.:	Einfach so. Aber die großen im Mittelpunkt ne, ja jedenfalls
Maria:	(Lacht) Ja
Interv.:	Hier an der Tür das Große.
Maria:	Ja eins. An die Tür mach ich´s immer. Dann können se nich von draußen durchgucken, wenn jetzt ´nen Poster davor hängt.
Kleine Schwester:	Jaha, die hat das wegen mir gemacht, damit ich nich immer die Filme seh. Da kann ich nämlich der Mutti sagen, ob die Fernseh guckt, obwohl se Hausaufgaben machen muss.

(Maria lacht.)
Kleine Schwester: Da guckt die nämlich manchmal heimlich Fernsehen -
(Maria lacht.)
Kleine Schwester: legt se sich auf'n Fußboden, schreibt se immer die Aufgaben auf und grinst und guckt manchmal da auf den Fernsehen, na wie? Du guckst da auch gern Trickfilme und zwar Mila.

c) Es lassen sich aber auch funktionale Zusammenhänge erkennen, quasi Aussagen, die Maria mit ihrem Zimmerarrangement macht.

- Das ist die thematische Perspektive Marias.
- Die Zeitdimension: Aktuell Relevantes wie Caught in the Act oder Dinge aus früheren Lebensphasen.

– Der soziale Rahmen: Eltern, kleine Schwester, Freunde.

In Marias Zimmer und mit den Medien, von denen sie berichtet, erscheinen vermutlich folgenden Themen:

Männer: Die Boy Groups öffnen das Thema: „jugendliche Männer, Schwärmen, verliebt sein, Erotik, Sex“; der Sport öffnet das Thema: „Vater, erwachsene Männer“

Was passiert nach der Kindheit: mögliche Quellen sind die Serien „Gute Zeiten, Schlechte Zeiten“; „Beverly Hills“, „TV-Roman“

Sport: Sie macht selber Sport und hat mehrere Medienangebote zum Sport: „Mila Superstar“, „Subata“, Boxsendungen. Damit gibt sie sich aktiv, dynamisch bis burschikos und bietet dem Vater Gesprächsmöglichkeiten. Sie kann mit dem Vater Sportsendungen zusammen sehen. Zur Erläuterung zwei kurze Interviewausschnitte

Verhältnis von Fernsehen und Wandergruppe

Interv.: Hattest Du eigentlich schon mal so 'ne Strafe wie Fernsehverbot?
Maria: Ja, ja.
Interv.: War das schlimm? Wissen Deine Eltern, dass Dich das dann grade trifft -
Maria: Ja.
Interv.: Wenn Du nicht mehr Fernsehen gucken darfst?
Maria: Ja, schlimmer wär', wenn 'se, wenn 'se mir verboten hätten, dass ich nicht wandern darf, weil ich wander jeden Monat und –
Interv.: Aha.
Maria: mit den Wanderfalken, das mag ich eigentlich auch sehr gerne.
Interv.: Mhm, also ist fernsehen nicht das wichtigste für Dich?
Maria: Ne.
Interv.: Also Du gehst auch gerne raus und.
Maria: Ja.
Interv.: Und mit wem triffst Du Dich dann immer so, wenn Du raus gehst?
Maria: Mit meinen Kumpels, oder ich spiel halt alleine.

Fußball- und Boxsendungen

Maria: Un ich bin großer „Caught in the Act“-Fan.
Interv.: Aha, und was findest Du an denen so toll?
Maria: Ja, weil se gute Musik machen, un weil se gut aussehen.
Interv.: Und welchen? Den hier? (weist auf das Gesicht eines der Stars von Caught in the Act auf einem Poster an der Schranktür)
Maria: Benjamin.
Interv.: Benjamin, der is toll ne?
Maria: Ja.
Interv.: Ja, und so die Filme, was magst Du noch so an Filmen; vielleicht irgendwie was besonderes?
Maria: Ja mittwochs guck ich manchmal T ähm also TV-Roman.
Interv.: Mhm.

Maria: von RTL, un manchmal Boxen.

Interv.: Mhm.

Maria: Jo un, un Fußball manchmal.

Interv.: Fußball ? Alleine?

Maria: Jo.

Interv.: Bist Du Fußballfan?

Maria: Jo.

Interv.: Hast Du'n Fußballiebling, irgendwie oder so, oder ne bestimmte Mannschaft?

Maria: Ne.

I2: Einfach nur so ne?

Frauen: Der „TV-Roman" bietet alte und neue Frauenbilder und die Wandlung der Frauenbilder. „Caught in The Act" liefert eine Verständigungsbasis mit der Mutter, insbesondere der Musikstil, mit dem die Mutter aus der eigenen Jugend vertraut ist, nicht jedoch mit den großen Konzertereignissen.

Interv.: Und bekommst Du von Deinen Eltern für die Sachen die Du dir gerne kaufen möchtest, die du dann sammelst, Taschengeld oder?

Maria: Ja.

Interv.: Und reicht das?

Maria: Ja. (lacht kurz)

Interv.: Also, Du kaufst sie Dir größtenteils selber ja?

Maria: Ne, Mutti.

Interv.: Mutti kauft dir das. Mhm. Und, ähm, ja.

Interv.: Findet die, die Gruppen auch toll?

Maria: Nah, es geht. (Sie atmet hörbar aus.) Manche Lieder findet sie davon auch schön, und manche nicht.

Interv.: Aha. Mhm.

Interv.: Deine Mutter war ja früher auch Fan, ne?

Maria: Mhm.

Interv.: Das hattest Du uns vorhin auch schon gesagt.

Maria: Ja.

Interv.: Naja, vielleicht kann s'es doch 'n bisschen verstehen, Mhm

Konzerte mit „Caught in the Act"

Interv.: Und auf so'm Festival, oder so? Warst Du da, hast schon mal live jemanden gesehen?

Maria: Würd ich gern, mal zum Caught in the Act Konzert. Einmal wär ich ja hingefahrn, nur da ham wer keine Karten gekriegt. Aber Mutti gefällt das nich da so, weil das, da kriecht 'se Platzangst.

Interv.: Mhm. Wo war denn das Konzert?

Maria : in E (...).

Interv.: Mhm.

Maria: Und jetzt ist ja am 8.6. is wieder eins in E (...), aber (/) Mutti will halt nich.

Interv.: Wo sind, wo sind denn noch Konzerte? Hast Du Dich da mal –? Weißt du wo da die Konzerte sind?

Maria: Ja.

I2: In der Bravo informierst Du Dich da, ne?

Maria: Ja in der Zeitung steht des.

Interv.: Mhm, (/) ja gut. Aber vielleicht kommst du noch mal irgendwann

Maria: Mhm.
Interv.: hin, ne? Is ja nich ausgeschlossen, ne?
Maria: Ja, also 's is eigentlich mein Wunsch, dass ich mal da hin darf.

2.3 Die Dimensionen der Bedeutungskonstitution

Bedeutungskonstitution verweist auf die zentrale soziale Aktivität in einer von Medien und Konsum dominierten Kultur. So setzen individualisierte soziale und kulturelle Aktivitäten voraus, dass die Menschen Medien und anderen Symbolquellen individuell ihre eigenen Bedeutungen verleihen. Die Prozesse der sinnvollen Gestaltung der Alltagswelt durch die Rezipienten basieren also auf der individuellen Auswahl und Deutung aller bzw. der jeweils verfügbaren oder gesuchten Medien. Natürlich stellten sich die Menschen der Industriegesellschaft auch schon in den Zeiten vor dem Fernsehen ihre Lebenswelt als eigenen Alltag und als eigene Interpretationswelt vielfältig her. Das Vordringen von Medien in immer mehr Lebensbereiche und die Verknüpfung von Medien per Werbung mit Waren und Dienstleistungen macht jedoch z.B. Fernsehbilder in all ihren Varianten, vom Film bis zu MTV, zum allseits verwendbaren symbolischen Baumaterial der Alltagswelt. Dieses symbolische Material eignen sich die Menschen individuell an, und zwar

a) in der Perspektive des eigenen Lebenslauf und der subjektive Themen,
b) bezogen auf die verhandene oder gesuchte soziale Umgebung,
c) wobei die aufeinander bezogenen Medien den Relevanzrahmen abgeben
d) und mit dem, was im jeweiligen Text angelegt ist.

Diese (a) sinnvoll perspektivische, (b) konkret soziale und (c) intertextuelle Bedeutungskonstitution ist nur ein Funktionszusammenhang im eigenen Alltagsgeschehen, der in der „reflexiven Risikogesellschaft" (Beck 1986) letztlich bedeutet, die eigene Lebenswelt aufzubauen und zu erhalten.

3. Die Welt als Text: von der Medienkommunikation zur Bedeutungskonstitution

An dieser Stelle empfiehlt es sich, nicht sofort zu analysieren, sondern innezuhalten und zu fragen, mit welchem theoretischen Ansatz denn die Mediennutzung von Kindern heute angemessen zu beschreiben ist. Sicher ließe sich Maria oder Jonas (der Junge des folgenden Fallbeispiels) als Kinder zeichnen, die, typisch für die heutige Konsumkindheit, mit einer Überfülle an Medien lebt. Man könnte auch von Kulturverfall und, mit Neil Postmann[9], vom

9 Postman, Neil:Das Verschwinden der Kindheit. Frankfurt a. M. (S. Fischer) 1983 Postman, Neil: Wir amüsieren uns zu Tode. Urteilsbildung im Zeitalter der Unterhaltungsindustrie. Frankfurt a.M. (S. Fischer) 1993. 1. deutsche Ausgabe: Frankfurt a.M. (S. Fischer) 1985.

Ende der Kindheit und dem totalen Amüsement reden. Mit solch einer Herangehensweise wäre aber auch schon die pädagogische Linie vorgezeichnet, nämlich die Konsumkinder verstärkt an die von uns, also der Generation der Eltern und Lehrer, definierte Bildung heranzuführen. Für die medienpädagogische Fachdiskussion ist klar, dass diese Argumente in Richtung Kulturverfall mehr über unsere Ängste und Befürchtungen, denn über die Dynamik der kulturellen Entwicklung aussagen. Sicherlich hilft deshalb ein adäquates Modell, das der Medienkommunikation, diese generationstypische Blindheit gegenüber Kindern und Jugendliche zu überwinden, indem die medienbezogene Kommunikation bedacht wird. Aber ist auch dieses Modell der Medienkommunikation dem Phänomen „Multimedia“ noch vollständig angemessen? Das Modell der Medienkommunikation geht letztlich davon aus, dass die Kinder in ihrer Welt sinnvoll handeln. Kinder eignen sich das symbolische Material unserer Kultur, also auch die Bilder und Geschichten des Fernsehens, an und verwenden es, um sich und anderen damit etwas mitzuteilen bzw. um sich die Welt deutend zu erschließen.[10]

Was geschieht nun mit der symbolischen Aktivität der Medienkommunikation, wenn „die“ Medien, das heißt, wenn komplexe Medienarrangements die dominierenden kulturellen Gebilde unserer Welt werden. Dann empfiehlt es sich, darüber nachzudenken, ob nicht „Bedeutungskonstitution“ zur vorrangigen symbolischen Aktivität wird: In Prozessen der Bedeutungskonstitution schaffen sich Kinder wie Maria oder Jonas ihre Lebenswelt aus den multimedial verfügbaren Medienangeboten. Sie arrangieren sich ihre jeweiligen Kinderzimmer aus diversen medialen Angeboten in ihrer individuellen Sinn- und Erlebnisperspektive. Somit lässt sich solch ein Zimmer auch als ein Text beschreiben, den die Kinder aus den vorfindlichen Medien, sozusagen als symbolische Elemente, erstellten.

Mit dieser Argumentation klinkt man sich in eine lange Deutungslinie ein, die die Welt als lesbares Buch ansieht, so Hans Blumenbergs These.[11] Der Kulturphilosoph Blumenberg geht der Frage nach, ob und wie die Menschen ihre Welt interpretiert haben, bzw. welchem Interpretationsmodell sie dabei gefolgt sind.

Mit dem Wunsch der Menschen, sich die Welt als etwas zu erschließen, das sich über die bloße Wahrnehmung hinaus als „ein ganzes von Natur, Leben und Geschichte als sinnspendend“ (Blumenberg 1993, S. 10) erweist, entstand die Vorstellung und Metapher von einer Welt, die sich lesen lässt wie ein Brief oder ein Buch. Je nach Text und seiner Kodifizierung entsteht nun eine spezielle Art der Weltdeutung und des Weltbezugs. In der Form einer Erfahrungs- oder Mentalitätsgeschichte lässt sich dann beschreiben, wie sich den Menschen die Wirklichkeit darbietet (S. 15), wie sie diese Beziehung verstehen und einordnen.

---

10 Bachmair, Ben: Fernsehkultur. Subjektivität in einer Welt bewegter Bilder. Opladen (Westdeutscher Verlag) 1996

11 Blumenberg, Hans: Die Lesbarkeit der Welt. Frankfurt a. M. (Suhrkamp) 1993, 3. Auflage. (1. Auflage Frankfurt, Suhrkamp, 1981)

So spricht z.B. Jesaja in der Bibel von einem „Himmelsbuch“, um apokalyptische Aussagen über die „Empörung Gottes über die Heiden“ zu machen (S. 24, S. 314). Der Prophet beschreibt den blutigen Kampf am Jüngsten Tage, aus dem sich die Heerscharen des Himmels zurückziehen, als Zusammenrollen des Himmels gleich einem Buch. Zwischen dem Himmel, dem Reich Gottes, und der Erde, dem Ort der Menschen, erstreckt sich eine symbolische Folie, eine Buchrolle, das Himmelszelt, das die Seite mit den Gestirnen der Erde zuwendet. Wird diese Gestirnseite, der Himmel, aufgerollt und den Menschen entzogen, gehen die astralen Vorzeichen und damit die Wirkungsmacht der Sterne bzw. die das Leben strukturierenden Gesetze verloren; von der Erdseite aus gibt es auf dem eingerollten Buch nichts mehr zu lesen. In der Apokalypse des Johannes wird dagegen ein Buch aufgeschlagen und die Ereignisse setzen sich entsprechend den aufgeschriebenen Voraussagen in Gang (Blumenberg, S. 24f.). Das Buch kann auch zum Weltplan werden, den Gott dem Adam zeigt. In diesem Weltplan-Buch ist die Entwicklung nach Generationen aufgeschrieben, eine Abfolge, die die Menschen zur Gewinnung des Heils einzuhalten haben (Blumenberg S. 27).

Diese Deutungsvorschläge muteten sicherlich eher archaisch an. Aber schon die „kybernetische Interpretationsweise“ der heutigen Genetik, nämlich Erbinformationen zu entschlüsseln, erscheint uns angemessen. So sind wir damit vertraut, dass die DNS „gelesen“ wird.

Da sich die Denkfiguren zur Deutung der Beziehung von Mensch und Wirklichkeit mit Hilfe von Text und Lesbarkeit durch die gesamte Mentalitäts- oder Deutungsgeschichte zieht, liegt es nahe, gerade für die augenblickliche Situation diese uralte Deutungskette explizit wieder aufzugreifen. Weil wir uns – medienbedingt – in einer kulturellen Übergangssituation befinden, ist Deutungskontinuität auch hilfreich. Will man die kreativen Gestaltungsleistungen der „postmodernen“ Kinder und Jugendlichen entdecken, hilft es wenig, Text nur im Gutenbergschen Sinne, also als Schrift und gedrucktes Buch zu verstehen. Auf dem aktuellen Weg zu einer industriellen Bilder- und Informationskultur gilt es vielmehr, neue Varianten von Texten zu entdecken. Wichtig ist dabei der Gedanke, dass die neuen Texte nicht nur das sind, was auf Bildschirmen oder Plakaten erscheint. Mindestens ebenso bedeutsam sind die Texte, die sich die Menschen aus der unübersehbaren Fülle des Medienangebotes herausholen und in ihre Lebenswelt einfügen.

Dabei greift die Vorstellung, mediale Texte in die Lebenswelt zu integrieren, noch zu kurz. Die Lebenswelt von Kindern bekommt den Charakter von Texten, die sich die Kinder und Jugendlichen selber arrangieren. Das ist eine Aktivität, die über das hinausgreift, was z.B. John Fiske mit „Reading the Beach“ beschreibt[12]. Da eine Strandsituation Ergebnis eines kulturellen Gestaltungsprozesses ist, dem Deutungsmuster, z.B. der Gegensatz von Natur und Kultur zugrunde liegen, lassen sich diese Muster auch wieder symbolisch identifizieren, sozusagen als Text lesen. Die Interpretation einer gestalteten

---

12 Fiske, John: Reading the Popular. London 1992 (Routledge), S. 43ff.

räumlichen Situation entspricht also der Interpretation eines Textes. Kinderzimmern liegen jedoch nicht nur, wie bei einem Strand, Gestaltungskonzepte zugrunde. Kinder wie Maria oder Jonas statten ihre Räume mit symbolischem Material aus, das als Arrangement auch die für Maria oder Jonas relevanten Medienerlebnisse enthält.

Dieses Argument, Kinder und Jugendliche integrieren mediale Angebote nicht nur in ihre Lebenswelt, sondern konstruieren ihre Lebenswelt im Sinne eines Textes, soll nun auch anhand von Jonas Kinderzimmer plausibel werden.

4. Beispiel: Jonas' Kinderzimmer

Jonas ist 9 Jahre alt und lebt im Einfamilienhaus in einer Großstadt. Er macht einen freundlichen, aufgeschlossenen Eindruck.

Überblick über Jonas' Medien-, Konsum und Ereignisarrangement

Sport:
Fußball (Bayernfan), Tischtennis, Tennis, Basketball, Schwimmen, Fahrrad, Rollerskates, Ausruhen, Schlafen, Rausgehen, mit Freund spielen

Musik:
Michael Jackson, Scooter

Spielzeug und Hobbys:
Autos, Lego (baut Flugzeuge u. Düsenjets), Poster (Mickey Mouse, Limit, Bravo Sport, Heros 96, Sportler, Untertaker (doof), Boxer, Silvester Stallone, Arnold Schwarzenegger, Power Rangers), Eisenbahn, Mc Donalds-Figuren, Donalds, Überraschungsei-Figuren, Alarmanlage aus Büchern, Kaufmannskasse, Kuscheltiere, Baukasten, Dinosaurier, Computerspiele

Lieblingsfilme:
Toy Story (Kino), Free Willy, Krimis (nur bei Oma), Captain Planet, Power Rangers

Gespräch mit Jonas in seinem Zimmer

Jonas wird von zwei Studentinnen zu seinen Freizeit- und Medienvorlieben interviewt. Er beginnt mit Sport und Aktivitäten draußen (Fußball, Tischtennis, „manchmal auch“ Tennis, Basketball, Rollerskates, Fahrrad, Schwimmen) und betont dann, dass er in seiner Freizeit auch gern schläft. Er spielt aber auch gern mit Autos und Lego, sammelt Zeitschriften und hängt sich deren Poster an die Wand. „Musikfan“ ist er von Michael Jackson, von dem er nur ein paar Lieder gut findet (zwei nennt er), und von Scooter, eine Techno-

Gruppe, die er u.a. mag, weil sie nur aus drei Leuten besteht. Mit seiner Eisenbahn spielt er gern, und zwar Unfall. Er betont noch einmal, dass ihm Legofiguren wichtig sind. Er sammelt Figuren von McDonald („spiele mit den normalen Figuren von McDonald") und aus Überraschungseiern. Mit einem kleinen Drachen spielt er Baby. Zwei Filme nennt er und erzählt auch den Plot sowie Details von ihnen: Toy Story und Free Willy. Von Toy Story hat er im Fernsehen bei seiner Oma eine Sendung gesehen, wie der Film produziert wurde. Er schildert Details. Bei der Oma spielt er auch mit seinen Freunden, fährt mit seinen Rollerskates, schaut sich dort aber auch Krimis an, Erwachsenenkrimis, amerikanische, wie er betont. Er kommt dann wieder auf die „Donalds"-Sammelfiguren zurück. Dann erklärt er der Interviewerin die Poster, die an seiner Wand hängen und die er aus seinen Zeitschriften hat. Von den „Heroes 96" findet er die Wrestler, u.a. den Undertaker „am doofsten". Er nennt u.a. auch Hulk Hogan beim Namen. Er geht dann zu einem Plakat der Power Ranger über. Mit Engagement und Sachkenntnis schildert er Plot und Details der Serie. Danach spricht er kurz von „Captain Planet", um erneut zu betonen, dass ihm am besten die Power Ranger gefallen. Er kommt dann noch einmal zum Poster mit den „Heroes 96" zurück und verweist dort auf Sylvester Stallone, dessen Film er jedoch noch nicht sehen durfte. („Die sind erst ab zwölf.") Er kennt jedoch den Terminator-Film, rückt sogleich zurecht, dass hier Schwarzenegger mitspielt. Von seinen Eltern hat er mitbekommen, dass in einem Film von Sylvester Stallone „gar keiner gestorben ist". Danach spricht er über die Fußballer auf seinem Plakat. Insbesondere das Plakat „Heroes 96" scheint sozusagen als Lexikon für Filme, Filmfiguren und Filmerlebnisse zu fungieren, die er jeweils gewichtet in „doof" und „gut" (was vermutlich wichtig und unwichtig bedeutet)· Die Figuren beider Plakate, Fußballer, Boxer, Power Rangers, Action-Schauspieler, Wrestling-Stars lassen sich zu einem Männerbild vom starken Helden und Kämpfer kompilieren.

Interviewausschnitt zum Poster „Heroes 96" und zu den Power Rangers

Interv.: Und was sind das da für Typen auf'm Poster?
Jonas: Da auf dem Poster das sind Heros 96.
Interv.: Was ist das?
Jonas: Also das sind das sind, zB. hier alles Helden und die zwei finde ich am döfsten, das sind Undertaker.
Interv.: Und was ist das?
Jonas: Ach, die kämpfen so miteinander. Also die schmeißen sich auf den Boden, bis einer k.o. ist. Dann springen die da auf den Bauch und so.
Interv.: Aha. Und das findste doof.
Jonas: Ja. Das mag ich nicht so gern. Und von dem hier hab ich schon mal – von Hulk Hogan hab ich schon mal nen Film gesehen. Der war auch nen bisschen brutal, aber nur n bisschen. Den hab ich auch bei der Oma geguckt. Ja. Und dann find ich alle gut.
Interv.: Bei der Oma guckst du mehr fern als zu Hause, nicht?
Jonas: Naja.

Interv.: Und wer ist das da? Power Rangers.

Jonas: Ja. Da wollt ich eigentlich in den Kinofilm gehn, aber dann hat, das war ausverkauft und dann hab ich von meinen Eltern 'nen Poster gekriegt. Und das hab ich in der Limit gekauft. Das ist auch 'nen Power Ranger.

Interv.: Und was machen die?

Jonas: Ach, die kämpfen halt für's Gute, kämpfen halt gegen so Monster.

Interv.: Aha.

Jonas: Und das sind so einäugige Maulwürfe und so.

Interv.: Die seh'n aber komisch aus. Wo wohnen die denn?

Jonas: Ach, die wohnen irgendwo oben, also auf 'nem Riesenberg. Aber wir sind nur (räuspert sich), da sind die nur mit Masken überzogen. Also das ist nur der Anzug. Normal seh'n se viel besser aus. Ja. Und der ist halt neu dazugekommen. Weil die halt noch Hilfe brauchten, da hat der, ja ich weiß ich nicht mehr, wie der heißt, der Chef von denen, hat dann halt den geholt in das Revier und hat den halt 'n Anzug gegeben und Waffen.

Interv.: Hast Du das im Fernsehen gesehen?

Jonas: Ja, das sehe ich oft im Fernsehen. Also das kommt jetzt nicht mehr. Aber früher habe ich das oft im Fernsehen gesehen.

Interv.: Erzähl mal noch mehr davon.

Jonas: Äh, äh, was kann man denn, also dann sind halt noch so zwei Doofe, die stellen sich immer auf doof und dann war'n se einmal bei den Bösen, dann ham se für die gekämpft und dann sind se aber wieder, dann sind se wieder doof geworden und dann sind se wieder gegangen. Ja. Und mehr weiß ich eigentlich nicht davon. Öhm.

Interv.: Das gefällt Dir aber gut.

Jonas: Ja. Ich guck noch andere Serien, also so Captain Planet und.

Interv.: Und welche Serie gefällt Dir am besten?

Jonas: Öh. (/) Ähm. Mal überlegen. (/) Power Rangers (/) find ich eigentlich am besten. Ja. Weil die andern das sind halt immer nur so Serien mit gemalt, also sind alle nur gemalt. Das ist halt in echt. Das sind echte Sachen, echte Figuren.

Interv.: Mit richtigen Schauspielern?

Jonas: Ja. (/) Öh, ja mehr kann ich über die Power Rangers nicht erzählen, eigentlich, weil ich nicht mehr dadrüber weiß.

Interv.: Magst Du auch Boxen, weil da oben ein Boxposter hängt?

Jonas: Hm. Ja. Hmhm. Ich finde den bloß ein bisschen gut, aber ich mag noch, den Henry Maske mag ich mehr. Ich hab noch 'n anderes Poster von dem hier, aber das liegt da unten.

Interv.: Und auf diesem Heldenbild. Das sind aber nicht alles nur Sportler, 'ne?

Jonas: Nee. Also die drei sind Sportler und die drei auch und die nicht, die drehn Filme, so Actionfilme.

Interv.: Kennst Du da 'n Film von denen wo die da mitspielen.

Jonas: Ähm, nee. Also ich hab schon mal 'n bisschen einen gesehen. Von Arnold Schwarzenegger, aber den durfte ich nur kurz mitsehen. Und sonst habe ich nur den hier, den kenne ich auch neu, aber den Sylvester Stallone, den kenn ich schon länger.

Interv.: Und was kennst Du wo der Sylvester Stallone mitgespielt hat ?

Jonas: Ähm, ich kenn nur einen Terminator-Film und ich hab von dem auch noch ähm, ich weiß nicht, ähm wann der Geburtstag hat, hab ich auch noch so'n Poster, wo der drauf ist hab ich auch noch und ja, und dann hab ich noch so'n kleines Bild von ihm. Also auch noch von anderen. Von den Power Rangers auch noch. Und von so'nem Catcher auch noch und.

Interv.: Also der Sylvester Stallone der gefällt Dir schon gut?

Jonas: Ja. Von dem hab ich auch noch 'n Bild. Und von den Fußballern auch noch. Ja. (/)
Interv.: Und warum gefällt Dir der Sylvester Stallone?
Jonas: Ja, weil also das kann man nicht richtig beschreiben, weil ähm eigentlich dreht der gute Filme. Also bessere als ähm Arnold Schwarzenegger, weil der macht immer so, da ist gleich einer tot am Anfang und bei dem da dauerts halt noch 'n bisschen. Ich hab auch mal ich hab von meinen Eltern mal mitgekriegt, dass der 'n Film gedreht hat, da ähm, da ist überhaupt keiner gestorben. Das war so'n ruhiger Film.
Interv.: Aber gesehen hast Du noch keinen Film von dem, oder hast Du einen gesehen?
Jonas: Hmhm (verneinend). Sind alle erst ab 12 oder so. Ja.

Die Interviewerin kommt dann noch einmal auf die Filme „Toy Story“ („da ist alles aus dem Computer“) und „Free Willy“ zurück. Im Anschluss an Details zum Film „Toy Story“ erzählt er von einer „Alarmanlage“, die er sich mit Büchern und einer Glocke aus seinem Kaufmannsladen gebaut hat.

Nachdem er im Bereich der Filmfiktionalität von „Toy Story“ ist, erzählt er von der Alarmanlage. Vermutlich ist die Angelegenheit mit der Alarmanlage im Realitäts-Fiktionalität-Zusammenhang des Films „Toy Story“ akzeptabel. „Toy Story“ bringt eine Fülle bekannter Fernseh- und Filmelemente, auch die der Werbung, die in der Spielwelt eines Kinderzimmers und in Anlehnung an ein Erzählmuster von Hans Christian Andersens Geschichte vom standhaften Zinnsoldaten bzw. an E.T.A. Hoffmanns Erzählungen frei arrangierbar werden. Die Computeranimation unterstützt die eigenartige Beziehung von Realität und Fiktion in der Darstellungsweise. Möglicherweise ist die Alarmanlage in der Realität des Kinderzimmers vergleichbar fiktional. Hinzu kommt ein wichtiges Muster von „Toy Story“, die Protagonisten, also die animierten Spielzeugfiguren, machen sich ständig gegenseitig an. Aggressiv besetzte Bilder sind in diesem Kontext entsprechend akzeptabel. Es gibt also einen möglichen inneren Zusammenhang von „Alarmanlage“ und „Toy Story“. Nachdem sich der Junge wieder in den Film erinnert hat, ist es naheliegend, sich auch wieder an so etwas wie die Alarmanlage als etwas Akzeptables und Alltägliches zu erinnern.

Weiterhin berichtet er von seinem SuperNintendo und den Spielen, die er dazu hat. Er erzählt, dass er mit größeren Jungen wetteifert, wer die meisten Spiele hat. Er leiht sich von denen aber auch Spiele aus.

Dann setzt er sich auf seine Bettcouch und holt ein Kuscheltier nach dem anderen, die auf seinem Bett herumliegen. Er hat, wie er sagt, zwanzig Stück, die er, bis auf einen Löwen, alle mit ihren von ihm verliehenen Namen benennt. Abschließend zeigt er einen Tyrannosaurus Rex, den er mit seinem Vater zu basteln begonnen hat. Dazu besitzt er einen Baukasten. Er hat aber auch ein Quartett mit Dinosauriern. Nur den Film durfte er noch nicht sehen.

Fazit: Was der Medienmarkt für Kinder wie ihn anzubieten hat, arrangiert er sich also zu seinem eigenen Zimmer. Das Zimmer ist seine Aneignungsform und seine Organisationsform, sowohl für Gegenstände wie für Erlebnisse. Er weist ihnen seinen Platz zu und kann dann, wie mit einem Text, die Elemente seines Medienarrangements sich und anderen präsentieren. In Bezug auf Fernseherlebnisse sind die Sekundärmedien der Poster schon in der textuellen Form, in der sie lexikalisch abrufbar und bewertbar sind. Deutlich sind hier die Poster mit den Power Rangers und Heroes 96.

Bei den Postern mischen sich zudem Medienerfahrungen und der Wunsch, Filme mit den führenden männlichen Action-Figuren (Stallone, Schwarzenegger) zu sehen, die er altersbedingt noch nicht sehen darf, die in seiner Altersgruppe jedoch „in" sind. Die amerikanischen Erwachsenenkrimis, von denen er behauptet, er dürfte sie bei seiner Oma sehen, weisen auf ein vergleichbares alterstypisches Thema. Dazu gehört vermutlich auch ein Teil seiner Sportaktivitäten, sicher auch die Fußballer, die bei den „Heroes" ganz oben stehen. Die gegensätzliche Ausprägung dieses Thema hat er sich mit den Kuscheltieren, die er liebevoll benennt, handhabbar auf sein Bett gesetzt.

Im Zimmer sind noch ohne thematisch erkennbare Einbindung, sozusagen als lexikalische Elemente, die diversen Sammelobjekte, z.B. die „Donalds"[13], und eine Fülle von Lego-Elementen. Wie er sie thematisch nutzt, lässt sich erahnen, wenn er sich eine Alarmanlage baut, um in seinem Zimmer ungestört zu sein. Ob sich hier Vorsicht oder Abgrenzung verbirgt, lässt sich im Interview allein noch nicht erkennen. Wenn er von einer seiner Spielkonstruktionen berichtet, dann scheint er um das folgende Themenfeld zu kreisen: Gefährdung/klein und hilflos wie ein Baby/älter und selbständig werden/gefangen werden und Sterben.

Jonas: Ja und ich hab auch 'ne Eisenbahn und mit der spiel ich auch oft. Und dann spiel ich immer, dass die irgend 'n Unfall macht, das sie dann ins Meer fällt, hm, und dann spiel ich auch noch mit meinen Lego-Figuren und meinen normalen Figuren von Mc Donalds und von Überraschungsei, ähm. (Zeigt seine Figuren und zählt sie auf.) Und dann spiel ich noch gerne mit dem Drachen hier. Den hier und den hier (zeigt Dinos aus Überraschungseiern) und das kleine Baby.

Interv: Und was spielst Du dann mit den Figuren?

Jonas: Ach, dass da halt ein Baby geboren wird und dass das dann halt irgendwann älter wird und das dann auszieht, also dass das dann danach, wenn es auszieht, gefangen wird und stirbt.

Bei „Free Willy" taucht dieses Thema mit einer neuen Nuancierung auf. „Free Willy" war lange Gesprächsthema des Jungen. Er hat vor längerer Zeit den Film zusammen mit einem Freund im Kino gesehen. Der Film „Free Willy" bietet ihm nun Elemente des Bösen. So sperren die verschlagenen Bösen den Wal Willy ein und beuten ihn für ihre Zwecke aus:

Jonas: Also das is so'n Wal und der heißt Free Willy. Und da passiert halt viel. Also der wurde verfolgt. Und da ham auch Böse, also da war'n Böse dabei, die haben, na, ähm, so Schrauben locker gemacht aus dem Becken, wo er drinne war, also auch beim Schwimmbad das war so'n Riesenbecken, ähm ähm. Da ham die Schrauben locker gemacht und da is das Wasser raus gegangen. Und da wurd er halt wegtransportiert und ins Meer. Und dann kam halt die Bösen und die wollten den

---

13 Jonas erklärt in einem späteren Gespräch, daß „Donalds" die Figuren sind, die zu Donald Duck gehören.

> dann wieder holen. Und dann hat aber der, also, der richtige Freund von Free Willy hat dann die vertrieben. Und dann ham 'se den Free Willy wieder ins Wasser gelassen zu seinen Eltern.

Die Emotionen dieser Geschichte hält sich der Junge vom Leibe, was der altersspezifischen Thematik entspricht, die er mit den „Heroes 96“ benannt hat; etwas, das er ebenso mit den amerikanischen Erwachsenenkrimis bei der Oma oder mit der Konkurrenz um die SuperNintendo-Spiele realisiert.

Er erzählt deshalb von einem Mädchen oder einer Frau, die im Kino hinter ihm geheult hat: „Ja, hinter mir saß eine, die hat dauernd geheult. Das war so doof. Auch bei untraurigen Sachen hat die immer geheult, obwohl das gar nicht traurig war. Das war eher gesagt lustig. Da hat die geheult. Das war so doof.“

Free Willy plus Eisenbahnunfall mit kleinem Baby plus Alarmanlage verweisen, gegenläufig zu seiner Ablehnung der „heulenden“ Kinobesucherin, doch eher auf eine Ausprägung seines Themas mit Tränen hin.

Im Arrangement seines Zimmers sind die altersspezifischen Themen sichtbar, seine persönlichen Themen differenzieren dieses Arrangement in der Form von Spielkonstruktionen aus, in die persönlich relevante Filmerlebnisse eingehen.

Renate Luca

Medien und Emotionen. Eine vernachlässigte Dimension in der Medienpädagogik

1. Vorbemerkung

In der Sozialisationsforschung erscheint das Kind überwiegend als „homo intellectus“ (Mertens 1980 S. 669). Mertens (ebd.) spricht von einem „akademisch verwissenschaftlichten Kind und Heranwachsenden“ der bisherigen Sozialisationsforschung. Bezogen auf die Mediensozialisation greift eine solche Sichtweise zu kurz. Saxer (1988) betont dies in dem Sammelband der Zeitschrift „Publizistik“ zum Thema „Sozialisation und Massenmedien“, in dem er als eine der sechs wesentlichen Dimensionen der Sozialisation zur und durch Medienkommunikation formuliert: „Emotionale Sozialisation durch Massenmedien erweist sich als nachhaltiger als kognitive“ (Saxer 1988, S. 214). Saxer führt nicht weiter aus, was er unter emotionaler Sozialisation verstehen will. Er kontrastiert sie lediglich mit der kognitiven. Damit wird das Augenmerk auf das emotionale Erleben der Mediennutzung gelegt, das nur in Teilen für die Rezipienten ein bewusster Vorgang ist, ganz im Sinne Adornos, wonach das Material der Medien aufs Unbewusste spekuliere.

Auf der Seite der medialen Produkte wird neuerdings von „Affektfernsehen“ (vgl. Bente/Fromm 1997) gesprochen. Damit sind Beziehungsshows, Spielshows, Suchsendungen und sogenannte „Affekt-Talks“ gemeint. Bei diesem neuen Genre, in dem exzessiv intime und tabuisierte Themen zur Sprache kommen, lässt sich offensichtlich die affektive Dimension des Fernsehens nicht mehr übersehen, so dass es seine Bezeichnung daraus bezieht. Gleichzeitig erscheint mir die Bezeichnung irreführend. Sie verleitet zu der Annahme bei allen anderen Sendungen ginge es um etwas anderes, nicht um Affekte, Intimes und Tabuisiertes. Ohne darauf hier weiter eingehen zu können, halte ich das für einen Trugschluss. Schon die Genrebezeichnungen anderer Sendungen sprechen für sich: z.B. „Action“, „Liebe“, „Erotik“.

In der medienpädagogischen Diskussion taucht die emotionale Dimension eher indirekt auf. In der handlungsorientierten Medienpädagogik ist die Rede von Situations-, Bedürfnis-, Erfahrungs- und Entwicklungsorientierung als handlungsleitende Prinzipien. Der Orientierungsrahmen zur „Medienerziehung in der Schule“ (1995) spricht unter der Zielsetzung „eine Haltung kritischer Aufmerksamkeit gegenüber der Beeinflussung von Wahrnehmen,

Denken und Handeln zu entwickeln“ (S. 24) vom „Aufarbeiten von Medienerlebnissen“ (ebd.). Ich sehe in dem Begriff „Medienerlebnis“ explizit die Betonung der emotionalen Dimension der Rezeption und werde im folgenden diese in theoretischer Perspektive beleuchten und daran pädagogische Überlegungen zum „Aufarbeiten von Medienerlebnissen“ anschließen.

2. Theoretische Einordnung

Fragen des emotionalen Erlebens von Medien finden sich in der empirischen Massenkommunikationsforschung eher selten. Sicher hängt dies Defizit mit der weit verbreiteten experimentellen Orientierung zusammen, die bemüht ist, menschliches Verhalten so zu kategorisieren, dass es messbar, vergleichbar und überprüfbar ist. Emotionen hingegen erfüllen diese Kriterien in der Regel nicht, sie gelten als irrational, höchst subjektiv und als intim. Schließlich trägt auch die in unserer Gesellschaft vorherrschende Polarisierung von Denken und Fülen zu diesem Defizit bei. Diese Polarisierung hat in der abendländischen Tradition dazu geführt, dass das Gefühl seinen Ort im Untermenschlich-Tierischen bekam, das im Körperlichen lokalisiert ist. Das Denken hingegen wird davon als etwas grundsätzlich anderes abgehoben. Das Denken steht für das Geistige, das Schöne und Gute und ist auf die Vernunft hin orientiert (vgl. Scarbath 1992, S. 85ff.). Diese Polarisierung wurde noch dadurch erhärtet, dass das Gefühl dem Denken untergeordnet wurde. In der Alltagssprache in den Termini „mitfühlendes Denken“ und „Reflexion von Gefühlen“ kommt eher die Tendenz zum Ausdruck, Denken und Fühlen als zusammengehörend zu verstehen. Ja, heute hat die Förderung „emotionaler Intelligenz“ bis in Managerkreisen ein großes Ansehen erreicht (vgl. z.B. Goleman 1995).

2.1 Psychologische Perspektive

Im Handbuchartikel „Sozialisation der Emotionen“ wird nach „sozialwissenschaftlicher“ und „psychoanalytischer Perspektive“ unterschieden, wobei allerdings eine „Zusammenschau“ beider Ansätze für wichtig erachtet wird (vgl. Ulich/Kapfhammer 1991, S. 571). Ulich, der die sozialwissenschaftliche Perspektive vertritt, unterscheidet neben dem „evolutionsbiologischen“ in „kognitiv-handlungstheoretische“ und „personenzentrierte“ Emotionsansätze. In dem erst genannten Ansatz werden Emotionen stets mit Bewertungen, mit der Erreichung bestimmter Handlungsziele, in Verbindung gebracht. Es interessiert, welche Rolle Emotionen bei der Handlungsregulation spielen. Das personenzentrierte Konzept fragt hingegen nicht nach Zweckrationalität, sondern geht zunächst zurück auf die Phänomenologie des Gefühlserlebens im Alltag.

„Dabei zeigt sich: Gefühlsregungen sind primär Widerfahrnisse; in ihnen spiegelt sich die Betroffenheit, welche die Person in der Begegnung mit inneren und äußeren Ereignissen erlebt, d.h. passiv erfährt, und weniger durch aktive Deutung und Verarbeitung bewusst herbeiführt. Fühlen ist reine Zuständlichkeit“ (ebd., S. 552).

Ulich (1982) spricht in Anlehnung an Wundt an anderer Stelle auch vom Gefühl als „Zustandsbewusstsein“ im Gegensatz zum „Gegenstandsbewusstsein“. Fühlen ist „Gewahrwerden dessen, was mich angeht, was mich nicht kalt läßt“ (Ulich/Kapfhammer 1991, S. 552). Emotionen sind danach nicht durch Zweckdienlichkeit charakterisiert, sondern haben ihren Wert an sich: „Das Berührt-sein steht für sich, ist nicht weiter reduzierbar; es verweist auch nicht auf etwas jenseits seiner selbst“ (ebd.).

Ebenfalls betont die personenbezogene Sichtweise der Emotionen ihren zentralen Stellenwert für das In-Beziehung-Treten zur Welt: „Gefühle ‚binden‘ uns an die Welt“ (Ulich/Kapfhammer 1991, S. 553). Dies wiederum nicht in erster Linie verstanden im Sinne der Bewältigung und Regelung von Interaktionssituationen und -beziehungen, sondern im Sinne des In-der-Welt-Seins: „Wir treten unserer Mitwelt jedoch nicht nur handelnd gegenüber, wir befinden uns auch in dieser Welt, diese Welt und uns selbst in Beziehung zu dieser erlebend“ (ebd.). An anderer Stelle nennt Ulich (1982) diesen Aspekt die „Selbstgenügsamkeit“ von Emotionen. Sie verfolgen keinen Zweck außerhalb ihrer selbst. Ihr einziger Zweck besteht darin, dass sie erlebt werden. In diesem Punkt trifft sich die personenbezogene Sichtweise mit der psychoanalytischen. Allerdings spricht diese nicht von Gefühlen, sondern von Affekten. Sie betont deren „theoretische Eigenständigkeit“ und räumt ihnen einen primären motivationalen Stellenwert ein (vgl. Ulich/Kapfhammer 1991, S. 571).

Für die Psychoanalyse ist die Affekttheorie von wesentlicher Bedeutung, denn: „Affekte, und nicht die Triebe, sind die uranfänglichen Bausteine des psychischen Lebens“ (Mertens 1992, S. 5). Vor allem durch die neuere Säuglingsforschung konnte der zentrale Stellenwert der Affekte, den diese für zwischenmenschliche Beziehungen des Kindes von Beginn des Lebens an haben, aufgezeigt werden: „Affekte erweisen sich ferner als die Grundkonstituenten der ersten Objektbeziehungen und der frühen Selbstorganisation“ (Ulich/Kapfhammer 1991, S. 571). Affekte seien, so Mertens (1992), vor der kognitiven und sprachlichen Entwicklung bereits ausgebildet. Insofern mache es Sinn, eine weitere begriffliche Differenzierung vorzunehmen. Unter „Affekt“ wird deshalb „die körperliche Reaktion ohne bewusste Repräsentanz und Erleben derselben“ verstanden, unter „Gefühl“ das bewusste Wahrnehmen und oder Erleben“ und unter „Empathie“ schließlich „die Zuordnung zum Selbst oder zum signifikanten Anderen“ (Mertens 1992, S. 6).

In Bezug auf den Rezeptionsprozess von Medien können wir davon ausgehen, dass Primäreffekte wie sie Mertens (ebd.) benennt: Freude, Verzweiflung, Wut, Furcht, Ekel, Überraschung, Interesse nicht nur einen motivationalen Stellenwert für die Mediennutzung haben, sondern auch im Rezeptionsprozess unbewusst (als Affekt) oder bewusst (als Gefühl) erlebt werden. Interessant wäre in diesem Zusammenhang die Frage, ob dann mit „Empathie“ so etwas wie eine Zieldimension medienpädagogischen Handelns angesprochen sein könnte: die Integration, die positive Verarbeitung der Gefühle durch das Selbst angeregt durch die Kommunikation mit dem medialen Gegenüber. Hierbei stellt sich die weitergehende Frage, ob und wie Medien als „signifikante Andere“ gelten können.

2.2 Philosophische Perspektive

Ich folge hier der Philosophin Agnes Heller, die als die zentrale Fragestellung in ihrem Buch „Theorie der Gefühle“ (1981) das Verhältnis von Fühlen und Denken bezeichnet: „Die bedeutendsten Philosophen des XX. Jahrhunderts akzeptierten diese Fragestellung, aber nicht die Antworten der positivistischen und irrationalistischen Psychologie; sie begründeten von verschiedenen methodologischen Standpunkten einstimmig die letzte Einheit von Gefühl und Denken. Wir reden hier selbstverständlich von Husserl, Lukács und Wittgenstein“ (Heller 1981, S. 14). Heller betont und begründet in ihren Ausführungen die Einheit von Fühlen und Denken und zeigt gleichzeitig auf,

> „daß eine nicht weniger empirische Tatsache darin besteht, daß der in der gegenwärtigen Gesellschaft gegebene Spielraum und das ihm angemessene Denken die partikularen Gefühle produziert und fixiert, die Entfremdung der Gefühle und die Unbezwingbarkeit einiger Affekte reproduziert. Der Mensch ist zwar ein einheitliches Wesen, doch die Persönlichkeit ist gespalten“ (ebd., S. 15).

Es ist zu fragen, welchen Stellenwert den Medien bei diesem hier von Heller angedeuteten Tatbestand der Entfremdung des Menschen von seinen Gefühlen oder mehr noch von Sinnlichkeit und Körperlichkeit zukommt.

Gefühle im Sinne Mertens (s.o.) sind zu verstehen als bewusstes Wahrnehmen und oder Erleben körperlicher Reaktionen. Gefühle – hier synonym mit Emotionen gebraucht – beinhalten also auch eine körperliche Dimension, ohne dass sie ganz Körper sind. Die Beschäftigung mit dem Körper kann demnach nicht mehr als etwas nur Äußerliches abgetan werden. Entsprechend konstatiert Macha (1989) für die pädagogische Anthropologie, der Dualismus von Leib und Geist sei zu überwinden. Dem Leib – dem beseelten Körper – komme „sowohl fundierende Funktion für Erkenntnis (Apel) als auch für das Erleben des Ich zu“ (ebd. S. 97). Danach impliziert die Berücksichtigung der emotionalen Dimension in der Medienrezeption ebenfalls die Notwendigkeit, Rezipienten als Körperwesen wahrzunehmen. Der Körper ist der Ort, in dem Emotionen erlebt werden.

Ohne an einem „Biologismus“ festzuhalten konzentriert sich auch die feministische Vernunftkritik darauf, Beziehungen zwischen dem Denken und der leiblichen Differenz zu untersuchen. Unter der Frage „Weiblich denken – eine andere Vernunft?“ kommt Hagemann-White (1989) zu dem Schluss, dass die Verquickung von Denken und Fühlen keineswegs eine Gegen-Aufklärung sei, sondern dass bereits Kants großes Werk eine Kritik der reinen Vernunft war: „Und das heißt: Die philosophische Heraustrennung der reinen Vernunft zur Betrachtung ihrer eigentümlichen Funktionsweise entdeckt zugleich ihren Realitätsverlust, ihre Verwiesenheit auf die sinnliche Erfahrung für jede nur mögliche Erkenntnis" (Hagemann-White 1989, S. 41). Mit dieser Annahme kommt die besondere Subjektivität der Denkenden einschließlich ihrer Körperlichkeit ins Blickfeld der Betrachtung von Denken und damit auch von Lernen.

2.3 Soziologische Perspektive

Gefühle werden gelernt und damit auch Bewertungen. Die Bewertung der Gefühle erfolgt ebenfalls „unter der Lenkung von Wertorientierungskategorien. Wertorientierungskategorien sind in jeder Gesellschaft vorhanden" (Heller S. 189). D.h. ein Gefühl ist nicht das „Tierische", die blanke reine oder auch schmuddelige Natur, sondern immer schon gesellschaftlich geprägt, individuell geformt. Hochschild (1990) spricht von Manipulierung der Gefühle bis hin zur „Kommerzialisierung der Gefühle". Sie untersucht, wie Menschen ihre Gefühle regulieren, kontrollieren und arrangieren. Gefühle sind nicht einfach da, sie sind Produkt eines inneren Aushandelns, d.h. zum Teil auch vom Kopf gesteuert. Hochschild interessiert speziell der Zusammenhang von Geschlecht, Status und Gefühl. Frauen bezeichnet sie als „Gefühlsarbeiterinnen". Aufgrund der hierarchischen Geschlechterorganisation sei es für Frauen angezeigt, „Gefühlsarbeit zu leisten, die das Wohlbefinden und den Status anderer unterstützt, verstärkt und aufwertet" (ebd., S. 135). Diese Sozialisierung gehe auf unterschiedliche Gefühlserziehung bei Mädchen und Jungen zurück und gründe auf tief verwurzelten kulturellen Vorstellungen.

Emotionen sind also keineswegs auf physiologische Reaktionen des Organismus zu beschränken. Die soziologische Theorie der Emotionen verweist allgemein auf ein kompliziertes Zusammenspiel von vier Ebenen, die erst miteinander das konstituieren, was wir Emotionen nennen: die Kultur, die Sozialstruktur, die Persönlichkeit und die Physiologie (vgl. Gerhards 1988). Insofern bleiben physiologische Messungen der Erregung bei der Medienrezeption sehr wenig aussagekräftig, weil es erst der Deutung dieser Erregung bedarf. Ob Wut, Ärger oder Mitleid entsteht, lässt sich als „ein Zusammenspiel der Sinnsysteme Persönlichkeit, Sozialstruktur und Kultur begreifen" (ebd., S. 190).

Unter dem Titel „Fernsehen fühlen" geht Krotz (1993) diesem vernachlässigten Thema nach. Er betont die Wichtigkeit, das Fühlen der Individuen stärker in die Forschung einzubeziehen.

„Als Basis für Interpretation und Realitätskonstruktion des Individuums ist der Prozeß des Fühlens auch für die Ausgestaltung von Kommunikation grundlegend. Umgekehrt wird, was ein Individuum fühlt, von den gedeuteten externen und internen kommunikativen Zusammenhängen beeinflußt, in denen es aktuell steht. Deswegen ist es notwendig, daß die Kommunikationsforschung den Fühlensprozeß der Individuen rekonstruiert, wenn sie verstehen will, wie medienbezogenes Handeln zustande kommt und was dabei geschieht" (S. 491ff.).

Die Berücksichtigung des Zusammenhangs von Fühlen und Fernsehen mache darüber hinaus deutlich, „... daß das Fernsehen über die Ausgestaltung typischer Gefühlshaushalte eine gesamtgesellschaftlich bedeutsame Rolle spielt" (ebd.). Auch Krotz spricht die bereits bei Heller erwähnte Tendenz der Abspaltung von Gefühlen an, die vom Fernsehen tendenziell unterstützt würde:

> „Es ist zugleich Ausflucht und Spielwiese für Gefühle, indem es für jeden zu jedem Zeitpunkt die adäquaten Gefühlspotentiale anbietet und zugänglich macht" (ebd., S. 493).

Auf diese Weise unterstütze das Fernsehen generell die Tendenz, den Kontakt zu den eigenen Gefühlen zu verlieren. Kritisch wäre hier zu fragen, was mit „adäquaten" Gefühlspotentialen gemeint ist und ob das Fernsehen tatsächlich „für jeden zu jedem Zeitpunkt" die adäquaten Gefühlspotentiale anbietet.

Die Ausführungen zu „Medien und Emotionen" machen insgesamt die Bedeutsamkeit der Emotionen für den Rezeptionsprozess deutlich. Die Betonung der Einheit von Denken und Fühlen ist dabei zentral, um sowohl einer kognitivistischen wie irrationalen Vereinfachung entgegenzutreten. In der pädagogischen Medienforschung geht es entsprechend darum, das emotionale Erleben zu erfassen und in der medienpädagogischen Arbeit darum, das emotionale Erleben zu reflektieren, denn „die Differenzierung unserer Gefühle ist zugleich die Reintegration der Kognition" (Heller 1981, S. 188). Medienerziehung ist zugleich Gefühlserziehung.

3. Merkmale von Emotionen dargestellt am Beispiel des Medienerlebens weiblicher und männlicher Jugendlicher

Ich verwende hier den Begriff „Medienerleben" und nicht „Medienerlebnis", weil der Begriff „Erleben" in der Psychologie das bezeichnet, worum es mir in Anlehnung an die vorausgegangenen Überlegungen hier geht: um einen subjektiven Zustand in der aktuellen Situation (vgl. Ulich 1982). In diesem Zustand spiegeln sich Bedürfnisse und Erfahrungen aus früheren Interaktionen und Beziehungen; gleichzeitig richten sich Erwartungen und Wünsche der Person an die neue Situation. Wesentlich für den Begriff „Erleben" ist die Konzentration der Betrachtung auf das aktuelle Geschehen, auf das „Hier und Jetzt". Die Frage: Was hast du erlebt? ist in diesem Sinne gleichbedeutend mit: Was hast du gefühlt? Erleben ist Gefühl.

Die Emotionspsychologie spricht im einzelnen von 10 Merkmalen des Erlebens (vgl. Ulich 1982, S. 32f.). Ich erläutere diese im folgenden im Rückgriff auf meine Untersuchung zum unterschiedlichen Erleben medialer Gewalt von Mädchen und Jungen (vgl. Luca 1993):

Merkmal 1:

„Beim Erleben eines Gefühls steht die leiblich-seelische Zuständlichkeit einer Person im Zentrum des Bewußtseins und nicht eine ‚Sache', ein Akt, eine Kognition, eine willentliche Vornahme oder ähnliches."

Die Fähigkeit, von medialen Bildern emotional angesprochen zu werden oder vorsichtiger ausgedrückt, diese Emotionen auch auszudrücken, ist bei weiblichen und männlichen Jugendlichen unterschiedlich ausgeprägt. Zeichnungen der Mädchen nach Horrorvideos zeigten eher zustandsbezogenes Erleben im Sinne Ulichs, die der Jungen eher gegenstandsbezogenes. Die Themen der Mädchen kreisten um Tod, die Toten, Ausweglosigkeit, die der Jungen ergaben sich aus der Filmhandlung. Jungen benannten eher die Taten, das Mordwerkzeug, die Filmdramaturgie. Mädchen identifizierten sich mit den Opfern, sie beschrieben die durch den Film angeregten Zustandserlebnisse: Tod, Angst, „Keine Chance" (ebd., S. 98ff.).

Merkmal 2:

„Grundlage dieses Zustandsbewußtseins ist *Selbstbetroffenheit* – als das vielleicht einzige notwendige Bestimmungsmerkmal von Emotionen. Gefühle sind das Gegenteil von Gleichgültigkeit; sie entstehen nur, wenn eigene Ziele, Interessen und Bedürfnisse betroffen sind."

Die Selbstbetroffenheit durch mediale Bilder wird zum einen durch die thematische Orientierung beeinflusst. Themen, die Menschen aktuell beschäftigen, lassen sie weniger „kalt" als andere, die sie im Moment nicht ansprechen. Darüberhinaus ist die „Selbstbetroffenheit" von den erlebten Erfahrungen bzw. phantasierten Konflikten beeinflusst. Entsprechend liegt es nahe, dass sich Mädchen und Jungen angesichts von Gewaltvideos in der Häufigkeit von Angstphantasien unterscheiden: Bilder von Vergewaltigungen, Verfolgungen und Verstümmelungen reproduzieren bei Mädchen andere gesellschaftlich bedingte Ängste als bei Jungen. Die Inhalte der Filme bilden sich im Erleben der Jugendlichen entsprechend ihrer gesellschaftlichen Geschlechtsrolle ab.

Merkmal 3:

„Emotionen erscheinen häufig wie von selbst, *spontan*, ohne Anstrengung, unwillkürlich."

Dies Merkmal macht besonders der Medienforschung Probleme. Einerseits liegt es nahe, dass Emotionen immer da sind, andererseits ist bekannt, dass sie auch abgespalten oder delegiert werden. In der Rezeptionssituation von Horrorvideos in jugendlichen Peer-groups dokumentierte sich dies z.B. darin, dass Jungen sich emotional unberührt zeigten und Mädchen durch exzessive Gefühlsausbrüche die Jungen an ihrem Gefühl teilhaben ließen, indem sie deren Schoß oder starken Arm suchten. Auf diese Weise fand eine Delegation der Gefühle von Jungen an Mädchen statt.

Merkmal 4:

„Im Erleben von Gefühlen erfährt sich die Person eher als passiv, als *ausgeliefert*-sein, als ‚Erleidende', auch bei positiven Emotionen wie Freude und Glück..."

Diese Qualität von Emotionen zeigte sich in der Rezeption von Gewaltvideos vor allem im Zusammenhang mit Angst. Das Ausgeliefertsein drückte sich darin aus, dass bereits die ungewisse Ahnung, es könnte etwas passieren, ausreichte, ein Gefühl von Hilflosigkeit zu erzeugen, das dann schnell zur Panik werden konnte. Die Bedrohung einer jungen Frau im Film löste bei der jugendlichen Zuschauerin ihr wohl bekannte Ängste aus, so dass die Bilder sofort stellvertretend ihre realen Ängste wiederbelebten und sich ihrer bemächtigten, vor denen sie sich nur mühsam schützen konnte (vgl. Luca 1993, S. 82ff.).

Merkmal 5:

„Das Erleben einer Gefühlsregung ist oft mit einer inneren, von außen oder nur von innen wahrnehmbaren *Erregung* oder Aufregung verbunden, in der sich bestimmte physiologische Erregungszustände widerspiegeln."

Ulich beschreibt mit diesem Merkmal, dass Emotionen nur dann ehrlich oder „echt" sind, wenn sie einen bestimmten physiologischen Erregungszustand widerspiegeln. Das Problem liegt einerseits darin, dass – wie Merkmal 3 sagt – dieser vom Subjekt gar nicht wahrgenommen wird, also Erregung da sein kann, aber nicht zugelassen wird und andrerseits Gefühlsregungen auch vorgetäuscht werden, ohne dass sie erlebt werden. Den Ausführungen Hochschilds (1990) folgend, lernen Frauen und Männer in je unterschiedlicher Weise das eine oder das andere: Frauen eher, Gefühle vorzutäuschen, Männer eher, sie zu unterdrücken.

Merkmal 6:

„Ein aktuell erlebtes Gefühl ist immer einmalig und unverwechselbar, auch wenn es von der Person in Analogie zu früheren Erfahrungen verstanden und eingeordnet werden kann."

Dieses Merkmal weist die Emotionen als existentielle Dimension einer je spezifischen Person aus. Emotionen existieren einmalig und unverwechselbar. Sie können von der Person, die sie erlebt, negiert, verdrängt oder delegiert werden oder von den Interaktionspartnern nicht zur Kenntnis genommen werden, dennoch sind sie existent. Ihre Einmaligkeit und Unverwechselbarkeit findet ihren Ausdruck. Dies geschieht im Alltag und kann in der Forschungssituation bzw. in der pädagogischen Situation ebenfalls zum Ausdruck gebracht werden.

Merkmal 7:

„Das individuelle Bewußtsein wird durch Emotionen ‚organisiert', welche für die Prozesse des Empfindens, Wahrnehmens und Erkennens Richtung und Ansatzpunkt vorgeben."

Die Bedeutung menschlicher Wahrnehmung für die Medienrezeption manifestiert sich in solchen Sätzen wie „Der Film entsteht im Kopf der Zuschauenden" oder „Die Zuschauerin als Regisseurin". Solche Sätze zeigen an, dass die Wahrnehmung von Bildern durch unsere Augen keineswegs diese Bilder als Photografien im Gehirn abbilden, sondern Menschen sie im Prozess der Wahrnehmung mitkonstruieren und ihnen Sinn geben. Emotionen ‚als die grundlegendste Bezogenheit der Person auf die Wirklichkeit" (ebd., S. 34) steuern somit auch die Wahrnehmung bei der Medienrezeption. So liegt es auf der Hand, dass eine Person, die sich in starker Identifikation mit der weiblichen Protagonistin im Film panikartig fürchtet, ihr Hauptinteresse auf die Frage richtet, ob diese entkommt. Es entgeht ihr dabei völlig, dass der Film laut Werbung der Filmindustrie und einiger Filmkritiker eine gesellschaftskritische Botschaft vermittelt.

Merkmal 8:

„Emotionen sind *‚selbstgenügsam'*, sie bedürfen keiner Zwecke außerhalb ihrer selbst. Die ‚Funktion' von Emotionen besteht darin, daß sie erlebt werden."

Medien zur Unterhaltung, zum Spaß und zur Ablenkung, einfach so, das sind primäre Motivationen für die Mediennutzung. Das Medienerleben erfüllt insofern keinen Zweck. Dieser Selbstzweck von Emotionen macht es so schwierig, Medienerleben als Kategorie in der pädagogischen Diskussion zu verhandeln. „Jetzt wollen uns die Pädagogen auch noch den Spaß am Krimi verderben." Das waren und sind Kommentare, die Medienpädagogen immer wieder hören. Aber darum geht es nicht; das Medienerleben bleibt in jedem Falle an die Person gebunden. Für die Pädagogik ist es dennoch dadurch von Interesse, dass es zum einen nicht von der kognitiven Bearbeitung und Verarbeitung von Medien zu trennen ist, also Wert- und Verhaltensorientierungen mitbestimmt und zum anderen, dass es – etwa am Beispiel des Angsterlebens der jugendlichen Rezipientinnen – Qualitäten des Erlebens beinhaltet, die nicht der Stärkung des Ich, sondern seiner Schwächung dienen.

Merkmal 9:

„Das Ausdrücken und Verstehen von Emotionen läuft ... bevorzugt auch über *nicht-verbale Kommunikationskanäle*."

Entsprechend dieses Merkmals ist zu fordern, dass die Erforschung des Medienerlebens und ihre Berücksichtigung in pädagogischen Prozessen Verfahren einbezieht, die nicht vorschnell über verbale Kommunikationskanäle verlaufen. Das erhebt uns allerdings nicht von der Aufgabe, die nicht-verbalen Äußerungen, etwa Bilder, oder auch verbalisierte, unstrukturierte Assoziationen immer wieder zu übersetzen, bzw. sie von den Rezipienten übersetzen zu lassen. Wichtig ist es, das Erleben im Hier und Jetzt zuzulassen und als solches zu dokumentieren, um es der Reflexion zugängig zu machen.

Merkmal 10:

„Im Vergleich zu anderen psychischen Erscheinungen ist bei der Entwicklung von Emotionen die *Verwobenheit in zwischenmenschliche Beziehungen* besonders stark. (...) Dazu gehört – über interpersonelle Beziehungen vermittelt – die Orientierung und Anteilnahme (oder auch Nicht-Anteilnahme) an Werten einer Gesellschaft und Gruppe."

Hiermit wird noch einmal die Einbettung von Emotionen in den sozialen Kontext betont. Emotionen sind zwar unmittelbar, spontan und „selbstgenügsam", aber dennoch biographisch und kulturell fest verankert. Gerade an der Entwicklung und dem Ausdruck von Emotionen hat das Geschlecht als soziale und biologische Kategorie großen Anteil. Auf diesem Hintergrund wird das unterschiedliche Erleben medialer Gewalt von weiblichen und männlichen Jugendlichen plausibel. Der Umgang mit Gewalt, die Reaktion auf Gewalt und die Zuordnung zu Opfern und Tätern ist gesellschaftlich geschlechtsbezogen konnotiert. Einstellungen, Verhaltensorientierungen und Emotionen werden entsprechend gelernt. Mädchen reagierten tendenziell auf den Mörder – trotz Angst und Schrecken – eher mit Mitleid, Jungen weniger. Mädchen erlebten eher Angst und Schrecken und nicht Wut und Ärger angesichts männlicher Gewalt und sexistischer Diskriminierung.

4. Konsequenzen für die Medienpädagogik: „Aufarbeiten von Medienerlebnissen"

4.1 Die Nicht-Machbarkeit

In Anlehnung an Ulich (1982) wurde deutlich, dass das Medienerleben seinen Wert in sich selbst hat. D.h. Medienrezeption bleibt zu einem beträchtlichen Teil an die Rezeptionssituation gebunden und findet darin ihren Sinn. Ebenfalls konnte gezeigt werden, dass die Emotionen eine grundlegende Beziehung des Menschen zur Welt darstellen und Wahrnehmung und Kognition steuern. Entsprechend beinhaltet die Thematisierung des Medienerlebens eine äußerst persönliche, wenn nicht intime, Sache. Mit der Thematisierung des Medienerlebens, wenn damit mehr als ein distanziertes Darüber-Reden gemeint ist, geht also zugleich eine Thematisierung der Person einher.

Das „Aufarbeiten" des Medienerlebens in pädagogischen Zusammenhängen bedeutet die Arbeit an der Identität der Rezipienten und ist damit personenbezogenes Arbeiten im Sinne Rogers (1984). Personenbezug meint hier: die Autonomie der einzelnen zu bewahren und zu fördern und die Erfahrung vor das Wissen zu stellen. Zur Personenzentrierung in pädagogischen Beziehungen gehört es vor allem, die anderen (die Schülerinnen, die Schüler, die Jugendlichen) als Personen zu akzeptieren. D.h. ich sollte als Pädagogin bereit sein, ihnen die Gefühle und Erfahrungen zu lassen, die sie haben; sie so sein zu lassen, wie sie sind. Insofern beinhaltet das Ansetzen an dem Medienerleben in der pädagogischen Situation immer auch ein Bewusssein über die Nicht-Machbarkeit von persönlichen Lernprozessen.

Das Prinzip der Nicht-Machbarkeit steht für die Annahme, dass es nicht in der „Macht" der Lehrperson liegt, zu „machen", dass andere lernen. Sie kann nicht vorher wissen, welches die besonderen Potentiale der Lernenden sind, ihre Widerstände, Handlungsimpulse und spezifischen Erfahrungen mit Medien. Die Lehrperson kann zwar anregen, das Erleben und die Erfahrungen zu reflektieren. Sie kann auch didaktisch-methodisch geschickt gestalten, wie diese Anregungen und Informationen verarbeitet werden, ob damit der Horizont der Lernenden erweitert wird, liegt dann an den Möglichkeiten und Besonderheiten der Lernenden selbst. Dies gilt zwar generell für alle Lernprozesse, aber erstens wird es in der Regel allzu gerne vergessen, und zweitens spielt es gerade bei emotionalen Lernprozessen eine besondere Rolle, weil dabei die Person mit ihrem speziellen biografischen und lebensweltlichen Kontext involviert ist.

Das Aufarbeiten des Medienerlebens ist entsprechend eine sensible pädagogische Angelegenheit, die weit über die Vermittlung kognitiver Fähigkeiten und Fertigkeiten hinausgeht. Sie kann in Schule und außerschulischen Einrichtungen dann ihren Platz finden, wenn die lebensgeschichtliche Dimension der Lernenden berücksichtigt wird. Dort kann das Medienerleben thematisiert und bestenfalls „aufgearbeitet" werden, ohne dass explizit eine „Medienerziehung" intendiert ist.

4.2 Eine Beziehung zwischen Sache und Person herstellen

Speziell für schulisches Lernen ist die Frage zu stellen, inwieweit emotionale Lernprozesse, der Einbezug biografischer und lebensweltlicher Kontexte, anzustreben sind oder ob sie nicht Schule überfrachten. In der aktuellen bildungspolitischen Debatte werden entgegengesetzte Positionen deutlich, die des Politikers, der eher auf das „Wissen" setzt (Rede des Bundeskanzlers, Die Zeit, 7. Nov. 1997) und die des Erziehungswissenschaftlers und Pädagogen, der die Einbeziehung des sozialen und emotionalen Lernens für zwingend hält (vgl. Rolff 1997). Im Sinne von Hentigs lässt sich die Zielsetzung von dem „Aufarbeiten von Medienerlebnissen" nach dem pädagogischen Grundsatz lesen, zu versuchen, „den Menschen zu stärken und die Sachen zu klären" (vgl. v. Hentig 1985).

Im Orientierungsrahmen für die Schulen wird die Rede von dem „Aufarbeiten von Medienerlebnissen" in den Kontext einer weiteren Zieldimension gestellt, nämlich der „Einblicke in Wirkungsweisen von Medien" zu geben (vgl. Orientierungsrahmen 1995, S. 24). Es macht Sinn, die Sache: „Einblikke in Wirkungsweisen von Medien zu geben" und die Person: das „Aufarbeiten von Medienerlebnissen", als eine Einheit zu betrachten und dies vor allem didaktisch-methodisch umzusetzen. Ansätze der humanistischen Pädagogik gehen generell davon aus, dass Lernprozesse dann besonders fruchtbar verlaufen, wenn die Beteiligten eine sinnvolle Beziehung zwischen der „Sache" und den subjektiven Erfahrungsprozessen und situativen Bedürfnissen herstellen können.

Im Sinne des gestalt-pädagogischen Ansatzes wird das Ziel dadurch erreicht, dass die Arbeit an der eigenen Identität als Dimension schulischen Lernens einbezogen wird. Damit ist die Notwendigkeit individueller Lernphasen hervorgehoben, aber mehr noch die Konzentration auf die Förderung der Persönlichkeit. Ohne die Auseinandersetzung mit den Inhalten zu dominieren, geht es dabei um die Reflexivität von Lernerfahrungen und die Unterstützung des Selbst-Bewusstseins der Lernenden durch Erwecken von Verständnis für ihr Gewordensein (vgl. Luca/Winschermann 1995). In der gestaltpädagogischen Literatur werden unter Rückgriff auf die Gestalttherapie und reformpädagogische Ansätze drei wesentliche Dimensionen formuliert, die geeignet erscheinen, solche Lernprozesse zu fördern, die durch eine sinnvolle Beziehung zwischen Person und Sache gekennzeichnet sind: 1. Ganzheitliche Lernprozesse, in denen die Lernenden als Menschen mit Kopf, Herz und Hand (Pestalozzi) angesprochen werden 2. das spielerische Experimentieren im Handeln und Denken, um sich „versuchsweise" erproben zu können (vgl. Bürmann 1993, S. 100ff.) und 3. die Konzentration auf das Erleben im „Hier und Jetzt" (vgl. Burow 1988).

4.3 Emotionales und soziales Lernen

Halten wir fest: Emotionen steuern die Wahrnehmung medialer Bilder, Fernsehen lässt Denken und Fühlen auseinanderklaffen und dem Fernsehen wird über die Ausgestaltung typischer „Gefühlshaushalte" eine bedeutsame gesellschaftliche Rolle zugewiesen. Bezogen auf die Geschlechterdifferenz zeigen sich bei der Medienrezeption auffällige Unterschiede in der emotionalen Dimension: Mädchen fehlt häufig die Distanz zu medialen Bildern, Jungen die Empathie (vgl. Luca 1993; Röser/Kroll 1995). Alles das ist Grund genug, in der Medienpädagogik stärker, als das bisher geschieht, die emotionale Dimension zu berücksichtigen.

Die Forderung nach emotionaler Erziehung ergibt sich ebenfalls aus der Argumentation besonders von Medienwissenschaft*lerinnen* (vgl. Sturm 1987; Mettler-Maibom 1989). Sturm (1987) fordert angesichts zunehmenden Medienkonsums die Benennung und Differenzierung von Gefühlen, um zu verhindern, dass Jugendliche und Kinder zu „emotionalen Krüppeln" (S. 96) werden.

Die Berücksichtigung dieser emotionalen Dimension wird von der Medienpädagogik hingegen stark vernachlässigt. Ohne dies im einzelnen hier näher zu erläutern, macht schon ein Blick auf die Merkmale der in der Medienerziehung favorisierten produktiven Medienpädagogik die mangelnde Berücksichtigung der emotionalen Dimension deutlich. Es ist von „Gegenöffentlichkeit", von „kreativ" und „produktiv", von „aktiv", „praktisch" und „handlungsorientiert" die Rede. Lediglich der Begriff der „Erfahrungsproduktion" betont durch die Verbindung von Produktorientierung und subjektivem Erfahrungshintergrund zumindest die Berücksichtigung des „Lebenszusammenhangs und der Weltinterpretation der Produzenten" (Schorb 1995, S. 183). Aber auch Schorb kommt in seiner zusammenfassenden Übersicht über die von ihm sogenannte „reflexiv-praktische Medienaneignung" zu dem Ergebnis: „Selten aber sind die medialen Erfahrungen selbst Gegenstand der Reflexion der Subjekte. Noch seltener werden mediale Erfahrungen zur distanzierenden Reflexion subjektiver Probleme herangezogen" (ebd., S. 208).

Schorb führt hier als Beispiel medienpädagogischer Arbeit die einer Jungengruppe von 10 bis 13jährigen an, die sich mit dem Grönemeyer-Hit „Männer“ beschäftigt. M.E. ist dies Beispiel nicht zufällig eines, das die Geschlechtsrolle thematisiert. Wenn Medienerleben für Jugendliche zentral auch die Auseinandersetzung mit ihrer Geschlechtsrolle bedeutet, wird dies in der pädagogischen Arbeit zum Ausdruck kommen (vgl. z.B. Niesyto 1993).

Ein Beispiel für eine integrative medienpädagogische Arbeit im Deutschunterricht gibt Tiemann (1991). Das zentrale Anliegen von Tiemann besteht analog zu dem hier vertretenen Ansatz, die affektive Dimension in der Medienpädagogik stärker zu berücksichtigen, darin, das emotionale Erleben der Filmrezeption zum Gegenstand des Lernprozesses zu machen. Tiemann bezieht sich dabei auf „gestaltpädagogische Notizen als Quelle methodischer Anregungen“ (ebd., S. 165). Ihm dienen ausgewählte mediale Produkte dazu, Schülerinnen und Schüler zur eigenen ästhetischen Gestaltung anzuregen. Er tut dies in der Anleitung zu den verschiedensten Formen der Produktion, sowohl von Texten wie Spielszenen und Videoproduktionen. Das didaktisch-methodische Setting zielt darauf ab, dem emotionalen Erleben Ausdruck zu verleihen: symbolisch, also in präsentativer, sowie in diskursiver Sprache.

Medienerziehung als „emotionale Erziehung“ heißt nicht, es gäbe so etwas wie „richtige“ und „falsche“ Gefühle, noch ginge es bei der Erziehung darum, die richtigen zu fördern und die falschen zu verbieten. Medienerziehung als „emotionale Erziehung“ meint hingegen die Akzeptanz der Person mit Leib und Seele. Diese Akzeptanz, drückt sich in der Gestaltung von Lernprozessen darin aus, dass das Äußern des emotionalen Erlebens ohne Sanktionen ermöglicht wird. Zur „emotionalen Erziehung“ gehört auch, den Umgang mit den Emotionen – den eigenen und denen der anderen – zu lernen und die Fähigkeit zur Empathie zu entwickeln (vgl. Mertens 1992, S. 6). Insofern ist emotionales Lernen auch soziales Lernen.

Horst Niesyto

VideoCulture – interkulturelle Kommunikation mit Video

1. Globale Medienkulturen und interkulturelles Symbolverstehen

Wir leben in einer Zeit, in der Prozesse der Globalisierung von Kommunikation und Medienkultur eine große Bedeutung bekommen haben. Weltweit sind jenseits nationaler Begrenzungen „dritte, transnationale Kulturen" mit „sets of practices, bodies of knowledge, conventions and lifestyles"[1] entstanden. Diese *„Third Cultures"*, zu deren zentralem Bestandteil die globalen Massenmedien gehören, beinhalten auf der Basis (medien-) ökonomischer Konzentrations- und (medien-)ästhetischer Angleichungsprozesse ein System von Symbolen und Weltbildern, die lokale und nationale Kulturen überformen. Die „Third Cultures" führen als dominante Weltkulturen jedoch nicht zum Verschwinden lokaler/nationaler Kulturen. So wirken Massenmedien nicht determinierend auf die Menschen, sondern werden auf dem Hintergrund spezifischer sozialer, kultureller und biographischer Bedingungen in alltäglichen Situationen genutzt.

Die „Schwerkraft" lokaler und regionaler Traditionen, ethnischer und sozialer Differenzen wirkt weiter, verschwindet nicht unter dem Druck der Globalisierung. Beide große Trends – die (mediale) Globalisierung und die sozio-kulturelle Differenzierung sind vorhanden und überlagern sich. Im Spannungsfeld von „localism and globalism" entstehen *Symbolmilieus*[2] als neuartige Verbindungen von medienvermittelten Symbolmustern (als medialen Settings) und sozialen Settings der Lebensbewältigung. Diese Symbolmilieus unterscheiden sich von den traditionalen Sozialmilieus durch den gewachsenen Einfluss der Medienkommunikation auf das Denken, Fühlen und Verhalten der Menschen. Die Symbolmilieus sind nicht statisch. Sie basieren auf unterschiedlichen Stilen der Wahrnehmung, der Aneignung und der symbolischen Verarbeitung der sozialen und medialen Wirklichkeiten. Featherstone prognostiziert, dass solche neuartigen Verbindungen die Grenzen zwischen dem „Selbst" und dem „Anderen" verflüssigen, bestehende *symboli-*

---

1 Featherstone, Mike: Undoing Culture. Globalization, Postmodernism and Identity, London 1995, S. 114

2 Niesyto, Horst: Sozialvideografie und Jugendforschung, in: deutsche jugend, 1, 1997, S. 11-18 (13).

sche Hierarchien zum Einsturz bringen und neue Formen symbolischer Kreativität hervorbringen werden:

„It is the capacity to shift the frame, and move between varying range of foci, the capacity to handle a range of symbolic material out of which various identities can be formed and reformed in different situations, which is relevant in the contemporary global situation.“[3]

Mit der Verbreitung der *digitalen und interaktiven Medien* wird dieser Erosionsprozess beschleunigt. Die elektronische und digitale Kommunikation beschleunigt nicht nur die bereits in der „Fernsehgesellschaft“ einsetzenden Prozesse der Enträumlichung, der Entkörperlichung, der Zeit- und Ortlosigkeit.[4] Entscheidend sind nun die *interaktiven* Möglichkeiten, die eine enorme Ausbreitung neuer Formen der *Individualkommunikation* eröffnen. Es geht dabei nicht in erster Linie um sog. „special-interest“ Medien, also massenmediale Angebote mit einem hohen Grad der Ausdifferenzierung und Abrufbarkeit (z.B. „video on demand“, „pay-TV“). Mit Individualkommunikation sind vor *allem interaktive* Telekommunikationsmöglichkeiten gemeint, wie z.B. mobile Telefondienste, Internet, e-mail, ISDN-Netzwerke. Multimediale und multicodale Angebote (digitale Text-, Bild-, Tonbearbeitung mit dem PC als Herzstück) integrieren unterschiedliche Medien und Symbolsysteme und schaffen die Voraussetzung für die Bildung neuartiger Netzwerke.

Die globale Verbreitung neuer Informations- und Kommunikationstechnologien und die Zunahme der Bildkommunikation sind jedoch in Zusammenhang mit sozio-kulturellen Unterschieden und Ungleichheiten zu sehen. So ist zu beobachten, dass sich neue „Wissensklüfte“ und eine Art neue „Zwei-Klassen-Gesellschaft“ zwischen jenen herausbilden, die die neuen Medienangebote relativ souverän nutzen sowie über entsprechende finanzielle und institutionelle Zugangschancen verfügen, und der breiten Mehrzahl jener, die von diesen Teilhabemöglichkeiten noch ausgeschlossen sind und tendenziell neue Medien mehr für Zerstreuung und Unterhaltungsbedürfnisse nutzen.[5] Damit sich diese neue „Zwei-Klassen-Gesellschaft“ nicht verfestigt, reicht es sicherlich nicht aus, flächendeckend Schulen und andere Einrichtungen mit Computern auszustatten.

Aus kommunikationswissenschaftlicher und pädagogischer Perspektive steht vielmehr die Frage im Zentrum, inwieweit mit diesen neuen medientechnologischen Möglichkeiten die Kommunikationskultur zwischen den Menschen in Richtung auf mehr Humanität, Toleranz, gegenseitigem Verstehen verbessert werden kann. Wir verfügen einerseits über nie vorhandene Möglichkeiten der globalen Kommunikation zwischen verschiedenen Orten

---

3 Featherstone, Mike, 1995, S. 110

4 Vgl. Günther Anders: Die Antiquiertheit des Menschen. Über die Seele im Zeitalter der zweiten industriellen Revolution, Bd. 2, München 1956, S. 110ff.; Joshua Meyrowitz. – Die Fernsehgesellschaft. Wirklichkeit und Identität im Medienzeitalter, Weinheim und Basel 1987, S. 93ff.

5 Baacke, Dieter: Medienkompetenz als Netzwerk, in: medien praktisch, 2,1996, S. 4-10 (9f.).

und Kulturen, aber wir sind noch relativ weit davon entfernt, diese technologischen Möglichkeiten mit entsprechender ästhetisch-symbolischer Kompetenz gesellschaftlich wirkungsvoll zu nutzen. *„Medienkompetenz" und „Media Literacy"* könnten sich als Symbollernen und Symbolproduktion zu zentralen Kulturtechniken für ein weltweit besseres Verstehen anderer Symbolsysteme, Lebensstile und Kulturen entwickeln. Um andere Kulturen als ein Komplex von Bedeutungen und Vorstellungen zu verstehen, ist es notwendig, diese Symbolsysteme und die in ihnen materialisierten Wertvorstellungen, Gefühle, Denk- und Verhaltensweisen „lesen", decodieren zu lernen, die jeweiligen kulturspezifischen Prägungen wahrzunehmen (interkulturelles Symbolverstehen). Dieses Verstehen ist zugleich die entscheidende Voraussetzung, um fremdkulturelle Erfahrungen für die Reinterpretation eigener Kulturtraditionen fruchtbar zu machen. Hierfür ist ein Set von Verständigungsmechanismen, von *gemeinsamen* symbolischen Ausdrucksformen notwendig (transkulturelles Symbolverstehen).

2. Chancen der Bildsprache für interkulturelle Kommunikation

In der Diskussion um „Transkulturelle Kommunikation und Weltgesellschaft" – so ein Buchtitel von Horst Reimann über Theorie und Pragmatik globaler Kommunikation[6] – ist auffällig, dass sich die Diskurse über Probleme der Verständigung und des Verstehens fremdkultureller Symbolsysteme weitgehend auf den *wort- und schriftsprachlichen Bereich* konzentrieren. Medienkompetenz-Konzepte gehen in diese Diskurse bislang kaum ein. Allenfalls wird die zunehmende Bedeutung massenmedialer, audiovisueller Präsentationsformen konstatiert und analysiert. Die Sprengkraft eines handlungsorientierten. kreativen, Gebrauchs audiovisueller Zeichen und Symbole für neue Formen interkultureller Kommunikation ist nicht im Blickfeld.

Bilder, insbesondere Bilder mit passender Musik, bewegen uns, erreichen unsere Emotionen, unser Unbewusstes. Bilder können mehrdeutig sein, können unterschiedliche Gefühle in uns auslösen. „Bilddenken" ermöglicht emotionale Differenzierungen, wenn es mit einer Verfeinerung der Wahrnehmungsfähigkeit verbunden ist. Die *präsentative Symbolik*[7] erweitert unsere Vorstellung von Rationalität, da sie in anderer Form Erfahrung vermittelt basierend auf ganzheitlichen und simultanen symbolischen Verarbeitungsprozessen. Langer geht von der Prämisse aus, dass die Menschen ihre Lebenserfahrung und ihre Gefühle in symbolischer Form vermitteln. Die *diskursive* Sprache mit ihrem Vokabular und ihrer Syntax sei dabei nicht die einzige Form der Kommunikation. Nicht-diskursive Symbolformen (Bilder, Töne, Musik etc.) würden oft in ihrer Bedeutung abgewertet, weil sie sich wegen

6 Reimann, Horst (Hrsg.): Transkulturelle Kommunikation und Weltgesellschaft, Opladen 1992.

7 Langer, Susanne: Philosophie auf neuem Wege, Frankfurt am Main 1987, S. 86ff.

ihrer Mehrdeutigkeit nicht direkt in ein sprachliches Vokabular transformieren lassen.

Sicherlich gibt es eine „Signalsprache“ in den Massenmedien, aber deshalb sind bildhafte Ausdrucksformen nicht genuin „minderwertiger“ als diskurse Formen der symbolischen Vermittlung. Die Enteignung des Symbolischen beginnt nicht mit der Ausbreitung präsentativer Symbolik schlechthin, sondern mit ihrer massenmedialen Formbestimmtheit, d.h. ihrer Technologisierung, ihrer Kommerzialisierung, ihrer Standardisierung entlang kultureller Hegemonialsysteme. Wort- und Schriftsprache sind nicht per se die Ausdrucksform „authentischer“, gelungener symbolischer Vermittlung. Auch die diskursive Symbolik enthält Formen reduzierten Ausdrucks, auch sie hat ihre „Signal-Sprache“, ihre kulturindustrielle Oberflächen-Ästhetik. Die Tatsache, dass Bilder meist schneller und leichter als verbale Sprache verarbeitet werden können, dass Bilder in besonderer Weise unsere Emotionen ansprechen, „unter die Haut gehen“, dass viele Bilder mehrdeutig sind, verschiedene Gefühle und Interpretationen auslösen, dass Bilder in dieser Mehrdeutigkeit uns auch helfen, Ambivalenzen auszuhalten – all dies sind keine Gründe für die Abwertung bildsprachlicher Ausdrucksformen.

Neue Formen interkultureller Kommunikation sollten bewusst an den Qualitäten bildsprachlicher und präsentativer Symbolisierung ansetzen, um eine Begrenzung auf schrift- und wortsprachliche Formen interkultureller Kommunikation zu überwinden. Dies ist gerade in einer Situation besonders wichtig, in der die globale Medienkommunikation und medienvermittelte Deutungsmuster eine immer größere Bedeutung für die Wahrnehmung und Erfahrung der Wirklichkeit erhalten haben. Es geht nicht darum, Bildsprache gegen Wort- und Schriftsprache auszuspielen – es geht um eine *Erweiterung* des Modus für interkulturelle Kommunikation, die Erprobung und Untersuchung entsprechender Möglichkeiten und Grenzen.

Diese Intention lehnt sich u.a. an die kunsttheoretischen Arbeiten von Arnheim an, der den Begriff des „anschaulichen Denkens“ prägte.[8] Arnheim suchte nach der Einheit von Bild und Begriff, er wollte die Brücke zwischen Wahrnehmung und Denken wieder aufbauen, er sah ein Zusammenspiel von intuitiver, assoziativer Sinneswahrnehmung und Formen rationalen, abstrahierenden Denkens. Auch aus dem Bereich der Neurophysiologie wissen wir: Es gibt kein Denken ohne Gefühle, ohne Stimmungen. Gefühle sind für unser rationales Denken und Handeln viel entscheidender als wir bislang angenommen haben. Oft reichen schon kleine Stimmungsveränderungen aus, um Personen, Dinge, Prozesse in einem neuen Licht zu sehen.[9] Um das Zusammenspiel von Kognition und Emotion zu verstehen, ist es wichtig, Emotionen nicht von den Bedeutungen zu trennen, die ihnen Menschen zuschreiben. Diese Bedeutungen werden in sozialen Kommunikationen und Interaktionen

8 Arnheim Rudolf: Anschauliches Denken, Köln 1985

9 Florey, Ernst: Geist oder Automat: Spekulationen über das fühlende Gehirn, in: Kunstforum, Nr. 126, 1994, S. 92-103 (93).

„„ausgehandelt". In diese Interpretations- und Definitionsprozesse fließen auch soziale und mediale Deutungs- und Symbolmuster ein. Entscheidend ist, dass die Bedeutungsstiftung bzw. die Symbolbildung durch die Menschen erfolgt. Es sind – bei allen klischeehaften Aneignungsformen – immer *ihre* Vorstellungen und Bilder vom Leben und von der Wirklichkeit – und keine emotional-kognitiven Reflexe gehirnphysiologischer Vorgänge oder platte Widerspiegelungen medialer Symbolangebote.

3. Zur Bedeutung audiovisueller Medien für jugendkulturelle Stil- und Symbolbildung

Die große Bedeutung audiovisueller Medien für die heutige Jugendgeneration und ihre Welterfahrung konnte in den letzten Jahren in verschiedenen Jugendmedienstudien eindrucksvoll belegt werden.[10] Audiovisuelle Medienangebote bieten dabei Jugendlichen Möglichkeiten für Formen „symbolischer Kreativität"[11], für einen eigensinnigen Umgang mit dem gesellschaftlichen Symbolvorrat. Die Expressivität, Emotionalität und Mehrdeutigkeit vieler Medienangebote überschreiten dabei gesellschaftlich abverlangte, auf Rationalität und Effektivität ausgerichtete Normen und Verhaltensrepertoires und fördern medienvermittelte Stil- und Szenebildungen.

Es ist davon auszugehen, dass sich diese medienvermittelten Formen des Welterlebens stets im Spannungsfeld von vorfabrizierten Mediensymboliken und subjektiven Aneignungsleistungen entwickeln. Diese Annahme bezieht sich auf subjekt- und kulturbezogene Forschungen in der allgemeinen Sozialisationsforschung sowie in der Kinder- und Jugendmedienforschung, die die zentrale Rolle *„handlungsleitender Themen"* für die Verarbeitung von Mediensymboliken bei Kindern und Jugendlichen herausarbeiten konnten.[12] Die Mediatisierung der Lebenswelt verändert dabei den Modus der Wirklichkeitserfahrung: Die Erfahrungen von Jugendlichen sind heute – als Ergebnis der Mediensozialisation – immer schon medial aufgeladen.

Die Struktur der subjektiven Erfahrung der Alltagswelt, die zeitliche, räumliche und soziale Gliederung von Erfahrungen, folgen nicht mehr dem Modell der personalen „Wir-Erfahrungen". Hinweise auf einen zunehmenden „Erfahrungsverlust" übersehen, dass Medien auch soziale und kulturelle Erfahrungsmöglichkeiten bieten. Personale, „primäre" Erfahrung und vermit-

---

10 Für den deutschsprachigen Raum vgl. u. a. Baacke, DieterlSander, U./Vollbrecht, R.: Lebenswelten sind Medienwelten, Opladen 1990; Charlton, Michael/Neumann-Braun, Klaus: Medienkindheit Medienjugend, München 1992.

11 Willis, Paul: Jugend-Stile. Zur Ästhetik der gemeinsamen Kultur, Hamburg 1990, S. 11.

12 Bachmair, Ben: Symbolische Verarbeitung von Fernseherlebnissen in assoziativen Freiräumen, Kassel 1984; Charlton, Michae/lNeumann-Braun, Klaus: Medienkonsum und Lebensbewältigung in der Familie, Weinheim/München 1986 und diess., 1992.

telte, „sekundäre“ Erfahrung vermischen sich immer mehr. Neuere, digital erzeugte Medienästhetiken verstärken diesen Prozess durch fließende Übergänge zwischen realen und fiktiv-virtuellen Darstellungen. Multimediale und interaktive Formen medialer Kommunikation führen zu „komplexen Symbolgebilden was zur Folge hat, dass die soziale Wirklichkeit sozusagen zur Bilderwelt wird“.[13] Jugendliche erfahren, dass Aussagen über soziale Wirklichkeiten eng mit medialen Konstruktionen und Inszenierungen zusammenhängen und entwickeln selbst medienbezogene Sprach- und Ausdrucksformen.

Diese medienbezogenen Sprach- und Ausdrucksformen werden durch medienästhetische Präsentationsformen wie Musikclips (MTV) oder Lifestyle-Werbung internationalisiert. Solche Medienangebote ermöglichen für Jugendliche das Ausleben von Gefühlen und Stimmungen, symbolische Grenzüberschreitungen und jugendkulturelle Stilbildung – jenseits lokaler, sozialraumbezogener Einbindungen. Es sind gerade die entstrukturierenden Eigenschaften moderner Medien, die auf Jugendliche eine besondere Faszination ausüben, z.B. die Vermischung von öffentlichem und privatem Verhalten, die Trennung von physischem Ort und sozialem Ort, die Auflösung tradierter Rollenbezüge und Guppenidentitäten.[14] Hinzu kommen die neuen Verfremdungstechniken der digitalen Ton- und Bildproduktion, die die klassische Trennung von „fiktional“ und „real“ aufheben und zu audiovisuellen Abenteuerfahrten einladen (vgl. Kinoproduktionen wie „Die Maske“ oder „Toy Story“). Ähnlich wie bei einem Masken- und Rollenspiel können mediale Symbolangebote adaptiert, ausprobiert und durch neue ersetzt werden.

Die Medienförmigkeit der Wahrnehmung ermöglicht eher chaotische Prozesse des Welterlebens, die durch Sprunghaftigkeit, Schnelligkeit, Mehrdeutigkeit, schrilles Nebeneinander von Erfahrungspartikeln gekennzeichnet sind. Dieser Modus der Wahrnehmung korrespondiert mit der Ambivalenz der Jugendzeit, mit dem Wechselbad von Gefühlen und symbolischen Orientierungen. Es geht um jugendkulturelle Brüche und Widersprüchlichkeiten, um diskontinuierliche Entwicklungen, um teilweise sprunghafte Prozesse bei der Symbolbildung. Dabei sprechen gerade der präsentative Charakter der Bildsprache und der Musik, die synästhetischen Dimensionen (Zusammenspiel von Bild, Musik, Körperbewegung), die unbegrenzten Imaginationsmöglichkeiten mit ihren Raum- und Zeitsprüngen in besonderer Weise sozial-emotionale Bedürfnisse an.

Das Projekt „VideoCulture“ knüpft an diesen Mediennutzungsformen Jugendlicher an und macht den Schritt von der Medienrezeption hin zur aktiven, kreativen Medienproduktion mit Bildern und Tönen. „VideoCulture“ möchte Jugendgruppen animieren, *Video* als audiovisuelles Medium für den *eigenen* Ausdruck von Gefühlen, Erfahrungen, Phantasien im Kontext inter-

---

13 Bachmair, Ben: Wege und Auswege aus der Mediendebatte. Perspektiven für Forschung und Pädagogik, in: Diskurs, 1, 1994, S. 56-61 (57).

14 Meyrowitz, Joshua, 1987, S. 103ff.

kultureller Kommunikation zu nutzen. Das Projekt wird derzeit auf der Basis erster Pilotproduktionen konzeptionell vorbereitet. Im Folgenden werden der zugrundeliegende Forschungsansatz, die Intentionen und Methoden skizziert.

4. „VideoCulture" – Überlegungen zu einem interkulturellen Jugendforschungsprojekt

4.1 Allgemeines zum Ansatz „Jugendforschung mit Video"

Wenn interkulturell vergleichende Jugendforschung verstehen möchte, wie Jugendliche heute – unter den Bedingungen des „Medienzeitalters" – den lebensweltlich zugänglichen Symbolvorrat verarbeiten und welche jugendkulturellen Ausdrucksformen existieren, sind *methodische Zugänge* notwendig, die über verbale und schriftsprachliche Methoden der Erhebung und der Dokumentation hinausgehen. Auch in der qualitativ orientierten Jugend- und Kommunikationsforschung dominieren nach wie vor Methoden wie narrative Interviews, Gruppendiskussionen oder teilnehmende Beobachtung (mit anschließender Verschriftlichung des Beobachteten). Diese Methoden vermitteln aber nur einen begrenzten Zugang zu emotionalen und symbolischen Dimensionen, zu „inneren" Schlüsselbildern und medienbezogenen Sprach- und Ausdrucksformen. Sowohl bei der Erhebung als auch bei der Dokumentation wird so das Spannungsverhältnis zwischen der Sprach- und Ausdrucksebene Jugendlicher und derjenigen der Forscher immer größer.

Im Bereich des ethnographischen Films gibt es zwar zahlreiche Produktionen *über* Jugendliche u.a. Sozialgruppen, jedoch nur sehr wenige Eigenproduktionen von Jugend- und Sozialgruppen, die quasi als „zweite Empirie" Gegenstand der Analyse und Interpretation sind. Ausnahmen im Jugendbereich bilden das „Philadelphia-Project", das auf der Basis des Erstellens von 16-mm-Filmen mit Jugendlichen aus verschiedenen sozialen Milieus stattfand,[15] sowie eine ethnographische Feldarbeit mit Video von Virginia Caputo.[16] Aus der pädagogischen Jugendforschung sind vor allem in Deutschland Ansätze einer „Jugendforschung mit Video" entstanden.[17]

In diesen Projekten hatten Jugendliche in selbsterstellten Videofilmen die Chance, *eigene Bilder des Welterlebens* über körper- und gegenstandsbezo-

15 Chalfen Richard – A sociovidistic approach to children's filmmaking: The Philadelphia Project, in: Studies in Visual Communication, Nr. 1, 1981, S. 2-32.

16 Caputo, Virginia: Anthropology's silent ‚others': a consideration of some conceptual and methodological issues for the study of youth and children's cultures, in: V. Amit-Talai/H. Wulff (Hrsg.): Youth Cultures, London/New York 1995, S. 19-42

17 Theunert, Helga/Schorb, Bernd: Videoproduktionen mit Jugendlichen als qualitative Forschungsmethode, in: Dieter Baacke/lHans-Dieter Kübler (Hrsg.): Qualitative Medienforschung, Tübingen 1989, S. 279-304; Niesyto, Horst: Erfahrungsproduktion mit Medien. Selbstbilder, Darstellungsformen, Gruppenprozesse, Weinheim/München 1991.

gene sowie über mehr abstrahierende Symbolisierungen auszudrücken. Die Video-Eigenproduktionen wurden wissenschaftlich beobachtet (Erhebung von Kontextinformation über den Entstehungsprozess) und anschließend analysiert und interpretiert. Der Einsatz der Videotechnik bereitete dabei keine größeren Probleme. Vom technischen Stand her haben die heutigen Videokameras ein Niveau erreicht, das viele gestalterische Möglichkeiten eröffnet. Jugendliche gehen mit Video souverän um, und es bedarf meist nur weniger, gezielter Anregungen, um einigermaßen aussagekräftiges Bildmaterial aufnehmen und bearbeiten zu können. Die Aufnahmen lassen sich unmittelbar und wiederholt anschauen und für die Nachbearbeitung gibt es inzwischen in einer Reihe von Einrichtungen gute Möglichkeiten.

Bei der Analyse von Video-Eigenproduktionen geht es um die *Exploration gruppenbezogener Selbstbilder:* Selbsteinschätzungen und Wirklichkeitsinterpretationen, die den symbolischen Darstellungen in den Videofilmen zu entnehmen sind.[18] Diese Darstellungen enthalten Aussagen in Form einer Montage von Bildern und Tönen zu relevanten *Themen,* d.h. zu kulturellen und sozialen Erfahrungen und Erlebnissen, die sich vor allem auf die gruppen- oder cliquenbezogene Praxis beziehen und die für die Art der Wirklichkeitswahrnehmung eine besondere Bedeutung haben. Der Begriff „Thema“ impliziert dabei auch unbewusste, verdrängte, emotional besetzte Themen, die nicht verbal artikuliert werden, aber deren subjektive Relevanz sich gerade in der ästhetischen Praxis mit audiovisuellen Ausdrucksformen zeigt.

Die Aufgabe und zugleich Kunst des Ansatzes „Jugendforschung mit Video“ besteht nun darin, Arbeits- und Darstellungsformen zu finden, die eine wirklich *gruppenbezogene Erfahrungsproduktion* mit Video ermöglichen. Mitarbeiter benötigen Einfühlungsvermögen, pädagogisches Geschick und filmästhetische Kompetenz,

- um die handlungsleitenden Themen der jeweiligen Gruppe zu entdecken;
- um Themen, die einzelnen Jugendlichen sehr wichtig sind, aber aufgrund von Gruppenzwängen übergangen werden, aufzuspüren und freizulegen;
- um Formen der Aneignung der Videotechnik und der Filmgestaltung anzuregen, die dem vorhandenen Ausdrucksvermögen der Jugendlichen entgegenkommen;
- um in allen Produktionsphasen eine möglichst gemeinsame Form der Produktion zu gewährleisten.

Es ist unbestritten, dass Eigenproduktionen mit Video immer *nur Ausschnitte* aus der Lebenswelt Jugendlicher sind. Aber in Videofilmen besteht – ähnlich wie in künstlerischen Erzeugnissen allgemein – die Chance, bestimmte Aspekte zu *verdichten. Wenn* es gelingt, gruppenadäquate Arbeits- und Darstellungsformen zu eröffnen, kann Jugendforschung – so die Überlegung – über die Symbolbildung in Videofilmen einen Einblick erhalten, was den Kern bestimmter Gefühle, Haltungen und Stimmungen bei Jugendlichen ausmacht,

18 Niesyto, Horst, 1991, S. 34f., 122f.

wie „geschlossen“ oder wie ambivalent diese Gefühle sind. Wenn die Jugendlichen spüren, dass es nicht um irgendeine Sache, sondern um *sie selbst* geht, wenn sie im Laufe des Produktionsprozesses neue Seiten an sich erfahren – dann kann in einer Gruppe die Motivation zu einem gemeinsamen Produkt, zur aktiven Mitarbeit, zu einem lebendigen Film entstehen.

„Jugendforschung mit Video“ ist dabei an dem vorhandenen, *subjektiven Ausdrucks*vermögen interessiert – in all seiner Vielfalt, aber auch in seiner Gebrochenheit. Es würde ein Forschungsprojekt auf einen falschen Weg führen, professionelle Standards der Filmproduktion zur Grundlage der Arbeit zu machen. Erfahrungsgemäß reicht es aus, ein *Minimum* an filmtechnischen und -gestalterischen Kenntnissen für die Aufnahmephase in einer spielerischen und orientierenden Weise zu vermitteln. Beratung wird auch bei der Frage notwendig, welche Darstellungsabsichten sich gut visualisieren lassen und welche Darstellungsabsichten eine größere Filmerfahrung und mehr Aufwand benötigen. Hierzu gehören auch Hilfestellungen und das Aufzeigen alternativen Möglichkeiten bei der Suche nach einer „gestaltenden Idee“ für die Montage bzw. die Nachproduktion (dramaturgische Ebene). Gerade collageartige Produktionen, die auf assoziativ-anschaulichen Arbeitsformen beruhen, eröffnen oft Chancen, über das Verwenden von „Fremdmaterial“ – z.B. aus dem Fernsehen – und seiner Montage in neue Zusammenhänge, eigene Visualisierungsideen gut zu realisieren.

4.2 Gegenstand und Fragestellungen des Projekts „VideoCulture“

Das Projekt „VideoCulture“ hat die Analyse von themenbezogenen Videofilmen (mit computergestützter Nachbearbeitung) und deren Interpretation zum Gegenstand. Die Videofilme werden von Jugendgruppen aus verschiedenen Ländern (Sprachräumen) im Rahmen von Workshops erstellt. Danach werden die Filme den Jugendgruppen in den Partnerländern zugesandt. Die Jugendlichen versuchen, die in den „Fremdfilmen“ enthaltenen Symbolisierungen zu verstehen. Die Aufgabe der wissenschaftlichen Begleitung ist es, die Produktionsprozesse zu beobachten und zu dokumentieren sowie die Videofilme und die verschiedenen Interpretationsangebote der Jugendlichen entlang der forschungsleitenden Fragestellungen zu analysieren:

a) Inwieweit ist es möglich, über die Eigenproduktion von Videofilmen Elemente einer transkulturellen, audiovisuellen Symbolsprache zwischen Jugendlichen aus unterschiedlichen Sprachräumen zu entwickeln? Was sind die Möglichkeiten und wo sind die Grenzen des Verstehens dieser Videofilme?
b) Welche unterschiedlichen Formen der Symbolproduktion und des Symbolverstehens sind in den Videofilmen und Interpretationsangeboten zu erkennen? Inwieweit sind diese Formen durch unterschiedliche soziokulturelle Faktoren beeinflusst, z.B. lokale, bildungsmäßige, geschlechtsbezogene, ethnische, medienkulturelle Besonderheiten?

c) Welche medienästhetischen und medienpädagogischen Formen der Begleitung sind sinnvoll für die Realisierung einer solchen interkulturellen Kommunikation mit Video? Welche Formen der computergestützten Bild- und Tonbearbeitung sind hierfür sinnvoll und weiter zu entwikkeln?

Um möglichst aussagekräftige Produktionen zu erhalten, die auch vergleichbar sind, wird das Projekt bestimmte Rahmenbedingungen definieren. So wird die Forschungsgruppe zu Beginn ein *Rahmenthema* festlegen, das möglichst nah an jugendkulturellen Bedürfnissen der vorgesehenen Altersstufen (11-13 und/oder 14-17 Jahre) liegt, gut visualisierbar ist und sich zugleich auf ein aktuelles Themenfeld interkultureller Verständigung bezieht. Des weiteren bietet es sich an, zu Beginn ein *Set von Video-Ästhetiken* zu definieren. Dieses Set soll nicht in Form eines technischen Einführungblocks, sondern möglichst in Verbindung mit den Rezeptionserfahrungen der Jugendlichen sowie der Auswertung ihrer ersten Kameraaufnahmen in den Workshops vermittelt werden. Die Definition dieses Sets ist auch im Hinblick auf die spätere Analyse wichtig, um zu erkennen, ob und wie bestimmte Anregungen aufgegriffen wurden. Dabei möchte der Prozess der Videofilm-Produktion den Jugendgruppen optimale Möglichkeiten für eine *subjektive Symbolproduktion* mit Video eröffnen. Entsprechend der allgemeinen Projektintention sollen die Jugendgruppen versuchen, ihr Thema möglichst nur mit Bildern, Musik und möglichst ohne Text/Wortsprache darzustellen. Hierfür wird die Fähigkeit der medienpädagogischen Begleitung wichtig sein, die Jugendlichen einfühlsam bei der ästhetischen Umsetzung ihrer jeweiligen Darstellungsabsichten zu beraten. Eine weitere Aufgabe ist es, *gruppenbezogene* Videofilm-Produktionen zu entwickeln und entsprechende Erfahrungswerte aus früheren Projekten aufzugreifen (siehe oben). Dies bedeutet, Jugendliche auszuwählen, die sich bereits aus Cliquenzusammenhängen heraus kennen. Damit soll erreicht werden, dass die Videofilme möglichst gemeinsam geteilte Wertorientierungen und Gruppengefühle ausdrucken. Allen Gruppen wird dieselbe *technische Ausstattung* zur Verfügung stehen: S-VHS-Kameras, sound-recording, digitaler Bild-Mixer. Die Workshops werden dieselbe Dauer haben und die Räume sollen möglichst in räumlicher Nähe zu dem alltäglichen Lebensumfeld der Jugendlichen liegen.

4.3 Zur wissenschaftlichen Begleitung des Projekts

Das Projekt „VideoCulture" ist als eine *medienethnographische, explorative Forschung* konzipiert. Wesentlich ist der Versuch, die subjektiven Formen der Symbolbildung und des Symbolverstehens zu erforschen. Hierfür bedarf es der Kombination von assoziativ-anschaulichem und begrifflichem Denken, der Synthese verschiedener Erkenntnisweisen – ohne die Rationalität begrifflichen Denkens können wir uns nicht über bildhaft-symbolische Darstellungen verständigen. Im Sinne eines *kommunikativ* angelegten Forschungsprozesses ist das Einbeziehen der *Jugendlichen* von großer Bedeutung. Die Jugendgruppen interpretieren gegenseitig die ihnen zugesandten Filme und versuchen, die in den Filmen enthaltenen Symbolisierungen und Aussagen zu verstehen. Diese Interpretationsangebote werden dokumentiert, und eine Zusammenfassung wird der jeweiligen Produktionsgruppe mit der Möglichkeit zu einer Stellungnahme zugesandt.[19] Falls dem Projekt zeitliche Kapazitäten bleiben, sollen die Videofilme außerdem Jugendlichen bzw. Jugendgruppen derselben Altersstufe gezeigt werden, die an den Workshops nicht beteiligt waren. Dadurch könnten Aussagen über die interkulturelle Verstehbarkeit der Videofilme auf eine breitere empirische Grundlage gestellt werden.

Für das methodische Vorgehen sind verschiedene Formen geplant, die bereits bei früheren Forschungsprojekten angewandt wurden.[20] Hierzu gehören vor allem die teilnehmende Beobachtung während der Workshops, Gruppendiskussionen mit Jugendlichen während einzelner Produktionsphasen, Interviews mit medienpädagogischen Mitarbeitern, assoziative Interpretationsverfahren sowie Einsatz von Fragebögen bei den Filminterpretationen bis hin zu Analysen und Interpretationen durch externe Fachleute. Auf der Basis sämtlicher empirischer Materialien aus dem Projekt sowie der verschiedenen Interpretationsangebote wird eine zusammenfassende Auswertung aller Videofilme erstellt (Filmanalysen unter Einbeziehen von Kontextinformationen). Hierfür ist es wichtig, Kriterien für eine *Hermeneutik audiovisueller Eigenproduktionen zu* entwickeln. Die bisherige Jugend- und Kulturforschung verfügt über kein „geeignetes Besteck“, über kein „erprobtes und bewährtes Instrumentarium“[21], um latente und manifeste Bedeutungsgehalte in intersubjektiv anerkannter Form zu deuten. In Zusammenhang mit dem explorativen Forschungsansatz soll versucht werden, mittels dialogischer Verfahren audiovisuelle Symbolisierungen zu versprachlichen. Ziel ist nicht das Aufstellen eines Regelkanons von „Bildgrammatik“, sondern das Aufspüren transkultureller Elemente sowie sozial-ästhetischer Muster der Symbolproduktion in den Videofilmen.

Literatur

Anders, Günther: Die Antiquiertheit des Menschen. Über die Seele im Zeitalter der zweiten industriellen Revolution, Bd. 2, München (1956) 1987

Arnheim, Rudolf: Anschauliches Denken, (University of California 1969) Köln 1985

---

19 In einem Folgeprojekt bestünde hier – alternativ bzw. ergänzend zu einer schriftlichen Antwort – die Überlegung, den Videofilm der Partnergruppe mit einem "Video-Brief" direkt zu beantworten, die Kommunikation in demselben Modus fortzusetzen.

20 Niesyto, Horst, 1991 und ders., 1997.

21 Müller-Doohm, Stefan: Visuelles Verstehen. Konzepte kultursoziologischer Bildhermeneutik, in: Thomas Jung/Stefan Müller-Doohm (Hrsg.): ‚Wirklichkeit‘ im Deutungsprozeß. Verstehen und Methoden in den Kultur- und Sozialwissenschaften, Frankfurt am Main 1993, S. 438-457 (442).

Baacke, Dieter: Medienkompetenz als Netzwerk, in: medien praktisch, 2, 1996, S. 4-10

Baacke, Dieter/Sander, UwelVollbrech, Ralf: Lebenswelten sind Medienwelten, Opladen 1990

Bachmair, Ben: Symbolische Verarbeitung von Fernseherlebnissen in assoziativen Freiräumen, Kassel 1984

Bachmair, Ben: Wege und Auswege aus der Mediendebatte. Perspektiven für Forschung und Pädagogik, in: Diskurs, 1, 1994, S. 56-61

Bachmair, Ben/Charlton, Michael (Hrsg.): Medienkommunikation im Alltag, München/Paris/London/New York 1990

Caputo, Virginia: Anthropology's silent ‚others': a consideration of some conceptual and methodological issues for the study of youth and children's cultures, in: Virginia Amit-Talai/Helena Wulff (Hrsg.): Youth Cultures, London/New York 1995, S. 19-42

Chalfen, Richard.- A sociovidistic approach to children's filmmaking: The Philadelphia Project, in: Studies in Visual Communication, 1, 1981, S. 2-32

Charlton, Michae/lNeumann, Klaus: Medienkonsum und Lebensbewältigung in der Familie, Weinheim/München 1986

Charlton, Michae/lNeumann-Braun, Klaus: Medienkindheit, Medienjugend, München 1992

Featherstone, Mike: Undoing Culture. Globalization, Postmodernism and Identity, London 1995

Florey, Ernst: Geist oder Automat: Spekulationen über das fühlende Gehirn, in: Kunstforum, Nr. 126, 1994, S. 92-103

Langer, Susanne: Philosophie auf neuem Wege, (Cambridge/Mass. 1942) Frankfurt/Main 1987

Lauffer, Jürgen1Volkmer, Ingrid (Hrsg.): Kommunikative Kompetenz in einer sich verändernden Medienwelt, Opladen 1995

Meyrowitz, Joshua: Die Fernsehgesellschaft. Wirklichkeit und Identität im Medienzeitalter, Weinheim und Basel 1987

Müller-Doohm, Stefan: Visuelles Verstehen. Konzepte kultursoziologischer Bildhermeneutik, in: Thomas Jun/Stefan Müller-Doohm (Hrsg.): „Wirklichkeit" im Deutungsprozeß. Verstehen und Methoden in den Kultur- und Sozialwissenschaften, Frankfurt am Main 1993, S. 438-457

Niesyto, Horst: Erfahrungsproduktion mit Medien. Selbstbilder, Darstellungsformen, Gruppenprozesse, Weinheim/München 1991

Niesyto, Horst: Sozialvideografie und Jugendforschung, in: deutsche jugend, 1, 1997, S. 11- 18

Reimann, Horst (Hrsg.): Transkulturelle Kommunikation und Weltgesellschaft, Opladen 1992

Theunert, Helga/Schorb, Bernd: Videoproduktionen mit Jugendlichen als qualitative Forschungsmethode, in: Dieter Baacke/Hans-Dieter Kübler (Hrsg.): Qualitative Medienforschung, Tübingen 1989, S. 279-304

Willis, Paul: Jugend-Stile. Zur Ästhetik der gemeinsamen Kultur, Hamburg 1990

Norbert Neuß

Zeichnungen als Erhebungsinstrument der qualitativen Rezeptionsforschung

„Das ist die wahre Symbolik,
wo das Besondere das Allgemeine repräsentiert,
nicht als Traum und Schatten,
sondern als lebendig-augenblickliche Offenbarung
des Unerforschlichen“
(J. W. Goethe)

In diesem Artikel geht es um Erhebungsmöglichkeiten[1] von Verarbeitungs- und Repräsentationsweisen medialer Inhalte bei Vorschulkindern. Es handelt sich dabei um einen Untersuchungsgegenstand, der sich der Beobachtung als Erkenntnismöglichkeit prinzipiell entzieht. Die im Bewußtsein ablaufenden Vorgänge sind nur durch Übersetzung objektivierbar und kommunizierbar zu machen. Diese Untersuchung unterscheidet sich also von solchen, die per Beobachtungsstudie[2] die Medienerlebnisse innerhalb sozialer Interaktion und Kommunikation analysieren. Bei solchen Studien ist es schwer, den individuellen Anteil der Medienaneignung von dem, durch die Interaktion mit anderen Kindern ausgelösten Anteil zu isolieren. Während sich diese Untersuchungen eher dem Medienhandeln und der sozialen Medienkommunikation widmen, bezieht sich der hier vorgestellte Ansatz auf die individuelle Medienkommunikation[3] und die parasoziale Interaktion[4]. Zur Untersuchung der individuellen Wahrnehmungs- und Erinnerungsvorgänge muß eine Methodologie gewählt werden, die die Fragen nach Subjektivität, Individualität und Visualität der Medienerinnerung operationalisiert.[5] Die grundlegende These

1 Vgl. Neuß, Norbert: Symbolische Verarbeitung von Fernseherlebnissen in Kinderzeichnungen. Eine empirische Studie mit Vorschulkindern. München 1999. (Dissertation).

2 Vgl. z.B. Barthelmes, Jürgen/Feil, Christine/u.a.: Medienerfahrungen von Kindern im Kindergarten. München 1991, S. 287ff. Die Fragestellung dieser Untersuchung war, wie Kinder im Kindergarten mit ihren Medienerfahrungen umgehen und wie sie dort ihre Medienerlebnisse einbringen.

3 Vgl. Charlton, Michael: Methoden der Erforschung von Medienaneignungsprozessen. In: Holly, W./Püschel, U. (Hrsg.): Medienrezeption als Aneignung. Methoden und Perspektiven qualitativer Medienforschung. Opladen 1993, S. 13.

4 Bachmair hebt die Notwendigkeit hervor, die Mensch-Medien-Beziehung bzw die Medienaneignungs- und Verarbeitungsprozesse mit Hilfe von medienanalytischen Verfahren und empirischen Belegen zu rekonstruieren. Vgl. Bachmair, Ben: Tiefenstrukturen entdecken – Medienanalyse und Massenkommunikation. In: Holly, W./Püschel, U. (Hrsg.): Medienrezeption als Aneignung. Methoden und Perspektiven qualitativer Medienforschung. Opladen 1993/d, S. 43-58, hier S. 43f.

5 Vgl. Charlton 1993, S. 14.

dieses Artikels lautet: Der Komplexität und Andersartigkeit des visuellen Eindrucks ist mit einem methodologischen Instrumentarium zu begegnen, das nicht ausschließlich an Sprache orientiert ist, sich aber dennoch in einen hermeneutischen Verstehensvorgang zurückführen läßt.

Mit Hilfe von medienbezogenen Kinderzeichnungen und anschließenden narrativen Interviews sollen die Struktur und der Inhalt von Medienerinnerungen bei Vorschulkindern analysiert werden. Anhand dieser beiden, sich ergänzenden empirischen Materialien wird gefragt, welchen Bezug das Medienerlebnis innerhalb der bisherigen biographischen Erfahrungen hat.

Die medienbezogenen Kinderzeichnungen und bildbegleitenden Interviews sind für drei Argumentationslinien nutzbar zu machen:

- Kinderzeichnungen als Erhebungsinstrument der qualitativen Rezeptionsforschung
- Kinderzeichnungen als Hilfestellung zur Verarbeitung von Medieninhalten in pädagogischen Handlungsfeldern (Kindergarten, Hort, Schule)[6]
- Kinderzeichnungen als didaktisches, medienpädagogisches Material innerhalb von Bildungsprozessen Erwachsener (z.B. medienbezogene Elternbildung)[7]

In diesem Artikel trage ich ausschließlich einige forschungstheoretische und forschungspraktische Überlegungen zur Bedeutung von Zeichnungen für die qualitativen Rezeptionsforschung vor. Dabei wird es insbesondere darum gehen, ein Erhebungs- und Interpretationsverfahren vorzustellen und zu diskutieren, welches die symbolischen Verarbeitungsprozesse von medialen Inhalten aufdeckt und interpretierbar macht.

Forschungsdesign: Zeichnungen als Erhebungsinstrument

Zur Methode: Die Kinder bekommen einen A2-Papierbogen, der durch eine Linie in zwei A3-Felder geteilt ist. Sie zeichnen nacheinander je ein Bild zu einem schrecklichen und einem schönen Fernseherlebnis, an das sie sich erinnern. Begonnen wird mit dem negativen Erlebnis, damit die positive Erinnerung das Zeichnen abschließt. Als Visualisierungshilfe sind auf der linken oberen und der rechten oberen Ecke des Blattes ein trauriges und ein lachendes Gesicht zu sehen. Im Anschluß an die Phase des Zeichnens wird mit jedem Kind einzeln ein narratives Einzelinterview[8] durchgeführt, das eine thematische Fokussierung durch die zweiteilige Zeichenaufgabe bekommen hat. Die Me-

---

6 Vgl. Neuß, Norbert: Kinderzeichnungen als Reflexion von Medienerlebnissen. In: Aufenanger, St. (Hrsg.): Neue Medien – Neue Pädagogik. Bonn 2000.

7 Vgl. Neuß, Norbert, u.a.: Erlebnisland Fernsehen. Medienerlebnisse im Kindergarten aufgreifen, gestalten, reflektieren. München 1997.

8 Vgl. Schütze, Fritz: Die Technik des narrativen Interviews in Interaktionsfeldstudien. Arbeitsbericht Universität Bielefeld. Bielefeld 1978, S. 5.

thode des narrativen Interviews wird hier gewählt, um dem Kind die Strukturierung des Gesprächs zu überlassen. Im Sinne der phänomenologischen Methode sind Bilder und Sprache Objektivationen von Bewußtseinsvorgängen, durch deren Kopplung emotionale und kognitive Muster[9] verstehbar werden sollen. „Durchweg wird das Phänomenverstehen, gleich welcher methodischen Schattierung, als eine Rekonstruktion von subjektiv intendierten oder gemeinten Sinn- und Bedeutungszuschreibungen aufgefaßt."[10] Ausgangspunkt ist ein Ansatz, der sich an Lebenswelt- und Alltagskonzepten orientiert.

Bei der Versprachlichung der visualisierten Erinnerung geht es um definitorische Benennungen einzelner Bildelemente, um den erinnerten Film, die einzelne Szene oder ein einzelnes Bild sowie um die biographischen Anteile der Medienrezeption. Mit Bezugnahme auf konstruktivistische Positionen wird Biographie nicht als schlichte Abfolge von Daten und Ereignissen verstanden. Lebensgeschichten sind „nicht das Sammelsurium dessen, was ein einzelner insgesamt objektiv durchlebt hat, sondern sie sind strukturierte Selbstbilder."[11] *Schmidt* spricht nicht von Lebensdarstellung, sondern von Lebenserfindung durch den ständigen Prozeß der Selbsterfindung und Selbstkommunikation.[12] In dieser Perspektive haben Individuen autopoietischen Charakter.[13]

Der hier vorgestellte Ansatz versteht sich als Teil medienbiographischer Forschung, die die Beziehung von Medienaneignungsprozessen und biographischen Erlebnissen aufzuspüren versucht.[14] Aufgrund der entwicklungsbedingten Wahrnehmungs- und Artikulationsfähigkeiten von Vorschulkindern kann es jedoch nicht darum gehen, geschlossene biographische Lebensläufe zu rekonstruieren, sondern eher selbstwahrgenommene Biographieelemente zu ermitteln. Beim Erzählen ihrer medialen Erinnerungen müssen die Kinder allerdings von der Gegenwart ausgehen. Dabei erfährt das Erinnerte im Laufe der Zeit individuelle Akzentsetzungen und Umformungen, die wesentlich auf die Prozesse der symbolischen Verarbeitung hinweisen.

---

9 Vgl. Neisser, Ulrich: Kognition und Wirklichkeit. Prinzipien und Implikationen der kognitiven Psychologie. Stuttgart 1979.

10 Vgl. Jung, Thomas/Müller-Doohm, Stefan: Einleitung. Das Verstehen und das „Methodische". In: Dies. (Hrsg.): „Wirklichkeit" im Deutungsprozeß. Verstehen und Methoden in den Kultur- und Sozialwissenschaften. Frankfurt a.M. 1993, S. 9-26, hier S. 18.

11 Vgl. Fischer, Wolfram: Struktur und Funktion erzählter Lebensgeschichten. In: Kohli, Martin (Hrsg.): Soziologie des Lebenslaufs. Darmstadt 1978; S. 311-337, hier S. 319.

12 Vgl. Schmidt, Siegfried J.: Fuszstapfen des Kopfes. Prosa aus konstruktivistischer Sicht. Münster 1989, hier S. 20.

13 Vgl. Luhmann, Niklas: Die Autopoisis des Bewußtseins. In: Soziale Welt 36. 1985, S. 402-446.

14 Die medienbiographische Forschung arbeitet vorwiegend mit Interviews, in denen die Verwobenheit der Lebensgeschichte des Rezipienten mit dem medialen Angebot zum Ausdruck kommen soll. Dabei wird versucht, die Eigenperspektive der handelnden Subjekte innerhalb der historischen Dimension des Lebenslauf möglichst umfassend zu thematisieren.

Beabsichtigt ist also, Zeichnungen und bildbezogene Interviews als Mittel des Fremdverstehens von Medienaneignungsprozessen einzusetzen sowie die Funktion und Reichweite der Zeichnung innerhalb des qualitativen Forschungsprozesses zu erheben und zu diskutieren.

1. Funktionen der Zeichnung im qualitativen Forschungsprozeß

Warum werden die Kinder nicht direkt über ihre Medienerlebnisse befragt? Zeichnen die Kinder lediglich, um einen Gesprächsanlaß zu haben? Ist die Zeichnung nur Mittel zum Zweck?

Die vorgestellte Methode versucht, den häufig erhobenen Forderungen nach non-verbalen Artikulationsformen innerhalb der qualitativen Forschung gerecht zu werden. Für dieses Vorgehen ist eine theoretische Begründung notwendig.

Stefan *Aufenanger* fordert für den Entwurf eines Forschungsdesigns, „daß Fragestellung, Theorie und Methode in gegenseitigen Rechtfertigungsbedingungen stehen, die einen fundierten Bezug aufeinander sicherstellen."[15]

Bei der Eruierung von fernsehbezogenen Sichtweisen von Vorschulkindern sollte gewährleistet sein, „daß sich die Kinder in den Formen äußern können, die für sie alltagsüblich und gewohnt sind."[16] Damit hebt *Theunert* das zentrale Prinzip der Adressatenorientierung hervor, und fordert „Methoden anzuwenden, die die kindlichen Formen der Auseinandersetzung mit Gegenständen berücksichtigen."[17] Eine Form der tätigen Weltaneignung von Vorschulkindern ist das Zeichnen. Die methodologische Kombination von Zeichnung und Sprache wird gewählt, um dem Kind eine größtmögliche Nähe zu seinen sonstigen Ausdrucksweisen zu bieten und gleichzeitig für den Forscher eine größtmögliche Nähe zu den Bewußtseinsleistungen bzw. kognitiven Repräsentationen des Kindes herzustellen. Über die Adressatenorientierung hinaus lassen sich für die Zeichnung als Erhebungsinstrument in qualitativen Forschungsprozessen weitere Begründungsaspekte anführen:

1.1 Reflexion

Beim Zeichenvorgang findet zunächst eine sprachfreie intrapersonale Kommunikation und Reflexion über etwas Erlebtes statt. Die Phase des Zeichnens ist ein bewußt eingeräumter, zeitlicher Reflexionsraum, der die wesentliche Grundlage für das Interview bildet. Der Zugang zur Medienerinnerung soll

---

15 Aufenanger, Stefan: Qualitative Analyse semi-struktureller Interviews. In: Garz, Detlef/Kraimer, Klaus (Hrsg.): Qualitativ-empirische Sozialforschung. Konzepte, Methoden, Analysen. Opladen 1991/b, S. 35-59, hier S. 38.

16 Theunert, Helga (Hrsg.): „Einsame Wölfe" und „Schöne Bräute". Was Mädchen und Jungen in Cartoons finden. BLM-Schriftenreihe, Bd. 26. München 1993, S. 12.

17 Ebenda

zunächst ohne Erzähldruck und ohne die Zugzwänge des Erzählens[18], in einem ruhigen Rahmen der Rückerinnerung ermöglicht werden. Visualisierung ist ein methodologischer Schritt, der eine Kommunikation über das Verhältnis von Medieninhalt, Biographie und Identität erleichtern soll.

1.2 Akzentuierung und Strukturierung

Durch die räumliche Begrenzung des Zeichenpapiers muß der Zeichnende, je nach Aufgabenstellung, mehrere Auswahlentscheidungen treffen. Aus dem Gesamt seiner Medienerlebnisse legt er sich innerlich auf einen Film oder eine Szene fest. Anschließend muß er die erinnerten bzw. in der Gegenwart wiedererzeugten Bilder der Vergangenheit mit seinen Zeichenkompetenzen abgleichen und zeichnerisch umsetzen. Dabei erfährt das Erlebte eine symbolische Verdichtung und Akzentuierung innerhalb der Zeichnung, die das Kind selbständig vornimmt. Hierdurch soll erreicht werden, daß die Intentionen des Forschers, die bei Interviews häufig als prädeterminierende Faktoren einfließen, ausgeblendet bleiben. Die vom Kind selbstgefundene Akzentuierung mittels der Zeichnung ist ein Stellvertreter für das Erlebte und gleichermaßen eine Hilfe für die nachfolgende Verbalisierung des Erlebten. Diese Akzentuierung führt auch dazu, daß das anschließende Interview über Medienerlebnisse strukturierter und weniger sprunghaft verläuft.

1.3 Objektivierung

Durch den Prozeß des Zeichnens werden Sichtweisen auf bestimmte Szenen, Figuren oder Handlungen deutlich. „Wer Bilder macht, legt die Welt aus, die Welt, in der er handelt, er legt sein Verhältnis zu der Welt aus, in der er lebt. Seine Welt ist die psychische Welt, die soziale Welt, die kulturelle Welt, die gesellschaftliche Welt. Seine Welt ist die Gegenwart, die er erfährt und die Vergangenheit, die ihn einholt.“[19] Die subjektive Darstellung und Artikulation wird für den Produzenten und den Forscher zur „symbolischen Objektivation“[20]. Diese Vergegenständlichung und symbolische Verdichtung macht den artikulierten Bewußtseinsinhalt kommunizierbar, analysierbar und interpretierbar.

---

18 Vgl. Schütze 1978, S. 5.

19 Otto,Gunter/Otto, Maria: Auslegen. Ästhetische Erziehung als Praxis des Auslegens in Bildern und des Auslegens von Bildern. Seelze 1987, S. 20.

20 Bachmair, Ben: Symbolische Verarbeitung von Fernseherlebnissen in assoziativen Freiräumen (Teil 1). Kassel 1984, S. 34.

1.4 Erzählstimulus

Die Zeichnung hat neben ihrer Eigenständigkeit jedoch auch die Funktion des Erzählstimulus.[21] Eine vertraute Situation (ein Kind erklärt einem Erwachsenen seine Zeichnung) wird zur strukturierten Forschungssituation, indem das Kind über die präsentative Ebene des Bildes hinaus auch Informationen hinsichtlich der Rezeptionssituation und der erinnerten Beziehung zu eigenen Alltagserlebnissen herstellt. Die Versprachlichung stellt dabei den Versuch dar, Bedeutungen von Bildern zu konventionalisieren, um eine größtmögliche Nähe zur subjektiven Wirklichkeitswahrnehmung und Sinnkonstitution zu erreichen. In diesem Sinne ist Versprachlichung nötig, weil Sprache – trotz aller Rezeptionsspielräume – der Umgang mit konventionalisierten Zeichen ist. „Sollen selbst- und fremderstellte ästhetische Sachverhalte und das mit ihnen ‚für uns/für mich' Gemeinte durch pädagogische Verarbeitungsprozesse allgemeiner werden, so müssen die hierauf bezogenen Erlebnisbezüge in Verstehensprozesse einmünden und diese schließlich in das Medium der Sprache überführt werden."[22]

2. Kinderzeichnungen im Prozess des Fremdverstehens

Alfred *Schütz* hat als erster systematische Ansätze zu einer Theorie des Fremdverstehens formuliert. Bereits in seinem 1932 erschienen Werk „Der sinnhafte Aufbau der sozialen Welt" leitet *Schütz* das ein, was die verstehende Soziologie weiter formulierte. Zentrale These der Theorie des Fremdverstehens von *Schütz* ist, daß sich die Verstehensvorgänge eines Sozialwissenschaftlers und die der in der Lebenswelt lebenden Individuen im Prinzip nicht unterscheiden. Allerdings sind die theoretischen Voraussetzungen und systematisierenden Auswertungsverfahren als wesentliche Unterschiede von alltäglichen und wissenschaftlichen Verstehensprozessen anzusehen. Grundlage ist für *Schütz* die Bewußtseinsphilosophie Edmund *Husserls*. *Husserls* Verdienst war es, die Bedeutung von Erfahrungen in ihrem Rückbezug auf das lebensweltliche Fundament aller Sinnbildungsprozesse aufzudecken. Ausgangspunkt der Argumentation *Husserl*s ist die vernachlässigte Fundierung der wissenschaftlichen Erkenntnisprozesse in der lebensweltlichen Praxis. Der Rückbezug der Wissenschaft auf die Lebenswelt bestimmt die Ziele der

---

21 Hirzinger nennt Fotos, Tagebuchaufzeichnungen, Poster und Zeichnungen als Möglichkeiten, die Erinnerungsfähigkeit zu stimulieren bzw. das Erzählen für den Befragten zu vereinfachen. Dabei bezieht sie sich jedoch auf Dokumentenmaterial, das in der Vergangenheit angefertigt wurde. Der Erzählende nimmt bereits erstelltes Material zur Hilfe, um darüber Erinnerungen aufzubauen. Bei diesem Forschungsansatz führt die Zeichenaufgabe zunächst zur Erinnerung und dann zur Erzählung. Vgl. Hirzinger, Maria: Biographische Medienforschung. Wien 1991, S. 105.

22 Richter-Reichenbach, Karin-Sophie: Bildungstheorie und Ästhetische Erziehung Heute. Darmstadt 1983, S. 210.

Phänomenologie, nämlich die Beschreibung der Struktur der Wahrnehmung und der Sinnkonstitution des Individuums. Jede Erfahrung entsteht in einer Auseinandersetzung des tätigen Bewußtseins mit dem Erfahrungsgegenstand. Insofern wird auch mit der Erschließung der sinnkonstituierenden Vorgänge zugleich der konstituierte Erkenntnisgegenstand erfaßt. *Husserl* fragt in zwei Richtungen, indem er erstens ergründet, wie sich subjektiv in der Erfahrung des Subjekts Sinn konstituiert, und zweitens untersucht, wie sich der objektive Sinn eines Sinngebildes konstituiert. Diese doppelte Blickrichtung, nämlich auf den Erfahrungsgegenstand und auf den Akt der Erfahrung selbst, hat *Schütz* später bei der Untersuchung der Sinnverstehensvorgänge nachvollzogen, die für die sozialwissenschaftliche Hermeneutik relevant wurde. Seine Orientierung an lebensweltlichen Verstehensvorgängen war jedoch wesentlich durch das methodische Interesse der Wissenschaft motiviert, die insofern sie verstehen will, primär auf diejenigen Prozeduren des Fremdverstehens zurückgreifen muß, die alltägliches lebensweltliches Verstehen prägen. *Schütz* sieht den Akt des Selbstverstehens des sinnsetzenden Individuums in einer reflektierenden Zuwendung zu gemeintem Sinn und den Motiven des Handelns. „Nur das Erlebte ist sinnvoll, nicht aber das Erleben. Denn Sinn ist nichts anderes als eine Leistung der Intentionalität, die aber nur dem reflexiven Blick sichtbar wird.“[23] Es gibt keinen Sinn an sich, sondern nur einen Sinn, der sich als Selbstbezüglichkeit zur bisherigen Erfahrung und Biographie des Individuums setzt. Für unseren Zusammenhang folgt daraus: Die Deutung der Medienerlebnisse wird durch die Selbstauslegung innerhalb präsentativer Symbolisierungen möglich (hier Zeichnungen), indem das Medienerlebnis in einen bestehenden Sinnzusammenhang gestellt und vor der Folie dieses Zusammenhangs interpretiert wird. Das erfordert aber, daß die Kinder diese Folie des Zusammenhangs, so weit es ihnen möglich ist, selbst aufspannen. Die Analyse der symbolisierten Medienerlebnisse zeigt, daß diese Interpretationsfolie des Rezipienten auf mehrere Richtungen verweisen kann, die für die Medienaneignung als wesentlich angenommen werden müssen.[24]

Die Hinwendung zur Medienerinnerung vollzieht sich innerhalb dieses Forschungsansatzes in zweifacher Weise, nämlich zunächst in einer selbstbezüglichen Reflexion innerhalb des Zeichenvorgangs und dann in einer kommunikativen Reflexion innerhalb des dialogischen, bildbezogenen Interviews. So können in medienbezogenen Zeichnungen Elemente des Medientextes, situative Momente der Medienrezeption sowie biographische Momente repräsentiert sein. Diese Offenheit, die im wesentlichen durch die Symbolisierungsart zustande kommt, überläßt dem Kind in der Phase des Zeichnens einen größtmöglichen Spielraum an eigenen Bedeutungssetzungen. Wenn mit der Rezeptionsvorstellung des interpretierenden und sinndeutenden Rezi-

23 Schütz, Alfred: Der sinnhafte Aufbau der sozialen Welt. Eine Einleitung in die verstehende Soziologie. Wien 19602. (orgin. 1932), hier S. 49.

24 Ihre Darstellung würde jedoch die Zielsetzung und den Umfang dieses Artikels sprengen.

pienten gearbeitet und die Mediennutzung als eine aktive, realitätsverarbeitende Handlung angesehen wird, so kommt bei der Erforschung der individuellen Nutzung den Aspekten der Umformung und Umgestaltung von Sendungsinhalten besondere Bedeutung zu, weil Antizipationen und Wunschvorstellungen (z.B. bezogen auf Handlungen von Medienfiguren) wesentlich auf Distanzierungs- und Verarbeitungsmöglichkeiten hinweisen. „Was Gestalten in einer technologischen Welt der Medien heißt, was Sinnperspektiven in einer seriellen Welt der Medienerfahrungen sind, wie Medien zur Kommunikationsbedingung werden, welche Subjektivität an der neuen Grenzlinie zwischen innen und außen, zwischen öffentlichem und privatem Raum entsteht, – das sind Fragen, die sich nur hermeneutisch, also sowohl in der Perspektive der kulturhistorischen Entwicklung, als auch in der Lebensperspektive der konkreten Menschen und ihrer Lebensgestaltung entdecken und verstehen lassen.“[25] Dazu ist es notwendig, sich auf die Lebens-, Wahrnehmungs- und Erlebnisperspektiven von Kindern einzulassen. Sie nehmen Wirklichkeit mit einer qualitativ anderen Perspektive als Erwachsene wahr (nicht besser oder schlechter), und sie bearbeiten ihre Wirklichkeit mit Mitteln, die Erwachsenen nicht mehr zur Verfügung stehen. So nimmt z.B. die Expressivität von Kinderzeichnungen kontinuierlich ab. *Reiß* erklärt dies entwicklungspsychologisch. „Voroperationale Denkstrukturen werden aufgegeben und münden in konkret-geistige Operationen, um dann wiederum von abstrakt-formalen Operationen abgelöst zu werden.“[26] Die kognitiven Ordnungsmuster führen zu einer naiven, qualitativ anderen Wirklichkeitswahrnehmung, die mit dem Alter und mit der Ausbildung von kognitiven Schemata abnimmt. Aus der Sicht eines Kindes ‚fehlt‘ also Erwachsenen gerade diese Art der Wirklichkeitserfahrung. In dieser Logik können Erwachsene – von bestimmten Künstlern abgesehen – die expressive Kreativität und Produktivität von Kindern nie wieder erreichen und haben deshalb Schwierigkeiten, Kinder und deren Symbolsysteme zu verstehen. Kinderzeichnungen und die damit verknüpfte symbolische Verarbeitung lassen sich auf mindestens vier Ebenen analysieren.

Diese Ebenen sind gleichermaßen Ergebnis als auch Voraussetzung für das methodologische Verstehen[27] von symbolischen Verarbeitungsprozessen. In der qualitativen Methodologie ist es mittlerweile zum Standard geworden, daß zum wissenschaftlichen Verstehen von etwas die Beschreibung des Untersuchungsgegenstandes und das Verstehen des Verstehens selbst gehören. Die folgende Kinderzeichnung von *Moritz* und ein Auszug aus dem bildbezogenen Interview mit ihm illustrieren diese Ebenen beispielhaft. *Moritz* hat hier eine Szene aus dem Fernsehen gezeichnet, die ihm Angst gemacht hat.

---

25 Bachmair, Ben: Fernsehkultur. Subjektivität in einer Welt bewegter Bilder. Opladen 1996, S. 19.

26 Reiß, Wolfgang: Kinderzeichnungen. Wege zum Kind durch seine Zeichnung. Neuwied, Kriftet, Berlin 1996, S. 43.

27 Dies gilt auch für das Verstehen in pädagogischen Handlungsfeldern.

Abbildung 1: Ebenen in Kinderzeichnungen

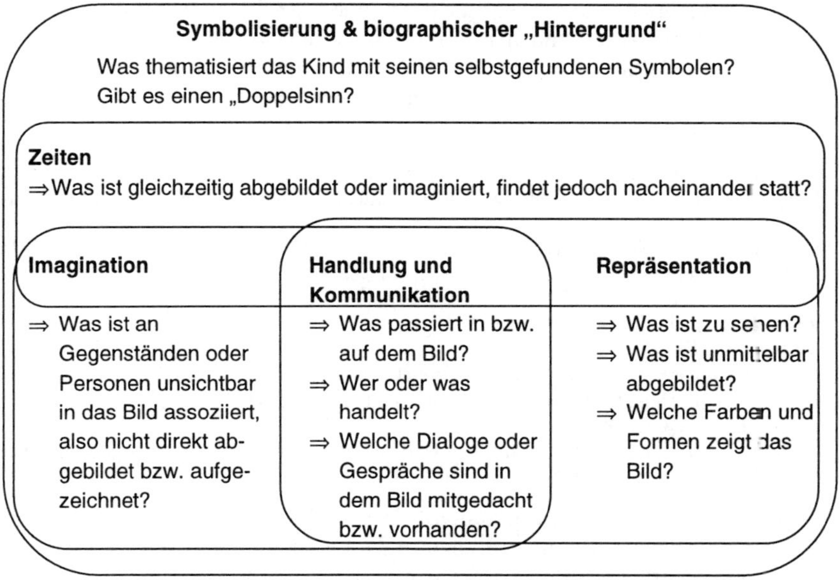

Abbildung 2: Medienerlebnis zum Film „Batman“

Eine Beschreibung auf der Darstellungsebene, würde ergeben, daß eine Person zu erkennen ist, daß diese Figur unter einem geviertelten Kreis steht, daß eine Doppellinie zu erkennen ist und daß es sich um eine gegenständlich-figürliche Darstellung handelt usw. Erst das Interview mit *Moritz* zeigt die semantische Struktur der Medienerinnerung deutlicher.

Dazu ein Interviewausschnitt:

Interviewer: „Hast du Lust, etwas zu deinem Bild zu erzählen?" (...)
Moritz: „Das ist das Monster. Das Monster drückt Batman mit dem Kopf hier rein, ins Wasser."
Interviewer: „Das Monster drückt Batman mit dem Kopf ..." (Moritz zeigt auf das Feld zwischen den beiden waagerechten Linien).
Moritz: „... ins Wasser."
Interviewer: „Ach hier ist das Wasser."
Moritz: „Ja."
Interviewer: „Und Batman ist jetzt aber gar nicht zu sehen?"
Moritz: „Hmhm" (Zustimmung). „Weil der ist ja im Wasser."
Interviewer: „Ach der ist hier im Wasser."
Moritz: „Hmhm" (Zustimmung). (...) Und das ist die Höhle, da wo er drin wohnt und das ist die Lampe.

Für *Moritz* sind also zwei Figuren auf dem Bild vorhanden, obwohl nur das Monster zu sehen ist. Batman ist auch in dem Bild enthalten, jedoch nur imaginiert. Dieser ist nach einem Kampf mit dem Monster ins Wasser untergetaucht. Allein dieser kurze Interviewausschnitt vermittelt einen kleinen Eindruck über die Reichweite von Assoziationen und Imaginationen bezüglich dieser eigentlich unaufwendig wirkenden Zeichnung. So werden im Interview sechs definitorische Benennungen (Monster, Batman, Höhle, Wasser, Lampe, Kopf) von Moritz vorgenommen. Außerdem spielt sich auf der Zeichnung eine Handlung ab (*Das Monster drückt Batman mit dem Kopf hier rein, ins Wasser),* die wiederum als Imagination innerhalb der Zeichnung mitgedacht ist. Neben Handlungen finden sich auch häufig imaginierte Dialoge zwischen abgebildeten oder imaginierten Personen oder Gegenständen in Kinderzeichnungen. Um die symbolischen Aussagen und die Semantik von Zeichnungen zu verstehen, sind die in Zeichnungen dargestellten und imaginierten Elemente ernstzunehmen und als ‚syntaktische Oberfläche' vor dem biographischen Hintergrund zu interpretieren. Auch Zeichnungen, die sich nicht auf Medienerlebnisse beziehen, sind eine Form verdichteter Erlebnisse und lassen sich mit Hilfe dieser Analyseebenen hinsichtlich ihrer Bedeutungen verbal entfalten. Die wesentliche Problematik in der Interpretation von visuellem Material kommt durch die Differenz zwischen subjektiver Sinnzuschreibung des Produzenten und der Sinnsuche des Betrachters mit Hilfe des kulturell vermittelten, konventionalisierten Sinn- oder Symbolsystems zustande.

3. Selbstauslegung und Fremdverstehen

Bei den Vorgängen des Fremdverstehens muß von vornherein die Perspektive auf die äußere Welt gerichtet werden, weil Bewußtseinsvorgänge und Bedeutungssetzungen lediglich durch Handlungen und durch Symbolisierungen anderer Art interpretierbar sind. Nach Max *Weber* sollte die Sinnsetzung des anderen in gleicher Weise ausgelegt werden, in der das Subjekt sein eigenes Erleben vollzieht. Dabei ging *Weber* von der Idealvorstellung aus, daß der Deutende dieselben Erlebnisse des Subjekts in ihrer Erlebnisintensität und -reihenfolge erlebt hat wie der Beobachter.[28] Dies wird von *Schütz* kritisiert, der eine mangelnde Differenzierung der Interpretation von gemeintem und objektivem Sinn sieht. *Schütz* kritisiert an *Weber*, daß er zwischen Handeln als Ablauf und vollzogener Handlung, zwischen dem Sinn des Erzeugens und dem Sinn des Erzeugnisses, zwischen dem Sinn des eigenen und fremden Handelns bzw. eigener und fremder Erlebnisse, zwischen Selbstverstehen und Fremdverstehen keinen hinreichenden Unterschied macht.[29] Der „gemeinte" Sinn ist jedoch wesentlich an die innere Wahrnehmung des Subjekts gebunden und damit dem Fremdverstehen unzugänglich. *Schütz* macht im folgenden Zitat die Möglichkeit, aber auch die Grenze von Fremdverstehen deutlich: „Wenn ego also den anderen verstehen will, dann muß ego vor allem den Sinn von dessen ‚Bezeichnungen' rekonstruieren und auf seine subjektiven Motive hin auslegen. Damit dürfte plausibel werden, daß Verstehen fremden Sinnes nur näherungsweise gelingen kann und daß das Ausmaß dieses Verstehens abhängig von egos Wissen über den konkreten anderen, von seinem Wissen und den objektiven, das heißt sozial gültigen Sinn einer Kundgabe, und von seinen situativen Relevanzen (also davon, wie korrekt die Auslegung egos pragmatischen Interessen nach sein muß). Fremdverstehen heißt, Anzeichen und Zeichen als Appräsentationen eines anderen Bewußtseins deuten, und das heißt de facto natürlich, eine Selbstdeutung vornehmen. Der tatsächlich gemeinte Sinn eines Handelnden und das, was von einem anderen als ‚gemeinter Sinn' gedeutet wird, ist prinzipiell nicht identisch. Letzteres ist nur ein Näherungswert zum ersten."[30] Auch aktuellere Schriften, insbesondere der konstruktivistischen Erkenntnistheorie, verweisen auf diese Grenze. So weist *Luhmann* auf die prinzipielle Schwierigkeit des Austausches und der Verständigung von Bewußtseinsvorgängen hin: „Es gibt keinen unmittelbaren Kontakt zwischen verschiedenen Bewußtseinssystemen. [...] Kein Bewußtsein hat einen direkten Zugang zu einem anderen Bewußtsein, denn das hieße: sich in dessen bewußte Operationen bewußt einschalten zu können. Gegenüber anderem Bewußtsein stehen einem Bewußtseinssystem nur zwei Arten von Operationen zur Verfügung: Beobachtung und Teilnahme

---

28 Vgl. Schütz 19602, S. 23ff.

29 Vgl. Schütz 19602, S. 12ff.

30 Schütz, Alfred: Symbol, Wirklichkeit und Gesellschaft. In: Ders.: Gesammelte Aufsätze. Bd. 1, Den Haag 1971, S. 331-414.

an Kommunikation."[31] Insofern ist, nach *Schütz*, dem Fremdverstehen als Handlungsablauf nie der „gemeinte" Sinn vorgegeben, sondern einzig die Ausdrucksbewegung des zu verstehenden Subjekts. In dieser Ausdrucksbewegung finden sich Anzeichen für einen im fremden Bewußtsein konstituierten Sinn, die als symbolische Objektivationen in einem Sinnzusammenhang stehen und als objektiver Sinn zu interpretieren sind. Der Zusammenhang, in welchem die Selbstauslegung und der subjektive Sinn nachträglich gedeutet und verstanden werden, ist jedoch ein intersubjektiver. Bezogen auf die Untersuchung von Rezeptionsvorgängen bedeutet das, daß zwar Anzeichen von Rezeptionsprozessen gesucht und gefunden werden, aber die „ursprünglichen" Bewußtseinsprozesse während der Filmrezeption prinzipiell nicht erhebbar sind. Ben *Bachmair* betont, daß die Rekonstruktion von Verarbeitungsprozessen „dem Lösungsweg eines Puzzles ähnelt: Man sieht sich die einzelnen Elemente des Puzzles genau an und fragt sich, welches Bild sie wohl zeigen werden."[32] Als Teile dieses Puzzles nennt er die Themen der Kinder (biographische, lebensweltbezogene oder entwicklungsbedingte Themen), die Fernseherlebnisse, die Rezeptionssituation sowie die Bilder, Figuren und Geschichten auf dem Bildschirm.[33]

Ein wesentliches Merkmal für die Untersuchung von Medienaneignungsprozessen ist der fehlende, abschließende Rand des Puzzles, der es zu einem vollständigen Bild abschließen könnte. Ob und wie die einzelnen Teilchen allerdings wiederum zueinander passen, hängt sowohl von den selbsterzeugten Bedeutungszuschreibungen des Rezipienten als auch der nachträglichen Rekonstruktion des Forschers ab. Weil nie alle Puzzleteile vorhanden sein werden, muß mit der Unabgeschlossenheit der Interpretation forschungstheoretisch umgegangen werden. Diese Offenheit führt alle qualitativ arbeitenden Verfahren in die Nähe der Philosophie. Die Metapher des Puzzles wird insbesondere jenen Wissenschaftlern ein ‚Dorn im Auge' sein, die die Gültigkeit von Forschungsergebnissen an den klassischen Gütekriterien der quantitativen Forschung ausrichten.

4. Zeichnungen sind „Proben" der Medienaneignung

Ästhetische Symbole sind „Übergangsobjekte"[34] zwischen innerer und äußerer Wirklichkeit, die eine „sanft geschwungene Brücke zwischen systemischer Syntax und semantischer Individualität"[35] bauen. Damit verweisen äs-

31 Luhmann 1985, S. 404.

32 Bachmair, Ben: Handlungsleitende Themen: Schlüssel zur Bedeutung der bewegten Bilder für Kinder. In: Deutsches Jugendinstitut: Medienerziehung im Kindergarten – Teil 1. Pädagogische Grundlagen. Opladen 1994, S. 171-184, hier S. 176.

33 Vgl. Bachmair 1994, S. 177.

34 Vgl. Winnicott, D. W.: Vom Spiel zur Kreativität. Stuttgart 19853.

35 Mollenhauer, Klaus: Grundfragen ästhetischer Bildung. Theoretische und empirische Befunde zur ästhetischen Erfahrung von Kindern. Weinheim/München 1996, S. 260.

thetische Produkte, wie es auch Kinderzeichnungen sind, in zwei Richtungen, nämlich als individueller Ausdruck auf etwas Innerweltliches und als Bezugnahme auf etwas Außenweltliches.[36] In dieser Situierung liegt ihre besondere Qualität für die Analyse von Rezeptionsprozessen. Die medienbezogenen Kinderzeichnungen sind Produkte dieser Zwischenwelt, in die auch assoziierte und antizipierte Motive einfließen. Für die Frage, wie die Qualität des ästhetischen Produkts zu beschreiben ist und in welchem Verhältnis die Empfindungen des Rezipienten dazu stehen, hilft Nelson *Goodman*s Terminus der „metaphorischen Exemplifikation“[37] weiter. Mit dem Terminus der metaphorischen Exemplifikation will *Goodman* das beschreiben, was alltagssprachlich als ‚Ausdruck‘ bezeichnet wird. „Was zum Ausdruck gebracht wird, wird metaphorisch exemplifiziert.“[38] Ästhetische Produkte sind Beispiele, die auf etwas in der Innenwelt hinweisen, das nicht unmittelbar, sondern nur metaphorisch gezeigt werden kann. Zur Veranschaulichung der metaphorischen Exemplifikation bringt *Goodman* das häufig zitierte Beispiel des „Stoffmusters“, bei dem er das Verhältnis des Ganzen zu einem Einzelstück beschreibt. So wie ein Stückchen Stoff eine Probe für die Eigenschaften des gesamten Stoffs abgibt, so ist auch das ästhetische Produkt eine Probe von etwas. „Der Punkt ist also der, daß eine Probe eine Probe nur von einigen ihrer Eigenschaften ist – oder daß die Probe diese exemplifiziert -, und daß die Eigenschaften, zu denen sie diese Exemplifikationsbeziehung hat, sich mit den Umständen ändern und daß sich diese Eigenschaften nicht anders spezifizieren lassen als durch die Angabe, für welche Eigenschaften, unter gegebenen Umständen, die Probe ein Beispiel ist.“[39] Bezogen auf Kinderzeichnungen heißt dies, daß sich in Zeichnungen bestimmte Eigenschaften manifestieren, die eine Konzentration oder Auswahl darstellen und auf gewisse Aspekte der Medienaneignung verweisen.

Allerdings schränkt *Goodman* ein: „Ein von einem Stoffballen abgeschnittenes und als Probe verwendetes Stoffmuster ist nicht immer eine gute Probe. Es kann zu klein sein, so daß die Musterung gar nicht sichtbar ist, oder so geschnitten, daß es ein zusammenhängendes Motiv nur stückweise oder in irreführender Lage zeigt.“[40] Dazu ein Beispiel:

36 Vgl. Neuß, Norbert (Hrsg.): Ästhetik der Kinder. Interdisziplinäre Beiträge zur ästhetischen Erfahrung von Kindern. Frankfurt a.M. 1999.

37 Vgl. Goodman, Nelson: Sprachen der Kunst. Entwurf einer Symboltheorie. Frankfurt a.M. 1995. (orgin. 1976), S. 59.

38 Goodman 1995, S 88.

39 Goodman, Nelson: Weisen der Welterzeugung. Frankfurt a.M. 1984, S. 84f.

40 Goodman 1984, S. 163.

Abbildung 3: Proben eines Stoffmusters

Die in dieser Abbildung skizzierten fünf Proben können alle von demselben Stoffballen stammen. „Jedes enthält die gleiche Materialmenge wie die übrigen, und natürlich enthält keines davon die gesamte Musterung, die vielleicht aus vielen langen Bändern besteht. Dennoch ist von den fünfen vielleicht dasjenige rechts unten die einzige repräsentative Stoffprobe.“[41] Wenn *Goodman* von guter Probe spricht, so meint er damit, daß sie geeignet ist, um die Merkmale des Ganzen in geeigneter Weise zu repräsentieren. Die ästhetischen Produkte der Kinder sind jedoch nicht eine Probe von irgendetwas, sondern sie stehen hier unter zwei Aufmerksamkeitsrichtungen, nämlich dem Bezug zu Medienerlebnissen und der emotionalen Bezogenheit (Angst/Spaß). Wenn also ein Kind mit Bezug zu einem schönen oder ängstigenden Medienerlebnis ein ästhetisches Produkt anfertigt, so ist dies eine metaphorische Exemplifikation, die als solche eine Probe der oszillierenden Bewegung zwischen Rezipient und Medientext darstellt. Aus methodologischer Sicht wird diese Probe, je nachdem in welche Richtung sie weist, um entsprechend vorhandene Informationen erweitert. Da ästhetische Produkte aufgrund ihrer symbolischen Verdichtung und Metaphorik in der Regel interpretationsbedürftig sind, kann man ihren Sinn nur herausfinden, indem man dem Kind die Beschreibung und Auswahl der bedeutsamen Kennzeichen zugesteht und gemeinsam versucht, diese zu verbalisieren. Die Frage ist also, inwieweit die äußerlich wahrnehmbare Erscheinung für einen außenstehenden Betrachter zuverlässig auf den inneren Vorgang der Medienaneignung bzw. auf den Medientext verweist. Die Problematik des Verstehens wird zudem durch den Gebrauch von nichtkonventionalisierten Zeichen erschwert.

Ich möchte das Bild des Stoffmusters aufgreifen und mit Ergebnissen von unterschiedlichen methodologischen Vorgehensweisen vergleichen, die ebenso mal gute und mal schlechte „Proben“ für einen bestimmten Sachverhalt (Fragestellung) sein können. Jede Operationalisierung erhebt in einer bestimmten Weise eine Probe eines komplexen Wirklichkeitsausschnittes, um diese dann zu analysieren. Wenn *Goodman* in Bezug auf die Probe von irre-

41 Goodman 1984, S. 163.

führender Lage oder zu kleiner Probe spricht, so ist diese Beurteilung einer Probe jedoch nur im direkten Vergleich mit ähnlichen Proben desselben Stoffballens möglich. Ob die Operationalisierung einer Fragestellung gute Ergebnisse hervorbringt, läßt sich lediglich im Vergleich zu Proben anderer Forschungsdesigns feststellen. Ob die Ergebnisse eine gute oder schlechte Probe des sinnproduzierenden Individuums sind, läßt sich als solches nicht sagen, weil dies prinzipiell fremd bleibt. Deshalb läßt sich nur im Vergleich von Ergebnissen unterschiedlicher Methoden sehen, wieweit sie ‚geeignete Proben' abgeben. Was die Rezeptionsforschung angeht, so haben die sorgfältig angestellten Untersuchungen von Michael *Charlton* und Klaus *Neumann-Braun*[42] eine Vielzahl „guter Proben" solcher Medienaneignungsprozesse gebracht. Daß auch Zeichnungen und bildbezogene Interviews eine passende Methode zur Erforschung von Medienaneignungsprozessen darstellen, möchte ich im folgenden weiter theoretisch begründen. Dabei leitet mich die weitere Überlegung, einem zunehmend dominanter werdenden visuellen Kulturmuster methodologisch mit einer adäquaten Ausdrucksform gerecht werden, um über präsentative Symbolisierungen an tiefere Bedeutungsschichten der Medienaneignung heranzukommen.

5. Visuelles Kulturmuster und präsentative Symbolisierungsformen

Ein wesentliches Argument für dieses methodologische Vorgehen baut auf den Überlegungen zur Bedeutung präsentativer Symbolisierungsformen von Susanne K. *Langer*[43] auf. *Langer* formuliert im Anschluß an Ernst *Cassirer* eine umfassende Theorie des menschlichen Bewußtseins, „deren Kern die Symbolisierung und deren Problem die Morphologie des Sinngehaltes ist."[44] *Langer* unterscheidet zwei wesentliche Symbolisierungsformen; die diskursive und die präsentative Symbolisierung. Zu den diskursiven Formen gehören die Sprachen der Wissenschaft und die informatorische und argumentative Sprachverwendung, zu den präsentativen Formen, die Künste, Mythos, Religion und Riten. Mit der Beschreibung des Symbolisierungsvorgangs will *Langer* „die festgefahrenen Antagonismen von Geist und Körper, Verstand und Trieb, Autonomie und Gesetz"[45] auflösen. Dazu stellt sie die mentalen Mechanismen dar, die der Symbolisierung zugrunde liegen. Sie charakterisiert das menschliche Bewußtsein als einen dauernden Prozeß der symboli-

42 Vgl. Charlton, Michael/Neumann, Klaus: Medienkonsum und Lebensbewältigung in der Familie. München-Weinheim 1986. Charlton, Michael/Neumann, Klaus: Medienrezeption und Identitätsbildung. Tübingen 1990.

43 Langer, Susanne K.: Philosophie auf neuem Wege. Das Symbol im Denken, im Ritus und in der Kunst. Frankfurt a.M. 1987, (orig. 1942).

44 a.a.O. S. 288.

45 a.a.O. S. 33.

schen Transformation psychophysischer Impulse. „Symbole sind nicht Stellvertretung ihrer Gegenstände, sondern Vehikel für die Vorstellung von Gegenständen."[46] Dies überträgt sie auch auf die Wahrnehmung von Bildern und hebt hervor, daß „das Bild seinem Wesen nach ein Symbol ist, nicht ein Duplikat dessen, was es darstellt."[47] *Langer* argumentiert gegen zwei Thesen der Erkenntnistheorie, nämlich daß „die Sprache das einzige Mittel sei, um artikuliert zu denken" und „daß alles, was nicht aussprechbarer Gedanke ist, Gefühl sei."[48] Von hier aus kritisiert sie auch das wissenschaftliche und materiale Denken. „Solange wir nur den diskursiven Symbolismus als Träger von Ideen anerkennen, muß ‚Denken' in diesem beschränkten Sinn als unsere einzige geistige Tätigkeit angesehen werden. Sie beginnt und endigt mit der Sprache; ohne wenigstens die Elemente einer wissenschaftlichen exakten Grammatik muß Begreifen unmöglich sein."[49] Der Irrtum dieser Vorstellung sei in der zugrunde liegenden Voraussetzung zu finden, nämlich daß jeder artikulierte Symbolismus diskursiv sei. Sie setzt sich von dieser Vorstellung ab und argumentiert, deutlich in der Nähe konstruktivistischer Vorstellungen[50], daß es „Dinge gibt, die in das grammatische Ausdrucksschema nicht hineinpassen" und „durch ein anderes symbolisches Schema als die diskursive Sprache begriffen werden müssen."[51] Anhand der Analysen von Kunst, Musik und Mythen zeigt sie, daß diese ebenso symbolisch sind wie die Sprache und daß Sprache nicht die einzige artikulierte Hervorbringung ist. Was mit sprachlichen Begriffen nicht oder nur höchst unzulänglich ausgedrückt werden kann, wird von Kunstwerken, Musik, Riten und Mythen in vergleichbarer Weise mit Hilfe des präsentativen Symbolismus vergegenständlicht. Die Formen des präsentativen Symbolismus sind zwar von denen des diskursiven Symbolmodus unterschieden, zählen aber dennoch zum rationalen Symbolismus. Visuelle Formen sind ihrer Möglichkeit nach zu komplexeren Kombinationen fähig, jedoch sind die Regeln dieser visuellen Artikulationen von denen der Wörter unterschiedlich. „Der radikalste Unterschied ist der, daß visuelle Formen nicht diskursiv sind. Sie bieten ihre Bestandteile nicht nacheinander, sondern gleichzeitig dar, weshalb die Beziehungen, die eine visuelle Struktur bestimmen, in einem Akt des Sehens erfaßt werden."[52] *Langer* sieht in der Unaussprechbarkeit bestimmter Phänomene auch die Begründung dafür, daß eine an die Sprache gebundene Theorie die präsentativen Symbolisierungen aus dem Herrschaftsbereich des Verstandes und der Erkenntnissphäre ausschließt. Mit ihrer Arbeit hat sie die Formen des Diskurses um die des präsentativen Symbolismus ergänzt und beide zu einer Theorie der symbolischen Transformation vereint. Ihre Argumentation bildet inso-

---

46 a.a.O. S. 69.
47 a.a.O. S. 76.
48 a.a.O. S. 93.
49 a.a.O. S. 94.
50 a.a.O. S. 95ff.
51 a.a.O. S. 95.
52 a.a.O. S. 99.

fern einen theoretischen Bezugsrahmen für meinen methodologischen Ansatz, als sie die Bedeutung von präsentativen Symbolisierungsformen und ihre spezifischen Merkmale herausarbeitet. Der präsentative Symbolismus ist auch ein rationaler Denkprozeß. Stärker als der diskursive Symbolismus, bindet er jedoch auch gefühlsmäßige Anteile der Wirklichkeitsverarbeitung ein. Hier entsteht die Verbindung zur Wahrnehmung, Erinnerung und Artikulation von Medienerlebnissen. Um Kindern für die Artikulationen ihrer medienbezogenen Erlebnisse auch die Ebene der Gefühle[53] anzubieten bzw. diese einzubeziehen, wird zunächst eine präsentative Symbolisierungsform (in Form der Zeichnung) gewählt. Bilder sind geistige Erfindungen, in denen Bedeutungen gesetzt, Zusammenhänge hergestellt und isolierte Sinnesdaten zu komplexen Sinneinheiten verbunden werden. Für die Erforschung von Medienaneignungsprozessen bedürfen die diskursiven Symbolisierungen (z.B. Interviewerhebungen) der Ergänzung durch die präsentativen Formen, damit ein umfassender Begriff von menschlicher Rationalität gemeint ist. Nur beide Symbolisierungsformen gemeinsam können die Vielschichtigkeit und Widersprüchlichkeit menschlicher Erfahrungen adäquat ausdrücken. Insofern sind nicht nur für Kinder phantasiebetonte und gestalterische Formen der Artikulation und Auseinandersetzung mit den Medienerinnerungen nötig.[54] Für Kinder kann die präsentative Symbolisierung ein notwendiger Mittler zur abstrakteren, diskursiven Symbolisierungsform sein. Dieser Argumentation folgt die Forderung nach Interdisziplinarität und Methodenpluralität. Um kognitiven und emotionalen Elementen bei der Artikulation von erinnerten Medienerlebnissen gerecht zu werden, wurde die methodologische Kombination von präsentativen und diskursiven Symbolisierungsformen gewählt. Stefan *Müller-Doohm* betont im folgenden Zitat die Notwendigkeit dieser Art Methodenkombination, um möglichst viele Schichten der Deutung und Bedeutung aufzuschließen. „Ein Verdienst der phänomenologischen Bildhermeneutik ist darin zu sehen, daß sie uns die Augen für das bildeigentümliche Darstellungsprinzip geöffnet, die Gleichzeitigkeit von diskursiven und präsentativen Symbolformen in Gestalt einer simultanen gegebenen Ganzheit nachgewiesen hat. Die daraus resultierende Bedeutungsvielfalt visueller Materialien, die Vielschichtigkeit ihrer Bedeutungsgehalte und Sinndimension verlangt eine Methodenvielfalt.“[55]

---

53 Insbesondere die Untersuchungsergebnisse von Hertha Sturm sind bezüglich der emotionalen Wirkungen von Medienwirkungen hier zu berücksichtigen. Vgl. u.a. Sturm, Hertha: Medienwirkungen auf Wahrnehmung, Emotion, Kognition. In: Issing, Ludwig J. (Hrsg.): Medienpädagogik im Informationszeitalter. Weinheim 1987.

54 Daß diese Methode auch bei jungen Erwachsenen zu weitreichenden Ergebnissen führt, kann anhand von 30 Zeichnungen gezeigt werden.

55 Müller-Doohm, Stefan: Visuelles Verstehen. Konzepte kultursoziologischer Bildhermeneutik. In: Jung, Thomas/Müller-Doohm, Stefan (Hrsg.): „Wirklichkeit“ im Deutungsprozeß. Verstehen und Methoden in den Kultur- und Sozialwissenschaften. Frankfurt a.M. 1993, S.439-457, hier S. 454. Dieser Artikel bietet eine gute Übersicht über unterschiedliche Konzepte zur Bildhermeneutik.

6. Ontologie und Hermeneutik des Bildes

Die bisherigen Überlegungen haben gezeigt, daß Fernseherlebnisse, die in ihrer Unmittelbarkeit und Präsentation nicht überwiegend sprachförmig, sondern visuell vermittelt sind, auf ein Übersetzungsmedium angewiesen sind, das der Logik des Bildhaften deutlich näher ist als die Sprache. So bemängelt auch *Boehm,* daß die Hermeneutik zu sehr die Sprache als ihr Reflexionsmedium angesehen hat und die „Ausbildung einer ‚Hermeneutik nichtsprachlichen Ausdrucks' bislang kaum erfolgte."[56] In der abendländischen Kultur haben der nichtsprachliche Ausdruck und das sich daran anschließende Verstehen kaum eine Tradition, weil Sprache und Schrift als Erkenntnismöglichkeiten Vorrang erhielten. Solange Sprache als Medium der Logik galt, konnte in der Andersartigkeit des Bildes keine eigene Qualität der Erkenntnis gesehen werden. Die methodische Erweiterung des Verstehens auf alle Bereiche des Ausdrucks ist deshalb von größter Bedeutung. „Gerade diejenigen Erfahrungen, die nicht selbst schon sprachförmig kodifiziert sind, vielmehr einer eigenen Logik folgen, wären auf das Organ einer Verständigung besonders angewiesen."[57] Was ist jedoch das Spezifische des bildhaften Ausdrucks? Insbesondere Gottfried *Boehm* hat dazu beigetragen, das Bildverstehen als Teil der hermeneutischen Reflexion zu diskutieren und auf die Grenzen der sprachlichen Vermittlung von nichtsprachlich gemachten Erfahrungen aufmerksam zu machen. „Die Hermeneutik des Bildes hat ihren Ursprung, wo die Bilderfahrung des Auges in das Medium der Sprache übergeht."[58] So bezeichnet *Boehm* das Bild zwar „als Medium eigener Art und eigener Wahrheit", das allerdings durch Worte kaum ersetzt werden kann, weil es Sinn und Bedeutungen mit anderen Regeln darstellt, als es die Sprache tut. *Boehm* versucht die Ontologie des Bildes[59] mit den Begriffen „Potentialität" und „Grenze" zu fassen. „Wenn eines vom Bild grundsätzlich gilt, dann eine Unverträglichkeit gegenüber der Trennung von abstrakten Zeichen und ihrem transzendenten Sinn. Bildlichkeit fällt vor die metaphysische Unterscheidung von Zeichen und Bezeichnetem, Innen und Außen, Sinnlichkeit und Begriff, Form und Inhalt."[60] *Boehm* benennt ein Beispiel, um die Unterschiedlichkeit von bildlichem und sprachlichem Ausdruck zu verdeutlichen: „Während ein reales Ding, z.B. ein Baum, sich im Wechsel seiner Erscheinungsformen (kahl, belaubt, noch als geschlagenes Holz) als der immer gleiche kategoriale Sachbestand behauptet und als solcher auch sprachlich bestimmt zu werden vermag, kann dies von einem gemalten Baum niemals gelten. Die Identität eines realen Dinges beruht auf der Möglichkeit, sein Sein von seinen Erscheinungsweisen zu trennen. Dies kann deshalb gelingen, weil die

---

56 Boehm, Gottfried: Zu einer Hermeneutik des Bildes. In: Gadamer, H.-G./Boehm, G. (Hrsg.): Seminar: Die Hermeneutik und die Wissenschaften. Frankfurt a.M. 1978, S. 444-472, hier S. 444.

57 a.a.O. S. 444.

58 ebd. S. 444.

59 a.a.O. S. 450.

60 a.a.O. S. 449.

kategoriale Stabilität einer Sache durch ihre wechselnden Erscheinungsweisen hindurch einen Vorrang behält, der traditionell auch als der Unterschied von Substanz und Akzidentien beschrieben wurde."[61] Das im Bild Ausgedrückte ist Sein und Erscheinungsform in einem und macht die Potentialität des Bildes aus. Weil Sein und Erscheinung im Bild unzertrennlich und ununterscheidbar sind, kommt es zu Übergängen zwischen beiden. Allerdings besteht das Bild nicht aus der Summe von Teilen und Zeichen, sondern es konstituiert sich als „ein offenes Feld von Beziehungen und Kontrasten zwischen Grenzen".[62] Die im Bild enthaltenen Grenzen oder Grenzlinien entstehen durch Farben, Formen, Perspektiven, Kontraste und der Struktur der eingeschriebenen Geschichte des Bildes. „Bei der Betrachtung der Grenzlinien im Bilde und ihres Verhältnisses untereinander ist von ausschlaggebender Bedeutung, daß sie sich gegeneinander nicht absolut eindeutig determinieren, sie haben ‚Spiel' untereinander, d.h. aus der vielfältigen Korrelierbarkeit der Grenzen und ihrer jeweiligen Binneninhalte entsteht das Faktum von Zwischenräumen (...)."[63] *Boehm* führt die Identität von Sein und Erscheinung und ihre Ununterscheidbarkeit auf die „prinzipielle Unausgefülltheit der Zwischenräume" und auf die „Beweglichkeit der latenten Grenzlinien" zurück.[64] „Das ikonisch Dichte ist das (von der verbalen Sprache aus gesehen) Leerste am Bilde: die Nicht-Figur, d.h. die gleichzeitige Beziehungsform von Figur zu Figur, von Figur zu Komposition, zu Farbaufbau etc."[65]

Die wesentliche Problematik des Bildverstehens (Rezeption von Fernsehbildern, Rezeption von Zeichnungen oder Bildern) liegt in dem Transfer eines nichtsprachlichen in ein sprachliches Medium. Obwohl verschiedene Ansätze in der Kunstwissenschaft[66] davon ausgehen, daß das Visuelle auch mit Mitteln des Verbalen erfaßt werden kann, argumentiere ich dafür, die Sprache zwar für die Eruierung von visuellen Bedeutungen einzusetzen, jedoch anzuerkennen, daß damit die „Bildwirkung" nicht beschrieben werden kann. *Boehm* bezeichnet diesen Übersetzungszusammenhang von Bild und Sprache als „hermeneutisches Basisproblem"[67]. Bilder sind gerade deshalb nur begrenzt mit sprachlichen Mitteln zu beschreiben und zu analysieren, weil ihr Potential in dem Ausdruck des Unausdrückbaren liegt. „Dieses Unausdrückbare ist eben gerade das Ausgedrückte."[68] Gerade die Potentialität

61 ebd. S. 449.
62 a.a.O. S. 465.
63 a.a.O. S. 461.
64 a.a.O. S. 462
65 a.a.O. S. 463.
66 Vgl. Panofsky, E.: Zum Problem der Beschreibung und Inhaltsdeutung von Werken der bildenen Kunst. In: Aufsätze zu Grundfragen der Kunstwissenschaft. Berlin 1964. Panofsky versucht den visuellen Ausdruck durch eine Schichtentheorie des Bildes zu fassen und das Bild in drei Schichten (Phänomensinn, Bedeutungssinn, Wesenssinn) sprachlich zu zergliedern.
67 Boehm 1978, S. 447.
68 Dufrenne, Mikel: Phänomenologie und Ontologie der Kunst. In: Henckmann, Wolfhart (Hrsg.): Ästhetik. Darmstadt 1979, S. 141.

des Bildes ist ein Argument für das hier vorgestellte methodologische Vorgehen. Eine ausschließlich sprachliche Beschreibung wie „da habe ich einen Dinosaurier gesehen", gibt dem Forscher nur wenige Anhaltspunkte sowohl über die repräsentierte Gesamterscheinung dieser Figur als auch über den Gesamtzusammenhang der selbsterfahrenen Rezeption. Allerdings ist eine Eins-zu-Eins-Übersetzung von Bild in Sprache unmöglich. Dies liegt vor allem an der unterschiedlichen Semiotik dieser Zeichensysteme. Insofern reduziert die Versprachlichung immer die Ganzheitlichkeit und die Vielwertigkeit des ästhetischen Produktes. So wie z.B. eine Symphonie nicht erzählbar ist, ist auch ein Bild, seine Bedeutung und seine Potentialität nur begrenzt einem anderen Menschen verbal vermittelbar. Es bleibt immer ein Rest an Unsagbarem, das durch das spezifisch Präsentative dieser Ausdrucksformen zustande kommt. *Richter-Reichenbach* sieht dies als Preis „für ein größeres, auch sprachlich mitteilbares Bewußtsein."[69] Allerdings führen die ästhetischen Rezeptions- und Produktionsqualitäten von Vorschulkindern zu abstrakten Darstellungsweisen, deren Sinn, Bedeutung und Inhalt nicht unmittelbar aus der bildnerischen Form hervorgeht. Das bedeutet also, wir sind „gezwungen, einen Sinn anzuerkennen, der den Dingen nicht ähnelt, für den keine literarische Vorformulierung existiert, der sich in kein präexistentes System von Konventionen der Erfahrung einbettet."[70] Obwohl *Boehm* das vorangestellte Zitat auf abstrakte Kunstwerke bezieht[71], sind auch in Kinderzeichnungen häufig einer Vielzahl von Bedeutungen enthalten und assoziiert, die jedoch, ähnlich der modernen Kunst, in nicht-konventionalisierten Zeichen liegen; – allerdings ohne daß das Kind dies bewußt als stilistische Gestaltung (gleich einem Künstler) einsetzt. Wenn also Musik, Tanz und Bilder gerade durch die Qualität des präsentativen Ausdrucks etwas sprachlich Unausdrückbares ausdrücken, so ist der entstehende Eindruck in einem ebenso umgekehrten Übersetzungsverhältnis wieder sichtbar zu machen. Insofern Filme auch nichtsprachlich zu übersetzende Elemente enthalten (Bilder) müssen diesen sinnlichen Gegebenheiten mit ebensolchen nichtsprachlichen Ausdrucksmitteln erhoben werden. Konsequenterweise besteht also die Kinderzeichnung auch ohne die verbale Dialogerläuterung und ohne die anschließende analysierende Interpretation des Forschers. Allerdings wurde gezeigt, daß gerade die bildbezogene Kommunikation ein besseres und tieferes Verstehen der Kinderzeichnungen ermöglicht.

---

69 Richter-Reichenbach 1983, S. 210.

70 Boehm 1978, S. 446.

71 Auf die Diskussion, ob Kinderzeichnungen als „Kunst" zu werten sind, wird an dieser Stelle nicht eingegangen.

7. Zusammenfassung

Da die Wahrnehmung von Bildern andere kognitive Prozesse erfordert als die Wahrnehmung von gesprochenen oder geschriebenen Texten, ist ein Erhebungsinstrument nötig, daß auf der Grundlage einer ähnlich funktionierenden Semiotik die präsentativen Repräsentations- und Rezeptionsweisen operationalisiert. Medienbezogene Zeichnungen sollen als Proben die komplexen visuellen Repräsentationsweisen erschließen helfen. Die Probe ist zwar ein greifbarer Haltepunkt für Prozesse des Fremdverstehens, erlaubt aber keine vollständige Transparenz von Wahrnehmungs- und Verarbeitungsprozessen. Insofern verdeutlichen ästhetische Produkte in geeigneter Weise die Grenzen eines allzu erkenntnisoptimistischen wissenschaftlichen Selbstverständnisses, weil sie selbst als Übergangsobjekte zwischen Welt und Bewußtsein die Grenze eines auslegbaren und interpretierbaren Bewußtseins markieren. Dies sollte jedoch nicht als Defizit, sondern als Hinweis und Bestandteil der Kreativität und Komplexität des menschlichen Bewußtseins gewertet werden.

Manuela Pietraß

Distanz im Spiel – Die medienpädagogische Bedeutsamkeit der Präsentationsbedingungen von Computerspielen

Spiel steht in einem Austauschverhältnis zur Realität. Der Spielgegenstand kann diese Relation durch sich selbst darstellen, indem er seine Entsprechung und gleichzeitige Unterscheidung zur Wirklichkeit aufzeigt und darin seine Wirklichkeitsdifferenz markiert. Diese Markierungen stellen für den Spieler Distanzierungspunkte dar, an denen er die Relation zwischen Spiel und Wirklichkeit nachvollziehen kann.

Die Bundesprüfstelle bezieht bei der Indizierung von Computerspielen die realistische Ausführung der visuellen Darstellungen mit ein. So ist in der Begründung für die Indizierung von Mortal Combat vom 16.3.1994 zu lesen: „Weder akustische noch graphische Animation sind geeignet, das abgebildete Geschehen, [sic] als ‚realitätsfernes' bzw. ‚phantastisches' auszuweisen" (S. 6). Mortal Combat II wurde bezüglich der graphischen Ausführung ähnlich beschrieben: „Die Tötungsakte und ihre Folge werden weitgehend realistisch in Szene gesetzt. Der Tod des Gegners wird auf eine extrem blutige Art und Weise dargestellt und durch eine entsprechende akustische Untermalung der Schläge und Todesschreie zusätzlich verdeutlicht." (Bundesprüfstelle 28.9.1994, S. 9) Die Versionen des Computerspiels „Doom II – Hell on Earth" wurden am 14.12.1994 indiziert. Ihr „wesentlicher Inhalt" wurde als „die bedenkenlose, realistisch inszenierte Tötung unter anderem von Gegnern in Menschengestalt" beschrieben (S. 4). Dieser Argumentation liegt die Auffassung zugrunde, dass die Realitätsnähe des Gegenstandes die Unverbindlichkeit der spielerischen Erfahrung aufhebt und damit ethischen Maßstäben unterstellt werden muß. Wie ist zu begründen, dass der Gegenstand einer Erfahrung im Bereich des Spiels als so realistisch beurteilt wird, dass er einen Übergang von der spielerischen in die realistische Erfahrung bewirkt?

Spieltheoretisch wird von einer Abgrenzung vom Spiel zur Wirklichkeit ausgegangen. Diese Abgrenzung vollzieht sich durch die fehlende Verbindlichkeit spielerischen Handelns für die durch Notwendigkeit, Entscheidungsdruck und Handlungswirkung gekennzeichnete Alltagswelt. „Das Spielerische ist eine bekannte Kategorie für un-echtes, un-ernstes Tun, für ein ‚Gleichsam-tun' ohne Verbindlichkeit, ohne Verpflichtung. Die Spielsetzung läßt sich jederzeit widerrufen, die Spielregel aufheben." (Fink 1960, S. 75). Das Spiel ist aber nicht gänzlich abtrennbar von der Realität, sondern steht in einem Austausch mit ihr. Damit ist eine tendenzielle Verschiebung zur Wirklichkeit hin möglich. Es gibt, wie auch die pädagogische Beurteilung von Spielen zeigt (z.B. bei Computerspielen die von der Bundeszentrale für politische Bildung herausgegebene Reihe „Computerspiele auf dem Prüfstand"), eine Differenzierung von Spielerfahrungen hinsichtlich ihres Realitätsbezugs. Bei einer Verletzung geltender Normen und Werte (z.B. bezüglich Gewalt, Minderheiten, Pornographie) zeigt sich, dass die spielerische Unverbindlichkeit als aufgehoben gilt. Dies bezieht sich nicht nur auf ethische Normen, sondern z.B. auch auf als schädlich eingestufte Verhaltensweisen wie Kontrollverlust (Rauschhaftigkeit des Spiels, Risikofreude). Hier aber besteht nicht ein generelles Tabu, sondern es werden Abstufungen bezüglich der Realitätsnähe der Spielwelt vorgenommen: erst wenn diese „zu" realistisch wird, dann wird die Normverletzung oder Schädlichkeit konstatiert. Die Realitätsnähe der Spielwelt rückt besonders mit dem Aufkommen der durch die Computertechnologie virtuell erstellbaren Erlebnisräume in den Blickpunkt, da sie eine anschauliche Welt präsentieren, die der Phantasie des Spielers ihre Bedingungen setzt. Als technisch vermittelte Wirklichkeit unterliegt das Computerspiel spezifischen Bedingungen der Wirklichkeitskonstitution. Johannes Fromme (1995) spricht davon, dass sich das Kind beim Computerspiel die eingebildete Situation nicht selbst schafft, sondern sie auf dem Bildschirm bereits vorfindet (S. 45). Die mediale Produktion der Als-ob-Situation führe „gegenüber selbstgeschaffenen Phantasiesituationen zu einer größeren Konkretheit und Anschaulichkeit" (ebd.). So werden z.B. eigene Geräuschproduktionen des Kindes überflüssig. Das Kind gestalte die Situation nicht aus seiner Phantasie heraus, sondern es stehe einer bereits vorgefertigten Situation gegenüber, die es dann handelnd in dem gegebenen Rahmen ausfüllt. Die audiovisuellen und insbesondere die neuen Medien besitzen durch ihr gleichzeitiges Ansprechen verschiedener Sinneskanäle sowie durch die aufgrund ihrer Vermitteltheit entstehende Erzeugung abgegrenzter Sinnbereiche eine Erlebnishaftigkeit, die sie von selbst erzeugten Spielwelten unterscheidet. Das Gewicht der Spielgestaltung wird vom Spielenden auf die Präsentationsebene des Spiels verlagert. Damit erhält die Untersuchung dieser Art von präsentierten Spielwirklichkeiten medienpädagogische Bedeutung.

Bei den folgenden Ausführungen handelt es sich um theoretische Vorüberlegungen. Leitend ist die Frage einer möglichen Realitätsnähe des Spiels. Dazu werden drei, die Welt des Computerspiels konstituierende, Ebenen unterschieden: die visuelle, die inhaltliche (Plot) und die interaktive (Steuerung). Zunächst wird das Verhältnis zwischen Spiel und Wirklichkeit beschrieben. Die das Spiel kennzeichnende Spannung zur Wirklichkeit wird durch den Spieler aufrechterhalten; durch den Spielgegenstand kann diese Spannung durch *Markierungen seiner Differenz zur Wirklichkeit* dargestellt werden. Diese Markierungen stellen *Distanzierungspunkte* für den Spieler dar und weisen auf die das Spiel konstituierende Spannung zur Realität hin. Spiel kann man, in Anlehnung an Claessens (1980), als „Distanzierungstechnik" beschreiben und zugleich als Weg, diese Distanzierung zu erlernen. Im Spiel vollzieht sich eine ästhetische Distanzierung von der Wirklichkeit, womit letztere wiederum in ihren Forderungen an die Kompetenz des täglichen Handelns deutbar und bewältigbar wird. Die medienpädagogische Dimension der Fragestellung wird aus dieser Bedeutung des Spiels für den Menschen im Erlernen der Differenzierung zwischen verschiedenen Wirklichkeitsebenen abgeleitet. Es wird untersucht, wo das Computerspiel potentiell solche Markierungen enthält bzw. wo ihr Wegfallen die Differenz zwischen Spiel und Wirklichkeit tendenziell aufheben kann.

1. Die phantasievolle Distanzierung beim spielerischen Objektbezug und die Markierung der Wirklichkeitsdifferenz durch den Spielgegenstand

Die spielerische unterscheidet sich von der realistischen Erfahrung in ihrem Objektbezug, der bei der spielerischen in einem phantasievollen Objektbezug besteht, bei der realistischen in einem von einem bestimmten, funktionsgebundenen Sinn des Objekts ausgehenden Umgang. Diese Funktionalität besteht in einer Welt der geordneten Handlungsbezüge, getragen von der Notwendigkeit und dem Druck der Wirklichkeit des täglichen Lebens. Kulturelle „Vereinbarungen" ermöglichen ein Handeln, das nicht immer wieder von neuem bestimmt werden muß. Weiten Bereichen der alltäglichen Entscheidungen wird so ein Rahmen der relativen Eindeutigkeitverliehen, die von einer immer wieder erneuten Bestimmung dessen, was richtig sei, entlasten. Das heißt nicht, dass eine endgültige, fraglose Eindeutigkeit besteht – „Ordnungsschübe" erfordern Umdefinitionen und Reformulierungen von soziokulturellen Festsetzungen und schaffen neue Eindeutigkeiten (Waldenfels 1990) – aber Handeln ist in weiten Bereichen des Alltags auf diese Weise geregelt bzw. dieser funktioniert gerade auf dieser Maßgabe. Die in der alltäglichen Lebenswelt bestehende, relativ eindeutige Funktionalität von Objekten, ist in der ästhetischen Erfahrung von einem bildhaften Objektbezug ersetzt. Er ist weniger festgelegt und offen für eigene Deutungen des Gegenstandes durch den Spieler. Um die Mehrdeutigkeit eines Gegenstandes, die sich in seiner Bildhaftigkeit für den Spielenden ausdrückt, entstehen lassen zu können, ist eine phantasievolle Begegnung mit dem Gegenstand Voraussetzung.

Der Gegenstand erscheint nicht in seiner gewohnten Funktionalität und in deren sozio-kultureller Einbettung. Buytendijk beschreibt dies mit der „pathischen Bindung" an den Spielgegenstand, die das Objekt, anders als in der „gnostischen", nicht im Was sondern im Wie hervortreten läßt. Ein ganz bekannter oder gänzlich unbekannter Gegenstand eignet sich nicht zum Spielen, weil im ersten Fall der Reiz des bildhaft Neuen schwer zu finden ist, im zweiten die Phantasie von dem völlig unbekannten Gegenstand von Angst überdeckt wird (1933, S. 144). Die ästhetische Erfahrung des Spiels besteht in einem distanzierten Verhältnis zum Gegenstand, wobei der Begriff Distanz nicht Bindungslosigkeit meint. Diese Distanz ergibt sich aus dem zwischen Notwendigkeit und Gegenstandsverwendung geschobenen Freiraum eines phantasievollen Umgangs mit dem Gegenstand. Sie erfordert „Jugendlichkeit" (Buytendijk), was nicht eine bestimmte Altersgruppe, sondern eine Haltung bezeichnet, die dem Kind leichter fällt, da es im Sozialisations- und Enkulturationsprozeß erst mit der sozusagen „gnostischen Selbstverständlichkeit" von Objekten vertraut wird. Die pathische Bindung ermöglicht also die Fülle an Möglichkeiten, die dem Spiel seinen Reiz des noch nicht eindeutigen, bestimmten, überraschenden Ereignens geben. „In der Spielsphäre liegt zusammen das Mögliche nicht ganz Wirkliche mit dem wirklich Wirklichen." (Buytendijk 1933, S. 144) Hier zeigt sich, dass sich die Bildhaftigkeit des Gegenstandes in Auseinandersetzung mit dem ergibt, was er als materielle Eigenschaften und als kulturelle Funktionalität mit sich trägt. Spiel und Wirklichkeit sind keine abgeriegelten Bereiche, sondern stehen in einem Spannungsverhältnis zueinander, das sich in unterschiedlichen Gewichtungen auswirken kann. Dies gilt nicht nur das Spiel, sondern auch für die Wirklichkeit. Auf Basis des in der Phänomenologie begründeten Begriffs der alltäglichen Lebenswelt i. S. Alfred Schütz' (Schütz, Luckmann 1984) wird hier mit Wirklichkeit bzw. Realität die Welt des alltäglichen Handelns, die „Wirkwelt", bezeichnet. Auch sie kann durch Momente und Möglichkeiten des Spielerischen durchwirkt sein, z.B. wenn Arbeit kreative Gestaltungsmöglichkeiten offenläßt. Eine klare Abtrennung zwischen Spiel und Wirklichkeit ist letztlich nicht möglich und dient im vorliegenden analytischen Zwecken. Es sollen idealtypische Ausformungen bestimmter Arten des Wirklichkeitsbezugs bezeichnet werden, was es im weiteren erlaubt, qualitative Unterschiede der Präsentationsebenen herauszuarbeiten.

Als Spielzeug besitzt Spielzeug auch alltagsweltliche Funktionalität, ein Plüschtier z.B. ist darin ein Stoffgegenstand, der dem Kind affektive und haptische Wärme vermitteln kann. Der Spieler muß also die pathische Bindung finden, was für das Kind leichter ist, da bei ihm die Beziehung zum Gegenstand noch nicht so festgelegt ist wie beim Erwachsenen. In der durch die pathische Bindung zum Gegenstand entstehenden bildhaften Wirklichkeit baut sich die Wirklichkeit des Spiels auf, ist aber nicht einmal hergestellt, sondern muß immer wieder erzeugt werden. Umschlagsmomente vom Spiel zur Realität entstehen, wenn die durch die Phantasie erzeugte „bildhafte Bindung" verloren geht: „Gleichwohl besteht die Gefahr des Umschlags in jedem Augenblick. Die lockere, bildhafte Bindung verfliegt dann, und die Eindeutigkeit schiebt sich an ihre Stelle: aus dem Spiel wird Ernst, aus dem sich Jagen, Fangen und Balgen wird Kampf, das Bild wird von der Wirklichkeit verdrängt." (Plessner 1982, S. 286)

Die pathische Objektbeziehung ermöglicht es dem Menschen, in ein symbolisches Verhältnis zur Wirklichkeit so zu treten, dass er sich den Unterschied der Spielebene zur Welt des Alltagshandelns bewußt machen kann. Denn erst derjenige kann einen Begriff von Fiktion und Wirklichkeit haben, der in der Erfahrung lebt und von da aus in die Phantasie ‚hineinfaßt', so dass das Phantasierte mit dem Erfahrenen kontrastiert (vgl. Husserl 1954, S. 360). Das Spielen begründet eine Einstellung, deren Unterschied zum Druck der Alltagserfahrung sich der Erfahrende bewußt machen kann, und damit Spiel- und Realitätserfahrung unterscheiden. Nach Plessner kann man das Spiel so interpretieren, dass es nicht *innerhalb* eines abgeschlossenen Rahmens stattfindet, sondern dass vielmehr die Aufrechterhaltung der Spannung zwischen Spielsphäre und „Ernstsphäre" (Plessner), die immer wieder stattfindende Vergegenwärtigung der Grenze zwischen ihnen, das Spiel als eigene Wirklichkeit in Relation zur Alltagswirklichkeit erzeugt.

„Spielen ist also für den Menschen ein Sich-Halten im Zwischen in doppelter Hinsicht: Einmal gelingt es ihm nur, wenn er die beständig gegenwärtige Wirklichkeit abdeckt: insofern scheint sie ihm ständig in die geschlossene Sphäre des Spiels hinein. Zum anderen hält er sich in ihr nur durch die Wahrung des labilen Zwischenzustands einer immer wieder zu erneuernden Bindung, die gegenseitig und gegensinnig zugleich ist, weil sie in Binden und Sich-binden-Lassen besteht." (Plessner 1982, S. 288f.)

Durch den Spielgegenstand wird der Austausch mit der Realität beim Spielen sichtbar. Gerade der Spielcharakter des Gegenstandes, wie die Leblosigkeit der Puppe, die Größe der Bausteine, machen nach Konrad Lange (Das Wesen der Kunst Bd. II, Berlin 1901, zit. nach Scheuerl 1990) die spielerische Täuschung bewußt, so dass ein ‚Hin- und Heroszillieren zwischen Schein und Wirklichkeit' erzeugt wird. Das Spiel wird damit nicht in seiner „eigenen Erscheinungsebene erlebt, sondern in fortwährend hinundherpendelndem Vergleich mit rational erfaßbaren außerästhetischen Fakten." (Scheuerl 1990, S. 79). Spielmittel helfen also, das Austauschverhältnis zwischen Spiel und Wirklichkeit herzustellen, indem sie es selbst darstellen und ihre Position der Vermittlung zwischen möglichkeitsbezogener Welt des Spiels und festgelegter Alltagsfunktionalität durch sich selbst ausdrücken. Dies geschieht durch ihre inhaltliche Bestimmung, die der Spieler aufgrund seines Wissen und seiner Erfahrungen erkennt. So kann er die Entsprechung eines Spielgegenstandes zu aus der Alltagswelt bekannten Bezügen herstellen, einfach gesagt, eine Puppe in ihrer Relation zum Kind oder ein Legohaus zum realen Haus. Zugleich wird durch die Unterschiede zum realen „Pendant" die Spielebene markiert. Als Angebot für die am Objekt sich erfüllenden inneren Bedürfnisse des Kindes mit ihrem symbolischen Bezug zur Außenwelt, sind Spielzeuge Medium für die Erzeugung eines Spielraums. Buytendijk: „Der Impuls, welcher vom Spieler weggerichtet war, kehrt als Effekt zu ihm zurück. Hin und Her ist als notwendige Folge der Unberechenbarkeit des Spielens, die in den Eigenschaften des Spieldings gelegen ist, auch die Grunddynamik jedes Spiels." Spielen sei also nicht nur, „dass einer mit etwas spielt, sondern auch, dass etwas mit dem Spieler spielt." (S. 116f.) Deswegen eignet sich die Computerspielwelt auch besonders zum Spielen, da hier Impulse an den Nutzer zurückgegeben werden, die er aufgrund früherer Erfahrungen mit vergleichbaren Ereignisabläufen vorausahnt und entsprechend darauf reagieren kann (vgl. Fritz 1995).

Das „Hin und Her", der Austausch zwischen Möglichkeit und Notwendigkeit, Bildhaftigkeit und Bestimmtheit kann auch zu einer stärkeren Gewichtung der Seite des Spielgegenstandes verschoben werden. Gadamer hebt ebenfalls die Eigendynamik des Spiels hervor, er spricht von einem „Primat des Spieles gegenüber dem Bewußtsein des Spielenden". Das Spiel sei ein Ordnungsgefüge, das den Spieler in sich selbst aufgehen läßt. „Der Reiz des Spiels, die Faszination, die es ausübt, besteht eben darin, dass das Spiel über den Spielenden Herr wird." (S. 100) Darin klingt bei Gadamer jedoch eine Dominanz der Wirklichkeit des Spiels an. Der Spieler ist in der Spielhandlung einem Bann unterstellt, indem Spielen immer ein „Etwas-Spielen" ist, eine Aufgabe, die das Spiel stellt und in der es sich darstellt. Diesen Bann können offensichtlich besonders jene Spiele enfalten, die eine eigene Wirklichkeit entfalten. So sieht Gadamer darin den medialen Charakter des Theaterspiels, dass „das Spiel nicht im Bewußtsein oder Verhalten der Spielenden sein Sein hat, sondern diesen [den Spieler oder Zuschauer; M. P.] im Gegenteil in seinen Bereich zieht und mit seinem Geiste erfüllt. Der Spielende erfährt das Spiel als eine ihn übertreffende Wirklichkeit." – Besonders da, „wo das Spiel als Darstellung für den Zuschauer erscheint." (S. 104) Durch den medialen Charakter des Computerspiels bekommt der in ihm vermittelte Spielinhalt einen besonderen Erlebniswert. Der Spieler wird mit einer vorfabrizierten, sinnlichen Wirklichkeit konfrontiert, die ihm anbietet, an ihr teilzuhaben. Natürlich ist auch hier der Anteil des Spielers nicht zu unterschätzen, aber Aussagen von Spielern zeigen, welche Faszinationskraft das Spiel entwickeln kann trotz anfänglicher Vorbehalte (Misek-Schneider/Fritz 1995, S. 55f.).

2. Die Präsentationsebenen des Computerspiels und ihr Bezug zur Realität

Das Computerspiel leiht seine Relation zur Wirklichkeit aus seinem inhaltlichen, auditiven, visuellen und interaktiven Angebot für den Spieler. Gleichzeitig markiert es seine Wirklichkeitsdifferenz darin, dass es in der Relation zur Wirklichkeit audio-visuelle Medialität, Fiktionalität und eine fehlende Berührung der Handlungswirkung für die Außenwelt besitzt. Das Computerspiel präsentiert sich für den Spieler auf den damit bezeichneten drei Ebenen. Leitender Gedanke der folgenden Ausführungen ist die Realitätsnähe der Präsentationsbedingungen auf diesen Ebenen, welche möglicherweise die Abgrenzung der Spielsphäre von der äußeren Realität unterwandern und damit dem Spiel eine realistische Tendenz geben. Es gilt also die Markierungen aufzuspüren, durch die jeweils die Differenz zur Wirklichkeit bezeichnet wird, und damit für den Spieler sichtbar gemacht, dass das Spiel ein Spannungsverhältnis zwischen Fiktion und Realität darstellt. Die graphische Oberfläche des Spiels, die *visuelle Ebene* visualisiert als Träger des Spielinhalts die Spielhandlung und manifestiert den durch die Geschichte hergestellten Bildzusammenhang und Bildbedeutung, hier als Plot bezeichnet. Die *Plotebene* gibt den Kontext für das Spielgeschehen vor. Die Eingriffsmöglichkeiten des Spielers sind bestimmt durch die durch die Software ermöglichten Interaktionsstrukturen, hier in Anlehnung an Fritz (1995) als *Steuerungsebene* bezeichnet.[1]

2.1. Die visuelle Ebene: Bild und Abbild

Primäre Trägerebene der Informationsvermittlung ist beim Computerspiel die visuelle Ebene. Das Computerspiel wird durch die Dominanz des visuell vermittelten Geschehens gesteuert. Akustische Signale begleiten und konkretisieren die visuelle Ebene. Beim Film bzw. Filmsequenzen im Spiel kann die akustische Ebene wie beim Hörspiel für sich allein stehen, bei interaktiven Spielelementen sind sie Bestandteil der Realisierung des Eingreifens des Spielers und damit Begleiterscheinung des vom Spieler gesteuerten Fortgangs. Die auditive Vermittlungsebene soll hier nicht weiter betrachtet werden, von einer Erhöhung des realistischen Eindrucks durch entsprechende Geräuscheffekte wird ausgegangen. Bezüglich der graphischen Oberfläche kann zwischen einer eher schematischen und phantastischen Bildausführung und einer abbildartigen, „realistischen" Bildausführung unterschieden werden und damit eine qualitativ unterschiedliche Rezeption realistischer bzw. weniger realistischer Bilder vermutet werden. Die technischen Möglichkeiten erlauben eine Abkehr von eher schematisch ausgeführten Oberflächen zur Erzeugung eines „realistischen" Eindrucks. Geht man von der im Spiel stattfindenden Distanzierung von der Alltagsnotwendigkeit durch Herstellung einer Spannung zwischen fiktionaler und realer Ebene aus, so ist die Bilderfahrung dem Spiel wesensmäßig verwandt, sofern man eine „ästhetische" von einer realistischen Bilderfahrung differenziert. Gemäß der Bildtheorie ist bei einer realistischen Bildausführung die Markierung der Wirklichkeitsdifferenz des Computerbildes als Bestandteil des Spielgegenstandes geringer als bei einer „unrealistischen", also eher schematischen oder phantastischen Ausführung.

Bei einer ästhetischen Bildbetrachtung wird eine Differenz zwischen dem Gegenstand und seiner bildlichen Darstellung zugrundegelegt, womit ähnlich wie beim Spiel die Abgehobenheit und der gleichzeitige Austausch der Bildebene mit der Wirklichkeit herausgestellt wird. Geht die Differenz zwischen Realität und Bild verloren, so nähert sich Bilderfahrung der Wirklichkeitserfahrung an, die ästhetische Distanz wird aufgehoben und ein Bild wird erfahren wie ein Gegenstand in seinem Bezug zur praktischen Alltagswelt (vgl. Boehm 1995). Während man nach Gadamer vor dem Bild in einem

1 Die Ebene der Hardware wird hier nicht miteinbezogen, Entsprechungen in der Handlungsausführung reden für sich selbst (z.B. Flugsimulator).

sich „steigernden Staunen“ steht, strebten wir in der „modernen Informatik“ gerade jene Bilder an, „wo wir nur zur schnellsten Kenntnis nehmen, was seinen eindeutigen Verwendungszweck hat.“ (1994, S. 94) Dieser Auffassung liegt die Ansicht zugrunde, dass die Wahrnehmung abgebildeter Gegenstände vergleichbaren Mechanismen unterliegt wie die Realitätswahrnehmung. Aufgrund seiner Ähnlichkeit mit dem Gegenstand sei ein Gegenstand auf einem Bild sofort zu erkennen. Beim Zeichen dagegen besteht eine Beziehung der Übereinkunft, die gelernt werden muß, um ein Zeichen verstehen zu können. Zwar kann die Theorie der Ähnlichkeit logisch widerlegt werden (Scholz 1991), dennoch kann man in der Rezeption von einer Auffassungsweise ausgehen, die dem Wiedererkennen in der Realität vergleichbar ist. Eco (1994) erklärt dies mit einer codifizierten Homologie zur Wahrnehmungskonvention.

Die Illusionstheorie der Wahrnehmung (vgl. Scholz 1991, S. 50) basiert auf einer behaupteten Kongruenz zwischen Bildwahrnehmung und realer Wahrnehmung. Sie geht von einer geringen Differenz von Bildern zur Realität aus. Nach Scholz basieren ihre Argumente auf künstlichen Arrangements, die eben gerade kein Bildersehen darstellen, z.B. der Blick durch ein Schlüsselloch in ein eingerichtetes, aber gemaltes Zimmer: Man sieht nicht, dass es sich hier um ein Bild handelt, da die bildlichen Eigenschaften (z.B. Bilderrahmen) weggeblendet wurden. Scholz führt dies als Gegenargument gegen die Illusionstheorie an, weil man eben kein Bild und auch nicht stereoskop sieht, umgekehrt beweist es, dass bildliches Sehen und realitätsbezogenes Sehen ähnlichen Gesetzen unterliegt bei entsprechender visueller Darstellung. Sartre beschreibt ein Ereignis beim Eintritt in ein Museum, bei dem er die Figuren eines großen Gemäldes einen Moment für Menschen hielt. Er habe in dem Augenblick dem Gemälde gegenüber nicht ein Vorstellungs- sondern ein Wahrnehmungsbewußtsein besessen, wie es bei realistischen Bildern, Sartre führt in diesem Zusammenhang das Beispiel des Portraits von „Peter“ an, der Fall sei. „Das Porträt wirkt auf uns – annähernd – wie Peter selbst und veranlaßt uns daher zu der Wahrnehmungssynthese: Peter, wie er leibt und lebt.“ (1971, S. 69) Das Vorstellungs- unterscheidet sich vom Wahrnehmungsbewußtsein darin, dass es setzend ist. Ein Gegenstand wird als existent oder nicht-existent, als abwesend oder auch als vergangen gesetzt. Beim Wahrnehmungsbewußtsein vollzieht sich nicht diese Aufspaltung in Gegenstand und Bild, das Bild wirkt in seiner Präsenz ähnlich wie der Gegenstand selbst. Es wäre jedoch falsch verstanden, wenn man bei der Vorstellung (Image) diese Aufspaltung im Bewußtsein vollzogen sähe, und man hier durch das Bild den abgebildeten Gegenstand im Bewußtsein präsent hätte. Vielmehr dient das Bild als Materie für eine Vergegenwärtigung im Bewußtsein, wobei das Portrait aber nicht die Vorstellung hervorruft, sondern es die Tendenz besitzt, die Person selbst zu geben. Das Portrait wird als Analogon für die Person genommen. Sartre unterstreicht damit die realistische Wirkung eines Abbildes, wir beobachten das Portrait, so dass die Vorstellung von dem Gegenstand nun mit seinen Details verbunden wird. Darin unterscheidet sich die Bildbedeutung vom Wort. Letzteres werde fallengelassen zugunsten seiner Bedeutung: das Wort „weckt eine Bedeutung und diese Bedeutung kommt nie mehr auf es zurück, sie geht auf die Sache und läßt das Wort fallen." (S. 70) Aufgrund seiner expressiven Wirkung behält das Bild aber seine Präsenz und wirkt annähernd wie der dargestellte Gegenstand selbst (vgl. S. 69f.). Zu einer entsprechende Auffassung kommt Aufenanger (1996) aufgrund seiner seiner empirischen Untersuchung zum Verwechslungsrisiko von „realer und inszenierter" Gewalt. Er stellt bei Kindern, die Fiktion und Realität schon sicher unterscheiden können, fest, dass realistische Bilder realistischer wirken als gezeichnete, auch wenn sie im humorvollen Kontext stehen. Aufenanger formuliert die Vermutung, dass Kinder die realistische Gewaltdarstellung im humorvollen Kontext als gewalttätiger einstufen als im Comicfilm (Dick und Doof und Tom und Jerry) aufgrund der realistischen Darstellung (S. 176). Diese Einstufung geschieht, obwohl die Kinder wissen, dass es sich hier gleichfalls um fiktive Gewalt handelt (S. 178ff.). Eine realistische Bildausführung erzeugt, wie Sartre dies ausführt, eine starke Präsenz. Zugleich engt sie vermutlich die Möglichkeiten der Distanzierung bei Unwahrscheinlichkeit der Darstellung ein (z.B. bezüglich der Folgen von Gewalt, die unrealistisch bei realistischer Darstellung sind und dennoch den befragten Kindern nicht als lustig erscheinen; ebd. S. 178).

In die Comicdarstellung fließen, so kann man mit Sartre schlußfolgern, mehr ergänzende Anteile des Rezipienten bei der Bildbetrachtung ein, während das realistische Bild Detailtreue liefert. Sartre präsentiert eine aufsteigende Reihe der einer Vorstellung dienenden Materie, die zur Vergegenwärtigung des inneren Bildes als Repräsentation des abwesenden oder nichtexistenten Gegenstandes herangezogen wird. Während beim Betrachten eines Portraits die Image von „Peter" eine reiche Materie besitzt, fehlt sie bei der Vorstellung (image mentale) vollständig. Die vorstellende Intention wird immer weniger von der dargestellten Materie affektiert und sie gewinnt an Spontaneität (vgl. S. 109). Im Unterschied zum Portrait repräsentieren die schwarzen Striche eines Schemamännchens nicht dieses selbst, sondern „Verhältnisse der Gestalt und der Haltung." Dennoch kann dieses Schema mühelos gelesen werden: „... es genügt eine Andeutung von Repräsentation, und alles Wissen bricht sich an ihr und verleiht so dieser flachen Figur eine Art Tiefe." (S. 80). Das entstehende Vorstellungsbild kann die Detailmängel ersetzen. Bei schematischen Zeichnungen ist, wie Sartre sagt, das „intuitive Element" reduziert, das einen Anteil bei der Ähnlichkeitswahrnehmung eines Menschen als Menschen hat. Das Schema steht zwischen Bild, bei Sartre also dem Abbild, und Zeichen: „Seine Materie will entziffert werden." (S. 79) Der Anteil der Intention dagegen wächst, also dessen, was das Bewußtsein als Vorstellung konstituiert und somit Wahrnehmungsmängel ausgleicht. Das in dieses Schema einfließende Wissen erzeugt nach Sartre die Vorstellung: „Wenn die Vorstellung erscheint, sehe ich den Mann, der auf diesen beliebigen schwarzen Strichen läuft. Aber ich sehe ihn als Vorstellung, das heißt, ich verliere nicht aus dem Blick, dass ich frei, spontan die Bewegungen in die Linien projiziert habe als vektorielle Eigenschaften." (S. 85) Das Schema kann dem Betrachter nicht mehr sagen, als er hineinzuprojizieren imstande ist. Das gezeichnete Bild erhöht in dieser theoretischen Begründung den Anteil des Rezipienten bei der Bildbetrachtung. Während es den Rezipienten auffordert, eigene Vorstellungen miteinzubringen, nimmt das Abbild diese Eigentätigkeit ab. Es verwischt die Grenze zwischen Bild und Wirklichkeit, wogegen das „bildhafte" Bild diese Grenze sichtbar macht. Damit markiert es in der hier vorgelegten Unterscheidung im Computerspiel seine Spannung zwischen Spiel und Wirklichkeit.

In Ableitung vorheriger spieltheoretischer Ausführungen besteht damit dann eine Markierung der Wirklichkeitsdifferenz durch das Computerspiel, wenn seine visuelle Ausführung eher schematisch und phantastisch ist, während eine realistische Ausführung den bildhaften Charakter des Gegenstandes nimmt. Um hier zu einer sicheren Aussage zu gelangen, wäre es wichtig zu überprüfen, inwieweit die graphische Ausführung tatsächlich den realistischen Eindruck eines Spiels so erhöht, dass durch die inhaltliche Eindeutigkeit des Bildes Momente ästhetischer Distanzierung genommen werden.[2]

2.2. Die Klassifizierung der Computerspiele nach Jürgen Fritz

Bilder werden in kommunikativen Handlungen verwendet, und sind erst in diesen Kontexten sinnvoll deutbar. Da Bilder, wie Muckenhaupt (1986) auf Basis einer Bemerkung Wittgensteins zur Verwendung gleicher Bilder mit unterschiedlichen kommunikativen Absichten und der sich daraus ergebenden variierenden Bedeutung des Bildes zeigt, in unterschiedlichen Kommunikationssituationen eine unterschiedliche Bedeutung aufweisen, ist das Bildverstehen auf die in diesen Situationen vermittelte Kontextualisierung des kommunikativen Handlungsbezugs angewiesen.[3] Damit ist, was auf Ebene des Films wie auch des Computerspiels von vornherein sichtbar wird, die visuelle Ebene nur analytisch von der kontextuellen Information zu trennen. Beim Computerspiel ist dies noch komplexer als beim Film, weil der Spieler die Bildabfolge durch sein Handeln mitbestimmt, und die Bilder für ihn dadurch in einem handlungsvermittelten, sinnhaften Bezug stehen. Jürgen Fritz erstellt eine Klassifizierung von Computerspielen nach den Interaktionsmöglichkeiten des Spielers sowie dem inhaltlichen Spielaufbau. Bei Fritz fehlt der Aspekt der Visualität, der, wie ausgeführt wurde, bei der Frage der Realitätsnähe als konstituierender Bestandteil des Gegenstandes miteingezogen werden muß (s.o.). Fritz' Modell soll in Ergänzung mit dem Aspekt der Vi-

2 Eine entsprechende Untersuchung erfolgt am Institut für Pädagogik der Universität München.

3 „Denken wir uns ein Bild, einen Boxer in bestimmter Kampfstellung darstellend. Dieses Bild kann nun dazu gebraucht werden, um jemand mitzuteilen, wie er stehen, sich halten soll; oder, wie er sich nicht halten soll; oder, wie ein bestimmter Mann dort und dort gestanden hat; oder etc." (Wittgenstein L., Philosophische Untersuchungen, Frankfurt 1960, §22, zit. n. Muckenhaupt S. 88)

sualität als Leitfaden für die Frage nach den in der Spielpräsentation enthaltenen Markierungen der Realitätsdifferenz dienen.

Das Computerspiel entfaltet eine widerständige Welt, in der sich ein motivierendes Spiel entwickeln kann: „Die ‚Widerstände' der Welt, die Schwierigkeiten, Verwicklungen und Herausforderungen sind es, die die Fähigkeiten des Spielers fordern (und fördern): Er muß einen Sachverhalt durchdenken, reaktionsschnell handeln, sich räumlich orientieren, strategisch angemessen entscheiden." (Fritz 1995, S. 21f.) Ausgehend von diesen Forderungen ordnet Jürgen Fritz Computerspiele einer, an einem Dreieck veranschaulichten „Landkarte der Bildschirmspiele" (siehe S. 23, Abb. 2) zu: „*Denken*", „*Action*" und „*Geschichten*".

Spiele, in denen *Denk*leistungen gefragt sind, wie z.B. Strategie- oder Simulationsspiele, verlangen vom Spieler ein planvolles, zielgerichtetes Handeln. Er steht meist außerhalb und steuert das Geschehen. Die Wirkungen treten zeitverzögert ein, der Spieler muß erst seine Eingaben machen, dann werden die Wirkungen seines Handelns erkennbar. Der Reiz des Spiels liegt vor allem in seinem Inhalt und der Herausforderung, sowie der Übernahme einer attraktiven Rolle, z.B. eines Bürgermeisters (S. 23ff.).

„Spannung, Unmittelbarkeit und ‚Lebendigkeit' sind die sofort spürbaren Kennzeichen" des Spieltyps *Action* (S. 25). Der Spieler handelt durch einen Stellvertreter, die Wirkungen seines Handelns sind sofort sichtbar, es entsteht durch Gefährdungen ein Handlungsdruck. „Der Spieler hat dadurch das Gefühl, direkt und unmittelbar im Spiel zu sein." (ebd.) Es sind des Spielers „unmittelbare geistige und körperliche Präsenz" verlangt, nicht Überlegung, sondern Spielerfahrung sichert den Erfolg. Es finden sich hier die anfänglichen „Abschießspiele", Funny-Games, Militärsimulationen (das Fahren eines Panzers) und Autorennspiele (S. 25ff.).

Wesentliches Kennzeichen der *Geschichten* ist „ein in sich geschlossener Geschehensablauf, bei dem die einzelnen Situationen und Szenen Teile eines langen Spannungsbogens sind." (S. 27) Der Spieler hat eine Spielfigur oder später eine „Party", mit Hilfe derer er die vielfältigen Aufgaben und Anforderungen bewältigen muß. Es können sich hier sowohl Action- wie auch Denkspielelemente finden. Diese Spiele bieten die Möglichkeit, eine neue und andere Welt zu erkunden. „Spiele dieses Genres bieten an, auf einer inhaltlich freigewählten ‚Bühne' Aspekte der eigenen Lebensentwicklung metaphorisch zu entfalten und sich mit den eigenen Kompetenzen zur ‚Lebensbewältigung' zu erfahren." (ebd.) Es finden sich hier u.a. Fantasyspiele, Detektivspiele, Abenteuer in der heutigen Zeit. Die Tendenz geht zu „integrierten Spielen", die Filmsequenzen, Adventure- und Actionebene vereinen (Fehr/Fritz 1997, S. 76).

Die bestimmenden Ebenen zu diesen drei Polenden beziehen sich auf die Aktivität des Spielers (horizontale Ebene) und die Komplexität der Geschichte (vertikale Ebene):

Die *horizontale* Ebene, die in Richtung der Denkspiele die „Steuerung von Spielelementen; mittelbar und zeitverzögert; Denken und indirektes Handeln“ sowie in Richtung der Actionspiele „Steuerung der Spielfigur; unmittelbar und aktional; direktes Handeln; filmische Abläufe“ beschreibt, umfaßt die Steuerungsstrukturen des Spiels.

„In der horizontalen Ebene wird die Lage davon bestimmt, inwieweit Spielelemente mittelbar und zeitverzögert gesteuert werden müssen und inwieweit Denken und indirektes Handeln gefordert werden. (Zuordnung auf das Element ‚Denken‘) oder (in anderer Richtung) inwieweit eine Spielfigur unmittelbar und aktional gesteuert werden muß, also direktes Handeln in filmähnlichen Abläufen gefordert ist.“ (S. 22)

„Auf der vertikalen Ebene geht es darum, ob sich der Spieler in Einzelabläufen bewähren muß und ein eher einförmiges Geschehen vorliegt, oder aber (was für eine Spielgeschichte sprechen würde), ob eine komplexe Geschichte entfaltet wird, die dem Spieler einen geschlossenen Geschehensablauf bietet und eine entsprechende Vielseitigkeit aufweist.“ (S. 22) Die *vertikale* Ebene, die Fritz auf dem unteren Ende mit „Einzelabläufe; eher einförmiges Geschehen“ und auf dem oberen mit „Komplexe Geschichten; geschlossener Ablauf; Vielseitigkeit“ festlegt, wird hier als *Plotebene* bezeichnet. Denn die Dichte und selbstbezügliche Geschlossenheit des Plots machen eine Geschichte aus, während bei Einzelabläufen kein in seinen Bezügen dichtgewebtes Gefüge entsteht. Man müßte hier ergänzen, dass Einzelabläufe meist in eine Rahmengeschichte eingebettet sind, die ihnen Sinn geben soll. So sind die Schwierigkeiten, die die Spielfigur bewältigen muß, vielleicht Hindernisse, um zu einer Prinzessin zu gelagen. Doch da diese Geschichte nicht weiter ausgeführt wird, dominieren die momentanen Einzelabläufe, die in sich selbst sinnvoll sind, in einer eher unmittelbaren Weise den Spielablauf.

2.2.1. Die Plotebene

Der der Bildabfolge zugrundeliegende Sinn kann aus einer Geschichte mit einem dichtgewebten Gefüge von inhaltlichen Beziehungen bestehen, oder von Einzelabläufen dominiert sein, die in sich sinnvoll interpretierbar sind. Immer aber soll er eine Welt schaffen, die den Sinnzusammenhang des gespielten Spiels repräsentiert. Der Plot stellt ein Beziehungsgefüge dar, in dem eines auf das andere aufbaut und das eine „Binnenreferentialität“ erzeugt, die den Charakter eines stimmigen, der bekannten Welt vergleichbaren Gefüges besitzt. Die Geschichte steht wie das Spiel in einem Spannungsverhältnis zur Realität und bewirkt ihre Abgrenzung unter Verwendung der erzeugten Fiktion. So entsteht die semantische Tiefe des Kinos aus der Schaffung einer gerahmten Zeiteinheit mit Hilfe einer fiktionalen Geschichte, die Verweise auf die tatsächliche Geschichte enthält und dadurch interpretierbar und realistisch wird (King 1992). Sartre spricht von „vorstellendem Wissen“, „das seinen Inhalt als existierend setzt durch eine bestimmte Dichte des Realen hindurch, das ihm als Repräsentant dient.“ (1971, S. 127) Die Filmerzählungen „nehmen dadurch Bezug zum Rezipienten, dass sie auf abstraktere Schichten des Wissens aufbauen als der blanken Kenntnis von ‚normalem' Alltag: Sie nutzen die Fähigkeit des Zuschauers, sich einen möglichen Alltag auszumalen." (Wulff 1985, Die Erzählung der Gewalt, Münster; zit. n. Mikos 1995, S. 13).

Die Fiktionalität einer Geschichte liegt in ihrer Abgeschlossenheit, die sich zwar in Elementen, aber nicht als Gesamtes mit der äußeren Realität decken läßt. Insofern kann eine Geschichte inhaltlich mehr oder weniger realistisch sein. Ein phantastisches Setting unterscheidet sich z.B. von einem realistischen in seinen Distanzierungspunkten, die beim phantastischen im Hinweis auf eine andere als unsere gewohnte Welt bestehen. Damit teilt die Geschichte mit der Wirklichkeit des Spiels diesen Aspekt der Geschlossenheit gegenüber den Abläufen der äußeren Realität. Realitätsnähe könnte dann entstehen, wenn diese Geschlossenheit durch offene Stellen zur Wirklichkeit derart aufgebrochen wird, dass nicht, wie oben beschrieben, ein Spannungsverhältnis zwischen den Bereichen Fiktion (gefaßt durch den Plot) und Realität besteht, sondern der Plot eine Ergänzung durch die Wirklichkeit herausfordert bzw. diese benötigt, um Sinn konstituieren zu können. Was hier gemeint ist, soll mit Hilfe des schematheoretischen Ansatzes in der Rezeptionsforschung erläutert werden (Früh 1994; Brosius 1991).

Die in einem realistischen und dichten Plot bestehende Relation zur Alltagswirklichkeit wird bei Einzelabläufen möglicherweise durch Bruchstellen, an denen sich Einzelabläufe in die äußere Realität einfügen lassen, entsprechend konstituiert. Einzelabläufe sind in sich sinnvoll interpretierbar. Realitätsnähe wäre gegeben, wenn die Möglichkeit bzw. Erfordernis der Einbettung des Einzelablaufs in einen Sinnzusammenhang besteht, der der äußeren Realität zuzuordnen ist. Die Bildinterpretation greift dann zurück auf Wissen und Vorstellungen, die dem Erfahrungsschatz des Spielers entstammen. Damit sind Einzelabläufe bei der Frage nach ihrer Realitätsnähe im Spielinhalt in ihrem inhaltlich-visualisierten Bezug zur Alltagswelt zu sehen. Ein realistischer Einzelablauf, wie das simulierte Fahren eines Schnellboots, ist in aus der Alltagserfahrung bekannte Situationen und Bezüge eingebettet, die ihn in einen Sinnzusammenhang außerhalb des Computerspiels stellen. In diesem Fall entsteht die Dichte des Beziehungsgefüges nicht durch die Ausführung des Plots, sondern durch dessen schemabezogene Anspielungen.

Schemata sind inhaltliche Organisationseinheiten des Wissens, die aus einer Verdichtung von Erfahrung resultieren. Sie stellen ...eine Organisationseinheit des Wissens im Gedächtnis (dar), in der aufgrund von Erfahrungen typische Zusammenhänge eines Realitätsbereiches repräsentiert werden." (Ballstaedt/Mandl/Schnotz/Tergan: Texte verstehen, Texte gestalten. 1981, S. 17; zit. n. Früh 1994, S. 135) Enthalten die Einzelabläufe bestimmte Schemata wie Handlungsbruchstücke und ritualisierte Handlungsabfolgen oder typische Sachzusammenhänge, so kann der Rezipient die Einzelabläufe mit Hilfe dieser Schemata erkennen und mit den Erfahrungen, aus denen sie für ihn resultieren, ergänzen. Der Rezipient stellt dann die fehlende semantische Tiefe durch Bezüge zwischen dem Medientext und seinem eigenen Wissen, Bedürfnissen und Überzeugungen her. Zum Beispiel „Fahren eines Rennautos" oder „Telefonieren" können auf vom Spieler mitgebrachte Erfahrungs- und Wissenszusammenhänge anspielen. Mit deren Hilfe kann er diese „Bruchstücke" (Früh) mit seinen eigenen Vorstellungen und Wissen ergänzen, und trägt zum Spiel Informationen bei. So verbindet das im Sommer '97 von Japan nach Deutschland gekommene virtuelle Haustier Tamagotchi (winziges Display in eiförmigem Computer mit kleinem, vor allem aus Gesicht bestehenden Schemawesen) solche Bruchstücke mit dem Schema „Pflege eines Haustieres": per Knopfdruck wird das Tamagotchi gefüttert, gestreichelt, gesäubert und piept wie ein lebendiges Tier zu jedem passenden und unpassenden Augenblick. Es kann nicht, wie ein „lebloses" Spielzeug durch Fortlegen zum Verstummen gebracht werden. Die Einzelabläufe sind beim Tamagotchi ein Gerüst der zugrundeliegenden realen Sinn- und Handlungszusammenhänge.

Eine geringe Markierung der Wirklichkeitsdifferenz besteht nach den vorgestellten Überlegungen also in einer Offenheit des Plots zur Alltagswelt derart hin, dass der Plot semantische Dichte, die eine eigene, fiktionale Welt entstehen läßt und dadurch Bildhaftigkeit erzeugt, erst dann erreicht, wenn er durch vorhandenes Wissen und Erfahrungen des Rezipienten so ergänzt wird, dass sich die Einzelabläufe in außerhalb der Spielgeschichte stehende Sinnzusammenhänge einfügen. Damit wird die Steuerungsebene berührt, denn eine solche Übereinstimmung wird vor allem dann erzielt werden, wenn es sich um mediatisierte Handlungsabläufe und -situationen handelt, z.B. das Tamagotchi und die Haltung von Tieren in computergesteuerten Farmen, in denen sie nur noch per Display versorgt werden.

2.2.2. Steuerungsebene

Die „Steuerungsebene" ist nach Fritz die des interaktiven Austauschs im Spielfortgang. Hier verbindet sich die visuelle Ebene mit der des Plots. Aus der Fiktionalität der spielerischen Vermittlungsebenen wurden Durchlaßstellen zur Realität abgeleitet, an denen sich theoretisch eine Aufhebung der Wirklichkeitsgrenzen vollzieht. Die Abgrenzung der Spielwirklichkeit von der äußeren Realität geschieht auf visueller Ebene durch die Bildhaftigkeit, tendenzielle Realistischkeit wird in bildtheoretischer Auffassung durch eine Abbildhaftigkeit der Darstellung gegeben. Auf der Plotebene, als einer geschlossenen, geschaffenen Welt können schematheoretisch gesehen Durchlaßstellen zur Realität dann bestehen, wenn Ausschnitte des Spiels oder das Spiel in einer sinnhaften Homogenität in die äußere Wirklichkeit einpassbar sind und damit zu einem vollständigen Plot werden. Auf der Steuerungsebene besteht die Differenz des Spiels zur Wirklichkeit auf zwei Ebenen: 1) dem Bezug; und 2) der Art der Ausführung der Aktionen. Die Handlungsausführung wird wiederum in Anlehnung an das Modell Fritz' nach den zwei Polenden Action- und Denken untersucht werden. Realitätsnähe bestünde jeweils dann, wenn die Steuerungsstrukturen des Spiels zu denen der Realität in einer geringen Markierung ihrer Differenz zur Wirklichkeit stehen.

Auf dem Ebenenhorizont Action der Einteilung Fritz' unterstehen die Eingaben des Spielers den direkten Situationsanweisungen, die er im Spiel immer besser zu beherrschen lernt. Die „Dramaturgie des Erledigens" (Fritz) erzeugt Dynamik, da der Spieler durch den Eindruck der Einbindung in das Geschehen sofort die Auswirkungen seiner Aktivitäten vermittelt bekommt. Insofern erzeugen solche Strukturen, wie Fritz angibt, ein Gefühl der Unmittelbarkeit, das Spiel zieht in seine Dynamik hinein und der Spieler fühlt sich im Hier und Jetzt.

Gerade beim Actionspiel finden sich aufgrund seiner Schnelligkeit, Intensität und seines unmittelbaren Aufforderungscharakters Elemente, die nicht so leicht eine Entsprechung in der Realität finden lassen, sondern vielmehr vor allem auf Spielebene, wie z.B. zu den Sportspielen (z.B. Fußball) und Motorsport (Schnellboot, Rennauto, Fliegen). Allerdings ist die solchen Spielen immanente Kampfstruktur auch in realen (Kampf-) Handlungen wiederzufinden. Huizinga (1933) hat auf die Nähe kämpferischer Auseinandersetzungen zum Spiel hingewiesen. Eine strukturelle Entsprechung beider Situationen besteht, also Schnelligkeit, Gefährdung und angestrebter Sieg bzw.: abzuwendende Niederlage, Durchschaubarkeit der Handlungsnotwendigkeit und Klarheit des Handlungssinns. Doch ist aufgrund der in solchen (Sport)-Kampfsituationen bestehenden Sinnlichkeit (Einsatz des Körpers, Spüren von Geschwindigkeit usw.) gerade hier eine Realitätsnähe vor allem dann zu erzielen, wenn eine Entsprechung zu gleichfalls mediatisierten realen Situationen besteht (z.B. der Computereinsatz im Golfkrieg) womit die Frage der Realistischkeit sich von einer anderen Seite her zu stellen beginnt: wie „real" ist die tatsächliche Kampfdimension, wenn Computer Distanz zum Geschehen schaffen?

In einer mediatisierten Kultur der Aufhebung des Abstandes zwischen Handeln und der im Fortgang des Handelns am unmittelbaren Sachbezug ablesbaren Wirkung, also des Wachsens von einer anonymisierenden, „hygienisierenden" Distanz durch den Medieneinsatz, ähneln sich viele Erfahrungen in ihrer äußeren, bedingenden Strukturen (Vermitteltheit auf audio-visuell-interaktiver Ebene). Damit entsteht gerade bei einem Handeln, das in seinen Ausführungsmedien realen Situationen vergleichbar ist, eine Nähe zwischen Computer-Spielwelt und Welt des alltäglichen Handelns. Eine Realistischkeit des spielerischen Agierens wird dann zu finden sein, wenn die Anweisungen derart übersetzt sind, dass Ausführung und Wirkung nur noch mittelbar zusammenhängen. In weiten Bereichen einer technisierten und computerisierten Alltagswelt ist das der Fall, so dass Handlungen jeweils im gleichen Medium stattfinden, aber unterschiedlich motiviert sind (Spiel und Alltag).

Die zweite, von Jürgen Fritz angeführte Form der indirekten, mittelbaren und zeitverzögerten Steuerung am Ebenenhorizont „Denken" weist ebenfalls die Möglichkeit solcherart realistischer Tendenzen auf. Es besteht bezüglich einer planenden, strategischen Handlungsausführung per se eine Nähe zur realen Handlungsplanung, da diese immer medial ist. Besteht ihre Medialität in durch den Computer und seine technischen Möglichkeiten strukturierten Handlungssituationen und -abfolgen, wird diese Nähe besonders stark sein. Hier ist der Bereich der Simulation professioneller Handlungsfelder angesprochen, die weniger, wie im Bereich Action, auf einer Visualisierung einzelner Handlungssituationen beruhen, sondern eher komplexe Ausschnitte der Lebenswelt von Experten betreffen. Die Markierung der Wirklichkeitsdifferenz wird damit auf dem Polende Denken stärker auf die Inhaltsebene verlagert. Damit ist zugleich der Aspekt der Steuerungsbezugs angesprochen. Hier tritt das Interdependenzverhältnis zwischen allen drei Ebenen in den Vordergrund. Für eine Realitätsnähe gelten die Ausführungen zur visuellen Ebene und zur Plotebene, da sie Handlungsinhalt und Ziel beschreiben und bestimmen. Es ist danach also eine größere Realistischkeit des Spiels bei abbildartiger graphischer Oberfläche und einem realitätsnahen, zur Lebenswelt hin offenen Plot zu vermuten. Steuerungsstrukturen des Bereichs Action stehen aufgrund ihrer Unmittelbarkeit in einem engeren Verhältnis zur Bildoberfläche als mittelbaren Strukturen („Denken"). Hier wird die durch den Plot gefaßte Inhaltsebene stärker zu berücksichtigen sein. Das Spiel erfüllt sich in beiden Bereichen im So-tun-als-ob, das Simulative ist bestimmend, wenn es auch durch jeweils verschiedene Vermittlungsebenen dominiert wird. Im Simulativen berühren sich also die beiden Ebenenhorizonte Denken und Action und beziehen beide hieraus die Möglichkeit einer Aufhebung der Markierung zwischen Spiel und Wirklichkeit. Ihr Zusammenwachsen auf dem Polende Geschichten, die beide Handlungsstrukturen beinhalten können, trägt die Tendenz zur Simulation einer sinnhaft-geschlossenen Handlungswelt in sich. Realitätsnähe ist bei Einbezug aller genannten Ebenen durch den Spielablauf hindurch wechselnd möglich.

3. Die Realitätsnähe von Computerspielen in pädagogischer Perspektive

Die unter Berücksichtigung der Realitätsnähe der Steuerungsstrukturen ins Blickfeld rückende Wirklichkeitssimulation ist kein überraschendes Ergebnis. Das Simulative ist Wesenscharakter des Spiels, das selbst virtuell ist, da beim Spiel immer mögliche Wirklichkeiten geschaffen werden, die in keinem direkten Wirkungsbezug zur Realität stehen. Insofern ist das noch keine Spezifität für Computerspiele und können diese Aussagen als für alle Spiele zutreffend gelten Worin liegt dann die Notwendigkeit vorheriger Überlegungen in ihrer Ausrichtung auf das Computerspiel? Sie liegen in seinem besonderen Spielcharakter, der das Computerspiel technischen Medienwelten zuordnet und damit spezifischen Bedingungen einer vermittelten Erfahrungskonstitution.

Der entscheidende Punkt, der bei der Spielsteuerung eine grundsätzliche Differenz zur Wirklichkeit markiert ist, dass das Spiel keine direkten Handlungsfolgen außerhalb der Wirklichkeit besitzt. Damit besteht bezüglich der gesamten Spielwirklichkeit eine Unterscheidung zur Realität. Sie gründet auf dem Spannungsverhältnis zu spielen, und nicht real zu handeln. Da dies der Ausgangspunkt jedes Spiels ist, wird es an dieser Stelle der Beschreibung der Spielaktion notwendig, die Präsentationsebenen zu verlassen. Dem Spieler zeigt sich die Spielwirklichkeit über ihre Präsentativität hinaus noch immer als ein abgegrenzter Bereich, der allein schon dadurch markiert ist, dass keine direkten Auswirkungen der spielerischen Handlungen auf die äußere Realität hin geschehen. Befriedigendes Spiel ist dabei nur möglich, sofern der Spieler subjektive Bedürfnisse im Spiel verwirklichen kann. Jürgen Fritz spricht diesbezüglich von einer „strukturellen Koppelung", der Entsprechung zwischen Spielermotiven und Spielangebot. Die Handlungsmotive der Spieler liegen im Bereich „Beherrschung" und „Kontrolle" (Fritz 1995, S. 38). Das Computerspiel als *Gesamtes* wird zum Spielpartner, der beherrscht und kontrolliert werden will, in diesen Zusammenhang sind die einzelnen Spielaktionen eingebettet und geben dem Handeln über den durch das Spiel unmittelbar untergeschobenen Sinn hinaus zusätzliche Bedeutung und abstrahieren zugleich das durch das Spiel repräsentierte Geschehen als Mittel. Damit liegt dem Spielgeschehen als Gesamtes eine Abgrenzung von der Wirklichkeit zur Fiktionalität hin zugrunde. Die Bewältigung der Anforderungen des Spiels wird zu einer Herausforderung über seine inhaltliche Ausführung hinaus. Der Spieler ist der Dominanz des Spiels nicht wie der Realität gegenüber ausgeliefert, sondern er befindet sich in einer Spieleinstellung mit ganz bestimmten Wünschen an das Spiel, was den spannungsvollen Austausch zwischen Realität und Fiktion überhaupt erst ermöglicht. Die Spielermotivation faßt sozusagen das Computerspiel wieder zu einem abgeschlossenen Bereich zusammen, der sich unter dem Blickwinkel der Realitätsnähe immer wieder aufzulösen schien, und stellt die „Abgeschlossenheit" der Spielwirklichkeit wieder her.

Damit besteht bei gelingendem Spiel aufgrund der Beherrschung des Spiels zwar aus Sicht des Spielers eine Differenzierung zwischen Spiel und Wirklichkeit, sie ist spielpädagogisch gesehen aber dann nicht erfolgt, wenn eine inadäquate Verhältnissetzung von Spielerfahrung und Wirklichkeit geschieht. Da der pathische Objektbezug leichter herstellbar ist, wenn ein Gegenstand nicht schon eine durch Erfahrung und Routine eindeutig bestimmte Deutung besitzt, ist diese Verhältnissetzung als Übergang zum Spiel gerade für den Unerfahrenen möglich. Aufgrund des simulativen Charakters wird damit die medienpädagogische Beurteilung von Computerspielen bezüglich ihrer Realitätsnähe bedeutsam. Die wesentliche Besonderheit des Computerspiels ist, dass es sich um einen vermittelten Spielinhalt und eine durch das Medium präsentierte Spielwirklichkeit handelt, worin natürlich auch seine Faszination liegt. Das Fehlen der hier so bezeichneten Markierungen der Wirklichkeitsdifferenz könnte umso bedeutsamer sein: Bezüge zur ethischen Problematik (z.B. beim Ausführen von realistisch visualisierten Tötungshandlungen) wurden hier ausgeblendet ebenso wie, positiv gewendet, lerntheoretische Überlegungen (Simulation von professionellen Handlungssituationen). Insgesamt wirft eine fehlende Markierung der Wirklichkeitsdifferenz die Frage auf, ob die Spielhaltung des bildhaften Objektbezugs bei gleichzeitiger Realitätsnähe der Präsentation nicht zu einem „Spielen mit der Wirklichkeit" wird. D. h., könnte das Fehlen der Markierungen der Differenz bei gleichzeitiger Präsentativität des Spiels eine Erfahrungskonstitution bewirken, die auf einer falschen Einschätzung der realen Gegebenheiten beruht? Sie erscheinen vielleicht gerade deswegen als beherrschbar und kontrollierbar, weil sie eben nicht der Wirklichkeit entsprechen und nur diesen Eindruck erzeugen. Spiel würde dann gerade das nicht leisten, was es eigentlich auszeichnet: eine Auseinandersetzung mit der Realität aufgrund der Differenz der Spielwelt, die die Realität *in ihrer Unterscheidung zum Spiel* erst sichtbar werden läßt.

Literatur

Aufenanger, S., C. Lampert, Y. Vockerodt (1996). Lustige Gewalt? München: Bayerische Landeszentrale für neue Medien.

Bateson, G. (1972). A theory of Play and Fantasy. In: Steps to an ecology of mind. New York: Ballantine.

Boehm, Gottfried (1995). Die Wiederkehr der Bilder. In: ders. (Hg.): Was ist ein Bild? (S. 11-38) (2. Aufl.). München: Fink.

Brosius, Hans-Bernd (1991). Schema-Theorie – ein brauchbarer Ansatz in der Wirkungsforschung? Publizistik 36: 285-297.

Bundesprüfstelle für jugendgefährdende Schriften:
16.3.1994. Entscheidung Nr. 4605q und 4743.
28.9.1994. Entscheidung Nr. 4694.
14.12.1994. Entscheidungen Nr. 4729

Bundeszentrale für politische Bildung (Hg.). Computerspiele auf dem Prüfstand.

Buytendijk, F. J. J. (1933). Wesen und Sinn des Spiels. Berlin: Kurt Wolff.

Claessens, D. (1980). Das Konkrete und das Abstrakte. Frankfurt: Suhrkamp.

Eco, U. (1994). Einführung in die Semiotik (8. unveränd. Aufl.). München W. Fink.

Fink, E. (1960). Spiel als Weltsymbol. Stuttgart: Kohlhammer.

Fehr, W., J. Fritz (1997). Zur Faszinationskraft von Netzwerkspielen am Beispiel von Warcraft 2 und Duke Nukem 3D. In: Gesellschaft für Medienpädagogik und Kommunikationskultur (Hg.): GMK Rundbrief (S. 76-81). Bielefeld: Gesellschaft für Medienpädagogik und Kommunikationskultur.

Fritz, J. (1995). Modelle und Hypothesen zur Faszinationskraft von Bildschirmspielen. In: Warum Computerspiele faszinieren (S. 11-38). Weinheim: Juventa.

Fromme, J. (1995). Computerspiele und Kinderkultur. Spieltheoretische Überlegungen zur Mediatisierung. „medien und erziehung" 39/1995: S. 44-49.

Früh, W. (1994). Realitätsvermittlung durch Massenmedien. Opladen: Westdeutscher Verlag.

Gadamer, Hans-Georg (1960). Wahrheit und Methode. Grundzüge einer philosophischen Hermeneutik. Tübingen: J. C. B. Mohr.

Gadamer, Hans Georg (1994). Bildkunst und Wortkunst. In: G. Boehm (Hg.): Was ist ein Bild? (S. 91-104) (2. Aufl.). München: Fink.

Huizinga, J. (o. J.). Homo Ludens. Basel: Akademische Verlagsanstalt.

Husserl, Edmund (1954). Erfahrung und Urteil (2. unveränd. Aufl.). Untersuchungen zur Genealogie der Logik. Hamburg: Claassen.
King, Barry (1992). Stardom und symbolic degeneracy. Semiotica 92-1/2: S. 1-47.
Kolb, M. (1990). Spiel als Phänomen – Das Phänomen Spiel: Studien zu phänomenologisch-anthropologischen Spieltheorien. Sankt Augustin: Akademia Verlag Richarz.
Mikos, L. (1995). Zur Faszination von Action- und Horrorfilmen. In: M. Friedrichsen, G. Vowe (Hg.): Gewaltdarstellungen in den Medien (S 166-193). Opladen: Westdeutscher Verlag.
Muckenhaupt, M. (1986). Text und Bild. G. Narr: Tübingen.
Plessner, H. (1982). Lachen und Weinen. Gesammelte Schriften Bd. VII. Frankfurt: Suhrkamp.
Renner, U. (1986). Der Augen Blick. In: W. Mauser, U. Renner, W. Schönau (Hg.): Phantasie und Deutung (S. 138-151). Würzburg: Königshausen & Neumann.
Reß, E. (1990). Die Faszination Jugendlicher am Grauen. Würzburg: Königshausen & Neumann.
Sartre, Jean-Paul (1971). Das Imaginäre. Reinbek: Rowohlt.
Schäfer, Gerd (1989). Spielphantasie und Spielumwelt. Weinheim: Juventa.
Scheuerl, Hans (1990). Das Spiel. Bd I. Weinheim: Beltz.
Scholz, O. (1991). Bild, Darstellung, Zeichen. Freiburg: Karl Alber.
Schütz, Alfred, Thomas Luckmann (1984). Strukturen der Lebenswelt Bd. 2. Frankfurt; Suhrkamp.
Waldenfels, B. (1990). Der Stachel des Fremden. Frankfurt: Suhrkamp.
Winter, R. (1995). Der produktive Zuschauer. München: Qunitessenz.

Uwe Sander

Mediatisierte Kommunikation in Mediengesellschaften

Mediatisierte Kommunikation als Begriff und Konzept steht hier in der theoretischen Tradition, die Diagnose einer zunehmenden Heterogenisierung moderner Gesellschaften mit der Suche nach einem kompensatorischen Pendant, der sozialen (Re-)Integration, anzureichern: Was hält die Gesellschaft zusammen, wenn die Moderne traditionelle Muster sozialer Integration auflöst? Das Konzept der mediatisierten Kommunikation reagiert auf diese Frage ähnlich wie moderne Theorien autopoietischer Systeme. Diese konzentrieren sich nicht auf Integration als einem notwendigen Modus gesellschaftlichen Zusammenhaltes, sondern auf *Differenzierung*. Und Differenzierung verweist nicht mehr auf eine darüber hinausgehende, irgendwie geartete Form universaler Verklammerung der ausdifferenzierten Gesellschaftsbereiche. Vielmehr stellen die autonom geschlossenen Teilsysteme nach ihrer internen Systemreferenz Bezüge zu einer Umwelt her, die nicht unabhängig existiert, sondern wiederum abhängt von den internen Systemzuständen. Da die Moderne charakterisiert ist durch eine Vielfalt von Differenzierungen und eine Vielfalt funktionsspezifischer, auf Themen spezialisierter Kommunikationssysteme, kann auch die Kommunikation der Gesamtgesellschaft nicht mehr als eine ‚stabile Bindung' über Differenzierung hinweg verstanden werden. Zum einen ist die moderne Gesellschaft mit ihren spezialisierten Kommunikationssystemen darauf angewiesen, elementare Kommunikation (d.h. ‚segmentäre' Kommunikation) restriktiv zurückzudrängen. Diese Form der Kommunikation böte zwar den Möglichkeitsrahmen einer auf Gemeinschaftlichkeit und Konsens basierenden Vergesellschaftung; sie verliert in modernen Gesellschaften jedoch ihre ehemals zentrale Position und wird zu ‚schwach', um eine integrative Aufgabe erfüllen zu können. Zum anderen ‚integriert' das moderne Gesellschaftssystem nicht in einem Sinne von Gemeinsamkeit, Umfassendheit. Es brauchen keine übergreifende Regulationsmodi (Normen, Werte, Handlungsmuster etc.) koordiniert zu werden, sondern die Kommunikation der Gesamtgesellschaft schafft eine andere Voraussetzung: Es werden lediglich die Voraussetzungen dafür geschaffen, daß a) die ausdifferenzierten Teilsysteme ihre Autonomie bewahren können und daß b) die Teilsysteme nach ihrer jeweiligen Maßgabe Verbindungen schaffen können (Umweltkonstruktion nach systeminterner Vorgabe). Dieses Modell hat wenig Bezüge zu der sozialintegrativen Vorstellung eines vinculum sociale, das die Menschheit umschlingt und verbindet. Aber es gibt viele Bezüge zu dem Modell einer *mediatisierten Kommunikation*, in dem die Koexistenz von Differenzen abhängig gemacht wird von der Art und Weise, wie Unterschiede durch Distanz überbrückt werden können.

Die klassischen Überlegungen über gesellschaftliche Modernisierung, also über Arbeitsteilung, gesellschaftliche Pluralisierung oder systemische Ausdifferenzierung (z.B. die Arbeiten von Marx, Durkheim, Tönnies, Weber u.v.a.m.) hingegen bauten auf Integration als Stabilitätsmoment auf. Auf gesellschaftstheoretischer Ebene steht Talcott Parsons strukturfunktionale Gesellschaftsinterpretation der systemischen *Differenzierung* als Beispiel für Bestrebungen, die Aufteilung der Gesellschaft in verschiedene Systeme (Ausdifferenzierung entlang des AGIL-Schemas) mittels symbolisch generalisierter Medien wieder in Einheit zu überführen.[1] Der symbolisch generalisierte Medienbegriff (allerdings in seiner vielfältigen Verwendung unübersichtlich und inhaltlich heterogen definiert als Interaktions-, Austausch-, Steuerungs- oder Kommunikationsmedien) hat sich mittlerweile eingebürgert und steht für *Integration* auf den beiden Ebenen des *personalen Verkehrs* (Mikroebene der Interaktion) und der *teilgesellschaftlichen Beziehungen* (Makroebene der Gesellschaft). Bei aller Unterschiedlichkeit im Gebrauch unterstellt der Begriff symbolisch generalisierter Medien Einheit, Kohärenz und Bindung als Notwendigkeit des funktionalen Bestanderhalts oder der normativen Homogenität moderner Gesellschaften. Der Medienbegriff reagiert in diesem Sinne weniger auf beobachtbare Phänomene von Einheit, die damit theoretisch bezeichnet werden, sondern schließt in den verschiedenen Theorien diejenige Leerstelle, die aus der *Annahme* einer weiterhin notwendigen gesellschaftlichen Einheit resultiert; während die Theorien empirisch vornehmlich mit dem Gegenteil konfrontiert werden, nämlich mit dem in allen modernen Gesellschaften beobachtbaren Phänomen der Aufteilung der Gesellschaft in funktional und sozialkulturell abgetrennte Teilbereiche. In diesem theoretischen Reflexionskontext des (normativ eingefärbten) Einheitsappells unter empirischen Bedingungen von Differenz steht Talcott Parsons lediglich als Repräsentant einer lange Zeit herrschenden Theorietradition, die auch heute noch aufgegriffen wird. Parsons hielt die Ausdifferenzierung integrativer, symbolisch generalisierter Medien für eine konsequente und unabdingbare Folgeerscheinung vorausgehender Systemdifferenzierun-

1 Vgl. z.B. Jensen (1980, S. 28): „Das funktionale Gegenstück einer auf Differenzierung begründeten Evolution ist das Problem der Integration; und dieses Problem muß unabdingbar gelöst sein, um den Prozeß der Evolution tatsächlich gelingen zu lassen. Die Medien bilden die entscheidende Entwicklung von Mechanismen zur integrativen Stabilisierung und stellen damit die Lösung des funktionalen Gegenproblems der Differenzierung dar."

gen.[2] Nach seiner Theorie ermöglicht erst ein gemeinsames und generalisiertes Normen- und Wertesystem das gemeinsame Zusammenleben in einem sozialen Gesellschaftsgefüge, das wesentlich durch Differenzen bestimmt ist. Diese Gemeinsamkeit der Normen- und Werteorientierung muß nach Parsons verankert sein in institutionalisierten Lebensformen und wird zeitlich über verschiedene Generationen hinweg reproduziert durch Sozialisation. Eine solche ‚Gleichgewichtsunterstellung', daß nämlich Differenzierung als gesellschaftlicher Bindungsverlust notwendigerweise ausgleichende Gegenkräfte (Integration und Interpenetration) provozieren *müßte*, wurde erst später fallen gelassen und findet eine Alternative in der Verwendung des Medienbegriffs durch Niklas Luhmann, in der die Parsonssche funktionale Verknüpfung von System- und Mediendifferenzierung aufgelöst wird (Luhmann 1975, 1976). Gegen normorientierte Theoriekonstruktionen gerichtet lehnt Luhmann schon früh einen determinierenden Einfluß geltender Normen ab, ersetzt Kausal- durch Äquivalenzfunktionalismus und verweist auf ‚Handlungsalternativen', die trotz geltender Normen offen stehen. „Die funktionale Analyse versteht Handlungen, Verhaltenserwartungen, Normen und Symbole als systembildende Leistungen. (…) So kommt es zu einer etwas respektlosen Art, formale Normen zu behandeln. Ihr unbedingter Geltungsanspruch wird eingeklammert (…) aber als Teilfunktion in einem sozialen System gesehen, das nicht allein von seiner formalen Organisation lebt und sie daher in gewissen Grenzen variieren kann. Die Ordnung des sozialen Handelns durch formale Normen wird mit anderen Möglichkeiten konfrontiert." (Luhmann 1964, S. 18ff.). Dieser Gedankengang wird auch in der folgenden Charakterisierung mediatisierter Kommunikation aufgegriffen und betont dort, daß es auf der interaktionsnahen Ebene der Alltagskommunikation Regulationsmodi gibt, die eben nicht auf extern vorgegebenen Handlungsnormen (kulturell dominante Rollenmuster, Wertorientierungen) beruhen. Statt standardisierter Normen ist es vor allem die ‚Situation' des Interaktionsgeschehens selbst, die Handlungsalternativen im Prozeß variieren und selegieren kann. Der *Struktur* werden somit als ebenbürtige Regulationsinstanz die *Systembildungsprozesse*

2 Parsons (1937) geht in seiner strukturfunktionalen Theorie davon aus, daß der Variations- und Kombinationsspielraum, der sich aus der Zerlegung einer Einzelhandlung (unit act) in ihre Komponenten (AGIL-Schema) ergibt, also die doppelte Kontingenz, von vorgegebenen Strukturen (d.h. *Normen* oder bei Parsons: *norms of a shared symbolic system*) geordnet und somit auf Erwartbares reduziert wird. Diese Ansicht wird häufig so interpretiert, als seien Normen in der Parsonsschen Theorie mit der Aufgabe versehen, die Variationen gesellschaftlicher Möglichkeiten in eine *harmonistische Einheit* zu überführen. Parsons selbst hat wohl diesen Harmoniegedanken nicht vertreten, allerdings lassen sich im Grunde alle gesellschaftlichen Vorgänge in der Theorie Parsons auf *Strukturen* als Movens zurückführen. Und diese Fokussierung auf *Strukturen* (d.h. auf Normen) als zentraler Instanz sozialer Ordnung hat im Gefolge von Parsons einen prominenten Platz eingenommen und korrespondiert in dieser Rezeption auch wohl einer europäischen Theorietradition (beruhend auf Klassikern wie Weber, Durkheim oder Tönnies), in der durch *Wertesysteme* (Moral, Religion, Zivilreligion etc.) soziale Gemeinschaft definiert und gesichert wird.

der Interaktionssituation entgegengestellt. Im Prinzip verliert die Struktur damit ihre Königsstellung im Gefüge gesellschaftlicher Determinationsverhältnisse und wird zu einem Element systemischer Autopoiesis. Die ‚Richtigkeit' eines Verhaltens in einer bestimmten Situation läßt sich demnach nicht mehr vorweg eindeutig über eine Norm bestimmen, deren Existenz von der speziellen Situation völlig unabhängig ist. Vielmehr bekommt die Situation ‚Inszenierungscharakter' und generiert selbst die Varianten des ‚Passenden' oder ‚Unpassenden', ‚Richtigen' oder ‚Falschen'.

Eine Einschränkung für das hier vorgestellte Konzept der mediatisierten Kommunikation soll an dieser Stelle vorgenommen werden: Mediatisierte Kommunikation wird als kommunikativer Regelmodus konkreter Interaktion verstanden, bezieht sich also auf die Interaktion konkreter Personen und auf faktische Situationen und betrifft demnach einen allgemeinen Modus der tagtäglichen Verkehrsformen zwischen Handelnden; d.h. mediatisierte Kommunikation koordiniert die Interaktion individueller Akteure unter den Bedingungen sozialkultureller Differenz und nimmt, anders als z.B. die symbolisch generalisierte Kommunikation funktional ausdifferenzierter Teilbereiche der Gesellschaft, die Form von *sprachlicher Kommunikation* an. Der Medienbegriff, auf den sich die Mediatisierung bezieht, tangiert damit lediglich die eine von zwei ‚Hälften' des Konzepts symbolisch generalisierter Medien, die z.B. Parsons, aber auch Habermas, Luhmann u.a. beschreiben. Ausgespart bleibt der Austausch auf der Differenzierungsebene von gesellschaftlichen (Sub-)Systemen (Parsons 1970). Statt dessen lehnt sich das Konzept der mediatisierten Kommunikation an diejenigen Medien an, die die Interaktion von individuellen Sprechern integrieren. Interaktion meint hier personale Kommunikation, und Medien sind in diesem Sinne „media of communication" (Parsons 1968a, S. 440).

Dieser Beitrag richtet sich demnach nicht auf apparative Medien, sondern will einen Theorievorschlag unterbreiten, mit welchen theoretischen Kategorien charakteristische Muster interpersonaler Kommunikation in sozialkulturell ausdifferenzierten Gesellschaften angemessen bezeichnet werden können.[3] Dabei stehen diejenigen gesellschaftlich bestimmten Kommunikationsmuster im Vordergrund, die beliebige Alltagssituationen der Interaktion zwischen einander fremden Menschen im Normalfall bewältigen; wobei auch Konfliktkommunikation als ‚Bewältigung' verstanden wird. Im besonderen sind das solche Alltagssituationen, in denen die Kommunizierenden kein explizites und wechselseitiges Wissen voneinander haben (d.h. ‚anonym' sind) und die Kommunikationskontexte ein prozeßhaftes Generieren dieses wechselseitigen Wissens voneinander auch nicht zulassen. An dieser Stelle kommen nun doch (Massen-)Medien ins Spiel, ist es doch gerade ein Kernelement von Massenkommunikation via Medien, daß die Kommunizierenden, Verfasser und Rezipienten von Medieninhalten, sich nicht kennen,

3 Eine erweiterte Fassung der folgenden Aussagen über ‚Mediatisierte Kommunikation' findet sich in: Sander 1998.

sich nicht austauschen können und damit auf eine Kommunikation beschränkt bleiben, die sich über die vorliegenden Kommunikationsinhalte kaum ausweiten läßt. Genau an dieses Charakteristikum medialer Kommunikation koppelt der Begriff der *mediatisierten Kommunikation* an, der sich nicht auf technisch-mediale, sondern auf interpersonale Kommunikation bezieht, aber vornehmlich dadurch ausgezeichnet ist, daß wechselseitige Verständigungsmöglichkeiten der beteiligten Personen eingeschränkt werden. Eine solche Kommunikation umreißt, so die These, ein dominantes Kommunikationsmuster *moderner, sozialkulturell ausdifferenzierter Gesellschaften* und konzentriert sich erst einmal auf den thematischen und interaktionellen Rahmen der Kommunikationssituation. Die beteiligten Personen mit ihren Eigenschaften, Einstellungen und übrigen Meinungen (also die ‚ganzen' Menschen), so die These, werden von mediatisierter Kommunikation lediglich marginal tangiert und erringen nur in Ausnahmefällen als ‚Luxus' eine thematisch Relevanz – und genau diese Distanzierung und Begrenzung von Kommunikation kennzeichnet, so die These, in der Moderne den Standardtypus zwischenmenschlicher Beziehungen.

Der Begriff der *Mediatisierung* hat als Kritik sich anscheinend kontinuierlich anonymisierender Rahmenbedingungen des Miteinanders in modernen Gesellschaften Karriere gemacht, z.B. bei Günther Anders (1956) oder Jürgen Habermas (1981). Die Formel der *Mediatisierung* wird zwar von ihren Verwendern unterschiedlich ausgekleidet und eingesetzt, in ihrer allgemeinen, kritischen Stoßrichtung entspricht sie jedoch einer verbreiteten zeitgeistigen Haltung, das Leben in der Moderne als riskant, beziehungslos und gefährdet zu verstehen. Ohne eine klare Perspektive der zukünftigen Entwicklung, ohne positive Utopien, aber mit der Überzeugung behaftet, daß die Moderne (Mit-)Menschlichkeit, Einheit und kulturelle Integration im Prozeß der Technisierung, Rationalisierung, Urbanisierung oder Verwissenschaftlichung aufzehre, wachsen am Ende des 20. Jahrhunderts Bindungsskepsis und -sehnsucht. Diese Kritik an der Moderne, so die hier vertretene These, verstellt mit ihrer Gleichsetzung intensiver Kommunikationsbeziehungen und ‚Güte' des Zusammenlebens jedoch eine neutrale Betrachtung moderner menschlicher Beziehungen.[4] Vor allem erkennt sie nicht die sozialen Bindungspotentiale, die in der *Mediatisierung* der Kommunikation (hier erst einmal als Sammelbegriff für die Distanzierung konkreter Sozialbeziehungen gemeint) selbst eingelagert sind.

Mit dem Begriff der sozialen *Bindung* wird im allgemeinen ein bestimmtes, normatives Modell des sozialen Miteinanders assoziiert. *Bindung* taucht häufig dann auf, wenn sozialer Zusammenhalt als *Gemeinschaftlichkeit* ver-

4 Eine ähnliche These haben Luc Ferry und Alain Renaut (1987) in ihrem philosophischen Projekt vertreten, das die Kritik der Moderne, vor allem die zeitgenössischen französischen Dekonstruktivisten (‚Antihumanisten') und ihre geistigen Väter wie z.B. Heidegger (1927), kritisiert, gleichermaßen gegen einen metaphysischen Humanismus wie metaphysischen Antihumanismus angeht und einen *nicht metaphysischen Humanismus* begründen soll.

standen wird, die geregelt wird durch inhaltlich definierte, kollektiv geteilte und lokal fixierte Normen. Sozialkulturelle Homogenität sowie Formen eines direkten, nicht über Medien vermittelten kommunikativen Austausches repräsentieren hier eine Idealform der Gesellschaft. In diesem Fall gewinnt Bindung die konkrete, wenn auch metaphorische Form des vinculum sociale, des sozialen Bandes, das zusammenlebende Menschen normativ umschließt, sie in Zusammengehörigkeit faßt und somit ‚bindet'. Eine solche Vorstellung sozialer Bindung kann sich im soziologischen Denken auf eine lange Tradition stützen; Talcott Parsons wurde schon angesprochen, und seine ‚normative Kohärenz' als notwendige Voraussetzung des Sozialen charakterisiert hier die positive Seite dessen, was Emile Durkheim mit dem Titel ‚Anomie' als Gefahr für gesellschaftlichen Zusammenhang belegt. Aber auch wissenssoziologische oder lebensweltliche Theorietraditionen sehen den Fokus von Gesellschaftlichkeit in Gemeinschaftlichkeit, wenn etwa Alfred Schütz die gemeinschaftliche Typik von sedimentierten, unhinterfragten Normalitätskonstruktionen zum Fundament einer Lebenswelt erhebt, die dem einzelnen erst die Sinnsicherheit des Lebens garantiert. Gesellschaftliche Bindung in einem solchen Verständnis rechnet Gesellschaftlichkeit implizit zu einem (Groß-)Gruppenphänomen hoch. Affektive Zusammengehörigkeit, Gesinnungshomogenität sowie sozialkulturelle Gleichheit der Lebensmuster definieren als appellatives Ideal gesellschaftliche Bindung und finden mit dem Begriff der ‚Nation' (als ‚Ersatzreligion') genau in der Zeit ihren (romantischen bis chauvinistischen) Oberbegriff, in der in der Moderne faktisch Gemeinschaftlichkeit von Gesellschaftlichkeit abgelöst wird. Nicht nur als ausebbende Tradition des 19. Jahrhunderts, sondern gerade in der jetzigen Zeit, in der die Bindungsfrage zur neuen Sozialen Frage avanciert, erleben einschließende (und damit auch ausschließende) Kategorien wie Nation, Gemeinschaft oder Kultur als Heilmittel gegen einen unterstellten gesellschaftlichen Zerfall eine weltweite Renaissance.

Wie kann man aber soziale Bindung bezeichnen, wenn man soziale Bindung nicht mehr in dieser Tradition von Nähe und Gleichheit versteht? Ein neues Wort müßte her, da der Begriff der Bindung fest mit bestehenden Bedeutungen verkoppelt ist. So spricht etwa Axel Honneth (1992) von „Anerkennung" als moderner Koordinationsform des sozialen Miteinanders und grenzt sich damit bewußt vom traditionalen Bindungsbegriff ab. „Anerkennung" bei Honneth (1992) ruht allerdings auch wieder auf Traditionen; der Begriff verweist (bewußt) auf Hegel. *Anerkennung*, so möchte ich diese Kategorie vor dem Hintergrund einer auf sozialer Distanz basierenden mediatisierten Kommunikation interpretieren, führt Partikularismus wieder zurück in Universalismus. *Anerkennung* läßt individuelle Ziele und normative Exklusivitäten zu, koppelt diese, und vor allem die Identität ihrer Träger, jedoch wieder an die universalistische Bereitschaft der sozialen Umwelt, genau diese Exklusivitäten reflexiv zuzulassen. Das im folgenden ausgeführte Theoriekonzept der *mediatisierten Kommunikation* hingegen versucht einen Weg zu finden, soziale Bindung auch *ohne* reflexive Anerkennung partikularer Differenzen zu verstehen.

Eine Schwierigkeit bleibt jedoch auch in einem solchen allgemeinen Verständnis von Bindung bestehen. Alle Begriffe, die die Regelung des sozialen Verkehrs auf der Interaktionsebene bezeichnen, der Begriff der ‚Bindung' wie der ‚Anerkennung', besitzen einen durch Theorieverwendung mehr oder minder vorbestimmten Bedeutungshof. Und dieser Bedeutungshof schließt auch immer Konnotationen ein, die in der spezifischen Verwendung eines Begriffes durch bestimmte Autoren eigentlich *nicht* eingeschlossen werden sollten. Es bleibt also häufig nur der Ausweg, einen etablierten Begriff aufzugreifen und ihm andere Bedeutungen zu verleihen. So soll im folgenden mit dem Begriff der Bindung und vor allem mit dem Begriff der *Mediatisierung* verfahren werden. Ebenso bleibt der Begriff der *Kommunikation* erhalten, auch wenn dieser, wie in manchen Theorieverwendungen, keinen Vorgang wechselseitiger Verständigung unterstellt, sondern allgemeiner einen Prozeß bezeichnet, der auch als verständliche Kommunikation durch Motivstrukturen beeinflußt wird, die über Sprache hinausgehen, und der vor allem zwischen Annahme und Ablehnung von Kommunikation auswählen kann.[5]

‚Bindungslosigkeit', also Unverbindlichkeit, auch als Bindung zu betrachten, heißt das hier projektierte Unternehmen, und damit wird nur scheinbar ein Paradoxon aufgebaut. Die Entparadoxierung besteht in der normativen Neutralisierung des Begriffes: Die Bezeichnung *Bindung* bleibt bestehen und wird auch weiterhin mit dem ursprünglich Bezeichneten verkoppelt. Allerdings umschließt die im folgenden gemeinte Wortbedeutung von Bindung auch das traditionelle Verständnis von *Bindungslosigkeit. Bindungslosigkeit* wird im Begriff der *Mediatisierung* (Distanzierung und Differenzierung sozialer Beziehungen) als gleichberechtigter Modus sozialer Koordination in modernen Gesellschaften angesehen. Dazu muß sich dieses neue Verständnis allerdings vom Ballast einer Kritik emanzipieren, die sich an normativen Idealen traditioneller Gemeinschaftlichkeit und sozialer Nähe ausrichtet. Ziel ist es, das Phänomen der Mediatisierung zuerst einmal möglichst ‚empirisch' (also: nicht metaphysisch und nicht idealistisch) zu erfassen, das heißt nicht als Kritik, sondern als Beschreibung existierender sozialer Beziehungsmuster. Erst im weiteren können sich dann neue Wertungen anschließen. Eine solche Methode eines spielerischen oder provokativen Umgangs mit Worten und Bedeutungen ist aus anderen Zusammenhängen bekannt. Sie arrangiert sich mit einem vorhandenen Sprachgebrauch, da die Dinge nun einmal irgendeinen Namen tragen müssen, geht jedoch subversiv mit etablierten Bedeutungen um.

So soll auch mit dem Begriff der *Mediatisierung* verfahren werden. Mediatisierte Kommunikation bezieht sich wie in der üblichen Theoriesprache allgemein auf das Phänomen einer empirisch beobachtbaren Distanzierung

5 Vgl. die Zusammenstellung medienpädagogischer Kommunikationsvarianten bei Baacke (1973) und ihre Entsprechung in Medientheorien bei Sander/Vollbrecht (1994)

bzw. Anonymisierung sozialer Beziehungen, wendet dieses Phänomen jedoch nicht wie üblich in die Kritik von Verdinglichung oder Entfremdung. Mit der Metapher der mediatisierten Kommunikation erhalten vielmehr die anonymen und distanten Verhältnisse von zusammenlebenden Menschen in modernen Gesellschaften einen speziellen Status sozialer ‚Bindung', allein schon deswegen, weil von den Menschen in diesen Gesellschaften dieses Muster der Interaktion faktisch genutzt wird, um sich miteinander in Beziehung zu setzen. Die Argumentationslogik lautet dabei: Wenn Gesellschaften als Gesellschaften auf der Interaktionsebene faktischer Beziehungen so existieren, daß im ‚Normalfall' (also in der routinisierten Erwartungshaltung über den Fortgang einer beliebigen Interaktion) beliebige Interaktionspartner beliebige Standardinteraktionen souverän beherrschen, was nicht heißt: ohne Konflikte, dann dokumentieren diese Standardinteraktionen einen wesentlichen Aspekt sozialer Bindungen. Dabei ist nicht ausschlaggebend, ob diese Normalbeziehungen auf sozialer Nähe oder Distanz aufbauen. Soziale Bindung wird zwar häufig mit ‚Gemeinschaftlichkeit' assoziiert und kann darüber auch entstehen, sie benötigt jedoch prinzipiell keine wechselseitige Bekanntschaft oder Sympathie, keinen ‚normativen Konsens', keine ‚Verständigung', sondern kann sich genauso gut über formalere Interaktionsmodi ergeben. Das heißt im nicht umgekehrt tautologischen Sinne: Wenn ein Charakteristikum von Interaktionssituationen moderner Gesellschaften das ist, was gemeinhin als ‚Beziehungslosigkeit' kritisiert wird, die Interaktionssituationen aber dennoch bewältigt und ständig reproduziert werden, dann werden diese Gesellschaften u.a. auch durch diese ‚Beziehungslosigkeit' zusammengehalten. Das führt zu der Konsequenz: Wenn ‚Bindung' als Begriff für die Sicherung des sozialen Miteinanders eingesetzt wird, dann muß auch das traditionelle Verständnis von ‚Bindungslosigkeit' (Distanz) als Bindung gelten.

Zu klären bleibt in einer expliziten Diskussion von Distanz, welche spezifischen Bindungsqualitäten Distanz und ‚Beziehungslosigkeit' aufweisen bzw. welche theoretischen Perspektiven im Phänomen der ‚Beziehungslosigkeit' integrative Aspekte entdecken können. In den folgenden Aussagen wird noch deutlich werden, daß diesem Verständnis im Gegensatz zu den gängigen modernekritischen Gesellschaftsanalysen nicht nur ein normativ neutralisierter Tenor zugrunde liegt. Teilweise müssen die Aussagen auch einen oppositionellen Charakter gegen herrschende Zerfallsdiagnosen der Gesellschaft annehmen. Diese Opposition richtet sich gegen die vorschnelle Gleichsetzung von gesellschaftlicher Integration und Momenten der Gleichheit bzw. der wechselseitigen Übereinstimmung von Interaktionspartnern als unabdingbare Voraussetzung für soziale Koexistenz. Das Gegensatzpaar von Desintegration und Integration wird klassischerweise mit den Begriffen ‚Gesellschaft' und ‚Gemeinschaft' umrissen (z.B. bei Tönnies), und gesellschaftliche Integration wird darin letztendlich immer auf Momente der Gemeinschaft zurückgeworfen (vgl. Heitmeyer/Sander 1997). Alles Technische, Künstliche, Vermittelnde, summa summarum: Mediatisierende im sozialen Verkehr gerät dann unter Verdacht – und hier besonders die (Neuen) Medien.

Allerdings, so lehrt jedenfalls die Realität, existiert keine moderne Gesellschaft ohne technisierte, künstliche, vermittelnde, summa summarum: mediatisierte Kommunikation. Eine provokante Wendung der Argumentation wäre nun, nicht in diesem Grundcharakteristikum moderner Gesellschaften eine latente Gefährdung zu sehen, sondern in ihrer Kritik und daran anschließend in gemeinschaftsstiftenden Gegenentwürfen. Das Mephistophelische der Technisierung von Sozialbeziehungen würde dann auf die Seite der antimephistophelischen Kritik wechseln; einer Kritik, die ausdrücklich stets das Gute will, und dann anscheinend doch das Gegenteil schafft.

Ähnlich argumentiert Jean-François Lyotard' wenn er (rhetorisch) fragt: ‚Gibt es pragmatische Universalien?', oder anders ausgedrückt: ‚Existieren universale Bedingungen zwischenmenschlicher Verständigung, die ihrem Kern nach im Telos der Verständigung der menschlichen Sprache innewohnen?'. Diese Fragen beantwortet Lyotard (1986, 1987) entschieden negativ. Mit der Metapher des *Widerstreites* verweist er darauf, daß in modernen Gesellschaften keine „großen (modernen) Erzählungen", keine übergreifenden Grundsätze, Überzeugungen, keine allgemeingültigen Normen, Gewißheiten und Wissenssysteme mehr vorzufinden sind. Vielmehr existieren viele unterschiedliche Wirklichkeiten, Diskurse oder Erzählungen – ohne eine darüberliegende Einheit, als sich *widerstreitende*, inkommensurable und strukturell heterogene Diskurse. Da weder die widerstreitenden Diskurse in sich Potentiale universaler Verständigung tragen, noch einer Metaebene allgemeinen Konsenses existiert, wird mit der Tendenz zur Einheit untrennbar das Problem des *Widerstreites* verbunden. Die ‚kleinen Diskurse' tendieren nicht zu einer Verständigung untereinander; sie haben ihre eigenen Regeln, Konzepte, Moralen und ihre je eigene Berechtigung. Inkommensurabel, wie sie zueinander sind, lassen sie sich nicht unter einen Meta-Diskurs subsumieren. Lyotard, der sich selbst zum ‚Heidentum gegen alle großen Ideologien' bekannt hat, versteht unter solchen Meta-Diskursen die ‚großen Erzählungen' der politischen Projekte (Sozialismus, Kommunismus), der christlich-religiösen Einheitslehren oder der technologisch-ökonomischen Modelle (Kapitalismus, Neue Technologien).[6] Aber auch die ‚kleinen Diskurse' miteinander in einen neuen globalen ‚großen Diskurs' zu überführen, scheitert nach Lyotard am unvermeidlichen Widerstreit der Einzeldiskurse und muß im singulären Totalitarismus eines dominanten Einzeldiskurses enden, der bedrohlich und beherrschend gegenüber den anderen auftritt. Kommunikative Vernunft, der auf allgemeinen Konsens abzielende Prozeß einer allgemeinen diskursiven Rationalität im Versuch zwischenmenschlicher Verständigung (z.B. bei Habermas), kann demnach nicht die Problematik lösen, Gerechtigkeit innerhalb pluraler Gesellschaften zu sichern.[7] Wie der Pluralismus der vielen Traditio-

---

6 Kritische hierzu: Ferry 1992, S. 117ff.

7 Vgl. Fetscher (1984, S.196), der behauptet, daß das „Verlangen, daß jeder Citoyen sich ganz und gar mit dem ‚Gemeinwillen' identifizieren müsse, wie er in den Gesetzen zum Ausdruck kommt, (...) uns heute eher als eine Überforderung" erscheinen müsse.

nen und unterschiedlichen Maßstäbe von Lyotard als bedroht durch den alles beherrschenden Diskurs der Ökonomie gesehen wird, so besteht prinzipiell bei allen Universalisierungsbestrebungen die Gefahr einer *quasi-diktatorischen Unterdrückung* plural verfaßter Gesellschaften.

Doch mit einem solchen (postmodernen) Frontenwechsel wird vornehmlich ein kritischer Diskurs kritisch erwidert (siehe auch: Featherstone 1990). Der *gewendete* Begriff der mediatisierten Kommunikation dient hingegen weniger der kritischen Hinterfragung von ‚Gemeinschaft' als Therapiemittel für die Moderne, sondern eher der Beschreibung moderner Kommunikations- und Interaktionsbeziehungen und ihrer koordinierenden Funktion. Der Begriff unterstellt der tagtäglichen Sphäre menschlicher Beziehungen innerhalb moderner Gesellschaften die produktive Kraft einer autonomen Regelung sozialer Situationen.[8] Diese konkreten Interaktionssituationen zeichnen sich nicht nur häufig durch Distanz, wechselseitige Abschottung und Vermitteltheit aus, sondern streben auch danach, sind dadurch motiviert. Distante Sozialbeziehungen können sich jedoch nur über Kommunikationsregeln der Distanz bzw. der Mediatisierung reproduzieren. Vertrautheit und affektive Nähe, so die These, können in modernen Gesellschaften lediglich enge Beziehungen leiten; durch die große Menge der alltäglichen ‚Normalinteraktionen' würden solche intimisierten Beziehungsmuster aufgrund ihres hohen Aufwandes überfordert.[9]

Wie mediatisierte Kommunikation in einer solchen Perspektive zu verstehen ist, kann nur schwer vermittelt werden vor dem Hintergrund einer etablierten Gesellschaftskritik, die für sich die moralische Schirmherrschaft der an der Gesellschaft Leidenden übernimmt und sich mit den faktischen und nicht zu übersehenden Mißständen, Ungerechtigkeiten und Ungleichheiten legitimiert. Mißverständnisse sind dann vorprogrammiert, wenn aus der kritischen Perspektive die Auslotung positiver Potentiale im Raum existierender sozialer Strukturen quasi automatisch unter Affirmationsverdacht gerät. Hier wird jedoch nicht verteidigt, was eventuell zu kritisieren wäre, sondern untersucht, welche Möglichkeiten moderne soziale Beziehungsstrukturen bieten, um die jeweils individuelle (d.h. ausdrücklich: partikulare) Variante eines ‚guten Lebens' zu realisieren und auszuleben (vgl. Weymann 1989). In dieses Projekt gehört selbstverständlich auch die Analyse von Begrenzung und Unterdrückung, die mit der mediatisierten Kommunikation als einer besonderen Qualität moderner Öffentlichkeit einhergeht. Allerdings werden die Alternativen zu diesen negativen Aspekten, die zudem wie die positiven kaum universal, sondern nur in der Perspektive des Beobachtens benannt werden können, nicht außerhalb, sondern innerhalb existierender gesellschaftlicher Beziehungsmuster gesucht.

---

8 Das heißt nichts anderes als: Der *Alltag* reguliert sich selbst mit seinen eigenen Regeln, die er eigenständig produziert, reproduziert und modifiziert (stellvertretend für eine umfassende Theoriediskussion des *Alltags*: Arbeitsgruppe Bielefelder Soziologen 1973).

9 Vgl. zum Zusammenhang von Fremdheit und Vertrautheit, und besonders zur ‚vertrauten Fremdheit': Nassehi 1995, Möller/Sander 1997.

Als mediatisierte Kommunikation gilt der inhaltlich unspezifizierte Bereich einer distanten Öffentlichkeit zwischenmenschlicher Interaktionen, der keine festen Verfahrensregeln über den sachlich definierten Verkehr zwischen Personen bereitstellt, sondern vielmehr einen variablen Möglichkeitsraum für verschiedene konkrete Kommunikationsbeziehungen eröffnet. *Soziale Distanz* ist das Merkmal dieses Möglichkeitsraumes, soziale Distanz eröffnet die Optionsvielfalt für verschiedene soziale Beziehungen, und soziale Distanz ist, was einer näheren Erläuterung bedarf und hier erst einmal behauptet wird, eine unabdingbare Voraussetzung dafür, die Beziehungsstruktur konkreter Interaktionen mit einem Wahl- oder Umschaltmechanismus von *Distanz* auf *Nähe* und umgekehrt auszustatten.

Voraussetzungen eines solchen Schaltmechanismus der Kommunikation werden von Baacke (1973, S.148ff.) in Anlehnung an Watzlawick angeführt, und zwar im Kontext *digitaler* und *analoger* Kommunikation. Analoge Kommunikation als die ‚archaische' Variante ist ausgezeichnet durch eine hohe Ähnlichkeit zwischen der Kommunikation und dem Kommunizierten. Zeichen (ein fröhliches ‚So schön!') und das Bezeichnete (das Gefühl: ‚Ich fühle mich wohl') stehen analog zueinander. *Digitale* Kommunikation hingegen abstrahiert zwischen Zeichen (Sprache) und Bezeichnetem (ein Beispiel von Watzlawick abgeändert: Das Wort Depression hat nichts Depressives). Nun wird digitale Kommunikation als jüngere (i.e. modernere) Form der Kommunikation interpretiert, und Watzlawick wie auch Baacke reservieren sie für die Übertragung von Wissen und logischen Zusammenhängen, während die analoge Form der Kommunikation die Beziehungsebene zwischen Menschen regelt. Überträgt man jedoch auch der digitalen Kommunikation beziehungsrelevante Aspekte, dann wird der Schaltmechanismus moderner Kommunikation zwischen Distanz und Nähe deutlich. Digitale Kommunikation (‚Guten Tag, wie geht es Ihnen?') macht Kommunikationsangebote, die variabel in distanzierte Kommunikation (‚Danke der Nachfrage. Haben sie den Vertrag überarbeitet?') oder in nahe, intimisierte Kommunikation (‚Schön Sie zu sehen; wir wollen uns nach so langer Zeit einmal wieder unterhalten.') überführt werden können. Analoge Kommunikation läßt das in viel geringerem Maße zu. Erst digitale Kommunikation in Kombination mit einer Destandardisierung vorgegebener sozialkultureller Verkehrsmuster erlaubt variable kommunikative Beziehungen.

Darin liegt wohl das gravierendste Novum moderner kommunikativer Beziehungsmuster. Sie lösen sich aus einer starren, inhaltlich standardisierten Grammatik der Verkehrsbeziehungen und erreichen dadurch einen höheren Grad an situationsabhängiger Variabilität. Mediatisierte Kommunikation ermöglicht ‚Verständigung' über die *Nichtkommunikation des Inkommunikablen* (Luhmann), hält sich jedoch die Option offen, das Inkommunikable jederzeit doch als Kommunikables zu verstehen und dann auch zu kommunizieren. Das meint kein intentionales Verschweigen problematischer Themen, sondern verweist auf die Option moderner alltäglicher Kommunikation, ihre Angelegenheiten auch durch Nichtthematisierung zu bewältigen. Dieses ist im Gegensatz zur Wissenschaft im handlungsorientierten Alltag möglich. Während eine unter Rechtfertigungsdruck stehende Wissenschaft zu einer maximalen kommunikativen Präzisierung neigt, tendiert der unter Handlungsdruck stehende Alltag zu einer minimalen kommunikativen Präzisierung (früher abwertend bezeichnet als: restringierter Code); die Prinzipien des Alltags tragen also in ihrem Kern schon den konstruktiven Umgang mit Nichtkommunikation.

Mit einem Seitenblick auf andere gesellschaftstheoretische Abhandlungen, die bei der Analyse von Kommunikation dem *Nicht*kommunizierten einen bedeutenden Stellenwert geben, geht es im Kontext mediatisierter Kommunikation auch um das gesellschaftlich bedingte Verhältnis von „Reden und Schweigen" (Luhmann/Fuchs 1989). Was macht die ‚Normalform' einer Standardinteraktion einander fremder Menschen in modernen Gesellschaften strukturell zum Thema und was nicht; welche Kommunikationsinhalte thematisiert das ‚Reden' und welche potentiellen Kommunikationsinhalte thematisiert das ‚Schweigen' *nicht*? Diese Frage bezieht sich weniger auf konkrete Inhalte (das Wetter, die Kinder o.ä.), sondern auf eine gesellschaftlich erzwungene Aktualisierung potentieller Kommunikationsinhalte in öffentlichen Standardinteraktionen. In dieser Hinsicht behauptet die Rede von der mediatisierten Kommunikation, daß in modernen Gesellschaften viele Standardkommunikationen in Situationen, in denen die Beteiligten *ohne* wechselseitige Kenntnis voneinander auskommen müssen, eine möglichst situationsadäquat begrenzte und ansonsten *unverbindliche* thematische Struktur bevorzugen. Diese unverbindliche Ausgangslage von Standardinteraktionen kann dann im weiteren Verlauf der Interaktion ausgeweitet oder vertieft werden – das muß jedoch nicht der Fall sein. Faktisch korrespondiert jedenfalls eine solche vermeintlich ‚gleichgültige' bzw. distanzierte Kommunikation der faktischen Distanz, die die Lebensbezüge der Kommunizierenden in modernen Gesellschaften auszeichnet. Wenn die verschiedenen Rollenbindungen und Soziallagen der beteiligten Kommunizierenden für die Interaktionssituation der jeweiligen Kommunikation periphere Bedingungen darstellen, so die These, so werden sie innerhalb der Kommunikation weitgehend *nicht* kommuniziert. Die Kommunikation, die die Welt, wie Niklas Luhmann (1989, S.7) sagt, nicht ‚*mit*teilt', sondern ‚*ein*teilt' – durch ‚Reden und Schweigen', präferiert diejenige ‚Einteilung', die durch die Interaktionssituation und das soziale Verhältnis der Kommunizierenden vorgegeben wird. Das Irrelevante, vielleicht auch das potentiell Problematische und Differente, bleibt im ‚Schweigen' mediatisierter Kommunikation verborgen. Damit diese ‚Einteilung' der für die Interaktionssituation relevanten ‚Welt' durch distanzierte Kommunikation und die distanten Lebensbezüge der Kommunizierenden tatsächlich zusammenpassen, bedarf es allerdings mehr als nur des individuellen und bewußten Willens, darüber zu schweigen, worüber besser nicht (oder manchmal besser doch) geredet werden sollte. Die bewußte, strategische Gestaltung von Kommunikation mag für manche und für Geschickte eine reizvolle Angelegenheit sein, beinhaltet aber auch für diese Personen einige Fallstricke, die mit der Eigengesetzlichkeit und Sperrigkeit von Kommunikation zusammenhängen. Zwar erzeugt Kommunikation möglicherweise den Anschein, individuell beherrschbar zu sein, doch führen immer wieder konkrete Kommunikationserfahrungen vor Augen, wie leicht man sich auch in bewußt gelenkter Kommunikation durch Reden selbst zum Feind wird. Unterstellt man also mit mediatisierter Kommunikation die Bedingung einer Möglichkeit, sozialkulturelle Differenzen und damit potentielle Probleme in konkreten Interaktionssituationen zu nihilieren, so müßte mediatisierte Kommunikation *strukturell*, d.h. ohne individuelles Dazutun, etwa die folgenden Problemfelder im Kontext von Reden und Schweigen bewältigen können.

Voreilige Kommunikation

Das Irrelevante oder potentiell Problematische einer Interaktionssituation bewußt nicht zu thematisieren, ist selbstverständlich möglich. Allerdings birgt bewußte Nichtkommunikation (als ‚bewußtes Schweigen') immer die Gefahr in sich, das bewußte Inkommunikable ‚aus Versehen' doch zu kommunizieren. Gedanken rutschen voreilig als Worte aus dem für andere nicht wahrnehmbaren Bewußtsein (z.B. als ‚Freudsche Versprecher') und treten, einmal ausgesprochen, Imponderabilitäten los, die dann gezwungenermaßen durch die weitere Kommunikation behandelt werden müssen. Was einmal auf die Agenda der Kommunikation gesetzt wurde, läßt sich nicht einfach wieder absetzen. Auf diesen Umstand und seine Folgen weist Niklas Luhmann hin: „Jede Kommunikation erzeugt also, indem sie sich selbst bestimmt, eine Bifurkation, verzweigt also die möglichen Anschlüsse in: Annahme oder Ablehnung. Diese Alternative liegt voll innerhalb dessen, was angeschlossen werden kann; auch Ablehnung ist ja nur im Anschluß an eine vorherige Kommunikation und in Hinblick auf das durch sie Bestimmte möglich. Die mit Kommunikation erzwungene, im Verstehen von Kommunikation aktualisierte Alternative schließt dritte Möglichkeiten aus. (...) So kann man die Frage, ‚Liebst Du mich?' oft nicht beantworten, sie aber auch nicht durch Schweigen beantworten, weshalb es sich empfiehlt, sie gar nicht erst zu stellen." (Luhmann 1989, S.18)

Reflexivität der Kommunikation

Einen weiteren kritischen Punkt im Verhältnis von ‚Reden und Schweigen' repräsentiert die Einheit der Differenz von ‚Reden und Schweigen'; nämlich die nicht unwahrscheinliche Möglichkeit, daß eine Kommunikation nicht nur Inhalte thematisiert, sondern sich im Prozeß auch auf sich selbst beziehen kann – und dann das ‚Reden' der reflexiven Meta-Kommunikation das ‚Reden' *und* das ‚Schweigen' der vorgängigen Kommunikation kommuniziert. In dieser Meta-Kommunikation über eine vorgängige Kommunikation heißt es dann nicht nur ‚Warum hast Du das gesagt?‘ (Reden), sondern auch ‚Warum hast Du das nicht gesagt?‘ (Schweigen). Mögliche pazifizierende Funktionen des Schweigens würden in diesem Fall reflexiver Kommunikation in ihr Gegenteil verkehrt.

Transparenz des Schweigens

Derselbe Fall würde aber auch eintreten, wenn in einer Kommunikation transparent wird, daß die Kommunikation nicht nur redet, sondern auch schweigt. Dann gilt in gewisser Weise der klassische Satz von Watzlawick, daß man nicht nicht kommunizieren kann. Der Bereich des Schweigens wäre demnach wie ein schlafender Hund, der von den Beteiligten unbemerkt keine Gefahr darstellt; der jedoch nicht erst dann irritiert, wenn er aufwacht (‚redet‘), sondern schon, wenn er nur wahrgenommen wird. Transparentes Schweigen meint hierbei erst einmal die Beachtung des durch Schweigen Ausgeschlossenen. Dieses Ausgeschlossene hat keine klare Grenze. Es wird lediglich negativ durch das Reden umrissen, seine potentiellen Inhalte (Über was genau wird geschwiegen?) können beliebig sein. Konkret wird das Schweigen erst durch die bewußte Aufmerksamkeit darauf und durch die individuelle Konstruktion eines Kommunikationspartners, daß etwas, was in der Perspektive einer bestimmten Erwartung hätte gesagt werden sollen, nicht gesagt worden ist – und damit bewußt verschwiegen wurde. Der so in einer Außenperspektive redende *und* schweigende Kommunikationspartner muß von alledem nichts wissen und muß auch gar nicht das bewußt verschweigen, über das er nicht redet. Über die Transparenz des Schweigens tritt das Schweigen quasi automatisch als Problem in die Kommunikation hinein und erzeugt als Verschweigen kommunikative Täter. Verteidigung ist dann kaum noch möglich, höchstens ein Geständnis. ‚Das habe ich nicht gesagt!‘ stimmt dann zwar, bestärkt jedoch nur den Verdacht des Verschweigens.

Schweigen, oder allgemeiner: Distanz, das ist also deutlich geworden, braucht verläßlichere Absicherungen als den individuellen Willen und seine bewußten Umsetzungsstrategien. Verläßliche Absicherungen hätten folgendes zu leisten: Sie müssen in beliebigen Kommunikationssituationen (also in öffentlichen Jedermannsituationen) dem Nichtkommunizierten, also dem, was in der Einheit der Differenz von Reden und Schweigen nicht thematisiert wird, den Status einer habitualisierten Irrelevanz geben – was meint, daß das Nicht-Gesagte nicht im Spekulativen, sondern in einem gänzlich unbestimmten Modus verbleibt.[10] Irrelevanz erzeugt keine voreilige Kommunikation, evoziert keine kommunikativen Reflexionen auf das Schweigen und macht Schweigen nicht als Verschwiegenes transparent, das so hinterrücks und unerwartet zu einem Bestandteil der Kommunikation wird. Irrelevant kann Schweigen in kommunikativen Standardsituationen jedoch nur sein,

10 Dieses Verhältnis wird z.B. vom „Form“-Begriff thematisiert. Vgl. hierzu: von Foerster 1993, Luhmann 1993, Derrida 1988

wenn die Option möglichst umfassender Nichtkommunikation sozialstrukturell verankert ist. Irrelevantes Schweigen braucht *schwache soziale Bindungen* und *gering ausgebildete Gemeinschaftlichkeit*, dafür jedoch ein gehöriges Maß an Anonymität und wechselseitiger ‚Gleich-Gültigkeit' (vgl. Radtke 1991); kurz: genau das, was die Kategorie der mediatisierten Kommunikation umreißt.

Die negativen Konsequenzen der Mediatisierung kommunikativer Beziehungen sind hinlänglich bekannt. Sie bestimmen die großen und auch berechtigten Themen moderner Gesellschaftskritik und reichen von fremdbestimmter Arbeit, dem Warencharakter von Sozialbeziehungen bis zur physischen Gewalt gegen andere oder sich selbst. Die positiven Konsequenzen der Mediatisierung und damit von Distanz hingegen werden weniger diskutiert. Sie zeigen sich in dem modernen, gänzlich unpathetischen und ungekünstelten sozialen Miteinander einander fremder Menschen. Es ist nicht die höfisch ritualisierte Form kunstfertiger Verkehrsformen, die z.B. Richard Sennett für die Öffentlichkeit des 18. Jahrhunderts reklamiert und die in diesem Rahmen genutzt werden konnte, um hinter der Maske von Konventionen mit Menschen zu verkehren, ohne sich wechselseitig zu zeigen, was man voneinander hält, bzw. die es auch erlaubte, wechselseitige Einschätzungen und Gefühle in einem Manierismus der zivilisierten Kommunikation gleichzeitig zu verstecken und zu offenbaren.[11] Vielmehr ersetzt moderne mediatisierte Kommunikation das Ideal einer kunstvollen Mittelbarkeit des sozialen Verkehrs durch die beobachtbare Tatsache einer neutralen, desinteressierten Mittelbarkeit, in der viele Alltagsinteraktionen relativ problemlos ablaufen. Moderne Gesellschaften, die ihre Mitglieder nicht mehr automatisch in ein festes soziales Beziehungsnetz integrieren, so lautet die These, können auf den Kunstgriff verzichten, soziale Distanz über zeremonielle und z.T. kunstfertig-ritualisierte Vorspiegelungen sozialer Nähe zu ermöglichen.[12] Wechselseitiges Desinteresse und Mittelbarkeit können in modernen Gesellschaften vielmehr in ihrer unmittelbaren Form demonstriert werden, ohne zwangsläufig zu Problemen zu führen.[13]

---

11 Vgl. zur Kritik von Sennetts Darstellung zeremonieller Selbstdarstellung: Habermas 1991, S. 17ff.

12 Sennett (1983) kritisiert moderne Gesellschaften gerade in dieser Beziehung. Er vermißt in der modernen Gesellschaft, und zwar schon ab dem 19. Jahrhundert, das Maskenhafte und Zivilisierte des Öffentlichkeitsmenschen aus dem Ancien Régime und glaubt dafür einen destruktiven Authentizismus psychologisierter Gemeinschaftlichkeit zu entdecken. Die These mediatisierter Kommunikation versteht allerdings die ‚Tyrannei der Intimität' einer ‚unzivilisierten Gemeinschaftlichkeit' nicht als neues Paradigma der Moderne, sondern eher als spezifischen Sonderfall moderner Kommunikationsmuster. Die Destandardisierung tradierter Verkehrsformen macht *interaktiver Mittelbarkeit* Platz, und diese Mittelbarkeit kann als Ausnahme in intimisierte Unmittelbarkeit überführt werden (vgl. hierzu auch: Riesman 1958).

13 Es dürfte klar sein, daß ‚Desinteresse' hier nicht im normativen Sinne einer intendierten Gleichgültigkeit verstanden wird. Vielmehr bezeichnet Desinteresse die empirische Tatsache reziproker Unwissenheit von Interaktionspartnern über ihre Person,

Diese unscheinbare Kommunikationsform fasziniert in ihrer Normalität kaum besondere Aufmerksamkeit, auch wird sie häufig als ‚Kälte' oder ‚Unmenschlichkeit' der gesellschaftlichen Negativseite zugerechnet. Zudem entspricht der selbstverständliche Umgang mit sozialer Distanz, bei dem auf Interaktionsebene vieles an wechselseitigen Einschätzungen entweder erst gar nicht evoziert oder nicht thematisiert wird, kaum den Idealen einer normativ-theoretischen Tradition von Gesellschaftskritik, in der gesellschaftliche Broschierung an wechselseitige Aufmerksamkeit gebunden wird.

Es ist schon anfangs darauf hingewiesen worden: Vieles spricht dafür, daß sich das Modell eines ‚authentischen', ‚vorbehaltlosen' und reflexiven Zweiergesprächs oder die Universalität der Kommunikation und Organisation innerhalb von Großfamilien, von Gemeinden und dauerhaften Milieus nicht mehr auf komplexe, ausdifferenzierte Gesellschaften anwenden lassen. Entscheidet man sich deshalb theoretisch für die wechselseitigen Unmöglichkeiten des Verstehens bzw. für das wechselseitige Desinteresse an Verständnis als einem zentralen Strukturelement moderner Gesellschaften, und dies nimmt das Konzept der mediatisierten Kommunikation vor, dann müssen zwei Utopien der Moderne verabschiedet werden. Die erste Variante überträgt den in idealistischer Tradition stehenden *reflexiven Subjektivismus*, in dem Bewußtsein ‚zu sich kommt' und ‚Welt erkennt', auf kollektive Kommunikations- und Organisationsformen. Besonders Medien und damit allgemein zugängliche Informationen galten lange Zeit innerhalb dieses Verständnisses als Wegbereiter einer kollektiven Rationalisierung, die die Irrationalitäten tradierter Lebensformen überwinden sollte.[14] In der zweiten Variante wird nicht mehr der kritischen und interaktiven Reflexivität die Verantwortung für gesellschaftliche Verläufe übergeben. Statt dessen setzt man entgegengesetzt auf eine (Re-)Konstitution des ‚Ständischen', wie Max Weber es genannt hat. Fortschritt konvertiert jetzt zum Bestandserhalt, zur Kontinuität tradierter Bindungsformen, die unter den Bedingungen von Technisierung und Bürokratisierung auch weiterhin das soziale Zusammenleben in komplexen modernen Gesellschaften zu sichern haben. Gesellschaften rekonstituieren sich in dieser Perspektive auch noch als moderne Gesellschaften über vormoderne Modi der Integration.

---

wobei auch mit gemeint ist, daß keine sonderliche Motivation vorliegt, diese wechselseitige Unwissenheit aufzuheben. Die Alltagssprache schätzt dieses Phänomen in dem Spruch ‚Was ich nicht weiß, macht mich nicht heiß'; philosophischer wäre der Titel eines ‚Schleiers der Unwissenheit', wenn man die gerechtigkeitsphilosophische Idealvorstellung einer Entscheidungswahl von John Rawls (1971) auf die empirische Außenperspektive von Interagierenden überträgt. Für Rawls stellt das Modell einer Entscheidungswahl, in dem beteiligte Personen keine aufeinander gerichteten Interessen haben bzw. in dem sie von ihren eigenen und den Interessen der anderen *keine Kenntnis* besitzen, den Idealtypus dar, um zu einer *rationalen* und *moralischen* Entscheidung zu gelangen. Die Beteiligten interagieren dann, ohne die Interessen und Fähigkeiten des *Gegenüber* zu kennen, in der *begrenzten Rationalität* und *Moralität* der Interaktionssituation und vermeiden dadurch unnötige Irritationen.

14 Jedenfalls so lange, bis Medien unter Verdacht gestellt wurden, einen ‚Zivilisationsverlust' (vgl. Sander 1994) der Gesellschaft zu provozieren.

Erst wenn diese klassisch-aufklärerischen und die gemeinschaftsorientierten Figuren einer sozial ‚gebundenen' Moderne verabschiedet werden, lassen sich neue koordinierende Formationsfiguren im gegenwärtigen rasanten sozialen Wandel entdecken. Einiges scheint darauf hinzuweisen, daß ein neuer, bislang kaum ohne kritische Vorannahmen beachteter *Überbau der Unverbindlichkeit* im Entstehen begriffen ist, der hier *mediatisierte Kommunikation* genannt wird. Eine solche Argumentationsfigur mit dem zentralen Moment der *Distanz* als Konstitutionselement moderner Gesellschaften hat sich zuerst einmal mit der widerspenstigen empirischen Tatsache auseinanderzusetzen, daß der Wunsch nach sozialer ‚Nähe' und ‚Gemeinschaft' in Form eines bindungssüchtigen Subjektivismus und einer romantisierenden Rückschau auf Zeiten angeblicher Gemeinschaft und Solidarität als Massen-, jedenfalls als Phänomen alternativer Kulturen empirisch existiert (vgl. Henning 1989). Ist die Rede von der ‚Gemeinschaft' im Deutschen vorbelastet mit der völkischen Wortbedeutung, die der Nationalsozialismus ihm gegeben hat[15], so wohnt dem Begriff der ‚Geselligkeit' ein typisch romantischer Kern inne, an den heute viele Renaissancen von ‚Gemeinsamkeitsidealen' anknüpfen und der heute auch eher assoziiert wird, wenn in der Kritik einer ‚seelenlosen', ‚atomisierten' Gesellschaft der Verlust von ‚Gemeinschaft' beklagt wird. Jedenfalls läßt sich ein an die Romantik erinnerndes synthetisches, d.h. durch Erhabenheit ausgezeichnetes und die Menschen einer Gesellschaft verbindendes Prinzip eher aus den modernekritischen Verwendungen von ‚Gemeinschaft' herauslesen als die rassistische Variante einer Gemeinschaft, die als nationalsozialistischer Kampfbegriff einer angeblich moralisch und rassisch dekadenten Gesellschaft propagandistisch entgegengehalten wurde.

Die romantische ‚gesellige' Gemeinschaft benötigt in ihrem Kern einen kraftvollen Mythos, der die Lebensform der Gemeinschaft rechtfertigt. Diese geteilte Verständigung, Übereinkunft und Eintracht beziehen sich auf die Wertebasis der Gemeinschaft. Wie in der Kritik der Romantik, in der der

15 Und zwar mit einer langen Vorgeschichte. Über nationale Geschichtsschreibung, Kulturtheorien und Volksmythen entstehen ab dem 18. Jahrhundert und besonders im 19. Jahrhundert ethnisch-nationale Gemeinschaftstopoi, die sowohl den Leerraum sich auflösender Kollektivierungsmuster des Ancien Régime auf der Ebene größerer staatlich-politischer Einheiten ausfüllen als auch in Form einer vaterländischen Gesinnung aller Bevölkerungsmitglieder gegen die selbsterzeugten Gefahren der Moderne wirken sollten. Sensibilisiert durch die Erfahrung der französischen Revolution und durch die sozialen Folgen der sich verschärfenden Klassenwidersprüche und Ungleichheiten im politisch-sozialen Binnenraum der neu entstehenden Nationalstaaten avancierte schon zu Beginn des 19. Jahrhunderts ‚Einheit', in der deutschen Romantik als ‚Synthesis' und im philosophisch-pädagogischen Neuhumanismus als ‚Gemeinschaft' (vgl. Oelkers 1991), zum Zielwert und zur gleichzeitig deklamierten Mangelware der Moderne. Das gesamte 19. Jahrhundert in Deutschland wird vom Bemühen um diese Konstitution nationaler Einheit überspannt, wobei der national-ethnische Topos der ‚völkischen Einheit' nicht nur in der Variante des wilheminischen Großmachtdenkens seinen Niederschlag findet, sondern auch in den reformpädagogischen Kritiken einer industrialisierten und urbanisierten Moderne.

analytischen Atomisierung einer aufklärerischen Vernunft nicht nur die Demontage überholter, sondern jeglicher synthetischer Prinzipien vorgeworfen wird, so schwingt auch in der modernen Rede von der Gemeinschaft die Hoffnung auf verbleibende intersubjektive Sinnzuschreibungen und Bindungen mit. *Romantisch* ist diese Rede zudem in ihrer Skepsis gegenüber einer Möglichkeit, den Verfall traditioneller Bindungen (Religion, Mythen, Weltbilder, Werte) durch etwas grundsätzlich Anderes kompensieren zu können.

Der *Mythos* und die *Religion*, die Frühromantik unterscheidet zwischen diesen beiden Begriffen nicht, sichern als eine *synthetische Formation* grundlegende Wertüberzeugungen, die, mit der Kraft des Ewigen und Heiligen versehen, die Menschen einer Gesellschaft zu einer *Gemeinschaft* zusammenschließen. In dieser Sicht zerstört nun der analytische Geist der Aufklärung sowohl diese Synthese als auch die damit zusammenhängende Gemeinschaftlichkeit der Menschen. Frank (1989a, S. 100f.) plausibilisiert dieses Denken an der Vernunftauffassung des 18. Jahrhunderts: „Es ist die Zeit der Zerstörung synthetischer Weltbilder und haltlos gewordener Totalitäten: allen voran wird die Bastion des Feudalismus geschleift: ihr Anspruch, die bürgerlichen Massen ‚von Gottes Gnaden‘ (also aufgrund einer religiösen Legitimation) zu regieren und auszubeuten, erweist sich vor dem Richterstuhl der analytischen Vernunft als haltlos: ebenso haltlos ist die Religion selbst: ihr großer Deutungs-Ausgriff auf das Gesamt der natürlichen und gesellschaftlichen Wirklichkeit ist unverträglich mit dem erwachten Selbstgefühl des einzelnen Menschen, des ‚mündigen Bürgers‘; und ebenso unverträglich mit den Einsichten der Physik und der Chemie, die alle synthetischen Formationen – z.B. das Wasser und die Luft – auf ihre elementaren, atomaren Bestandteile zurückführt. Auch der menschliche Geist wird analysiert: Er enthüllt sich als Komplex von elementaren Sinneseindrücken oder physischen Vermögen. (...) Eine Seele oder einen synthetischen Geist anzunehmen, wird unter diesen Voraussetzungen haltlos: diese Ausdrücke bezeichnen vielmehr Relikte abergläubischer, d.h. vorkritischer und vor-analytischer Zeiten, die von der Aufklärung nun mehr überwunden sind.“ Dieses analytische Denken, Kennzeichen der Moderne, hat in der Kritik der (Früh-)Romantik für die synthetische Verfaßtheit von Gemeinschaft fatale Konsequenzen. Nietzsche, Novalis, Schelling u.a. beschreiben die Gefährdungen der Moderne als ‚Ende aller Halte‘ oder als ‚Nihilismus‘ und entwerfen für die moderne, aufgeklärte Gesellschaft das negative Gleichnis des ‚mechanischen Apparates‘ oder des ‚Räderwerkes‘.[16]

Diese frühen Analysen der Moderne konnten ihre Faszination lange erhalten und kehren auch heute wieder: Die aufklärerische Zerstörung des Mythos führe die moderne Gesellschaft in eine Sinnkrise, die einheitsstiftende Funktion des alten Mythos würde zerstört, jedoch von der Vernunft nicht ersetzt. Also müssen Wege aus der Sinnkrise gefunden werden: Die aufklärerische Vernunft, die die Menschen aus den Zwängen des alten Mythos erlöst,

16 vgl. Schelling 1856f, Frank/Kurz 1975, Novalis 1960

aber auch atomisiert und anonymisiert hat, müsse aus sich heraus die Kraft einer neuen Mythologie entwickeln. Allerdings kann dieser neue Mythos nicht die Vernunft selbst sein, sondern der Wiederherstellung von Ethik und Religion wird diese Aufgabe aufgetragen (vgl. hierzu die Position von Lübbe 1986). Diese Verbindungen von Vernunft und Mythos, von Moderne und Gemeinschaft, führen allerdings in Aporien. Wie kann eine neue Mythologie (Religion) entstehen, wenn die Aufklärung dafür die Grundlagen entzogen hat? Dieser Widerspruch wurde um das Jahr 1800 so gesehen von den Frühromantikern, und er findet sich bis heute wieder in den Debatten um Sinnkrise und Bindungsverlust. Bis heute beschreibt dieser Widerspruch das Verhältnis von *synthetischer* und *analytischer* Vernunft (Frank 1989), von *Gemeinschaft* und *Moderne*; und dieser Widerspruch findet sich auch in den frühen pädagogischen Konzepten der Aufklärung (z.B. Locke, Rousseau) und des Neuhumanismus (z.B. Humboldt), die sich z.T. theoretisch bekämpften, aber gemeinsam in der Erziehung die Ziele von Vernunft und Gesinnung, Selbstbestimmung und Disziplin, Individualität und Allgemeinheit, Selbstvollendung und Erziehung zu verbinden suchten (vgl. Jeismann 1987, Jäger/ Tenorth 1987).[17]

Bellah hat diese Kontinuität einer ambivalenten romantischen Orientierung an Mythos und Synthese in seiner Studie „Gewohnheiten des Herzens“ nachgewiesen (vgl. Bellah et al. 1987), indem er in der weißen, nordamerikanischen Mittelschicht deren Sehnsüchte nach der Überschaubarkeit und Geborgenheit einer ‚small town‘ suchte und auch fand. Ebenso existieren, ohne daß man es weiter belegen müßte, in allen modernen Gesellschaften Ansprüche subjektbezogener Selbstschauen und -modifikationen, die sich gegen ‚Entwicklungszwänge‘, ‚Fremdbestimmtheit‘, ‚Anonymität‘ und vieles andere mehr richten. Dieses Amalgam aus Moderne und Romantik muß jedoch nicht irritieren. Betrachtet man die faktischen Lebensgewohnheiten derjenigen genauer, die als Zeitkritik entweder einen (selbst-)reflexiven (Inter-)Subjektivismus oder eine vormoderne Ganzheitlichkeit fordern, erkennt man schnell den *Ausdruckscharakter* dieser Forderungen. Und, so die Behauptung, finden auch die heutigen Bedürfnisse nach Mythos und Gemeinschaft vor allem in der *Kommunikation* darüber ihre Befriedigung, weniger in einer faktischen

17 In diesen Zusammenhang gehört auch die pädagogische Entdeckung der *Geselligkeit* (z.B. durch Schleiermacher) um die Wende des 18. zum 19. Jahrhundert. In ihr, in der lockeren Form einer geistigen Geselligkeit gebildeter Individuen, fanden über den Austausch klassischer Literatur eine (schön-)geistige Hochstimmung und eine gefühlsbetonte romantische Grundhaltung ihr Forum. Geselligkeit als (bildungsbürgerliches, intellektuelles) Ideal dieser Zeit kann interpretiert werden als eine Reaktion auf die Auflösungstendenzen der spätständischen Gesellschaft Deutschlands; in ‚Museums-‘ oder ‚Harmonie-Gesellschaften‘ etwa ab 1800 wurde Geselligkeit gepflegt, und die einsetzende Analysis der Moderne fand in der romantischen Synthesis einer intellektuellen Harmonie neugegründeter Vereine ihr Gegenstück. Schleiermacher (1957) mit seinem „Versuch einer Theorie des geselligen Betragens“ deutet auf diese homogenisierende Form der Geselligkeit: „Da der Zustand der Geselligkeit wohl nur besteht in der Identität von Aneignung und Mitteilung, so ist die Geselligkeit beschränkt auf eine Sphäre der Gleichförmigkeit des Zustandes.“ (Schleiermacher 1957)

und dann auch noch biographisch umfassenden Umsetzung. Ob wir einen neuen Mythos brauchen, für das Problem der unvertrauten Welt? „Halten wir es lieber noch eine Weile mit dem Problem aus!“ rät Luhmann (1987, S. 269)[18], aber trotzdem lassen sich auch die Bedürfnisse nach einem neuen Mythos befriedigen. Die Bedürfnisse realisieren sich zu bestimmten Anlässen in Gesprächen, Meinungen, Haltungen, Auseinandersetzungen – und zwar in einer Kommunikation, die charakterisiert werden kann durch Mittelbarkeit und geringen Verpflichtungscharakter. Die kritischen Gehalte ganzheitlich-konsensueller Ansprüche, gerichtet gegen die ‚Kälte‘ und Partikularität sozialkulturell und funktional ausdifferenzierter Gesellschaften, zielen gar nicht auf eine tatsächliche Modifikation der persönlichen Lebensumstände. Vielmehr suchen sie sich ein Forum, auf dem sie formuliert werden können, ohne notwendigerweise auch eingelöst werden zu müssen. Diese Doppelleistung garantiert *mediatisierte Kommunikation*; sie erlaubt die Freiheit und Variabilität kommunikativer Themen, die Freiheit und Variabilität selbst zu kritisieren und das zu proklamieren, was das Ende individualisierter Kommunikation bedeuten würde: nämlich die Verkopplung sozialer Kommunikation mit einer kollektiv fest integrierten sozialen Lage. Nun mag es so erscheinen, als würde hier mittels eines Taschenspielertricks das kommunikative Begehren nach Konsens, Ganzheitlichkeit und Gemeinschaftlichkeit im sozialkulturell institutionalisierten Raum von Reflexion und dem unverbindlichen Gespräch darüber beiseite geschoben. Nicht übersehen werden darf allerdings der wichtige Beitrag, den diese Möglichkeit der mittelbaren Kommunikation ‚um ihrer selbst willen‘ dazu leistet, die Spannungen zwischen der Unübersichtlichkeit ausdifferenzierter Gesellschaften und den Bedürfnissen ihrer Mitglieder nach Übersichtlichkeit auszugleichen – natürlich ohne sie lösen zu können. Die Verwahrung der Konstruktionen von Konsens, Gemeinschaft und Ganzheitlichkeit im kommunikativen Rahmen (z.B. in Zweiergesprächen, aber auch bei besinnlichen Anlässen, Staatsfeiern o.ä.) bewahrt die Kommunizierenden und andere weitgehend davor, tatsächliche Opfer von oktroyierten Integrationszwängen zu werden. Damit wird vermittelt zwischen der mittlerweile etablierten und kaum noch reduzierbaren sozialen Distanz in den tatsächlichen Lebensbezügen und den auch etablierten traditionellen Deutungsmustern über die Notwendigkeit gemeinsamer gesellschaftlicher Ordnungen und eines gemeinschaftlichen Miteinanders.

Was meint nun *mediatisierte Kommunikation* genauer? Nähern wir uns im folgenden der weiteren Bestimmung über die Rolle der Massenmedien und wie diese Rolle in puncto sozialer Auswirkungen bewertet wird. Günther Anders (1956) Version einer negativen Mediatisierung ist schon anfangs genannt worden. In ihr wird die zunehmende Mittelbarkeit der Kommunikation

18 Vgl. einen ähnlichen Vorschlag aus aufgeklärter Perspektive: „Alle Versuche, die Mängel und Beschränktheiten, Irrtümer und Übertreibungen der historischen Aufklärung durch ‚Rückgriffe‘ auf Mythen oder neu zu stiftende Religionen zu korrigieren, haben barbarisch geendet, wenn sie nicht vorher gescheitert sind.“ (Fetscher 1989, S. 689)

über Massenmedien in die Maschinenmetapher eines unmenschlichen technologischen *Apparates* verwoben, der kein kontrolliertes Instrument der Menschen mehr ist, sondern die Menschen selbst instrumentalisiert. Ebenso radikal und entschlossen dirigieren Max Horkheimer und Theodor W. Adorno die Mediatisierung in düstere Konsequenzen. „Nach Horkheimers und Adornos Vorstellungen", so faßt Jürgen Habermas in seiner Theorie des kommunikativen Handelns (Habermas 1981 Bd. 2, S. 571ff.) zusammen, „treten die über Massenmedien gesteuerten Kommunikationsflüsse an die Stelle jener Kommunikationsstrukturen, die einst die öffentliche Diskussion und Selbstverständigung eines Publikums von Staatsbürgern und Privatleuten ermöglicht hatten. Die von der Schrift auf Ton und Bild umgestellten elektronischen Medien, zunächst Film und Radio, später das Fernsehen, stellen sich als ein Apparat dar, der die kommunikative Alltagssprache völlig durchdringt und beherrscht. Er verwandelt auf der einen Seite die authentischen Gehalte der modernen Kultur in die keimfrei gemachten und ideologisch wirksamen Stereotype einer Massenkultur, die das Bestehende bloß verdoppelt; auf der anderen Seite verbraucht er die von allen subversiven und transzendierenden Momenten gereinigte Kultur für ein umfassendes, den Individuen übergestülptes System sozialer Kontrolle, das die geschwächten internen Verhaltenskontrollen teils verstärkt, teils ersetzt." Jürgen Habermas, der mit dem Rekurs auf Max Horkheimer und Theodor W. Adorno (1971) eine negative Variante von ‚Mediatisierung' zitiert, koppelt seinerseits mediale Kommunikation weiterhin an einen lebensweltlichen Hintergrund, ja, sieht sogar noch verständigungsleitende Eigenschaften: „Sie (die Massenmedien, U.S.) lösen Kommunikationsvorgänge aus der Provinzialität raumzeitlich beschränkter Kontexte und lassen Öffentlichkeiten entstehen, indem sie die abstrakte Gleichzeitigkeit eines virtuell präsenten Netzes von räumlich und zeitlich weit entfernten Kommunikationsinhalten herstellen und Botschaften für vielfältige Kontexte verfügbar halten." (Habermas 1981 Bd. 2, S. 573).

Sicherlich kann man Habermas in seinem Hinweis zustimmen, „daß sich der Eigensinn der kommunikativen Alltagspraxis gegen einen unvermittelt manipulativen Zugriff der Massenmedien zur Wehr setzt" (Habermas 1981 Bd. 2, S. 575). Allerdings muß bezweifelt werden, ob tatsächlich über die zu beobachtende Entwicklung der Massenmedien im Bereich der Informations- und Kommunikationsmedien, der Bildschirmmedien und Verkabelung/Vernetzung und selbst des Hörfunks eine verständigungsrelevante *Öffentlichkeit* mitkonstruiert wird. Zwar werden in den modernen westlichen Gesellschaften heute fast alle banalen oder hoch brisanten Themen und Fakten über Massenmedien veröffentlicht und sind damit prinzipiell allgemein diskutierbar. Allerdings scheint der Charakter medialer Öffentlichkeit mit dem Charakter medialer Kommunikation strukturgleich zu sein: ‚Unverbindlichkeit' ist das Stichwort. Die einzelnen Personen sehen sich lediglich einer *virtuellen Öffentlichkeit* gegenübergestellt, die vom Publikum keine verantwortliche Position, keine Beteiligung einklagt, sondern nur stetig und unbeirrt ihr Geschäft des Veröffentlichens weiter betreibt.

Massenmediale Kommunikation läßt dann zwar die Welt zu einem ‚global village' zusammenschmelzen. Wir erfahren über Radio, Fernsehen oder die Zeitung fast zeitgleich mit allen möglichen Ereignissen auf der Welt von deren Existenz, falls diese Ereignisse von den Medien als ‚thematisierungswürdig' (vgl. Gleich/Groebel 1994, Czerwick 1990, Pfetsch 1994) angesehen werden. Jedoch kommt dieses Wissen über die Welt als ‚Dorf' aus den Massenmedien bzw. den daran anschließenden Gesprächen auch nicht ‚heraus'. Anders als in realen, lokal begrenzten Kommunikationsnetzen, in denen Wissen über Geschehnisse (z.B. über Nachbarn) mit lebenspraktischen Erfahrungen und Beziehungen zu diesen Geschehnissen zusammenhängt, wird der größte Teil der Medienkommunikation nicht durch lebenspraktische Konsequenzen abgedeckt und kann sich somit als autonome Semantik gegenüber dem Geschehenen etablieren.[19]

Hochprofessionelle Medienberichterstattungen über Kriege und Krisen verdeutlichen das immer stärker. Trotz anscheinend aktueller und umfassender Informiertheit weist die sich irgendwann stellende skeptische Frage, was denn tatsächlich passiert sei, darauf hin, daß Massenmedien anscheinend nicht Wirklichkeit *weiterleiten*, sondern eine eigene Wirklichkeitsebene *schaffen*. Die räumliche Entfernung und lebenspraktische Irrelevanz (bzw. extrem vermittelte Relevanz) medialer Themen trennen radikal zwischen semantischer und struktureller Ebene.[20] Ähnliches geschieht auch in sozialer Kommunikation. ‚Themen', die global diskutiert werden, bleiben für die global Diskutierenden weiterhin ‚Themen' (vgl. Luhmann 1975, 1979, 1990).[21] Sie dienen weder der Verständigung noch werden sie direkt über Kommunikation ‚realisiert'. Wie sich etwa ‚Feminismus' oder auch ‚Multikulturalität' als öffentliche Kommunikation ‚auswirken', ist kompliziert und unklar. Zuerst einmal sind sie ‚Kommunikation'.[22] Damit steht immer noch die skeptische Frage im Raum, wie gesamtgesellschaftliche Geltungsansprüche behandelt werden können bzw. was eine zergliederte Gesellschaft ‚zusammenhält'.

---

19 Ein Beispiel dafür liefert Niklas Luhmann (1995, S.138) mit einer Polemik in Richtung Frankfurt: „Robbespierre hatte eine Guillotine zur Hand. Die modernen Anhänger der Vernunft zeichnen sich – angenehmerweise – dadurch aus, daß sie provokantes und appellatives Reden schon für Politik halten und sich damit begnügen."

20 Das hat auch Konsequenzen für eine mögliche anomische Wirkung von Medien, die sowohl durch die Etablierung einer virtuellen Medienrealität als der für die meisten Menschen zentralen Realität erzeugt wie auch gemildert wird (vgl. Sander/Meister 1997)

21 „Dank der Abstraktion der Themen der öffentlichen Meinung ist es möglich, ihre Identität und Übermittelbarkeit festzuhalten und je nach Systemkontext in anderer Weise mit dem Thema umzugehen. Mithin trägt die Themenstruktur der öffentlichen Meinung differenzierende und integrierende Funktionen zugleich und muß, je nach Komplexität der Gesellschaft, den dafür notwendigen Grad an Abstraktion und Spezifikation relativ kontextfreier Themen aufweisen." (Luhmann 1975b, S. 27f.)

22 So beschrieben von Niklas Luhmann in: „Ökologische Kommunikation" (Luhmann 1986a); vgl. zum Thema ‚Kann die öffentliche Kommunikation die Konfliktlatenz einer multikulturellen Gesellschaft begrenzen?': Sarcinelli 1995.

Beharrt man z.B. auf der Idealvorstellung einer umfassenden diskursiven Öffentlichkeit, dann wird keinesfalls das Problem geklärt, ob nicht die Kommunikation in modernen Gesellschaften mediatisiert wird und ob diese Mediatisierung nicht subversiv, aber effektiv gesellschaftliche Verständigungsprozesse *reduziert.*

Löst man sich allerdings von idealen Vorannahmen, dann läßt sich mit den Massenmedien jedoch ein Phänomen verbinden, das analytisch das vermeintliche Dilemma sich auflösender traditioneller Gemeinschaften sowie die daran anschließende Frage nach neuen gesellschaftlichen Bindungen in den Griff bekommt: Die Struktur *massenmedialer Kommunikation*, also Mittelbarkeit, geringe wechselseitige Rückkopplung, Anonymität und Distanz sowie hochgradige Selektion und Deutung auf der Rezipientenseite[23], wird auf die interaktionsnahe Kommunikation einander fremder Personen als *Mediatisierung der Kommunikation* übertragen. Dabei beinhaltet das unterstellte Modell massenmedialer Kommunikation nicht das auch heute noch vielfach unterstellte Gießkannen- oder Lorenprinzip der Massenmedien, nach dem Informationen massenhaft an ein großes Publikum weitergegeben werden. Vielmehr meint Massenkommunikation einen Vorgang, der, wie Baacke (1973, S.16) anführt, dort aufhört, wo das Empfangsgerät steht, und sich dann auf der Rezipientenseite in unterschiedlichen Rezeptionslogiken fortsetzt. „Die historisch-gesellschaftliche Bestimmtheit von Massenkommunikation erweist sich heute dadurch, daß Öffentlichkeit nicht mehr unmittelbare Partizipation *an* und direkte Kontrolle *über* die Massenmedien leisten kann: nicht nur, weil die Prozesse zu kompliziert (...) und undurchsichtig sind, sondern auch, weil die Massenmedien den Rezipienten heute im privaten Rahmen seines Freizeitsystems erreichen (...), innerhalb dessen ihre Aussagen konsumiert werden.“ (Baacke 1973, S.17) Massenmediale Kommunikation wird in ihrer „konsumierende(n) Privatisierung“ (ders., S.17) auf der Rezeptionsseite zergliedert und führt mit ihrer Bezeichnung als *Massen*kommunikation eigentlich in die Irre. [24] Hier kommt es darauf an, gerade diesen spezifischen Vorgang der Rezeption (massen-) medialer Kommunikation zu berücksichtigen und ihn auf interpersonale Kommunikation zu übertragen. Auch Baacke verwendet für den kommunikativen Rezeptionsvorgang indirekt den Begriff der *Mediatisierung*, wenn er sich auf Luthe (1968, S.107) stützt, dieser spricht von einem „Internalisierungs- bzw. Mediatisierungsprozeß“ (vgl. Baacke 1973, S.16), und dann im weiteren die Struktur medialer Kommunikation in einen gesellschaftlichen Zusammenhang stellt, „der nicht mehr Kommunikation zwischen freien citoyens erlaubt, also den Austausch von

---

23 Im Frühjahr 1995 spricht der Direktor der nordrhein-westfälischen Landesanstalt für Rundfunk (LfR) z.B. vom ‚Ende der Massenkommunikation‘, wofür er die Selektion und eigenlogische Kompilation von massenmedialen Informationen auf der Rezipientenseite verantwortlich macht.

24 Auch darauf verweist Baacke (1973, S.16), plädiert allerdings dafür, trotzdem an der Bezeichnung festzuhalten, weil sich diese Bezeichnung mittlerweile eingebürgert habe.

Überzeugungen und Gesinnungen zwischen Individuen" (Baacke 1973, S. 17).

Die These der *mediatisierten Kommunikation* heißt, daß sich genau mit diesem Modus der Kommunikation einzelne Personen bzw. Angehörige ausdifferenzierter sozialkultureller Kulturen miteinander in Beziehung setzen. Allerdings wird die mediatisierte Kommunikation nicht als *Instrument* für anschließende Zwecke verstanden, sondern sie repräsentiert selbst die neue Version globaler sozialer Bindung. Die menschliche Kommunikation in modernen Gesellschaften folgt in dieser Sichtweise als mediatisierte Kommunikation nicht der Logik diskursiven Interessenausgleichs, sie strebt nicht nach Konsens und Integration – so die These, sondern definiert wie massenmediale Kommunikation einen eigenen Bereich, der auf Dauer gestellt sein will.[25] Damit wird nur *eine*, aber eine wichtige Qualität von mediatisierter Kommunikation beschrieben: Wir tauschen uns durchgängig in gesellschaftlichen Funktionsbereichen wie Politik, Wirtschaft, Ausbildung, Wissenschaft und auch im Alltag vermittelt, oberflächlich, generalisiert, mit *reduzierter Rückkopplungserwartung* und *reduzierter Verständigungsintention* aus.[26] Das Gespräch dient in diesen vielfältigen Situationen immer mehr dem reibungslosen, unverbindlichen Nebeneinander; es wird zu einer unpersönlichen Form. Damit wechselt der generalisierte Andere in der Beziehung eigentlich beziehungsloser Personen über Kommunikation zunehmend nicht mehr in eine konkrete Gestalt und wechselseitige Verbindlichkeit; und allgemeiner, distanzierter Kommunikation wird darüber die Tiefe wechselseitiger Persönlichkeitsauslotung genommen. Das alles, so die These, reduziert die ‚Reziprozität der Perspektiven', die Theodor Litt (1926) bezeichnenderweise in seinem Werke ‚Individuum und Gemeinschaft' aufführt, bzw. die ‚doppelte Kontingenz' (Luhmann). Unter solchen Bedingungen kann ‚strukturelle Fremdheit' (Nassehi 1995, S.454) als eine besondere Beziehungsform zwischen Menschen in modernen Gesellschaften entstehen. Die Zweiwertigkeit der Unterscheidung von *Fremd-* und *Vertrautheit* wird zu einer Dreiwertigkeit erweitert. Kommunikationssituationen mit einander fremden Menschen sondieren dann nicht mehr unbedingt in Richtung ‚Freund' oder ‚Feind', um Klarheit über gegenseitige Einschätzungen der jeweiligen Person zu gewinnen. Nun läßt Kommunikation auch den Status des ‚neutralen Fremden' (Oevermann 1983, Sennett 1991) zu, und zwar aus einem besonderen Grund: „In modernen, sozial differenzierten Gesellschaften wäre diese Dichotomie (ei-

---

25 An anderer Stelle wird noch gezeigt, daß mediatisierte Kommunikation durchaus die *Möglichkeit* bietet, in Beziehungen mit Diskurs- oder Konsenscharakter überzuwechseln; dieser Spezialfall scheint jedoch nicht die Regel zu sein. Im übrigen sollte an dieser Stelle darauf verwiesen werden, daß mediatisierte Kommunikation keineswegs als Hoffnungsträger ungelöster Konflikte fungieren kann. Sie hilft lediglich, das Aufleben neuer Konflikte infolge eines zu harten Aufeinanderprallens heterogener sozialkultureller Orientierungen zu verhindern.

26 Bei Maturana (1987) z.B. dient Sprache der Verhaltenskoordination; *Verständigung* gilt als Luxus.

gen/fremd, U.S.) zu belastend und überfordernd, deshalb muß als dritte strukturelle Figur die des neutralen Fremden erfunden werden, zu dem man eine die Strukturiertheit der Sozialität ausmachende Reziprozitätsverpflichtung prinzipiell aufrechterhaltende Beziehung aufnimmt, ohne sich zur Annahme oder Verweigerung konkret inhaltlicher Kooperationen und Anerkenntnis verpflichten zu müssen." (Oevermann 1983, S.284)

Der Vergleich mediatisierter Kommunikation mit Massenmedienkommunikation unterstellt dabei keinen deterministischer Zusammenhang zwischen der zunehmenden Verbreitung technischer, apparativer Medien in fast allen Lebensbereichen und der Distanzierung interpersonaler Kommunikation. Vielmehr folgt die soziale *Mediatisierung der Kommunikation* lediglich den gleichen gesellschaftlichen Wandlungen wie die technische Mediatisierung. Kommunikation rückt als Massenmedienkommunikation wie auch als interpersonale Kommunikation immer weiter von den kommunizierten Phänomenen ab; sie etabliert sich als eigenständige Realitätsebene zwischen den Kommunikanten und reproduziert sich über *Themen*, derer Beliebigkeit vielfältige Zuwendungsformen zwischen Engagement und Desinteresse zulassen. Das Phänomen der *Mediatisierung der Kommunikation* paßt in dieser Beziehung zur Massenmedienkommunikation, weil in der Tat die soziale Kommunikation sich der Struktur der massenmedialen Kommunikation anzunähern scheint.

Diese These der *Mediatisierung der Kommunikation* kann hier nur als eine mögliche Lesart moderner Kommunikation entfaltet werden. Unter ihr müßte jedoch, wenn sie in empirischen Beobachtungen Zustimmung findet, die Hoffnung auf einen gesamtkonsensuellen, diskursiven und verständigungsorientierten *Ausweg* aus den Problemlagen ausdifferenzierter Gesellschaften aufgegeben werden. Damit brächen erst einmal die Utopien einer Verwirklichung harmonischer Solidarität unter dem Überdruck einer auf Dauer gestellten scheinbaren ‚Unmenschlichkeit' zusammen; so etwa in der Idealisierung eines authentischen, herrschaftsfreien Diskurses mit der Tendenz zum Konsens und damit zu ‚gesellschaftlicher Gerechtigkeit' und Sozialität, aber auch in den Konservierungsthesen zivilreligiöser Gesamtkulturen oder in der milieutheoretischen Typik sozialmoralischer Gemeinschaften mit ihrer Gleichsetzung von Gemeinschaft und Gemeinsinn.

Wie Ulrich Beck es in seiner Diagnose der ‚Risikogesellschaft' (Beck 1986) befürchtet, würde dann im langen Prozeß gesellschaftlicher Rationalisierung und Individualisierung die nackte Egozentrik Überhand gewinnen, alle Schleusen der Vereinzelung gesellschaftlicher Konflikte und Widersprüche wären geöffnet, und die Hoffnung selbst auf die Bedingung der Möglichkeit neuer Formen von Gemeinschaftlichkeit weggespült.

Belasten wir jedoch gesellschaftliche Formationen auf der Interaktionsebene nicht vorweg mit der Hypothek von Einheit oder Konsens, so muß der oben anklingende Defaitismus angesichts eines ‚freisetzenden' sozialen Wandels nicht notwendig eintreten. Statt wie Max Weber zu fragen: „was wir dieser Maschinerie entgegenzusetzen haben, um einen Rest des Menschentums frei zu halten von dieser Parzellierung der Seele, von dieser Alleinherrschaft bürokratischer Lebensideale" (Weber 1924, S.414), müßte tiefer angesetzt und vorgängig gefragt werden: ‚Wie richten Menschen ihr Leben und ihr Zusammenleben in vorgegebenen und selbstkonstruierten Bedingungen aus?' und: ‚Welche sozialen Formationen bilden sich unter den Bedingungen eines ausdifferenzierenden und pluralisierenden sozialen Wandels auf sozialkultureller Ebene aus?'. Der Unterschied zu Weber liegt darin, daß mit den zwei letzten Fragen nicht gleichzeitig eine Opposition zu den alltäglichen Verkehrsformen des sozialen Miteinanders verbunden ist, wobei diese Ordnung alltäglicher Interaktionen *nicht* gleichgesetzt werden darf mit der Organisation von gesellschaftlichen Funktionsbereichen bzw. besonders des politischen Systems.

Verläßt man die normative Vorstellung einer im ursprünglichen Sinne über umfassende traditionale Ordnungen verklammerten Gesellschaft, lassen sich Enttraditionalisierung und sozialer Wandel hin zu partikularen Strukturen in Massengesellschaften auch anders deuten. Der kulturkritische Defaitismus muß sich nicht automatisch einstellen, und die Flucht in eine kulturoptimistische Pseudo-Postmoderne des ‚Anything goes' bleibt unnötig.

Kollektivität, Nähe und Gemeinsamkeit gehören sicherlich zu den menschlichen Grundbedürfnissen, sie haben jedoch auch ein Gegenstück, das ebenso zur Befriedigung kultivierter Lebensgefühle gehört: *Distanz* und *Unverbindlichkeit.* Unverbindlichkeit, Distanz und Anonymität in der großen Masse, objektive Tatsachen in ausdifferenzierten Gesellschaften, müssen auch nicht unbedingt auf eine gesellschaftliche Zerfaserung hindeuten. Vielmehr erlauben nur soziale Formationen mit einem hohen Vertrauenspotential diesen Luxus der Moderne. Vertrauen, darauf weist Niklas Luhmann (1973) hin, bedeutet soziologisch gesehen die „generalisierte Erwartung, daß der andere seine Freiheit, das unheimliche Potential seiner Handlungsmöglichkeiten, im Sinne seiner Persönlichkeit handhaben wird – oder genauer, im Sinne der Persönlichkeit, die er als die seine darstellt und sozial sichtbar macht." (Luhmann 1973, S. 40) Unverbindlichkeit und Distanz setzen ein solches Vertrauen voraus. Sie lassen sich auf das hohe Risiko ein, gesellschaftliche Systeme und andere Menschen in vielen Situationen unbeachtet zu lassen und naiv anzunehmen, das Leben ginge auch so problemlos weiter. Die Pädagogik hat dieses ‚Vertrauen' schon mit dem Konzept der *Bildung* in ihre Theorien und auch ihre Praxis eingebaut. Indem die Pädagogik dazu beitragen will, daß Menschen, Kinder wie Erwachsene, über Bildungs- und Erziehungsprozesse zu einer *eigenständigen* Bewältigung ihres Lebens befähigt werden, umgeht sie die für sie untragbare Last und kaum lösbare Aufgabe einer normativ-inhaltlichen, sittlich-konkreten Erziehung. Die pädagogische Vermittlung von ‚Kompetenz' (vgl. Baacke 1973; auch Schorb in diesem Band) bzw. die Figur des „stellvertretenden Deuters" (Oevermann 1978) gehören hierher. Sie abstrahieren im Bildungs- oder Erziehungsprozeß von konkreten Maßgaben für eine Handlungsebene, verzichten auf ‚Erziehungstechnologien' und setzen ihr *Vertrauen* in die Eigenlogik des Alltags bzw. in die Handlungsautonomie ihrer Klientel. Vertrauen unterstellt in diesem Fall eine irgendwie geartete, aber pädagogisch kaum zu steuernde Transformation wissenschaftlichen Wissens in die pädagogische Praxis und kompensiert die Unmöglichkeit, diese Transformation steuern zu können.

In einfach strukturierten Gesellschaften kann Vertrauen noch durch umfassende Kontrolle, Vorsicht, physische Kraft etc. ersetzt werden. Moderne Gesellschaften lassen es allerdings nicht mehr zu, sich in jeder möglichen Kommunikationssituation ‚abzusichern'. Sozialkontakte können damit nicht mehr über Macht oder wechselseitige Einschätzungen kontrolliert werden In der Konsequenz müssen dann komplexe Abhängigkeitsverhältnisse und Risiken einem stabilen Überbau eines distanzierten, gänzlich unsolidarischen Vertrauens überantwortet werden. Eine normativ auf Integration fixierte Perspektive gesellschaftlichen Wandels kann die Vorteile dieser Form von ‚Bindung' nicht erkennen; sie muß (a) das Ansteigen des immer möglichen Scheiterns eines riskanten Vertrauens als *inhumane Risikogesellschaft* bezeichnen oder (b) die über tendenzielles Desinteresse an umgebenden Ereignissen zunehmende Beschäftigung mit sich selbst als *autistische Isolation* bzw. *unsolidarischen Individualismus* mißverstehen.

Entgegen der normativen Grundvoraussetzung sozial-solidarischer Gruppenformationen bilden moderne Gesellschaften anscheinend einen Überbau der Unverbindlichkeit. Das ist der neue ‚soziale Kitt' (Erich Fromm), haltbarer als der anfällige Konsens und der mühsame Diskurs. Unverbindlichkeit der Sozialbeziehungen in der Masse, Auflösung verpflichtender traditioneller Gemeinschaften und umfassender Lebensstile stellen sich als Parallelreaktion zur sozialkulturellen Differenzierung moderner Gesellschaften ein, die ansonsten unter der Norm allgemeiner, tiefgreifender Verständigung an einem immensen Rechtfertigungsdruck zu leiden hätten. Mediatisierte Kommunikation vermag diese differenzierten Gesellschaften dennoch zu überspannen; sie verhindert ein Korsett umfassender Sozialkontrolle, das eine zu große ‚Nähe' traditioneller Formen von Gemeinschaft auf Menschen mit gesteigerten Autonomieansprüchen ausüben würde. Das ist zunächst einmal so; eine Tatsache, die positive wie auch negative Konsequenzen haben kann.[27]

Gefragt wird auch nach den in die Zukunft weisenden, positiven und negativen Konsequenzen, die in einem durch Mediatisierung charakterisierten *Rückgang* kommunikativer Konsensbildung enthalten sind. Zentral ist dabei die Annahme, daß der Pluralismus sozialkultureller Differenzmuster in modernen Gesellschaften nicht mehr überspannt werden kann durch universale Wertorientierungen und Handlungsvorgaben. Auf die Unmöglichkeit einer ordnungspolitischen Monomanie der Politik bzw. Verwaltung sowie auf die Selbstüberlastung durch reine Marktsteuerung macht Claus Offe aufmerksam (Offe 1986, S. 112). Ebenso unwahrscheinlich müssen moralisch-ethische

27 Stephen Holmes (1985) bearbeitet die klassischen liberalen Antworten auf Pluralität und Distanz und zitiert dabei Voltaire: „Wenn es in England nur eine einzige Revolution gegeben hätte, wäre Despotismus zu befürchten gewesen; hätte es zwei gegeben, sie hätten sich die Hälse abgeschnitten; aber es gibt ihrer dreißig, und sie leben glücklich und in Frieden".

Versuche bewertet werden, und auch die ‚Vernunft' des einzelnen (in Form von globaler ‚Einsicht', Akzeptanz oder Toleranz) kapituliert vor der qualitativen Komplexität und quantitativen Größe der zu bewältigenden Aufgaben.

In solchen Situationen unmöglicher Akzeptanz aller faktisch vorhandenen Varianten der Lebensführung und kulturellen Muster wird eine Gesellschaft, die mit den unscharfen, jedoch treffenden Attributen *human* und im nicht zynischen Sinne *vernünftig* versehen sein soll, eher durch *soziale Distanz* als durch *soziale Nähe* unterstützt. Dahinter steht als Idee die Fortsetzung des *Strukturwandels der Öffentlichkeit*. Die bürgerliche Öffentlichkeit des kulturräsonierenden Publikums (als empirisches Faktum oder als Ideal) zerfällt. „Im Modell weicht die gesellige Diskussion einzelner den mehr oder minder unverbindlichen Gruppenaktivitäten", die im Kontext kulturkonsumierender Freizeitöffentlichkeiten stattfinden und „spannungslos ausgeglichen" Privates und Öffentliches nebeneinander und unverbunden zulassen. Soweit die These der Auflösung einer politisch-diskursiven Gesamtöffentlichkeit (vgl. Habermas 1976, S.197), die hier anders als bei Jürgen Habermas allerdings als *notwendige Bedingung* des Fortbestands diskursiver, verständigungsorientierter Optionen in *partikularen* Kontexten vorausgesetzt wird. Die ‚spannungslose Ausgeglichenheit' des sogenannten kulturkonsumierenden Publikums bleibt für die unübersichtlichen, hochkomplexen und individualisierten Gemeinschaften die einzige Garantie, diskursorientierten Teilkulturen ihre Autonomie zu sichern. Konsens, unverstelltes lebensweltliches Miteinander oder gelungene Sozialität, wie immer man das nennen mag, bleiben genau dann in konkreten, begrenzten und gewünschten Situationen möglich, wenn sie nicht belastet werden mit der Unmöglichkeit, den potentiellen Widersprüchen eines generalisierten Akteurs als Repräsentant ausdifferenzierter Gesamtgesellschaften trotzen zu müssen. Selbst wenn man (idealiter) die strategischen Elemente der Intersubjektivität ausklammert und einen herrschaftsfreien Diskurs unterstellt, würde sich in Gesellschaften mit hochkomplexer Gruppendifferenzierung jedes Partialinteresse im universalen Geltungsdiskurs selbst auflösen. Genau an dieser Stelle setzt die Option mediatisierter Kommunikation in modernen Gesellschaften ein. Sie kann die soziale Distanz und die Aussetzung von Konsenszwängen schaffen, die zum einen den ‚Bürgerkrieg der Weltanschauungen' im ‚Polytheismus der Werte' (Max Weber) verhindern, die zum anderen jedoch prinzipiell mit dem Eintreten in eine intensive Interaktion und Kommunikation *aufgehoben* werden können, um relevante Bedingungen des Zusammenlebens zu regeln. In der übersichtlichen Situation gesellschaftlicher Teilkulturen bzw. in interaktionsnahen Kommunikationssituationen bleiben Kommunikation und Diskurs möglich; die prinzipielle Unübersichtlichkeit intergesellschaftlicher Interaktion zwischen den verschiedenen Gesellschaftsgruppen und zwischen fremden Personen wird geregelt über ein Wechselspiel von Distanz und Nähe.

Jürgen Habermas streift in seiner Theorie des kommunikativen Handelns einen solchen Gedanken, führt ihn jedoch nicht weiter aus. Er bezeichnet den massenmedialen Koordinationsmechanismus der Verständigung als eine

„Spezialisierung sprachlicher Konsensbildungsprozesse, die vom Zugriff auf die Ressourcen eines lebensweltlichen Hintergrundes abhängig bleiben" (Habermas 1981 Bd. 2, S. 573), nutzt diesen ‚Spezialeffekt' dann jedoch für seine Argumentation universalistisch angelegter Verständigung, der die technische Multiplikation von Themen und Thesen durch Massenmedien dienen kann.

Im Gegensatz zu der Habermasschen Position wird hier ein Theorievorschlag unterbreitet, in dem mediatisierte Kommunikation, auch versehen mit der prinzipiellen Zugriffsmöglichkeit auf lebensweltliche Hintergründe, auf gesamtgesellschaftlicher Ebene die notwendige Distanz garantiert, mittels der eine nicht mehr mögliche Akzeptanz pluraler Lebensformen ‚ersetzt' wird. In den Binnenräumen der ausdifferenzierten gesellschaftlichen Teilkulturen, zwischen einzelnen konkreten Personen oder zur Verfolgung bestimmter Interessen auch auf gesamtgesellschaftlicher Ebene kann diese mediatisierte Kommunikation dann rückgeführt werden in wechselseitige Kommunikation mit Konsensansprüchen. Um diese beiden Aufgaben (Wahrung und Aufhebbarkeit von Distanz) erfüllen zu können, muß soziale Kommunikation als mediatisierte Kommunikation so weit von der Lebenspraxis und den Bewußtseinsinhalten der Kommunikanten entfernt sein, daß sie damit nicht kollidiert und zum sozialen Problem wird, und so dicht daran anliegen, daß die Kommunikanten im Bedarfsfall eine Rückführung in problembearbeitende Interaktion vornehmen können.[28]

Somit wandelt sich die Mediatisierung der Kommunikation in theoretischer Sicht von einer besonders zynischen Variante der Selbstzerstörung der Moderne hin zu einer Möglichkeit, in Verhältnissen unmöglicher universaler Geltungsansprüche Verständigung über das Ausbalancieren des Zulassens und der Reduktion von Konsensprozessen doch noch zu ermöglichen.

Es muß allerdings darauf verwiesen werden, daß eine Gesellschaft mediatisierter Kommunikation neben der Option der Verständigung genauso gut wie jede andere Gesellschaftsstruktur auch brisante Einfallstore gegenläufiger Tendenzen bereitstellt. So kann z.B. die relativ beziehungslose Distanz gesellschaftlicher Gruppen dazu führen, daß Repressionen gegen einzelne

---

28 Hierzu ein Beispiel: Es gibt unendlich viele Gelegenheiten, in denen Menschen in modernen Gesellschaften ‚mediatisiert' miteinander kommunizieren, d.h. sie sprechen zwar miteinander, interessieren sich jedoch fast gar nicht füreinander. Das geschieht beim Einkaufen, in der Straßenbahn, auf Festen, zwischen Menschen, die im gleichen Wohnblock leben usw. Hier können sich z.B. Frauenbewegte und Machos, Radler und Raser, Rechte und Linke, Ausländerfreunde und Ausländerfeinde begegnen, ohne es zu bemerken. In solchen Situationen dringen wechselseitige Kommunikation und die geringe Aufmerksamkeit füreinander normalerweise kaum in persönliche Bereiche vor und verhindern Konfrontationen, die in den besagten Situationen auch gar nicht lösbar wären. Im Gegensatz zu einer formalen Rollenkommunikation, in der nicht Personen, sondern Stereotype einander gegenüberstehen (etwa Schüler/Lehrer, Chefin/Angestellte), ist mediatisierte Kommunikation jedoch von allen Beteiligten prinzipiell ‚rückführbar' in eine intensive Auseinandersetzung. Anonymität und Distanz können prinzipiell aufgehoben werden, formale Rollennormen sperren sich dagegen.

Gruppen teilnahmslos hingenommen werden; die Repression einzelner Gruppen durch andere kann gefördert werden; die gesamtgesellschaftliche ‚Sprachlosigkeit' zwischen verschiedenen Gruppen, die innergesellschaftliche Konflikte verhindert und interne Freiräume kulturell multipler Gesellschaften sichert, kann auch von außen diktiert werden: Randgruppen (Arme, Alte, Langzeitarbeitslose usw.) werden nicht mehr ‚thematisiert', ‚totgeschwiegen' und damit aus der Möglichkeit gesamtgesellschaftlicher Interessenaushandlung ausgegrenzt; die ‚Kapitalgewalt' über Macht, Geld, Bildung, Wissenschaft usw. kann das diskurslose Nebeneinander in eine diskurslose Hierarchie überführen etc.

Weiter bleibt zu klären, wie die Koordination zwischen gesellschaftlichen Subgruppen, die sich nach außen über mediatisierte Kommunikation gleichzeitig schützen und anonymisieren, mit der hochgradig ausdifferenzierten Sphäre mediengesteuerter Systeme (hier besonders Politik, Recht) befriedigend geregelt werden könnte. Diese Frage berührt eine Problematik, wie sie aus der Debatte *Neuer sozialer Bewegungen* (Friedens-, Ökologiebewegung etc.) bekannt ist. Neue soziale Bewegungen mit einem geringen Organisationsgrad und einer hohen internen Heterogenität können ähnlich wie mediatisiert kommunizierende gesellschaftliche Teilgruppen kaum kollektive Strategien entwickeln, die direkt an die Rationalität der Funktionsbereiche Recht oder Politik ankoppeln können. Die kaum ausdifferenzierten sozialen Bewegungen bleiben schon in den Schwierigkeiten stecken, ihre Zieldefinition auf Dauer zu stellen, was bei den Adressaten (z.B. Politikern) auf eine globale Abwehrhaltung gegenüber der ganzen Bewegung führt.[29] Mediatisierte Kommunikation ‚schützt' Teilgruppen der Gesellschaft gerade davor, ‚kommuniziert' und somit eventuell ‚zum Problem' zu werden. Dieser Schutz muß allerdings mit dem Preis erkauft werden, eventuell in der Politik, im formalen Recht oder im gesamtgesellschaftlichen (Medien-)Diskurs kein ‚Thema' zu sein.[30]

Das Unbefriedigende dieses Dilemmas ist jedoch kein theoretischer Konstruktionsfehler, sondern liegt in der faktischen Ausdifferenzierung institutioneller gesellschaftlicher Bereiche (wie die offizielle Politik, das Recht, die sozialen Absicherungs- und Versorgungssysteme usw.). Diese Bereiche haben sich so ‚weit' von sozialkulturellen Teilbereichen der Gesellschaft (also Personen(-gruppen) mit ihren Vorstellungen und Regeln) entfernt, daß wechselseitige Einflußnahmen nur noch sehr kompliziert und bedingt möglich sind. Rasante Veränderungen im sozialen Zusammenleben und die erstaunliche Überlebenskraft traditioneller politischer Systeme und Interessenvertre-

---

29 Vgl. zum Phänomen der Neuen sozialen Bewegungen: Ahlemeyer 1989, Japp 1986, Brand/Büsser/Rucht 1986, Eder 1986, Huber 1988; spezieller auf neue Typen von Jugendkulturen gewendet, zeigt sich das Phänomen einer strukturellen Abkopplung von traditionellen Funktionsbereichen im Verhältnis von Politischer Kultur und Jugendlichen (Baacke/Sander 1991).

30 Zum Verhältnis Neuer Sozialer Bewegungen und Medien heißt es bei Schmitt-Beck (1990, S.642): „Eine Bewegung, über die nicht berichtet wird, findet nicht statt".

tungen haben zu einer gesellschaftlichen ‚Sprachlosigkeit' zwischen diesen Bereichen geführt. Allerdings verfügt diese ‚Sprachlosigkeit' zwischen der Alltagskommunikation informeller Interaktionsbereiche und der spezifischen Kommunikation gesellschaftlicher Funktionsbereiche wie Politik, anders als mediatisierte Kommunikation, über keinen strukturell angelegten Schaltmechanismus zwischen ‚Distanz' und ‚Nähe'. Auch wenn die Politik auf Bürgerinnen und Bürger ‚zugeht' und Politiker im Duktus einer feudalen Einheit von Souverän und Person das Gespräch mit ihnen suchen, kann diese Distanz zwischen Interaktion und Organisation kaum überbrückt werden.

Abschließend soll darauf hingewiesen werden, daß mediatisierte Kommunikation kein Programm ist, das intentional operiert oder intendierbar ist. Vielmehr muß sie als Art und Weise der sozialen Koordination verstanden werden, die sich in modernen Gesellschaften erfolgreicher etablieren konnte als in anderen Gesellschaften. Andere soziale Bindungsformen können jedoch auch in modernen Gesellschaften weiterhin existieren und sind auch beobachtbar. Mediatisierte Kommunikation kann demnach nicht als deterministische Folgereaktion auf sozialkulturelle Pluralisierung erwartet werden und steht in keinem irgendwie logischen Zusammenhang mit Notwendigkeiten, die Probleme moderner Gesellschaften zu lösen. Problemgenerierende Varianten mediatisierter Kommunikation, wie z.B. diskriminierende Stereotypisierungen oder die Nichtthematisierung sozialer Randgruppen, sind keineswegs ‚Abweichungen'. Diese Varianten sind nicht nur denkbar, sondern auch faktisch vorhanden. Die Lösung gesellschaftlicher Probleme durch mediatisierte Kommunikation kann demnach nicht ohne weiteres erwartet werden oder steht in keinem irgendwie logischen Zusammenhang mit dem Aufbau komplexer Gesellschaften; man kann sich auf sie auch nicht ‚berufen'. Mediatisierte Kommunikation bietet allerdings trotz kritischer Potentiale auch real existierende Optionen moderner Gesellschaften, die bei näherem Hinsehen sogar etablierte moralische oder demokratische Grundüberzeugungen unterstützen können. Diese hießen in idealisierter Form zivilisierte Aufmerksamkeit (Takt, Politesse) und schlössen damit ein, was und wann die Aufmerksamkeit zu übersehen hätte. Dieses kann aber auch anders, profaner, ausgedrückt werden, nämlich durch: Unaufmerksamkeit, Desinteresse oder *mediatisierte Kommunikation.* Gängigerweise steht wechselseitiges Desinteresse für die Anonymität und Kälte des modernen Lebens; seinen ‚sozialintegrativen' Gehalt zu suchen, erscheint ungewohnt. Dieser positive Gehalt könnte jedoch in einem quasi-toleranten Desinteresse zwischen verschiedenen sozialen Teilkulturen und zwischen verschiedenen Menschen liegen. Und während im Begriff des Konsenses bzw. der Integration von Heteronomie die Gefahr einer untergründigen Antihaltung mitschwingt, die in harmonieträchtigen Gesellschaftstheorien nach Einigung oder wenigstens Toleranz verlangt, entfallen in der mediatisierten Kommunikation die emphatischen Anstrengungen. (Quasi-tolerantes) Desinteresse und Toleranz haben jedoch dieselben praktischen Konsequenzen, sie ermöglichen beide die Koexistenz inkommensurabler Lebensmuster. Dabei muß konzediert werden, daß in modernen Gesellschaften mit zunehmend inkommensurablen Teilkulturen und individualisierten Lebensmustern ein wechselseitiges Desinteresse wahrscheinlicher ist als wechselseitige Toleranz.

Literatur

Ahlemeyer, Heinrich W. 1989: Was ist soziale Bewegung? Zur Distinktion und Einheit eines sozialen Phänomens, in: Zeitschrift für Soziologie, Jg. 18, Heft 2, 1989, S. 175-191

Anders, Günther 1956: Die Antiquiertheit des Menschen. Über die Seele im Zeitalter der zweiten industriellen Revolution, München

Arbeitsgruppe Bielefelder Soziologen (Hg.) 1973: Alltagswissen, Interaktion und gesellschaftliche Wirklichkeit, 2 Bde., Reinbek

Baacke, Dieter 1973: Kommunikation und Kompetenz. Grundlegung einer Didaktik der Kommunikation und ihrer Medien, München

Baacke, Dieter/Sander, Uwe 1991: Jugendkulturen und politische Kultur, in: Heitmeyer, Wilhelm/Jacobi, Juliane (Hg.) 1991: Politische Sozialisation und Individualisierung Jugendlicher. Perspektiven und Chancen politischer Bildung, Weinheim, S. 169-196

Beck, Ulrich 1986: Risikogesellschaft. Auf dem Weg in eine andere Moderne, Frankfurt a.M.

Bellah, Robert N./Madsen, Richard/Sullivan, William M./Swidler, Ann/Tipton, Steven M. 1987: Gewohnheiten des Herzens. Individualismus und Gemeinsinn in der amerikanischen Gesellschaft, Köln (Habits of the Heart. Individualism and Commitment in American Life. Berkley 1985)

Brand, Karl-Werner/Büsser, Detlef/Rucht, Dieter 1986: Aufbruch in eine andere Gesellschaft. Neue soziale Bewegungen in der Bundesrepublik, Frankfurt a.M.

Czerwick, E. 1990: Zur Nicht-Thematisierung streitwürdiger Themen, in: Sarcinelli, Ulrich (Hg.) 1990: Demokratische Streitkultur, Bonn, S. 177-193

Derrida, Jacque 1988: Die differance, in: Derrida, Jacque (Hg.): Randgänge der Philosophie, Graz/Wien, S. 29-52

Eder, Klaus 1986: Soziale Bewegung und kulturelle Evolution. Überlegungen zur Rolle der neuen sozialen Bewegungen in der kulturellen Evolution der Moderne, in: Berger, Johannes (Hg.) 1986: Die Moderne. Kontinuitäten und Zäsuren. Sonderband 4 der Sozialen Welt, Göttingen, S. 335-358

Featherstone, Mike 1990: Auf dem Weg zu einer Soziologie der postmodernen Kultur, in: Haferkamp, Hans (Hg.) 1990: Sozialstruktur und Kultur, Frankfurt a.M., S. 209-248

Ferry, Luc 1992: Der Mensch als Ästhet. Die Erfindung des Geschmacks im Zeitalter der Demokratie, Stuttgart

Ferry, Luc/Renaut, Alain 1987: Antihumanistisches Denken. Gegen die französischen Meisterphilosophen, München

Fetscher, Iring 1984: Wieviel Konsens gehört zur Demokratie? in: Guggenberger, Bernd/ Offe, Claus (Hg.) 1984: An den Grenzen der Mehrheitsdemokratie. Politik und Soziologie der Mehrheitsregel, Opladen, S. 196-206

Feyerabend, Paul K. 1980: Erkenntnis für freie Menschen, Frankfurt a.M.

Foerster, Heinz von 1993: Das Gesetz der Form, in: Baecker, Dirk (Hg.): Kalkül der Form, Frankfurt a.M., S. 9-11

Frank, Manfred 1989: Aufklärung als analytische und synthetische Vernunft. Vom französischen Materialismus über Kant zur Frühromantik, in: Schmidt, Jochen (Hg.) 1989: Aufklärung und Gegenaufklärung in der europäischen Literatur. Philosophie und Politik von der Antike bis zur Gegenwart, Darmstadt 1989, S. 377-403.

Frank, Manfred 1989a: Kaltes Herz. Unendliche Fahrt. Neue Mythologie. Motiv-Untersuchungen zur Pathogenese der Moderne, Frankfurt a.M.

Frank, Manfred/Kurz, Gerhard (Hg.) 1975: Materialien zu Schellings philosophischen Anfängen, Frankfurt a.M.

Gleich, Ulrich/Groebel, Jo 1994: Agenda setting – die Thematisierungsfunktion der Medien neu betrachtet (ARD-Forschungsdienst), in: Media Perspektiven 10/94, S. 517-522

Habermas, Jürgen 1976: Strukturwandel der Öffentlichkeit. Untersuchungen zu einer Kategorie der bürgerlichen Gesellschaft, Neuwied/Berlin

Habermas, Jürgen 1981: Theorie des kommunikativen Handelns, 2 Bde., Frankfurt a.M

Habermas, Jürgen 1991: Vorwort zur Neuauflage 1990, in: Habermas, Jürgen: Strukturwandel der Öffentlichkeit, Frankfurt a.M., S. 11ff.

Heidegger, Martin 1927: Sein und Zeit, Halle

Hennig, Christoph 1989: Die Entfesselung der Seele: Romantischer Individualismus in den deutschen Alternativkulturen. Frankfurt/New York

Holmes, Stephen 1985: Differenzierung und Arbeitsteilung im Denken des Liberalismus, in: Luhmann, Niklas (Hg.) 1985: Soziale Differenzierung. Zur Geschichte einer Idee, Opladen, S. 9-41

Honneth, Axel 1992: Kampf um Anerkennung. Zur moralischen Grammatik sozialer Konflikte, Frankfurt a.M.

Horkheimer, Max/Adorno, Theodor W. 1971: Dialektik der Aufklärung, Frankfurt a.M.

Huber, Joseph 1988: Soziale Bewegungen, in: Zeitschrift für Soziologie, Jg. 17, Heft 6, 1988, S. 424-435

Jäger, Georg/Tenorth, Heinz-Elmar 1987: Pädagogisches Denken, in: Jeismann, Karl-Ernst/Lundgreen, Peter (Hg.) 1987: Handbuch der deutschen Bildungsgeschichte, Band III 1800-1870, München, S. 71-103

Japp, Klaus P. 1986: Neue soziale Bewegungen und die Kontinuität der Moderne, in: Berger, Johannes (Hg.) 1986: Die Moderne. Kontinuitäten und Zäsuren. Sonderband 4 der Sozialen Welt, Göttingen, S. 311-333

Jeismann, Karl-Ernst 1987: Zur Bedeutung der ‚Bildung' im 19. Jahrhundert, in: Jeismann, Karl-Ernst/Lundgreen, Peter (Hg.) 1987: Handbuch der deutschen Bildungsgeschichte, Band III 1800-1870, München, S. 1-21

Jensen, Stefan 1980: Einleitung, in: Parsons, Talcott: Zur Theorie der sozialen Interaktionsmedien, Opladen

Lübbe, Hermann 1983: Der Nationalsozialismus im politischen Bewußtsein der Gegenwart. Vortrag auf der internationalen Konferenz zur nationalsozialistischen Machtübernahme, Berlin (Ms.)

Lübbe, Hermann 1986: Religion nach der Aufklärung, Graz

Luhmann, Niklas 1964: Funktion und Folgen formaler Organisation, Berlin

Luhmann, Niklas 1970: Soziologische Aufklärung 1. Aufsätze zur Theorie sozialer Systeme, Opladen

Luhmann, Niklas 1975a: Soziologische Aufklärung 2. Aufsätze zur Theorie der Gesellschaft, Opladen

Luhmann, Niklas 1975b: Öffentliche Meinung, in: Luhmann, Niklas 1975: Politische Planung, Opladen, S. 9-34

Luhmann, Niklas 1976: Generalized Media and the Problem of Contingency, in: Loubser, Jan J./Baum, Rainer C./Effrat, Andrew/Lidz, Victor M. (Hg.) 1976: Explorations in General Theory in Social Science. Essays in Honour of Talcott Parsons, New York, S. 507-532

Luhmann, Niklas 1979: Öffentliche Meinung, in: Langenbucher, Wolfgang R. (Hg.) 1979: Politik und Kommunikation. Über die öffentliche Meinungsbildung, München/Zürich , S. 29-61

Luhmann, Niklas 1986a: Ökologische Kommunikation. Kann die moderne Gesellschaft sich auf ökologische Gefährdungen einstellen?, Opladen

Luhmann, Niklas 1986b: Codierung und Programmierung. Bildung und Selektion im Erziehungssystem, in: Tenorth, Heinz-Elmar (Hg.) 1986: Allgemeine Bildung. Analysen zu ihrer Wirklichkeit, Versuche über ihre Zukunft, Weinheim/München, S. 154-182

Luhmann, Niklas 1987a: Brauchen wir einen neuen Mythos, in: Luhmann, Niklas 1987: Soziologische Aufklärung 4. Beiträge zur funktionalen Differenzierung der Gesellschaft, Opladen, S. 254-274

Luhmann, Niklas 1987b: Was ist Kommunikation?, in: Information Philosophie, 1/1987, S. 4-16

Luhmann, Niklas 1989: Reden und Schweigen, in: Luhmann, Niklas/Fuchs, Peter 1989: Reden und Schweigen, Frankfurt a.M., S. 7-20

Luhmann, Niklas 1990: Gesellschaftliche Komplexität und öffentliche Meinung, in: Luhmann, Niklas 1990: Soziologische Aufklärung 5. Konstruktivistische Perspektiven, Opladen; S. 170-182

Luhmann, Niklas 1993: Die Paradoxie der Form, in: Baecker, Dirk (Hg.): Kalkül der Form, Frankfurt a.M., S. 197-215

Luhmann, Niklas/Fuchs, Peter 1989: Reden und Schweigen, Frankfurt a.M.

Luthe, Heinz O. 1968: Interpersonale Kommunikation und Beeinflussung. Beiträge zu einer soziologischen Theorie der Kommunikation, Stuttgart

Lyotard, Jean-François 1986: Das postmoderne Wissen, Graz u.a.

Lyotard, Jean-François 1987: Der Widerstreit, München

Maturana, Umberto 1987: Der Baum der Erkenntnis, Bern

Möller, Renate/Sander, Uwe 1997: Die Vertrautheit der Fremden in den Medien, in: Scheffer, Bernd (Hg.): Medien und Fremdenfeindlichkeit. Alltägliche Paradoxien, Dilemmata, Absurditäten und Zynismen, Opladen, S. 159-192

Nassehi, Armin 1995: Der Fremde als Vertrauter. Soziologische Beobachtungen zur Konstruktion von Identitäten und Differenzen, in: Kölner Zeitschrift für Soziologie und Sozialpsychologie, 3/1995, S. 443-463

Novalis 1960: Schriften, hg. von Kluckhohn/Samuel, R., Stuttgart

Oelkers, J. 1991: Erziehung und Gemeinschaft. Eine historische Analyse reformpädagogischer Optionen, in: Berg, Ch./Ellger-Rüttgardt (Hg.): „Du bist nichts, Dein Volk ist alles, Weinheim, S. 22-45

Oevermann, Ulrich 1978: Problem der Professionalisierung in der berufsmäßigen Anwendung sozialwissenschaftlicher Kompetenz, Ms., Frankfurt a.M.

Oevermann, Ulrich 1983: Zur Sache. Die Bedeutung von Adornos methodologischem Selbstverständnis für die Begründung einer materialen soziologischen Strukturanalyse, in: Friedeburg, Ludwig v./Habermas, Jürgen (Hg.) 1983: Adorno Konferenz 1983, Frankfurt a.M., S. 234-289

Offe, Claus 1986: Die Utopie der Null-Option. Modernität und Modernisierung als politische Gütekriterien, in: Berger, Johannes (Hg.) 1986: Die Moderne. Kontinuitäten und Zäsuren. Sonderband 4 der Sozialen Welt, Göttingen, S. 97-118

Parsons, Talcott 1937: The Structure of Social Action, New York

Parsons, Talcott 1970: Some Problems of General Theory in Sociology, in: McKinney, John C./Tiryakian, Edward A. (Hg.) 1970: Theoretical Sociology, New York, S. 27-68

Pfetsch, Barbara 1994: Themenkarrieren und politische Kommunikation. Zum Verhältnis von Politik und Medien bei der Entstehung der politischen Agenda, in: Aus Politik und Zeitgeschichte, B39/1994, S. 11-20

Radtke, Frank-Olaf 1991: Lob der Gleich-Gültigkeit. Zur Konstruktion des Fremden im Diskurs des Multikulturalismus, in: Bielefeld, Ulrich (Hg.) 1991: Das Eigene und das Fremde. Neuer Rassimus in der Alten Welt?, Hamburg, S. 79-96

Riesman, David 1958: Die Einsame Masse, Hamburg

Sander, Uwe 1994: Beschleunigen Massenmedien durch Gewaltdarstellungen einen gesellschaftlichen Zivilisationsverlust? In: Heitmeyer, Wilhelm (Hg.): Das Gewaltdilemma, Frankfurt, S. 273-293

Sander, Uwe 1998: Die Bindung der Unverbindlichkeit. Mediatisierte Kommunikation in modernen Gesellschaften, Frankfurt (erscheint im Februar, es 2042)

Sander, Uwe/Heitmeyer, Wilhelm 1997: Was leisten Integrationsmodi? Eine vergleichende Analyse unter konflikttheoretischen Gesichtspunkten, in: Heitmeyer, Wilhelm (Hg.): Was hält die Gesellschaft zusammen? Bundesrepublik Deutschland: Auf dem Weg von der Konsens- zur Konfliktgesellschaft, Bd.2, Frankfurt a.M., S. 447-482

Sander, Uwe/Meister, Dorothee 1997: Medien und Anomie, in: Heitmeyer, Wilhelm (Hg.): Was treibt die Gesellschaft auseinander? Bundesrepublik Deutschland: Auf dem Weg von der Konsens- zur Konfliktgesellschaft, Frankfurt a.M., S. 196-241

Sander, Uwe/Vollbrecht, Ralf 1994: Wirkungen der Medien im Spiegel der Forschung. Ein Überblick über Theorien, Konzepte und Entwicklungen der Medienforschung, in: Hiegemann, Susanne/Swoboda, Wolfgang H. (Hg.) 1994: Handbuch der Medienpädagogik, Opladen, S. 361-385

Sarcinelli, Ulrich 1995: Politische Kommunikation und multikulturelle Gesellschaft. Kann die öffentliche Kommunikation die Konfliktlatenz begrenzen?, in: Heitmeyer, Wilhelm (Hg.) 1995: Was hält die Gesellschaft zusammen?, Bundesrepublik Deutschland: Auf dem Weg von der Konsens- zur Konfliktgesellschaft, Bd.2, Frankfurt a.M., S. 403-424

Schelling, Friedrich Wilhelm Joseph 1856f.: Sämtliche Werke, hg. von Schelling, Karl F.A. 1856-1861, Stuttgart

Schleiermacher, Friedrich E.D. 1957: Pädagogische Schriften, 2 Bde. (hg. E. Weniger), Düsseldorf/München

Schmitt-Beck, Rüdiger 1990: Über die Bedeutung der Massenmedien für soziale Bewegungen, in: Kölner Zeitschrift für Soziologie und Sozialpsychologie, Heft 4, Jg. 42, 1990, S. 642-662

Sennett, Richard 1983: Verfall und Ende des öffentlichen Lebens. Die Tyrannei der Intimität, Frankfurt a.M.

Sennett, Richard 1991: Civitas – Die Großstadt und die Kultur des Unterschieds, Frankfurt a.M.

Weber, Max 1924: Gesammelte Aufsätze zur Soziologie und Sozialpolitik, Tübingen

Weymann, Ansgar 1989: Handlungsspielräume im Lebenslauf, in: Weymann, Ansgar (Hg.) 1989: Handlungsspielräume: Untersuchungen zur Individualisierung und Institutionalisierung von Lebensläufen in der Moderne, Stuttgart, S. 1-39

Ralf Vollbrecht

Manga & Anime

Japanische Comics und Zeichentrickfilme in Deutschland, den USA und Japan

In Japan existiert eine jahrhundertealte Tradition von Bildergeschichten. Comics mit ihrer typischen Verbindung von Bildern und Text entwickeln sich jedoch erst um die letzte Jahrhundertwende, als das Prinzip der Sprechblasen aus amerikanischen Zeitungen übernommen wurde. Der Ausdruck *‚manga'* wird auf den in Japan berühmten Holzschnitt-Künstler Hokusai (1760-1849) zurückgeführt und bedeutet soviel wie ‚Bildergeschichte'. Schreibt man das Wort nicht in der üblichen *hiragana*-Silbenschrift, sondern in *kanji*, läßt es sich in Zusammenziehung der beiden Schriftzeichen *man* (unzuverlässig, ungenau, spontan, moralisch verdorben) und *ga* (Bild) auch mit unzuverlässige Bilder (vgl. z.B. Nitschke 1995, 233) oder spontane Bilder übersetzen. Heute verwendet man *manga* als Oberbegriff für alle Arten von japanischen Cartoons, Zeitschriften- und Zeitungscomics sowie Comicbücher. Daneben sind Lehnsworte wie *komikkusu* und weitere Begriffe wie z.B. *gekiga* (dramatische Bilder, Graphic Novels) für spezielle Genres gebräuchlich. In Europa und Amerika werden als *manga* sowohl japanische Comics als auch – unabhängig von der Herkunft – Comics mit typisch japanischen Stilelementen bezeichnet.

漫画

Zunächst wurden Manga-Zeichnungen lediglich in Zeitungen oder Jugendmagazinen veröffentlicht. Mit *„Manga Shonen"* entsteht 1947 ein erstes, noch wenig umfangreiches und billig aufgemachtes Comic-Heft, das schnell Nachahmer findet, die vor allem in Osaka produziert werden. Im gleichen Jahr überwindet Osamu Tezuka mit *„Shintakarajima"* (Die neue Schatzinsel) als erstem erzählendem Manga (story-manga) die bloßen ‚Gag-Strips'. Ein weiterer Schritt zu naturalistischer statt ausschließlich humoristischer Darstellung ist die Entwicklung von Abenteuer-Mangas ab 1957. Für diese Gattung setzte sich der Begriff *gekiga* (dramatische Bilder) in Abhebung von *manga* durch. Für diese Entwicklung stehen z.B. Yoshihiro Tatsumi und Sanpei Shirato (mit *Kamui*) sowie Kazuo Koike und Goseki Kojima (mit *Okami*).

Katsuhiro Otomo begründet schließlich mit *Akira* das wichtige Genre des Science-Fiction-Manga. *Akira*[1] erschien von 1982 bis 1990 zunächst in der Wochenzeitschrift *Young Magazin* und genießt inzwischen zurecht Kultstatus. Seine Verfilmung (1988) brachte den Durchbruch für *anime* (japanische Zeichentrickfilme) und *manga* in den USA und Europa und wurde – während auch heute noch die meisten Animes nur auf Video zu sehen sind – auch in Deutschland im Kino gezeigt. In den USA brachte der hierzulande vor allem durch seine Superhelden-Comics bekannte *Marvel*-Verlag (New York) bereits 1988 eine kolorierte Übersetzung heraus. In Deutschland erschien der 2160seitige Manga im Verlag *Carlsen Comics* in 19 Bänden (à 29,90 DM) und einem Zusatzband mit bislang unveröffentlichten Zeichnungen, Skizzen und einem Interview mit Otomo (vgl. zur Geschichte des *manga* z.B. Thorn 1996a sowie Berndt 1995). Inzwischen produzieren auch amerikanische und europäische Künstler im Manga-Stil. Mit *Kogaratsu* ist z.B. unlängst ein im 17. Jahrhundert angesiedelter Samurai-Epos in Belgien erschienen.

Wer den westlichen Comic-Stil gewohnt ist, dem fällt auf den ersten Blick die fremdartige ästhetische und formale Gestaltung auf. Japanische Manga sind (im Original) fast ausschließlich schwarz/weiß und auf billigem Papier gedruckt. Die Hintergründe sind häufig realistischer ausgeführt als die Figuren, was man im amerikanischen Comic seltener findet, wohl aber in der europäischen Tradition der Ligne Claire – z.B. bei „Tim und Struppi" von Hergé. McCloud weist darauf hin, daß die einfache, fast cartoonhafte Ausführung der Figuren die Identifikation des Lesers mit den Charakteren erleichtert. Die Kombination von realistischem Hintergrund und cartoonhaften Figuren „erlaubt es dem Leser, hinter der Maske der Figur gefahrlos in eine Welt sinnlicher Reize einzutreten" (McCloud 1994, 51). Andere Figuren werden dagegen naturalistischer gestaltet, „um sie zu objektivieren und zu betonen, daß sie anders sind als der Leser" (McCloud 1994, 51).

---

1 Die Abbildung zeigt ein Kinoplakat von 1989. Quelle: Katsuhiro Otomo: Akira, Bd. 20: Die Legende. Hamburg (Carlsen), S. 6

Kinematographischer Effekt.

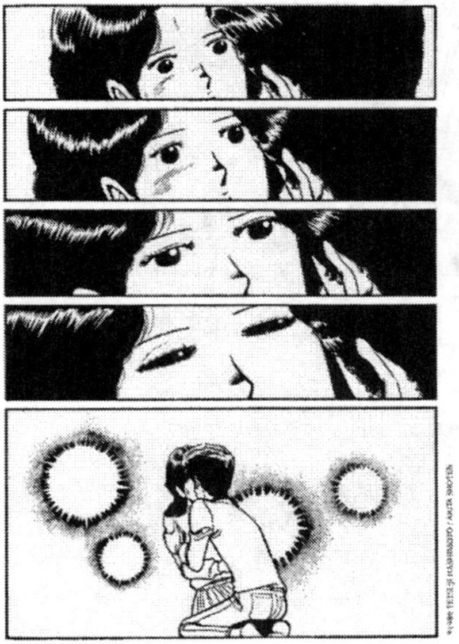

Quelle: Tetsuji Hashimoto: „Kimi ga ita" (You were always there). Zit. n. Schodt 1996, 27

Bewegung und Geschwindigkeit.

Quelle: Gunsmith Cats Bd. 1: Bonnie & Clyde. Stuttgart (Feest Comics) 1995, S. 98

Manga verwenden häufig kinematographische Effekte und setzen Texte – vor allem Lautzeichen – als graphische Elemente der Zeichnungen ein. In der unvorhersagbaren Verteilung der Einzelereignisse im Raum, der Menge der verwendeten Linien, der kühnen Geschwindigkeit einzelner Pinselstriche und der Kombination von Schriftzeichen und Bildern stellen Manga eine Erweiterung der sino-japanischen Kalligraphie dar, der höchsten Kunstform einer schwarz-weißen Linie.

Noch stärker ins Auge fallen der bisweilen an Telefonbücher erinnernde Umfang und die Niedlichkeit der Charaktere mit ihren großen, detailreich dargestellten Kulleraugen[2], deren Darstellung in auffälliger Weise von der japanischen Physiognomie abweicht. Die ‚niedliche' Präsentation sollte jedoch nicht darüber hinwegtäuschen, daß auch im Manga viel Wert gelegt wird auf ein sorgfältiges *kara-settei*, d.h. die Konstruktion der Persönlichkeit der tragenden Charaktere, einschließlich spezifischer Eigenschaften, Kostümdesign, Aussehen und psychischer Ausstattung.

2 Die Augen von Rally Vincent aus *Gunsmith Cats* von Kenichi Sonoda. Stuttgart (Feest Comics) 1995

Der zersplitterte Raum des *manga*.

Quelle: Gunsmith Cats Bd. 4: Bean Bandit, S. 50-51 – © Kenichi Sonoda/Kodansha Ltd. Tokyo – Feest Comics Stuttgart 1995

Im Japanischen wird der Ausdruck *kawai* als Verniedlichungsform verwendet, z.B. als Anhang von Namen bei Kindern oder im Umgang unter Freunden. Bei den generell meist klein (*chibi*) und niedlich wirkenden Manga- und Anime-Charakteren wird *chan*[3] zur Bezeichnung extremer Übertreibung des Niedlichen gebraucht (Kyte 1996, 47f.). Im Zeichenstil kann diese Verniedlichung so weit gehen, daß die (erwachsenen) Figuren dabei bis zu Kleinkindproportionen (zum Beispiel in *SD*

3 Nana chan – Dojinshi von Kumasan

Gundam) deformiert werden, wofür sich die Bezeichnung ‚Super Deformed‘[4] oder kurz ‚SD‘ eingebürgert hat.

Im Unterschied zu europäischen oder amerikanischen Comics ist der Textgehalt bei *manga* stark reduziert. Die Dramaturgie des *manga* orientiert sich an den Darstellungstechniken des Films – *manga* als Kino im Buchformat. Die Szenen sind im Vergleich mit westlichen Comics extrem auseinandergezogen und es ist durchaus üblich, daß ein Geschehen oder emotionales Befinden über mehrere Seiten ausschließlich mit Bildern dargestellt wird. Dies erklärt auch die hohe Lesegeschwindigkeit bei *manga*, die bei 15 Seiten pro Minute liegt. Die Lesezeit für einen *manga*-Sampler mit 500 Seiten – einige Magazine ereichen einen Umfang von 1.000 Seiten mit über vierzig Fortsetzungsgeschichten – muß keineswegs länger sein als für einen europäischen oder amerikanischen Comic mit 48 Seiten. Schodt (1983) nennt eine Lesegeschwindigkeit von 3,75 Sekunden pro Seite oder zwanzig Minuten für einen 320seitigen *manga*.

4 Super Deformed-Variante von Deunan und Briareos aus *Appleseed* von Masamune Shirow, 1. Buch, Teil 2: Gastfreundschaft (deutsch: Bd. 2). Stuttgart 1995 (Feest Comics), S. 92. Bei Appleseed ist SD nur eine Zugabe im Anhang. Wie die Figuren normalerweie aussehen, zeigt Abbildung 20

Erfolgreiche *manga* erscheinen nach ihrer Veröffentlichung als Fortsetzungsgeschichten in Magazinen (oft über Jahre hinweg) als Taschenbuchausgaben und erreichen dabei leicht einen Umfang von fünfzig und mehr Bänden mit je 250 Seiten. Verglichen mit europäischen oder merikanischen Comic-Preisen sind Manga-Magazine für ihren Umfang außerordentlich preiswert, verzichten allerdings auf Farbe (abgesehen vom Cover und manchmal einigen wenigen Seiten) und sind meist auf billigem Papier gedruckt. Das eigentliche Geschäft machen die Verlage mit den teureren (Taschen-) Buchausgaben der erfolgreichen Geschichten, die auch nach Jahrzehnten noch erhältlich sind. Manga-Magazine werden eher genutzt wie hierzulande Zeitschriften aller Art: Sie werden gelesen und weggeworfen, während europäische oder amerikanische Comics (im Albenformat, also abgesehen von Comicheften für Kinder) gewöhnlich gesammelt werden.

Die handwerkliche Qualität läßt – wie Schodt (1996, 24) anmerkt – bisweilen zu wünschen übrig. Die eigentliche Stärke des *manga* liegt in der Komplexität der erzählten Geschichten und mehr noch der Entwicklung der Charaktere, mit mehr psychologischer und emotionaler Tiefe. Amerikanischen und europäischen Comics ist hier schon aufgrund ihres geringen Seitenumfangs eine enge Grenze gesetzt (oft 48 Seiten; selten Fortsetzungsbände wie z.B. bei François Bourgeon: „Reisende im Wind"; 5 Hartcover-Bände im Carlsen Verlag mit je 48 Seiten zu 29,90 DM) .

Folgt man McCloud (1994), sind Manga deshalb für so viele Leser interessant, weil sie die Kinderfixierung durch erwachsene Themen aufgeben (wie westliche Comics seit den 70er Jahren ebenfalls) sowie durch ihren Charakter als ein Zeichensystem, das sich einer abbildenden Realitätsnähe entzieht – mit hohem Maß an Stilisierung und einer subjektiven Bewegung, die den Leserblick direkt in den Sehakt der Charaktere integriert, die starke Wort-Bild-Kopplung und die Kunst der Pause, „die Akzeptanz der Leere, das Spiel mit dem Unsichtbaren zugunsten der Gesamtwirkung – ob als stummes Panel oder als Bildausschnitt –, das Nebeneinander verschiedener Gesichtspunkte eines Augenblicks statt des schnellen Nacheinanders." (Berndt 1995, 78f.)

Mangas werden in der Regel zunächst in Zeitschriften bzw. Samplern mit zehn bis zwanzig verschiedenen Fortsetzungsgeschichten veröffentlicht, die wöchentlich, zweiwöchentlich oder monatlich erscheinen, und bis zu 500 Seiten Umfang erreichen. Erfolgreiche Serien werden anschließend als Buchausgabe (*tankoubon*) herausgegeben, die für die Verlage lukrativer ist als die Magazinausgaben. *Tankoubon* sind meist Softcover-Ausgaben mit ca. 200 Seiten in schwarz-weiß und umfassen etwa fünf bis elf Bände zum Einzelpreis von ca. ¥ 400. Hardcover-Ausgaben (*aizou-ban*) sind umfangreicher (300-1200 Seiten) und kosten etwa ¥ 600-2000. Desweiteren gibt es farbige Ausgaben zu Animes (*anime-ban*) im gleichen Umfang wie *tankoubon*, aber zum doppelten Preis, (illegale) Bootleg-Versionen (*kaizoku-ban*), die in Ausstattung und Preis den Originalen ähnlich sind, sowie Luxusausgaben (*wide-ban*) mit 400-1200 Seiten zum Preis von ¥ 400-1200 und einem manchmal etwas größeren Seitenformat. *Komikkusu* – abgeleitet vom englischen *comics* wird synonym zu *tankoubon* verwendet. Comics im amerikanischen (oder europäischen) Format werden in Japan *amecomi* genannt. Für übersetzte *manga* haben sich die Bezeichnungen *honyaku komikkusu* oder *eigo-ban* (englische Version) anstelle von *manga* herausgebildet.

Auffällig ist die weit größere Zahl von Magazinen für ein weibliches Lesepublikum sowie der größere Anteil für Erwachsene im Vergleich zum Angebot für Kinder. Ein anderes Bild ergibt sich, wenn man die Auflagenhöhe betrachtet. Das kleinere Angebot für Kinder wird offenbar stärker nachgefragt als die Magazine für Erwachsene, und auch in Japan scheint es weit mehr männliche Comic-Leser zu geben als weibliche. Die auch als *kodomo-manga* bezeichneten, einfach strukturierten Manga für 6- bis 11jährige Kinder sind zum Lernen der Schriftzeichen in der Regel mit *rubi* (Aussprachezeichen) versehen und können daher auch für Ausländer nützlich zum Lernen des Japanischen sein. Bestimmte *manga*-Gnres sind übrigens explizite Lernmedien wie z.B. *benkyo manga* (Studienmanga) oder *jitsuma manga* (praktische Comics).

Manga-Magazine in Japan 1995:

Genres:	Anzahl der Magazine:	Auflage in Mill.:*
Gesamt	265	1.594,75
Kinder (gesamt)	68	807,81
Shonen (Jungen)	23	662,26
Shoujo (Mädchen)	45	45,55
Erwachsene (gesamt)	197	786,94
Seinen (junge Männer)	37	551,40
Redisu (Frauen)	52	103,09
Yon-koma (4-Panel)	21	o.A.
Pachinko	8	o.A.
Tanbi mono	7	132,45
andere	72	o.A.

*Da für 101 Magazine keine Angaben zur Auflagenhöhe gemacht werden, dürfte die tatsächliche Auflagenhöhe aller Magazine erheblich darüber liegen. (Quelle: Toshiharu Sasaki, Research Institute for Publications, Shuppan Geppo, March 1996, p. 9)

Die Hauptabsatzmärkte japanischer Comics sind neben Japan vor allem Korea, Hongkong und die Küstenregionen Chinas und Taiwans. Mehr als zwei Milliarden Manga-Magazine und Bücher pro Jahr werden von den über 100 japanischen Comic-Verlagen verkauft, die – nach Angaben von Katayama Masahiro, einem Sprecher des mit 500 Mitgliedern größten japanischen Comiczeichner-Verbands – über 3.000 Zeichner beschäftigen. Weniger als zehn Prozent der Zeichner und (ebenfalls zahlreichen) Zeichnerinnen sind so erfolgreich, daß ihre Arbeiten nicht nur in Magazinen, sondern auch als eigenständige Bücher erscheinen (vgl. Schodt 1997, 13). Da die Verwertungsrechte in Japan auch nach einer Veröffentlichung beim Autor verbleiben, verdienen diese *manga-ka* außer den ca. ¥ 10.000 pro Seite für die Magazinveröffentlichung noch einmal ca. 10% an den Paperback- und Hardcover-Ausgaben sowie an der weiteren Verwertung in Form von Fernsehserien, Spielzeugen etc. (vgl. Schodt 1997, 12).

Die Manga-Künstler (*manga-ka*) sind meist Zeichner und Texter der Story (*gensaku-sha*) in einer Person. Erfolgreiche *manga-ka* arbeiten typischerweise hoch arbeitsteilig mit mehreren Assistenten. „Assistants are usually responsible for drafting, inking, screentone, sound effects, cutting and pasting, typesetting dialogue, taking photographs, and doing research. (...) Manga-kas are typically responsible for layout, pencilling, character design, and supply assistants with ‚art direction' information about inking, screentone, sound effects and other details. In addition, the great majority of manga-kas write their own storylines and dialogue." (Sinclair 1995).

Diese Arbeitsorganisation erklärt den immensen Output japanischer *manga-ka*, die bis zu 500 Seiten im Monat produzieren – freilich um den Preis eines immensen Zeit- und Arbeitsdrucks mit allen daraus resultierenden gesundheitlichen und sozialen Problemen. In Europa und den USA liegt die Produktivität eines Zeichners bei einem monatlichen Output von rund 30 Seiten. Die wohl erfolgreichste *manga*-Zeichnerin Takahashi Rumiko, die so bekannte Serien wie *Ranma ½*, *Maison Ikkoku* oder *Urusei Yatsura* produzierte, hat nach einer Schätzung von Schodt (1997, 13) in ihrer zwanzigjährigen Karriere eine Gesamtauflage von über 100 Millionen erreicht. Bei einem Durchschnittspreis von ¥ 400 konnte sie demnach (mit ihrem Team) allein für Bücher über 650 Millionen DM einnehmen.

Auf den Markt gelangen monatlich ca. 400 Bücher sowie etwa 250 bis 300 wöchentlich oder monatlich erscheinende Periodika mit einer durchschnittlichen Auflage von 300.000 bis 500.000 Exemplaren. Millionenauflagen sind aber keine Seltenheit. Wie wichtig zugkräftige Serien für Manga-Magazine sind, zeigt das Beispiel des erfolgreichsten japanischen Wochenmagazins *Shonen Jump*, dessen Auflage von fast 6,5 Millionen (!) nach dem Ende der Serie *Yu* Yu* Hakusho* von Togashi auf ‚nur noch' fünf Millionen fiel (vgl. Schodt 1997, 16).

1995 wurden in Japan 265 *manga*-Titel (Magazine) veröffentlicht, die nach Angaben des Research Institute for Publication eine Gesamtauflage von 1,594 Milliarden Exemplare erzielten. Die zwölf erfolgreichsten überschreiten alle eine wöchentliche Auflage von einer Million. *Shonen Sunday* (seit 1959) etwa hat eine Auflage von mehr als drei Millionen pro Woche (Kyte 1996a, 92). *Manga*-Magazine haben einen – kaum zu glaubenden – Anteil von 28,0%, *manga*-Bücher einen Anteil von 11,3% an allen Printveröffentlichungen (ohne Zeitungen). Anders gesagt: Mit 1,89 Mrd. verkaufter Auflage haben *manga* (in beiden Formen) einen Anteil von knapp vierzig Prozent aller Veröffentlichungen (bei einem Anteil von 22,6% am Umsatz). Das entspricht gut 15 Manga pro Einwohner vom Baby bis zum Greis, die dafür etwa ¥ 5.000, also ca. 75,– DM (insg. ¥ 586,4 Mrd.; 8,8 Mrd. DM) ausgegeben haben.

Der Anteil von *manga* am gesamten Buch- und Zeitschriftenmarkt in Japan 1995:

	in% des Umsatzes	**in% der Auflage**
Manga-Bücher	9,7%	11,3%
Manga-Magazine	12,9%	28,0%
alle anderen	77,4%	60,7%

(Quelle: Toshiharu Sasaki, Research Institute for Publications, Shuppan Geppo, March 1996, 9)

Diesen riesigen Markt teilen sich neben Dutzenden von Kleinverlagen die großen drei Shueisha, Kodansha und Shogakukan. Nicht eingeschlossen in diesen Zahlen ist der bedeutende *dojinshi*-Markt der Amateur-Mangas. Die Anzahl der Leser ist zudem höher als die Auflage, da Manga nicht wie europäische Comic-Alben gesammelt, sondern für gewöhnlich weitergegeben werden (*mawashi-yomi*). Die meisten Magazine haben einen Umfang von 200 bis 1.000 Seiten und erscheinen im Format B5 oder A5. Die wichtigsten Magazine und Genres werden ebenso wie bedeutende *manga-ka* bei Schodt vorgestellt (1996, 83-135 bzw. 136-274).

Neben dem kommerziellen Markt ist der Fan-Bereich in Japan von großer Bedeutung. Den zweimal im Jahr – erstmals 1975 als Börse für nichtkommerzielle Comic-Magazine – veranstalteten *komi-ketto* (Comic-Markt) in fünf Messe-Hallen in Harumi/Tokyo, auf dem 39.000 nicht-professionelle Zeichner und Lese-Zirkel ihre *dojinshi* (Fanzines) anbieten, besuchten 1991 ca. 300.000 meist jugendliche Fans (Grassmuck 1994, 271). Auf Comic-

Märkten wie *Comiket*[5] werden von Fans erstellte *manga*-Adaptionen bekannter Serien und Charaktere angeboten. Die Verlage beobachten diese Märkte argwöhnisch, tolerieren in der Regel aber die Copyrightverletzungen in Amateur-*manga*, da die Comic-Märkte auch das professionelle Geschäft beleben und die *dojinshi*-Szene zudem für die Gewinnung von Nachwuchszeichnern von Bedeutung ist. Viele Fans kostümieren sich auf diesen Conventions nach dem Vorbild ihrer Lieblings-Charaktere (vgl. Kyte 1996, 48) und treten in *kosu-purei* (costume play) auf, bei denen Szenen aus beliebten Mangas, Animationen oder Computerspielen nachgestellt werden.

Die *dojinshi*-Märkte sind mittlerweile so attraktiv, daß auch professionelle *manga*-Künstler daran teilnehmen. Bei mehr als einer viertel Million Besucher an einem einzigen Wochenende können manche Künstler auf einer einzigen Convention über 6.000 Exemplare eines Fanzines zum Stückpreis von etwa 1.000 ¥ verkaufen (vgl. Schodt 1997, 16). Auch ‚Model-Kits' werden hier angeboten, die bei den gewöhnlich sehr geringen Stückzahlen der Fanproduktionen als ‚Garage-Kits' bezeichnet werden. Sie sind meist aus billigerem Material hergestellt, können in ihrer Detailtreue jedoch durchaus die Qualität kommerzieller Produktionen aus gegossenem Plastik erreichen. Wegen zu geringer Auflagenhöhen kommerziell uninteressante Charaktere (auch kurz *chara* genannt) sind ausschließlich als ‚Garage-Kits' zu bekommen.

Wie bereits erwähnt sind im japanischen Original fast alle *manga* schwarzweiß – manchmal um einige Farbseiten ergänzt. Für westliche Märkte werden viele *manga* nachkoloriert und sind auch dadurch wesentlich teurer. Diese Übertragung kann auch ästhetische Einbußen mit sich bringen, da die kalligraphischen Elemente dabei zurücktreten müssen. Es hat eben nicht nur wirtschaftliche Gründe, daß die meisten *manga* schwarz/weiß gedruckt werden, auf glanzlosem Papier mit allenfalls einer farbig bedruckten Umschlagseite.

Ein spezifisches Übertragungsproblem resultiert aus der Anordnung der japanischen Schriftzeichen, deren Leserichtung von rechts nach links und von oben nach unten verläuft. Auch die Handlung innerhalb der Bilder muß daher

5 Die Abbildung zeigt ein Dojinshi-Plakat von Mura zum Comiket 52 im August 1997

natürlich von rechts nach links gelesen werden. Die Bilder müssen also für westliche Leser spiegelverkehrt wiedergegeben werden, wodurch jedoch Rechtshänder zu Linkshändern werden. Darüber hinaus ist die Form der Sprechblasen wegen der vertikalen Anordnung der Schriftzeichen ungeeignet für die Wiedergabe von lateinischer Schrift, und die ästhetische Funktion der Kalligraphien bleibt völlig unübertragbar. So sind Soundeffekte z.B. grundsätzlich auch wichtige graphische Elemente einer Zeichung und nicht wie bei amerikanischen und europäischen Comics in eine (sprechblasenähnliche) Soundblase eingebettet. Daher ist manchmal eine partielle oder komplette Neuzeichnung notwendig.

Die Übertragung ist natürlich kein Problem für einen *manga* wie *Gon*, eine Geschichte über die Abenteuer eines jungen Sauriers, die vollständig ohne Text auskommt. Mit der Serie *Dragonball* von Akira Toriyama startete unlängst der Carlsen Verlag einen interessanten Versuch. *Dragonball* – angeblich der weltweit meistverkaufte Comic (AnimaniA 18, H. 4, 1997, 12) – erscheint bei Carlsen monatlich (!) im Taschenbuchformat (192 Seiten; 9,95 DM) und ist wie das japanische Original von ‚hinten nach vorn' und von rechts nach links zu lesen. Es bleibt abzuwarten, wie europäische Leser mit diesem Wechsel der Leserichtung zurecht kommen.

Erfolgreiche Manga werden in vielfältiger Weise weitervermarktet, insbesondere als Zeichentrickfilme für das Fernsehen, in seltenen Ausnahmefällen auch als Realfilm. Japanische Zeichentrickfilme mit ihren typischen Stilelementen werden *anime* (von ‚animation') genannt, um sie von amerikanischen und europäischen Produktionen zu unterscheiden. Eine Einführung in die Geschichte dieser Filme gibt Helen McCarthy (1993). Auf dem Videomarkt – wo die strengen Zensurbestimmungen des Fernsehens nicht greifen – unterscheidet man zwischen (als Video vermarkteten) Fernsehproduktionen und Original-Videos (OAV oder OVA; ‚original animated video' bzw. ‚original video animation'). Umgekehrt werden erfolgreiche *animes* auch als Comics vermarktet. Zur Unterscheidung von eigenständigen *mangas* werden sie von manchen Autoren als „*anime-comics*" (Kyte 1995, 43) bezeichnet. *Animes* werden vor 1970 auch als oder *manga eiga* (TV-Manga) bezeichnet. Die meisten *animes* auf dem japanischen Markt richten sich an Kinder und Jugendliche, da dies die profitabelsten Zielgruppen sind. Seit Ende der 80er Jahre werden *anime/manga*-bezogene Computerspiele populärer als *animes* und *manga*.

In manchen Fällen geht die Videoverwertung auch der Fernsehverwertung voraus wie zum Beispiel bei der Serie *Mobile Police Patlabor*[6], die mit zunächst sieben OAVs startete, denen eine Fernsehserie und weitere OAVs folgten (Kyte 1996, 55). Eher ungewöhnlich ist dagegen ein Fall wie *Streetfighter II*, einem Ende der achtziger Jahre entstandenen Videospiel der Firma Capcom, das im Genre der Kampfsport- und Prügelspiele angesiedelt ist und

6 Die Abbildung zeigt eine Doppelseite der japanischen Fassung von *Mobile Police Patlabor* von Masami Yuki, bei der die graphische Funktion der Schriftzeichen deutlich wird. Quelle: Shonen Sunday Comics. Patlabor Bd. 1, S. 50/51. © , 1991

erst nach seinem Erfolg im Videospielmarkt als *manga*, *anime* und sogar Realfilm reüssierte. Daneben gibt es auch originäre Kinoproduktionen sowie einen weiten Markt an Fanartikeln.

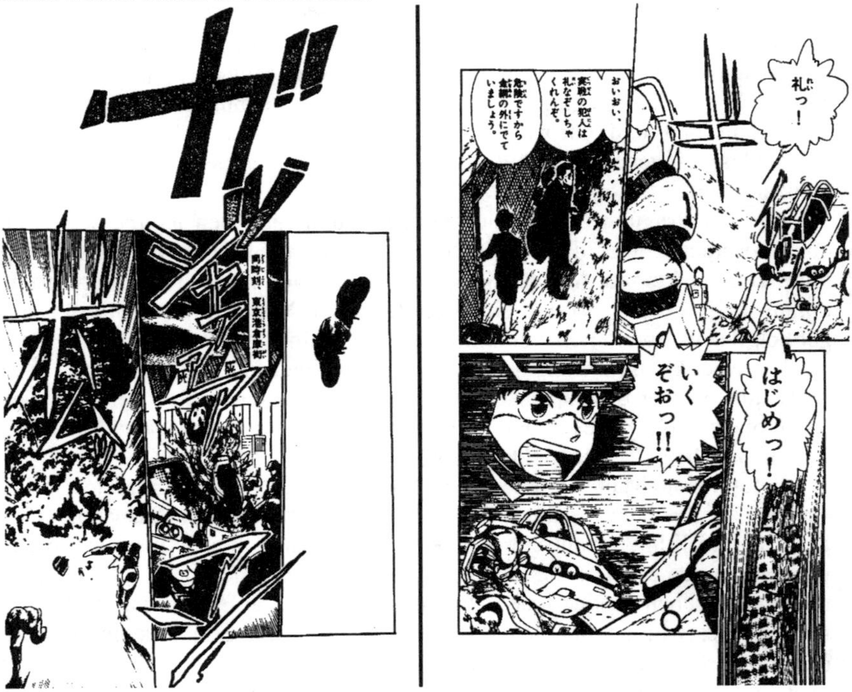

Des weiteren erfolgt die Vermarktung als Laser-Disk, als CD-ROM sowie als Soundtrack-CD („BGM" = ‚background music‘) zum Video. Der Preis für eine Laserdisc (PAL-LD) liegt meist knapp unter 100 DM, Videos bei 40 bis 50 DM und ebensoviel kosten original japanische Soundtrack-CDs. *Model-Kits* liefern die zugehörigen Spiel- und Sammleraccessoires. Gerade im Bereich der Plastikmodelle haben japanische Firmen hohe Standards in Originaltreue und Qualität. Im Unterschied zu Fanproduktionen (*Garage Kits*) liegt der Schwerpunkt nicht bei Figuren (Charakteren), sondern bei *Mechas*, Robotern[7] und Fahrzeugen, die einen größeren Fankreis abdecken können als einzelne Figuren. Und natürlich gibt es auch ein reichhaltiges Angebot an Artbooks mit Vorzeichnungen und unveröffentlichten Cells (‚Cellworks‘ als Kurzform für Celluloid; Einzelbilder), PC-Bildschirmschonern etc. pp.

7 Die Abbildung zeigt die Heldin aus *Ghost in the Shell* von Masamure Shirow, Majorin Motoko Kusanagi von der Anti-Terroreinheit Shell, vor ihrem Mobil Suit-Kampfanzug, der mit Armen und Beinen gesteuert wird.

Computerspiele sind für knapp 100 DM zu haben, häufig allerdings nur für japanische NEC-PC, die auf hiesigen PC-Rechnern einen Emulator benötigen. Beliebt sind ferner Fantasy-Rollenspiele wie z.B. *Robotech the RPG* (= Role Playing-Game) oder *Macross II* oder auch Tabletop-Games (wie z.B. das Kampfspiel *Kawaii 5-0* von ‚Mr. Panda') mit Spielbrettern und Figuren. *Ani-mayhem* ist ein Adventure-Kartenspiel mit 304 verschiedenen Karten, das auf bekannten Anime-Serien basiert. Es ist bei Spielen dieser Art üblich, daß jeder Spieler seine eigenen Karten ins Spiel gibt – gut zweihundert Mark muß man dafür erübrigen können. Adventure-Games können in limitierten Auflagen gut und gerne mehrere hundert Mark kosten. Die auf 3.000 Stück limitierte Auflage (nur japanisch) von *Maison Ikkoku* ist für ¥ 30.000 erhältlich, also für ca. 450 DM.

Während bis vor wenigen Jahren die meisten Animes noch Bild für Bild von Hand gemalt und abfotographiert wurden, setzen sich Computeranimationen (wie z.B. bei *Ghost in the Shell*) immer mehr durch. Viele Videos werden nicht im VHS/PAL-System, sondern für NTSC-Rekorder produziert, die in Deutschland nur wenig verbreitet sind. Originalimporte aus Japan nutzen den Fans daher wenig. *Animes* (aber auch *manga*) erreichen den deutschen Markt (ein bedeutender Importeur ist die Firma ACOG (Anime Connection of Germany in Hirtscheid) in der Regel auf dem Umweg über Großbritannien oder die USA. *Animes* sind daher häufig englisch untertitelt (subtitled) oder englisch synchronisiert (dubbed). Die meisten Fans bevorzugen dabei die untertitelte Variante mit japanischem Original-Ton. Deutsche Versionen basieren oft auf den englischsprachigen Überarbeitungen, wobei dann neben den britischen bzw. US-amerikanischen Zensur- und Jugendschutzbestimmungen zusätzlich die deutschen Jugendschutzbestimmungen zum Tragen kommen.

In Deutschland sind jenseits des Videomarktes *animes* – allerdings ausschließlich für die Zielgruppe der Kinder – fast nur im Fernsehen zu sehen. Im Kinderprogramm des deutschen Fernsehen gibt es etwa ab Mitte der 60er Jahre japanische Serien im typischen *anime*-Stil, die anfangs auf literarischen Vorlagen aus Europa basierten wie etwa „*Biene Maya*", „*Heidi*" oder „*Pinocchio*". Das große Interesse der Kinder an diesen Sendungen (Aufenanger 1989, 133) hat wohl dazu geführt, daß inzwischen eine ganze Reihe – zum Teil schon ‚klassischer' – *animes* gesendet werden. Beispiele sind „*Miyuki*" (unter dem deutschen Titel *Die Königin der 1000 Jahre*), „*Rock 'n' Roll Kids*", „*Mila Superstar*", „*Hikari*", „*Captain Future*", „*Cat's Eye*" (dt.: *Ein Supertrio*), „*Nadia*" (dt.: *Die Macht des Zaubersteins*), „*Sailormoon*[8]" (läuft seit dem 28.5.97 täglich auf RTL 2, wo 127 der insgesamt 200 Folgen gezeigt werden sollen) sowie (auf Kabel 1) „*Die Champions*", „*Kickers*" und „*Captain Tsubasa*" (*Die tollen Fußballstars*). *Animes* für Jugendliche und Erwachsene werden im deutschen Fernsehen bislang nicht gezeigt. Als Kinofilme waren in Deutschland bislang lediglich „*Akira*" und „*Ghost in the Shell*[9]" – meist nur in Programmkinos einiger Großstädte zu sehen – sowie weitere Filme wie „*Fist of the North Star*" oder „*Roujin Z*" auf Comicfestivals.

Auf dem japanischen Markt haben sich enge Verbindungen zwischen *manga*-, *anime*- und Spielzeugherstellern sowie der Werbeindustrie herausgebildet. Tadahito Matsumoto vom *anime*-Studio *Tokyo Movie Shinsha*, das beispielsweise auch die im deutschen Fernsehen gezeigte Serie *Bishojo Warrior*

8 Die Abbildung zeigt die vier Hauptiguren der ersten Staffel aus *Sailormoon*. Dojinshi von Banzai

9 Die obere Abbildung zeigt Majorin Kusanagi wütend auf ihren Chef. Man beachte den Gesichtsausdruck. Quelle: Masamure Shirow: *Ghost in the Shell* Bd. 1: Der Schrottdschungel. Stuttgart (Feest Comics) 1991, S. 48

Sailor Moon produzierte (siehe: Takahashi/Christin 1997), skizziert die Bedingungen der *anime*-Produktion in Japan wie folgt:

Wichtigste Einnahmequelle der Studios sind die Senderechte und mehr noch das Merchandising. Kinoeinnahmen und Werbezeichentrickfilme sind im Vergleich dazu unbedeutend. Die Budgets für *animes* liegen bei etwa fünf Millionen Yen (früher 7 Mill. ¥) pro Folge. Hauptabnehmer der Studios ist das Fernsehen vor dem Kino und dem an dritter Stelle plazierten Videomarkt. Pro Jahr werden in Japan ca. 30 (bis max. 50) Serien pro Jahr produziert – mehr würden die Kapazitäten japanischer Studios überschreiten und außerdem den Marktpreis drücken und damit auch die qualitativen Standards senken. In japanischen Kinos werden jährlich ca. 10 bis 20 Animes gezeigt.

Aus Kostengründen arbeiten die Studios auch mit amerikanischen (Disney) und europäischen Studios (RAI, Italien; AB Production, Frankreich) zusammen. Einfache Aufgaben wie das Einfärben oder die Arbeit an den Intervallen werden – ebenfalls aus Kostengründen – ins Ausland verlagert, vor allem nach Korea, Thailand und China. Die zentralen Tätigkeiten wie Character-Design, Story-Boards, Bewegungen etc. verbleiben in Japan. Für Matsumoto bleibt das Live-Action-Kino das Referenzmedium für *animes*. Die Storyboards orientieren sich an Beobachtungen von Realfilmen aus den USA und Europa. Im Endeffekt zeigt sich das an der stilistischen Gestaltung der Vorder- und Hintergründe und typischen Verwackelungs- und Verwischungseffekten in der filmischen Erzählweise *animes* ebenso wie der *manga*. In der Zusammenarbeit mit Disney wird auf diese Vorgehensweise verzichtet, da diese Technik in den USA als geringwertiger angesehen wird, Matsumoto zufolge aber gerade dem Publikum gefällt.

Die von vornherein eingeplante Vermarktung von *animes* als Videospiele beeinflußt bereits die Produktion der *animes*. Denn die Charaktere müssen so angelegt werden, daß sie später auch videospieltauglich sind. Fernsehproduktionen haben ein geringeres Budget pro Folge als Kinoproduktionen und sind daher geringer animiert. Man sieht dies daran, daß nur die Hauptpersonen sich bewegen und die Nebenfiguren bloße Staffage sind. In Fernsehserien kommt das Studio *Tokyo Movie Shinsha* mit drei Cels (Einzelbildern) pro Sekunde aus, also etwa 4.000 Cels pro Folge, für die eine Produktionszeit von anderthalb Monaten zur Verfügung steht. Die Laufzeit einer Fernsehserie liegt bei sechs Sendemonaten pro Staffel.

Wegen der Bedeutung des Merchandising haben die Werbeagenturen großen Einfluß auf die japanische Zeichentrickfilmindustrie. Während früher die Produktionen zwischen *anime*-Studios und Fernsehproduzenten abgesprochen und Sponsoren wie z.B. der große Spielzeughersteller *Bandai* (Tamagotchi) erst im Nachhinein beteiligt wurden, steuern heute die Vorgaben der Werbeagenturen die Produktion. Sie entwickeln unter Beobachtung der *manga*-Märkte ein Projekt und nehmen mit Sponsoren (z.B. Herstellern von Kinderspielzeug) Kontakt auf, um eine Serie zu finanzieren, die dann natürlich an den Vermarktungsinteressen der Sponsoren ausgerichtet ist. Dadurch ändern sich auch die Themen der *animes*, die nun auch helfen müssen, Gegenstände zu verkaufen (z.B. Spielzeugroboter bei *mecha-animes*). Die Darstellung menschlicher Beziehungen oder Konflikte oder die Entwicklung einer Geschichte tritt demgegenüber dann in den Hintergrund.

A: ごちそうさま！
Gochisō-sama
(thanks for food/drink)
"Thanks!" (PL3)

Mama: ありがとうございました。 またねーっ！
Arigatō gozaimashita. Mata nē!
thank you again (colloq.)
"Thank you. Come again!" (PL4; PL2)

- *gochisō-sama* (*deshita*) is the standard expression for thanking the person who prepared/provided the food or drink one has just had.

Die meisten außerhalb Japans erscheinenden Magazine sind deutlich auf *animes* ausgerichtet und informieren eher nebenbei über *mangas*. Ausnahmen sind *Manga Vizion* von Viz Communications und das ursprünglich an Studenten der Japanologie gerichtete Magazin *Mangajin*[10] (Atlanta/Georgia/USA; Web-Site: http://www.mangajin.com), das seit 1990 mit japanischen *manga* und amerikanischen Comics den Spracherwerb fördern und kulturelles Interesse wecken will. Die *manga* und amerikanischen Cartoons erscheinen grundsätzlich zweisprachig, versehen mit ausführlichen Erklärungen zur Bedeutung und Verwendung des vorkommenden Vokabulars.

Der *anime*-Link der amerikanischen und europäischen *manga*-Magazine erklärt sich daraus, daß *animes* für die Rezeption von *manga* eine große Bedeutung haben, da die Leser in den USA und Europa mit der Ästhetik des *manga* zunächst durch das Fernsehen vertraut gemacht werden. Auf den US-amerikanischen und europäischen Markt dringen *manga* verstärkt seit Anfang der 90er Jahre. Verglichen mit dem breit diversifizierten Angebot in Japan kommen jedoch nur wenige (übersetzte) *mangas* auf die westlichen Märkte. Der hiesigen, auf männliche jugendliche Leser ausgerichteten Comic-Tradition Rechnung tragend, ist auch die thematische Bandbreite der angebotenen Genres stark eingeschränkt. „So entsteht bei der Betrachtung dieses Ausschnitt schnell ein verzerrtes Bild der japanischen Stadtgesellschaft und ihrer unterbewußten Ängste, das sich aus ‚Terminatoren', wissenschaftlichen Fehlversuchen, Samurais und Robotern zusammensetzt" (Klauser 1996, 2610).

Bereits in den 80er Jahren werden in den USA und etwas später in Europa japanische Comics stärker wahrgenommen. Als wichtig für die Rezeptionsgeschichte erweisen sich im Rückblick folgende Entwicklungen (vgl. Schodt 1996, 311ff.): Zunächst liefen vor allem in den TV-Kabelnetzen amerikanischer Städte an der Westküste mit einem großen Anteil japanisch spre-

10 Das Beispiel zeigt ein Bild dem Genre der Carrier Woman Comics: *Minori Densetsu* von Oze Akira" (Mangajin No. 64, 1997, p. 68)

chender Bevölkerung eine Reihe untertitelter Zeichentrickfilme. Erfolgreiche Serien wie *„Robotech“*, *„Battle of the Planets“* oder *„Star Blazer“* (basierend auf Matsumoto's *manga „Space Battleship Yamato“*) – erschienen später in einer übersetzten Version (dubbed) und verallgemeinerten das Interesse an *manga* und *animes*. Gleichzeitig entstanden Institutionen wie die 1977 in Los Angeles gegründete Cartoon/Fantasy Organization, die dieses Interesse unterstützten, und seit 1980 (San Diego Comic Con) sind japanische *manga*-Künstler regelmäßig auf auch amerikanischen Comic-Conventions präsent.

Das animierte Bild bereitet also den Weg für das Printmedium. Videos erfordern zum Verständnis japanischer Comic-Konventionen weniger Kenntnisse als *manga* und öffnen für diese den Markt. Der entscheidende Impuls für eine weite Verbreitung von *animes* erfolgt jedoch erst Mitte der 80er Jahre, als Videorekorder für den Privathaushalt erschwinglich werden. Der Videomarkt ist dabei deshalb von größerer Bedeutung als das Fernsehen, weil viele *animes* für das amerikanische Fernsehen entweder zu kulturell fremdartig sind, zu gewalthaltig oder explizite Sexszenen enthalten.

In den 90er Jahren gewinnen *animes* und *manga* für jugendliche Szenen Kultcharakter. Das gilt auch für Deutschland, wo *animes* z.B. auf MTV (Kinderserien längst auch auf anderen Kanälen) zu sehen sind, in Diskotheken als Hintergrundfilm gezeigt werden und zumindest in Großstädten vereinzelt auch im Kino. Mit *Ghost in the Shell* erscheint 1995 erstmalig ein *anime* gleichzeitig in japanischer und englischer Fassung (produziert von Manga Entertainment, GB).

Erste nicht-übersetzte *manga* kommen bereits in den frühen 80er Jahren in den USA auf den Markt. Kommerziell interessant werden (übersetzte) *manga* jedoch erst Mitte der 80er Jahre. Auch im Comic-Bereich ist nun die große Zeit der Superhelden vorbei, und die Leser wenden sich dem größeren Format der ‚Graphic Novels‘ zu, das für viele *manga* charakteristisch ist. So produzierte beispielsweise der US-Comic-Gigant Marvel (z.B. *The Fantastic Four*) ab 1988 Katsuhiro Otomos düstere Science-Fiction-Geschichte *Akira*, die zuvor bereits als Zeichentrickfilm in den USA erfolgreich war, und zum größten *manga*-Erfolg in den USA avancierte. Dazu mag beigetragen haben, daß Marvel den japanischen Stil in amerikanischem Outfit präsentierte, d.h. insbesondere durchgängig koloriert statt schwarz-weiß.

In einem Artikel von Ahmad-Taylor in der New York Times (17.9.95) werden die US-Umsätze für (übersetzte) Comicbooks mit $ 10 Millionen und für *animes* mit $ 50 Millionen angegeben. Schodt (1996, 338) hält für Comic-Bücher einen Wert von $ 5-6 Millionen – bei hohen Steigerungsraten – für realistischer. Welche Angabe auch richtig sein mag – der Markt für *manga* bleibt vergleichsweise klein. Für die USA geht Satoru Fujii von Viz Communications (ebd.) davon aus, daß lediglich ein Zehntel der Comic-Fans sich für *manga* begeistern – dann allerdings mit Haut und Haaren. Für die Verlage bleibt der Markt dennoch interessant, da Kinder heute verstärkt mit *animes* aufwachsen und *manga* daher als Zukunftsmarkt gelten können.

Die wichtigsten *manga*-Verlage der USA sind nicht die beiden großen Comic-Verlage Marvel und DC, sondern Spezialverlage wie Viz Communications (mit mehr als 50 Titeln in verschiedenen Ausgaben, z.B. *Ranma ½*), Dark House Comics (in Zusammenarbeit mit Studio Proteus) sowie Antarctic Press. Viz Communications ist dabei mit der Reihe „Viz Flower Comics" führend im *manga*-Angebot für Frauen, was auf dem deutlich männerdominierten amerikanischen Comic-Markt (ähnlich dem europäischen) bemerkenswert ist. Nach einer Studie von Viz Communications (Angaben nach Schodt 1996, 336) sind 90% der amerikanischen Comic-Leser männlich, und am stärksten vertreten ist die Altersgruppe der 18- bis 36jährigen. In Deutschland lesen nach einer eigenen, in Hamburg und Rostock durchgeführten Untersuchung von den 13- bis 18jährigen ein Fünftel der Mädchen und zwei Fünftel der Jungen Comics (Sander/Schindler/Vollbrecht 1997, 43f.)

Während in Japan sich tausende von *manga* gleichermaßen an Frauen und Männer richten, haben aus den genannten Gründen auf den westlichen Märkten nur bestimmte Titel eine Chance. Besonders beliebt bei den Lesern sind Science-Fiction und erotische Titel. Daneben gibt es wegen der Synergieeffekte und besseren Vermarktungschancen einen starken Druck auf die Verlage, *manga* herauszugeben, zu denen auch eine *anime*-Version existiert. Diese werden meist aus dem Englischen in andere Sprachen übersetzt. Für amerikanische Verlage ist der Verkauf ihrer Rechte an englischen Übersetzungen an europäische Verlage eine bedeutende Einnahmequelle. Man sollte aber nicht unerwähnt lassen, daß die Qualität einer Übersetzung durch den Umweg über das Englische beeinträchtig werden kann.

Da Europäer und Amerikaner farbige Comics gewohnt sind, existieren zudem Vorbehalte gegen SW-Comics. So schätzt Toren Smith von Studio Proteus, daß wegen dieser Vorbehalte bloß 60% der Händler in den USA *manga* führen. Übersetzte *manga* erreichen jedoch immerhin eine durchschnittliche verkaufte Auflage von etwa 13.000, während amerikanische SW-Comics mit 3.000 dahinter weit zurückliegen. Besonders erfolgreiche *manga* wie *Ghost in the Shell* von Masamure Shirow (mit einigen Farbseiten zu Beginn jeder Ausgabe) erreichen eine Auflage von 30-40.000 (vgl. Schodt 1996, 320).

Ein weiteres Problem ist die seltenere Erscheinungsweise von Comics in den USA und Europa. Es mag ja noch angehen, eine 2.000seitige Story gut ein Jahr lang in einem japanischen Wochenmagazin zu publizieren. Bei einer monatlichen Erscheinungsweise – wie in den USA üblich – müssen die Verlage dafür jedoch mit fünf Jahren rechnen, und die Leser zittern, ob eine Serie überhaupt zuende geführt wird, wenn sie nicht erfolgreich genug läuft.

Seit 1991 gibt es in den USA eigene Manga&Anime-Conventions – beginnend mit der „AnimeCon – The First International

Conference on Japanese Animation" in San Jose/California. Zu nennen sind „Anime America" (San Francisco), „Anime Central" (für 1998 in Midwest gelant), „Anime Expo" (Los Angeles), „Anime Weekend" (Atlanta/Georgia), „Chibicon" (als Sonderbereich von I-Con; Northeast), „Fanime Con" (San Francisco), „Far East Expo" (New Jersey), „Katsucon" (Virginia), „Otakon" (Pennsylvania) sowie „Project A-Kon" (Texas), deren Name auf die bekannte Serie Project A-Ko[11] anspielt. In Deutschland scheint der *manga-* und *anime-*Markt für eigene Conventions zu klein zu sein und verbleibt als ein spezieller Bereich, der von Comic-Messen und -Festivals mitbedient wird.

Da Comics in Buchhandlungen (in Deutschland) gewöhnlich stiefmütterlich behandelt werden, sind die wichtigsten Vertriebswege spezielle Comicläden und der Direktversand. Eine Alternative bieten die Comic-Messen, auf denen z.T. auch Model-Kits, Trading-Cards und andere Fanartikel angeboten werden. Für Fans bleibt die Beschaffung jedoch schwierig und unübersichtlich, da sich z.B. britische und amerikanische Ausgaben unterscheiden, viele *manga* und *animes* zudem nur auf japanisch erscheinen und daher nur mit größten Schwierigkeiten erhältlich sind. Für spezielle Wünsche muß man direkt aus Großbritannien, den USA (US-Firmen werben regelmäßig z.B. in der Zeitschrift AnimaniA) oder Japan importieren – z.B. auch über das Internet. Auf die zahllosen Internetseiten zu *manga* und *anime* kann ich hier nicht eingehen, da dies den Rahmen der Darstellung sprengen würde.

In Deutschland ist seit Anfang der 90er Jahre ein reges Interesse an *manga* und *anime* zu verzeichnen. Mit der zweimonatlich erscheinenden Zeitschrift *„AnimaniA"* (Weird Visions Media Verlag) ist seit 1994 ein eigenes Publikationsorgan für deutsche Fans (*otakus*) auf dem Markt. Neben *animes* werden auch *manga*, CDs und (Computer-) Spiele vorgestellt und besprochen sowie – z.B. mit *„Armitage III"* (von Zarae Ohtana und Tatsuya Ikegami) – auch bislang in Deutschland unveröffentlichte Manga abgedruckt. 1996 bekam *„AnimaniA"* Konkurrenz durch *„A.M.I. – Anime Manga Information. Das unabhängige deutschsprachige Fan-Magazin für Japanimation und Manga"* (IVP Inland Presse Vertrieb), das nach wenigen Ausgaben wieder eingestellt wurde, sowie *„Manga Power – Comic Action aus Japan"* (Feest-Verlag). Auch diese Magazine erscheinen bzw. erschienen zweimonatlich. In Comicläden sind mittlerweile auch englischsprachige Mangazeitschriften wie *„Manga Vision"*, *„Anime UK-Zines"* oder die schon genannte Zeitschrift *„Mangajin"* erhältlich.

---

11 Das Bild zeigt das CD-Cover zum Original-Soundtrack mit den Hauptfiguren A-Ko, B-Ko und C-Ko.

Titel (Anzahl der Bde.)	**Zeichner/Autoren**	**Verlag**
2001 Nights (5)	Yokinobu Hoshino	Carlsen
3x3 Augen (5)	Yuzo Takada	Carlsen
Akira (20)	Katsuhiro Otomo	Carlsen
Appleseed (9)	Masamure Shirow	Egmont Ehapa
Battle Angel Alita (10)	Yukito Kishiro	Carlsen
Bubblegum Crisis (1)	Adam Warren & Robert Dejesus	Carlsen
Crying Freeman (17)	Kazuo Koike & Ryoichi Ikegami	Schreiber & Leser
Dirty Pair (1)	Toren Smith & Adam Warren	Schreiber & Leser
Dominion (5)	Masamure Shirow	Egmont Ehapa
Dragonball (9)	Akira Toriyama	Carlsen
Dummy Oscar (2)	Kazuo Koike & Seisaku Kanoh	Schreiber & Leser
Ghost in the Shell (3)	Masamure Shirow	Egmont Ehapa
GON (3)	Tanaka	Ed. Kunst der Comics
Gunsmith Cats (9)	Kenichi Sonoda	Egmont Ehapa
Jiraishin (2)	Mainko & Takahashi	Carlsen
Kamui (2)	Sanpei Shirato	Carlsen
Kazandou (4)	Chabuel/Banzet/Gess/Color Twins	Carlsen
Kogaratsu (7)	Serge Bosmans & Marc Michetz	Carlsen
Mai (6)	Kudo & Ikegami	Egmont Ehapa
Manga Power (6)	unterschiedliche Autoren	Egmont Ehapa
Okami (8)	Kazuo Koike & Goseki Kojima	Carlsen
Orion (3)	Masamure Shirow	Egmont Ehapa
Ranma ½ (4)	Rumiko Takahashi	Egmont Ehapa
Sanctuary (10)	Sho Fumimura & Ryoichi Ikegami	Schreiber & Leser
Sarah (9)	Katsuhiro Otomo & Takumi Nagayasu	Carlsen
Selbstmordparadies (3)	Katsuhiro Otomo	Ed. Kunst der Comics
Silent Möbius (1)	Kia Asamiya	Ed. Kunst der Comics
Striker (2)	Hiroshi Takashige & Ryoji Mingawa	Carlsen
Usagi Yojimbo (7)	Stan Sakai	Carlsen
Venus Wars (5)	Yoshikazu Yasuhiko	Egmont Ehapa
Version (4)	Hisashi Sakaguchi	Thomas Tilsner
Xenon (6)	Kanzaki	Carlsen

Einen Überblick über die auf deutsch erhältlichen *manga* mit der Anzahl der bereits erschienenen bzw. angekündigten Bände gibt die vorstehende Tabelle (siehe auch AnimaniA 18, H. 4, 1997, 50-55):

„Bubblegum Crisis" und *„Dirty Pair"* sind amerikanische *manga*, *„Kazandou"* stammt aus Frankreich und *„Kogaratsu"* aus Belgien, alle übrigen aus Japan. Insgesamt sind 32 Serien mit 188 deutschsprachigen *manga*-Ausgaben auf dem Markt, die im Durchschnitt ca. 20,– DM kosten. Ein *otaku*, der alle besitzen möchte, muß dafür also etwa 3.760 DM ausgeben und benötigt zwei Meter Platz im Bücherregal.

Neben diesen Manga als Taschenbuchausgaben (meist B5) gibt es drei *manga*-Serien im Heftchen-Format: *„Sailor Moon"* von Naoko Takeuchi mit drei Ausgaben im Egmont Ehapa Verlag, wobei es sich eigentlich um keinen richtigen *manga*, sondern um einen *anime*-Comic handelt, sowie *„Streetfighter II"* mit vier Ausgaben (Bastei Verlag) und *„Warrior Nun*

Areala" von Steve Englehart & Ben Dunn mit drei Ausgaben im Schattenreiter Verlag.

Obwohl wir auf dem deutschen Comic-Markt derzeit eine Renaissance des Heftchenformats beobachten können, sind *manga* als Heftserien in Deutschland bislang wenig erfolgreich. Allgemein führend im Heftchenformat sind die Verlage Dino (z.B. mit der Kultserie „Spawn"), Splitter und Infinity. Bei den größten deutschen Comicverlagen Ehapa und Carlsen spielt das Heftchenformat keine Rolle. Für Kleinverlage ist es dagegen interessant, weil die Kosten niedriger liegen, da die durchgängig aus dem amerikanischen übertragenen, meist actionreichen Geschichten weit größere Verkaufszahlen als das Albenformat erreichen und daher auch Innovationen ausprobiert werden können – soweit die Verlage dies überhaupt wollen und die Leser mitspielen.

Manga basieren überwiegend nicht auf einfachen gut/böse-Unterscheidungen wie in hiesigen Comics für Kinder. Die Charaktere sind komplexer und vielschichtiger aufgebaut und verändern sich im Verlauf der Erzählung. Sogar Hauptfiguren – auch in Kinder-Manga – können sterben. Aufgenommen werden viele japanische Traditionen, asiatische Mythologien und speziell natürlich Shinto und Zen, aber auch Samurai und Kampf(sport)arten und übernatürliche Kräfte jeder Art (vgl. dazu: Eri Izawa 1995c) und vor allem sehr viele Themen aus dem japanischen Alltag, die auf westlichen Märkten kaum Anklang finden werden.

Ein wichtiges Thema im auch hierzulande wichtigen Science-Fiction-Bereich sind die Auswirkungen fortschrittlicher Technologien, etwa der Biotechnologie (Maschinenmenschen, Cyborgs)[12]. Für Balzer sind „Die Leiden der jungen Cyborgs (...) auch eine wohlfeile Metapher für die Widrigkeiten der Pubertät. Gleichzeitig jedoch, typisch japanisch, eine Technikkritik ohne unnötigen Defätismus. Denn läuft alles zufriedenstellend, haben die Helden am Ende begriffen: Selbst mit ein paar Mikrochips im Hirn und mit einem Turbo-Raketenwerfer als Armersatz geht das Leben irgendwie weiter. Man muß nur lernen, die unvertrauten Kräfte unter Kontrolle zu halten." (Balzer 1996, 44). Es geht hierbei jedoch entscheidend um eine neue Form der Stadterfahrung in den hochtechnisierten Ballungsräumen. „Den aggressiven Kräften der technologisch

12 Deunan (im Mobil Suit) und der Cyborg Briareos aus *Appleseed,* 1. Buch, Teil 2: Gastfreundschaft (deutsch: Bd. 2) von Masamune Shirow. Stuttgart (Feest Comics) 1995, S. 25

hochgerüsteten Stadt kann nur durch mechanische Nachrüstung der eigenen Körper begegnet werden. (...) Das Leben in ihr ist nur noch Maschinen möglich." (Klauser 1996, 2614). Die Entwicklung führt im Science-Fiction-*manga* dann vom Auto und simplen Roboter über ‚Mecha' (von Piloten gesteuerte Roboter), mittels Sensoranzug (Cybersuit) oder manuell von ihren Trägern gesteuerte Exoskelette (wie z.B. in *„Mobile Suit Gundam"* oder *„Neon Evangelion Genesis"*) bis zu Cyborgs (z.B. in *„Appleseed"*) mit biologischen und technologischen Anteilen in verschiedenen Variationen je nach gewünschtem Einsatzfeld (vgl. dazu auch Mezger/Hiestand 1996 und Janus 1997).

Kulturelle Unterschiede zeigen sich in hier erhältlichen *manga* und *animes* z.B. darin, daß Nacktheit in nicht-sexuellen Situationen (etwa im öffentlichen Bad) nicht als anstößig gilt und auch in *manga/animes* für Kinder gezeigt wird. Frauen werden häufig in traditionellen, submissiven Rollen dargestellt, es gibt jedoch auch viele starke und unabhängige weibliche Charaktere (vgl. dazu: Eri Izawa 1995a sowie Thorn 1996c). Und im sich gerade herausbildenden neuen Genre der *„Comics for the Career Woman"* findet ein von den japanischen Traditionen abweichendes Geschlechtsrollenverständnis seinen Ausdruck.

Natürlich gibt es auch viele *manga* und *animes* mit einem hohen Anteil an Sex und Gewalt oder beidem (vgl. Berndt 1995, 127ff.), mit qualitativ minderwertigem Artwork oder banalen Geschichten. Die Frage, ob oder wieweit *manga* und *animes* für Kinder geeignet sind, muß daher differenziert beantwortet werden. Es gibt sehr vieles, daß Kindern gefällt und auch ihrem Entwicklungsstand angemessen ist, aber das gilt keinesfalls generell und schon gar nicht für diejenigen *manga* und *animes*, die speziell für Erwachsene herausgebracht werden. Eine kurze Einführung (nicht nur) für Eltern bietet „A Parent's Guide to Anime" von Bryan und Julia Pfaffenberger (1996).

Für wertvolle Hinweise und anregende Diskussionen zu manga und animes während meines Aufenthalts in Osaka danke ich Hiroko Shidou.

Literatur

Balzer, J. 1996: Manga Mania!!! In: Zeitmagazin, Nr. 47, 15.11.96, 42-44

Berndt, J. 1995: Phänomen Manga. Comic-Kultur in Japan. Berlin

Eri Izawa 1995a: Gender and Gender Relations in Manga and Anime. In: <http://www.mit.edu: 8001/afs/athena.mit.edu/user/r/e/rei/WWW/manga-gender.html>

Eri Izawa 1995c: Use of the Psychic in Manga and Anime. In: <http://www.mit.edu: 8001/afs/athena.mit.edu/user/r/e/rei/WWW/manga-psychic.html>

Grassmuck, V. 1994: „Allein, aber nicht einsam" – die otaku-Generation. Zu einige neuen Trends in der japanischen Populär- und Medienkultur. In: Bolz, N./Kittler, F.A./Tholen, C. (Hg.): Computer als Medium. München, 267-296

Janus, S. 1997: Mecha Files. In: AnimaniA, Nr. 19, H. 5, 1997, 40-41

Klauser, W. 1996: Mangas in Japan. Der japanische Comic als Spiegel einer urbanisierten Gesellschaft. In: Bauwelt, 87. Jg., 1996, H. 46, 2610-2615

Kyte, S. 1995: Anime ABC. Teil 1. In: Animania, Nr. 8, H. 6/95, 43-44

Kyte, S. 1996: Anime ABC. Teil 2. In: Animania, H. 2, 1996, 47-56

McCarthy, H. 1993: Anime! A Beginner's Guide to Japanese Animation. London (Titan Books)

McCloud, S. 1994: COMICS richtig lesen. Hamburg (Carlsen Verlag)

Mezger, J./Hiestand, P. 1996: Roboter. In: Anime Manga Information, H. 3, 1996, 59-61

Nitschke, G. 1995: Die manga-Stadt. In: Ueda, A. (Hg.): Die elektrische Geisha. Entdeckungsreisen in Japans Alltagskultur. Göttingen, 233-245

Pfaffenberger, B./Pfaffenberger, J. 1996: A Parent's Guide to Anime. In: <http://watt.seas. virginia.edu/~bp/parents/welcome. html>

Reid, T.R. 1997: Comics for the Career Woman. In: Mangajin, No. 62, 1997, 63-65

Sander, U./Schindler, B./Vollbrecht, R. 1997: Bibliotheksarbeit für Jugendliche. Entwicklung und Erprobung neuer Konzepte. Bd. 2. Berlin (dbi-Schriftenreihe Bd. 159)

Schodt, F.L. 1983: Manga! Manga! The World of Japanese Comics. Tôkyô/New York (Kôdansha International)

Schodt, F.L. 1996: Dreamland Japan. Writings On Modern Manga. Berkeley/California (Stone Bridge Press)

Schodt, F.L. 1997: The Hard Life of the Japanese Manga Artist. In: Mangajin, No.64, 1997, 12-16

Sinclair, I. 1995: Usenet manga Glossary. In: <http://ftoomsh.progsoc.uts.edu.au/~axolotl/ Manga/gloss.html>

Takahashi, H./Christin, P. 1997: Tokyo Movie Shinsha. Eine Industrie von A bis Z. In: AnimaniA, Nr. 18, 4/97, 90-92

Thorn, M. 1996a: A history of manga. In: Animerica: Anime & Manga Monthly, Vol. 4, Nos. 2, 4, und 6; sowie in: <http://www.columbia.edu/%7Emt52/history1.html> (sowie .../history2 und 3)

Thorn, M. 1996b: Shoujo manga: comics by women for girls of all ages. <In: http://www. columbia.edu/%7Emt52/what_are_shoujo_manga.html>

Thorn, M. 1996c: Unlikely explorers: alternative narratives of love, sex, gender, and friendship in japanese „girl's" comics. In: <http://www.columbia.edu/%/Emt52/sexual_ambiguity. html>